Formulaire de géométrie

W0351621

Quadrilatères

Aire = $L \times \ell$

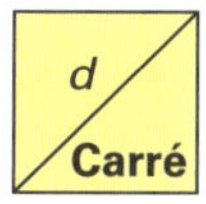

Aire = c^2

$d = c\sqrt{2}$

Aire = $b \times h$

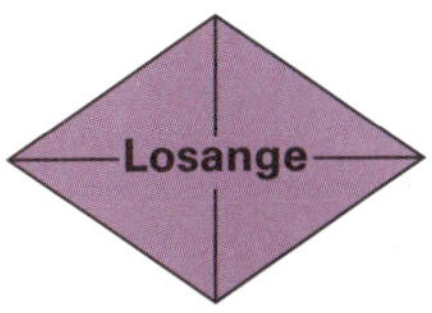

Aire = $\frac{D \times d}{2}$

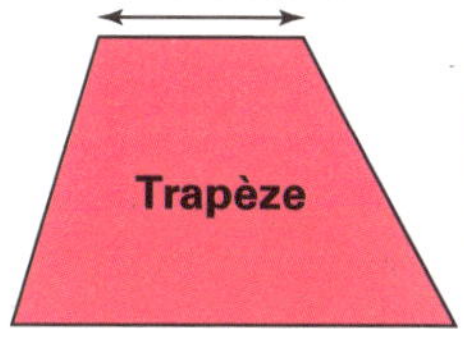

Aire = $\frac{(B + b) \times h}{2}$

Cercles et disques

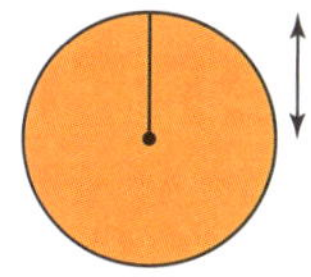

Périmètre = $2\pi \times r$

Aire = $\pi \times r^2$

Sphères et boules

Aire = $4\pi \times r^2$

Volume = $\frac{4}{3}\pi \times r^3$

Triangles

- **Triangle quelconque**

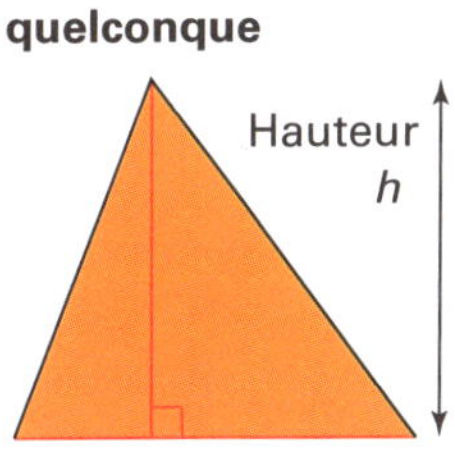

Aire = $\frac{b \times h}{2}$

Somme des angles = 180°

- **Triangle équilatéral**

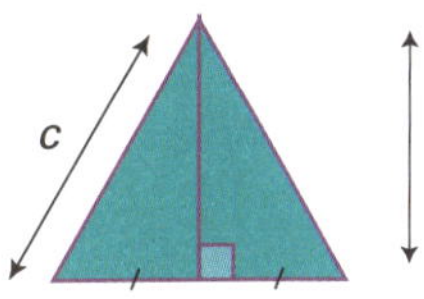

$h = \frac{c\sqrt{3}}{2}$

- **Triangle rectangle**

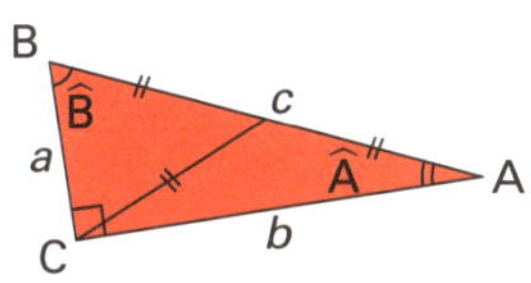

Médiane = $\frac{\text{hypoténuse}}{2}$

Aire = $\frac{a \times b}{2}$

Propriété de Pythagore : $c^2 = a^2 + b^2$

$\cos(\widehat{A}) = \frac{b}{c}$ $\sin(\widehat{A}) = \frac{a}{c}$ $\tan(\widehat{A}) = \frac{a}{b}$

Prismes et cylindres

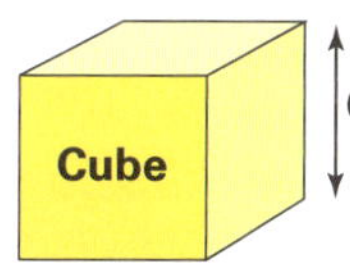

Volume = c^3

Aire totale = $6 \times c^2$

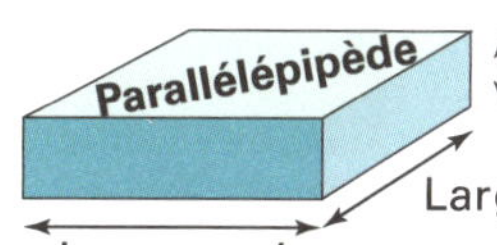

Volume = $L \times \ell \times h$

Aire totale = $2(L \times \ell + L \times h + \ell \times h)$

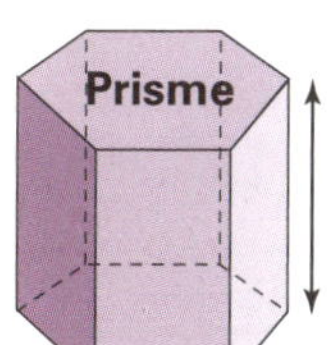

Base d'aire B et de périmètre p

Volume = $B \times h$

Aire latérale = $p \times h$

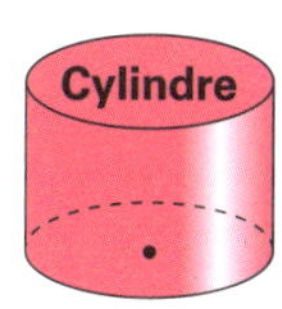

Aire de la base = $\pi \times r^2$

Volume = $\pi \times r^2 \times h$

Aire latérale = $2\pi \times r \times h$

Pyramides et cônes

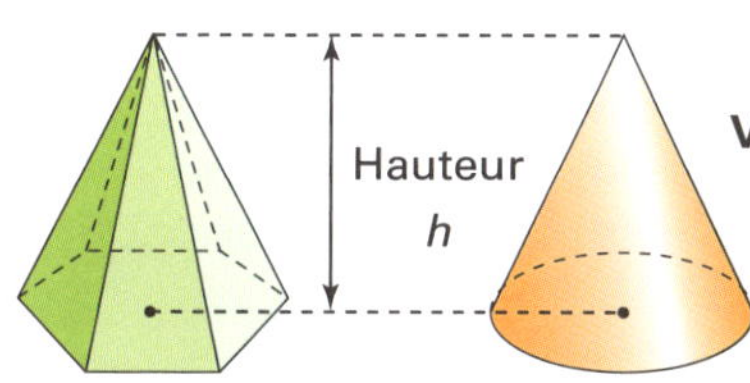

Volume = $\frac{1}{3} \times B \times h$

Symboles géométriques

// : parallèle

⊥ : perpendiculaire

[AB] : segment

(AB) : droite

[AB) : demi-droite

AB : longueur

Français

Tout Savoir

SPÉCIAL BREVET 3e

Français
Dominique Estève

Mathématiques
Raja Siblini

Histoire-Géographie / Éducation civique
Guillaume Joubert

Histoire des arts
Hélène Ricard

Sciences de la vie et de la Terre
Jocelyne Cialec

Physique-Chimie
Sonia Madani

Anglais
Corinne Touati

 – ISBN : 978-2-218-97630-8

Hatier

Français 4

Mathématiques 66

Histoire-Géographie Éducation civique 128

Français

Plus d'entraînement sur

www.hatier-entrainement.com

			DATE	ÉVALUATION

Grammaire

Conjugaison

Orthographe

Lexique

Lire et écrire

1 Les classes grammaticales

RETENIR

1 / Les mots variables

Classe grammaticale		Exemples
Nom	• Nom commun • Nom propre	tempête, étoile, avion, courrier… Antoine, Chili, Patagonie, Buenos Aires…
Déterminant	• Articles • Dét. démonstratif • Dét. possessif • Dét. interrogatif/exclamatif • Dét. numéral • Dét. indéfini	*le, la, les, un, une, des* *ce, cet, cette, ces* *mon, ma, mes, ton, ta, tes…* *quel, quelle, quels, quelles* *un, deux…, premier, deuxième…* *quelques, plusieurs, chaque, tout, aucun, même, autre…*
Pronom	• Pr. personnel • Pr. démonstratif • Pr. possessif • Pr. relatif • Pr. interrogatif • Pr. indéfini	*je, tu, il, elle, le, la, les, lui, leur…* *ce, ceci, cela, celui, ceux…* *le mien, les miens, le tien, les tiens…* *qui, que, dont, où, lequel* *qui ? que ? lequel ?* *quelqu'un, quelque chose, certains, chacun, tous, personne, rien…*
Adjectif qualificatif		mortel, immense, silencieux, nocturne, redoutable…
Verbe		luire, juger, voir, monter…

MOTS CLÉS

✓ **Classe grammaticale :** Tous les mots appartiennent à une classe grammaticale qui est indiquée par le dictionnaire. Il y a neuf classes grammaticales.

✓ **Mots variables :** mots qui prennent des marques de genre et de nombre (pour les noms, les adjectifs, les déterminants et les pronoms) ou de personne, temps et mode (pour les verbes).

2 / Les mots invariables

Classe grammaticale		Exemples
Adverbe	• circonstanciel • interrogatif • négatif • de phrase	*ici, là, parfois, bien…* *quand ? où ? comment ? pourquoi ?…* *ne, ne… pas, ne… plus, ni… ni…* *ainsi, ensuite, enfin…*
Préposition		*à, dans, de, par, pour…*
Conjonction	• de coordination • de subordination	*mais, où, et, donc, or, ni, car* *que, quand, comme, parce que…*
Interjection		*ah ! oh ! hélas !*

LA MÉTHODE

▷ Identifier la nature de *tout*

• *Tout* est **adverbe** quand il signifie « tout à fait, entièrement ». Il est alors invariable.

La carlingue de l'avion **tout** entière fut secouée.

→ Attention, cependant, devant un adjectif qualificatif au féminin commençant par une consonne ou un *h* aspiré, l'adverbe *tout* s'accorde pour faciliter la prononciation. Je suis **toute** seule.

• *Tout* est un **déterminant indéfini** quand il est suivi d'un nom. Il s'accorde alors avec ce nom. **Tous** les avions transportaient du courrier.

• *Tout* est un **pronom indéfini** quand il est employé seul.

Tout l'ennuie. Tous [on entend le *s*] l'ennuient. Toutes l'ennuient.

MINI INTERRO

1. Quelles sont les classes grammaticales des mots variables ?

2. Quelle est la nature de *tout* dans cette phrase ? *Marie est toute surprise.*

1 Quiz

Lis le texte puis coche la bonne réponse.

Dans Vol de nuit, *Saint-Exupéry raconte l'aventure de l'Aéropostale qui a exploré, entre 1927 et 1933, les voies aériennes susceptibles de relier le Chili et le Brésil.*

Et c'est à cette minute que luirent sur sa tête, dans une déchirure de la tempête, comme un appât mortel au fond d'une nasse, quelques étoiles. Il jugeait bien que c'était un piège ; on voit trois étoiles dans un trou, on monte vers elles, ensuite on ne peut plus descendre, on reste là à mordre les étoiles… Mais sa faim de lumière était telle qu'il monta.

■ Antoine de SAINT-EXUPÉRY, *Vol de nuit* © Gallimard, 1930.

	Déterminant	Préposition	Adverbe
a. dans	❑	❑	❑
b. quelques	❑	❑	❑
c. bien	❑	❑	❑
d. ensuite	❑	❑	❑

2 Vocabulaire

Complète les phrases en utilisant les mots suivants :
déterminants • conjonctions de coordination • prépositions • adverbes • interjections • conjonctions de subordination

a. Ils déterminent un nom : ce sont les ……………………………………………

b. Ils précisent un verbe, un adjectif ou un autre adverbe : ce sont les ……………………………………………

c. Elles introduisent un complément : ce sont les ……………………………………………

d. Elles introduisent une proposition subordonnée : ce sont les ……………………………………………

e. Elles relient deux mots, deux groupes de mots, deux propositions de même nature : ce sont les ……………………………………………

f. Elles permettent d'exprimer une émotion spontanée, ce sont les ……………………………………………

3 *Tout, tous* ou *toute* ?

Complète les phrases avec *tout*, *tous* ou *toute* et indique la nature de chacun.

a. ………… les avions devaient trouver leur chemin au-dessus des Andes.

b. ………… pilote sait que c'est un voyage difficile quand la tempête brouille ………… les repères habituels.

c. ………… se perd dans la brume.

4 Déterminants

Dans l'extrait de l'exercice 1, relève les déterminants et classe-les dans ce tableau.

Article défini	…………………………
Article indéfini	…………………………
Déterminant possessif	…………………………
Déterminant démonstratif	…………………………
Déterminant indéfini	…………………………
Déterminant numéral	…………………………

5 SPÉCIAL BREVET

a. Repère les verbes. Quel est le temps dominant ?

b. Encadre ceux qui sont accordés au pluriel.

c. Fais-toi dicter le passage entre les crochets rouges.

Ainsi les trois avions postaux de la Patagonie, du Chili et du Paraguay revenaient du Sud, de l'Ouest et du Nord vers Buenos Aires. On y attendait leur chargement pour donner le départ, vers minuit, à l'avion d'Europe. [Trois pilotes, chacun à l'arrière d'un capot lourd comme un chaland, perdus dans la nuit, méditaient leur vol, et, vers la ville immense, descendraient lentement de leur ciel d'orage ou de paix, comme d'étranges paysans descendent de leurs montagnes. Rivière, responsable du réseau entier, se promenait de long en large sur le terrain d'atterrissage de Buenos Aires. Il demeurait silencieux car, jusqu'à l'arrivée des trois avions, cette journée, pour lui, restait redoutable.]

■ Antoine de SAINT-EXUPÉRY, *Vol de nuit* © Gallimard, 1930.

Corrigés p. 5 du livret.

Grammaire

2 Les fonctions essentielles autour du verbe

RETENIR

1 / Le sujet

MOT CLÉ

✓ **Fonction essentielle :** Elle est liée au schéma de construction du verbe (sujet, COD, COI, attribut). Le sujet et les compléments essentiels ne peuvent être ni supprimés ni déplacés sans changer le sens de la phrase.

- Une phrase est formée d'un sujet (le thème) et d'un groupe verbal (ce qu'on dit du thème). Le sujet est donc un **composant essentiel de la phrase**. Il se place le plus souvent devant le verbe. Il commande l'accord du verbe en nombre et en personne.

Le grand Michu [sujet] **était** [verbe] du Var.

2 / Le verbe et ses compléments essentiels

- Le groupe verbal est composé du verbe et le plus souvent d'un **complément du verbe**. Un complément du verbe est **essentiel** : si on le supprime, le verbe a un sens incomplet. Selon le cas, il s'agit d'un complément d'objet (COD, COI ou COS), d'un attribut du sujet ou d'un attribut du COD.

- Après un verbe transitif, on trouve :

– soit un **complément d'objet direct** (COD) quand le verbe est transitif direct ;

Son père possédait [verbe] quelques bouts de terre [COD].

– soit un **complément d'objet indirect** (COI) quand le verbe est transitif indirect ;

Il se souvenait [verbe] **de** l'insurrection [COI].

– soit un **complément d'objet second** (COS), quand le verbe se construit avec deux compléments d'objet. Nous savions [verbe] vaguement l'histoire [COD] de cet homme [COS].

- Après un verbe d'état (*être, sembler, demeurer, devenir, rester, avoir l'air…*), on trouve un **attribut du sujet**. Il semblait [verbe] un personnage très redoutable [att. du sujet].

- Après un verbe exprimant le choix, la désignation ou le jugement (*choisir, nommer, juger, trouver, estimer…*), on trouve un **attribut du COD**.

Au collège, Michu nous [COD] trouvait [verbe] certainement bien peureux [att. du COD].

LA MÉTHODE

▷ Accorder un adjectif attribut du COD

De même qu'un adjectif attribut du sujet s'accorde avec le sujet, un adjectif attribut du COD **s'accorde avec le COD**.

Les collégiens jugeaient l'histoire du grand Michu passionnant**e**.

1. On cherche le COD auquel l'attribut du COD se rapporte.
Qu'est-ce qui est *passionnante* ? → *l'histoire du grand Michu.*

2. On accorde ensuite l'attribut du COD **en genre et en nombre** avec le COD trouvé. *Passionnante* s'accorde au féminin singulier avec *l'histoire*.

MINI INTERRO

1. Pourquoi le complément du verbe est-il « essentiel » ?
2. Pourquoi faut-il savoir identifier l'adjectif attribut du COD ?

S'ENTRAÎNER

1 Quiz

Quelle est la fonction des mots soulignés ?

	Att. du sujet	Att. du COD
a. Avant le départ, les cyclistes semblaient <u>tendus</u>.	❑	❑
b. <u>Quel</u> est ton nom ?	❑	❑
c. Les membres du club ont nommé Bob <u>président</u>.	❑	❑
d. Ce médecin passe pour <u>très compétent</u>.	❑	❑
e. Nous l'avons cru <u>malade</u>.	❑	❑

2 COD, COI ou COS ?

Indique la fonction des groupes de mots soulignés.

a. Il ressemble étonnamment <u>à son oncle</u> : ....

b. Marie tenait en laisse <u>un petit chien ridicule</u> : ....

c. Il faut ajouter du sel <u>à la sauce</u> : ....

d. Le directeur est très occupé mais vous pourrez <u>lui</u> parler entre deux rendez-vous : ....

e. Il ne trouve jamais <u>de chaussures</u> assez grandes pour lui : ....

3 Sujets et compléments

Classe les groupes de mots soulignés dans le tableau et indique le verbe associé.

Dans un collège, le « grand Michu » accepte par solidarité, malgré sa faim continuelle, de diriger la grève de la cantine imaginée par ses camarades.

Naturellement, <u>les conspirateurs</u> offrirent <u>au grand Michu</u> <u>d'être leur chef</u>. Le plan de ces messieurs était d'une simplicité héroïque : il suffirait, pensaient-ils, de refuser toute nourriture, jusqu'à ce que le proviseur déclarât solennellement que l'ordinaire serait amélioré. <u>L'approbation</u> que le grand Michu donna <u>à ce plan</u>, est un des plus beaux traits d'abnégation et de courage que je connaisse.

Émile Zola, « Le Grand Michu », *Nouveaux Contes à Ninon*, 1874.

	Groupes de mots	Verbe associé
Sujet		
COD		
COI		
COS		

4 Attribut, COD ou COI ?

Classe les mots ou groupes de mots soulignés dans le tableau.

Une après-midi, à la récréation de quatre heures, le grand Michu <u>me</u> prit à part, dans un coin de la cour. Il avait l'air <u>contrarié</u>, ce qui me frappa d'une certaine crainte ; car le grand Michu était <u>un gaillard</u> aux poings énormes, que pour rien au monde je n'aurais voulu avoir pour ennemi.

– Écoute, <u>me</u> dit-il de sa voix grasse de paysan à peine dégrossi, écoute, veux-tu en être ?

Je répondis carrément : « Oui ! » flatté d'être de quelque chose avec le grand Michu.

Alors, il m'expliqua qu'il s'agissait <u>d'un complot</u>.

Les confidences <u>qu</u>'il me fit me causèrent une sensation délicieuse, que je n'ai jamais peut-être éprouvée depuis.

Émile Zola, « Le Grand Michu », *Nouveaux Contes à Ninon*, 1874.

Attribut	COD	COI

5 SPÉCIAL BREVET

Réécris l'extrait de l'exercice 4 en remplaçant « le grand Michu » par « le grand Michu et Paul » et en faisant toutes les modifications qui s'imposent.

....

....

....

....

....

....

Corrigés p. 5 du livret.

3 Les compléments circonstanciels

RETENIR

1 / Le sens des compléments circonstanciels

- Un complément circonstanciel (CC) précise **dans quelle circonstance se fait l'action du verbe** : on distingue différentes circonstances.

Circonstance	Classification	Exemple
Où ?	CC de lieu	Nous roulons sur la route blanche.
Quand ?	CC de temps	Nous arrivons enfin sur la terre ferme.
Comment ?	CC de manière	Nous roulons au trot.
Pourquoi ?	CC de cause	Le cocher emprunte le même chemin par habitude.
En sorte de quoi ?	CC de conséquence	Il fait trop chaud pour voyager.
Pour quoi ?	CC de but	Nous partons pour acheter de nouvelles chaussures.
Malgré quoi ?	CC d'opposition	Malgré la chaleur, j'aimais ces promenades.

- **Attention** : en général, un CC n'est pas indispensable au sens de la phrase et peut être supprimé, sauf dans le cas de certains compléments essentiels de lieu.
Ils montèrent sur la colline. → complément essentiel de lieu.

MOT CLÉ

✓ **Complément circonstanciel :** Il indique les circonstances dans lesquelles se fait l'action du verbe. On peut souvent le déplacer ou le supprimer.

2 / La classe grammaticale des compléments circonstanciels

- Un CC peut avoir des **natures grammaticales variées**.

Nature du CC	Exemple
un GN	Le soir, nous partons en calèche. Nous roulons sur la route blanche.
un pronom précédé ou non d'une préposition	J'habite chez eux.
un gérondif	Le cocher roule en chantant.
un adverbe	Il avançait vite.
un verbe à l'infinitif	Nous partons pour acheter de nouvelles chaussures.

- Voir les propositions subordonnées circonstancielles page 18.

LA MÉTHODE

▷ Distinguer les CC de cause, de conséquence et de but

- Un **CC de cause** donne la raison d'un événement ou d'un comportement.
  À cause de la hauteur de la rivière, nous n'avons pas pu nous promener.
- Un **CC de conséquence** met en évidence le résultat, les effets d'une action, d'un fait.
  La rivière était en crue, de sorte qu'il nous fut impossible de faire notre promenade.
- Un **CC de but** exprime la visée, l'objectif.
  Nous allions chaque été en Russie, pour retrouver la famille.

MINI INTERRO

1. Un CC est-il toujours essentiel pour le sens de la phrase ?
2. Cite quelques classes grammaticales de CC.

S'ENTRAÎNER

1 Vrai ou faux ?

Coche les bonnes cases.

	V	F
a. Un complément circonstanciel est lié au verbe et ne peut être supprimé.	❑	❑
b. La préposition « à » peut introduire un COI ou un CC.	❑	❑
c. Un CC peut se construire sans préposition.	❑	❑
d. *Ici*, *là-bas*, sont des adverbes de lieu.	❑	❑

2 CC de lieu

Classe les compléments circonstanciels de lieu soulignés dans le tableau suivant.

Dans Enfance, *Nathalie Sarraute raconte ses souvenirs d'enfance, dans un récit autobiographique à deux voix, celle des souvenirs et celle qui porte un jugement critique sur la première.*

Nous sommes assis avec [ma tante], nous, les plus petits, dans la grande calèche découverte, tirée par deux chevaux, nous allons de l'autre côté du fleuve, où se trouvent les magasins, où s'élève la haute tour blanche entourée près de son sommet d'un balcon… Même de loin, de notre rive, on voit une silhouette qui se penche à la balustrade, elle émet des sons étranges qui ressemblent à des cris, à des chants.

■ Nathalie Sarraute, *Enfance*, coll. « Folio » © Gallimard, 1985.

Préposition + GN	Adverbe	Pronom
	de loin de notre rive a la balu…	

3 Vrai ou faux ?

Relis l'extrait de l'exercice 2 et coche la bonne réponse.

	V	F
a. « d'un balcon » est un CC de lieu.	❑	❑
b. « de l'autre côté du fleuve » est un CC de lieu essentiel.	❑	❑
c. « à la balustrade » est un CC de lieu essentiel.	❑	❑

Corrigés p. 5 du livret.

4 Sens des CC

Indique le sens des CC soulignés.

Nathalie Sarraute écrit ses souvenirs d'enfance sous forme de dialogue, pour mettre au jour les souvenirs enfouis dans sa mémoire. La narratrice regarde avec ironie ou attendrissement l'enfant naïve qu'elle fut autrefois. Des paroles brutales prononcées devant elle, pendant les premières années de sa vie, ont eu en elle de douloureuses répercussions.

5 CC de temps et de manière

Complète le texte avec les CC suivants, puis indique leur classe et leur fonction :
alors • *mieux* • *rapidement* • *soudain*

Ravinel roule ...mieux... la nuit. Par goût. On est seul. On s'enfonce dans l'ombre, à toute allure. On ne ralentit pas en traversant les villages. Les phares éclairent ...soudain... la route qui ressemble à un canal parcouru d'une légère houle. Impression de faire du hors-bord. Et puis ...alors... impression de dévaler la pente d'un scenic-railway : les poteaux blancs qui balisent les virages passent ...rapidement... avec des miroitements de pierres précieuses.

■ Boileau-Narcejac, *Les Diaboliques*, coll. « Folio » © Gallimard, 1973.

6 LECTURE D'IMAGE

Observe la couverture du roman de N. Sarraute.

a. Qui sont les deux personnes représentées sur la couverture ? Justifie ta réponse.

b. Comment est habillée l'enfant ?

c. Comment caractériserais-tu l'expression de la femme vue de profil ?

4 Les expansions du nom

RETENIR

1 / Des classes grammaticales variées

- Un nom est fréquemment précisé par un **adjectif qualificatif** qui exerce la fonction d'épithète. Cet adjectif se place immédiatement avant ou après le nom qu'il qualifie. Il s'accorde en genre et nombre avec ce nom.

  Des baies blanches et pourpres
  adj. épithètes du nom *baies*

- Un nom peut également être complété par un **groupe introduit par une préposition** (*à, de, en...*) ; ce groupe exerce la fonction de complément du nom.

  Des baies au goût de viande
  complément du nom *baies*

- Un nom, enfin, peut être suivi d'une **proposition subordonnée relative**. On dit que cette proposition est complément de son **antécédent** (le mot que remplace le pronom relatif).

  Un arbuste où poussaient des baies blanches.
  prop. sub. relative complément de l'antécédent *arbuste*

MOTS CLÉS

✓ Expansion du nom :
Elle complète et enrichit un nom ou un GN. Il peut s'agir d'un groupe prépositionnel, d'une subordonnée relative, d'un adjectif...
Placée le plus souvent après le nom, elle peut toujours être supprimée.

✓ Nom en apposition :
Il désigne le même être ou le même objet que le terme complété.

2 / Les expansions en apposition

- Une expansion est le plus souvent **liée** au nom noyau (voir les exemples ci-dessus). Parfois, cependant, elle est séparée du GN par une virgule ou un deux-points. Le mot ou le groupe de mots ainsi construit est dit **apposé** ou **en apposition**.

- Selon le cas, il s'agit d'un adjectif, d'un nom ou d'un GN, d'un infinitif...

  Nehi, confiant dans ses talents de cultivateur, avait planté de nouvelles graines.
  groupe adjectival apposé à *Nehi*

  Ces fruits, des carnélias, sont succulents.
  GN apposé à *ces fruits*

  Nehi n'avait qu'une envie, nourrir au mieux ses animaux.
  groupe infinitif apposé à *envie*

LA MÉTHODE

▷ Accorder correctement dans une subordonnée relative

- **Avec le pronom *qui***
  Quand le pronom relatif est le pronom sujet *qui*, le verbe de la relative s'accorde avec ce pronom ; il faut donc retrouver le nom remplacé par *qui*.

  Les **arbres qui** poussent ici le mieux sont les pins maritimes.

  C'est **toi qui** iras cueillir les fruits pour ce soir.

- **Avec le pronom *que***
  Quand le pronom relatif est le pronom COD *que* et que le verbe de la relative est à un temps composé, son participe passé s'accorde avec *que*.

  Les **fleurs que** j'ai cueillies ce matin sont écloses.

MINI INTERRO

1. Cite trois manières différentes d'enrichir un GN.
2. Justifie l'orthographe du verbe souligné : *C'est moi qui ai gagné.*

S'ENTRAÎNER

1 Vrai ou faux ?

Coche la bonne réponse.

	V	F
a. On peut enrichir un GN avec un adjectif qualificatif.	❑	❑
b. On peut enrichir un GN avec une subordonnée relative.	❑	❑
c. Un complément du nom est toujours formé d'une préposition et d'un nom.	❑	❑
d. Un adjectif, un nom ou une subordonnée relative peuvent être apposés à un GN.	❑	❑

2 Adjectifs épithètes

Dans ce texte, souligne les adjectifs épithètes.

Des années auparavant, au fond d'un vallon dissimulé derrière sept montagnes et sept vallées encaissées, Nehi avait découvert au cours de ses errances un arbuste où poussaient des baies blanches et pourpres au goût de viande. Nehi appela ces fruits des carnélias.

Amos Oz, *Soudain dans la forêt profonde*, coll. « Folio » © Gallimard, 2009.

3 Fonction des expansions

Classe les expansions soulignées dans le tableau qui suit, selon leur fonction.

<u>Vaste et profond</u>, le jardin s'étirait à perte de vue jusqu'aux pentes <u>fleuries</u> avoisinant des bosquets obscurs, des vergers et des potagers. Des ruisseaux pareils à une dentelle <u>de fils d'argent</u> l'arrosaient. <u>Dominant l'ensemble</u>, une foule d'insectes et de <u>minuscules</u> bestioles s'agitaient, zigzaguaient et tourbillonnaient en tous sens dans une cacophonie <u>assourdissante</u> de bourdonnements, de vrombissements et de bruissements.

Amos Oz, *Soudain dans la forêt profonde*, coll. « Folio » © Gallimard, 2009.

Épithète	Complément du nom	Apposition

4 Se préparer au brevet

Lis le texte et réponds aux questions.

Le jardin ombragé était un régal pour les yeux, illuminé qu'il était non seulement par les rayons du soleil couchant, mais aussi par les pinceaux d'une lumière extraordinaire, intense et polychrome. Ces rayons filtraient à travers les arbres et les buissons, les parterres fleuris, les bassins, les rivières et ruisselets cristallins qui coulaient ici et là entre les anfractuosités des rochers et au creux des gradins.

Amos Oz, *Soudain dans la forêt profonde*, coll. « Folio » © Gallimard, 2009.

a. Dans le GN *le jardin ombragé*, remplace le participe passé pris comme adjectif « ombragé » par une relative qui aura le même sens.

b. Dans le GN *les parterres fleuris*, remplace l'adjectif qualificatif par un complément de nom qui aura le même sens.

c. Quelle impression ressort de cette description du jardin ?

5 LECTURE D'IMAGE

Observe ce tableau d'Henri Rousseau.

Henri ROUSSEAU (1844-1910), *La charmeuse de serpents*, 1907.

a. Quelles couleurs dominantes le peintre a-t-il choisies pour représenter la jungle ?

b. Comment est représentée la femme ?

c. Quelle impression se dégage de l'ensemble de la toile ?

Corrigés p. 5 du livret.

5 Les formes de phrases

RETENIR

Les quatre types de phrases (déclarative, interrogative, impérative, exclamative) peuvent adopter différentes formes.

1 / La forme affirmative ou négative

MOTS CLÉS

✓ Type de phrase : Il en existe quatre (déclarative, interrogative, exclamative, impérative).

✓ Forme de phrase : On distingue les formes affirmative, négative, emphatique, active ou passive. Elles peuvent se combiner entre elles.

• Une phrase négative se distingue d'une phrase affirmative par la présence d'une négation. L'adverbe de négation « ne » est le plus souvent utilisé avec un autre mot qui peut être :

Un autre adverbe	*Ne… pas, ne… plus, ne jamais*	Je n'ai jamais aimé ainsi.
Un pronom indéfini	*Personne…ne, rien… ne*	Personne ne m'a aimé.
Un déterminant	Aucun + nom + *ne*	Aucune femme n'est aussi belle que vous.

• La conjonction de coordination *ni* relie deux termes ou deux propositions négatives. Vous ne me trouvez ni beau ni intelligent mais vous changerez d'avis.

2 / La forme neutre ou la forme emphatique

• La phrase emphatique se distingue de la phrase neutre par la **mise en valeur d'un de ses constituants**. On distingue trois procédés de mise en valeur :
– le déplacement en tête de phrase : Quelles jolies petites mains vous avez !
– le déplacement et la reprise par un pronom : Les jolis doigts, que je serais heureux avec cela !
– l'ajout d'un présentatif (*c'est, voilà, il y a*) : C'est vous que j'aime.

3 / La forme active ou passive

• Le passage d'une phrase active à la forme passive n'est possible que si le verbe est **transitif direct**. Le verbe est alors conjugué à la voix passive.

Arlequin (sujet) aime Euphrosine (COD). → Euphrosine (sujet) est aimée par Arlequin (comp. d'agent).

• Le COD de la phrase active devient sujet de la phrase de forme passive. Le sujet de la phrase active devient **complément d'agent** mais n'est pas obligatoire.

LA MÉTHODE

▷ Accorder le participe passé d'un verbe à la voix passive

• La voix passive exige l'auxiliaire *être*. Il faut donc faire attention à **accorder le participe passé avec le sujet**. Attention au cas où l'auxiliaire est à un temps composé (et donc conjugué avec l'auxiliaire *avoir*).

Aujourd'hui Euphrosine est aimée par Arlequin. (présent)

Autrefois elle a été courtisée par un jeune homme riche. (passé composé)

MINI INTERRO

1. Propose deux manières de dire *Je voudrais rencontrer ce chanteur* à la forme emphatique.

2. Il est adoré de ses parents. Est-ce la forme active ou passive ?

S'ENTRAÎNER

1 Vrai ou faux ?

Ces phrases sont à la forme passive.

	V	F
a. Je suis enthousiasmée par cette rencontre.	❑	❑
b. Vous êtes merveilleux.	❑	❑
c. Je suis allée au théâtre.	❑	❑
d. Cette pièce a été souvent jouée.	❑	❑
e. Les duos amoureux sont des passages obligés dans la comédie.	❑	❑

2 Emphase et négation

Souligne une phrase à la forme emphatique et relève une négation.

Sur l'île des esclaves, les rôles des maîtres et des valets sont inversés. Le valet Arlequin s'essaie à la séduction auprès de la noble Euphrosine, mais sans succès…

ARLEQUIN. – Vous me trouvez un peu nigaud, n'est-il pas vrai ? Mais cela passera ; c'est que je vous aime et que je ne sais comment vous le dire.

EUPHROSINE. – Vous ?

ARLEQUIN. – Eh pardi oui ; qu'est-ce qu'on peut faire de mieux ? Vous êtes si belle, il faut bien vous donner son cœur.

■ MARIVAUX, *L'Île des esclaves*, scène VIII, 1725.

3 La forme négative

Souligne tous les termes qui marquent la négation.

EUPHROSINE. – Je ne suis digne que de pitié, mon enfant.

ARLEQUIN. – Bon, bon, à qui est-ce que vous contez cela ? Vous êtes digne de toutes les dignités imaginables : un empereur ne vous vaut pas, ni moi non plus : mais me voilà moi, et un empereur n'y est pas et un rien qu'on voit vaut mieux que quelque chose qu'on ne voit pas.

■ MARIVAUX, *L'Île des esclaves*, scène VIII, 1725.

4 Emphatique ou passive ?

Quelle est la forme de ces phrases ?

a. Chérubin est protégé par toutes les femmes dans *le Mariage de Figaro*.

❑ Forme emphatique ❑ Forme passive

b. Quel plaisir de regarder cette nouvelle mise en scène du théâtre de Marivaux !

❑ Forme emphatique ❑ Forme passive

c. Jouer le rôle d'Arlequin, voilà un joli début de carrière pour un acteur.

❑ Forme emphatique ❑ Forme passive

d. Les comédies de Marivaux ont été souvent jouées à la Comédie-Française, ces dernières années.

❑ Forme emphatique ❑ Forme passive

5 Forme passive

Réécris ces phrases au passif en faisant toutes les transformations nécessaires.

a. Le Comte Almaviva a découvert Chérubin, le page, chez Fanchette, la cousine de Suzanne.

b. Fanchette et Chérubin répétaient une chanson pour la fête du mariage de Suzanne.

c. Le Comte aurait poussé des grands cris de colère en les trouvant ensemble.

d. Chérubin reçut l'ordre de quitter le château.

6 SPÉCIAL BREVET

Lis le texte et réponds aux questions.

CHÉRUBIN. – C'est fait Suzon, je suis privé à jamais du plaisir de te voir.

SUZANNE. – De me voir ! Moi ? C'est mon tour ! Ce n'est donc plus pour ma maîtresse que vous soupirez en secret ?

CHÉRUBIN. – Ah ! Suzon, qu'elle est noble, qu'elle est belle ! Mais qu'elle est imposante !

SUZANNE. – C'est-à-dire que je ne le suis pas et qu'on peut oser avec moi…

■ BEAUMARCHAIS, *Le Mariage de Figaro*, acte I, scène 7, 1778.

a. Réécris ce texte en supprimant tous les procédés d'emphase.

b. Que devient le dialogue ainsi rédigé ?

Corrigés p. 5 du livret.

GRAMMAIRE

6 La phrase complexe et les différentes subordonnées

RETENIR

1 / Phrase simple et phrase complexe

- Une phrase qui ne comprend qu'un seul verbe conjugué est une **phrase simple**.

Alain-Fournier a écrit *Le Grand Meaulnes*.

- Une phrase qui comprend au moins deux verbes conjugués est une **phrase complexe**. Elle se décompose en autant de propositions que de verbes conjugués. Les propositions peuvent être juxtaposées, coordonnées ou être liées par un rapport de subordination.

2 / Les propositions subordonnées

- Une proposition subordonnée n'a **pas d'existence autonome**, elle dépend toujours d'une proposition principale à laquelle elle est reliée le plus souvent par un mot subordonnant.

Je ris [parce qu'il a raconté une blague].
(parce qu' : mot subordonnant)

- On distingue **six types de propositions subordonnées**, en fonction du mot qui les introduit.

Mot subordonnant	Nature de la subordonnée	Exemple
Conjonction de subordination	• Conjonctive complétive • Conjonctive circonstancielle	Je pense [**qu**'il a raison]. Tu viens [**quand** tu veux].
Pronom interrogatif ou conjonction de subordination	Interrogative indirecte	Il se demande [**si** c'est raisonnable].
Pronom relatif	Subordonnée relative	Les histoires [**qu**'il raconte] sont passionnantes.
Pas de mot subordonnant mais verbe à l'infinitif	Subordonnée infinitive	J'entends [mon camarade rire de mes maladresses].
Pas de mot subordonnant mais verbe au participe	Subordonnée participiale	[Les cours terminés,] nous discutions ensemble.

MOTS CLÉS

✓ **Subordonnée :** proposition dépendant de la principale. Elle est introduite par un pronom relatif, une conjonction de subordination ou un mot interrogatif.

✓ **Subordonnées infinitives et participiales :** Elles ne sont pas introduites par un subordonnant. Le sujet de l'infinitif ou du participe est distinct de celui du verbe de la principale.

LA MÉTHODE

Identifier le mot subordonnant *que*

- Si *que* est un **pronom relatif**, on peut en général remplacer la proposition par un adjectif épithète. Meaulnes [que je voyais souvent rêver dans la cour] s'en alla un beau matin. → Meaulnes souvent rêveur s'en alla.
- Si *que* est une **conjonction de subordination** introduisant une subordonnée conjonctive complétive, on peut en général remplacer la proposition par un GN complément d'objet. Le narrateur se rend compte [que Meaulnes a fugué]. → Le narrateur se rend compte de la fugue de Meaulnes.
- La **proposition relative** suit souvent le nom que remplace le pronom relatif. La **subordonnée conjonctive complétive** suit souvent le verbe de la principale.

MINI INTERRO

1. Quelle est la particularité d'une subordonnée participiale ?
2. *Meaulnes est parti pendant la récréation.* Transforme cette phrase simple en une phrase complexe de même sens.

S'ENTRAÎNER

1 Quiz

Parmi ces phrases, lesquelles sont simples, lesquelles sont complexes ?

a. Je sais que Meaulnes est parti.

b. Plus exactement je le soupçonne de s'être échappé.

c. Sitôt le déjeuner terminé, il a filé à travers champs.

d. Il aura demandé la jument de M. et Mme Charpentier qu'il fait atteler maintenant.

- simple
- complexe

2 Créer une subordonnée

Transforme chaque couple de phrases en une phrase comprenant une proposition principale et une subordonnée.

a. Ma famille habitait depuis dix ans le village. Un jour Augustin Meaulnes arriva.

b. Le dimanche d'hiver à la campagne, dans les années 1900, était parfois très triste. C'est pourquoi l'arrivée d'un invité était un événement.

c. J'étais inquiet. Meaulnes n'était pas rentré.

3 Nature des subordonnées

Le narrateur est fasciné par son ami Augustin Meaulnes qui ne se satisfait pas de la réalité.

Mais lorsque l'heure fut venue de partir et que je me levai pour faire signe au grand Meaulnes, il ne m'aperçut pas d'abord. Adossé à la porte et tête penchée, il semblait profondément absorbé par ce qui venait d'être dit. En le voyant ainsi, perdu dans ses réflexions, regardant, comme à travers des lieues de brouillard, ces gens paisibles qui travaillaient, je pensais soudain à cette image de *Robinson Crusoé*, où l'on voit l'adolescent anglais, avant son grand départ, « fréquentant la boutique d'un vannier ».

Alain-Fournier, *Le Grand Meaulnes*, 1913.

a. Ces phrases sont-elles simples ou complexes ?

b. Relève deux subordonnées circonstancielles de temps.

4 Expression du temps

Dès le début de la classe, je me suis aperçu que Meaulnes n'était pas rentré après la récréation de midi. Son voisin de table a bien dû s'en apercevoir aussi. Il n'a rien dit encore, préoccupé par sa composition. Mais, dès qu'il aura levé la tête, la nouvelle courra par toute la classe et quelqu'un, comme c'est l'usage, ne manquera pas de crier à haute voix les premiers mots de la phrase : « Monsieur ! Meaulnes... ».

Alain-Fournier, *Le Grand Meaulnes*, 1913.

a. Dans ce texte, souligne deux compléments circonstanciels de temps.

b. Quelle est la classe grammaticale de chacun de ces compléments ?

5 Nature de *que*

Indique quelle nature de subordonnée introduit *que*.

	Relative	Conjonctive complétive
a. Je crains que vous ne m'ayez pas compris.	❑	❑
b. Je te prêterai les livres que j'ai lus cet été.	❑	❑
c. Nous souhaitons que vous reveniez très vite parmi nous.	❑	❑
d. L'équipe que nous avions constituée fonctionnait très bien.	❑	❑

6 SPÉCIAL BREVET

a. Lis ce texte et analyse les propositions de la première phrase.

b. Pour les subordonnées, indique leur type et leur fonction.

c. Selon toi, quel effet produit le contraste entre la première phrase et la fin de l'extrait ?

Tandis que les enfants couraient avec des cris de joie, que des groupes se formaient ou s'éparpillaient à travers bois, Meaulnes s'avança dans une allée, où, dix pas devant lui, marchait la jeune fille. Il se trouva près d'elle sans avoir eu le temps de réfléchir :
« Vous êtes belle », dit-il simplement.

Alain-Fournier, *Le Grand Meaulnes*, 1913.

Corrigés p. 5 du livret.

7 Les subordonnées circonstancielles

RETENIR

MOT CLÉ

✓ **Subordonnée circonstancielle :**
Elle peut être supprimée et déplacée. Elle est CC du verbe de la principale.

- Une **subordonnée conjonctive circonstancielle** exprime la circonstance dans laquelle se fait l'action du verbe de la proposition principale. Elle est introduite par une **conjonction ou locution conjonctive qui précise son sens.**
- On distingue plusieurs subordonnées circonstancielles selon leur sens.

Subordonnée circonstancielle	Conjonctions de subordination ou locutions conjonctives	Exemple
de temps (temporelle)	*quand, dès que, lorsque, tandis que, avant que, après que, comme*, etc.	**Lorsque** nos cousins disent « maman », on entend la tendresse dans leur voix .
de cause (causale)	*comme, parce que, puisque, sous prétexte que*, etc.	**Parce que** la famille rentrait de Chine, notre vie allait changer.
de conséquence (consécutive)	*si bien que, de sorte que, de façon que, si… que*, etc.	Nous avions **si** peu vu notre mère **que** nous ne la connaissions guère.
de but (finale)	*pour que, afin que, de peur que* (suivies du subjonctif)	Nous nous sommes approchés **pour que** notre grand-mère nous embrasse.
de concession (concessive)	*bien que, quoique, même si*, etc. (suivies du subjonctif)	**Bien que** nous voyagions beaucoup, nous aimons rentrer chez nous.
de condition (conditionnelle)	*si, à condition que*, etc.	**Si** vous travailliez davantage, vous auriez de meilleurs résultats.
de comparaison	*comme, de même que, autant que*, etc.	Nous aimions chahuter **comme** le font tous les enfants.

LA MÉTHODE

▷ Utiliser les subordonnées circonstancielles de condition

- Le temps et le mode de la subordonnée de condition dépendent du **temps de la principale**, mais aussi du **sens de la phrase**.

Exemple	Verbe de la subordonnée	Verbe de la principale	Sens
S'il fait beau, nous irons en forêt.	fait (présent de l'indicatif)	irons (futur de l'indicatif)	Éventuel
S'il faisait beau demain, nous irions en forêt.	faisait (imparfait de l'indicatif)	irions (conditionnel présent)	Potentiel
S'il faisait beau ce matin, nous irions en forêt.	faisait (imparfait de l'indicatif)	irions (conditionnel présent)	Irréel du présent
S'il avait fait beau, nous serions allés en forêt.	avait fait (plus-que-parfait de l'indicatif)	serions allés (conditionnel passé)	Irréel du passé
À condition qu'il fasse beau, nous irons en forêt.	fasse (subjonctif présent)	irons (futur de l'indicatif)	Éventuel
Au cas où il ferait beau, nous irions en forêt.	ferait (conditionnel présent)	irions (conditionnel présent)	Éventuel

MINI INTERRO

1. *Avant de partir, je rangerai la maison.* Remplace l'infinitif construit avec une préposition par une subordonnée circonstancielle de temps.
2. Quelles subordonnées circonstancielles nécessitent le subjonctif ?

S'ENTRAÎNER

1 Mots mêlés

Retrouve dans cette grille au moins cinq conjonctions de subordination.

S	I	Q	U	O	I	Q	U	E
U	L	U	V	R	Q	U	E	N
R	S	A	V	E	S	E	N	S
E	R	N	I	R	E	B	O	U
M	I	D	A	C	N	T	S	Q
P	U	I	S	Q	U	E	M	I
N	E	A	N	M	O	I	N	S
C	E	R	T	E	S	M	L	E
P	O	U	R	Q	U	O	I	T

2 La cause

Remplace les deux indépendantes juxtaposées par une principale et une subordonnée.

a. Je bois frais ; j'ai chaud.

b. Il n'a pas bien interprété son morceau de piano ; il était trop nerveux.

c. Il a eu une forte amende ; il dépassait la limite de vitesse autorisée.

d. Les enfants étaient excités ; leurs parents rentraient de Chine.

e. Il n'a pas réussi à montrer sa joie ; il est trop timide.

3 La conséquence

Remplace les deux indépendantes juxtaposées par une principale et une subordonnée en variant les conjonctions de subordination.

a. L'automobiliste a freiné très brusquement ; je n'ai pas pu l'éviter.

b. L'incendie a pris dans la forêt ; on a dû évacuer le village.

c. Elle a beaucoup d'enfants ; elle ne sait où donner de la tête.

d. Il avait voyagé toute la nuit ; il tombait de fatigue.

e. Son histoire familiale est très sinistre ; il a décidé d'en faire un récit autobiographique.

4 La condition

Conjugue les verbes comme il convient.

a. Si vous (travailler) .... vite, nous irons voir vos cousins.

b. Si ma grand-mère voulait nous aider, nous (pouvoir).......................... monter un spectacle.

c. Ce père de famille (devoir) .... protéger ses fils contre la sévérité de leur mère.

d. Nous aurions lu *Vipère au poing* même si ce roman n'(être) .... pas au programme.

5 Le but

Dans chaque phrase, insère une conjonction ou une locution conjonctive qui exprime le but.

a. Le ministère des Transports a pris des mesures .... il y ait moins d'accidents.

b. Tu devrais allumer la lumière .... on y voie mieux.

c. Je leur téléphone .... ils viennent immédiatement.

d. Ils parlent tout bas .... le bébé ne s'éveille.

6 SPÉCIAL BREVET

Souligne les propositions subordonnées, puis indique le rapport logique de chaque phrase.

a. Je pense puisque je te contredis.

b. Je dois refuser toute éducation contraignante puisque je déteste les guides.

c. Certains écrivains relatent leur enfance malheureuse pour que les souffrances infligées aux enfants soient mieux prises en compte.

d. Tu ressembles tellement à une vipère que j'aimerais t'étrangler de mes propres mains.

e. Tu m'as refusé tous les plaisirs et toutes les douceurs de l'enfance pour que je devienne un adulte endurci.

f. Bien que ce roman soit triste, nous l'avons lu avec plaisir.

g. Lorsque je serai adulte, je m'occuperai des enfants maltraités.

Corrigés p. 6 du livret.

8 L'expression de l'opposition

RETENIR

1 / Opposition simple et concession

Exprimer une opposition, c'est évoquer un fait dont la réalisation est contraire à un autre fait.

- **L'opposition simple** : les deux faits contrastent entre eux. Ma mère devait faire un régime **mais** elle prenait toujours son café avec deux sucres.
- La **concession** : le premier fait entraîne un second fait inattendu, contraire à la logique. **Bien qu'**il fasse un régime, il a encore grossi.

MOTS CLÉS

✓ **Opposition :** Elle oppose deux faits indépendants.

✓ **Concession :** Elle souligne la contradiction logique attendue.

2 / Dans une phrase simple

- L'opposition peut être exprimée à l'aide d'un **complément circonstanciel** :
  – **GN** ou pronom introduits par *malgré, à défaut de, en dépit de, excepté, sauf, sans* : [**En dépit du** faible salaire de mon père], nous vivions heureux.
  – **infinitif** introduit par *au lieu de, loin de, sans* : [**Au lieu de** nous plaindre], nous profitions des bons moments.
  – **gérondif** souvent précédé de *tout, même* : [**Tout** en faisant attention aux dépenses], ma mère savait nous gâter.

3 / Dans une phrase complexe

- Le **complément circonstanciel** d'opposition peut prendre la forme :
  – d'une **subordonnée conjonctive** à l'**indicatif** introduite par *alors que, tandis que, même si* : Chloé est brune [**alors que** sa sœur est blonde].
  – d'une subordonnée conjonctive au **subjonctif** introduite par *bien que, quoique* : [**Bien qu'**on fût en hiver], il aimait vivre fenêtres ouvertes.
  – d'une subordonnée conjonctive au **conditionnel** introduite par *quand bien même, alors même que* : Je ne quitterais pas Paris, [**quand bien même** la pollution y augmenterait].
  – d'une **subordonnée relative** indéfinie au **subjonctif** introduite par *qui que, quoi que, quel que, où que* : [**Où que** vous soyez], téléphonez-moi souvent.
- L'opposition peut également être exprimée par **deux propositions indépendantes coordonnées** par *mais, or, cependant, néanmoins, pourtant, toutefois,* etc. Il est tard **or** il n'est pas rentré du collège.

LA MÉTHODE

▷ Distinguer *quoique* et *quoi que*

- ***Quoique*** est une conjonction de subordination que l'on peut remplacer par ***bien que***. Elle introduit une subordonnée conjonctive dont le verbe se conjugue au subjonctif. **Quoique** tu aies fait des progrès, tu peux encore t'améliorer.
- ***Quoi que*** est pronom relatif composé qui signifie ***quelle que soit la chose que***. Ce pronom introduit une subordonnée relative dont le verbe se conjugue au subjonctif. **Quoi que** tu dises, tu auras toujours raison, aux yeux de ta mère. (= *Quelle que soit la chose que tu dises…*)

MINI INTERRO

1. Pourquoi écrit-on *Quoi qu'il fasse, il énerve son entourage ?*
2. Cite trois mots ou locutions exprimant l'opposition.

S'ENTRAÎNER

1 Quiz

Coche la bonne case.

a. … cette pâte d'amandes soit un peu sucrée, je me régale.

❑ Quoique ❑ Quoi que

b. … tu dises, ta tarte est délicieuse.

❑ Quoique ❑ Quoi que

c. … indique cette balance, on ne peut pas s'y fier.

❑ Quoiqu' ❑ Quoi qu'

d. … je mange, tu me grondes toujours.

❑ Quoique ❑ Quoi que

2 La concession

Relève deux procédés qui expriment la concession.

Dans le Livre de ma mère, *Albert Cohen entend rendre hommage à sa mère décédée et témoigner de l'amour maternel reçu pendant son enfance.*

Ma mère arrivait chez moi, fermement résolue à ne pas s'écarter désormais de son régime. Mais ce régime, elle l'enfreignait constamment sans s'en douter, les infractions étant toutes exceptionnelles quoique quotidiennes. « Je veux seulement voir si ce feuilleté est réussi. »

Albert Cohen, *Le Livre de ma mère*, 1954

3 Temps et mode des concessives

Emploie les verbes au mode et au temps qui conviennent.

a. Tandis que nous nous (*promener*) ……………………, le chien reniflait tous les murs des jardins.

b. Quand bien même vous m'(*offrir*) …………………… une fortune, je ne quitterais pas cet emploi que j'aime.

c. Bien que cette plage ne (*être*) …………………… pas polluée, l'eau n'est pas limpide.

d. Au lieu de (*manifester*) …………………… sa joie, elle fit un pâle sourire.

4 Expression de l'opposition

Complète les phrases avec un mot exprimant l'opposition.

Quand Albert Cohen a débarqué de Corfou avec ses parents, ils ne connaissaient personne à Marseille, ………… un vieil oncle. ………… son jeune âge, il se réveillait seul avant d'aller à l'école. Sa mère lui laissait un petit dessin rassurant qui remplaçait son baiser, ………… les jours où elle était trop pressée. Devenu adulte, l'écrivain n'a rien oublié ………… le nombre d'années écoulées.

5 CC d'opposition

Classe les compléments circonstanciels d'opposition selon leur classe grammaticale.

a. Bien qu'elle soit très occupée, elle joue de la flûte tous les jours.

b. Malgré nos gros chandails de laine, nous grelottions de froid.

c. Venez, sauf contre-ordre de dernière minute de notre part.

d. Quand bien même il voudrait gagner davantage d'argent, il doit faire ses preuves.

e. En dépit de sa jeunesse, il a déjà beaucoup voyagé.

f. Tandis que ma mère m'attendait, j'oubliais l'heure, trop absorbé par mon nouveau jeu.

6 SPÉCIAL BREVET

Modifie la manière d'exprimer l'opposition en fonction des indications données entre parenthèses.

a. Au lieu d'être triste, tu ferais mieux de travailler. (Employer une sub. conjonctive au conditionnel)

b. Bien qu'il ait quinze ans, il n'est pas très autonome. (Employer une préposition et un GN)

c. Quoique cet exercice soit facile, il a du mal à le terminer. (Employer deux indépendantes coordonnées)

d. Malgré la chaleur, cette maison reste fraîche. (Employer une sub. conjonctive au subjonctif)

Corrigés p. 6 du livret.

9 Les difficultés de conjugaison aux temps simples de l'indicatif

RETENIR

1 / Les terminaisons aux temps simples de l'indicatif

- Au **présent** et au **passé simple**, les terminaisons dépendent du groupe du verbe.
- Mais à l'**imparfait** et au **futur**, les terminaisons sont les mêmes pour tous les verbes.

	1er groupe	2e groupe	3e groupe
Présent	-e, -es, -e, -ons, -ez, -ent	-s, -s, -t, -ons, -ez, -ent	-s, -s, -t / -ds, -ds, -d, / -e, -es, -e / -x, -x, -t / -es, -es, -e, -ons, -ez, -ent
Passé simple	-ai, -as, -a, -âmes, -âtes, -èrent	-is, -is, -it, -îmes, -îtes, -irent	-is, -is, -it, -îmes, -îtes, -irent -ins, -ins, -int, -înmes, -întes, -inrent -us, -us, -ut, -ûmes, -ûtes, -urent
Imparfait	-ais, -ais, -ait, -ions, -iez, -aient		
Futur	-rai, -ras, -ra, -rons, -rez, -ront		

MOTS CLÉS

✔ **Radical :** racine qui exprime le sens du verbe.

✔ **Terminaison :** Elle change selon la personne, le temps et le mode du verbe.

2 / Les variations du radical

- On dit des **verbes du 1er et du 2e groupe** qu'ils sont réguliers car ils présentent tous le même système de terminaisons et qu'en règle générale, **leur radical ne varie pas**. Seuls certains verbes du 1er groupe présentent de légères variations de radical liées à la **prononciation**.

Types de verbes	Règle	Exemples
Verbes en *-cer*	Prennent un ç devant des terminaisons commençant par *a* ou *o*.	nous commen**ç**ons il commen**ç**ait
Verbes en *-ger*	S'écrivent avec *ge* devant des terminaisons commençant par *a* ou *o*.	nous man**ge**ons il man**ge**ait
Verbes en *-yer*	Changent le *y* en *i* devant un *e* muet.	il essu**i**e, il essu**i**era
Verbes en *-er*	Changent le *e* en è devant une syllabe muette.	il s**è**me, il ach**è**te, il g**è**le
Verbes en *-eler* et *-eter*	Doublent le *l* ou le *t* devant un *e* muet.	il appe**ll**e, il je**tt**e.

- Quant aux **verbes du 3e groupe**, la plupart ont un **radical variable**.

je lis, nous lisons, il lut… • je vois, nous voyons, il vit… • je vais, nous allons, il ira…

MINI INTERRO

1. Transforme ces verbes au passé simple : *Je noue, je rougis, je vois, je crois, je viens.*

2. Parmi ces verbes, lesquels perdent le *-d* aux personnes du singulier au présent ? *Craindre, peindre, prendre, joindre, résoudre, vendre.*

LA MÉTHODE

▷ Orthographier les verbes du 3e groupe au présent

- La plupart des verbes du 3e groupe prennent les terminaisons : *-s, -s, -t, -ons, -ez, -ent.* Mais il y a des **exceptions**, heureusement en nombre limité.

	Irrégularités au singulier	… au pluriel
Verbes en *-dre* qui ne se terminent pas par *-indre* et *-soudre*	*-ds, -ds, -d* → je pren**ds**, tu pren**ds**, il pren**d**	–
pouvoir, valoir, vouloir	*-x, -x, -t* → je peu**x**, tu peu**x**, il peu**t**	–

1 Mots mêlés

Retrouve les formes conjuguées au passé simple des verbes suivants. Les mots s'écrivent horizontalement et verticalement et certaines lettres sont communes.

croire • manger • faire • devoir • avoir • voir • naître • nouer • plier • tenir • crier • lire

T	I	N	S	V	I	T	O
A	B	O	C	R	U	S	R
E	D	U	R	E	N	T	L
F	R	A	I	G	N	I	S
I	J	M	A	N	G	E	A
R	T	E	I	P	H	A	S
E	E	S	O	L	U	S	E
N	A	Q	U	I	T	E	U
T	R	E	N	A	T	M	T

2 Les personnes

Place un (ou deux) pronom(s) personnel(s) devant les formes verbales suivantes.

.... mangerai	.... dites
.... ferons	.... doit
.... courrai	.... veut
.... pèsent	.... fit
.... vaux	.... parcourrai
.... mourus	.... couvre
.... cueille	.... appréciâtes
.... paie	.... payai
.... acquiers	.... tins

3 Reconnaître l'infinitif

Retrouve l'infinitif des verbes suivants.

il vainc :	ils vêtaient : ....
il vécut :	tu tins : ....
vous crûtes :	je vis : ....
il dut :	il meut : ....
tu peignis :	il paît : ....
tu cousis :	vous tîntes : ....
il broie :	vous sentîtes : ....
il faut :	tu recevras : ....

Corrigés p. 6 du livret.

4 Futur

Mets ces phrases au futur.

a. Tu aères la salle de bains.

....

b. Nous nous asseyons à la terrasse d'un café.

....

c. Vous recevez bientôt de nos nouvelles.

....

d. Il parcourt rapidement la une du journal.

....

e. Tu résous tes équations facilement.

....

5 Imparfait

Mets ces phrases à l'imparfait.

a. J'éteins la lumière quand je sors d'une pièce.

....

b. Le fantôme apparaît chaque vendredi.

....

c. Vous travaillez et réussissez bien.

....

d. L'eau ruisselle le long de la roche.

....

e. Ils défont ce que leurs ancêtres ont construit patiemment.

....

6 SPÉCIAL BREVET

Réécris cet extrait au futur.

Une heure et demie plus tard, lorsque furent publiés les résultats, c'est d'un pas tremblant et la gorge sèche que Pierre-Édouard s'approcha du tableau d'affichage. Mais il ne savait pas où trouver son nom et c'est le maître qui lui annonça qu'il était reçu premier de la commune et troisième du canton. C'était plus qu'un succès, un triomphe !

Claude MICHELET, *Des grives aux loups* © Robert Laffont, 2003.

10 Valeurs des temps de l'indicatif

RETENIR

1 / Les emplois du présent et du passé composé de l'indicatif

• Le **présent** correspond au moment de l'énonciation ou de l'écriture : Je me réfugie dans une grotte pour rêver → je suis en train d'entrer quand je prononce cette phrase.

• Il peut prendre d'autres valeurs qui s'ajoutent au sens du verbe :
– le présent **de vérité générale** : La Terre tourne. → L'énoncé est valable au moment où je parle, l'a toujours été et le sera toujours.
– le présent **d'habitude** : Je me lève avec le soleil.
– le présent **de passé ou de futur proche** : Je rentre du désert/Je pars demain. → Dans les deux énoncés, les actions sont proches du moment de l'énonciation.
– le présent **de narration** se rencontre dans un texte au passé pour rendre le récit plus proche et donc plus vivant : Il faisait un temps magnifique ; les oiseaux chantaient ; soudain un grondement s'élève.

• Dans un énoncé qui fait référence au moment de l'énonciation, le **passé composé** est utilisé pour exprimer **l'antériorité par rapport au présent** : Aujourd'hui je pars tôt, mais hier j'ai quitté la maison à midi.

MOTS CLÉS

✓ **Passé simple :** Il exprime des actions de premier plan, ponctuelles, bornées dans le temps.

✓ **Imparfait :** Il exprime des actions secondaires, répétitives et duratives ; on l'emploie aussi dans les descriptions.

2 / Les emplois du passé simple et de l'imparfait dans un récit au passé

• L'imparfait et le passé simple sont les **temps de base** de l'énoncé coupé de la situation d'énonciation. Les récits au passé sont caractérisés par l'alternance de ces deux temps.

• Dans un récit au passé, le **passé simple** exprime les **actions de premier plan**, les événements principaux. Il exprime des **actions brèves et répétées** : Je disparus une partie de l'après-midi.

• L'**imparfait** complète le récit avec plusieurs fonctions :
– il exprime une **action secondaire** par rapport au premier plan : Elle marchait vers sa cachette quand quelque chose attira son regard.
– il est employé pour les **descriptions** : La grotte était fraîche en été.
– il exprime la **répétition**, l'habitude passée : Chaque jour, elle se reposait dans la grotte.
– il permet de rapporter les **commentaires** du narrateur : Notre héros était bien lâche !

LA MÉTHODE

▷ Justifier l'emploi d'un plus-que-parfait ou d'un conditionnel présent

• Dans un récit au passé, **le plus-que-parfait** exprime une action antérieure aux faits exprimés au passé simple ou à l'imparfait. J'avais trouvé une cachette idéale.

• Dans un récit au passé, **le conditionnel présent** exprime une action à venir. Je réfléchissais. Quand j'aurais fini mon travail, je me réfugierais dans ma grotte et partirais en voyage, au pays de mes rêves.

MINI INTERRO

1. Quelles valeurs peut avoir un verbe conjugué au présent dans un texte au passé ?

2. Quel temps emploie-t-on pour une description dans un récit au passé ?

S'ENTRAÎNER

1 Quiz

Relie les verbes au présent à leur valeur.

a. Qui vole un œuf vole un bœuf.

b. Je pars demain au lycée de la ville voisine.

c. Elle va au marché toutes les semaines.

d. La chaleur était accablante, je marchais avec peine ; soudain un camion s'arrête pour me prendre en stop.

- Présent de narration
- Présent de futur proche
- Présent de vérité générale
- Présent d'habitude

2 Valeur des temps

À quel temps sont les verbes soulignés ? Justifie leur emploi.

Le lendemain, pour apaiser ma colère, je <u>disparus</u> une bonne partie de l'après-midi. J'<u>avais trouvé</u> dans la montagne une cachette idéale, une espèce de trouée dans la roche qui ressemblait à une petite grotte. Je la <u>considérais</u> comme ma maison secondaire… L'été, il y <u>faisait</u> très bon.

Tahar Ben Jelloun, *Les Yeux baissés* © Seuil, 1991.

3 Conjuguer au passé

Mets les verbes entre parenthèses au temps qui convient. Le texte est au passé.

Un jour mon frère me (suivre) .... et me (surprendre) .... au moment où je (déplacer) .... la grosse pierre servant de porte. Je (sursauter) .... et n'(avoir) .... d'autre choix que de le faire entrer en lui faisant jurer de ne jamais parler à qui que ce soit. Nos deux corps se (glisser) .... dans la grotte et, tout en tenant mon frère par l'épaule, je lui (présenter) .... mes personnages et amis. Cela (provoquer) .... chez lui un fou rire émerveillé.

Tahar Ben Jelloun, *Les Yeux baissés* © Seuil, 1991.

4 Les temps du récit

Remplis le tableau à l'aide du texte.

Mon père pénétra dans la chambre, ferma la porte à clé, et demanda à Lalla Radhia d'ôter les langes du nouveau-né. C'était évidemment une fille. Sa femme s'était voilé le visage pour pleurer. Il tenait le bébé dans son bras gauche et de sa main droite il tira violemment sur le voile et dit à sa femme : « Pourquoi ces larmes ? J'espère que tu pleures de joie ! Regarde, regarde bien c'est un garçon ! »

Tahar Ben Jelloun, *L'Enfant de sable* © Seuil, 1985.

Verbes au passé simple pour les actions successives du récit	Verbes au présent dans le dialogue	Verbes à l'imparfait pour les actions secondaires ou un commentaire

5 LECTURE D'IMAGE

Observe ce tableau de Delacroix.

Eugène Delacroix, *Femmes d'Alger dans leur appartement*, 1834.

a. Combien de plans distingues-tu ?

b. Quels sont les objets que l'on voit au premier plan ?

c. Décris l'attitude des personnages.

d. Comment est rendue l'ambiance d'un lieu renfermé et confiné ?

Corrigés p. 6 du livret.

11 Le subjonctif

RETENIR

Le subjonctif est un mode personnel qui comprend **quatre temps** : le présent (qu'il parle) et l'imparfait (qu'il parlât) ; le passé (qu'il ait parlé) et le plus-que-parfait (qu'il eût parlé).

1 / Formation du subjonctif

- Au **subjonctif présent**, pour tous les verbes sauf *avoir* et *être*, les terminaisons sont : *-e*, *-es*, *-e*, *-ions*, *-iez*, *-ent*. que je voie, que tu voies, qu'il/elle voie.
- Au **subjonctif imparfait**, on garde la voyelle qui sert à former le passé simple et on ajoute : *-sse*, *-sses*, *-ât* / *-ît* / *-ût* / *-înt*, *-ssions*, *-ssiez*, *-ssent*. Que je chantasse, que tu chantasses, qu'il/elle chantât.
- Au **subjonctif passé et plus-que-parfait**, on conjugue l'auxiliaire *être* ou *avoir* au subjonctif présent ou à l'imparfait et on ajoute le participe passé. Que j'aie chanté ; que je sois venu. Que j'eusse chanté ; que je fusse venu.

MOT CLÉ

✓ **Subjonctif :** mode de la subordination. Dans une indépendante, il exprime la volonté, le souhait, la supposition.

2 / Emplois du subjonctif

- Le subjonctif est le mode de l'éventuel pour une action incertaine.
- Dans une indépendante ou une principale, il peut exprimer un ordre ou un souhait. Qu'on se contente de respecter les clauses du contrat.
- On le trouve aussi :
  – dans des **subordonnées complétives** après des verbes qui expriment un sentiment dans la proposition principale (Je préfère que vous retiriez ma plainte), la volonté, l'ordre (Elle demande qu'on la rembourse), la possibilité et le doute (Je doute que la cliente croie à ta bonne foi) ;
  – après les **tournures impersonnelles** comme *il faut que, il suffit que, il est dommage que…* Il a suffi que je pleure.
  – dans les **subordonnées circonstancielles** de but (Je pleure pour que la cliente soit émue), de concession (Bien qu'elle soit en colère, la cliente a accepté un compromis), de condition (La cliente est satisfaite, à condition que la garantie soit activée), de temps introduites par les conjonctions *avant que*, *en attendant que* (Avant qu'il ne soit trop tard, le vendeur cherche à la calmer).

LA MÉTHODE

▷ Repérer le subjonctif présent

Il faut que je voie le chef de rayon. • Je vois qu'il est occupé.

a. Je me demande à quel mode est conjugué le verbe, pour orthographier la marque de personne. Je sais qu'après « il faut que », j'utilise le subjonctif.

b. En cas de doute, je peux **remplacer le verbe de la phrase** par le verbe « être » dont la forme au subjonctif est différente de sa forme à l'indicatif. → Il faut que « je sois », subjonctif, donc la terminaison du verbe « voir » sera « e ».

MINI INTERRO

1. Qu'exprime le subjonctif dans une principale ?
2. *Je ne pensais pas qu'il pût y arriver.* À quel mode est le verbe de la relative ?

1 Mots mêlés

Retrouve des formes conjuguées au subjonctif des verbes :
voir • croire • savoir • pouvoir

E	S	A	C	H	E	S	V
V	Û	V	R	O	P	A	O
U	T	I	O	U	O	I	Y
E	S	S	I	V	U	S	I
P	Û	T	E	H	V	T	O
O	M	V	O	I	E	S	N
O	E	Z	T	S	A	I	S
P	U	I	S	S	I	E	Z

2 Emplois du subjonctif (1)

Relie les bonnes réponses.

a. Il regrette que vos produits ne soient pas de qualité. ○

b. Faites jouer la garantie avant que les délais ne soient dépassés. ○

c. Il est possible que la compassion fonctionne souvent dans les rapports humains. ○

d. Qu'il vienne. ○

e. Que le diable l'emporte. ○

○ Subjonctif dans une phrase indépendante exprimant un souhait.

○ Subjonctif dans une phrase indépendante exprimant un ordre.

○ Subjonctif dans une subordonnée circonstancielle de temps.

○ Subjonctif dans une subordonnée complément d'une tournure impersonnelle.

○ Subjonctif dans une subordonnée complétive.

3 Emplois du subjonctif (2)

Quels verbes sont conjugués au subjonctif ? Justifie l'emploi de ce mode.

Le narrateur Malaussène est employé dans un grand magasin pour désamorcer la colère des clients mécontents.

Il a suffi que je me mette à pleurer pour que la cliente prenne ma place. Compassion. Elle parvient à interrompre Lehmann au milieu d'une respiration. Machine arrière toute. Elle retire sa plainte. Qu'on se contente de faire jouer les garanties du réfrigérateur, elle n'en demande pas plus. Inutile de faire rembourser le réveillon de vingt-cinq personnes. Elle s'en voudrait de me faire perdre ma place une veille de fête.

■ Daniel PENNAC, *Au bonheur des ogres* © Gallimard, 1988.

4 Formation du subjonctif

Conjugue les verbes entre parenthèses au subjonctif.

a. Bien que les tests de contrôle (effectuer) .... cet article était défectueux.

b. Il fallait donc que les clients (porter) .... plainte pour qu'ils (participer) .... à l'assainissement du commerce.

c. Le numéro entre Malaussène et Lehmann était bien rôdé pour que la colère des clients se (calmer) .... rapidement.

5 SPÉCIAL BREVET

Relève les verbes au subjonctif et justifie leur emploi.

Voilà, il y a trois jours, mes services auraient vendu à la dame ici présente un réfrigérateur d'une contenance telle qu'elle y a enfourné le réveillon de vingt-cinq personnes. « Enfourné » est le mot juste, puisque cette nuit, pour une raison dont Lehmann aimerait que je lui fournisse l'explication, le frigo en question s'est transformé en incinérateur. Un miracle que madame n'ait pas été brûlée vive en ouvrant la porte ce matin.

■ Daniel PENNAC, *Au bonheur des ogres* © Gallimard, 1988.

Corrigés p. 6 du livret.

12 Le conditionnel

RETENIR

MOTS CLÉS

✓ **Conditionnel :** Quand il a une valeur temporelle, il exprime le futur dans le passé. Quand il a une valeur modale, il exprime l'hypothèse, le souhait, l'atténuation.

✓ **Valeur modale :** Elle exprime le point de vue du sujet, par exemple le souhait, la supposition…

1 / Formation du conditionnel

- Pour former le **conditionnel présent**, on ajoute au radical du verbe un *r* et les terminaisons de l'imparfait. Vous voudriez plus de fleurs.
- Le **conditionnel passé** se forme avec l'auxiliaire *être* ou *avoir* au conditionnel présent suivi du participe passé. Il aurait voulu plus de fleurs.

2 / Emplois du conditionnel

Le conditionnel a une valeur modale quand il s'oppose au futur. Il a une valeur temporelle quand il présente un futur dans le passé.

- **Valeurs temporelles, le futur dans le passé**

– Dans une subordonnée complétive, le **conditionnel présent** exprime le futur par rapport au passé quand le verbe de la principale est conjugué à un temps du passé. Je savais que vous voudriez plus de fleurs.

– Le **conditionnel passé** peut exprimer l'antériorité par rapport à ce futur dans le passé. On parle de futurs antérieurs dans le passé. Je savais qu'elle regarderait différemment le ciel quand elle aurait lu ce poème.

PASSÉ		PRÉSENT
savais	aurait lu	regarderait

- **Valeurs modales : hypothèses, suppositions, atténuation**

– Par opposition au futur qui exprime un fait à venir certain, le conditionnel introduit la notion d'**hypothèse**. Demain, j'achèterai des géraniums *(quasi certitude)*. Si j'avais un balcon, j'achèterais des géraniums *(hypothèse)*.

– Le conditionnel permet d'exprimer une **supposition**. Un incendie aurait ravagé toute la forêt.

– Le conditionnel permet d'exprimer une demande, une **volonté**, un conseil de manière atténuée. J'aimerais me transformer en fleur.

LA MÉTHODE

▷ Distinguer le futur et le conditionnel

- À la **1re personne du singulier**, le conditionnel présent ne se distingue guère du futur, à l'oral. À l'écrit, **il se termine par** ***-ais*** **et le futur par** ***-ai***.
- En cas de doute, il faut mettre le verbe à la **2e personne du singulier**.

L'année prochaine, j'aurai mieux à faire que de passer des heures sur internet.
L'année prochaine, tu auras mieux à faire que de passer des heures sur internet.

→ Le verbe *avoir* est au futur : terminaison en *-ai*.

J'aurais mieux à faire que de passer des heures sur internet mais j'adore tchatter.
Tu aurais mieux à faire que de passer des heures sur internet mais tu adores tchatter.

→ Le verbe *avoir* est au conditionnel : terminaison en *-ais*.

MINI INTERRO

1. Complète la phrase : *Si je l'avais rencontrée plus tôt, j……* Quels temps et mode as-tu employés ?
2. Transforme cette phrase au passé : *Le jardinier ne sait jamais ce que deviendront ses semis.*

S'ENTRAÎNER

1 Mots mêlés

Retrouve quatre verbes conjugués au conditionnel dans cette grille.

S	E	R	I	E	Z	O	O
A	B	Ê	T	C	E	P	N
U	R	G	M	L	I	E	S
R	I	M	E	R	A	I	T
A	S	S	I	E	R	A	S
I	E	U	T	I	L	E	B
T	A	I	R	A	I	S	V

2 Dans le bon sens

Remets les phrases suivantes dans l'ordre.

a. Tu • bientôt • arriverais • que • as annoncé • tu.

b. Que • je • tu • bien • rentrerais • à temps • savais.

c. Si • quitterait • pour • on • écoutait • cet endroit calme • ton frère • aller • on • dans une grande ville.

3 Valeur du conditionnel

Souligne les verbes au conditionnel.
Quelle est la valeur de ce conditionnel ?

Ce serait bien si les soixante-dix-huit boutons d'acné de ma sœur Édith se mettaient à clignoter. Bleu-rouge, vert-jaune citron, elle brillerait la nuit, comme une guirlande électrique. Et ce serait bien qu'elle brille longtemps, au moins jusqu'à Noël. Je lui accrocherais des boules dorées et ce serait notre sapin de Noël.

Bernard FRIOT, « Ce serait bien », *Encore des histoires pressées*

4 Formation du conditionnel

Conjugue les verbes entre parenthèses au conditionnel.

a. Le futur (être) .... pour vous présent ?

b. Si vous pouviez être une couleur, laquelle (choisir) ....-vous ?

c. Si vous étiez la nuit qui saisit la campagne, qu'est-ce qui vous (étonner) .... ?

d. Je croyais que le soleil me (quitter) .... avec des regrets à la tombée du jour.

e. Si les réveils n'existaient pas, votre existence en (être) ....-elle bouleversée ?

5 Au passé

Réécris les phrases suivantes au passé.

a. Je sais que le ciel changera de couleurs tous les soirs.

b. Il dit qu'il peindra un toit de vieilles tuiles avant midi et qu'il le placera tout à côté d'un tilleul secoué par le vent.

c. Il affirme qu'il ne faut pas nécessairement lier la poésie à la versification.

6 LECTURE D'IMAGE

Observe ce tableau de Magritte.

René MAGRITTE, *La trahison des images*, 1929.

a. Décris sommairement le tableau.

....

b. Comment est éclairée la pipe ?

....

c. Commente le titre du tableau : « La trahison des images ».

....

....

d. Quelle est l'intention de Magritte quand il déclare : « Ceci n'est pas une pipe » ?

....

....

Corrigés p. 7 du livret.

13 L'accord du verbe avec le sujet

RETENIR

1 / Règle générale

- Le verbe s'accorde **toujours en nombre et en personne avec son sujet**. Attention aux sujets inversés ou éloignés du verbe.

Dans ma mémoire revienn**ent** les souvenirs heureux. (sujet : les souvenirs heureux)

MOT CLÉ

✓ **Nom collectif :** Il désigne un groupe, un ensemble de personnes ou de choses. Il peut être singulier (*une foule*) ou pluriel (*les gens*).

2 / Cas particuliers

Parfois on hésite : le sujet entraîne-t-il un accord au singulier ou au pluriel ?

- **Le verbe a un sujet.**

Nature du sujet	Règle	Exemple
chacun, nul, personne, rien, tout	Accord à la 3e personne du **singulier**	Chacun **a** des souvenirs heureux.
peu, assez, beaucoup, trop, moins, tant, autant, combien (+ GN au pluriel)	Accord à la 3e personne du **pluriel**	Beaucoup d'événements lui **ont laissé** un souvenir douloureux.
Nom collectif au singulier + GN au pluriel	Accord, le plus souvent, à la 3e personne du **pluriel** (mais singulier possible)	Une foule de souvenirs heureux **ont envahi** ma mémoire. ou : Une foule de souvenirs heureux **a envahi** ma mémoire.

- **Le verbe a deux ou plusieurs sujets.**

Plusieurs sujets coordonnés par *et*	Accord à la 3e personne du **pluriel**	Prévert et Kosma **ont écrit** une chanson.
Plusieurs sujets coordonnés par *ou* ou *ni*	Accord, le plus souvent, à la 3e personne du **pluriel** (mais singulier possible quand les sujets s'excluent l'un l'autre)	Ni elle, ni lui n'**ont oublié** l'amitié qui les liait dans leur jeunesse.
Plusieurs sujets repris par *personne, tout* ou *rien*	Accord à la 3e personne du **singulier**	Son frère, son cousin, son oncle, personne ne **se souvenait** du jardin de son grand-père.

LA MÉTHODE

▷ Relire une dictée

Il faut relire sa dictée plusieurs fois et se poser les bonnes questions.

1. **À quel temps sont conjugués les verbes ?** Si le texte est au passé, le temps de base est souvent le passé simple. Vérifie alors les terminaisons.

2. **Ai-je bien accordé… ?**
– chaque verbe avec son sujet ;
– chaque adjectif avec le nom auquel il se rapporte ;
– les participes passés qui doivent être accordés (voir les chapitres 15 et 16).

3. **Ai-je évité les fautes sur les terminaisons ou les mots homophones ?**
– sur les terminaisons verbales en [e] : *-er*, *-é* ou *-ez* selon le cas ;
– sur les homophones grammaticaux (voir le chapitre 17).

MINI INTERRO

1. Le verbe de cette phrase est-il correctement orthographié ? *Ce bouquet de pivoines rouges et roses embaume.* Justifie ta réponse.

2. Transforme cette phrase au pluriel. *Le chanteur accepta volontiers de reprendre sa tournée.*

S'ENTRAÎNER

1 Vrai ou faux ?

Coche la bonne réponse.

	V	F
a. Un adjectif s'accorde en personne et en nombre avec le nom auquel il se rapporte.	❑	❑
b. Quand il qualifie plusieurs noms, il se met toujours au masculin pluriel.	❑	❑
c. Un adjectif composé de couleur comme *bleu clair* est invariable.	❑	❑
d. *Orange* et *marron* sont invariables mais *rose* et *mauve* s'accordent.	❑	❑

2 Réécriture

Remplace le nom *clochers* par le nom *tours* et réécris cette phrase.

Sur la droite, on apercevait par-delà les blés les deux clochers ciselés et rustiques de Saint-André-des-Champs, eux-mêmes effilés, écailleux, imbriqués d'alvéoles, jaunissants et grumeleux, comme deux épis.

■ Marcel Proust, *Du côté de chez Swann*, 1913.

3 -ant ou -ants ?

Coche la forme correctement écrite.

a. Les champs ❑ environnant ❑ environnants le village étaient éclairés par les rayons du soleil ❑ couchant ❑ couchants.

b. Albertine et le garçon avaient l'air d'être dans un tête-à-tête mystérieux, dont j'étais le tiers ❑ gênant ❑ gênants et de qui on se cache.

c. Dès les jours ❑ suivant ❑ suivants, j'avais oublié cette impression pénible.

d. Elle seule au monde existait pour moi ; je la poursuivais, la touchais, et la perdais tour à tour de mes regards ❑ fuyant ❑ fuyants.

4 Accords

Ajoute ou non des marques d'accord aux adjectifs et participes.

a. L'œuvre principal..... de Marcel Proust s'intitule *À la recherche du temps perdu*. La première phrase de ce grand roman est écrite en 1907. Le romancier la poursuivra pendant quinze ans, ne cessant..... de la modifier. Il invente ainsi plus de deux cents personnages, couvrant..... quatre générations.

b. Au cours de cette période, Proust vit en reclus : il dort le jour et ne sort qu'à la nuit tombé..... pour dîner le plus souvent seul....., parfois avec des amis.

5 Participe présent ou adjectif verbal ?

Classe les mots soulignés selon leur nature.

a. Elle a trouvé des arguments convaincants.

b. Il a pu sortir en convainquant ses parents.

c. La loi des vases communicants est une loi physique.

d. En communiquant ses résultats, la chercheuse fait avancer la science.

e. Cette promenade est fatigante.

f. Fatiguant son auditoire, l'avocat a mal défendu son client.

6 SPÉCIAL BREVET

Lis le texte puis réponds aux questions.

Je remontais en auto avec elle, heureux que nous dussions le lendemain aller ensemble à Saint-Mars, dont, par ces temps ardents où on ne pensait qu'au bain, les deux antiques clochers, d'un rose saumon, aux tuiles en losanges, légèrement infléchis et comme palpitants, avaient l'air de vieux poissons aigus, imbriqués d'écailles, moussus et roux, qui, sans avoir l'air de bouger, s'élevaient dans une eau transparente et bleue.

■ Marcel Proust, *Sodome et Gomorrhe*, 1921.

a. Relève une comparaison et explique-la.

b. Pourquoi ce texte est-il descriptif ?

c. Mets au pluriel :

un clocher rose saumon → ....

d. Réécris la fin du texte en remplaçant *poissons* par *truites* : « Les antiques clochers avaient l'air de vieilles truites… »

Corrigés p. 7 du livret.

15 L'accord du participe passé (1)

RETENIR

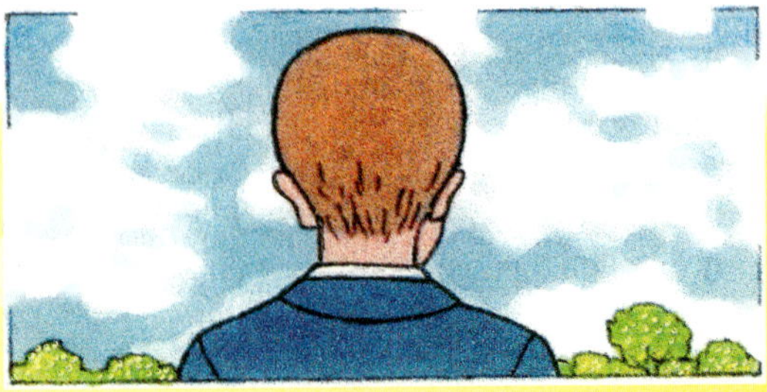

1 / Employé seul

- Employé seul, le participe passé a une valeur d'adjectif. Dans ce cas, il s'accorde en genre et en nombre **avec le nom** (ou le pronom) auquel il se rapporte (voir chap. 14). Le lieu dont rêve M. Goodman est un **pays** invented par le peintre.

MOT CLÉ

✓ **Participe :** mode impersonnel, comme l'infinitif.

2 / Employé avec un auxiliaire

- Lorsqu'il est employé avec **l'auxiliaire *être***, il s'accorde en genre et en nombre **avec le sujet**. **Les nuages** sont passés.
- Lorsqu'il est employé avec **l'auxiliaire *avoir***, il ne s'accorde jamais avec le sujet. Il avait rêvé posséder les nuages.

Mais il peut s'accorder **avec le COD si celui-ci est placé avant le verbe.**

La toile **qu'**il avait vue à Londres lui avait donné l'envie de posséder les nuages.

→ Ici le participe passé *vue* s'accorde avec le pronom COD antéposé *qu'* qui remplace *la toile* (féminin singulier). D'ailleurs, si on pose la question *Qu'est-ce qui a été vu ?*, la réponse est bien *la toile*.

3 / Règles particulières avec *avoir*

- Quand le COD est le **pronom *en***, le participe passé est invariable.

  Des poèmes faciles à retenir, j'en ai peu lu.
- Le participe passé **suivi d'un infinitif** s'accorde avec le pronom COD antéposé uniquement si ce pronom fait l'action indiquée par l'infinitif.

  La cantatrice que j'ai entendue chanter avait une voix sublime.
- Le participe passé de ***faire* suivi d'un infinitif** est invariable.

  Tous les tableaux qu'il a fait encadrer représentent des nuages.

LA MÉTHODE

▷ Orthographier un participe passé

- Il faut former le participe passé correspondant au verbe, puis se poser la question de son accord.
- Voici les **règles de formation** du participe passé.

Verbes du 1er groupe	Verbes du 2e groupe	Verbes du 3e groupe
terminaison en *-é*	terminaison en *-i*	terminaison en *-i*, en *–is*, en *–u* ou en *-t*
J'ai gagné la partie.	Il a grandi dans la forêt.	Je suis parti, j'ai appris, j'ai vécu, j'ai offert

- **L'astuce :** Pour savoir si le participe passé d'un verbe du 3e groupe se termine au masculin singulier par un *s* ou un *t*, ou par une simple voyelle, je cherche le féminin. découvert → découverte • vécu → vécue

MINI INTERRO

1. Les pays que vous avez visités. Explique l'accord du participe passé.

2. Des histoires comme ça, j'en ai trop lu. Explique l'accord du participe passé.

S'ENTRAÎNER

1 Quiz

Relie les verbes à l'infinitif à leur participe passé masculin singulier.

a. lire	su
b. lier	vaincu
c. savoir	cousu
d. suer	sué
e. vaincre	lu
f. vivre	lié
g. coudre	couru
h. courir	vécu

2 Repérer les participes passés (1)

Relève les sept participes passés. Sont-ils toujours employés avec un auxiliaire ?

Monsieur Goodman avait aimé et rêvé posséder les nuages, et par les nuages, le ciel. Il avait rêvé d'un lieu sur la terre pour y vivre, qui avait eu pour lui le nom d'Angleterre et qui, il le savait maintenant, n'était pas un endroit ayant jamais existé en ce monde, mais un pays rêvé et inventé par un peintre, le pays de Constable, Constable Country.

Jacques Roubaud, *Ciel et terre et ciel et terre, et ciel* © Argol, 2009.

3 Écrire des participes passés

Complète les phrases avec le participe passé du verbe entre parenthèses.

a. John Constable (1776-1837) est (naître) .... dans le Suffolk, en Angleterre.

b. Fils d'un riche minotier, il était (destiner) .... à prendre la succession paternelle.

c. Mais, en 1796, il s'est (inscrire) .... à la *Royal Academy* de Londres pour y étudier la peinture.

d. La réputation qu'il a (acquérir) .... lui a (permettre) .... d'arrêter de peindre des portraits de notables pour se consacrer à la peinture de paysages.

e. Spécialiste des ciels, il les a (étudier) .... comme « le plus insaisissable des phénomènes du monde ».

Corrigés p. 7 du livret.

4 Repérer les participes passés (2)

Souligne les participes passés du texte.

Monsieur Goodman avait perdu ces rêves, et de la manière la plus brutale. Et pourtant, il n'avait pas tout perdu. Par le chemin des images, de ciel et de sol, de nuages et de rivières, il pouvait revenir au centre de sa mémoire, au pin d'été dans la garrigue, à la chambre de l'hiver révolu. Monsieur Goodman alors pensa que Constable avait fait d'une quête du temps la forme centrale de sa peinture, et découvert, là était son génie, une solution picturale à son mystère dans le contraste entre ciel et terre, entre une terre peuplée des images fixes du passé, des lieux de l'enfance, et un ciel peuplé des images mobiles du présent perpétué en futur, les nuages.

Jacques Roubaud, *Ciel et terre et ciel et terre, et ciel* © Argol, 2009.

5 LECTURE D'IMAGE

Observe ce tableau de Friedrich.

Voyageur contemplant une mer de nuages, Caspar David Friedrich (1774-1840).

a. D'après son titre, quel est le sujet de ce tableau ?

b. Combien de plans peut-on distinguer ? Comment les éléments du tableau sont-ils distribués sur ces différents plans ?

c. Décris le personnage.

d. En quoi ce tableau est-il de tonalité lyrique ?

ORTHOGRAPHE

16 L'accord du participe passé (2) : le cas des verbes pronominaux

RETENIR

Un verbe pronominal est toujours accompagné d'un pronom réfléchi : *me, te, se*... Aux **temps composés**, il se conjugue **avec l'auxiliaire *être*.**
Pourtant son participe passé ne s'accorde pas systématiquement avec le sujet.

1 / Accord avec le sujet

- Le participe passé d'un verbe pronominal s'accorde avec le sujet quand **le pronom réfléchi ne peut pas être analysé**. C'est le cas quand le verbe pronominal est :
– **essentiellement pronominal** (il s'emploie toujours avec un pronom réfléchi ou a un sens différent sans le pronom réfléchi) : **Elle** s'est évanou**ie**.
– **de sens passif** : **Ses traces** se sont effac**ées**. (= *Ses traces ont été effacées.*)

MOT CLÉ

✔ **Verbe pronominal :** Il se conjugue avec un pronom qui désigne la même personne que le sujet.

2 / Accord avec le pronom réfléchi COD

- Le participe passé d'un verbe pronominal **s'accorde avec le pronom réfléchi** quand celui-ci peut être analysé comme le **COD** du verbe. Le verbe pronominal est alors de sens réfléchi ou réciproque **et de construction directe**.

Julie **s'**est mari**ée** avec Julien. (*se* = *soi-même* = COD)
Ils **se** sont regard**és** en souriant. (*se* = *l'un l'autre* = COD)

3 / Cas de non accord

- Le participe passé d'un verbe pronominal **reste invariable** quand le **pronom réfléchi est COI ou COS** et qu'il n'y a pas de COD antéposé. Le verbe pronominal est alors de sens réfléchi ou réciproque **et de construction indirecte**.

Elle s'est procuré une cafetière. (*se* = **à** *soi-même* = COS)
Elles se sont prêté des romans policiers. (*se* = *l'une* **à** *l'autre* = COS)
→ Le pronom réfléchi *se* est COS et le COD est derrière le verbe donc pas d'accord.

- Mais attention :

La cafetière **qu'**elle s'est procur**ée** fait du très bon café.
→ Le participe passé s'accorde avec le pronom COD *qu'* **placé avant le verbe.**

LA MÉTHODE

▷ Accorder le participe passé d'un verbe pronominal de sens réfléchi ou réciproque

Pour accorder le participe passé d'un verbe pronominal de sens réfléchi ou réciproque, il suffit d'analyser la fonction du pronom réfléchi.

- *se* = **COD** → accord avec *se* (même genre et même nombre que le sujet).
Elle s'est réjoui**e** de l'événement. (*s'* = *elle-même* = COD → accord)
- *se* = **COI ou COS** → pas d'accord avec *se*, le participe passé reste invariable.
Ils se sont donné la main. (*s'* = *l'un à l'autre* = COS → pas d'accord)

MINI INTERRO

1. Elle s'est lavé les mains. Explique l'accord du participe passé.

2. Les livres qu'elles se sont achetés. Explique l'accord du participe passé.

S'ENTRAÎNER

1 Quiz

Relie les verbes pronominaux à leur catégorie.

a. s'entraider ○	○ sens réfléchi
b. s'enfuir ○	○ sens réciproque
c. se terminer ○	○ sens passif
d. se réconcilier ○	○ essentiellement pronominal
e. se perdre ○	

2 Accorder au pluriel

Réécris les verbes à la troisième personne du pluriel.

a. Il s'est baigné dans la mer.

→ Ils ……………………………………………………

b. Il s'est envolé à sept heures.

→ Ils ……………………………………………………

c. Il s'est excusé platement.

→ Ils ……………………………………………………

d. Il s'est souvenu de son rendez-vous.

→ Ils ……………………………………………………

3 Participes invariables

Explique pourquoi, dans les phrases suivantes, le participe passé reste invariable.

a. Elle s'est acheté une robe en soie sauvage.

→ ……………………………………………………

b. Mes frères jumeaux se sont longtemps ressemblé comme deux gouttes d'eau.

→ ……………………………………………………

c. Les enfants se sont construit une cabane dans les arbres.

→ ……………………………………………………

d. Elle s'est foulé le poignet pendant le match.

→ ……………………………………………………

e. Ils se sont lancé des défis idiots.

→ ……………………………………………………

f. Elles s'étaient raconté des secrets.

→ ……………………………………………………

4 Orthographier les participes passés

Écris correctement le participe passé dans les phrases suivantes.

a. Ils se sont (rencontrer) …………… sur une île déserte.

b. Elles se sont (réchauffer) …………… au coin du feu.

c. Ils se sont (revoir) …………… après une longue absence.

d. Nous nous sommes (parler) …………… sur le balcon.

e. Elles se sont (sourire) …………… en toute complicité.

f. Elle s'est (présenter) …………… avec succès aux examens de fin d'année.

g. Les livres qu'elles se sont (échanger) …………… sont fort intéressants.

5 SPÉCIAL BREVET

Lis le texte et réponds aux questions.

Il est nuit. Je m'en aperçois d'un coup. Combien y a-t-il de temps que je suis dans ce livre ? Quelle heure est-il ? Je ne sais pas, mais voyons si je puis lire encore ! Je frotte mes yeux, je tends mon regard, les lettres s'effacent, les lignes se mêlent, je saisis encore le coin d'un mot, puis plus rien.

C'est le petit pion qui s'est souvenu, en se levant, qu'il m'avait oublié et qui vient voir si j'ai été dévoré par les rats, ou si c'est moi qui les ai mangés. Il a l'air un peu embarrassé, le pauvre homme ! Il me retrouve gelé, moulu, les cheveux secs, la main fiévreuse : il s'excuse de son mieux et m'entraîne dans sa chambre, où il me dit d'allumer un bon feu et de me réchauffer.

Jules Vallès, *L'Enfant*, 1879.

a. Relève les participes passés et justifie leur emploi.

b. Relève les verbes pronominaux.

c. Réécris le deuxième paragraphe au passé et transpose la voix narrative au féminin. C'est une fille qui raconte l'anecdote.

Corrigés p. 7 du livret.

ORTHOGRAPHE

17 Les homophones grammaticaux

RETENIR

1 / En un mot ou en deux mots ?

MOT CLÉ

✓ **Homophones :** mots qui se prononcent de la même façon, mais qui s'écrivent différemment et n'ont pas le même sens.

Homophones	Analyse grammaticale	Exemple
ces, **c'est**, **ses** ou **s'est** ?	• **ces** : déterminant démonstratif • **ses** : déterminant possessif • **c'est** (= *cela est*) : présentatif • **s'est** : verbe pronominal au passé composé	**Ces** personnes attendent patiemment. **Ses** parents ont dit non. **C'est** de sa faute. Il **s'est** fait mal.
si ou **s'y** ?	• **si** : conjonction exprimant la condition ou adverbe d'intensité • **s'y** = *se* + *y*	**Si** tu veux. – Il est **si** grand. Qui **s'y** frotte **s'y** pique.
ni ou **n'y** ?	• **ni** : relie des termes négatifs • **n'y** = *ne* + *y*	Cette histoire n'a **ni** queue **ni** tête. Il **n'y** comprend rien.
quand, **quant** ou **qu'en** ?	• **quand** : évoque une idée de temps • **quant à** = « en ce qui concerne » • **qu'en** = *que* + *en*	**Quand** veux-tu venir ? **Quant** à mes ennemis, je m'en charge. **Qu'en** penses-tu ?
quel(les) ou **qu'elle(s)** ?	• **quel(les)** : dét. interrogatif ou exclamatif • **qu'elle(s)** = *que* + *elle(s)*	**Quelle** heure ? – **Quelle** chance ! Je crois **qu'elle** n'est pas là.
l'a, **l'as**, **la** ou **là** ?	• **l'a**, **l'as** : pronom *le* + verbe *avoir* • **la** : article défini • **là** : adverbe de lieu	Tu **l'as** vu ce matin. – Il **l'a** vu. Il a perdu **la** clé de la maison. Mets-toi **là**.

2 / Le verbe *avoir* ou le verbe *être* ?

Homophones	Analyse grammaticale	Exemple
es, **est**	verbe *être* au présent de l'indicatif	Il **est** huit heures. – Tu **es** en retard.
ai	verbe *avoir* à la 1re personne du singulier du présent de l'indicatif	J'**ai** faim. – J'**ai** pris un billet pour Pékin.
aie, **aies**, **ait**, **aient**	verbe *avoir* au présent de l'impératif ou du subjonctif	**Aie** confiance. – Il faut que tu **aies** confiance. – Nous voudrions qu'ils **aient** compris.

LA MÉTHODE

▷ Distinguer *quelque(s)* et *quel(les) que*

• ***Quelque*** : adverbe invariable signifiant « environ ».

Ce pays possède **quelque** deux cent cinquante millions d'habitants.

• ***Quelque(s)*** : déterminant indéfini signifiant « un certain nombre » et s'accordant en nombre avec le nom déterminé.

J'ai passé **quelques** années de ma jeunesse à New York.

• ***Quel(les) que*** : expression signifiant l'opposition, toujours suivie d'un verbe au subjonctif, dans laquelle *quel(les)* est adjectif et s'accorde en genre et en nombre avec le sujet du verbe.

Quelle que soit votre force, vous n'arriverez pas à la soulever.

MINI INTERRO

1. Quelles œuvres d'Andy Warhol connais-tu ? Donne la classe grammaticale de « quelles » et justifie son orthographe.

2. Quelle est la différence entre *ai* et *aie* ?

1 Quiz

Coche la bonne case.

a. Tu ❑ es ❑ est ❑ ai notre fille aînée.

b. Il faudrait que j'❑ ai ❑ aie ❑ ait une plus grande marge de manœuvre.

c. Pendant l'été, ma sœur ❑ es ❑ est ❑ ai gardienne de musée.

d. Bien que tu ❑ ai ❑ aie ❑ aies seulement quinze ans, tu peux lire ce livre.

e. J'apprécie qu'il ❑ ai ❑ aie ❑ ait de bonnes relations avec ses grands-parents.

2 En un mot ou en deux ?

Choisis la forme qui convient.

a. Il ❑ ses ❑ s'est ❑ c'est cassé la jambe la semaine dernière.

b. Elle est malheureuse mais nous ❑ ni ❑ n'y pouvons rien.

c. Elle vient dîner ❑ si ❑ s'y elle a envie.

d. Je me demande ❑ quand ❑ quant ❑ qu'en reviendront les beaux jours.

e. Je ne sais pas ce ❑ quand ❑ quant ❑ qu'en pense Albertine.

f. Mon père ❑ ta ❑ t'a ❑ t'as donné de bons conseils.

3 *Tes, t'es, t'est ou t'ai ?*

Complète avec l'une de ces quatre formes homonymes.

a. Je .... aperçu au cinéma, dimanche.

b. Tu as perdu .... clés.

c. Il ne .... pas venu à l'esprit de me prévenir plus tôt.

d. Heureusement, tu ne .... pas fait mal en glissant dans l'escalier.

4 Lequel ?

Remplace les points de suspension par *quelque, quelques ou quel(les) que*.

a. Depuis .... jours, il fait très beau.

b. Il y a .... temps, il est parti au Pérou.

c. Ce magasin propose .... produits bio.

d. .... soit la raison de ton retard, tu dois présenter tes excuses.

e. .... soient tes résultats, tu dois poursuivre tes efforts.

f. Cet établissement compte .... deux mille trois cents élèves.

5 Différents homophones

Choisis la forme qui convient.

Andrew Warhola (1928-1987), plus connu sous ❑ son ❑ sont pseudonyme Andy Warhol ❑ est ❑ es un artiste américain, figure emblématique du Pop Art. Il est devenu célèbre ❑ en tant que ❑ en temps que peintre, réalisateur de film, ❑ voir ❑ voire producteur de musique. Au ❑ cours ❑ court des années 1960, il peint des produits de consommation courante ❑ ou ❑ où des portraits de célébrités médiatiques.

6 LECTURE D'IMAGE

Observe cette œuvre d'Andy Warhol.

Andy Warhol, *Bouteilles de Coca-Cola vertes*, 1962, huile sur toile.

a. Quelle technique utilise Andy Warhol ?

b. Est-ce une œuvre d'art ou une image publicitaire ? Justifie ton point de vue en analysant la composition du tableau.

c. Relève la date de création du tableau : que nous dit encore cette œuvre sur la société dans laquelle nous vivons ?

Corrigés p. 8 du livret.

18 La formation des mots

RETENIR

Le français comprend des mots simples qui ne peuvent pas être décomposés en **unités de sens** plus petites (par exemple *grand*). Il comprend également de nombreux mots formés par dérivation (grandeur, grandir, agrandir, etc.) ou par composition (grand-mère, grand-rue, etc.).

1 / Les mots formés par dérivation

- La dérivation consiste à **ajouter à un radical**, qui contient le sens principal du mot, un préfixe ou un suffixe ou les deux. Une **famille de mots** est formée de tous les mots dérivés à partir d'un même radical.

- Un **préfixe** est un groupe de lettres ajouté **avant le radical**. Il modifie le sens du mot (mais pas sa classe grammaticale).

  habile → **mal**habile : le préfixe *mal-* exprime la négation.
  dire → **re**dire : le préfixe *re-* exprime la répétition.
  histoire → **pré**histoire : le préfixe *pré-* exprime l'antériorité.

- Un **suffixe** est un groupe de lettres ajouté **après le radical**. Il peut changer la classe grammaticale du mot auquel il s'ajoute. Par exemple :
  – *-er*, *-ir* servent à former des verbes à l'infinitif (chant**er**, grand**ir**, etc.) ;
  – *-(a)tion*, *-eur*, *- (i)té*, etc. forment des noms (inform**ation**, grand**eur**, pure**té**, etc.) ;
  – *-able*, *-al*, *-el*, *-eux*, etc. font des adjectifs (prob**able**, fat**al**, ritu**el**, brum**eux**, etc.).

2 / Les mots formés par composition

- Les **mots composés usuels** sont majoritairement des noms formés selon le cas avec : deux noms (salle de bain) ; un adjectif et un nom (grand-père) ; un verbe et un nom (des serre-tête) ; une préposition (ou un adverbe) et un nom (un après-midi).

- Les mots composés « **savants** » sont formés à partir d'éléments empruntés au grec ou au latin. Démocratie est formé de deux éléments grecs, *démo*, « peuple », et *cratie*, « pouvoir ».

MOTS CLÉS

✓ **Dérivation :** Elle consiste à ajouter soit un préfixe, soit un suffixe, soit les deux à un radical.

✓ **Famille de mots :** ensemble des mots formés sur le même radical.

LA MÉTHODE

▷ Reconnaître des familles de mots irrégulières

- Quand une famille de mots est construite tout entière à partir du même radical, on dit qu'elle est régulière. Mais il y a des **familles irrégulières**. Par exemple :

  honneur mais **hon**orer, **hon**oraire • **monn**aie mais **mon**étaire • **rationn**el mais **ration**alité, **ration**alisation

- Attention en particulier à certains **noms formés à partir des verbes en *-onner***. La plupart s'écrivent avec *-nn-* : abonner → abonnement. Mais il y a des exceptions.

  donner mais **don**ation, **don**ateur • **entonn**er mais **inton**ation • **résonn**er mais **réson**ance • **sonn**er mais **son**ore, **son**orité • **tonn**er mais **déton**er, **déton**ation

MINI INTERRO

1. Quels sont le préfixe et le suffixe du mot *inaudible* ?

2. Donne trois mots de la famille du mot *mature*.

S'ENTRAÎNER

1 Devinette

Quel est l'intrus dans chaque liste ?

a. Honneur, honnête, honorable, déshonorer.

b. Nommer, nomination, prénom, renommée, nombre.

c. Souffler, soufflerie, boursoufler, souffrir.

d. Charrue, chariot, charade.

2 Formation des mots

Pour chaque mot, encadre le radical et fais ainsi apparaître le préfixe et/ou le suffixe utilisé(s).

– international
– dompteur
– nocturne
– maritime
– coreligionnaire
– horaire
– alunir
– indistinctement

3 Néologismes

Repère les éléments (mots ou suffixes) entrant dans la formation de ces néologismes (définition : voir exercice 5).

Néologisme	Formé à partir de :
tapuscrit	
franglais	
courriel	
globalisation	

4 Les mots en *-ment*

Le suffixe *-ment* permet de former des noms ou des adverbes. Classe les mots de cette liste selon leur classe grammaticale.

lentement • *grognement* • *courageusement* • *fondement* • *élégamment* • *détournement* • *vraiment* • *appariement*

Noms	Adverbes (de manière)

5 Étymologie

a. Associe chaque mot à sa définition.

misogyne ○	○ science qui étudie les statistiques de la population
démographie ○	○ qui n'aime pas les femmes
dysfonctionnement ○	○ nouveau mot
néologisme ○	○ mauvais fonctionnement

b. Déduis-en le sens des éléments d'origine grecque suivants.

mis- : ....

demo- : ....

dys- : ....

neo- : ....

6 SPÉCIAL BREVET

Lis le texte, puis réponds aux questions.

Le mot « presbytère » venait de tomber, cette année-là, dans mon oreille sensible, et d'y faire des ravages. [...]

J'avais recueilli en moi le mot mystérieux, comme brodé d'un relief rêche en son commencement, achevé en une longue et rêveuse syllabe... Enrichie d'un secret et d'un doute, je dormais avec le *mot* et je l'emportais sur mon mur. « Presbytère ! » Je le jetais, par-dessus le toit du poulailler et le jardin de Miton, vers l'horizon toujours brumeux de Moutiers. Du haut de mon mur, le mot sonnait en anathème* : « Allez ! Vous êtes tous des presbytères ! », criais-je à des bannis invisibles.

■ COLETTE, *La Maison de Claudine*, 1922 © Librairie Arthème Fayard et Hachette Littérature, 2004.

* Condamnation sévère ou malédiction visant une personne, ses actes ou ses opinions. Dans le christianisme, excommunication qui exclut de la société des fidèles.

a. Explique la formation des mots soulignés.

b. Donne trois mots de la famille de *sensible*.

c. Donne plusieurs mots de la famille du verbe *sonner*.

Corrigés p. 8 du livret.

19 Champ sémantique et champ lexical

RETENIR

1 / Le champ sémantique

- Le champ sémantique d'un mot englobe l'ensemble de ses significations. Le contexte permet de choisir la signification qui convient. Certains mots sont **monosémiques**, ils n'ont qu'un seul sens (été = saison entre le printemps et l'automne), alors que d'autres sont **polysémiques**, ils ont plusieurs sens.
- Un mot polysémique possède souvent un sens propre et des sens figurés. Le **sens propre** est le sens premier, le sens le plus concret du mot. Le **sens figuré** est une signification plus imagée (fruit = produit végétal ; fruit = avantage, bénéfice).
- La **dénotation** est le sens explicite précis d'un mot, indiqué par le dictionnaire (soleil = astre) alors que la **connotation** est l'ensemble des valeurs subjectives et implicites qu'un locuteur accorde à un mot.
Quand le locuteur valorise ce qu'il dit, on parle de **connotation méliorative**. Quand il insiste sur les aspects négatifs, on parle de **connotation péjorative**.

  Cet enfant est mon soleil = Il m'apporte de la joie → connotation méliorative.

MOTS CLÉS

✓ **Champ lexical :** ensemble des mots se rapportant à un même thème.

✓ **Champ sémantique :** ensemble des sens donnés par le dictionnaire pour un mot. Plus un mot est polysémique, plus son champ sémantique est large.

2 / Le champ lexical

- Le champ lexical regroupe des termes **exprimant une même idée**, une même notion. Ils peuvent appartenir à des classes grammaticales différentes. Ils sont synonymes ou antonymes, de la même famille ou non. Ils peuvent décliner en termes particuliers un terme générique.
- Repérer un champ lexical permet de déterminer le **thème principal d'un texte** ou de caractériser un personnage. Briller, éclat, scintillant, soleil, ampoule, lampe appartiennent au champ lexical de la lumière.

LA MÉTHODE

▷ Étudier l'emploi d'un champ lexical

- Le champ lexical permet de répondre aux questions : de quoi s'agit-il ? quel est le thème du texte ? Par exemple dans ce quatrain de Charles Baudelaire (« L'ennemi », *Les Fleurs du mal*) :

  Ma jeunesse ne fut qu'un ténébreux orage,
  Traversé çà et là par de brillants soleils ;
  Le tonnerre et la pluie ont fait un tel ravage,
  Qu'il reste en mon jardin bien peu de fruits vermeils.

- Pour repérer un champ lexical, on reprend entre guillemets toutes les **expressions du texte désignant la même notion** puis on dit que ces termes constituent tel ou tel champ lexical. → Les expressions *ténébreux orage*, *tonnerre et pluie* constituent le champ lexical des intempéries.
- Quand on demande d'analyser un champ lexical, on essaie de comprendre les **effets voulus par l'auteur** → Ici, Baudelaire suggère de manière métaphorique que sa jeunesse a été agitée et tourmentée.

MINI INTERRO

1. Le mot *tour* est-il monosémique ou polysémique ?
2. Développe le champ lexical dans lequel pourraient figurer ces mots : *cake*, *tarte*, *four*.

S'ENTRAÎNER

1 Vrai ou faux ?

Ces expressions sont au sens figuré.

	V	F
a. Il a pris la clé des champs.	❑	❑
b. La punaise des bois est un insecte.	❑	❑
c. La police a arrêté le cerveau du hold-up.	❑	❑
d. Le prince demanda la main de la princesse au roi.	❑	❑
e. Cette lettre est bien timbrée.	❑	❑
f. Il mange beaucoup, c'est un ogre.	❑	❑
g. Il fait un froid de canard.	❑	❑

2 Champ lexical

Quel est le champ lexical dominant de cette citation ?

J'ai des millions de lecteurs. « Gorgée de soleil, la pêche jaune est le fruit de l'été. Elle cache, sous sa peau fine et duveteuse, une chair juteuse et fondante ». Oui c'est de moi, sur le pot de yaourt X.

Philippe Delerm, *Panier de fruits* © Éditions Du Rocher, 1998.

3 Sens propre et figuré

Relie ces expressions de sens figuré à leur définition.

a. Battre la campagne ○	○ Manquer de courage
b. Bayer aux corneilles ○	○ Raconter des bêtises
c. Poser un lapin ○	○ Dire facilement du mal des gens
d. S'occuper de ses oignons ○	○ Ne pas être à un rendez-vous
e. Crier au loup ○	○ Refuser d'affronter un problème
f. Avoir une langue de vipère ○	○ S'intéresser à ses affaires
g. Passer du coq à l'âne ○	○ Changer de sujet
h. Être une poule mouillée ○	○ Pleuvoir fortement
i. Faire l'autruche ○	○ Rester sans rien faire
j. Tomber des cordes ○	○ Délirer

4 Se préparer au brevet

a. Dans ces lignes, le narrateur fait l'explication de texte du slogan publicitaire de l'exercice 2. Relève les termes qui forment le champ lexical de la sensation.

b. Quel est le but d'une publicité ?

Et maintenant, songez bien au yaourt. Si l'on oublie les mots qui ornent le pot, ce n'est pas qu'on ne les ait pas lus : il y a bien eu ces quelques secondes distraites où l'on s'est évadé pour saisir le pot entre pouce et majeur et déchiffrer l'étiquette. Mais l'opération s'est faite presque inconsciemment. Preuve que le texte a coulé dans la gorge, pêche jaune ton sur ton. Cette harmonie du mot avec la chose n'est pas pour rien dans la sensation de fraîcheur ensoleillée, de fluidité laiteuse. Disparaître dans la sensation ; c'est une jolie devise poétique.

Philippe Delerm, *Panier de fruits* © Éditions du Rocher, 1998.

5 LECTURE D'IMAGE

Observe cette publicité du XIXe siècle.
Par quels arguments le produit est-il valorisé ?

MÉDAILLE D'OR À L'EXPOSITION DE 1819

HUILE CÉPHALIQUE

BREVETS D'INVENTION ET DE PERFECTIONNEMENT.

Nul cosmétique ne peut faire croître les cheveux, de même que nulle préparation chimique ne les teint sans danger pour le siège de l'intelligence. La science a déclaré récemment que les cheveux étaient une substance morte, que nul ne pouvait les empêcher de tomber ni de blanchir. Pour prévenir la Xérasie ou la Calvitie, il suffit de préserver le bulbe d'où ils sortent de toute influence atmosphérique, et de maintenir à la tête la chaleur qui lui est propre. […] Conserver au lieu de chercher à provoquer une stimulation impossible ou nuisible sur le derme qui contient les bulbes, telle est la destination de l'HUILE CÉPHALIQUE. […] La chevelure, ce produit magnifique conserve jusque dans l'âge avancé de la personne qui se sert de l'HUILE CÉPHALIQUE, ce brillant, cette finesse, ce lustre qui rendent si charmantes les têtes des enfants.

Honoré de Balzac, *Grandeur et décadence de César Birotteau*, 1837.

Corrigés p. 8 du livret.

20 Les figures de style

RETENIR

MOTS CLÉS

✓ **Figure de style :** procédé par lequel un auteur cherche à créer un effet particulier. Une figure de style représente un écart par rapport au langage courant. Elle joue sur la ressemblance, l'opposition, l'amplification, la substitution.

✓ **Rhétorique :** ensemble des règles du bien parler.

- On appelle figures de style les procédés par lesquels un auteur cherche à créer un **effet** particulier. On les classe en **quatre catégories**.

Figures	Définitions	Exemples
Figures d'analogie		
Comparaison	Elle établit un rapport de ressemblance entre deux termes (le comparé et le comparant), à l'aide d'un outil grammatical.	Le poète est semblable au prince des nuées. (Baudelaire)
Métaphore	Comparaison abrégée, sans outil grammatical (selon le cas, le comparé est ou non cité).	D'autres fois, calme plat, grand miroir de mon désespoir ! (Baudelaire) pour évoquer la mer.
Personnification	Elle attribue des traits humains à une chose, une idée ou un être non humain.	L'habitude venait me prendre dans ses bras comme un petit enfant. (Proust)
Allégorie	Elle représente une idée concrètement.	La mort est une faucheuse.
Figures d'amplification et d'atténuation		
Hyperbole	Elle utilise des termes exagérés pour insister.	Un bruit à réveiller un mort.
Anaphore	Elle répète un mot en tête de phrase, de proposition ou de vers.	Rome, l'unique objet de mon ressentiment ! / Rome […] (Corneille)
Gradation	C'est une accumulation organisée qui va crescendo ou decrescendo.	Va, cours, vole et nous venge. (Corneille)
Litote	Figure qui dit le moins pour suggérer le plus.	Va, je ne te hais point. (Corneille)
Euphémisme	Parler de façon atténuée.	Une personne non-voyante, à la place d'aveugle.
Figures d'opposition		
Antithèse	Elle oppose vigoureusement deux termes.	Un ver de terre amoureux d'une étoile. (Hugo)
Antiphrase	Faire comprendre le contraire de ce qu'on dit.	Ne vous gênez pas !
Figures de substitution		
Métonymie	Le mot que l'on attend est remplacé par un autre mot selon une relation logique.	Lire un Balzac ; boire un verre.
Périphrase	Elle évoque la chose au lieu de la nommer directement.	C'était l'heure tranquille où les lions vont boire (Hugo), pour dire le soir.

LA MÉTHODE

▷ Distinguer comparaison et métaphore

- Une comparaison comprend trois éléments : l'élément comparé, le terme comparatif et le comparant.

Il est des parfums frais (comparé) comme (comparatif) des chairs d'enfants (comparant). (Charles Baudelaire)

- Dans la métaphore, le rapprochement du comparé et du comparant se fait directement sans terme comparatif.

Cette faucille d'or dans le champ des étoiles. (Victor Hugo) = la lune

MINI INTERRO

1. Une couturière aux doigts de fée. Quelle figure de style est employée ? Explique-la.

2. Trouve deux exemples d'euphémismes courants.

S'ENTRAÎNER

1 Quiz

Retrouve chaque figure de style devenue un « cliché littéraire ».

a. Jurer comme un	Turc
b. Avoir des doigts de	gorge déployée
c. Rire à	âme en peine
d. Être fort comme un	arracheur de dents
e. Mentir comme un	fée
f. Errer comme une	loup
g. Avoir une faim de	charretier

2 Les allégories

Relie chaque allégorie à son symbole.

a. la colombe	la République
b. Marianne	la justice
c. la balance	la France
d. le sablier	la paix
e. le chardon	le temps qui passe
f. le coq	l'Écosse

3 Comparaison ou métaphore ?

Coche la bonne case.

	Comparaison	Métaphore
a. La femme est l'avenir de l'homme. (Aragon)	❑	❑
b. La terre est bleue comme une orange. (Éluard)	❑	❑
c. Le temps a laissé son manteau de vent, de froidure et de pluie. (Charles d'Orléans)	❑	❑
d. Un gros serpent de fumée noire. (Maupassant)	❑	❑
e. Un petit baiser comme une folle araignée te courra sur le cou. (Rimbaud)	❑	❑
f. Quand le ciel bas et lourd pèse comme un couvercle. (Baudelaire)	❑	❑
g. Paris est un véritable océan. (Balzac)	❑	❑

Corrigés p. 8 du livret.

4 Devinettes

Trouve pour chacun de ces exemples la figure de style correspondante.

a. Il n'est pas mauvais ce gâteau ! → ....

b. On désigne un soldat par l'expression « jeune tambour ». → ....

c. Sur un faire-part, on lit « X nous a quittés ». Cette formule atténue le caractère désagréable de la nouvelle. → ....

d. Au XVIIe siècle, les Précieuses se coiffaient devant le conseiller des grâces. Elles enfermaient leurs chers souffrants dans des escarpins à rubans. Elles adoraient cette figure de style. → ....

5 SPÉCIAL BREVET

Lis attentivement ce poème et réponds aux questions.

Quarante enfants dans une salle,
Un tableau noir et son triangle,
Un grand cercle hésitant et sourd
Son centre bat comme un tambour.

Des lettres sans mots ni patrie
Dans une attente endolorie.
Le parapet dur d'un trapèze,
Une voix s'élève et s'apaise

Et le problème furieux
Se tortille et se mord la queue.
La mâchoire d'un angle s'ouvre.
Est-ce une chienne ? Est-ce une louve ?

Et tous les chiffres de la terre,
Tous ces insectes qui défont
Et qui refont leur fourmilière
Sous les yeux fixes des garçons.

Jules SUPERVIELLE, « Mathématiques », *Gravitations* © Gallimard, 1925.

a. Relève une comparaison dans la première strophe. Quel est l'effet produit ?

b. Relève deux métaphores dans les deuxième et troisième strophes et explique-les.

c. Quelle figure de style relèves-tu dans la dernière strophe ? Explique-la.

21 La modalisation

RETENIR

Dans un énoncé, le locuteur peut exprimer sa **subjectivité** : son degré de certitude, ses opinions, ses sentiments. On parle de **modalisation**.

1 / L'expression d'une plus ou moins grande certitude

- Des **verbes et adverbes** traduisent la certitude ou au contraire le doute, la prise de distance : Il était, **je crois**, de la race de Guillaume le Conquérant.
- Les verbes *pouvoir* et *devoir* + infinitif, expriment l'éventualité ou la probabilité : Il **a dû** connaître de nombreux succès.
- Certains **modes** et **temps** ont une valeur modale : le subjonctif (expression d'un fait virtuel), le conditionnel (expression d'un fait hypothétique). Le vicomte **serait** de la race de Guillaume le Conquérant.

MOT CLÉ

✓ **Modélisateur :** procédé lexical ou syntaxique qui permet à un narrateur de nuancer son propos, de le mettre à distance.

2 / L'expression d'une évaluation ou d'une émotion

- Le jugement du locuteur se traduit par des adjectifs ou groupes nominaux :
  – **mélioratifs** (un point de vue valorisant) : Il était **d'une beauté extraordinaire**.
  – **péjoratifs** (un point de vue dévalorisant) : Je juge sa conduite **irresponsable**.
- Le locuteur peut aussi exprimer son émotion, en utilisant par exemple :
  – les **interjections** : **Hélas**, Alberte ne me montrait aucun signe d'intérêt !
  – le **vocabulaire affectif**, traduisant une émotion : J'éprouvai de la **panique**.
  – les types et les formes de phrase **exclamative** ou **emphatique** : **Une telle expérience**, vous ne la vivez qu'une fois dans votre vie !
  – les **figures de style**, en particulier la comparaison, l'hyperbole, l'antithèse…

MINI INTERRO

1. Il me sembla que j'étais suivie. Quelle est la nature du modalisateur dans cette phrase ?

2. Cite deux procédés permettant d'exprimer l'incertitude.

LA MÉTHODE

▷ Relever les procédés de modalisation et expliquer leurs effets

Le vicomte de Brassard tombe amoureux d'Alberte. Un soir, celle-ci meurt brutalement dans ses bras. Il raconte le sentiment de peur qui l'étreint.

Alberte m'avait fait passer dans l'âme plus d'un genre de frisson, plus d'un genre de terreur ; mais ce n'avait été encore que l'impression des balles qui sifflent autour de vous et des boulets dont on sent le vent ; on frissonne, mais on va toujours. Ce fut la peur, de la peur complète, de la vraie peur, non pour Alberte, mais pour moi, et pour moi tout seul ! Ce que j'éprouvai, ce fut positivement cette sensation qui doit rendre le cœur aussi pâle que la face ; ce fut cette panique qui fait prendre la fuite à des régiments tout entiers.

■ Jules Barbey d'Aurevilly, *Les Diaboliques*, « Le rideau cramoisi », 1874.

- L'émotion du vicomte est exprimée par :
  – le vocabulaire de la peur : *frisson, terreur, peur, panique* ;
  – les formes de phrase exclamative et emphatique : *Ce que j'éprouvai, ce fut…* ;
  – les comparaisons : *le cœur aussi pâle que la face* ;
  – l'adverbe *positivement* qui souligne sa sensation.

S'ENTRAÎNER

1 Vrai ou faux ?

Coche la bonne case.

	V	F
a. L'adverbe *peut-être* peut être un modalisateur.	❑	❑
b. Le verbe *paraître* atténue la certitude du narrateur.	❑	❑
c. Le locuteur dévoile son opinion quand il utilise des modalisateurs.	❑	❑

2 Mise à distance (1)

À travers quelle expression le locuteur exprime-t-il qu'il tient ses informations d'autres personnes ?

[Le vicomte de Brassard] avait été dès sa jeunesse un des plus brillants officiers de la fin du premier Empire. J'ai ouï dire, bien des fois, à ses camarades de régiment, qu'il se distinguait par une bravoure à la Murat, compliquée de Marmont.

■ Jules Barbey d'Aurevilly, *Les Diaboliques*, « Le rideau cramoisi », 1874.

3 Mise à distance (2)

Souligne les marques de modalisation qui mettent à distance les faits ou leur interprétation.

Internet et les jeux vidéos seraient responsables de la perte du goût de la lecture chez la jeunesse. Les jeunes, sans aucun doute, préfèrent les jeux vidéo aux livres. L'essor des technologies, les jeux nouvelle génération jouent un rôle principal dans le désintéressement des jeunes à la lecture. Il est indéniable que la plupart d'entre eux possèdent des consoles vidéo et autres jeux électroniques. Cependant, pas mal de jeunes, semble-t-il, apprécient les mangas et BD. Ils pratiqueraient aussi volontiers la lecture par internet.

4 Modalisateurs

Dans cet extrait, relève des marques de modalisation et classe-les dans le tableau.

Une seule fois, sa mère l'exigeant, la fillette se plaça devant son instrument de musique ouvert avec un de ses airs de « victime » qui, je vous assure, n'avait rien de doux, et elle commença je ne sais quelle partition avec des doigts abominablement contrariés. Elle avait le dos tourné et il n'y avait pas de glace dans laquelle elle pût voir que je la regardais.

■ Jules Barbey d'Aurevilly, *Les Diaboliques*, « Le plus bel amour de Don Juan », 1874.

Proposition incise exprimant la certitude du narrateur	Mots et expressions caractérisant négativement la fillette

5 SPÉCIAL BREVET

Lis ces phrases extraites d'une nouvelle de Barbey d'Aurevilly et réponds aux questions.

A. Lionne, d'une espèce inconnue, qui s'imaginait avoir des griffes, et qui, quand elle voulait les allonger, n'en trouvait jamais dans ses magnifiques pattes de velours.

B. C'était, si vous voulez le savoir, une enfant chétive, parfaitement indigne du moule splendide d'où elle était sortie, laide, même de l'aveu de sa mère, qui ne l'en aimait que davantage ; une petite topaze brûlée… Que vous dirai-je ? Une espèce de maquette en bronze avec des yeux noirs… une magie !

■ Jules Barbey d'Aurevilly, *Les Diaboliques*, « Le plus bel amour de Don Juan », 1874.

a. Dans le portrait A, quels mots indiquent que Don Juan rend honneur à la femme évoquée ?

…………………………………………………………

b. Dans l'extrait B, l'adjectif *chétive* a une valeur :

❑ méliorative ❑ péjorative

c. Que traduit l'expression « Que vous dirai-je » ?

…………………………………………………………

d. Justifie l'emploi du point d'exclamation final.

…………………………………………………………

…………………………………………………………

e. Réécris l'extrait B dans la langue d'aujourd'hui, en insistant sur la laideur apparente du personnage. Puis fais ressortir sa beauté.

Corrigés p. 8 du livret.

22 Les reprises nominales et pronominales

RETENIR

Dans un texte, **pour éviter les répétitions**, un mot ou un groupe de mots peuvent être **repris totalement ou partiellement par un autre mot**. Ces mots peuvent être des noms ou groupes nominaux appelés aussi substituts lexicaux ou des pronoms.

En 1996 naît la brebis Dolly, premier mammifère cloné à partir d'un animal adulte par des scientifiques écossais.

1 / Reprises nominales

- On peut reprendre un groupe nominal avec un autre nom ou un autre GN.

Un nom propre	La brebis = Dolly
Le même nom avec un déterminant plus précis	Une brebis = cette brebis
Un synonyme (il peut être générique)	La brebis = le mammifère = l'animal
Un nom commun avec expansion du GN	L'animal cloné par les chercheurs écossais
Une périphrase	Le lion = le roi des animaux

MOTS CLÉS

✔ **Reprise nominale :** Elle se fait à l'aide de synonymes, de termes génériques ou de périphrases.

✔ **Reprise pronominale :** Les pronoms remplacent un nom, un groupe nominal, un adjectif, un autre pronom, une proposition ou une phrase déjà apparus dans un texte.

2 / Reprises pronominales

- Les **pronoms les plus utilisés** sont les pronoms personnels de la 3e personne, les pronoms relatifs, démonstratifs, possessifs et certains indéfinis (*chacun, tous*...).

Le clonage est une découverte étonnante. **Celui** d'une brebis est célèbre, **elle** s'appelle Dolly. Tu ne **le** crois pas ?...

- Un pronom peut reprendre totalement un GN, ou reprendre seulement une partie de ce GN.

Les mammifères clonés sont fragiles. Ils ne vivent pas longtemps. → reprise totale
Ce scientifique a cloné deux brebis. L'une a vécu trois ans, l'autre est morte au bout de quelques jours. → reprise partielle

LA MÉTHODE

▷ Utiliser des pronoms démonstratifs *ce* / *ceux*, *celui-ci* / *celui-là*

- Quand les formes ***celui-ci*** et ***celui-là*** sont employées ensemble, elles s'opposent : *celui-ci* désigne ce qui est le plus proche dans le temps ou dans le texte ; *celui-là* désigne ce qui est le plus éloigné.

Les plantes utilisent naturellement deux manières de se reproduire à l'identique : le rejet et le marcottage. L'olivier a adopté celui-ci, le fraisier celui-là.

- ***Ce***, pronom démonstratif, peut être remplacé par *ceci* ou *cela*.

Une loi vient d'interdire le clonage humain. Ce (= ceci) n'est pas trop tôt.

- ***Ceux***, pronom démonstratif, remplace un nom masculin pluriel, au féminin il est remplacé par ***celles***. Ceux (ou celles) qui ne voulaient pas du clonage humain ont été rassurés par le vote de la nouvelle loi.

MINI INTERRO

1. Cite trois types de reprises nominales.
2. Par quoi peut-on remplacer ce et *ceux* pour éviter de les confondre ?

S'ENTRAÎNER

1 Vrai ou faux ?

Coche la bonne case.

	V	F
a. « Ta planète est bleue, la mienne est rouge. » *La mienne* est un pronom personnel.	❑	❑
b. « Les gens sont partagés sur le clonage humain. Certains y sont favorables pour la thérapie génique, d'autres farouchement opposés. » *Certains, d'autres* sont des pronoms indéfinis.	❑	❑
c. « J'adore lire des romans de science-fiction. Cela me détend beaucoup. » *Cela* est un pronom possessif.	❑	❑
d. « Je crois que tu es très content de ton travail. Ne le nie pas. » *Le* est un pronom personnel.	❑	❑

2 Nominale ou pronominale ? (1)

Classe les reprises des mots soulignés dans le tableau.

Dolly a donné naissance à quatre brebis, ce qui prouve qu'un animal cloné peut se reproduire. Cette brebis n'a pas eu de maladie particulière. Elle a été victime d'une infection pulmonaire, à la fin de sa vie. Les chercheurs ont décidé de l'euthanasier pour l'empêcher de souffrir. Une fois naturalisée, celle-ci sera exposée au musée d'Édimbourg.

Reprise nominale	Reprises pronominales

3 Créer des reprises

Complète le texte en évitant les répétitions.

Dolly a été l'animal le plus photographié du siècle. En effet, ... est la copie conforme d'une autre brebis. Depuis sa naissance en février 1997, tout le monde s'interroge sur les bienfaits et les méfaits du clonage. L'enjeu est celui du clonage humain. Dolly, ..., a ouvert la boîte de Pandore.

4 Nominale ou pronominale ? (2)

Classe les reprises des mots soulignés dans le tableau.

Aucune guerre ne fut aussi intense que la guerre des clones. Elle divisa la Galaxie en deux. Chacune de ses parties fut plongée dans les ténèbres. Il y avait eu bien des signes avant-coureurs de cette catastrophe. Des membres du Sénat qui ne respectaient plus l'intérêt commun avaient voulu s'enrichir. Ces vils individus avaient corrompu leurs collègues en achetant leurs votes. Bientôt tous les sénateurs voulurent s'enrichir. Aucun membre de cette haute assemblée n'échappa à cette course au gain. Tous préférèrent leur petit profit égoïste au bon fonctionnement de la gouvernance de la galaxie.

Reprises nominales	Reprises pronominales
.... reprend le GN	.... reprend le GN ....
.... reprend le GN	.... reprend le GN ....

5 LECTURE D'IMAGE

Observe cette photo.

Rémi BENALI et Stephen FERRY. Cette photo a été assemblée digitalement (par ordinateur) par Steve Walkowiak.

a. Décris cette photo.

b. Comment une découverte scientifique devient-elle une œuvre d'art ?

c. Comment l'interprètes-tu ?

Corrigés p. 9 du livret.

23 Le récit

RETENIR

Un récit est une suite d'événements dont l'enchaînement constitue l'histoire et qui suit un schéma dit **schéma narratif**.

1 / L'histoire, le schéma narratif

- La **situation initiale** d'un récit est modifiée par un événement qui vient rompre l'équilibre initial, l'**élément perturbateur**. Cet événement est souvent indiqué par un adverbe de temps (soudain, alors, tout à coup). Dans un récit au passé, le passé simple succède à l'imparfait.

- L'enchaînement des actions (**péripéties**) permet la progression du récit jusqu'à la **situation finale** ou **dénouement**. Le dénouement est heureux ou malheureux mais il marque un retour à l'équilibre.

MOTS CLÉS

✓ **Texte narratif :** texte où un narrateur raconte une histoire qui met en scène des personnages et des actions se succédant dans le temps.

✓ **Schéma narratif :** déroulement d'un récit rythmé par des péripéties qui perturbent la situation initiale jusqu'au dénouement.

2 / Les personnages

- Les personnages existent grâce aux liens qu'ils nouent entre eux. Le personnage principal est le **héros** ou le **sujet**. Les adjuvants l'aident. Les opposants s'opposent à lui.

- Les qualités des héros sont idéalisées. L'**anti-héros** est un être ordinaire plongé dans une vie ordinaire ou confronté soudain à une situation extraordinaire. Quand il incarne une réalité sociale, morale ou psychologique, il devient un **type**.

3 / L'ordre et le rythme du récit

- Le schéma narratif peut suivre pas à pas un ordre chronologique de manière linéaire. Mais pour complexifier la narration, on peut introduire des :
  - **retours en arrière :** un personnage évoque un souvenir, une expérience passée ;
  - **anticipations :** le narrateur évoque des faits susceptibles de se passer après le moment où il parle ;
  - **ellipses :** le narrateur passe sous silence une certaine durée (trois ans après…) ;
  - **scènes et pauses descriptives :** le récit est souvent entrecoupé de séquences descriptives qui permettent de placer le cadre dans lequel se déroule l'action.

LA MÉTHODE

▷ Repérer le point de vue du narrateur dans un récit

- Le **point de vue omniscient** ou **focalisation zéro** : le narrateur connaît tout des personnages, leur passé, leurs pensées. Les deux amis étaient inséparables, alors qu'ils ne partageaient pas les mêmes passions.

- Le **point de vue interne** ou **focalisation interne** : le narrateur s'efface derrière un (ou plusieurs) de ses personnages, et raconte l'histoire à travers leur regard. Je décidais de revenir./Pierre était convaincu qu'il reviendrait.

- Le **point de vue externe** ou **focalisation externe** : le narrateur relate les faits comme un simple témoin. Pierre déménagea et ne revit plus son ami.

MINI INTERRO

1. Qu'est-ce qu'une ellipse ?
2. Quel est le point de vue du narrateur dans les extraits présentés page 51 ?

S'ENTRAÎNER

1 Devinettes

Teste tes connaissances littéraires.

a. Dans le roman dont je suis l'héroïne, la narration est assurée par deux voix : une naïve qui raconte ses souvenirs, une plus distanciée qui commente le récit de la première. ○

b. J'ai écrit *Le Petit Prince* et des romans racontant les débuts de l'aviation aéropostale. ○

c. Je suis surnommé « Brasse-Bouillon » par ma mère qui me rejette et me maltraite, et je le lui rends bien en l'appelant « Folcoche ». ○

○ Je suis Antoine de Saint-Exupéry.

○ Je suis Hervé Bazin.

○ Je suis Nathalie Sarraute.

2 Les personnages

Lis cet extrait de récit et coche les bonnes réponses.

Pierre et moi sommes nés la même année, dans le même village. Nous avons appris à lire et à écrire dans la même école mais c'est là que nos destins ont commencé à diverger. Alors que Pierre excellait en mathématiques, se passionnait pour la chimie et remportait tous les prix en physique, pour moi seules comptaient la littérature, la poésie et plus tard la philosophie.

■ Michel Tournier, *Le Medianoche amoureux* © Gallimard, 1989.

	V	F
a. Le narrateur est interne.	❑	❑
b. Ces lignes sont au début du récit.	❑	❑
c. Les personnages sont symboliques.	❑	❑

3 Le schéma narratif

Voici la suite du récit. Lis-la et réponds aux questions.

Dès l'âge de vingt ans, Pierre s'expatriait, moi je restais au village dans la maison séculaire de mes ancêtres. Je ne voyais plus mon ami d'enfance mais j'en avais des nouvelles par ses parents, demeurés mes voisins [...]. Un jour brusquement Pierre reparut. Il sonna à ma porte. Il avait à peine changé. Malgré la distance il avait suivi mes travaux. Pas un de mes ouvrages qu'il n'eût lu et relu. Et il m'apportait une proposition fantastique.

■ Michel Tournier, *Le Medianoche amoureux* © Gallimard, 1989.

a. Quelle est la fonction du GN « un jour » ? Quel rôle joue cette expression dans le déroulement du récit ?

b. À quel temps est le verbe « reparut » ? Justifie sa valeur ici.

c. Quelle était la relation des deux personnages au début de l'histoire ? Comment évolue-t-elle ?

4 Résumer un texte

Lis la suite du récit, puis coche la phrase qui reformule le mieux ce passage.

Sa firme venait de mettre au point un système de codage international. N'importe quel programme pouvait être enregistré sous un volume infime, et devenait accessible à une multitude de décodages en langues diverses. Il me proposait de devenir le premier écrivain au monde qui profiterait de ce système. Si j'en étais d'accord, toute mon œuvre serait mise sur ordinateur, et déchiffrée ensuite dans les cent trente pays actuellement pourvus d'un terminal approprié.

■ Michel Tournier, *Le Medianoche amoureux* © Gallimard, 1989.

❑ Pierre propose au narrateur de donner à traduire son œuvre en plusieurs langues.

❑ Pierre propose au narrateur de retranscrire son œuvre en langage informatique facile à traduire dans toutes les langues.

5 SPÉCIAL BREVET

Invente la fin du récit en quelques lignes.

Tu veilleras :
– aux temps des verbes : faire alterner imparfait et passé simple ;
– à l'énonciation : la narration est au « je » ;
– à garder la cohérence de l'histoire.

Corrigés p. 9 du livret.

24 La description

RETENIR

1 / Enjeux de la description

MOTS CLÉS

✓ **Description :** Elle présente un personnage ou un lieu. Les temps employés sont le présent ou l'imparfait. Elle est organisée et structurée par des connecteurs spatiaux.

✓ **Portrait :** description d'un personnage, statique ou en action. Le portrait vise à susciter chez le lecteur la sympathie, l'antipathie, la complicité…

- Dans une description, l'énonciateur donne à voir le plus souvent, mais aussi à entendre, à sentir, ce que le destinataire n'est pas en mesure de percevoir. Il est rare qu'une description soit faite pour elle-même : elle s'insère dans un autre discours.
- Dans un discours narratif, elle constitue souvent une **pause**, pour caractériser un lieu, un personnage, ou un objet.
La description des lieux donne un cadre à l'action. Elle crée une **impression dominante**, une **atmosphère** plaisante, merveilleuse, inquiétante, effrayante…
- Quand on décrit un personnage, on fait **son portrait**. Le portrait peut être physique ou moral ou les deux. Il permet de dégager une **impression du personnage** qui est sympathique, antipathique, drôle, triste, etc. Le portrait s'ordonne du général au particulier ou du particulier au général, mais il est ordonné.

2 / Les marques de la description

- **La structure :** la description suit une progression organisée et cohérente. Elle peut s'organiser autour de la **profondeur** : premier plan, second plan, arrière-plan ; la **verticalité** : en haut, en bas ; la **latéralité** : à gauche, à droite.
- **Les connecteurs spatiaux** organisent généralement la description en situant les choses par rapport à un repère dans l'espace.
- **Les temps** les plus employés dans le portrait et la description sont le présent et l'imparfait.
- **Les champs lexicaux** les plus employés sont ceux des sensations, des formes et des couleurs.

LA MÉTHODE

▷ Présenter un personnage dans un récit

- On peut brosser un portrait classique en allant **du général** (*c'est une vieille dame…*) **au particulier** (*ses cheveux, ses yeux…*). Il est possible de s'attarder sur un **détail** (*son sourire, ses lunettes…*) dont on montre qu'il est **significatif** au moyen d'une anecdote.
- L'emploi d'**adjectifs** permet à la fois de qualifier le personnage et de révéler les sentiments du narrateur à son égard (*belle, forte, caressante…*).
Le **champ lexical** donne une tonalité au récit, avec un registre de couleurs ou une métaphore filée par exemple. Les **émotions** sont également transmises par des informations sensorielles : la voix, l'odeur…
- Ne pas oublier qu'un portrait peut aussi être moral : il décrit alors les **qualités et défauts** du personnage. Enfin, on peut décrire le personnage **en action** : ses gestes révèlent alors sa personnalité.

MINI INTERRO

1. À quoi servent les connecteurs spatiaux dans une description ?
2. Comment justifierais-tu que l'extrait A de l'exercice 2 (page 53) est descriptif ?

S'ENTRAÎNER

1 Vrai ou faux ?

Coche la bonne réponse.

	V	F
a. Une description raconte ou donne à voir.	❑	❑
b. Les connecteurs dans une description sont logiques ou spatio-temporels.	❑	❑
c. Pour faire le portrait d'un personnage, on utilise le passé composé ou l'imparfait.	❑	❑
d. Un portrait le plus souvent est ordonné ou rédigé en toute liberté.	❑	❑
e. Une description peut être réaliste ou symbolique.	❑	❑

2 Comparer deux portraits

Voici deux portraits de « mère ».

A. Tout était bien ce jour-là et elle aspirait l'odeur du myrte traditionnel que nous lui apportions. Elle frottait les brins entre ses petites mains et en humait l'odeur un peu théâtralement, comme il convient aux gens de notre tribu orientale. Elle était alors si jolie, ma vieille Maman qui se mouvait avec peine, ma Maman.

■ Albert Cohen, *Le Livre de ma mère,* 1954 © Folio, Gallimard, 1991.

B. On m'a dit cent fois qu'elle avait été belle. Je vous autorise à le croire, malgré ses grandes oreilles, ses cheveux secs, sa bouche serrée et ce bas du visage agressif qui faisait dire à Frédie, toujours fertile en mots : « Dès qu'elle ouvre la bouche, j'ai l'impression de recevoir un coup de pied au cul. Ce n'est pas étonnant avec ce menton en galoche. »

■ Hervé Bazin, *Vipère au poing,* © Éditions Grasset & Fasquelle, 1948.

a. Compare les titres des œuvres dont sont extraits ces passages.
– Comment comprends-tu « Le Livre de ma mère » ? Quel synonyme donner à « livre » ?
– Explique la métaphore de la vipère pour désigner la mère dans le second extrait.

b. Évocation du souvenir par les sensations dans l'extrait A : quelle sensation est évoquée par le narrateur ?

c. Un portrait tendre : dans l'extrait A, quels sont les termes qui montrent la tendresse du narrateur pour sa mère ?

d. Un portrait à charge : dans l'extrait B, quels sont tous les termes à connotation négative qui sont utilisés pour décrire la mère ?

3 Analyser un portrait

Quelle sensation est évoquée par le narrateur ? Quels adjectifs apportent une note méliorative ? Décris en quelques mots l'impression qui se dégage du portrait.

Le matin, la lumière du jour me parvenait de concert avec le parfum dont usait ma grand-mère, une senteur de jasmin restée associée pour moi à l'image d'une vieille dame aux manières exquises et aux yeux clairs comme de l'eau, avec de beaux cheveux neigeux, ramenés en un chignon sur lequel elle agrafait une barrette de jade. Cette barrette était un cadeau – son unique coquetterie – elle ne portait jamais de bijoux, à part son alliance.

■ Minh Tran Huy, *La Double Vie d'Anna Song* © Actes Sud, 2009.

4 LECTURE D'IMAGE

Observe ce tableau de Picasso.

Pablo Picasso, *Portrait de Dora Maar,* 1937. Huile sur toile. Musée Picasso, Paris.

a. Observe la position du nez et des yeux : comment est présenté ce visage de femme ?

b. Observe et commente les couleurs.

c. Pourquoi s'éloigne-t-on de l'art figuratif ?

d. Quelle impression se dégage de ce portrait de femme ?

Corrigés p. 9 du livret.

25 Les paroles rapportées

RETENIR

1 / Le discours direct

MOT CLÉ

✓ **Paroles rapportées :** paroles d'un personnage que le narrateur retranscrit.

• Les paroles sont rapportées **telles qu'elles ont été prononcées**. Le discours direct rend une scène proche. Il présente :
- **un tiret et des guillemets** au début et en fin de paroles ;
- un verbe de prise de parole (répondre, demander, crier, dire, murmurer…) ;
- les caractéristiques vivantes du **langage oral** : apostrophe, interjection, exclamation, interrogation (« Bien sûr ») ;
- les temps verbaux se situent **par rapport au moment de l'énonciation** ;
- les pronoms du dialogue.

L'infirmière lui dit : « Bien sûr que vous pouvez emmener Eva en promenade ! »

2 / Le discours indirect

• Le narrateur rapporte les paroles des personnages **sans les citer mot à mot**. Le discours indirect introduit une certaine distance. Il se repère parce que :
- la ponctuation du discours direct disparaît ;
- toutes les phrases sont **déclaratives** ;
- le verbe de parole est suivi d'une proposition **subordonnée conjonctive** ;
- les temps deviennent ceux du récit et suivent la **concordance des temps**.

L'infirmière lui dit que bien sûr, il pouvait emmener Eva en promenade.

3 / Le discours indirect libre

• Le narrateur rapporte des paroles intérieures ou des pensées **en les intégrant complètement au récit**. Le passage au discours indirect libre est signalé par :
- l'absence de verbe introducteur ;
- l'absence de ponctuation de dialogue ;
- l'absence de subordonnant ;
- la présence des **pronoms** et de la **concordance des temps** du style indirect.

Bien sûr il pouvait l'emmener en promenade !

LA MÉTHODE

▷ Respecter la concordance des temps au style indirect

Style direct	Style indirect
Présent L'infirmière affirmait : « Eva marche. »	Imparfait L'infirmière affirmait qu'Eva marchait.
Passé composé L'infirmière affirmait : « Eva a marché. »	Plus-que-parfait L'infirmière affirmait qu'Eva avait marché.
Futur simple L'infirmière affirmait : « Eva marchera. »	Conditionnel présent L'infirmière affirmait qu'Eva marcherait.
Futur antérieur L'infirmière affirmait : « Eva aura marché. »	Conditionnel passé L'infirmière affirmait qu'Eva aurait marché.

MINI INTERRO

1. *Le médecin ordonne aux infirmières : « Laissez cette enfant se promener. »* Transforme cette phrase au style indirect.

2. Quel type de discours utilise des propositions subordonnées ?

S'ENTRAÎNER

1 Quiz

Coche la bonne réponse.

a. Il me demande ce que sont devenus nos amis de l'école primaire.

❑ Style indirect ❑ Style indirect libre

b. Jean marchait songeur. Il commençait à être fatigué.

❑ Style indirect ❑ Style indirect libre

c. « Comment ferons-nous en cas de tempête de neige ? » demanda la fillette.

❑ Style direct ❑ Style indirect libre

d. « Serons-nous toujours amis ? » demanda la fillette.

❑ Au style indirect, le verbe *être* restera au futur.

❑ Au style indirect, le verbe *être* se conjuguera au conditionnel.

2 Le style indirect

a. Écris ces propos au style direct :
La mère d'Eva suggéra à Vollard qu'il rende visite à la fillette dans son centre de rééducation.

b. Explique l'emploi du conditionnel dans cette phrase :
Vollard déclara qu'il serait ravi d'aller voir Eva.

c. Justifie l'emploi de l'imparfait dans cette phrase :
Il l'assura qu'elle ne devait pas s'inquiéter d'être loin de sa fille et peu disponible.

d. Qui le pronom « il » représente-t-il dans cette phrase ?
Il affirma qu'il lui devait bien cela puisqu'il ne se pardonnait pas d'avoir renversé la fillette.

3 Identifier le style

Lis l'extrait puis réponds aux questions.

Vollard s'étonna de ne pas devoir justifier son identité, mais il suivit sans rien dire le sous-directeur à travers les couloirs.

– Je dois vous avouer, Monsieur Vollard, que vous étiez très attendu. Vous êtes un oncle ? Un parent ? Enfin ça ne me regarde pas ! Mais il est souhaitable que la fillette ait des visites. La maman a dû accepter un travail loin d'ici, je crois… Elle n'est que très peu venue et restait à peine quand elle venait. Pourtant l'enfant va bien, mais il n'y a guère de changement. Les séquelles paraissent irréversibles. Toujours ce mutisme.

■ Pierre Péju, *La Petite Chartreuse* © Gallimard, 2002.

a. À quelle forme de discours rapporté correspondent les paroles du sous-directeur ?

b. Pour justifier ta réponse, relève des indices et remplis le tableau ci-dessous.

Ponctuation du dialogue	Types de phrases	Pronoms personnels

c. Quel effet produit l'emploi de ce discours ?

d. Réécris les propos du sous-directeur au style indirect.

Le sous-directeur dit à Vollard que ....

....

....

....

....

....

4 SPÉCIAL BREVET

Cet extrait vient juste après celui de l'exercice 3. Invente la suite en commençant par une phrase au style indirect, puis tu introduiras un dialogue et enfin une partie narrative.

Ils pénétrèrent dans une vaste salle où les jeunes gens cabossés par les accidents les plus terribles jouaient aux cartes. […] Un téléviseur déversait une sauce épaisse d'inepties. Eva était assise dans ce vacarme, exactement sous le téléviseur […]. Rêveuse à vide. Regard vague.

Vollard en l'observant pensa que ....

■ Pierre Péju, *La Petite Chartreuse* © Gallimard, 2002.

Corrigés p. 9 du livret.

26 L'argumentation

RETENIR

Le discours argumentatif est utilisé par l'énonciateur dès qu'il veut **convaincre** son destinataire d'un point de vue que celui-ci ne partage pas nécessairement.

1 / Structure du texte argumentatif

MOT CLÉ

✓ **Argumenter :** défendre une thèse à l'aide d'arguments illustrés par des exemples. Le but est de convaincre un interlocuteur.

- La **thèse** est le point de vue défendu par l'auteur, on parle de **thèse proposée**.
- La **thèse réfutée** est celle que le destinataire est supposé soutenir sur le sujet en question. Pour mieux convaincre le destinataire de la légitimité de son point de vue, l'énonciateur réfute par avance cette autre thèse, ou la dévalorise.
- Les **arguments** sont les **idées** qui prouvent la thèse proposée.
- Les **exemples** sont des faits **concrets**, par opposition aux arguments plutôt abstraits, qui servent à **illustrer et justifier** les arguments.

2 / Les marques de l'argumentation

- **Marques de la 1re personne et modalisateurs :** l'énonciateur s'exprime généralement à la 1re personne (je pense que, à mon avis…), mais il peut avoir recours à des formes générales pour donner plus de poids à son argumentation (**il** faut que, **on** sait que…). Les **modalisateurs** (voir chapitre 21) jouent un rôle particulièrement important dans l'expression de l'opinion défendue.
- Les **temps** utilisés dans le discours argumentatif sont ceux du système du présent, même si le destinataire n'est pas physiquement présent (c'est le cas à l'écrit).
- Les **connecteurs logiques** soulignent la cohérence des arguments : ils marquent la cause, la conséquence, la concession, l'opposition, l'addition.

LA MÉTHODE

▷ Distinguer les arguments et les exemples

- Les **arguments** sont des idées **abstraites** qui viennent justifier la thèse.
Les **exemples** sont des éléments **concrets** qui illustrent les arguments.
Le modèle ci-dessous provient d'un roman évoquant l'esclavage.
- **Thèse des esclavagistes (voir la réfutation dans les extraits de la page 57) :**
Les colonies ont besoin de main-d'œuvre, donc d'hommes habitués à l'esclavage.

Arguments donnés par le capitaine esclavagiste :

1. Les Africains pratiquent déjà entre eux l'esclavage.
2. Les maîtres blancs traitent mieux leurs esclaves que les rois africains.

Exemple pour l'argument 1 : Les bateaux négriers embarquent des gens qui sont déjà esclaves. Les rois les échangent contre des marchandises.

Exemple pour l'argument 2 : Les esclaves vivent avec les familles de planteurs. Les femmes sont les nourrices des enfants et sont appréciées par les mères de famille.

MINI INTERRO

1. Quel est le rôle des exemples ?
2. Quelle est la structure d'une argumentation ?

S'ENTRAÎNER

1 Quiz

Dans cette liste, combien de verbes expriment :
je crois • je pense • je sais • je considère • je doute • je suppose • j'ignore si • je suis certain • j'affirme • je certifie • je confirme • j'admets • je conviens • j'adhère

a. une position neutre ❑ 3 ❑ 6 ❑ 8

b. une conviction ❑ 2 ❑ 4 ❑ 5

c. une incertitude ❑ 3 ❑ 5 ❑ 6

2 Analyser des arguments

Lis ce texte et réponds aux questions.

Le narrateur et certains membres d'équipage avaient embarqué pour les Antilles sans savoir qu'ils étaient à bord d'un navire qui faisait du commerce d'esclaves.

« Sachez pour vous rassurer, reprit le capitaine d'une voix forte, que nous ne volons personne : nous achetons les esclaves un bon prix, et cela fait à la fois les affaires de leur pays et du nôtre, car nos colonies ont un cruel besoin de main-d'œuvre.
– **Pas l'affaire de ceux qui sont vendus**, saint Capitaine », siffla Blaise-Benoît entre ses dents. Il n'avait pas parlé assez fort pour que Chevillot entende et celui-ci continua : « Vous ignorez sans doute que, chez eux, ils sont déjà esclaves. L'esclavage existe depuis toujours en Afrique, et ces gens ont été capturés bien avant notre arrivée.
– **Si on n'allait pas en acheter**, susurra Jos par un coin de sa bouche qu'il tordait avec un grand savoir-faire, **ils auraient moins de raisons de faire des prisonniers.**
– Et croyez-moi, poursuivit le capitaine, ils seront mieux aux colonies que chez leur actuel maître africain. »

■ Évelyne Brisou-Pellen, *Deux graines de cacao*, coll. « Le Livre de poche Jeunesse » © Hachette, 2001.

a. Dans la 1re phrase soulignée, par quelle conjonction de subordination pourrait-on remplacer les deux-points ? Reformule les deux arguments avec des connecteurs logiques.

b. Dans la deuxième phrase soulignée, relève trois compléments de temps. Explique leur rôle. Résume la théorie du capitaine.

c. Montre que les deux phrases en gras contredisent l'argumentation du capitaine.

3 Réfuter une thèse

Lis la suite du texte et réponds aux questions.

Cette fois, c'est de nouveau Blaise-Benoît qui grinça : « Il croit ce qu'il veut. Il n'a jamais vu le travail des Noirs sur les plantations.
– Chez les planteurs, ils sont nourris et soignés. Ils font presque partie de la famille.
– Ils sont mal nourris, battus, ils sont loin de leur pays, arrachés à leur famille, ils travaillent du matin au soir sans espoir de sortir de là, commenta Blaise-Benoît avec colère.
– J'entends des murmures ! » s'exclama le capitaine d'un ton menaçant.
Les officiers levèrent brièvement leur cravache, ce qui fit taire les protestataires. De l'arrière du groupe, Anselme surveillait lui aussi les matelots d'un air inquisiteur. S'il y avait mutinerie, c'était son travail sur le faux-pont qui en pâtirait et il refusait de dire adieu à sa prime.
« Qui peut se donner le droit de soumettre les autres à l'esclavage ? s'écria alors Youenn.
– Qui a parlé ?
– Le timonier ! dénonça Anselme.
– Trois douzaines de coups de fouet ! » hurla le capitaine.

■ Évelyne Brisou-Pellen, *Deux graines de cacao*, coll. « Le Livre de poche Jeunesse » © Hachette, 2001.

a. Quel argument du capitaine est rappelé par le groupe nominal « le travail des Noirs » ? Que sous-entend alors Blaise-Benoît ?

b. Montre qu'il développe ensuite son argument.

c. Quelle est la thèse du timonier ? En quoi réfute-t-elle celle du capitaine ?

4 SPÉCIAL BREVET

Lis ce texte et réponds aux questions.

« Vous avez la peau de couleur de cendre, et nous de couleur d'ébène ; par conséquent nous devons, par les lois sacrées de la nature, être toujours ennemis. »

■ Voltaire, *Candide*, 1759.

a. Quel lien logique exprime « par conséquent » entre les deux propositions ? En quoi cette affirmation est-elle absurde ?

b. Réécris ces lignes en ne jouant plus sur l'absurde.

Corrigés p. 9 du livret.

27 Le théâtre

RETENIR

Une pièce de théâtre est une histoire racontée sous forme de **dialogues**, sans narrateur. Elle est d'abord faite pour être **jouée et représentée**. Il peut s'agir d'une comédie, d'une tragédie ou d'un drame.

1 / Le texte de théâtre

Le texte de théâtre se compose des répliques des personnages et des didascalies.

- Les **didascalies** sont les indications données par l'auteur aux comédiens et au metteur en scène sur la façon de jouer, sur le lieu, les déplacements, etc. Elles ne sont pas prononcées pendant la représentation et sont écrites en italiques pour les distinguer des dialogues.
- Les personnages sont caractérisés par la **manière dont ils parlent**, c'est-à-dire : leurs niveaux et registres de langue ; les types de phrases qu'ils emploient ; leurs gestes, mimiques et attitudes ; la répartition de la parole entre eux (un dominant parle davantage qu'un dominé).

MOTS CLÉS

✓ **Acte :** partie d'une pièce de théâtre qui présente une unité dans la progression de l'intrigue.

✓ **Scène :** Elle est délimitée par l'entrée ou la sortie des personnages. Il y a plusieurs scènes dans un acte.

2 / La composition d'une pièce de théâtre classique

- Elle est souvent organisée autour de trois ou cinq actes :
– l'**exposition** informe le spectateur sur la situation ;
– le **nœud** de l'action, moment où l'action/l'intrigue est à son point culminant et le dénouement encore incertain ;
– le **coup de théâtre**, un événement soudain, imprévu, change les données de l'action ;
– le **dénouement** résout le problème posé par la pièce.

3 / L'énonciation au théâtre

- Elle est double généralement puisque les répliques s'adressent à **deux destinataires**, un autre personnage de la pièce et le spectateur.
- Dans l'**aparté** le personnage s'adresse directement au public. Dans le **monologue**, le personnage livre à voix haute, loin des autres et souvent seul en scène, ses pensées intimes.

LA MÉTHODE

▷ Définir les genres théâtraux

Dans le théâtre classique, on distingue la comédie et la tragédie.

- **La comédie** cherche à divertir en mettant en scène des personnages ordinaires et utilise le rire comme ressort ; le dénouement est heureux.
- **La tragédie** montre le destin de personnages mythologiques ou historiques. Ses ressorts sont la crainte et la pitié. Un destin implacable pèse sur les héros souvent tourmentés de passions. Le dénouement est malheureux.
- **Le drame romantique** apparaît dans la première moitié du XIXe siècle. Il mélange les tons (tragique et comique).

MINI INTERRO

1. Cite quatre manières de caractériser un personnage de théâtre.
2. Quelle différence y a-t-il entre un monologue et un aparté ?

S'ENTRAÎNER

1 Quiz

Coche la bonne réponse.

a. Le quiproquo est : ❑ comique ❑ tragique

b. L'exposition d'une pièce classique doit être finie :

❑ à la fin de la scène 1 de l'acte I

❑ au début de l'acte II

c. Le héros tragique est :

❑ aux prises avec son destin ❑ maître de ses choix

2 La tragédie

Complète ces phrases en puisant dans la liste :
Racine • Athènes • Corneille • Sophocle • bienséances • Euripide • Eschyle.

La tragédie naît en Grèce, à .... au VIe siècle avant J.-C. Les trois grands auteurs de la tragédie grecque sont ....

Pour ne pas choquer le public, au XVIIe siècle, on suit la règle des .... et on s'interdit de montrer un meurtre sur scène.

Dans les années 1630, la tragédie se développe en France avec deux auteurs : ....

3 Lecture critique

Lis ce monologue et réponds aux questions.

Figaro croit que sa fiancée Suzanne a accepté de céder aux avances du comte Almaviva. Il fait éclater sa colère dans un long monologue.

Ô femme ! femme ! femme ! Créature faible et décevante ! Nul animal créé ne peut manquer à son instinct ; le tien est-il donc de tromper ?... Après m'avoir obstinément refusé quand je l'en pressais devant sa maîtresse, à l'instant qu'elle me donne sa parole ; au milieu de la cérémonie... Il riait en lisant, le perfide ! et moi comme un benêt !... Non, monsieur le comte, vous ne l'aurez pas... vous ne l'aurez pas. Parce que vous êtes un grand seigneur, vous vous croyez un grand génie !... noblesse, fortune, un rang, des places ; tout cela rend si fier !

■ BEAUMARCHAIS, *Le Mariage de Figaro*, V, 3, 1778.

a. Les répétitions marquent :

❑ la colère ❑ l'hésitation de Figaro

b. Ce monologue a une portée :

❑ narrative ❑ argumentative

c. Qu'exprime la ponctuation ? Quelles indications donne-t-elle aux acteurs ?

4 SPÉCIAL BREVET

Lis cet extrait et réponds aux questions.

Le comte, qui veut obtenir les bonnes grâces de Suzanne, convoque Figaro pour savoir s'il est au courant. Or Suzanne a averti Figaro.

LE COMTE – [...] Ce Figaro se fait bien attendre ! Il faut le sonder adroitement *(Figaro paraît dans le fond, il s'arrête)* et tâcher, dans la conversation que je vais avoir avec lui, de démêler d'une façon détournée s'il est instruit ou non de mon amour pour Suzanne.

FIGARO, *à part.* – Nous y voilà.

LE COMTE – ...S'il en sait par elle un seul mot...

FIGARO, *à part.* – Je m'en suis douté.

LE COMTE – [...] Et voyons ce que nous ferons de la jeunesse.

FIGARO, *à part.* – Ah ! Ma femme, s'il vous plaît.

LE COMTE, *se retourne.* – Hein ? Quoi ? Qu'est-ce que c'est ?

FIGARO, *s'avance.* – Moi qui me rends à vos ordres.

[...]

<u>LE COMTE. – Les domestiques ici... sont plus longs à s'habiller que les maîtres !</u>

<u>FIGARO. – C'est qu'ils n'ont point de valets pour les y aider.</u>

LE COMTE, [...] *à part.* – Je m'emporte, et nuis à ce que je veux savoir.

FIGARO, *à part.* – Voyons-le venir et jouons serré.

■ BEAUMARCHAIS, *Le Mariage de Figaro*, III, 4-5, 1778.

a. Qu'indiquent les didascalies ? Quel est l'effet de ce procédé ?

b. Dans le passage souligné, que penses-tu de la réplique de Figaro ?

c. Qui mène le dialogue : Figaro ou le comte ?

Corrigés p. 10 du livret.

28 Le théâtre contemporain

RETENIR

Le théâtre du XXe siècle est riche et varié. On distingue trois axes de création.

1 / La reprise des mythes antiques

- Entre 1920 et 1950, des auteurs puisent leur inspiration dans les **mythes gréco-romains** qu'ils transposent dans leur époque (1933 : *La Machine infernale*, Cocteau ; 1935 : *La guerre de Troie n'aura pas lieu*, Giraudoux ; 1944 : *Antigone*, Anouilh).
- Les personnages deviennent **humains** et le système de valeurs des héros de tragédie classique est **tourné en dérision**.

2 / Le théâtre engagé (1940-1950)

- Le théâtre engagé pose le problème de la **légitimité de la violence** en politique et des engagements. L'homme est confronté au **tragique de l'histoire** (1944 : *Huis clos*, Sartre ; 1948 : *Les Mains sales*, Sartre ; 1949 : *Les Justes*, Camus).

3 / Le théâtre de l'absurde

- En 1896, Alfred Jarry avec *Ubu roi* ouvre les voies d'un « nouveau théâtre » ou « théâtre de l'absurde » qui vise à la provocation. Le mot « absurde » apparaît en littérature après la Seconde Guerre mondiale et caractérise la **difficulté de l'homme à comprendre le monde dans lequel il vit.**
- Les héritiers mêlent pour la plupart dérision, humour et tragique :
  – Eugène Ionesco : *La Cantatrice chauve* (1950), *La Leçon* (1951), *Les Chaises* (1952), *Le roi se meurt* (1962) ;
  – Samuel Beckett : *En attendant Godot* (1952), *Fin de partie* (1957), *Oh les beaux jours* (1963).

MOTS CLÉS

✓ **Théâtre engagé :** Il est lié au contexte historique et il offre une réflexion politique ou philosophique.

✓ **Théâtre de l'absurde :** Il caractérise la difficulté de l'humain à comprendre le monde dans lequel il vit.

LA MÉTHODE

▷ Différencier le théâtre moderne du théâtre classique

	Théâtre traditionnel	Théâtre de l'absurde
L'histoire/ la structure	Il y a une exposition, un développement de l'intrigue et finalement un dénouement.	Il n'y a pas toujours d'histoire cohérente. Chaque fragment peut être autonome.
Les personnages	Les personnages ont une psychologie. Le comte Almaviva croit qu'il n'aime plus sa femme.	Ce sont des types interchangeables. Ubu est le symbole de la cupidité des tyrans.
Le langage	Le langage a du sens, il aide à communiquer. Souvent, le langage est d'un niveau soutenu.	Mélanges de tons, de registres de langue, jeux sur la polysémie. Le langage peut servir de révélateur de la difficulté à communiquer.

MINI INTERRO

1. Cite cinq auteurs de théâtre du XXe siècle.
2. Que veut démontrer le théâtre de l'absurde quand il mélange les genres et joue sur la polysémie ?

S'ENTRAÎNER

1 Quiz

Lis le texte puis coche la bonne réponse.

La Cantatrice chauve est représentée pour la première fois le 11 mai 1950, par la Compagnie Nicolas Bataille. Avant le premier dialogue, on trouve ces lignes.

Intérieur bourgeois anglais, avec des fauteuils anglais. Soirée anglaise. M. Smith, Anglais, dans son fauteuil anglais et ses pantoufles anglaises, fume sa pipe anglaise et lit un journal anglais, près d'un feu anglais. Il a des lunettes anglaises, une petite moustache grise, anglaise. À côté de lui, dans un autre fauteuil anglais, Mme Smith, Anglaise, raccommode des chaussettes anglaises. Un long moment de silence anglais. La pendule anglaise frappe dix-sept coups anglais.

■ Eugène IONESCO, *La Cantatrice chauve*, © Gallimard, 1950.

a. Ces lignes en italiques correspondent :

❑ aux didascalies

❑ à une introduction pour le metteur en scène

b. Les personnages sont :

❑ des héros empruntés à la mythologie

❑ des personnages ordinaires

c. Le ton de ces lignes est :

❑ neutre ❑ ironique

2 Une scène absurde

Voici les premières répliques de la pièce. Lis-les puis réponds aux questions.

Mme SMITH. – Tiens, il est neuf heures. Nous avons mangé de la soupe, du poisson, des pommes de terre au lard, de la salade anglaise. Les enfants ont bu de l'eau anglaise. Nous avons bien mangé, ce soir. C'est parce que nous habitons dans les environs de Londres et que notre nom est Smith.

M. SMITH, *continuant sa lecture, fait claquer sa langue.*

Mme SMITH. – Les pommes de terre sont très bonnes avec le lard, l'huile de la salade n'était pas rance. L'huile de l'épicier du coin est de bien meilleure qualité que l'huile de l'épicier d'en face, elle est même meilleure que l'huile de l'épicier du bas de la côte. Mais je ne veux pas dire que leur huile à eux soit mauvaise.

M. SMITH, *continuant sa lecture, fait claquer sa langue.*

■ Eugène IONESCO, *La Cantatrice chauve*, © Gallimard, 1950.

a. À quoi correspondent ces premières répliques ?

b. Quel est le rôle attribué au langage ?

c. Ionesco a dit qu'il s'était inspiré de la méthode Assimil. À quoi le voit-on ?

3 Comprendre un monologue

Mme Smith continue son monologue. Sur quoi repose la parodie ici ?

Mme SMITH. – Cependant, la soupe était peut-être un peu trop salée. Elle avait plus de sel que toi. Ah, ah, ah. Elle avait aussi trop de poireaux et pas assez d'oignons. Je regrette de ne pas avoir conseillé à Mary d'y ajouter un peu d'anis étoilé. La prochaine fois, je saurai m'y prendre.

M. SMITH, *continuant sa lecture, fait claquer sa langue.*

■ Eugène IONESCO, *La Cantatrice chauve*, © Gallimard, 1950.

4 LECTURE D'IMAGE

Observe cette photographie d'une scène de théâtre.

Les Smith reçoivent les Martin. Représentation de *La Cantatrice chauve*, mise en scène de Jean-Luc Lagarce, diffusée sur Arte en 1991.

a. Comment sont habillés les acteurs ?

b. Quelle est la mimique des femmes ?

c. Quel décor a choisi le metteur en scène ?

Corrigés p. 10 du livret.

29 La poésie

RETENIR

1 / La poésie en vers

- La **versification** est l'ensemble de règles qui régissent l'écriture d'un **vers**. Un **poème** est généralement constitué de **vers**, regroupés en **strophes**.
- Un vers se découpe en **syllabes**. Les vers sont nommés d'après leur nombre de syllabes, comme **l'alexandrin** (12), **le décasyllabe** (10), **l'octosyllabe** (8).

MOTS CLÉS

✓ **Poésie :** Elle joue sur la langue (les sonorités, le rythme et les images). Elle peut être en vers ou en prose.

✓ **Poésie lyrique :** Elle exprime les sentiments et les émotions du poète.

2 / Le jeu sur les sons

- **La rime** est un effet de sonorité avec la répétition d'un même son à la fin de deux ou plusieurs vers. Les rimes féminines se terminent par un ***e* muet**, les autres sont masculines. Les deux alternent selon trois combinaisons :

Rimes plates	Rimes embrassées	Rimes croisées
a/a/b/b	a/b/b/a	a/b/a/b

- **L'allitération** est la répétition d'une même **consonne** dans une suite de mots rapprochés : Priez pour le pauvre Gaspard !
- **L'assonance** est la répétition d'une même **voyelle** dans une suite de mots rapprochés : Suis-je né trop tôt ou trop tard ?

3 / Les effets de rythme

- Le vers est divisé en **groupes rythmiques**. L'endroit où s'arrête un groupe rythmique s'appelle la **coupe**. La coupe principale d'un vers s'appelle la **césure**. Les coupes sont souvent liées à la ponctuation.

  Un soir,/t'en souvient-il ? // nous voguions en silence
  2 Coupe 4 Césure 6

  Cet alexandrin est découpé en deux **hémistiches** de 6 syllabes par la **césure**.
- Il y a **enjambement** quand une proposition commencée dans un vers se prolonge dans le vers suivant. Les beaux habits du soir un à un que l'on quitte / Tombent indolemment sur l'aube des planchers. (Louis Aragon, *Le Roman inachevé*.)
- Il y a **rejet** quand un élément d'une proposition commencée dans un vers est placé en tête du vers suivant. L'empereur se tourna vers Dieu ; l'homme de gloire / **Trembla** ; Napoléon comprit qu'il expiait... (Victor Hugo, *Châtiments*.)

MINI INTERRO

1. *Maître corbeau sur un arbre perché.* Ce vers est-il un octosyllabe ?
2. *Je fais souvent ce rêve étrange et pénétrant.* Quel effet de sonorité identifies-tu ?

LA MÉTHODE

▷ Compter le nombre de syllabes

- Le vers se décompose en **syllabes**. On ne compte pas le ***e* muet** en fin de vers ou suivi d'une voyelle. On le compte quand il est suivi d'une consonne.

  Ô vous tous, ma peine est profonde → Ce vers est un octosyllabe. Les *e* de *peine* et de *profonde* ne comptent pas.

S'ENTRAÎNER

1 Vrai ou faux ?

Lis le poème et coche la bonne réponse.

Depuis longtemps déjà je t'ai laissé tout seul
Cependant me voici t'apportant mon mensonge
Poète sois joyeux tu sembles un linceul
Regarde-moi c'est moi je ne suis pas un songe.

Guillaume Apollinaire, « La ceinture », *Poèmes à Lou*, 1955.

	V	F
a. Les rimes sont croisées.	❑	❑
b. Les rimes masculines alternent avec les rimes féminines.	❑	❑
c. Ce sont des décasyllabes.	❑	❑

2 Jeu sur les sons

Quelle est la disposition des rimes dans les vers suivants ? Relève deux allitérations et une assonance.

Je tresserai mes vers de verre et de verveine
Je tisserai ma rime au métier de la fée
Et trouvère du vent je verserai la vaine
Avoine verte de mes veines
Pour récolter la strophe et t'offrir ce trophée

Louis Aragon, « Cantique à Elsa » *Les Yeux d'Elsa*, © Seghers, 1942.

3 Étude des vers

Souligne les *e* muets qui se comptent dans un vers et barre ceux qui ne comptent pas.

a. Une atmosphère obscure enveloppe la ville. (Baudelaire)

b. J'ai cueilli ce brin de bruyère
L'automne est morte souviens-t'en (Apollinaire)

4 Mots mêlés

Retrouve dans la grille les mots qui correspondent aux définitions suivantes.

a. Quand une phrase se poursuit dans le vers suivant.

b. Un vers de huit syllabes.

c. La répétition d'une même voyelle ou diphtongue.

d. La combinaison des rimes a/b/a/b.

e. Une strophe de quatre syllabes.

f. Le rythme d'un alexandrin qui a deux coupes.

E	Q	U	A	T	R	A	I	N	O
N	U	R	T	E	P	O	E	M	C
J	A	D	O	R	D	R	I	O	T
A	S	S	O	N	A	N	C	E	O
M	E	T	R	A	P	R	R	L	S
B	C	R	O	I	S	E	E	S	Y
E	B	V	H	R	I	M	I	G	L
M	O	K	R	E	A	L	S	B	L
E	J	B	U	A	H	S	F	E	A
N	P	C	L	Q	Y	O	E	N	B
T	A	E	R	U	A	H	S	B	E

5 SPÉCIAL BREVET

Lis le poème et réponds aux questions.

Le dormeur du val

C'est un trou de verdure où chante une rivière
Accrochant follement aux herbes des haillons
D'argent ; où le soleil, de la montagne fière,
Luit ; c'est un petit val qui mousse de rayons.

Un soldat jeune, bouche ouverte, tête nue,
Et la nuque baignant dans le frais cresson bleu,
Dort ; il est étendu dans l'herbe, sous la nue,
Pâle dans son lit vert où la lumière pleut.

Les pieds dans les glaïeuls, il dort. Souriant comme
Sourirait un enfant malade, il fait un somme
Nature, berce-le chaudement : il a froid.

Les parfums ne font pas frissonner sa narine ;
Il dort dans le soleil, la main sur sa poitrine
Tranquille. Il a deux trous rouges au côté droit.

Arthur Rimbaud, *Poésies*, 1870.

a. Dans la strophe 1 : le mot « luit » occupe une place particulière : laquelle ? Pourquoi ? Quel est le champ lexical dominant ?

b. Comment s'appelle la strophe 2 ? Quel est le rythme du premier vers ? Comment sont disposées les rimes ?

c. Quel champ lexical est lié au soldat dans les strophes 2 et 3 ? Comment évolue-t-il ?

d. En quoi ce poème dénonce-t-il la guerre ?

Corrigés p. 10 du livret.

30 La poésie engagée

RETENIR

1 / Définition et enjeux

MOT CLÉ

✓ **Poésie engagée :** Elle soutient une cause politique ou sociale. Elle joue beaucoup sur les hyperboles, les allégories, les répétitions et les procédés syntaxiques.

- « Être engagé » signifie se mettre au **service d'une cause**. Tout artiste peut, dans un contexte historique précis, utiliser son art pour défendre une cause.
- La poésie engagée est toujours ancrée dans la réalité, dans **l'histoire** et fait donc souvent référence à des noms de lieux, de personnes, et à des dates. Elle vise à **témoigner de la réalité**, à **convaincre** d'adhérer à une cause, à **mettre en garde** contre l'oubli, à **rendre hommage**.

2 / Thèmes

- Le poète dénonce des maux dans différents domaines :

– **religieux** (intolérance, fanatisme) ;
– **social** (injustice, inégalité, misère, racisme…) : Victor Hugo dénonce le travail des enfants dans « Melancholia » ;
– **politique** (guerre, dictature, violence…), refus du nazisme.

3 / La poésie engagée du XXe siècle

- **Première Guerre mondiale** : Apollinaire montre l'horreur de cette guerre, par le récit de combats, comme dans *La Nuit d'avril 1915*.
- **Seconde Guerre mondiale**

– 1942 : *Poésie et vérité* de Paul Éluard (1895-1952)
– 1943 : *État de veille* de Robert Desnos (1900-1945)
– 1945-1946 : *La Diane française* de Louis Aragon (1897-1982)
– 1948 : *Fureur et mystère* de René Char (1907-1988)

- **Colonisation**

– 1939 : *Cahier d'un retour au pays natal* de Aimé Césaire (1913-2008)
– 1948 : *Hosties noires* de Léopold Sédar Senghor (1906-2001)

- **Guerre d'Algérie** : 1954 : *Le Déserteur* de Boris Vian (1920-1959)

LA MÉTHODE

▷ Repérer les procédés de la poésie engagée

- Pour incarner des idées, la poésie engagée a recours à des **symboles, des personnifications, des allégories**. Les figures de style telles que **les hyperboles, les métaphores, les comparaisons** sont nombreuses, et utilisées dans une démarche argumentative, pour susciter l'émotion et l'adhésion du lecteur.
- **Le rythme et le jeu sur les sonorités** sont particulièrement importants dans un poème engagé : la reprise d'expressions ou de structures syntaxiques (répétition et anaphore), les rejets et les enjambements, les parallélismes et les oppositions, les assonances et les allitérations, créent un dynamisme musical qui **facilite la mémorisation et la diffusion des textes**.

MINI INTERRO

1. Pourquoi peut-on dire que Victor Hugo était un poète engagé ?
2. Quelles périodes du XXe siècle ont particulièrement suscité de la poésie engagée ?

S'ENTRAÎNER

1 Vrai ou faux ?

Lis ces vers d'Apollinaire et coche les bonnes cases.

Le ciel est étoilé par les obus des Boches
La forêt merveilleuse où je vis donne un bal
La mitrailleuse joue un air à triples-croches
Mais avez-vous le mot
Eh ! oui le mot fatal
Aux créneaux Aux créneaux
Laissez là les pioches

Guillaume Apollinaire, « La Nuit d'avril 1915 », *Calligrammes* © Gallimard, 1918.

	V	F
a. Le champ lexical est celui de la guerre.	❑	❑
b. « Un air à triples-croches » est une litote.	❑	❑
c. Le ton est ironique.	❑	❑

2 La poésie en contexte (1)

Dans le poème « Courage » (1942), Paul Éluard dresse le portrait de Paris sous l'occupation.

Paris a froid Paris a faim
Paris ne mange plus de marrons dans la rue
Paris a mis de vieux vêtements de veille
Paris dort debout sans air dans le métro
Plus de malheur encore est imposé aux pauvres
Et la sagesse et la folie
De Paris malheureux
C'est l'air pur c'est le feu
C'est la beauté c'est la bonté
De ses travailleurs affamés
Ne crie pas au secours Paris
Tu es vivant d'une vie sans égale

Paul Éluard, « Courage » (1942, sous le pseudonyme de Maurice Hervent), repris dans *Au rendez-vous allemand*, © Éd. de Minuit, 1945.

a. Pourquoi ce poème a-t-il été d'abord écrit sous un pseudonyme ?

b. Sur quel effet de contraste reposent ces premiers vers ?

3 La poésie en contexte (2)

Pablo Neruda écrit l'épopée de l'Amérique latine dans son Chant général.

Gabriel Gonzales Videla. Je le nomme
afin qu'un jour, quand le temps aura effacé
l'ignominie, quand ma patrie aura lavé
son visage éclairé par le blé et la neige,
plus tard, quand ceux d'ici chercheront l'héritage
que je laisse entre ces lignes telle une braise verte,
ils trouvent aussi le nom du traître qui brandit
la coupe d'agonie qu'un peuple repoussa.
Mon peuple, mon pays, dresse enfin ton destin !
Démolis la prison, ouvre les murs qui t'incarcèrent !
Écrase le pas tortueux du rat qui commande
en son Palais : lève tes lances vers l'aurore,
et au plus haut laisse ton étoile irritée
briller, illuminant les chemins d'Amérique.

Pablo Neruda, « Gonzales Videla, le traître du Chili (Épilogue, 1948) », in *Le sable trahi*, recueilli dans *Chant général*, traduit par C. Couffon.

a. Vers 1, pourquoi le poète tient-il à dire « Je le nomme » ?

b. Relève les verbes à l'impératif. En quoi invitent-ils le peuple à gagner sa liberté ?

4 LECTURE D'IMAGE

Observe cette illustration.

Illustration de Fernand Léger pour le poème « Liberté » de Paul Éluard (1953).

a. Recherche puis lis le poème illustré par ce dessin.

b. Quelles sont les couleurs dominantes ? Pourquoi ?

c. Pourquoi le nom « Liberté » est-il écrit en haut ?

d. Pourquoi le peintre utilise-t-il plusieurs polices de caractères ?

e. Comment est représentée la liberté ?

Corrigés p. 10 du livret.

Mathématiques

Plus d'entraînement sur
www.hatier-entrainement.com

DATE ÉVALUATION

Nombres et calculs

Gestion de données

Géométrie – Grandeurs et mesures

1 Les nombres et leurs calculs : rappels

RETENIR

1 / Nature d'un nombre. Vocabulaire

MOT CLÉ

✓ **Notation scientifique :** Un nombre est écrit en notation scientifique s'il est le produit d'un nombre *a* et d'une puissance de 10, avec $1 \leqslant a < 10$ (Voir exercice 7).

- Quelle est la nature de chacun des nombres : 3 ; – 4 ; 2,6 ; $\frac{5}{4}$ et $\frac{8}{3}$?

• 3 est un **entier naturel** ; mais c'est aussi un nombre **décimal**, car il s'écrit 3,0. Il est un **entier relatif**, **positif**, car il s'écrit + 3. Il peut également être écrit sous la forme d'une **fraction** : $\frac{3}{1}$.

• – 4 est un **entier relatif**, **négatif**. Il est aussi un nombre **décimal** car on peut l'écrire – 4,0. Sous **forme fractionnaire**, il s'écrit $-\frac{4}{1}$.

• 2,6 est un nombre **décimal non entier**, **positif** car il s'écrit + 2,6. Sous la forme d'une **fraction**, il peut s'écrire $\frac{26}{10}$. On dit que $\frac{26}{10}$ est une **fraction décimale**.

• $\frac{5}{4}$ est une **fraction**. Elle représente le **décimal** 1,25 car $5 \div 4 = 1{,}25$.

• $\frac{8}{3}$ est une **fraction**. Elle représente un nombre **qui n'est pas décimal**, car $8 \div 3 = 2{,}6666666\ldots$ Dans 2,6666666... la partie après la virgule est formée du chiffre 6 qui se répète d'une manière illimitée.

- À l'aide d'une calculatrice, tu peux constater que $\sqrt{2}$ représente le nombre 1,414213562... dont la partie après la virgule ne se répète pas et est illimitée.

- Le quotient de la longueur d'un cercle par son diamètre est égal à π.
π représente le nombre 3,141592654... dont la partie après la virgule ne se répète pas et est illimitée.

2 / Calcul d'un nombre. Priorités

Règles de priorités : Dans une suite d'opérations, on effectue :

1. les calculs à l'intérieur des parenthèses,
2. les puissances,
3. de gauche à droite, les multiplications et les divisions,
4. les additions et les soustractions.

LA MÉTHODE

▷ Calculer une valeur exacte, une valeur approchée

Exemple ABC est un triangle rectangle en A. Calculer BC.

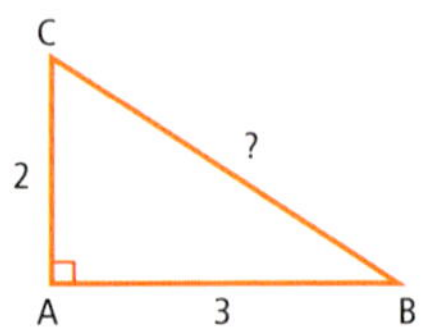

→ D'après le théorème de Pythagore :

$BC^2 = AB^2 + AC^2$

$BC^2 = 3^2 + 2^2$

$BC^2 = 9 + 4 = 13$. La valeur exacte de BC est $\sqrt{13}$.

Une valeur approchée de BC au dixième près est 3,6 ;
en effet, à l'aide de la calculatrice, $\sqrt{13} = 3{,}605551275\ldots$

MINI INTERRO

Calcule mentalement.

1. $5^2 + 9 - 4 \times 2$
2. $20 - (3 + 7 \times 2)$
3. $3 \div \frac{15}{9}$

S'ENTRAÎNER

1 Vrai ou faux ?

Coche la case qui convient.

	V	F
a. Le quotient $\frac{8}{25}$ est un nombre décimal.	❑	❑
b. $\sqrt{49}$ est un nombre décimal.	❑	☒
c. $2 \div \frac{7}{2}$ est un nombre décimal.	❑	❑
d. $\frac{2}{3} \div \frac{10}{9}$ est un nombre décimal.	❑	❑
e. $\frac{3}{8}$ et $\frac{8}{3}$ sont deux nombres inverses.	❑	❑

2 Valeurs exactes, valeurs approchées

Complète le tableau selon les exemples.

	Valeur exacte	Valeur arrondie à 0,01 près
$16 \div 3$	$\frac{16}{3}$	5,33
$5 \div 4$	1,25	╳
$23 \div 6$	3,83	4
Longueur d'un cercle de 5 cm de rayon	…………	…………
Aire d'un cercle de 5 cm de rayon	…………	…………
Hypoténuse du triangle 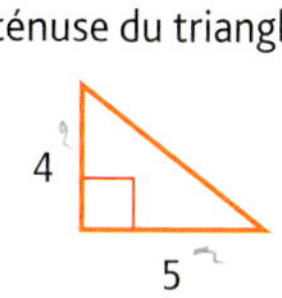	$\sqrt{41}$	…………

3 Calcul mental

On donne $A = 5 + \frac{1}{3}$ et $B = 7 - \frac{37}{3}$.

1. Calcule les valeurs exactes de A et B.

…………………………………………………………………

2. Vrai ou faux ?

	V	F
a. $A + B = 0$.	❑	❑
b. A et B sont deux nombres opposés.	❑	❑

4 Suite d'opérations

On considère les nombres :

$A = \frac{1}{3} + \frac{2}{3} \times \frac{2}{5}$ $\qquad$ $B = 8 - 1 \div \frac{3}{8}$

a. Écris A et B sous la forme d'une fraction simplifiée.

b. Précise, dans chaque cas, si le résultat obtenu est un nombre décimal ou non.

5 Parenthèses et suite d'opérations

$A = \frac{4}{7} - \frac{1}{7} \times \left(7 + \frac{1}{2}\right)$ et $B = \frac{9}{5} - \frac{3}{4} \times 7$.

a. Calcule A et B.

b. Précise si A et B sont des nombres décimaux ou non.

6 Avec les puissances

Vrai ou faux ? Coche la case qui convient.

	V	F
a. $\frac{10^4 \times 10^2}{10^6}$ est égal à 1.	❑	❑
b. 3^{-1} est égal à $\frac{1}{3}$.	❑	❑
c. 5×10^{-2} est un nombre décimal.	❑	❑
d. $7 \times 10^{-2} \times 5 \times 10^3$ est égal à 35×10^{-6}.	❑	❑
e. $\frac{12 \times 10^9}{4 \times 10^2}$ est égal à 30.	❑	❑

7 Notations scientifiques

Vrai ou faux ? Coche la case qui convient.

En notation scientifique :

	V	F
a. 568 s'écrit $5{,}68 \times 10^2$.	❑	❑
b. 0,094 s'écrit $9{,}4 \times 10^{-2}$.	❑	❑
c. 0,4 s'écrit 4×10.	❑	❑
d. 52×10^4 s'écrit $5{,}2 \times 10^5$.	❑	❑

8 VU AU BREVET

On donne : $A = \frac{1{,}5 \times 10^7 \times 4 \times 10^{-5}}{25 \times 10^2}$.

Donne une écriture décimale du nombre A.

…………………………………………………………………

Corrigés p. 10 du livret.

2 Calcul littéral : rappels

MOTS CLÉS

✓ **Termes :** Les termes d'une expression sont séparés par les signes + et –. Exemple : Les termes de $5x^2 - 3x + 4$ sont $5x^2$, $3x$ et 4.

✓ **Semblables :** Des termes sont semblables, s'ils ont la même partie littérale. Exemple : $5x^2$ et $3x^2$ sont semblables, mais $5x^2$ et $3x$ ne le sont pas.

RETENIR

1 / Expression littérale

Exemple Voici un programme de calcul d'une facture mensuelle d'électricité à l'aide d'une inconnue représentée par la lettre x :

Abonnement (en €) :	4,16
Consommation (en kWh) :	x
Prix d'un kWh (en €) :	0,093
Prix de la consommation (en €) :	$0{,}093x$
Montant de la facture (en €) :	$0{,}093x + 4{,}16$

$0{,}093x + 4{,}16$ est une **expression littérale**.

2 / Valeur numérique

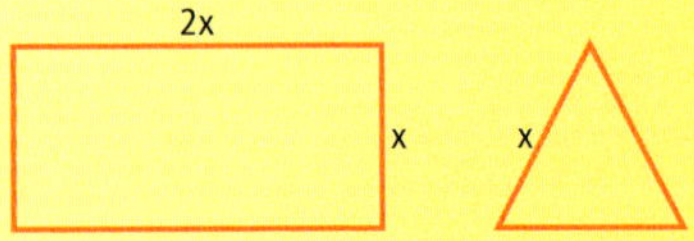

Exemple Voici deux jardins ayant la forme d'un rectangle et d'un triangle équilatéral.

La somme de leurs périmètres est $9x$.
Si, en mètres, $x = 10$, alors il faudrait 90 m pour les clôturer.
En effet : $9x = 9 \times 10 = 90$. 90 est la **valeur numérique** de $9x$ pour $x = 10$.

3 / Développer, factoriser, réduire

- **Développer une expression** signifie supprimer les parenthèses.
Rappel : $k(a + b) = ka + kb$ et $k(a - b) = ka - kb$.
La multiplication est distributive par rapport à l'addition et à la soustraction.

- **Factoriser une expression** signifie la transformer en un **produit** de facteurs.
Rappel : $ka + kb = k(a + b)$ et $ka - kb = k(a - b)$.

Exemple Factoriser l'expression $x^2 + 5x$. → $x^2 + 5x = \mathbf{x} \times \mathbf{x} + 5 \times \mathbf{x} = x(x + 5)$.

- **Réduire une expression,** c'est simplifier ses termes semblables.

Exemple Réduire l'expression $F = 3x + 5x - 1$.
→ $F = 3x + 5x - 1 = (3 + 5)x - 1 = 8x - 1$.
$8x - 1$ est la **forme réduite** de F.

LA MÉTHODE

▷ Calculer une expression à l'aide d'une calculatrice

Si la calculatrice est scientifique, je peux rentrer les données telles qu'elles se présentent. Toutefois, afin d'alléger le nombre de touches à taper, je simplifie d'abord l'écriture de l'expression.

Exemple Calculer l'expression $5x^2 + 4x - 9$ pour $x = -2{,}5$.

→ Pour $x = -2{,}5$, l'expression s'écrit :
$5 \times (-2{,}5)^2 + 4 \times (-2{,}5) - 9 = 5 \times 2{,}5^2 - 4 \times 2{,}5 - 9$.
À l'aide d'une calculatrice : 5 [×] 2 [,] 5 [x^2] [–] 4 [×] 2 [,] 5 [–] 9 [=] [12,25]

MINI INTERRO

1. Développe.
a. $-3(2x - 1)$
b. $-(5 - x)$

2. Réduis.
$y^2 - 3y - 10 - (y^2 + 4y - 1)$.

1 Vrai ou faux ?

Coche la case qui convient.

	V	F
a. $1x = x$	❑	❑
b. $0x = x$	❑	❑
c. $3x + 5x = 8x^2$	❑	❑
d. $x^2 - x = x$	❑	❑
e. $x = x^1$	❑	❑
f. $(2x - 5)(x - 2) = 2x(x - 2) - 5(x - 2)$	❑	❑
g. $(2x - 5)(x - 2) = 2x^2 - 9x + 10$	❑	❑

2 Développer et réduire

Développe, puis réduis chacune des expressions.

$A = -4(-2x - 5) - (3 - x)$

$B = 5z + 3(z - 2) - 6z + 12$

$C = 2 - 5(2t - 7) - 6 - t$

3 Simplifier l'écriture

Réduis chacune des expressions suivantes.

$A = \frac{1}{4}x + \frac{4}{5}x - \frac{7}{2}x$

$B = \frac{9}{5}x^2 + \frac{2}{3}x^2 - \frac{1}{6}x^2 - x^2$

$C = 0{,}4y + \frac{7}{20}y - \frac{13}{5}y + y$

4 Vocabulaire

1. Relie chacune des expressions à son écriture.

a. Le double de x plus 7 moins le triple de x. ○   ○ $2(x + 7) - 3x$

b. Le double de la somme de x et de 7 moins le triple de x. ○   ○ $2x + 7 - 3x$

c. Le double de la somme de x, de 7 et du triple de x. ○   ○ $2x - (7 - 3x)$

d. Le double de x moins la différence de 7 et du triple de x. ○   ○ $2(x + 7 + 3x)$

2. Développe et réduis chacune des expressions.

5 Factoriser

Écris chaque expression sous la forme d'un produit de facteurs.

a. $15x - 25x^2$ **b.** $\frac{3}{4}y^3 - \frac{1}{4}y^2$

c. $7xy^2 + 3x^2y - 5xy$ **d.** $4x^2 + 20x^3 - 16x^4$

6 Valeurs numériques

ABCD est un trapèze isocèle.

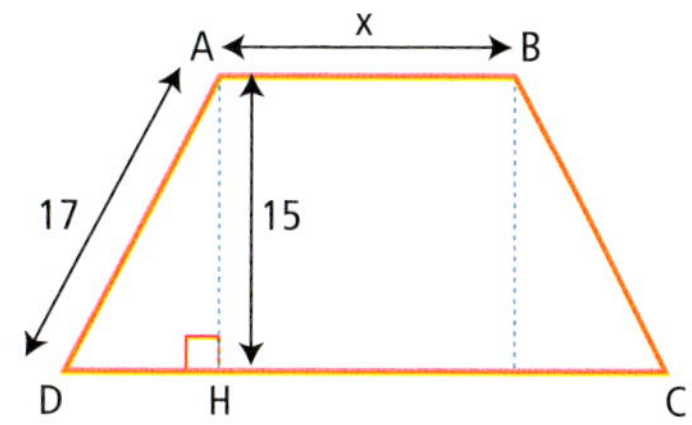

a. Exprime en fonction de x son périmètre $\mathscr{P}$ et son aire $\mathscr{A}$.

b. Calcule $\mathscr{P}$ et $\mathscr{A}$ pour $x = 15$.

7 Volume d'un pavé

a. Exprime en fonction de a la somme P des longueurs des arêtes et le volume $\mathscr{V}$ du parallélépipède rectangle.

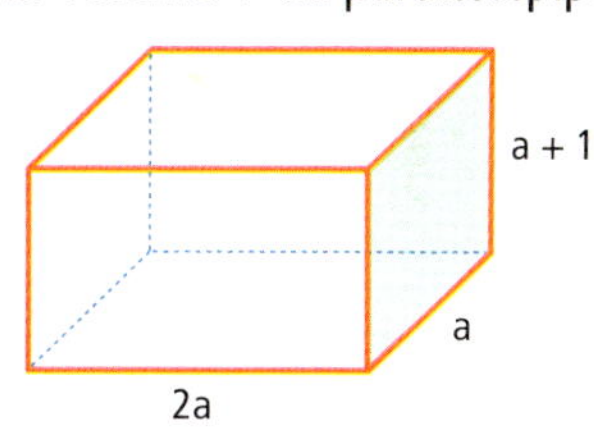

b. Calcule P et $\mathscr{V}$ pour $a = \frac{11}{4}$.

8 VU AU BREVET

Soit $E = (3x - 5)(2x + 1) - (2x + 1)$.

a. Développe et réduis E.

b. Calcule la valeur de E pour $x = -\frac{1}{2}$, et pour $x = 0$.

Soit $F = 3(2x + 1)(x - 2)$.

c. Développe et réduis F. Les expressions E et F sont-elles égales ?

d. Sans aucun calcul, trouve la valeur de E pour $x = 2$.

Corrigés p. 11 du livret.

3 Identités remarquables

RETENIR

Identités remarquables et vocabulaire

MOTS CLÉS

✓ **Identité :** En mathématiques, une identité est une égalité vraie quelles que soient les valeurs des lettres.

✓ **Différence :** Attention ! $(a-b)^2$ est le carré d'une différence, mais $a^2 - b^2$ est la différence de deux carrés.

$(a+b)^2 = a^2 + 2ab + b^2$

Le carré d'une somme de deux termes est égal au carré du premier terme plus le double produit du premier par le second plus le carré du second.

Exemple $(a+3)^2 = a^2 + 2 \times a \times 3 + 3^2 = a^2 + 6a + 9$.

$(a-b)^2 = a^2 - 2ab + b^2$

Le carré d'une différence de deux termes est égal au carré du premier terme moins le double produit du premier par le second plus le carré du second.

Exemple $(x-5)^2 = x^2 - 2 \times x \times 5 + 5^2 = x^2 - 10x + 25$.

$(a+b)(a-b) = a^2 - b^2$

Le produit de la somme de deux termes par leur différence est égal au carré du premier terme moins le carré du second.

Exemple Factoriser $t^2 - 25$ → $t^2 - 25 = (t+5)(t-5)$.

LA MÉTHODE

▷ Développer ou factoriser une expression selon une identité remarquable

J'identifie en premier la forme de l'expression.

Exemples

- Développer $\left(x + \frac{3}{2}\right)^2$.

→ L'expression $\left(x + \frac{3}{2}\right)^2$ est de la forme $(a+b)^2$.

Son développement est donc égal à : $x^2 + 2 \times x \times \frac{3}{2} + \left(\frac{3}{2}\right)^2 = x^2 + 3x + \frac{9}{4}$.

- Factoriser $y^2 - 6y + 9$.

→ L'expression $y^2 - 6y + 9$ contient trois termes : y^2 est le carré de y, 9 est le carré de 3 et $6y$ est le double du produit $3y$.

Par conséquent : $y^2 - 6y + 9$ est de la forme $a^2 - 2ab + b^2$.

D'où : $y^2 - 6y + 9 = (y-3)^2 = (y-3)(y-3)$.

▷ Calculer mentalement à l'aide d'une identité remarquable

J'identifie l'identité remarquable à utiliser.

Exemple Calculer 101^2.

$101^2 = (100+1)^2$: cette expression est de la forme $(a+b)^2$,

donc $101^2 = 100^2 + 2 \times 100 \times 1 + 1^2 = 10\,000 + 200 + 1 = 10\,201$.

MINI INTERRO

1. Développe.
a. $(a+1)^2$
b. $(x-1)^2$
c. $(a-4)(a+4)$

2. Factorise.
a. $a^2 + 10a + 25$
b. $y^2 - 6y + 9$
c. $t^2 - 25$

S'ENTRAÎNER

1 Vrai ou faux ?

Coche la case qui convient.

	V	F
a. $(3-t)^2$ est le carré d'une différence.	❑	❑
b. $7^2 + a^2$ est le carré d'une somme.	❑	❑
c. $9^2 - 6^2$ est la différence de deux carrés.	❑	❑
d. $(x-5)^2 - 6^2$ est la différence de deux carrés.	❑	❑

2 Expressions littérales

Complète avec = ou ≠.

a. $\left(x-\frac{1}{2}\right)^2$ ..... $x^2 - \frac{1}{4}$

b. $(x+3)(x-3)$ ..... $x^2 - 9$

c. $(x+5)^2$ ..... $x^2 + 25 + 10x$

d. $(4-a)(4+a)$ ..... $4 - a^2$

3 Expressions numériques

Complète avec =, < ou >.

a. $(6+4)^2$ ..... $6^2 + 4^2$

b. $(8-9)^2$ ..... $8^2 - 9^2$

c. $(10-3)(10+3)$ ..... $10^2 - 3^2$

d. $(-15+5)^2$ ..... 10^2

4 Signe d'une expression

Complète avec =, ⩽ ou ⩾.

a. $(a+b)^2$ 0

b. $-(a+b)^2$ 0

c. -3^2 0

d. $(3-10)^2$ 0

5 Vocabulaire

Complète le tableau.

Double produit	Produit	Facteurs du produit
$100a$	$50a$	50 et a
$6xy$	....	....
....	$7x$	....
....	....	– 3 et 1/2

6 Développer

a. $(5x-1)^2 =$ ....

b. $\left(x+\frac{3}{4}\right)^2 =$ ....

c. $(2x-5)(2x+5) =$ ....

7 Développer, factoriser

a. $(x +$ .....$)^2 = x^2 +$ ..... $+ 9$

b. $($..... $- 5)^2 = a^2 -$ ..... $+ 25$

c. $($..... $- x)^2 = 64 -$ ..... $+$ .....

d. $($..... $+$ .....$)($..... $-$ .....$) = 49x^2 - 1$

e. $(x+5)^2 - 8^2 = ($..... $+ 8)($..... $- 8) = ($.........$)($.........$)$

8 Factoriser

a. $16x^2 - 49 =$ ....

b. $9x^2 + 24x + 16 =$ ....

c. $\frac{x^2}{4} - \frac{16}{9} =$ ....

d. $(x+7)^2 - 25 =$ ....

9 Identités et calcul numérique

Soit $x = 501$ et $y = 499$.

Utilise les identités remarquables pour calculer :
$A = xy$; $B = x^2$; $C = y^2$.

10 Développer, réduire, factoriser

Soit $A = (2x+1)^2 - (x-3)(2x+1)$.

a. Développe et réduis A.

b. Factorise A.

c. Calcule A pour $x = -\frac{1}{2}$.

11 VU AU BREVET

On considère l'expression $D = (x-5)^2 - 16$.

a. Développe D.

b. Factorise D.

c. Calcule D pour $x = \frac{1}{3}$.

Corrigés p. 11 du livret.

4 Équations

RETENIR

1 / Rappels

Résoudre une équation, c'est trouver la (ou les) solution(s) de cette équation.

Exemple $\mathbf{3(x - 4) = 2(x + 7) - 5}$

$3x - 12 = 2x + 14 - 5$

$3x - 12 = 2x + 9$

$3x - 2x = 9 + 12$

$x = 21$

MOTS CLÉS

✔ **Équation :** Une équation est une égalité vraie sous condition. Exemple : $x + 2 = 5$ est vraie si $x = 3$.

✔ **Produit nul :** Un produit de facteur est nul si, et seulement si, l'un des facteurs est nul.

2 / Équation produit nul

Une équation dont l'un des membres est un produit de facteurs et dont l'autre est 0 est appelée **équation produit nul**.

Exemples

• $(2x - 1)(x + 3) = 0$ est une équation produit nul.
Donc $(2x - 1)(x + 3) = 0$ si :
$2x - 1 = 0$ ou $x + 3 = 0$
$2x = 1$ $\quad x = -3$
$x = \frac{1}{2}$
L'équation a deux solutions : $\frac{1}{2}$ et -3.

• $x^2 = 9$ peut se ramener à la forme d'une équation produit nul.
$x^2 = 9$
$x^2 - 9 = 0$
$(x + 3)(x - 3) = 0$.
Donc $x^2 = 9$ si :
$x + 3 = 0$ ou $x - 3 = 0$
$x = -3$ $\quad x = 3$
L'équation a deux solutions : -3 et $+3$.

LA MÉTHODE

▷ Écrire une expression sous la forme d'un produit de facteurs

Je trouve un **facteur commun** aux différents termes de l'expression ou je reconnais le développement d'une **identité remarquable**.

• Facteur commun

$E = x(2x - 1) + 5(2x - 1)$ est une expression à deux termes séparés par le signe +.
$(2x - 1)$ est un facteur commun à ces deux termes, d'où $E = (2x - 1)(x + 5)$.

• Identités remarquables à 3 termes

$E = 9x^2 + 30x + 25$ est une expression à trois termes séparés par les signes +.
Les trois termes n'ont pas de facteur commun, mais l'expression E est de la forme $a^2 + 2ab + b^2$ où $a = 3x$ et $b = 5$.
Par conséquent, $E = (3x + 5)^2 = (3x + 5)(3x + 5)$.
De même si $F = 9x^2 - 30x + 25$, alors $F = (3x - 5)^2$ ou $F = (3x - 5)(3x - 5)$.

• Identité remarquable à 2 termes

Soit $E = 81x^2 - 121$. E est la différence de deux carrés.
$E = (9x)^2 - 11^2$ donc $E = (9x + 11)(9x - 11)$.

MINI INTERRO

Résous mentalement.

1. $\frac{x}{2} = \frac{5}{3}$
2. $x^2 - 4 = 0$
3. $(x - 3)^2 = 0$
4. $3(x + 5)^2 = 0$

S'ENTRAÎNER

1 Quiz

Relie chaque équation à sa ou (ses) solution(s).

a. $(x+1)^2=0$	-7
b. $(x+7)(x-1)=0$	7
c. $3(2x-1)^2=0$	$-\frac{1}{2}$
d. $x^2-1=0$	$+1$
e. $4x^2=1$	-1
f. $-(x-7)^2=0$	$+\frac{1}{2}$

2 Calcul mental

Remplace x par -2, puis réponds par oui ou non à la question « -2 est-elle solution de l'équation » ?

	Oui	Non
a. $3x-6=0$	❑	❑
b. $4(x+1)(x-2)=0$	❑	❑
c. $(2x+4)(x+6)=0$	❑	❑
d. $-3(x+8)(1+\frac{x}{2})=0$	❑	❑

3 Préciser l'inconnue

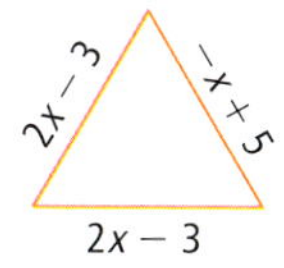

Le triangle est équilatéral.

a. Quelle est la valeur de x ?

b. Cette valeur est-elle un nombre décimal ?

4 Trouver une équation

Dans chacun des cas, écris une équation qui admet pour solutions :

a. 2 et 3 **b.** 0 et -3 **c.** 1 ; -1 ; -2 et 4

5 Équation produit nul

Transforme chacune des équations en une équation produit nul, puis résous-la.

a. $x(x+2)=-3x$

b. $x(x-5)=4(x-5)$

c. $\frac{25}{4}x^2=1$

d. $3x^2+24x=-48$

Corrigés p. 11 du livret.

6 Développer, factoriser, résoudre

Soit $E=(3x+1)^2+(x-2)(3x+1)$.

a. Développe et réduis E.

b. Résous l'équation $E=-1$.

c. Factorise E.

d. Résous l'équation $E=0$.

7 Entiers consécutifs

Soit $A=(x-1)^2+x^2+(x+1)^2$.

a. Développe et réduis A.

b. *Application* : Trouve 3 nombres entiers positifs consécutifs $(x-1)$, x, $(x+1)$ dont la somme des carrés est 7 502.

8 Deux expressions

Soit $A=(x-1)^2-(8-x)(x-1)$
et $B=4x^2-36x+81$

Vrai ou faux ? Justifie ton choix.

	V	F
a. $A=(x-1)(2x-9)$	❑	❑
b. $B=(2x+9)^2$	❑	❑
c. L'équation $A+B=0$ a pour solutions $\frac{9}{2}$ et $\frac{10}{3}$.	❑	❑
d. L'équation $A-B=0$ a pour solutions $\frac{9}{2}$ et 8.	❑	❑

9 VU AU BREVET

On propose deux programmes de calcul.

Programme A	Programme B
Choisir un nombre. Ajouter 5. Calculer le carré du résultat obtenu.	Choisir un nombre. Soustraire 7. Calculer le carré du résultat obtenu.

a. Quel nombre faut-il choisir pour que le résultat du programme A soit 0 ?

b. Quels nombres permettent d'obtenir 9 comme résultat du programme B ?

c. Quel nombre doit-on choisir pour obtenir le même résultat avec les deux programmes ?

5 Racines carrées

RETENIR

1 / Définitions (rappel)

- **Carré d'un nombre** : $(-5)^2 = (-5) \times (-5) = 25$; $0{,}7^2 = 0{,}7 \times 0{,}7 = 0{,}49$.
- **Racine carrée d'un nombre positif** : $\sqrt{25} = 5$; $\sqrt{0{,}49} = 0{,}7$.

Si a est un nombre positif, alors $\sqrt{a}$ est le nombre **positif** tel que $\left(\sqrt{a}\right)^2 = a$.

Remarque : $\sqrt{0} = 0$ et $\sqrt{1} = 1$.

MOTS CLÉS

✓ **Positif :** Par définition, la racine carrée d'un nombre positif est un nombre positif.

✓ **Racine carrée d'un carré :** Si a est un nombre positif, alors $\sqrt{a^2} = a$. Exemple : $\sqrt{5^2} = 5$.

2 / Propriétés

- **Produit** : Si a et b sont deux nombres positifs ou nuls, alors :

$$\sqrt{a \times b} = \sqrt{a} \times \sqrt{b}.$$

Exemple $\sqrt{4 \times 25} = \sqrt{4} \times \sqrt{25}$

Attention ! Si a et b sont positifs, alors $\sqrt{a+b} \neq \sqrt{a} + \sqrt{b}$ et $\sqrt{a-b} \neq \sqrt{a} - \sqrt{b}$

- **Quotient** : Si a est un nombre positif ou nul et si b est un nombre positif non nul, alors : $\sqrt{\dfrac{a}{b}} = \dfrac{\sqrt{a}}{\sqrt{b}}$.

Exemple $\sqrt{\dfrac{25}{49}} = \dfrac{\sqrt{25}}{\sqrt{49}} = \dfrac{5}{7}$ et $\left(\dfrac{5}{7}\right)^2 = \dfrac{25}{49}$

LA MÉTHODE

▷ Écrire la racine carrée d'un nombre sous la forme $a\sqrt{b}$ où a et b sont des entiers

J'applique la propriété du produit.

Exemple Écrire $\sqrt{50}$ sous la forme $a\sqrt{b}$.

→ $\sqrt{50} = \sqrt{25 \times 2} = \sqrt{25} \times \sqrt{2} = 5 \times \sqrt{2} = 5\sqrt{2}$

$5\sqrt{2}$ est de la forme $a\sqrt{b}$, avec $a = 5$ et $b = 2$.

▷ Réduire l'écriture d'une expression

Cela revient entre autres à factoriser.

Exemple Soit $E = 5\sqrt{3} - 3\sqrt{3} + 6\sqrt{3} + 10$. Réduire l'écriture de E.

→ $\sqrt{3}$ est un facteur commun aux trois premiers termes de E, donc $E = (5 - 3 + 6)\sqrt{3} + 10 = 8\sqrt{3} + 10$. La forme réduite de E est $8\sqrt{3} + 10$.

▷ Écrire un dénominateur sans radical

Je multiplie le numérateur et le dénominateur d'un quotient par un même nombre.

Exemple Écrire $\dfrac{\sqrt{2}}{\sqrt{3}}$ avec un dénominateur entier. → $\dfrac{\sqrt{2}}{\sqrt{3}} = \dfrac{\sqrt{2} \times \sqrt{3}}{\sqrt{3} \times \sqrt{3}} = \dfrac{\sqrt{6}}{3}$.

MINI INTERRO

Simplifie.

1. $\sqrt{4 \times 25}$
2. $\sqrt{25 \times 3}$
3. $\sqrt{\dfrac{25}{49}}$

Calcule.

4. $\sqrt{16+9}$
5. $\sqrt{16} + \sqrt{9}$
6. $\sqrt{25-9}$
7. $\sqrt{25} - \sqrt{9}$

S'ENTRAÎNER

1 Vrai ou faux ?

Coche la case qui convient.

	V	F
a. $\sqrt{12}+\sqrt{4}=\sqrt{16}$	❑	❑
b. $\sqrt{9}-\sqrt{4}=\sqrt{5}$	❑	❑
c. $\sqrt{10}\times\sqrt{10}=10$	❑	❑
d. $\sqrt{5}+\sqrt{5}+\sqrt{5}=3\sqrt{5}$	❑	❑
e. $\sqrt{5}\times\sqrt{5}\times\sqrt{5}=3\sqrt{5}$	❑	❑

2 Valeurs exactes, valeurs approchées

Complète le tableau.

Nombre	Racine carrée exacte	Racine carrée arrondie au centième
5	$\sqrt{5}$	2,24
10	....	....
....	$\sqrt{7}$	....
....	0,6	....

3 Encadrer une racine carrée

Complète le tableau.

Nombre	Racine carrée exacte	Encadrement à 0,1 près
6	$\sqrt{6}$	$2{,}4<\sqrt{6}<2{,}5$
8,5	....	....
....	$\sqrt{85}$	....
....	$\sqrt{3}$	....

4 Carrés et racines carrées

Calcule.

a. $\sqrt{400}=$ ....

b. $3^2-\sqrt{81}=$ ....

c. $5^2+\sqrt{25}=$ ....

d. $(-2)^2+2^2+(\sqrt{2})^2=$ ....

e. $\sqrt{0}-\sqrt{7^2}=$ ....

f. $\sqrt{3^2+4^2}=$ ....

5 Dénominateur entier

Écris chacun des quotients avec un dénominateur entier.

a. $\dfrac{7}{\sqrt{2}}=$ ....

c. $\dfrac{\sqrt{3}}{\sqrt{5}}=$ ....

b. $\dfrac{-1}{\sqrt{11}}=$ ....

d. $\dfrac{6\sqrt{2}}{\sqrt{3}}=$ ....

6 Observer et comparer

Complète avec = ou ≠.

a. $\dfrac{\sqrt{25}}{\sqrt{9}}$ .... $\dfrac{5}{3}$

d. $\sqrt{0{,}4}$ 0,2

b. $\dfrac{1}{\sqrt{3}}$ .... $\dfrac{\sqrt{3}}{3}$

e. $\dfrac{\sqrt{0{,}9}}{\sqrt{0{,}1}}$ .... $\sqrt{\dfrac{0{,}9}{0{,}1}}$ 3

c. $\sqrt{20}\times\sqrt{5}$ .... $\sqrt{100}$ 10

f. $\sqrt{\dfrac{3}{7}}\times\sqrt{\dfrac{28}{3}}$ 2

7 Simplifier l'écriture

a. Écris chacune des racines carrées sous la forme $a\sqrt{2}$.

- $\sqrt{9\times2}=$ ......
- $\sqrt{72}=$ ......
- $\sqrt{98}=$ ......
- $\sqrt{128}=$ ......

b. Écris chacune des racines carrées sous la forme $a\sqrt{3}$.

- $\sqrt{4\times3}=$ ......
- $\sqrt{27}=$ ......
- $\sqrt{48}=$ ......
- $\sqrt{300}=$ ......

8 Produit et radicaux

Simplifie l'écriture.

a. $\sqrt{3}\times\sqrt{3}=$ .....

d. $2\sqrt{81}=$ .....

b. $2\times(\sqrt{5})^2=$ .....

e. $7\sqrt{27}=$ .....

c. $-3\times\sqrt{10}\times\sqrt{10}=$ .....

f. $\sqrt{3}\times\sqrt{15}=$ .....

9 VU AU BREVET

Calcule : $A=\sqrt{1\,053}-3\sqrt{325}+2\sqrt{52}$.

On donnera le résultat sous la forme $a\sqrt{13}$, où a est un nombre entier.

Corrigés p. 12 du livret.

6 Calculs avec des racines carrées

RETENIR

1 / Résoudre une équation de la forme $x^2 = a$

Exemples

- Résoudre $x^2 = 5$.

→ $x^2 = 5$

$x^2 - 5 = 0$

$x^2 - (\sqrt{5})^2 = 0$

$(x + \sqrt{5})(x - \sqrt{5}) = 0$

$x + \sqrt{5} = 0$ ou $x - \sqrt{5} = 0$,

donc $x = -\sqrt{5}$ ou $x = \sqrt{5}$.

Les solutions de l'équation $x^2 = 5$ sont : $-\sqrt{5}$ et $\sqrt{5}$.

- Résoudre $x^2 = -4$.

→ x^2 est un nombre toujours positif ou nul, par conséquent l'équation $x^2 = -4$ n'a pas de solution.

La solution de l'équation $x^2 = 0$ est 0.

MOT CLÉ

✓ **Définition :**
Par définition, $\sqrt{16} = 4$, mais si $x^2 = 16$ alors $x = -4$ ou $x = 4$.

2 / En géométrie

Exemples

- Calculer la valeur exacte de l'hypoténuse BC.

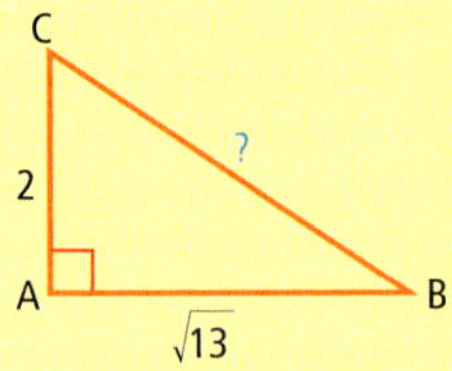

→ Appliquons la propriété de Pythagore :

$BC^2 = AB^2 + AC^2$

$BC^2 = (\sqrt{13})^2 + 2^2$

$BC^2 = 13 + 4 = 17$,

$BC > 0$, donc $BC = \sqrt{17}$.

- Calculer la valeur exacte du côté IN du triangle rectangle MIN.

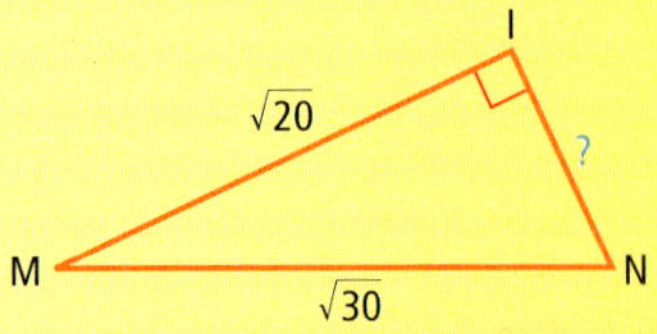

→ Appliquons la propriété de Pythagore :

$IM^2 + IN^2 = MN^2$

$(\sqrt{20})^2 + IN^2 = (\sqrt{30})^2$

$20 + IN^2 = 30$

$IN^2 = 30 - 20 = 10$

$IN > 0$, donc $IN = \sqrt{10}$.

LA MÉTHODE

▷ Développer en utilisant une identité remarquable

J'applique les règles de calcul sur les radicaux.

Exemple Développer $(5 - \sqrt{3})^2$.

→ $(5 - \sqrt{3})^2$ est de la forme $(a - b)^2$, donc

$(5 - \sqrt{3})^2 = 5^2 - 2 \times 5 \times \sqrt{3} + (\sqrt{3})^2$

$= 25 - 10\sqrt{3} + 3$

$= 28 - 10\sqrt{3}$.

MINI INTERRO

Résous mentalement.

1. $-x = \sqrt{7}$
2. $\sqrt{2}x = -\sqrt{2}$
3. $x = 5\sqrt{2} + 3\sqrt{2}$
4. $x^2 = 1$
5. $x^2 = 0$
6. $x^2 = -1$

S'ENTRAÎNER

1 Vrai ou faux ?

Coche la case qui convient.

	V	F
a. L'équation $x^2 - 5 = 0$ s'écrit $(x+\sqrt{5})(x-\sqrt{5}) = 0$.	❑	❑
b. L'équation $x^2 - 5 = 0$ admet comme solutions $-\sqrt{5}$ et $\sqrt{5}$.	❑	❑

2 Calcul mental

Résous les équations.

a. $x^2 = 2$ $\qquad x = -\sqrt{2}$ ou $x = \sqrt{2}$

b. $x^2 = 10$ $\qquad x =$ ....

c. $x^2 = 23$ $\qquad x =$ ....

d. $(x-1)(x+\sqrt{2}) = 0$ $\qquad x =$ ....

e. $5(x+3)(x-\sqrt{5}) = 0$ $\qquad x =$ ....

f. $x + 2 - \sqrt{3} = 0$ $\qquad x =$ ....

g. $x^2 + 9 = 0$ $\qquad x =$ ....

h. $x(x^2 + 9) = 0$ $\qquad x =$ ....

3 Identités remarquables

Relie chaque expression à son développement.

a. $(3\sqrt{2} + 1)^2$ ∘	∘ 2
b. $(5 - 3\sqrt{2})^2$ ∘	∘ $43 - 30\sqrt{2}$
c. $(12 + \sqrt{12})(12 - \sqrt{12})$ ∘	∘ 147
d. $(\sqrt{2} - \sqrt{8})^2$ ∘	∘ $19 + 6\sqrt{2}$
e. $(3\sqrt{3} + 2\sqrt{12})^2$ ∘	∘ 132

4 Réduire et calculer

Soit le nombre $C = \sqrt{27} - 3\sqrt{75}$.

a. Écris C sous la forme $a\sqrt{b}$, où a et b sont des nombres entiers.

b. Montre, en indiquant les étapes du calcul, que C^2 est un nombre entier.

5 Développer et réduire

On donne :
$C = 3\sqrt{2}\,(\sqrt{3} - 7) - (\sqrt{2} - 10)\,(\sqrt{2} - 11)$.

Écris le nombre C sous la forme $a + b\sqrt{6}$, où a et b sont des nombres entiers relatifs.

6 Théorème de Pythagore

Vrai ou faux ? Coche la case qui convient.

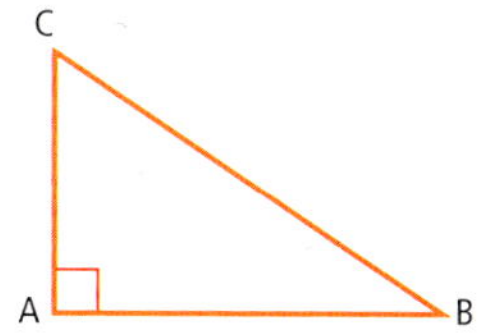

Triangle ABC rectangle en A

	V	F
a. Si $AB = \sqrt{8}$ et $AC = \sqrt{5}$, alors $BC = 13$.	❑	❑
b. Si $BC = 15$ et $AC = \sqrt{85}$, alors $AB = 2\sqrt{35}$.	❑	❑
c. Si $AB = AC = 2\sqrt{7}$, alors $BC = 4\sqrt{7}$.	❑	❑

7 Calculer l'hypoténuse

Calcule z dans chacun des cas.

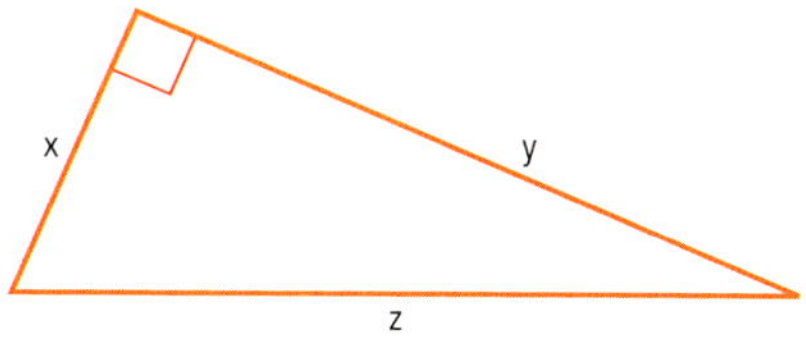

Triangle rectangle d'hypoténuse z

a. $x = 2\sqrt{6}$ $\qquad y = 5$ $\qquad z =$ .....

b. $x = 6\sqrt{2}$ $\qquad y = 2\sqrt{7}$ $\qquad z =$ .....

c. $x = \sqrt{15}$ $\qquad y = 2\sqrt{5}$ $\qquad z =$ .....

8 Nature d'un triangle

Le triangle ABC est-il rectangle ?
Si oui, quelle est son hypoténuse ?
Justifie ta réponse.

	Oui	Non
a. $AB = \sqrt{5} - 2$; $AC = \sqrt{5} + 2$; $BC = 3\sqrt{2}$.	❑	❑
b. $AB = 1 + \sqrt{5}$; $AC = 2\sqrt{5}$; $BC = 1 + 2\sqrt{5}$.	❑	❑
c. $AB = \sqrt{26}$; $AC = 2\sqrt{3} - 1$; $BC = 2\sqrt{3} + 1$.	❑	❑

9 VU AU BREVET

Compare les nombres $A = \sqrt{6} - \sqrt{5}$

et $B = \dfrac{1}{\sqrt{6} + \sqrt{5}}$.

Aucune justification n'est demandée pour cette question, les calculs pourront être réalisés à la calculatrice.

Corrigés p. 12 du livret.

7 Nombres et opérations

RETENIR

MOT CLÉ

✓ **Valeur numérique :** La valeur numérique d'une expression doit être unique. À cet effet, les mathématiciens ont établi les règles et ordre de calculs.

1 / Vocabulaire

- En 3e, les nombres utilisés sont dits **réels**.
- L'ensemble des nombres réels est formé de tous les nombres dits **rationnels** et de tous les nombres dits **non rationnels** (ou **irrationnels**).

2 / Définition

Un nombre est dit **rationnel** si on peut l'écrire sous la forme $\frac{a}{b}$ où a est un entier et b est un entier non nul.

Exemples Le nombre décimal 6,1 est un nombre rationnel car on peut l'écrire $\frac{61}{10}$; de même $\frac{-4}{9}$ est un rationnel.

Mais $\sqrt{2}$ ou $-\sqrt{2}$ ne sont pas des rationnels. En effet, $\sqrt{2} = 1{,}4142136\ldots$ sa partie décimale est illimitée, elle n'est pas répétitive et $\sqrt{2}$ ne peut pas être écrit sous la forme d'une fraction. Pour cette même raison, le nombre $\pi = 3{,}1415926\ldots$ n'est pas rationnel. $\sqrt{2}$ et π sont dits irrationnels. De même $-\sqrt{3}$; $\sqrt{3}$; $-\sqrt{5}$ … sont des irrationnels.

3 / Comment calculer avec des nombres réels ?

Il suffit d'effectuer les opérations selon les règles de calcul déjà apprises. La réponse est généralement une valeur exacte. Elle peut être une valeur approchée dans certains cas.

Exemples

- $1 + 9 \times 4 = 1 + 36 = 37$
- $(1 + 9) \times 4 = 10 \times 4 = 40$
- $10^{-2} = \frac{1}{10^2} = \frac{1}{100} = 0{,}01$
- $10^2 \times 10^3 = 10^{2+3} = 10^5 = 100\ 000$
- $(10^2)^3 = 10^{2\times3} = 10^6 = 1\ 000\ 000$
- $(10^{-1})^3 = 10^{-3} = \frac{1}{10^3} = 0{,}001$
- $\frac{10^5}{10^2} = 10^{5-2} = 10^3 = 1\ 000$
- $\sqrt{9 \times 25} = \sqrt{9} \times \sqrt{25} = 3 \times 5 = 15$
- $\sqrt{9 + 25} = \sqrt{34} \approx 5{,}83$

LA MÉTHODE

▷ Calculer une expression

Exemple Donner une écriture décimale du nombre $A = \frac{6{,}3 \times 10^8 \times 10^{-5}}{12 \times 10^2}$.

→ Au numérateur : $6{,}3 = 3 \times 2{,}1$ et $10^8 \times 10^{-5} = 10^3$.

Au dénominateur : $12 = 3 \times 4$, d'où après simplification : $A = \frac{2{,}1 \times 10}{4}$.

Sous la forme d'une fraction, on a : $A = \frac{21}{4}$.

Sous la forme d'un nombre décimal, on a : $A = 5{,}25$.

MINI INTERRO

$$A = \frac{\frac{5}{3} - \frac{1}{9}}{1 + \frac{4}{3}}$$

Calcule A et donne le résultat sous forme d'une fraction irréductible.

S'ENTRAÎNER

1 Suites d'opérations

Relie chaque expression à sa valeur.
Justifie tes réponses.

$A = \frac{1}{3} - \frac{2}{3} \times \frac{2}{5}$ ○ ○ $-\frac{5}{49}$

$B = \left(\frac{3}{7}\right)^2 - \frac{2}{7}$ ○ ○ $-\frac{15}{14}$

$C = \frac{3}{7} - \frac{2}{5} \times \frac{15}{4}$ ○ ○ $\frac{1}{15}$

$D = \frac{4}{7} - \frac{1}{7} \times (\frac{1}{2} + 3)$ ○ ○ $\frac{1}{14}$

2 Fractions et puissances de 10

Simplifie.

$B = \frac{6 \times 10^{-2} \times 15 \times 10^7}{8 \times 10^2}$ $C = \frac{8 \times 10^{15} \times 15 \times 10^{-6}}{20 \times (10^2)^5}$

3 Avec des radicaux

Relie chaque expression à sa valeur.
Justifie tes réponses.

$A = \sqrt{45} - 2\sqrt{5} + \sqrt{500}$ ○ ○ $8 + 8\sqrt{3}$

$B = \sqrt{20} + 2\sqrt{80} - \sqrt{245}$ ○ ○ $11\sqrt{5}$

$C = \sqrt{12} - 3\sqrt{27} - \sqrt{75}$ ○ ○ $3\sqrt{5}$

$D = \sqrt{3} + \frac{1}{2}(16 - 2\sqrt{3}) + \sqrt{192}$ ○ ○ $-12\sqrt{3}$

4 Chercher l'intrus

Parmi les six nombres suivants, cinq sont égaux.

Quel est l'intrus ? Justifie ta réponse.

$A = \frac{84}{108}$ $D = (\sqrt{19} - 2\sqrt{3})(\sqrt{19} + 2\sqrt{3})$

$B = \frac{\sqrt{98}}{\sqrt{162}}$ $E = \frac{\sqrt{490}}{6\sqrt{10} + 3\sqrt{10}}$

$C = \frac{21}{15} \div \frac{9}{5}$ $F = (1 + \frac{3}{4}) \div (-1{,}5)^2$

5 Nombres inverses

Vrai ou faux ?

	V	F
a. Le produit de deux nombres inverses est égal à 1.	❑	❑
b. $(\sqrt{19} + 3\sqrt{2})$ et $(\sqrt{19} - 3\sqrt{2})$ sont deux nombres inverses.	❑	❑
c. $\frac{1}{\sqrt{19} + 3\sqrt{2}} = \sqrt{19} - 3\sqrt{2}$	❑	❑

6 Carrés et racines carrées

Vrai ou faux ?

	V	F
a. $(5 + \sqrt{5})^2 = 30 + 10\sqrt{5}$	❑	❑
b. $\sqrt{30 + 10\sqrt{5}} = 5 + \sqrt{5}$	❑	❑
c. $\frac{25}{7} = \frac{\sqrt{5}}{\sqrt{49}}$	❑	❑
d. $\sqrt{63 + 112 - 175} = 2\sqrt{7}$	❑	❑

7 Produit nul

Soit $E = \frac{1}{2}(-2x + 5)^2 + \frac{3}{4}(-2x + 5)(4x + 1)$.

a. Factorise E.

b. Résous l'équation : $E = 0$.

8 Valeurs numériques

Soit l'expression $E = x(2x - 1)^2 - 3x(2x - 1)$.

a. Développe, puis simplifie E.

b. Calcule la valeur exacte de E lorsque :

- $x = 0$ E = ...
- $x = -1$ E = ...
- $x = \sqrt{2}$ E = ...

c. Écris E sous la forme d'un produit de quatre facteurs.

d. Résous l'équation : $E = 0$.

9 VU AU BREVET

On pose :

$A = -\frac{5}{7} + \frac{5}{21} \times \frac{9}{25}$ $B = \frac{25}{17} \div \frac{15}{24} - \frac{11}{3}$

$C = \frac{6 \times 10^5 \times (10^{-2})^4}{15 \times 10^2}$

a. Exprime A et B sous forme de fractions irréductibles. Détaille les calculs.

b. Donne l'écriture scientifique de C. Détaille les calculs.

Corrigés p. 12 du livret.

8 Fractions et PGCD

RETENIR

1 / Nombres entiers et rationnels

Voici une liste de six nombres rationnels : 0 (ou $\frac{0}{1}$) ; 2 (ou $\frac{2}{1}$) ; $\frac{42}{10}$; – 9 (ou $\frac{-9}{1}$) ; $\frac{8}{5}$; $\frac{7}{3}$. Y a-t-il un intrus dans cette liste ?

→ Oui. – 9 est un intrus dans cette liste, car il est le seul nombre négatif.
Dans ce chapitre, on utilisera uniquement les nombres entiers positifs et les nombres rationnels positifs.

MOTS CLÉS

✓ **PGCD :** Le PGCD de deux entiers non nuls est inférieur ou égal au plus petit des deux nombres. Exemple : PGCD(4 ; 6) = 2.

✓ **PPCM :** Le PPCM de deux entiers est le plus petit commun multiple. Exemple : PPCM(4 ; 6) = 12.

2 / PGCD de deux entiers

- Dans la liste des diviseurs de 12 et 18, 6 est leur **plus grand commun diviseur**. On dit que 6 est le **PGCD de 12 et 18**. On écrit **PGCD (12 ; 18)** = **6**.
- Comment trouver le PGCD de deux entiers ? → Voir la Méthode.

3 / Fractions : vocabulaire et propriété

- La fraction $\frac{4}{7}$ n'est pas simplifiable car 4 et 7 n'ont pas de diviseurs communs autres que 1. On dit que la fraction $\frac{4}{7}$ est **irréductible** et que 4 et 7 sont **premiers entre eux**.
- $\frac{396}{126}$ est simplifiable par 2 puis par 3, et puis par 3. En tout, elle est simplifiable par 2 × 3 × 3 ou par 18. On a donc : $\frac{396}{126} = \frac{396 \div 18}{126 \div 18} = \frac{22}{7}$. La fraction $\frac{22}{7}$ est irréductible, 18 est donc le PGCD de 396 et 126.

Propriété : Pour écrire une fraction sous forme irréductible, on divise le numérateur et le dénominateur par leur PGCD.

LA MÉTHODE

▷ Trouver le PGCD de deux nombres entiers

Si ces deux nombres sont petits, je trouve leur PGCD soit mentalement, soit en écrivant la liste de leurs diviseurs. S'ils sont grands, je procède par la méthode des divisions successives ou algorithme d'Euclide.

Exemple PGCD de 396 et 126 → **396** = 3 × **126** + 18
126 = 7 × 18 + 0

Dans cet exemple, on a eu seulement deux divisions successives dont les restes sont respectivement 18 et 0. Le dernier reste non nul est 18.
PGCD (396 ; 126) = 18.

MINI INTERRO

1. Quels sont les diviseurs de 12 ? de 18 ?
2. Quels sont les diviseurs communs à 12 et 18 ?
3. Quel est le PGCD de 12 et 18 ?
4. Simplifie : $\frac{12}{18}$.

S'ENTRAÎNER

1 Vrai ou faux ?

Coche la case qui convient.

	V	F
a. Une fraction est irréductible si son numérateur et son dénominateur sont premiers entre eux.	☑	❑
b. Le PGCD de deux nombres premiers entre eux est égal à 1.	❑	❑
c. 15 et 35 sont premiers entre eux.	❑	❑
d. 12 et 25 sont premiers entre eux.	❑	❑

2 Fraction irréductible

Écris sous la forme d'une fraction irréductible.

a. $\frac{21}{14} = \frac{3}{2}$ ✓ **b.** $\frac{48}{56} = \frac{6}{7}$ ✓ **c.** $\frac{99}{27} = \frac{11}{3}$

3 Diviser sans virgule

Complète avec le quotient et le reste de la division par 7.

a. $15 = 2 \times 7 + 1$ ✓ **c.** $145 = 20 \times 7 + 5$

b. $32 = 4 \times 7 + 4$ ✓ **d.** $210 = 30 \times 7 + 0$

4 Partie entière d'une division

Écris chaque fraction sous la forme $a + \frac{b}{c}$ où a, b, c sont des entiers et $\frac{b}{c} < 1$.

Exemple : $\frac{23}{7} = \frac{21+2}{7} = \frac{21}{7} + \frac{2}{7} = 3 + \frac{2}{7}$

a. $\frac{15}{2} =$ .... **c.** $\frac{40}{9} =$ ....

b. $\frac{20}{3} =$ .... **d.** $\frac{125}{11} =$ ....

5 PGCD et PPCM

1. Écris la liste des diviseurs de 36 et de 48. Déduis-en :

PGCD (36 ; 48) = ...12..........

2. On sait que :
PGCD (36 ; 48) × PPCM (36 ; 48) = 36 × 48

a. A-t-on PPCM (36 ; 48) = 144 ?

b. A-t-on $\frac{1}{36} + \frac{1}{48} = \frac{7}{144}$?

6 Algorithme d'Euclide

Complète les restes des divisions successives et déduis-en le PGCD de 1 715 et 2 275.

a. 2 275 = 1 × 1 715 + ...

b. 1 715 = 3 × 560 + ...

c. 560 = 16 × 35 + ...

d. PGCD (1 715 ; 2 275) = ...

7 À la main ou à la calculatrice

a. Montre que : PGCD (864 ; 1 120) = 32.

b. Écris $\frac{864}{1120}$ sous une forme irréductible.

8 Simplifier à l'aide du PGCD

Trouve le PGCD du numérateur et du dénominateur puis simplifie chacune des fractions.

a. $\frac{254}{381} =$ ....

b. $\frac{2\,555}{365} =$ ....

c. $\frac{2\,080}{1344} =$ ....

9 Nombres premiers entre eux

a. Démontre par la méthode des divisions successives que les nombres 72 et 35 sont premiers entre eux.

b. Pourquoi la fraction $\frac{72}{35}$ est-elle irréductible ?

c. Démontre que $\frac{648}{315} = \frac{72}{35}$.

10 VU AU BREVET

a. Calcule le PGCD de 110 et 88.

b. Un ouvrier dispose de plaques de métal de 110 cm de longueur et de 88 cm de largeur.
Il a reçu la consigne suivante :
« Découpez, dans ces plaques, des carrés tous identiques, les plus grands possible, de façon à ne pas avoir de perte. »

Quelle sera la longueur du côté d'un carré ?

c. Combien obtiendra-t-on de carrés par plaque ?

Corrigés p. 13 du livret.

9 Inéquations

RETENIR

1 / Propriétés

Résoudre une inéquation, c'est trouver toutes les valeurs de l'inconnue pour lesquelles l'inégalité est vérifiée. Ces valeurs sont dites **solutions de l'inéquation**.

- **Propriété d'addition :** les solutions d'une inéquation ne changent pas si on ajoute un même nombre aux deux membres de l'inéquation. Ce nombre peut être positif ou négatif.
- **Propriété de multiplication :** les solutions d'une inéquation ne changent pas si on multiplie les deux membres de l'inéquation :
  a. par un nombre positif sans changer le sens de l'inéquation ;
  b. par un nombre négatif en changeant le sens de l'inéquation.

MOT CLÉ

✓ **Strictement :** La représentation de $x < 4$ sur une droite graduée inclut-elle le point 4 ? Non, car x est strictement inférieur à 4.

2 / Représentation sur une droite graduée

Sur la droite graduée $(x'x)$ d'origine O sont représentés en bleu tous les nombres x inférieurs à 2 et, en orange, tous les nombres x supérieurs ou égaux à 2.

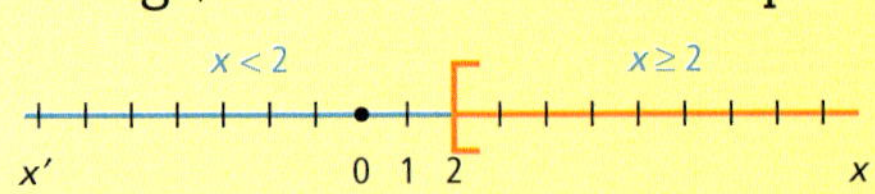

LA MÉTHODE

▷ Résoudre une inéquation

J'isole l'inconnue en appliquant, entre autres, les propriétés ci-dessus.

Exemple Résoudre l'inéquation $8 + 6(x - 1) > 10x + 22$ et représenter graphiquement l'ensemble de ses solutions.

→ $8 + 6(x - 1) > 10x + 22$

$8 + 6x - 6 > 10x + 22$ ← je supprime les parenthèses

$6x + 2 > 10x + 22$ ← je simplifie le 1er membre

$6x + 2 - \mathbf{10x} > 10x + 22 - \mathbf{10x}$ ← j'ajoute $-10x$ à chacun des membres

$-4x + 2 > 22$ ← je simplifie chacun des membres

$-4x + 2 - \mathbf{2} > 22 - \mathbf{2}$ ← j'ajoute -2 à chacun des membres

$-4x > 20$ ← je simplifie chacun des membres

$-4x \times \left(-\frac{1}{4}\right) < 20 \times \left(-\frac{1}{4}\right)$ ← je multiplie par $-\frac{1}{4}$ chacun des membres et je change le sens de l'inéquation

$x < -\frac{20}{4}$ ← je simplifie chacun des membres

$x < -5$ ← solutions de l'inéquation

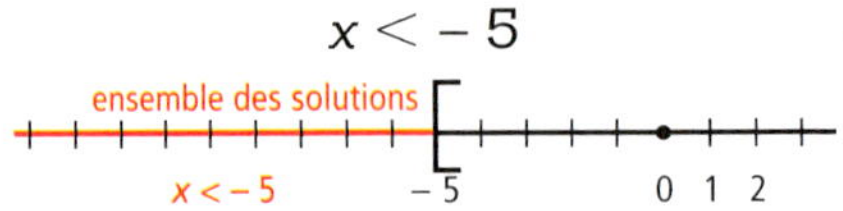

← L'ensemble des solutions de l'inéquation est représenté sur la droite graduée par la demi-droite rouge, le nombre -5 n'étant pas une solution.

MINI INTERRO

Résous mentalement.

1. $x + 3 > 10$
2. $-x < -2$
3. $5 - x \geqslant 0$
4. $2x + 3 = -7$
5. $2x + 3 < -7$

S'ENTRAÎNER

1 Quiz

Remplace x par – 2, puis réponds par oui ou non à la question « – 2 est-il solution de … ? ».

	Oui	Non
a. $3x+1=-5$	❑	❑
b. $5x+2<6$	❑	❑
c. $x+5<0$	❑	❑
d. $x+2\leqslant 0$	❑	❑
e. $x+2<0$	❑	❑

2 Résoudre mentalement

Résous les équations et inéquations.

a. $2x+9=-5$

b. $x-4<-9$

c. $4x+1>-7$

d. $-x<-3$

e. $-5x+4=-11$

f. $-5x+4>-11$

3 Droite graduée

Représente graphiquement les solutions.

a. $x>-3$

b. $x\leqslant -1$

c. $x+1\geqslant 3{,}5$

d. $2x-3<5$

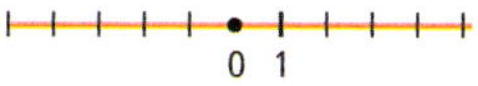

4 Histoire de nombres

Le tableau donne les chiffres romains et leurs significations dans notre système décimal de numération.

Chiffres romains	I	V	X	L	C	D	M
Nombres	1	5	10	50	100	500	1 000

Complète à l'aide des signes = ; < ou >.

a. IX …… 10

b. LV …… LX

c. VD …… 495

d. DC …… 500

e. CD …… 400

f. MDC …… 1 500

5 Résoudre sous condition

x est un entier positif ou nul.

Donne toutes les solutions de :

a. $7x-2=-23$ **b.** $3x+7<22$

6 Attention aux conditions !

x est un entier strictement négatif.

Donne toutes les solutions de :

a. $2(x-8{,}5)\leqslant 5(x-1)$ **b.** $\dfrac{x}{2}>-3$

7 Résoudre une inéquation

a. Vrai ou faux ?

	V	F
• $-\dfrac{3}{5}x+\dfrac{x-1}{2}<\dfrac{x}{10}$ s'écrit $-\dfrac{3}{5}x+\dfrac{x-1}{2}-\dfrac{x}{10}<0$.	❑	❑
• 10 est un dénominateur commun.	❑	❑

b. Résous l'inéquation $-\dfrac{3}{5}x+\dfrac{x-1}{2}<\dfrac{x}{10}$.

Représente les solutions sur une droite graduée.

8 Résoudre et représenter

a. Mets au même dénominateur, puis simplifie l'expression $\dfrac{x}{2}-\dfrac{x+1}{3}+\dfrac{x-2}{4}$.

b. Résous $\dfrac{x}{3}-\dfrac{x+1}{2}+\dfrac{x-2}{4}>0$.

Représente l'ensemble des solutions sur une droite graduée.

9 Trouver les solutions

Relie chaque inéquation à ses solutions. Justifie les réponses.

a. $x-3-(4x-5)<-4$ ○ ○ $x\geqslant 5$

b. $x-(x-1)-(x-2)\geqslant 6$ ○ ○ $x>2$

c. $x-\dfrac{1}{3}-\left(2x-\dfrac{1}{3}\right)\leqslant -5$ ○ ○ $x\geqslant -4$

d. $\dfrac{3(2-5x)}{16}-\dfrac{5(1-x)}{8}\leqslant 1$ ○ ○ $x\leqslant -3$

10 VU AU BREVET

Résous les équations ou inéquations.

a. $x(2x-7)=0$

b. $4x^2=100$

c. $\dfrac{5x+1}{6}<\dfrac{3x-3}{8}$

Corrigés p. 13 du livret.

10 Systèmes d'équations

RETENIR

Résoudre un système

$\begin{cases} x + y = 5 \\ 2x - y = 4 \end{cases}$ **est un système de deux équations à deux inconnues.**

Résoudre ce système, c'est trouver les valeurs qui vérifient à la fois la première et la deuxième équation. Ici pour $x = 3$ et $y = 2$, les deux équations sont vérifiées. On dit que le couple (3 ; 2) est solution du système.

Remarque : le couple ($x = 1$; $y = 4$) vérifie la première équation, mais il ne vérifie pas la deuxième équation. Par conséquent, il n'est pas solution du système.

MOT CLÉ

✓ **Solutions :** Les solutions d'un système d'équations doivent vérifier chacune des équations du système.

LA MÉTHODE

▷ Résoudre un système de deux équations à deux inconnues

Je résous le système algébriquement, c'est-à-dire par calcul, ou graphiquement ; puis je vérifie que les valeurs trouvées sont bien des solutions du système.

Exemple Résoudre le système $\begin{cases} x + y = 5 & (1) \\ 2x - y = 4 & (2) \end{cases}$

Résolution algébrique

Considérons l'équation (1) :

$x + y = 5$, donc

$y = 5 - x$

Remplaçons y par sa valeur dans l'équation (2) :

$2x - y = 4.$

$2x - (5 - x) = 4$

$2x - 5 + x = 4$

$3x = 9$

$x = \dfrac{9}{3}$

$x = 3$

Remplaçons x par sa valeur 3 dans l'équation (1) : $y = 5 - 3 = 2$.

Vérification :

Pour $x = 3$ et $y = 2$, on a :

(1) $3 + 2 = 5$ et

(2) $2 \times 3 - 2 = 6 - 2 = 4$.

Par conséquent, le couple ($x = 3$; $y = 2$) est solution du système.

Résolution graphique

Considérons l'équation (1) : $x + y = 5$.

Pour $x = 0$, on a $y = 5$.

On place le point A(0 ; 5).

Pour $x = 5$, on a $y = 0$.

On place le point B(5 ; 0).

Traçons la droite (AB). Les coordonnées des points de cette droite vérifient l'équation (1). De même, C(0 ; – 4) et D(2 ; 0) définissent la droite (CD) dont les points ont des coordonnées qui vérifient l'équation (2).

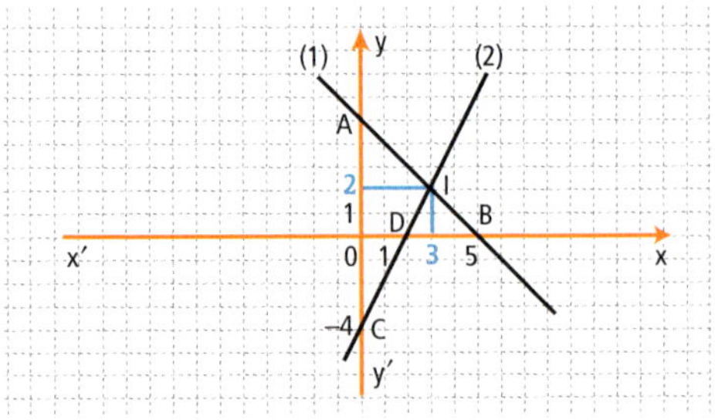

Les coordonnées du point d'intersection I vérifient les équations (1) et (2). Donc le couple ($x = 3$; $y = 2$) est solution du système.

MINI INTERRO

1. Le couple ($x = 2$; $y = 1$) est-il solution de l'équation $2x - 3y = 1$?

2. Le couple ($x = 2$; $y = 1$) est-il solution du système $\begin{cases} 2x - 3y = 1 \\ x + y = 4 \end{cases}$?

Qu'en est-il du couple ($x = 2{,}6$; $y = 1{,}4$) ?

1 Vrai ou faux ?

Coche la case qui convient.

Le système $\begin{cases} 4x+2y=6 \\ 3x-4y=10 \end{cases}$

admet pour solution le couple :

	V	F
a. $(x=1\,;\,y=1)$	❑	❑
b. $(x=10\,;\,y=5)$	❑	❑
c. $(x=2\,;\,y=-1)$	❑	❑

2 Vérifier une solution

a. On donne l'équation $2x-3y=1$.

Le couple $(x=2\,;\,y=1)$ est-il solution de cette équation ?

b. On donne le système $\begin{cases} 2x-3y=1 \\ x+y=4 \end{cases}$

Le couple $(x=2\,;\,y=1)$ est-il solution de ce système ?

3 Résoudre une équation

Remplace y par $2x+3$, puis résous l'équation en x :
$3x-5y=-x-12$.

Déduis-en la valeur de y.

4 Résoudre un système

Résous chacun des systèmes.

a. $\begin{cases} 5y-8=3x \\ y=-x+1 \end{cases}$ **b.** $\begin{cases} -2x+y=1 \\ y=\dfrac{x}{2} \end{cases}$

5 Traduire en un système

Trouve x et y sachant que le périmètre du rectangle est de 20 cm et que celui du trapèze isocèle est de 23 cm.

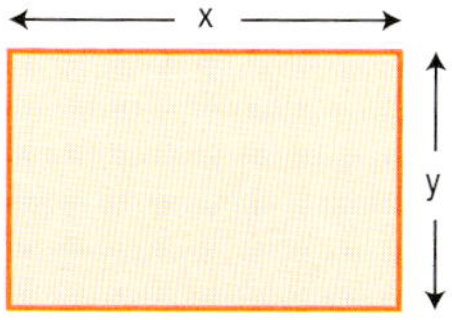

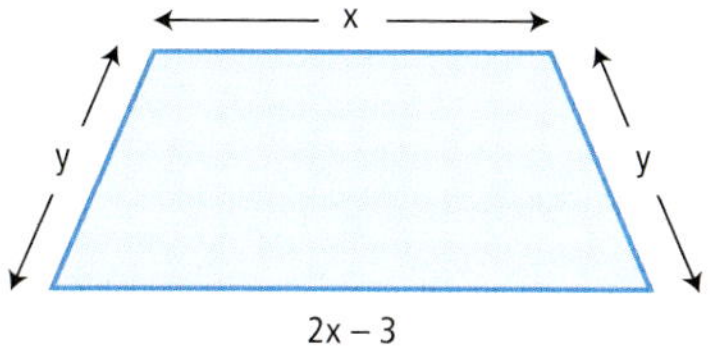

6 Résoudre graphiquement

a. Les points de la droite d_1 ont des coordonnées $(x\,;\,y)$ qui vérifient $x+y=6$. A et B sont deux points de d_1.

Complète les coordonnées de A(.... ; 2) et B(0 ; ....) et trace d_1 dans le repère ci-dessous.

b. Les points de la droite d_2 ont des coordonnées qui vérifient $2x-3y=2$. C et D sont deux points de d_2.

Complète les coordonnées de C(.... ; 0) et D(– 2 ; ....) et trace d_2.

c. Résous graphiquement le système :

$\begin{cases} x+y=6 \\ 2x-3y=2 \end{cases}$

d. Retrouve par calcul la solution du système.

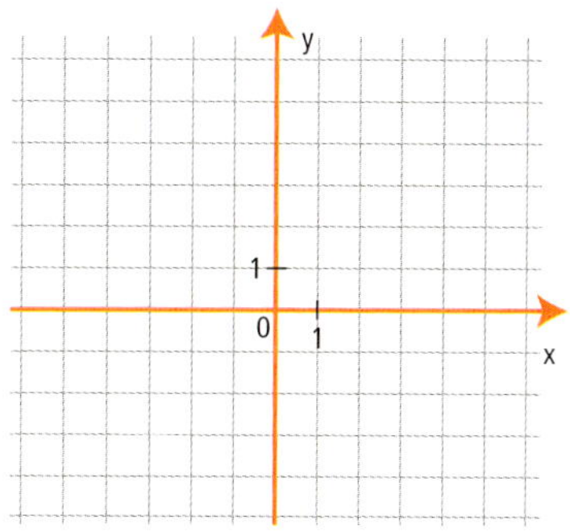

7 VU AU BREVET

On considère le système :

$\begin{cases} 45x+30y=510 \\ 27x+20y=316 \end{cases}$

a. Les nombres $x=10$ et $y=2$ sont-ils solutions de ce système ? Justifie.

b. Les nombres $x=8$ et $y=5$ sont-ils solutions de ce système ? Justifie.

c. Pour les fêtes de fin d'année, un groupe d'amis souhaite emmener leurs enfants assister à un spectacle au Palais des congrès à Paris.
Les tarifs sont les suivants :
- 45 € par adulte et 30 € par enfant s'ils réservent en catégorie 1 ;
- 27 € par adulte et 20 € par enfant s'ils réservent en catégorie 2.

Le coût total pour ce groupe d'amis est de 510 € s'ils réservent en catégorie 1 et 316 € s'ils réservent en catégorie 2.

Détermine le nombre d'adultes et d'enfants de ce groupe.

Corrigés p. 14 du livret.

11 Résoudre des problèmes

RETENIR

Résoudre un problème à l'aide d'un système de deux équations à deux inconnues

MOTS CLÉS

✓ **Problème :** Pour résoudre un problème, il faut tout d'abord comprendre son énoncé.

✓ **Inconnues :** Généralement, les inconnues sont représentées par les dernières lettres de l'alphabet *x*, *y*, *z*.

Exemple Un bateau parcourt 30 km dans le sens du courant d'un fleuve en 2 h. Il remonte cette même distance en 3 h.
Calculer la vitesse du bateau et celle du courant.

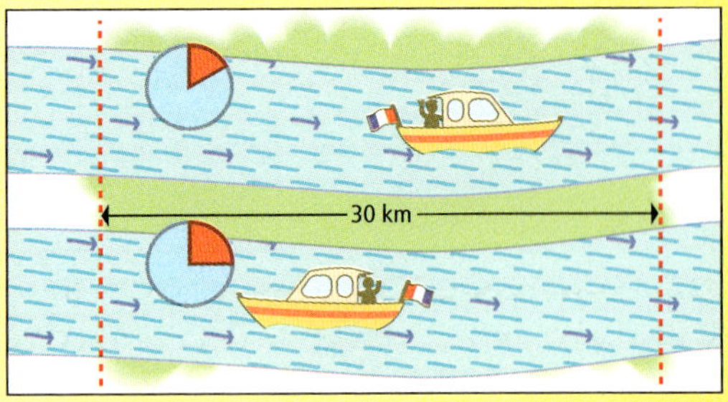

1. Soit, en km/h, x la vitesse du bateau et y celle du courant.
Récapitulation des données dans un tableau :

Direction	Vitesse (en km/h)	Durée (en h)	Distance (en km)
Sens du courant	$x+y$	2	30
Sens contraire	$x-y$	3	30

2. Sachant que **vitesse** × **durée** = **distance**, on a :
$$\begin{cases} 2(x+y) = 30 \\ 3(x-y) = 30 \end{cases}$$

3. En simplifiant les deux membres de la première équation par 2 et les deux membres de la seconde équation par 3, on obtient :
$$\begin{cases} x+y = 15 & (1) \\ x-y = 10 & (2) \end{cases}$$
En additionnant membre à membre les équations (1) et (2), on obtient :
$2x = 25$. D'où $x = \dfrac{25}{2} = \mathbf{12{,}5}$.
L'équation (1) nous permet alors d'écrire $y = \mathbf{2{,}5}$.

4. **Vérification :** Pour $x = 12{,}5$ et $y = 2{,}5$, le premier système nous donne bien :
$2(12{,}5 + 2{,}5) = 2 \times 15 = 30$
et
$3(12{,}5 - 2{,}5) = 3 \times 10 = 30$.
Les équations étant vérifiées, la vitesse du bateau est 12,5 km/h et celle du courant est 2,5 km/h.

MINI INTERRO

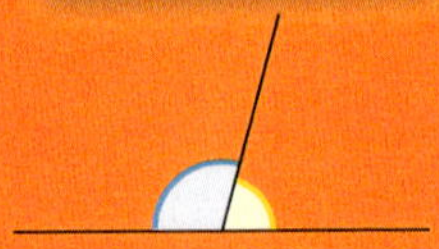

Deux angles sont adjacents supplémentaires. L'un mesure 30° de plus que l'autre. Quelle est la mesure du plus petit ?

LA MÉTHODE

▷ Résoudre un problème à l'aide d'un système de deux équations

Je suis les quatre étapes suivantes.
1. Choisir des inconnues, ***x*** et ***y*** par exemple.
2. Traduire le problème en un système de deux équations.
3. Résoudre le système.
4. Vérifier si les solutions trouvées conviennent et répondre à la question posée.

S'ENTRAÎNER

1 Quiz

Les âges de trois cousins sont des entiers impairs consécutifs. La somme des âges de l'aîné et du plus jeune est 34.

Leurs âges sont :

- ❑ 16 ; 17 ; 18
- ❑ 15 ; 17 ; 19
- ❑ 14 ; 16 ; 20
- ❑ incalculables

2 Résoudre à l'aide d'une équation

Stéphanie a quatre fois l'âge de sa sœur Julie.
Dans 2 ans, son âge sera le double de celui de Julie.

a. Complète le tableau des âges de Julie et de Stéphanie.

	Âge actuel	Âge dans 2 ans
Julie	x	....
Stéphanie	....	....

b. Trouve les âges actuels de Julie et de Stéphanie.

3 Aire d'un rectangle

Calcule l'aire de ce rectangle sachant que son périmètre est de 50 cm.

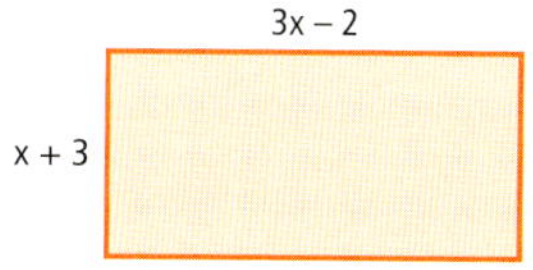

4 Résoudre à l'aide d'une inéquation

Une association caritative organise une soirée dans le but de récolter des fonds. Les frais de la soirée s'élèvent à 12 500 €.

Combien de billets à 15 € devrait-elle vendre pour assurer au moins un bénéfice de 50 000 € ?

5 Avoir au moins la moyenne

Un élève a eu 6, 9 et 12 à trois devoirs de mathématiques.

Quelle note devrait-il avoir à son quatrième devoir pour que sa moyenne soit au moins de 10 ?

6 Solutions sous conditions

a. Exprime en fonction de x le demi-périmètre $\mathscr{P}$ de ce rectangle.

b. Trouve les valeurs possibles entières de x sachant que le périmètre du rectangle est inférieur à 36 cm.

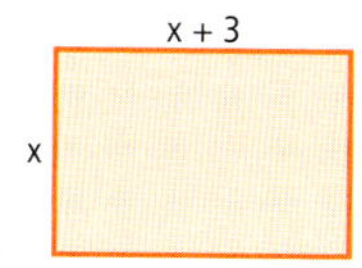

7 Résoudre à l'aide d'un système

Deux angles sont complémentaires.
La mesure de l'un est 36° de plus que le double de l'autre.

Calcule la mesure de chacun des angles.

8 Dimensions d'un rectangle

Le périmètre d'un rectangle est égal à 36 cm. Si on triple sa longueur et que l'on double sa largeur, son périmètre augmente de 56 cm.

Détermine la longueur x et la largeur y du rectangle.

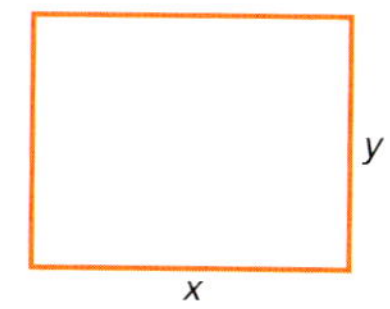

9 Devinette

Cherche deux nombres entiers x et y tels que :
– leur différence $x - y$ soit égale à 206 ;
– lorsqu'on divise x par y, le quotient est 4 et le reste est 29.

10 VU AU BREVET

Un collège décide d'organiser une épreuve sportive pour tous les élèves.
Les professeurs constituent le plus grand nombre possible d'équipes. Chaque équipe doit comprendre le même nombre de filles et le même nombre de garçons.

a. Sachant qu'il y a 294 garçons et 210 filles, quel est le plus grand nombre d'équipes que l'on peut composer ?

b. Combien y a-t-il de filles et de garçons dans chaque équipe ?

Corrigés p. 14 du livret.

12 Mesures usuelles : rappels

RETENIR

1 / Mesures et précision

Toute mesure comporte une erreur due à l'instrument utilisé et à nos yeux. Généralement, l'erreur maximale est de ± 0,5 unité de mesure (voir exercice 6).

2 / Unités composées

cm × cm (ou cm^2), cm × cm × cm (ou cm^3)… sont des **unités produits**.
g/cm^3, kg/m^3… sont des **unités quotients**.
km × h^{-1} ou km/h est également une unité quotient. 30 km/h signifie 30 kilomètres par heure.

Exemple La vitesse moyenne d'un avion est de 576 km/h. Quelle est sa vitesse en m/s ? → 1 km = 1 000 m et 1 h = 3 600 s, donc
576 km/h = 576 000 m/3 600 s = 160 m/s.

Remarque : m × s^{-1} ou m/s est l'unité de vitesse dans le système international.

3 / Échelle

La distance Paris-Versailles est de 17 km. Sur un plan, elle mesure 17 cm. On dit que l'échelle est de 1 cm à 1 km et on écrit « 1 cm : 1 km » ou « 1 cm/1 km ». Exprimée dans la même unité, soit le centimètre, l'échelle est de 1 cm à 100 000 cm. On écrit « 1 à 100 000 » ou « 1 : 100 000 » ou « 1/100 000 ».

Exemple L'échelle étant 1 cm : 5 000 m, quelle est la distance d sur un plan correspondant à la distance réelle Lyon-Grenoble de 104 km ?
→ 5 000 m = 5 km. J'utilise un tableau de proportionnalité :

Sur le plan (cm)	1	d ?
Distance réelle (km)	5	104

Les produits en croix sont égaux, d'où :
$5 \times d = 1 \times 104$, $d = \dfrac{104}{5}$, $d = 20{,}8$ cm.

MOTS CLÉS

✓ **Système international d'unités :** Dans ce système, l'unité de longueur est le mètre (m), de masse le kilogramme (kg) et de temps la seconde (s). La grandeur exacte de ces unités a été définie lors d'une conférence à Paris en 1960.

✓ **Distance :** Si d est la distance parcourue, v la vitesse moyenne du parcours et t la durée du parcours, alors $d = v \times t$.

LA MÉTHODE

▷ Trouver la masse d'un objet à l'aide d'un ressort

Je calcule une quatrième proportionnelle.

Exemple L'allongement du ressort est proportionnel à la masse de l'objet. Ci-contre, l'allongement du ressort est de 15 cm pour un objet de 60 kg.
Quelle est la masse de l'objet si l'allongement du ressort est de 9,5 cm ?

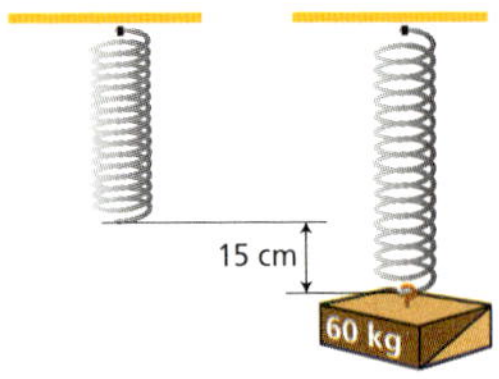

→ J'utilise un tableau de proportionnalité.

Allongement (cm)	15	9,5
Masse (kg)	60	x ?

Les produits en croix sont égaux :
$15 \times x = 60 \times 9{,}5$, donc
$$x = \frac{60 \times 9{,}5}{15}, \text{ soit } x = 38.$$
La masse de l'objet est de 38 kg.

MINI INTERRO

1. Exprime la durée 4,7 h en heures et minutes.
2. Exprime 2 h 36 min en heures sous la forme d'un décimal.

1 Quiz

Quel pourcentage de la figure est en rouge ?

❑ 3 % ❑ 25 % ❑ 33 %

2 Population en croissance

P est la population d'une ville. Après une croissance de 2 %, sa nouvelle population est de 465 200 habitants.

Trouve *P*.

3 Réductions

En période de soldes, un magasin accorde sur le prix affiché une première réduction de 30 %, puis une seconde de 20 %.

Quel est en définitif le pourcentage de réduction ?

❑ 44 % ❑ 46 % ❑ 50 %

4 Réductions successives

Soldes ! – 30 % puis – 25 % puis – 10 %.

Quel est le prix final d'un article de 89,99 € ?

❑ 31,50 € ❑ 42,52 € ❑ 44,55 €

5 Prix en augmentation

Le prix d'une statuette en bronze a augmenté de 8 %, puis de 5 %, et enfin de 5 %.

De quel pourcentage le prix de la statuette a-t-il augmenté ?

❑ 15,4 % ❑ 18 % ❑ 19,07 %

6 Encadrer une aire

L'erreur de mesure étant de $\pm$ 0,5 m, trouve l'aire minimale et l'aire maximale d'un champ rectangulaire de 86 m $\times$ 48 m.

7 À propos du faucon

Le faucon pèlerin est l'oiseau le plus rapide au monde. Sa vitesse est de 180 km/h.

a. Quelle est sa vitesse en km/min ? en m/s ?

b. Quelle durée, en minutes et secondes, met-il pour parcourir 40 km ?

8 Masse volumique

19,3 g/cm^3 est la masse volumique de l'or.
19,3 g/cm^3 signifie que 1 cm^3 d'or pèse 19,3 g.

Quelle est la masse volumique de l'or en kg/m^3 ?

9 Unités anglo-saxonnes

Le « mille » est égal à 1 609 m.
Le « mille marin » (en anglais *nautical mile*), utilisé en navigation maritime et aérienne, est égal à 1 852 m.
Le « nœud » (en anglais *knot*) est une unité de vitesse.
1 nœud = 1 mille marin/h.
En traversant l'Atlantique Nord, un équipage français a parcouru à la voile 795,2 milles en 24 heures.

Quelle a été sa vitesse moyenne en nœuds ? en m/s ?

10 Résoudre un problème

Lola a placé 12 000 € à la banque. Une partie lui rapporte 3 % à l'année et une autre 4 %. Au bout d'un an, la somme placée à 3 % lui a rapporté 115 € de plus que celle qui est placée à 4 %.

Quelle somme a-t-elle placée à 3 % ? à 4 % ?

11 VU AU BREVET

Un routier quitte son entrepôt à 7 h 45 min.
Le compteur du camion indique 45 678 km.
Il roule sans arrêt et arrive chez son client à 10 h 45 min. Le compteur du camion indique alors 45 873 km.

a. Combien de temps a-t-il roulé ?

b. Quelle distance a-t-il parcourue ?

c. Calcule sa vitesse moyenne en km.h^{-1}.

Corrigés p. 15 du livret.

13 Coordonnées dans un plan

RETENIR

1 / Coordonnées d'un point

Le couple (– 2 ; 5) définit le point A.
– 2 est l'**abscisse** de A ; 5 est son **ordonnée**.

Attention ! Le couple (5 ; – 2) définit un autre point.
5 et – 2 sont les **coordonnées** de C.

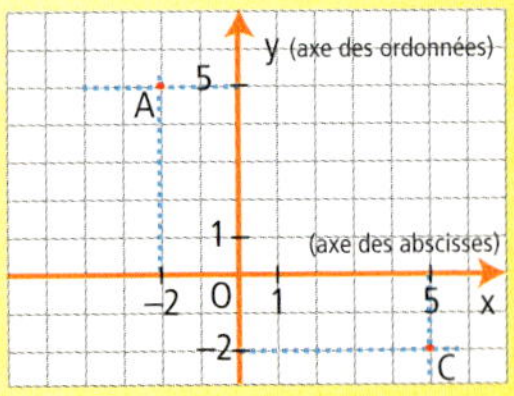

MOTS CLÉS

✓ **Repère :** Le repère permet de localiser chacun des points du plan.

✓ **Représenter :** Pour représenter le point P(3 ; 2) dans un repère :
1. commence en O ;
2. compte horizontalement + 3 ;
3. à partir de + 3, compte verticalement + 2 ;
4. marque le point P.

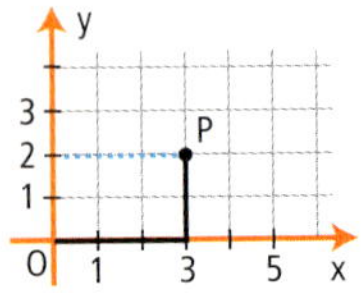

2 / Points particuliers

- Tous les points de l'axe (Oy) ont pour abscisse 0.

Exemple A(0 ; 5).

- Tous les points de l'axe (Ox) ont pour ordonnée 0.

Exemple B(4 ; 0).

- L'origine O du repère a pour coordonnées (0 ; 0).
- L'abscisse et l'ordonnée d'un point de la bissectrice de l'angle $\widehat{xOy}$ sont égales.

Exemple M(3 ; 3).

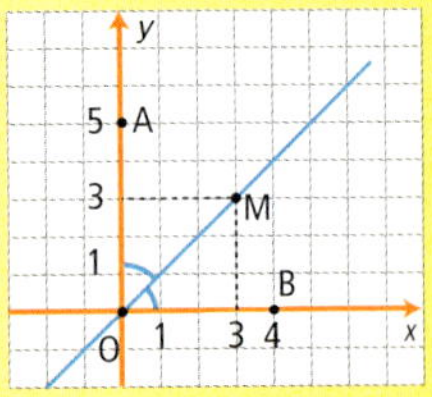

3 / Lecture graphique et géométrie

Exemple A(– 3 ; 2) et B(5 ; 6) sont deux points donnés.
AHB est un triangle rectangle en H.
Par lecture graphique, AH = 8 et HB = 4.

D'après le théorème de Pythagore :
$AB^2 = AH^2 + HB^2$
donc $AB^2 = 64 + 16 = 80$
$AB = \sqrt{80} = \sqrt{5 \times 16} = 4\sqrt{5}$

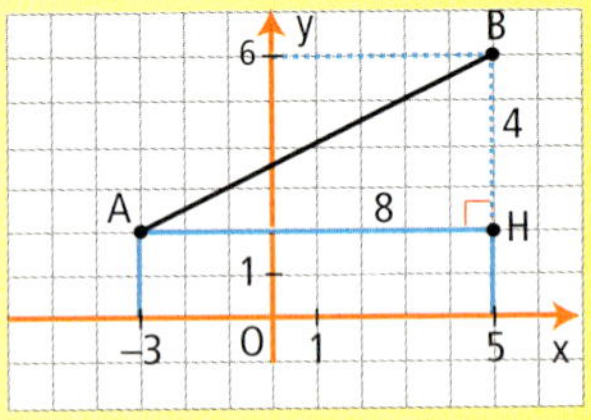

A(– 3 ; 2)
B(5 ; 6)
H(5 ; 2)
AH = 8
HB = 4

LA MÉTHODE

▷ Trouver tous les points qui ont une même abscisse

Je trace dans un repère orthogonal une perpendiculaire à l'axe des abscisses. Ci-contre, tous les points de la droite (AB) ont pour abscisse 3.

▷ Trouver tous les points qui ont une même ordonnée

Je trace dans un repère orthogonal une perpendiculaire à l'axe des ordonnées. Ci-contre, tous les points de la droite (CD) ont pour ordonnée 2.

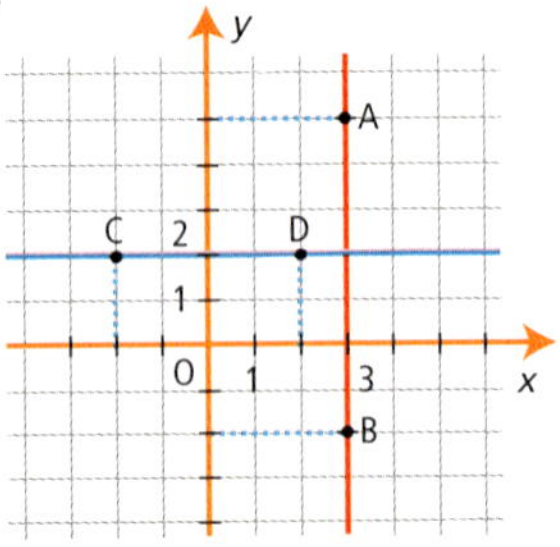

MINI INTERRO

On considère A(–3 ; 2) et B(5 ; 6). Par lecture graphique, quelles sont les coordonnées du milieu M du segment [AB] ?

1 Vrai ou faux ?

Complète les coordonnées des points A, B, C et O puis coche la case qui convient.

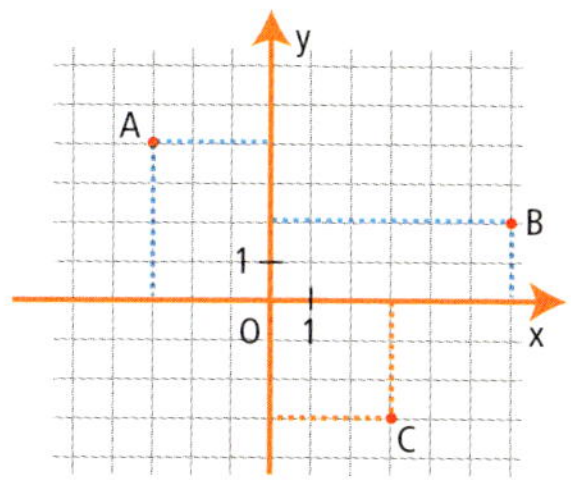

A(..... ; .....) B(..... ; .....)
C(..... ; .....) O(..... ; .....)

	V	F
a. $AB^2 = 9^2 + 2^2$	❑	❑
b. $AC^2 = 6^2 + 7^2$	❑	❑
c. Le triangle ABC est isocèle.	❑	❑

2 Nature d'un triangle

a. Place les points A(– 2 ; 2) ; B(2 ; 4) et C(6 ; – 4) dans le repère ci-dessous.

b. Calcule AB^2 ; BC^2 ; AC^2.
Déduis–en la nature du triangle ABC.

c. Pourquoi le rayon du cercle circonscrit au triangle ABC est–il égal à 5 ?

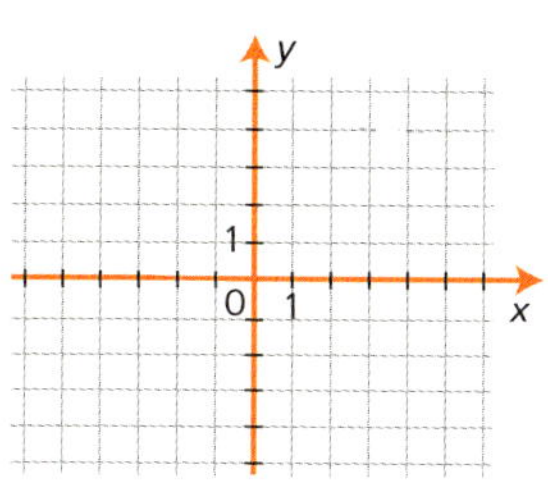

3 Aire et périmètre

1. Place dans un repère d'unité 0,5 cm les points : A(2 ; – 3), B(2 ; 2), C(– 3 ; 2) et D(– 3 ; – 3).

2. Vrai ou faux ? Justifie ton choix.

	V	F
a. A et B ont même abscisse.	❑	❑
b. B et C ont même abscisse.	❑	❑
c. A et D ont même ordonnée.	❑	❑
d. ABCD est un carré.	❑	❑

3. Calcule le périmètre $\mathscr{P}$ et l'aire $\mathscr{A}$ de ABCD.

4 Appliquer une formule

L'abscisse du milieu M d'un segment [AB] est égale à la demi-somme des abscisses de A et B.
De même, l'ordonnée de M est égale à la demi-somme des ordonnées de A et B.

Applique ces formules et relie les coordonnées des extrémités de chaque segment à celles de son milieu.

Extrémités du segment
S_1 : (4 ; 2), (6 ; 3) ○
S_2 : (19 ; – 3), (11 ; 5) ○
S_3 : (– 6 ; 5), (8 ; 0) ○

Milieu
○ M_1(15 ; 1)
○ M_2(1 ; 2,5)
○ M_3(5 ; 2,5)

5 Milieu et applications

a. Vrai ou faux ? Justifie ton choix.

	V	F
Si IM = IN, alors I est certainement le milieu de [MN].	❑	❑

b. Dans un repère, J est le milieu d'un segment [AB] tel que A(2 ; 0) et J(1 ; 3).
Place le point B et précise ses coordonnées.

6 Coordonnées et relations

a. Dans un repère, on a tracé cinq points dont l'abscisse x et l'ordonnée y vérifient l'égalité $3x + 2y = 5$.
Complète le tableau de leurs coordonnées.

Si $x =$	....	0	....	1	....
alors $y =$	....	....	1,5	....	....
et $(x ; y)$ =	(– 1 ; 4)	.....	.....	.....	(..... ; 0)

b. Trouve trois autres points dont les coordonnées x et y sont solutions de l'équation $3x + 2y = 5$.

7 VU AU BREVET

Quel est le rayon du cercle circonscrit au triangle ABC ? Aucune justification n'est demandée.

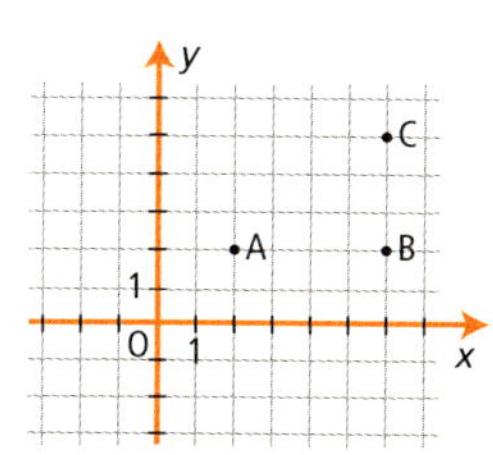

Corrigés p. 15 du livret.

14 Fonction linéaire

RETENIR

MOTS CLÉS

✓ **Linéaire :** Le mot linéaire est associé à une fonction dont la représentation est une droite qui passe par l'origine du repère.

✓ **$f(x)$:** $f(x)$ est le symbole d'écriture de l'image de x par la fonction f. x est l'antécédent de $f(x)$.

1 / Que signifie fonction ?

« **Fonction** » signifie associer à un nombre un autre nombre.
Si on appelle f cette fonction, alors, au nombre x, elle associe un autre nombre y, noté $f(x)$. On écrit $f : x \mapsto f(x)$ et on dit que $f(x)$ est **l'image** de x par la fonction f.
x est alors l'**antécédent** de $f(x)$.

Exemple Associer à un nombre son carré est une fonction. On l'appelle f.
$3 \mapsto 3^2$. On écrit : $f(3) = 9$.
Et d'une manière générale : $x \mapsto x^2$ ou encore $f(x) = x^2$.

2 / Que signifie linéaire ?

Une fonction f est dite **linéaire** si l'image $f(x)$ d'un nombre x est obtenue en multipliant x par un nombre. Ce nombre est appelé **coefficient** de la fonction linéaire.

Exemple Considérons la fonction linéaire f de coefficient 2.
On a : $3 \mapsto 2 \times 3$. On écrit : $f(3) = 6$.
Et d'une manière générale : $x \mapsto 2x$ ou encore $f(x) = 2x$.

Définition : Si a est un nombre donné, alors la fonction linéaire f de coefficient a est définie par : $x \mapsto ax$ ou encore $f(x) = ax$.

3 / Représenter une fonction linéaire

- Si $f(x) = ax$, alors le tableau de valeurs $(x ; f(x))$ ou $(x ; y)$ est un tableau de proportionnalité de coefficient a.

Exemple $f(x) = 2x$

x	– 2	– 1	0	1	2,5
y	– 4	– 2	0	2	5

- La représentation graphique d'une fonction linéaire est une **droite qui passe par l'origine O (0 ; 0) du repère.**

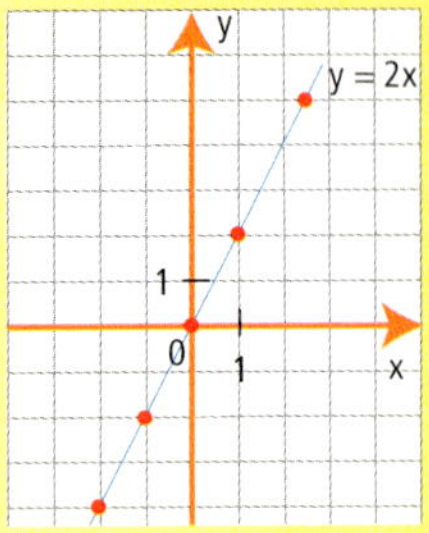

$y = 2x$ est l'équation de la droite qui représente la fonction $f : x \mapsto 2x$ ou encore $f(x) = 2x$.

LA MÉTHODE

▷ Représenter graphiquement une fonction linéaire

Je représente un point A puis je trace la droite (OA).

Exemple Soit la fonction linéaire f définie par $f(x) = \frac{3}{5}x$.

Pour $x = 5$, on a $y = 3$, donc sa représentation graphique est la droite (OA) avec A(5 ; 3).

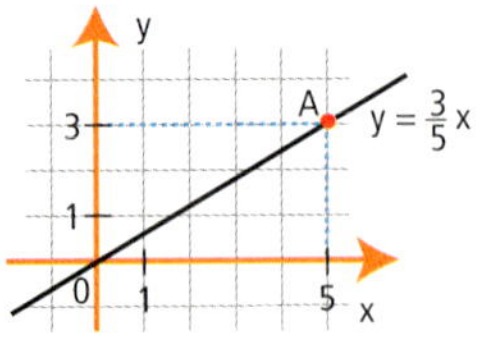

▷ Trouver le coefficient a d'une fonction linéaire

Je divise $f(x)$ par x ou je lis l'image de 1 sur l'axe vertical (Oy).

Exemple L'image de 1 est – 2. Donc $a = – 2$.

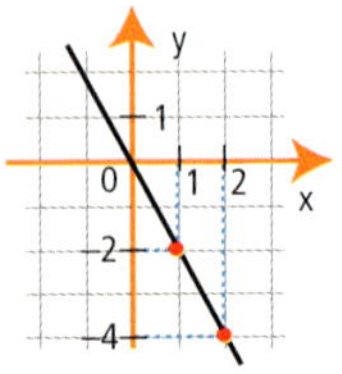

MINI INTERRO

1. f est une fonction linéaire de coefficient 2. Quelles sont les images de – 1, 0 et 2 ?
2. f est une fonction linéaire telle que $f(2) = – 4$. Quel est le coefficient a de f ?

S'ENTRAÎNER

1 Vrai ou faux ?

Coche la case qui convient.

	V	F
a. Le tableau suivant est un tableau de proportionnalité.	❑	❑

– 7	56	20	3
10,5	– 84	– 31	– 4,5

b. $x \mapsto 4x^2$ est une fonction linéaire.	❑	❑
c. La représentation graphique ci-dessous est celle d'une fonction linéaire.	❑	❑

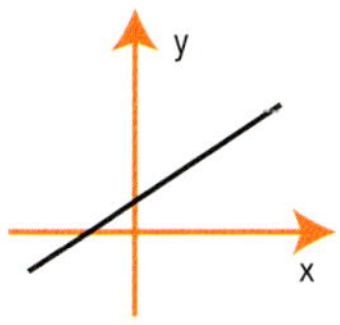

2 Fonction, images, antécédents

f est une fonction linéaire de coefficient – 3.

Complète.

a. $f(x) = \ldots\ldots x$

b. $f(4) = \ldots\ldots$

c. $f(0) = \ldots\ldots$

d. $f(-1) = \ldots\ldots$

e. $f(\ldots\ldots) = 6$

f. $f(\ldots\ldots) = -6$

3 Le bon coefficient

Relie chaque couple (x ; image de x) à la fonction linéaire correspondante.

$(2 ; -2)$ ○	○ $x \mapsto -2x$
$(1 ; \frac{3}{4})$ ○	○ $x \mapsto -x$
$(-2 ; -10)$ ○	○ $x \mapsto \frac{3}{4}x$
$(4 ; -8)$ ○	○ $x \mapsto 5x$

4 Représenter graphiquement

Représente graphiquement chacune des fonctions linéaires.

a. $x \mapsto -3x$

b. $x \mapsto -\frac{2}{3}x$

5 Proportionnalité

Le quadrilatère A′B′C′D′ est un agrandissement de ABCD.

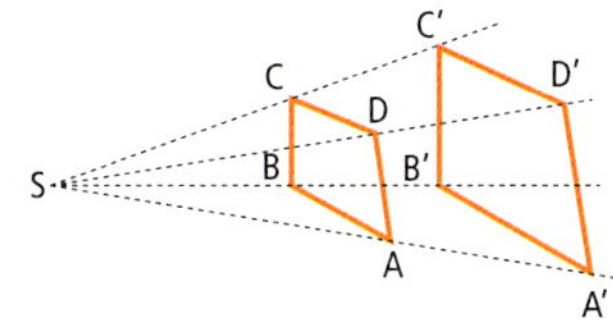

Trouve le facteur d'agrandissement a et complète le tableau des mesures.

AB = 5,5	BC = 5	CD = ……	DA = 7
A′B′ = 8,8	B′C′ = ……	C′D′ = 7,2	D′A′ = ……

6 Lecture graphique et coefficient

a. Complète les pointillés, par lecture graphique ou par calcul, avec le coefficient de la fonction linéaire représentée par la droite.

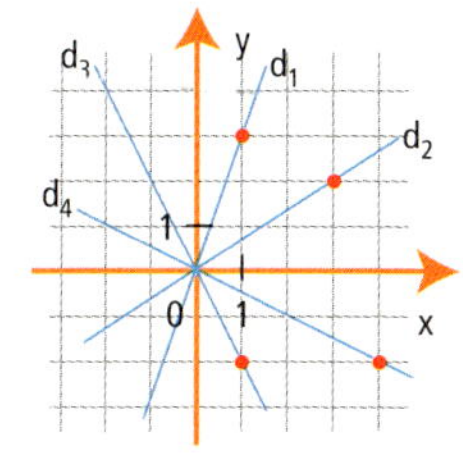

d_1 : …………… d_2 : ……………

d_3 : …………… d_4 : ……………

b. Complète l'équation de chacune des droites.

$d_1 : y = \ldots\ldots\ldots x$ $d_2 : y = \ldots\ldots\ldots x$

$d_3 : y = \ldots\ldots\ldots x$ $d_4 : y = \ldots\ldots\ldots x$

7 Coefficient et image

f est une fonction linéaire telle que $f(6,5) = 10,4$.

Calcule son coefficient et déduis-en l'image de 2,5.

8 VU AU BREVET

Ci-dessous, la droite *d* est la représentation graphique d'une fonction linéaire *f*.

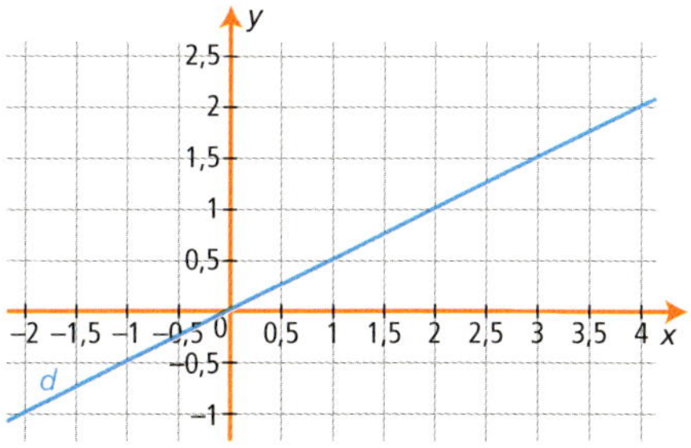

a. Lis sur le graphique l'image de 2 par la fonction *f*.
b. Lis sur le graphique $f(-1)$.
c. Lis sur le graphique l'antécédent de 2 par la fonction *f*.
d. À l'aide du graphique, trouve x tel que $f(x) = -1$.

Corrigés p. 15 du livret.

15 Fonction affine

RETENIR

1/ Définition

Étant donnés deux nombres a et b, la fonction f qui associe à tout nombre x le nombre $ax + b$ est dite **fonction affine**. On écrit $f : x \mapsto ax + b$, ou $f(x) = ax + b$.

MOT CLÉ

✓ Affine : Le mot « affine » est associé à une fonction dont la représentation est une droite.

2/ Propriétés

- La représentation graphique d'une fonction affine f définie par $f(x) = ax + b$ est une droite d.
Les points de d ont pour coordonnées $(x\ ;\ f(x))$.
- $y = ax + b$ est l'équation de la droite d.

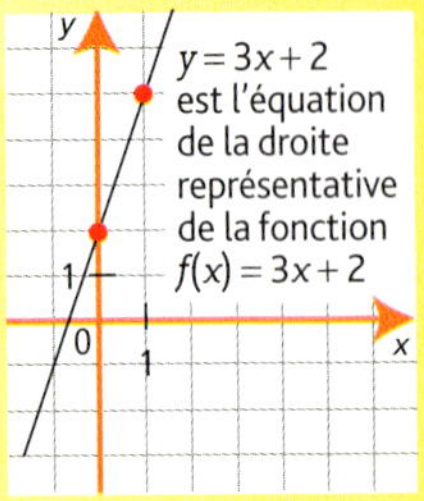

Remarques :

- Pour $x = 0$, on a $y = b$. On dit que b est l'**ordonnée à l'origine**.
- Dans $y = ax + b$, a est le **coefficient directeur** de d. Il détermine la pente de d par rapport à l'axe Ox.
- Si $b = 0$, alors $f(x) = ax$. Dans ce cas, la fonction affine est également linéaire. Sa droite représentative passe par l'origine O du repère.
- Si $a = 0$, alors $f(x) = b$. Dans ce cas, la représentation de f est une droite parallèle à l'axe horizontal des abscisses.

LA MÉTHODE

▷ Représenter graphiquement une fonction affine

Je représente deux points A et B et je trace la droite (AB).

Exemple La fonction f définie par $f(x) = -x + 3$ est affine car elle est de la forme $f(x) = ax + b$ où $a = -1$ et $b = 3$.
Sa représentation graphique est donc une droite.
Pour $x = 0$, on a $y = 3$ et pour $x = 2$, $y = 1$ donc la représentation graphique de f est la droite (AB) avec A(0 ; 3) et B(2 ; 1).

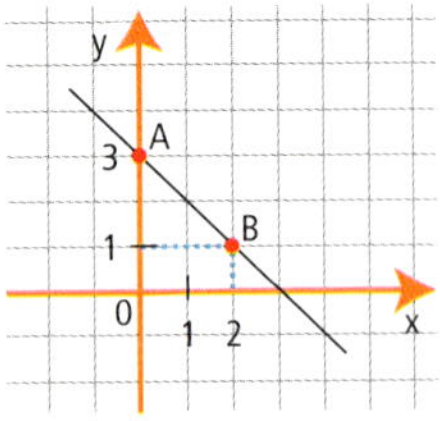

▷ Déterminer une fonction affine connaissant deux nombres et leurs images

Cela revient à résoudre un système.

Exemple Déterminer la fonction affine f sachant que $f(1) = -1$ et $f(2) = -3$.
→ f étant une fonction affine, elle est de la forme $f(x) = ax + b$.
Or, $f(1) = -1$, donc $a \times 1 + b = -1$ et $f(2) = -3$, donc $a \times 2 + b = -3$.
Par conséquent, a et b sont les solutions du système : $\begin{cases} a + b = -1 & (1) \\ 2a + b = -3 & (2) \end{cases}$.
La résolution de ce système nous donne $a = -2$ et $b = 1$.
Par conséquent, la fonction f est définie par $f(x) = -2x + 1$.

MINI INTERRO

Soit $f(x) = -4x + 5$.

1. Quelles sont les ordonnées des points A(0 ; ...) et B(1 ; ...) ?
2. Quel est le nombre dont l'image est 0 ?

S'ENTRAÎNER

1 Vrai ou faux ?

Coche la case qui convient.

	V	F
a. $x \mapsto 3x$ est linéaire.	❑	❑
b. $x \mapsto 3x$ est affine.	❑	❑
c. $x \mapsto 3x + 1$ est linéaire.	❑	❑
d. $x \mapsto x - \frac{x}{2} + 1$ est affine.	❑	❑

2 Images et antécédents

f est une fonction affine définie par $x \mapsto \frac{x}{2} - 3$.

Complète.

a. $f(0) = \ldots\ldots$

b. $f(-2) = \ldots\ldots$

c. $f(4) = \ldots\ldots$

d. $f(\ldots\ldots) = -2$

e. $f(\ldots\ldots) = 0$

f. $f(\ldots\ldots) = -\frac{5}{2}$

3 Trouver *b*

f est une fonction affine définie par $f(x) = \frac{2}{3}x + b$.

Trouve *b* sachant que la représentation graphique de *f* passe par le point A(– 6 ; 0).

4 Fonction et géométrie

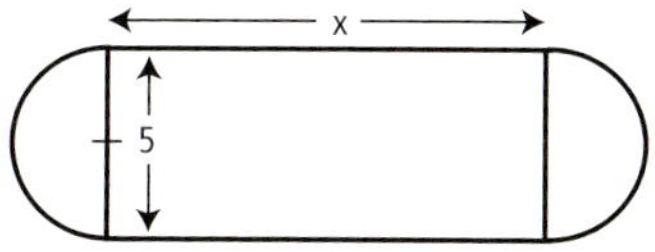

a. Exprime le périmètre $\mathscr{P}(x)$ de la figure en fonction de x et de π.

b. Calcule ce périmètre pour $x = 5$ et $\pi = 3{,}14$.

c. Pour quelle valeur de x ce périmètre est-il égal à 13π ?

d. Exprime son aire $a(x)$ en fonction de x et de π.

5 Représenter graphiquement

y désigne l'image de x par une fonction f.
On sait que $3x - y = 5(x - 1)$.

Exprime *y* en fonction de *x*, puis représente graphiquement la fonction *f*.

6 Vérifier et tracer

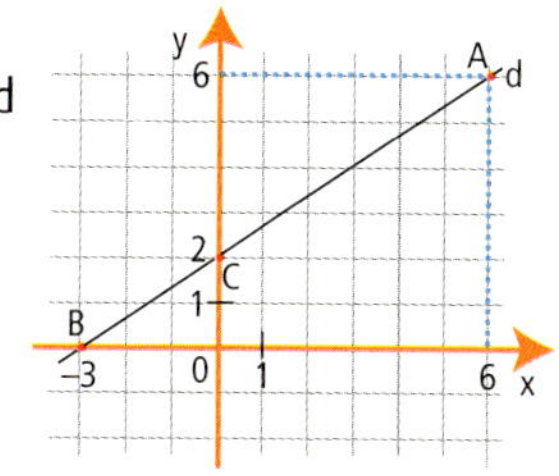

1. Quelle fonction correspond à la droite d ? Justifie.

a. $x \mapsto \frac{3}{2}x + 2$ **c.** $x \mapsto 3x + 2$

b. $x \mapsto \frac{2}{3}x + 2$

2. Trace les droites représentatives des deux autres fonctions et montre qu'elles sont concourantes.

7 Vérifier, associer, résoudre

a. Relie chaque fonction affine à sa représentation graphique.

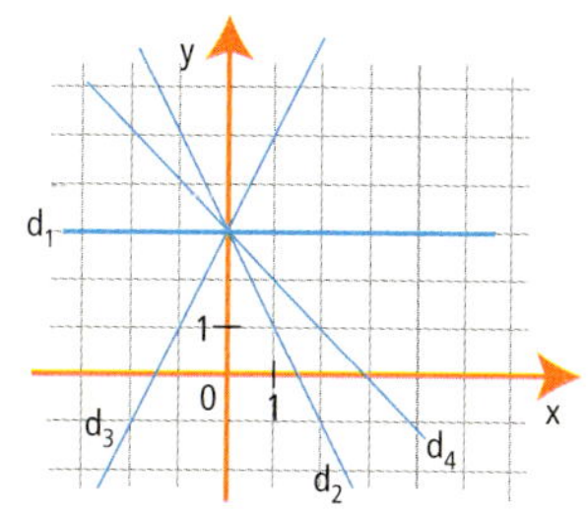

$x \mapsto -x + 3$ ○	○ d_1
$x \mapsto 2x + 3$ ○	○ d_2
$x \mapsto 3$ ○	○ d_3
$x \mapsto -2x + 3$ ○	○ d_4

b. Détermine la fonction affine f sachant que $f : 2 \mapsto 10$ et $f : \frac{1}{6} \mapsto -1$.

8 VU AU BREVET

Coche la réponse qui convient.

Soit f la fonction définie par $f(x) = -2x + 3$.

a. $f(x)$ est de la forme $ax + b$. La valeur de a est :
❑ 3 ❑ – 2 ❑ 2

b. L'image de 0 par f est :
❑ 1 ❑ 1,5 ❑ 3

c. La droite qui représente la fonction f passe par le point :
❑ A(– 1 ; 1) ❑ A(– 1 ; 5) ❑ A(1 ; – 18)

d. L'antécédent de 4 par la fonction f est :
❑ – 5 ❑ $\frac{7}{2}$ ❑ $-\frac{1}{2}$

e. La droite qui représente la fonction f coupe l'axe des ordonnées en :
❑ D(1,5 ; 0) ❑ E(0 ; 3) ❑ F(0 ; 2)

Corrigés p. 16 du livret.

16 Exploitations graphiques

RETENIR

Observer un repère

MOT CLÉ

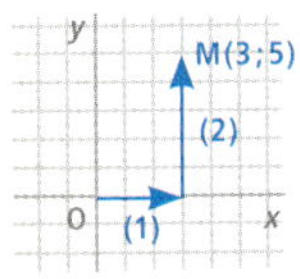

✓ **Coordonnées d'un point :** Pour identifier les coordonnées d'un point, lis à partir de l'origine et suivant les flèches :
(1) l'abscisse,
(2) l'ordonnée.

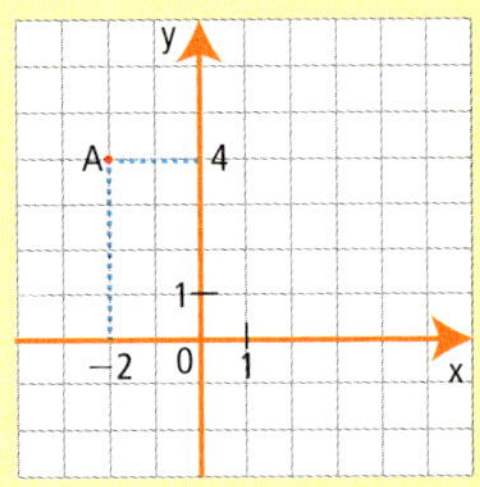

■ Repère a

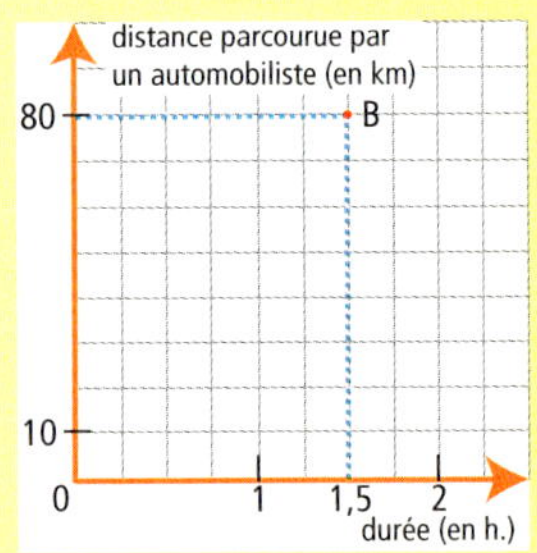

■ Repère b

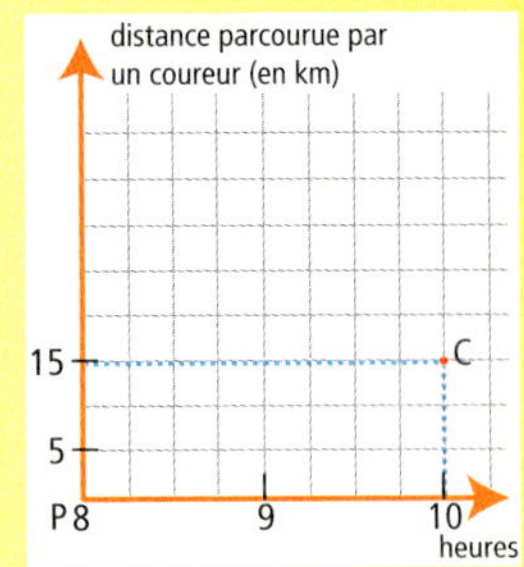

■ Repère c

→ **Repère a** : ses axes sont perpendiculaires et ont la même unité de mesure. Les coordonnées d'un point du plan peuvent être positives ou négatives.

Exemple A(– 2 ; 4).

→ **Repère b** : ses axes n'ont pas la même unité de mesure. Les coordonnées des points sont positives : on lit la distance parcourue en fonction de la durée.

Exemple B(1,5 ; 80) signifie qu'en 1 h 30, la distance parcourue est de 80 km.

→ **Repère c** : ses axes n'ont pas la même unité de mesure. L'origine de ce repère est P(8 ; 0). Cela signifie que le départ est à 8 heures du point P.

Exemple C(10 ; 15) signifie qu'à 10 h, le coureur est à 15 km du point P.

LA MÉTHODE

▷ Calculer un périmètre ou une aire dans un repère

Je repère les sommets puis j'applique le théorème de Pythagore, des formules…

Exemple Calculer le périmètre $\mathcal{P}$ et l'aire $\mathcal{A}$ du triangle ABC.

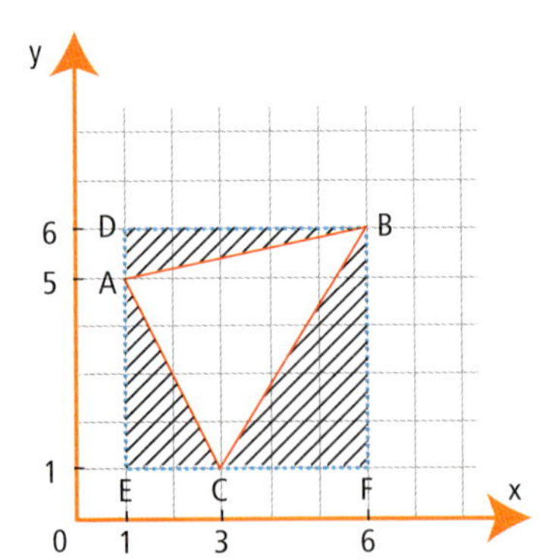

→ Nous lisons A(1 ; 5), B(6 ; 6), C(3 ; 1).

D'où : $AB^2 = 5^2 + 1^2 = 26$, $AB = \sqrt{26}$
$BC^2 = 3^2 + 5^2 = 34$, $BC = \sqrt{34}$
$AC^2 = 2^2 + 4^2 = 20$, $AC = \sqrt{20}$

Donc, $\mathcal{P} = \sqrt{26} + \sqrt{34} + \sqrt{20}$
soit à 0,1 près : $\mathcal{P}$ = **15,4 unités.**

L'aire $\mathcal{A}$ du triangle est la différence de l'aire du carré BDEF et des aires des triangles BAD, ACE et BCF :

$$\mathcal{A} = 5^2 - \left(\frac{1 \times 5}{2} + \frac{2 \times 4}{2} + \frac{3 \times 5}{2}\right) = 11$$, soit $\mathcal{A}$ = **11 unités d'aire**.

MINI INTERRO

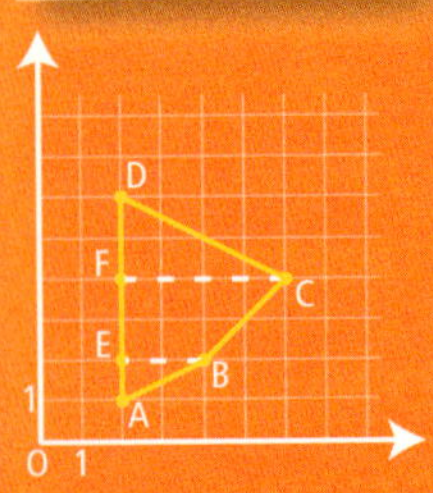

1. Quelle est la mesure exacte de AB ? BC ? CD ? DA ?
2. Quelle est l'aire du quadrilatère ABCD ?

1 Lectures graphiques

La distance parcourue par un train est représentée en fonction du temps.

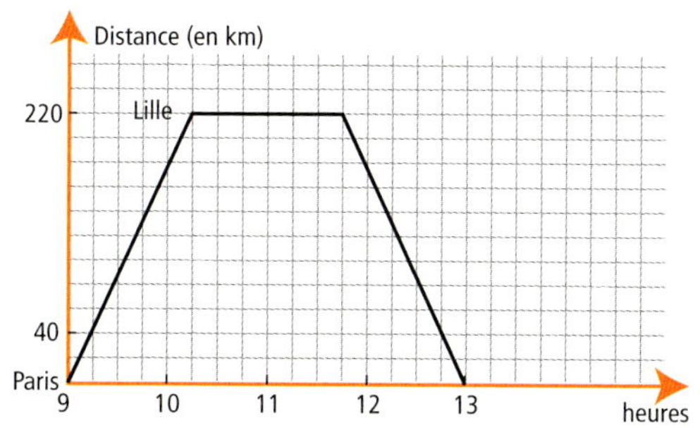

1. À quelle heure le train est-il :

a. parti de Paris ? ....

b. arrivé à Lille ? ....

c. reparti de Lille ? ....

d. arrivé à Paris ? ....

2. A-t-il fait un arrêt à Lille ? Si oui, de combien de temps ? ....

3. Sa vitesse est :

- ❑ 110 km/h à l'aller et au retour.
- ❑ 200 km/h à l'aller et 180 km/h au retour.
- ❑ incalculable.
- ❑ 176 km/h à l'aller et au retour.

4. À 12 h 15, le train était à :

- ❑ 90 km environ de Lille.
- ❑ 90 km environ de Paris.
- ❑ 88 km de Lille.
- ❑ 132 km de Paris.

2 Résoudre par calcul et graphiquement

Quatre cahiers et deux stylos coûtent 6,50 €.
Cinq cahiers et un stylo coûtent 7 €.

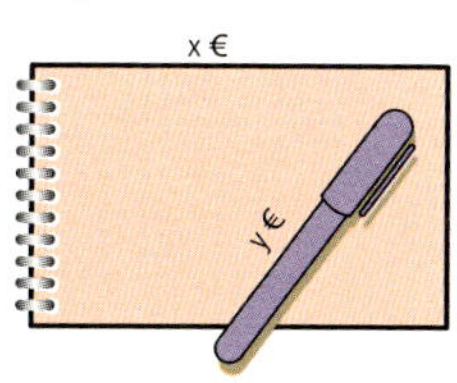

a. Calcule le prix x d'un cahier et le prix y d'un stylo.

b. Représente dans un repère les fonctions définies par : $x \mapsto -2x + 3{,}25$ et $x \mapsto 7 - 5x$.
On prendra 4 cm, ou 4 carreaux, pour une unité sur les axes des abscisses et des ordonnées.

c. Retrouve graphiquement les solutions de la question **a.**

Corrigés p. 16 du livret.

3 Représenter puis déduire

Les côtés d'un rectangle mesurent x cm et 10 cm.
On augmente chacun d'eux de 25 %.

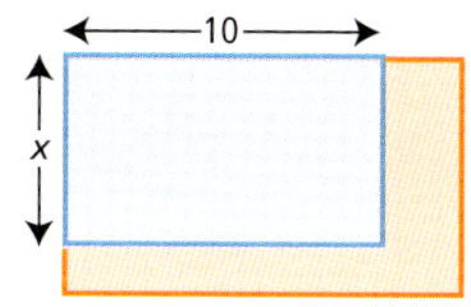

1. Détermine la fonction p qui à x associe le périmètre du rectangle agrandi. Vérifie que $p(2) = 30$ et que $p(4) = 35$.

2. Représente dans un repère orthogonal la fonction p. On prendra 1 carreau pour une unité sur l'axe des abscisses et 1 carreau pour 5 unités sur l'axe des ordonnées.

3. Résous $p(x) = 45$ par calcul et graphiquement. Laisse la justification de la réponse apportée sur le graphique (pointillés, couleur…).

4. À l'aide du graphique, trouve pour quelles valeurs de x le périmètre $p(x)$ est :

a. strictement supérieur à 45 ;

b. compris entre 30 et 45.

4 VU AU BREVET

Pour cet exercice, on utilise uniquement la courbe donnée ci-dessous qui représente une fonction f.

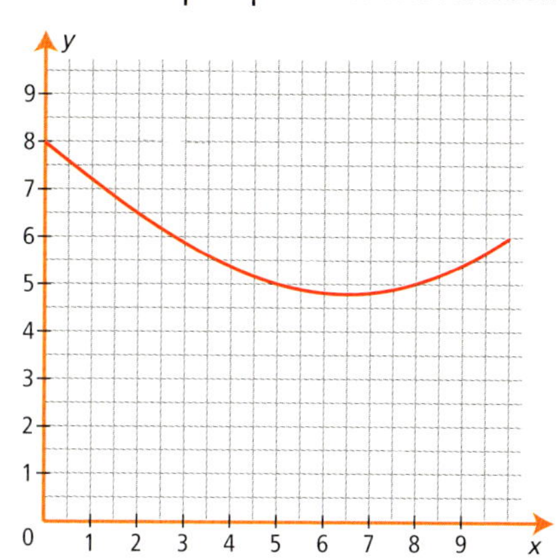

En laissant apparaître les tracés utiles sur le graphique :

a. Donne une valeur approchée de $f(2)$.

b. Donne le (ou les) antécédent(s) de 5 par la fonction f.

c. Place, sur la courbe de la fonction f, un point S qui te semble avoir la plus petite ordonnée.

d. Par lecture graphique, donne des valeurs approchées des coordonnées de ton point S.

17 Statistiques : moyenne et médiane

RETENIR

1 / Moyenne (rappel)

Voici une série de cinq notes d'un élève : 15 ; 6 ; 10 ; 12 ; 15.
Pour trouver la note moyenne, on additionne toutes les notes et on divise par le nombre de ces notes. Ainsi la moyenne est :
$(15 + 6 + 10 + 12 + 15) \div 5 = 58 \div 5 = \mathbf{11{,}6}$

Remarques :
- La moyenne 11,6 n'est pas une note de la série.
- L'élève ayant eu deux fois la note 15, la somme totale des notes est également obtenue en effectuant : $(2 \times 15) + 6 + 10 + 12$.

2 / Médiane

Voici une série de cinq notes écrites dans l'ordre croissant : 6 ; 10 ; **12** ; 15 ; 15.
La **médiane** d'une série écrite dans l'**ordre croissant ou décroissant** est la valeur « milieu » de la série. Elle partage la série en deux groupes de **même effectif**.
Ainsi, la médiane de la série est 12.

Remarque : Si la série a un nombre pair de valeurs, alors la médiane est généralement la moyenne des deux valeurs « milieux ».

Exemple La médiane de la série des six notes : 6 ; 10 ; **12** ; **15** ; 15 ; 18 est : $(12 + 15) \div 2 = \mathbf{13{,}5}$.

MOTS CLÉS

✓ **Tendance :** La moyenne et la médiane d'une série statistique permettent de décrire sa tendance.

✓ **Mode :** Le mode d'une série statistique est la valeur qui a le plus grand effectif.

✓ **Fréquence :** La fréquence d'une valeur est le quotient de son effectif par l'effectif total de la série.

LA MÉTHODE

▷ Trouver la moyenne et la médiane d'une série à partir d'un tableau

Je commence par calculer l'effectif total.

Exemple Calculer l'âge moyen et la médiane des âges d'un groupe de collégiens donnés dans le tableau ci-contre :

Âge	12	13	14	15
Effectif	2	3	5	1

→ L'effectif total est $2 + 3 + 5 + 1 = 11$.

• Moyenne $= \dfrac{\text{somme des âges}}{\text{effectif total}} = \dfrac{(2\times12)+(3\times13)+(5\times14)+(1\times15)}{11} = \dfrac{148}{11} \approx 13{,}5$.

Pour ces collégiens, l'âge moyen est environ 13 ans et demi.

• L'effectif total 11 est impair, et $11 = 5 + 1 + 5$; par conséquent la médiane des âges est le 6e âge de la série. D'après le tableau, voici la liste des âges :

12 ; 12 ; 13 ; 13 ; 13 ; [14] ; 14 ; 14 ; 14 ; 14 ; 15

$\underbrace{12 ; 12 ; 13 ; 13 ; 13}_{5} + \underbrace{14}_{1} + \underbrace{14 ; 14 ; 14 ; 14 ; 15}_{5} = 11$

La médiane des âges est 14.

Remarque : On peut lire directement dans le tableau l'âge, 14, du 6e collégien.

MINI INTERRO

Soit la série 5 ; 10 ; 20 ; 30.
Quelle est :
1. sa moyenne ?
2. sa médiane ?
3. son mode ?
4. la fréquence de 10 ?
5. la fréquence de 10 en pourcentage ?

S'ENTRAÎNER

1 Vrai ou faux ?

Coche la case qui convient.

Soit la série des masses :
7 kg, 8 kg, 9 kg, 6 kg, 12 kg.

	V	F
a. 7 ; 8 ; 9 ; 6 ; 12 sont écrits dans l'ordre croissant.	❑	❑
b. La masse moyenne de la série est 8,4 kg.	❑	❑
c. Sa médiane est 9 kg.	❑	❑

2 Dans la vie courante

Complète le tableau.

Série de valeurs	Moyenne	Médiane
9 m ; 12 m ; 19 m	....	....
– 4° ; 8° ; 10° ; 14° ; 25°	....	....
20 g ; 25 g ; 35 g ; 45 g	....	....

3 Moyenne et médiane

1. Soit la série 4 ; 4 ; 7 ; 6 ; 2 ; 7 ; 7.

a. Écris la série dans l'ordre croissant.

b. Calcule sa moyenne et sa médiane.

2. On ajoute le nombre 5 à la série.
Calcule la moyenne et la médiane de cette série.

4 Série et représentation

Ce diagramme en bâtons montre les notes d'une classe de 3e à un devoir de mathématiques.

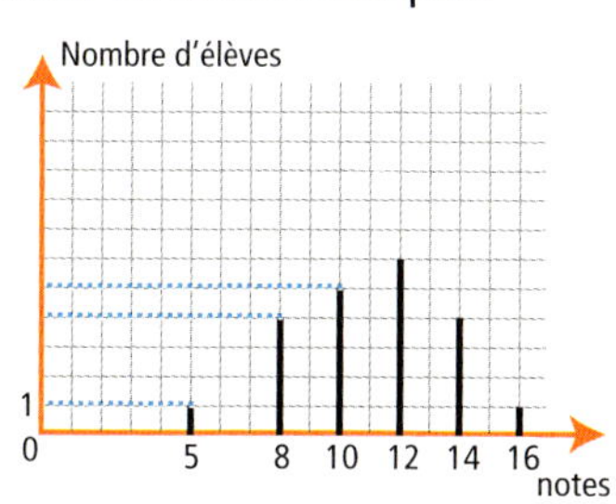

a. Quel est l'effectif de cette classe ?

❑ 20 ❑ 21 ❑ 22

b. Quelle est la moyenne des notes ?

❑ 10 ❑ 11 ❑ 12

c. Quelle est la note médiane ?

❑ 10 ❑ 11 ❑ 12

5 Retrouver la série

Trouve la valeur de chacune des lettres.

Série de valeurs	Moyenne	Médiane
21 ; 45 ; x	27	y
12 ; z ; 20	t	19
- 5 ; 0 ; 4 ; r	2,5	s

6 Fréquence et diagramme circulaire

Dans un centre d'examens, après avoir corrigé 600 copies, on a fait le bilan suivant :
- 57 copies ont une note strictement inférieure à 5 ;
- 84 copies ont une note supérieure ou égale à 5 mais strictement inférieure à 10 ;
- 345 copies ont une note supérieure ou égale à 10 mais strictement inférieure à 15 ;
- Le reste des copies a une note supérieure ou égale à 15.

a. Complète le tableau des effectifs et des fréquences.

Notes	$n < 5$	$5 \leqslant n < 10$	$10 \leqslant n < 15$	$15 \leqslant n$
Effectif	57	84	345	....
Fréquence	$\frac{57}{600} = 0{,}095$	....	....	....
Fréquence (%)	9,5	....	....	....

b. Complète le diagramme circulaire donnant la fréquence des notes en pourcentages.

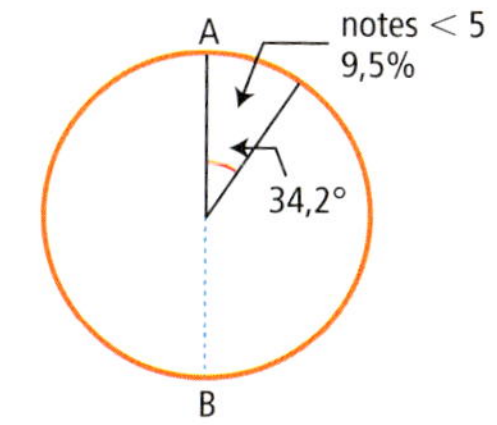

c. Le diamètre [AB] donne-t-il la position de la médiane de la série des notes ?

7 VU AU BREVET

Entoure la réponse qui convient.
La médiane de la série de valeurs 7 ; 8 ; 8 ; 12 ; 12 ; 14 ; 15 ; 15 ; 41 est :

Réponse A	Réponse B	Réponse C
égale à la moyenne de cette série.	supérieure à la moyenne de cette série.	inférieure à la moyenne de cette série.

Corrigés p. 17 du livret.

18 Études statistiques

RETENIR

1 / Étendue

Définition : **L'étendue** d'une série est la différence entre la plus grande et la plus petite valeur de la série.

Exemple L'étendue de la série de températures rangée dans l'ordre croissant : – 4 °C ; – 3 °C ; 1 °C ; 2 °C ; 3 °C ; 4 °C ; 6 °C est égale à : 6 – (– 4) = **10**.
Cela signifie que l'écart des deux températures extrêmes est de 10 °C.

2 / Quartiles

Les quartiles Q_1, Q_2 et Q_3 d'une série ordonnée sont des **valeurs** qui partagent la série en quatre parts de même effectif. Le 2e quartile $\mathbf{Q_2}$ n'est autre que la **médiane** de la série. Q_1 est la médiane de sa première moitié et Q_3 la médiane de sa deuxième moitié.

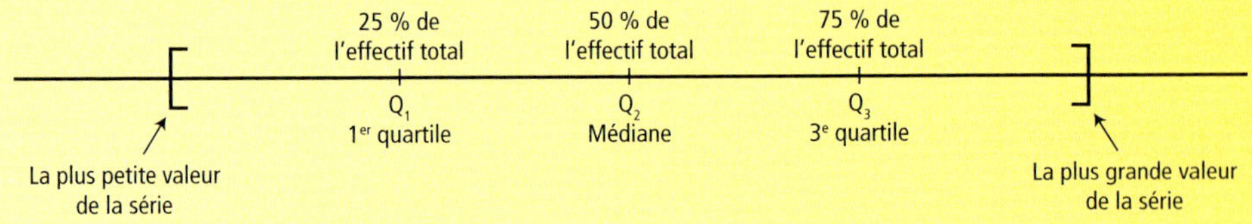

MOTS CLÉS

✔ **Analyser :** Les études statistiques consistent à analyser des données afin de renseigner et de planifier.

✔ **Étendue et dispersion :** L'étendue est l'écart entre les valeurs extrêmes d'une série. Sa mesure donne une idée de la dispersion des valeurs.

LA MÉTHODE

▷ Trouver graphiquement la médiane et les quartiles d'une série statistique

Si N est l'effectif total de la série, je lis sur un graphique d'effectifs cumulés l'abscisse de $\frac{N}{2}$ pour la médiane, de $\frac{N}{4}$ pour le premier quartile et de $\frac{3N}{4}$ pour le troisième quartile.

Exemple Le graphique ci-contre montre les effectifs cumulés des appels téléphoniques reçus entre 9 h et 12 h.
Le total des appels est $N = 120$.

Appels téléphoniques reçus entre 9 h et 12 h.

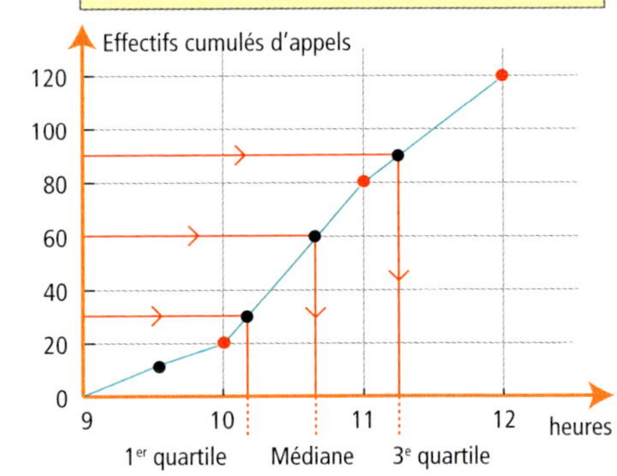

- La médiane correspond à l'abscisse des premiers 60 appels, donc à 10 h 40.
- Le premier quartile correspond à l'abscisse des 30 premiers appels, donc à 10 h 10.
- Le 3e quartile correspond à l'abscisse des 90 premiers appels, donc à 11 h 15 (voir exercice 3).

MINI INTERRO

On donne la série de longueurs : 4 m ; 100 cm ; 25 m.

Quelle est :

1. l'étendue de la série ?
2. sa médiane ?
3. sa moyenne ?

S'ENTRAÎNER

1 Vrai ou faux ?

L'histogramme concerne les abonnés d'un club de cyclisme.

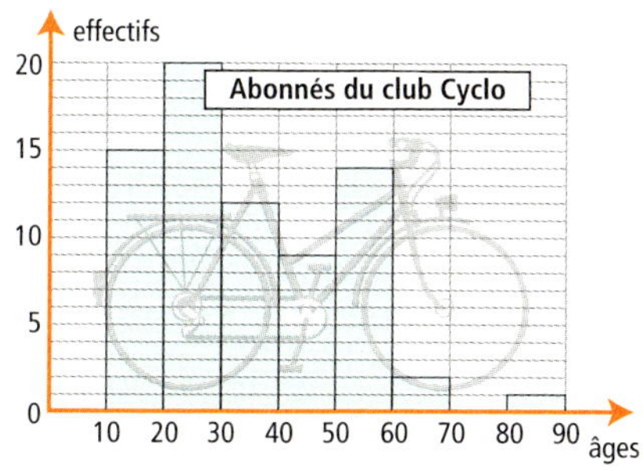

Coche la case qui convient.

	V	F
a. L'axe des abscisses permet de lire les tranches d'âge des abonnés du club.	❑	❑
b. L'axe des ordonnées permet de lire le nombre d'abonnés.	❑	❑
c. La largeur d'une barre représente un intervalle de 10 ans.	❑	❑
d. L'étendue des âges est 80.	❑	❑
e. L'effectif total des abonnés est 73.	❑	❑
f. L'âge moyen des abonnés est 25 ans.	❑	❑
g. 48 % des abonnés ont moins de 30 ans.	❑	❑

2 Série et caractéristiques

Complète.

Série de valeurs	Étendue	Moyenne	Médiane
– 5 ; 2 ; – 5 ; 6 ; 9	.....	.....	.....
– 3 ; ..... ;	13	.....	8
0 ; 3 ; 5 ; 0 ; – 1 ; 8 ; 6	.....	.....	.....

3 Lecture graphique

Observe la représentation graphique de « La méthode ».

1. a. Que lit-on sur l'axe des abscisses ?

b. Que lit-on sur l'axe des ordonnées ?

c. Quelle est l'étendue de la série ?

d. Quel est l'effectif total des appels ?

2. Combien d'appels l'entreprise a-t-elle reçu :

a. pendant la 1re heure ?

b. pendant les deux premières heures ?

c. pendant la 2e heure ?

d. entre 10 h et 12 h ?

3. Quelle est la fréquence (en %) des appels jusqu'à :

a. 10 h 40 ? **b.** 10 h 10 ? **c.** 11 h 15 ?

4. Vrai ou faux ?

	V	F
a. Sous la forme d'un décimal, 10 h 40 min s'écrit 10,40 h.	❑	❑
b. 10 h 10 min s'écrit 10,10 h.	❑	❑
c. 9 h 36 min s'écrit 9,6 h.	❑	❑

4 VU AU BREVET

Taraina dirige une école de danse pour adolescents. Elle a relevé dans un tableau l'âge de ses élèves ainsi que la fréquence des âges.

1. Complète le tableau suivant :

Âge des élèves	12	13	14	15	16	TOTAL
Nombre d'élèves	5	2	4	5	4	.....
Fréquence en %	.....	.....	20	25	20	100

2. Complète le diagramme en barres des effectifs à l'aide du tableau précédent.

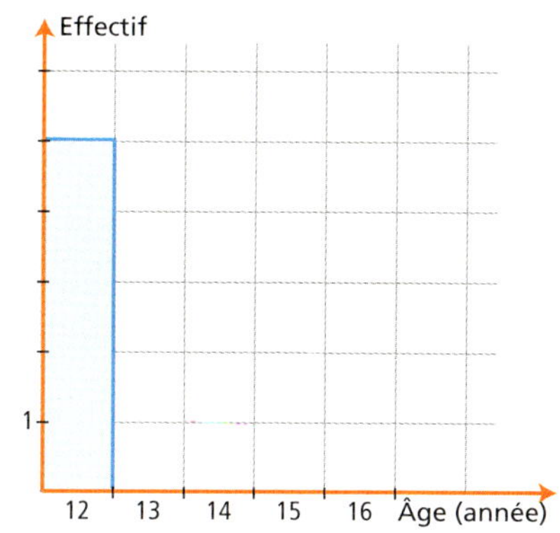

3. Quelle est, dans cette école, la fréquence d'élèves ayant 14 ans ?

4. Quel est le nombre d'élèves âgé de 14 ans ou moins ?

5. Taraina a calculé que l'âge moyen de ses élèves est légèrement supérieur à 14 ans. Or, pour inscrire son groupe au Heiva dans la catégorie « Adolescent », l'âge moyen du groupe doit être inférieur ou égal à 14 ans. Pour régler ce problème, elle a la possibilité d'accepter dans sa troupe de danse un nouvel élève, soit de 13 ans, soit de 15 ans.

a. Lequel va-t-elle choisir ? Pourquoi ?
(Toute trace de recherche sera valorisée.)

b. Montre que l'âge moyen de sa nouvelle troupe est maintenant de 14 ans.

Corrigés p. 18 du livret.

19 Probabilité

RETENIR

1 / Observer et déduire

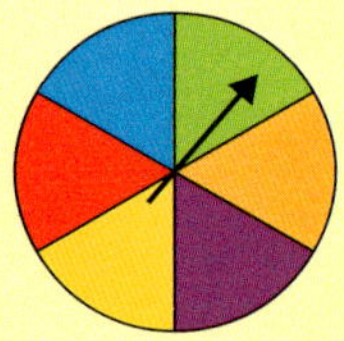

• En tournant la roue, les différentes couleurs ont-elles la même chance de sortir ?
→ Oui, car les secteurs colorés ont la même mesure.

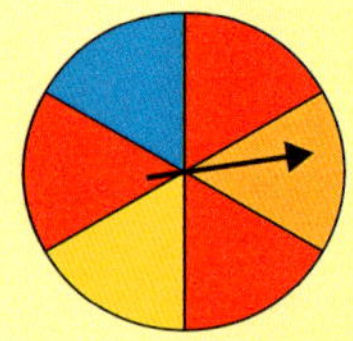

• Les secteurs ont la même mesure. Les différentes couleurs ont-elles la même chance de sortir ?
→ Non, car trois de ces secteurs sont rouges. Le rouge a donc plus de chance de sortir.

• En lançant le dé, le « 6 » a-t-il la même chance de sortie que le 1, le 2, le 3, le 4 ou le 5 ?
→ Oui, à condition que le dé soit bien équilibré.

MOT CLÉ

✓ **Probabilité :**
La probabilité d'un événement peut-elle être supérieure à 1 ? Non, car le nombre de cas favorables ne peut pas être supérieur au nombre de cas possibles.

2 / Probabilité : vocabulaire et définition

• « Moins de chance, assez de chance, impossible, certain, incertain, il se peut que, probablement vrai… » font partie de notre vocabulaire de tous les jours, mais aussi de celui des scientifiques au cours de leurs différentes recherches.

• La probabilité est la science qui permet de déterminer le **succès d'un événement**. Le résultat du calcul d'une probabilité est un nombre compris entre 0 et 1. Si l'événement est impossible, alors ce nombre est égal à 0 ; s'il est certain, alors ce nombre est égal à 1. Il peut être écrit sous la forme d'un nombre décimal (exemple 0,25) ou sous la forme d'une fraction (exemple 1/6) ou bien sous la forme d'un pourcentage (exemple 30 %).

LA MÉTHODE

▷ Calculer la probabilité d'un événement

À chance égale, je compte le nombre de cas possibles et le nombre de cas favorables au succès parmi les cas possibles. Ensuite j'effectue une division.

Exemple En lançant un dé bien équilibré, quelle est la probabilité p d'obtenir 5 **ou** 6 ?

1, 2, 3, 4, 5, 6 ← tous les cas (ou issues) possibles.

5, 6 ← cas favorables au succès

$$p = \frac{2}{6}$$

2 ← **nombre de cas favorables au succès,**
6 ← **nombre de cas possibles**

donc $p = \frac{1}{3}$.

Remarque : Si un événement est certain, alors sa probabilité est 1, et si un événement est impossible, alors sa probabilité est 0 (Voir exercice 2).

MINI INTERRO

Une classe de 14 filles et 16 garçons choisit au hasard un représentant de la classe.

Quelle est la probabilité P qu'une fille soit choisie ?

S'ENTRAÎNER

1 Observer une roue

a. Le rouge et le noir ont-ils la même chance de sortir ?

❑ oui ❑ non

b. La sortie des couleurs suivantes est-elle « possible », « certaine » ou « impossible » ?

– vert ? ....

– jaune ? ....

– rouge ou noir ou jaune ? ....

c. Relie la probabilité P d'un événement à sa valeur.

P(noir) ○	○ $\frac{1}{8}$
P(jaune) ○	○ $\frac{3}{8}$
P(rouge) ○	○ 50 %

2 Certain ou impossible ?

Observe la figure. Quelle est la probabilité d'avoir $\widehat{OAx} = 90°$?

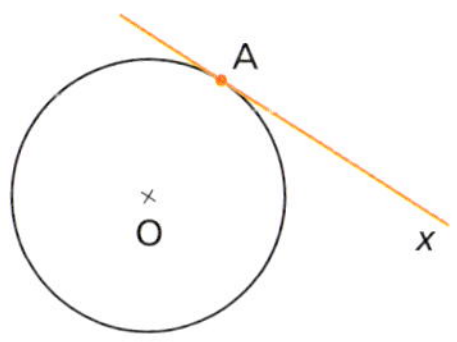

❑ 0 ❑ $\frac{1}{2}$

❑ 1 ❑ incalculable

3 Dans une urne

Une boule est tirée au hasard de l'urne.

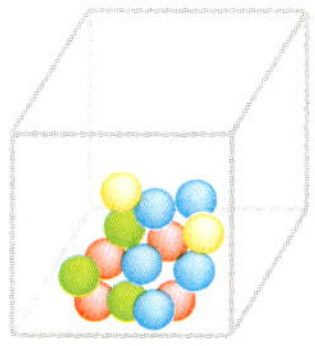

Quelle est la probabilité P de tirer :

a. une boule jaune ?

b. une boule blanche ?

c. une boule rouge ou bleue ?

d. une boule non rouge ?

4 Avec un dé

Quelle est la probabilité P d'obtenir :

a. 3 ?

b. 1 ou 5 ?

c. un nombre pair ?

d. 7 ?

5 Jeu de cartes

Une carte est tirée au hasard d'un jeu de 52 cartes.

Quelle est la probabilité P de tirer :

a. une dame ?

b. la dame de trèfle ?

c. une carte qui ne soit ni dame ni roi ?

d. un multiple de 3 ?

6 Fréquence et probabilité

Le diagramme suivant montre les préférences de 240 élèves d'une cantine.

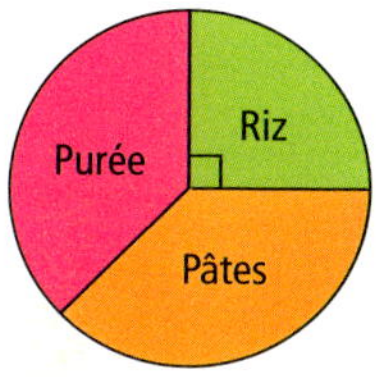

1. 105 élèves préfèrent les pâtes.
Combien d'élèves préfèrent :

a. le riz ? **b.** la purée ?

2. Quelle est en pourcentages la fréquence des élèves préférant :

a. le riz ? **b.** les pâtes ? **c.** la purée ?

3. En tournant la roue ci-contre, quelle est la probabilité P d'avoir :

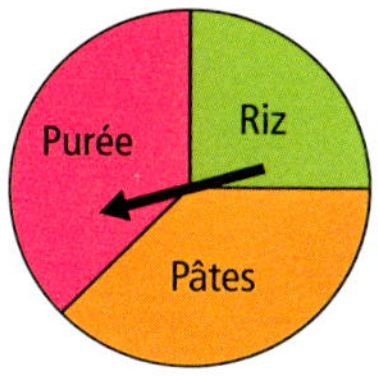

a. du riz ?

b. des pâtes ?

c. de la purée ?

4. Quelle est la probabilité P d'avoir du riz ou de la purée ?

7 VU AU BREVET

Un sac contient 10 boules rouges, 6 boules noires, 4 boules jaunes et des boules bleues. On tire une boule au hasard.

Sachant que la probabilité de tirer une boule bleue est égale à $\frac{1}{5}$, calcule le nombre de boules bleues.

Corrigés p. 18 du livret.

20 Angles : rappels

RETENIR

Les angles

- Autour d'un point

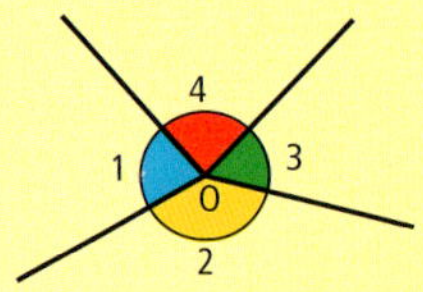

$\widehat{O_1} + \widehat{O_2} + \widehat{O_3} + \widehat{O_4} = 360°$

- Adjacents supplémentaires

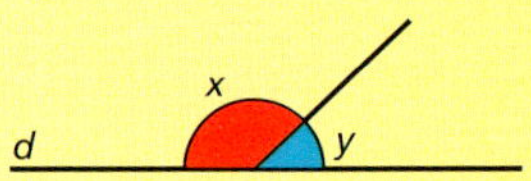

d est une droite.
$x + y = 180°$.

- Adjacents complémentaires

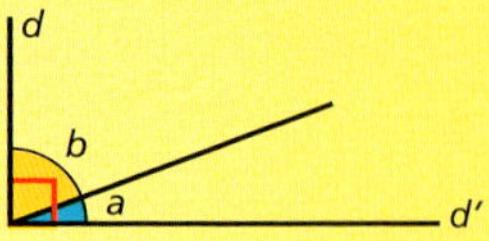

d et d' sont perpendiculaires. $a + b = 90°$.

- Opposés par le sommet

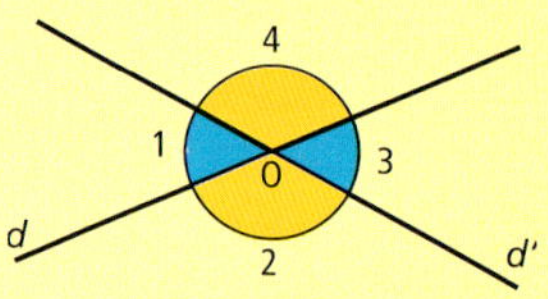

d et d' sont deux droites sécantes en O.
$\widehat{O_1} = \widehat{O_3}$ et $\widehat{O_2} = \widehat{O_4}$

- Alternes-internes, correspondants

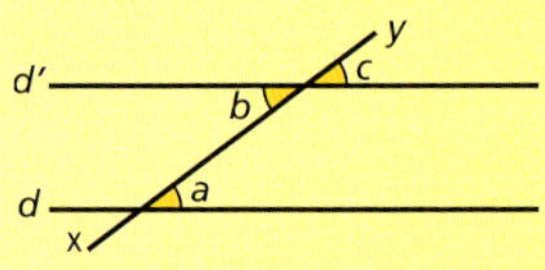

Si d et d' sont parallèles, alors
$a = b$ (alternes-internes)
$a = c$ (correspondants)

- Dans un triangle

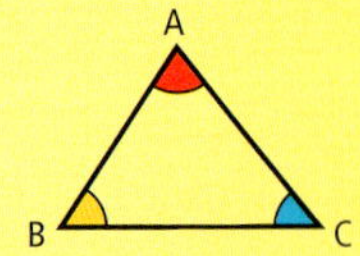

$\widehat{A} + \widehat{B} + \widehat{C} = 180°$

MOT CLÉ

✓ **Opposés :** Les angles opposés par le sommet ne sont pas adjacents. Ils sont formés par deux droites qui se coupent.

LA MÉTHODE

▷ Démontrer qu'une demi-droite est bissectrice d'un angle

Cela revient assez souvent à démontrer qu'elle partage l'angle en deux angles égaux.

Exemple Données :

(Bt) et (AC) sont parallèles.
$\widehat{ABC} = 50°$

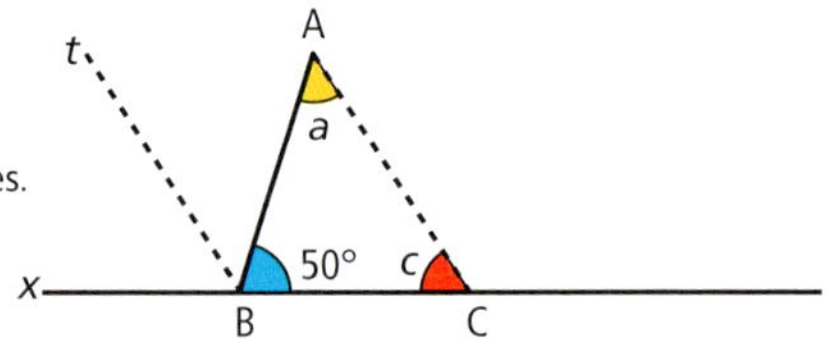

Pour quelles valeurs de a et c la demi-droite [Bt) est-elle bissectrice de l'angle $\widehat{ABx}$?

Démonstration : [Bt) est bissectrice de $\widehat{ABx}$ si $\widehat{xBt} = \widehat{tBA}$.

Or, (Bt) // (AC) donc $\widehat{xBt} = \widehat{BCA} = c$ (angles correspondants)
et $\widehat{tBA} = \widehat{BAC} = a$ (angles alternes-internes).

Par conséquent, [Bt) est bissectrice de $\widehat{xBA}$ si $a = c$.

Or, dans le triangle ABC, $a + c + 50° = 180°$, donc $a + c = 180° - 50° = 130°$.

D'où [Bt) est bissectrice de $\widehat{xBA}$ pour $a = c = \dfrac{130°}{2} = 65°$.

MINI INTERRO

O est un point de la droite xy.
$\widehat{xOt} = 66°$ et $\widehat{yOz} = 48°$

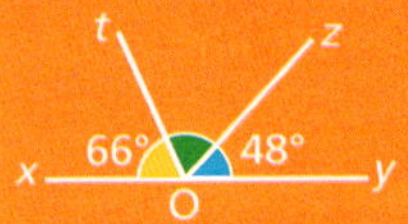

La demi-droite [Ot) est-elle bissectrice de $\widehat{xOz}$?

S'ENTRAÎNER

1 Vrai ou faux ?

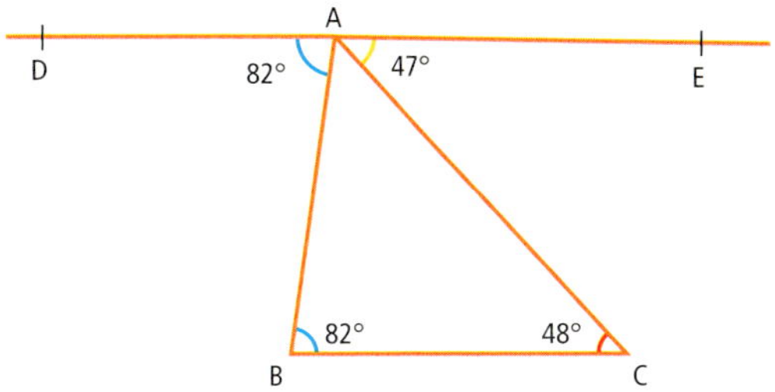

Coche la case qui convient et justifie les réponses.

	V	F
a. [AD) et (BC) sont parallèles.	❑	❑
b. [AE) et (BC) sont parallèles.	❑	❑
c. D, A et E sont alignés.	❑	❑

2 Angles adjacents et bissectrices

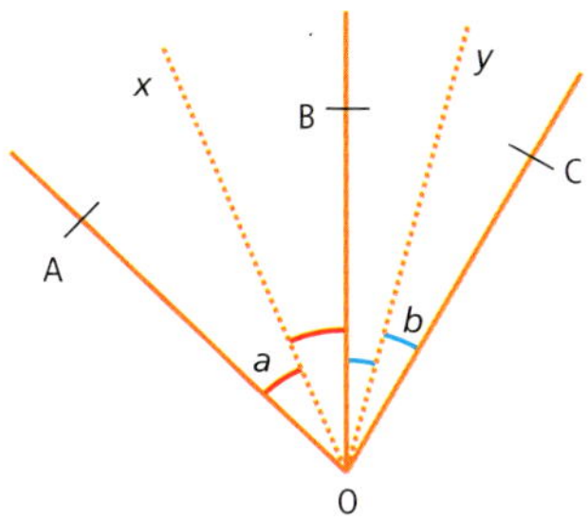

a. Les angles $\widehat{AOB}$ et $\widehat{BOC}$ sont-ils adjacents ?

b. [Ox) et [Oy) sont les bissectrices des angles $\widehat{AOB}$ et $\widehat{BOC}$ et on donne $a = 23°$.
Pour quelle valeur de b les angles $\widehat{AOB}$ et $\widehat{BOC}$ sont-ils complémentaires ?

c. Pour quelle valeur de b sont-ils supplémentaires ?
Que dire dans ce cas des points A, O et C ?
Trace la figure correspondante.

3 Calculs d'angles

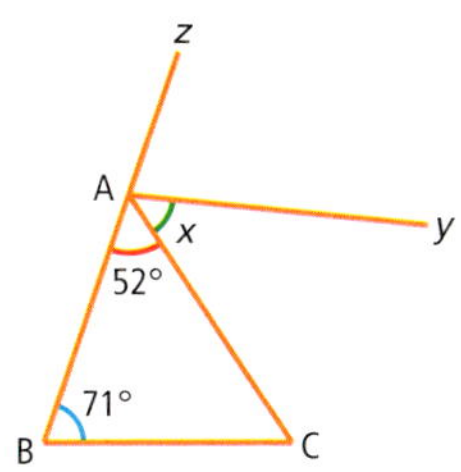

a. Pour quelle valeur de x la demi-droite [Ay) est-elle bissectrice de l'angle $\widehat{CAz}$?

b. Pour quelle valeur de x la demi-droite [Ay) est-elle parallèle au côté [BC] du triangle ABC ?

4 Autour d'un point

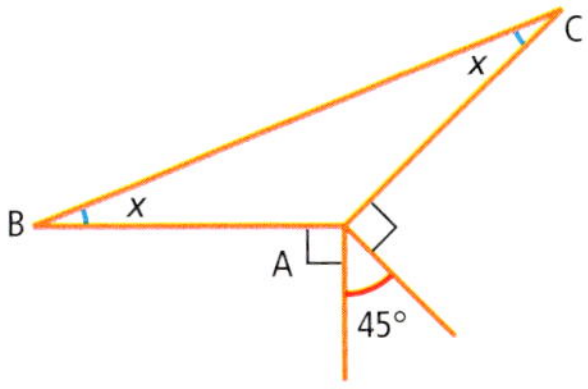

a. Pourquoi les angles droits de la figure ne sont-ils pas opposés par le sommet ?

b. Trouve la valeur de x.

5 Angles et parallèles

Pour quelle valeur de x les droites (BC) et (DE) sont-elles parallèles ?

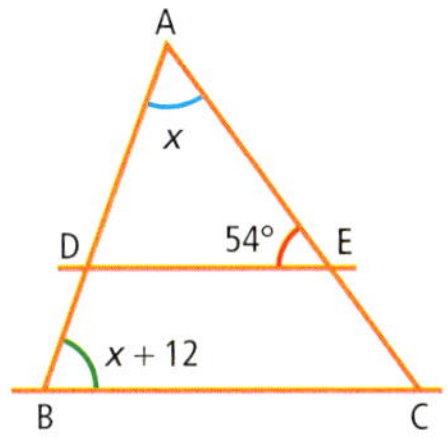

6 Angles et triangles isocèles

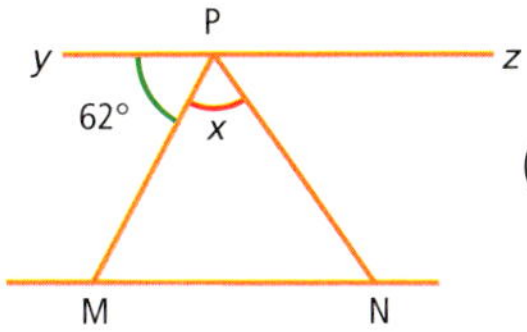

(MN) // (yz)

a. Pour quelle valeur de x le triangle MNP est-il isocèle en M ?

b. Pour quelle valeur de x le triangle MNP est-il isocèle en N ?
Quelle est la particularité de [PM) dans ce cas ?

7 VU AU BREVET

Coche la réponse qui convient.

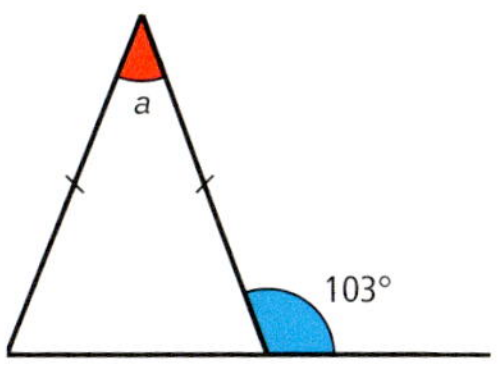

La valeur de a est égale à :

❑ 77° ❑ 36° ❑ 26°

Corrigés p. 19 du livret.

21 Triangles : rappels

RETENIR

1 / Caractéristiques d'un triangle

- La **somme des angles** d'un triangle est de 180°.

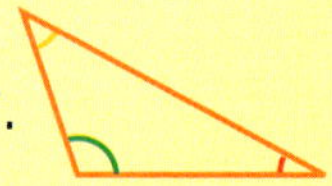

- **Périmètre :** $\mathcal{P} = a + b + c$

Aire : $\mathcal{A} = \dfrac{1}{2} \times a \times h$

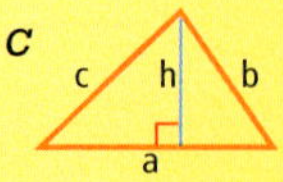

- Les **médianes** se rencontrent en un même point, G. G est le **centre de gravité** du triangle. Il est situé aux deux tiers de chaque médiane à partir du sommet.

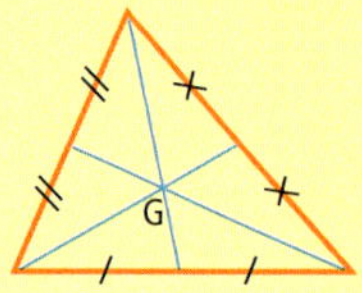

- Les **médiatrices** se rencontrent en un même point, O. O est le **centre du cercle circonscrit** au triangle.

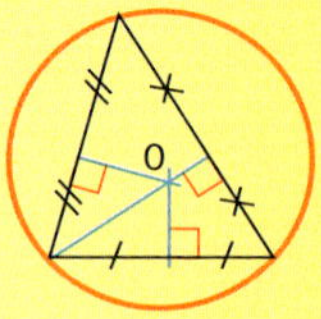

- Les **hauteurs** se rencontrent en un même point, H. H est l'**orthocentre** du triangle.

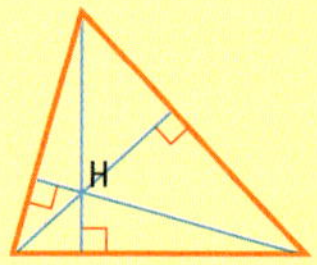

- Les **bissectrices** se rencontrent en un même point, I. I est le **centre du cercle inscrit** dans le triangle.

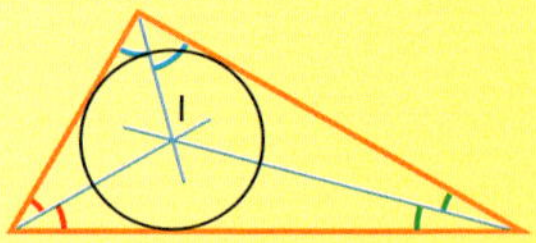

MOT CLÉ

✓ **Pythagore :** La relation entre les trois côtés d'un triangle rectangle porte le nom du mathématicien grec Pythagore. Il l'a trouvée au VIe siècle avant J.-C.

2 / Triangles particuliers

- **Triangle rectangle**

$a^2 = b^2 + c^2$

$m = \dfrac{1}{2}a$ est le rayon du cercle circonscrit au triangle.

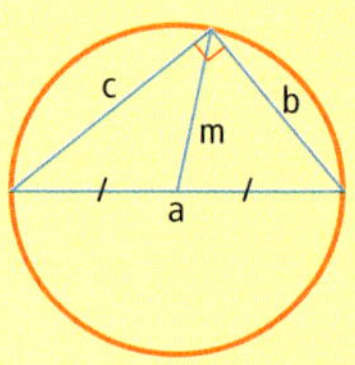

- **Triangle isocèle**

La médiatrice de la base est axe de symétrie du triangle.

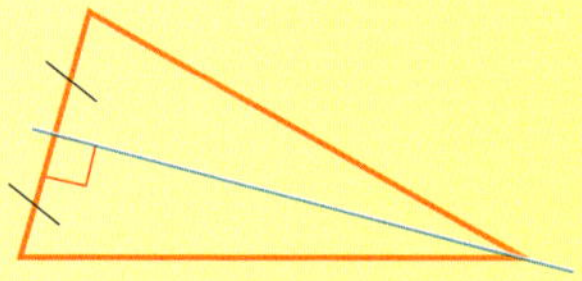

- **Triangle équilatéral**

Les trois médiatrices sont des axes de symétrie.

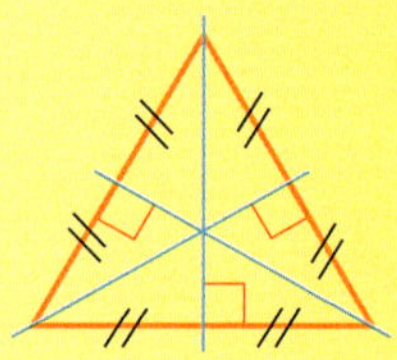

MINI INTERRO

1. Que représente le point I pour le côté [AB] ? [AM] pour le triangle ABC ?
2. Pourquoi les points C, T et I sont-ils alignés ?

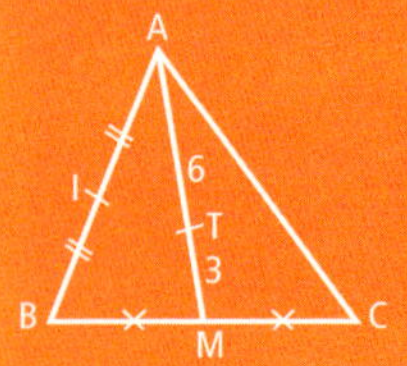

LA MÉTHODE

▷ Tracer un triangle rectangle à l'aide d'un compas

Je trace un diamètre et je place un point sur le demi-cercle. Le diamètre [BC] est l'hypoténuse du triangle rectangle et A est le sommet de l'angle droit.

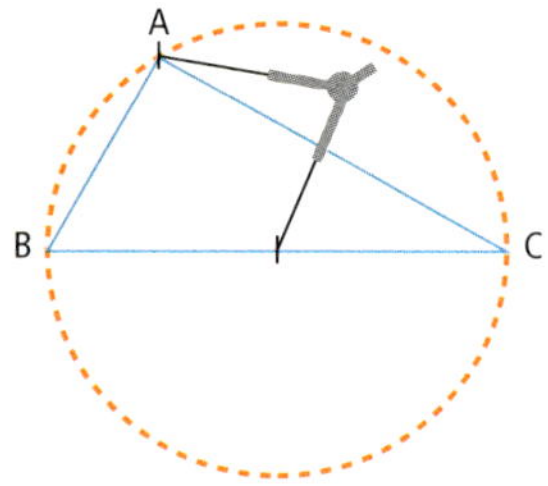

S'ENTRAÎNER

1 Centre effacé !

Retrouve à l'aide d'une équerre le centre effacé du cercle ci-contre.

2 Triangles particuliers

Le triangle ABC est inscrit dans le cercle de diamètre [BC] et de centre O.

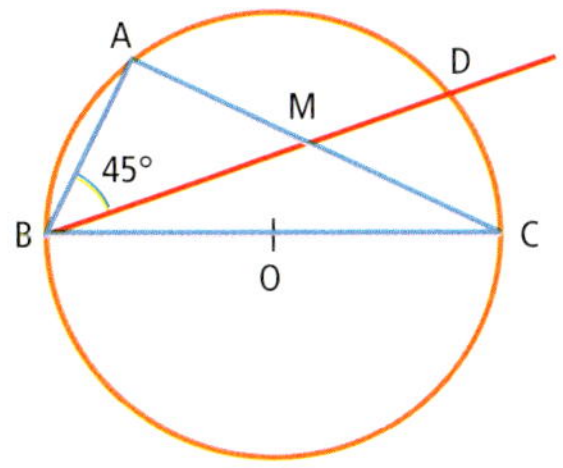

a. Quelle est la nature du triangle ABC ? du triangle ABM ?

b. Le triangle DMC est-il rectangle-isocèle ? Justifie ta réponse.

3 À l'échelle 2

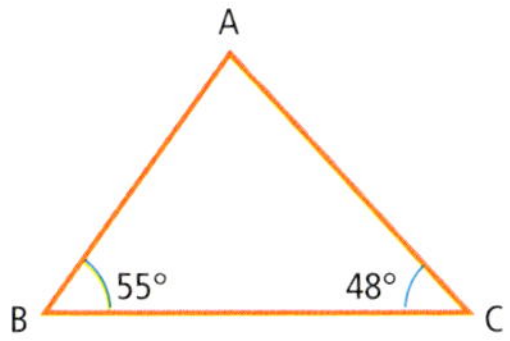

a. Quelle est la mesure de l'angle $\widehat{A}$?

b. Reproduis ce triangle à l'échelle 2.

c. Trouve à l'aide d'un rapporteur la mesure de chacun des angles du triangle agrandi. Quelle remarque peut-on faire ?

4 Autour des hauteurs

Voici une figure faite à main levée.

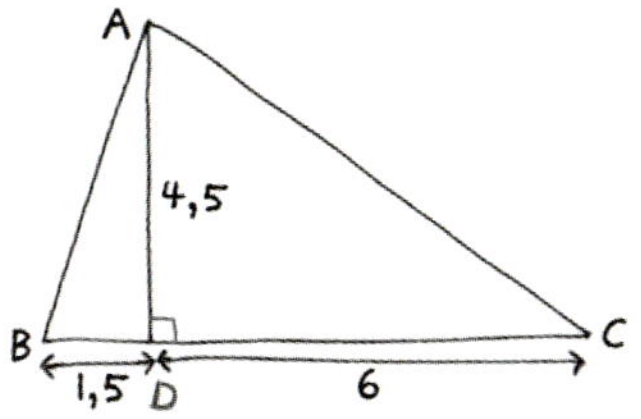

a. Construis cette figure en grandeur réelle et place son orthocentre H. (Unité : cm)

b. La mesure de AC est :

❑ 10,5 ❑ 7,5 ❑ incalculable

c. La mesure de la hauteur issue de B est :

❑ 5,4 ❑ 4,5 ❑ incalculable

5 Symétrie

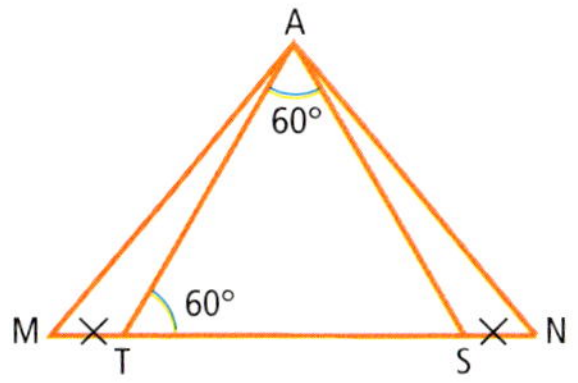

a. Observe la figure et déduis-en la nature du triangle ATS.

b. La bissectrice de $\widehat{TAS}$ coupe [TS] en I.

Montre que AM = AN wet que $\widehat{M} = \widehat{N}$.

6 Autour de Pythagore

Vrai ou faux ?
Coche la case qui convient et justifie les réponses.

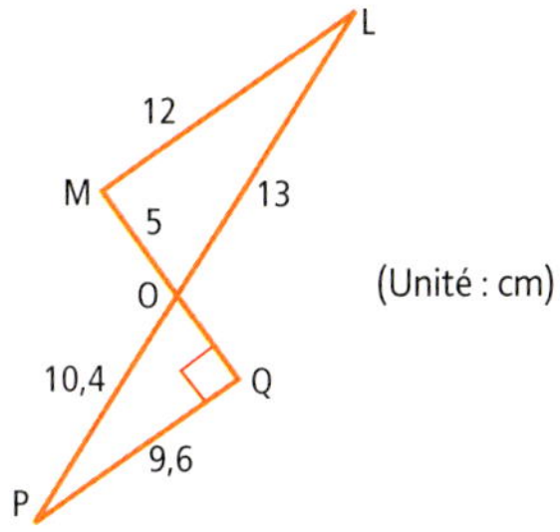

	V	F
a. Les droites (LM) et (PQ) sont parallèles.	❑	❑
b. L'aire du quadrilatère PQLM est de 97,2 cm^2.	❑	❑

7 VU AU BREVET

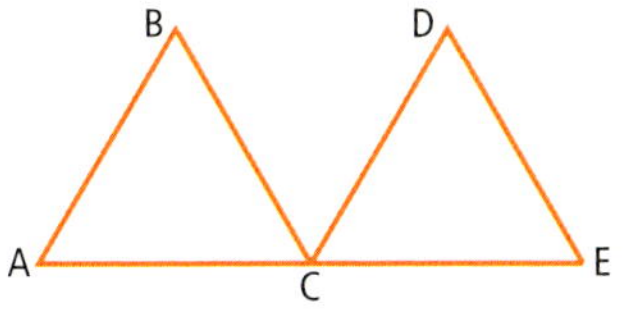

ABC et CDE sont deux triangles équilatéraux de côté 3 cm. A, C et E sont alignés.

a. Fais une figure exacte, en respectant les longueurs données, et complète-la au fur et à mesure.

b. Prouve que les points A, B, D et E sont sur un même cercle ; indique le centre et le rayon de ce cercle.

c. Prouve que ABE est un triangle rectangle.

d. Calcule les mesures des côtés et des angles du triangle ABE.

e. Prouve que BCD est un triangle équilatéral.

Corrigés p. 19 du livret.

22 Symétries

RETENIR

1 / Symétrie centrale (rappel)

- **M et M′** sont **symétriques par rapport à O** signifie que O est le milieu du segment [MM′].
- **Les figures** $\mathcal{F}$ **et** $\mathcal{F}'$ sont **symétriques par rapport à O** signifie que $\mathcal{F}$ et $\mathcal{F}'$ sont superposables par demi-tour autour de O.

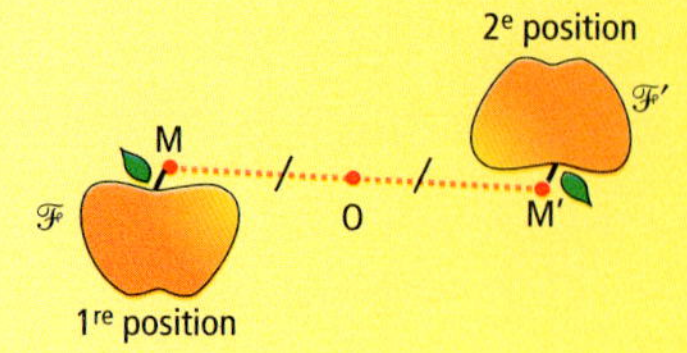

2 / Symétrie axiale (rappel)

- **M et M′** sont **symétriques par rapport à Δ** signifie que Δ est la médiatrice du segment [MM′].
- **Les figures** $\mathcal{F}$ **et** $\mathcal{F}'$ sont **symétriques par rapport à Δ** signifie que $\mathcal{F}$ et $\mathcal{F}'$ sont superposables par pliage le long de Δ.

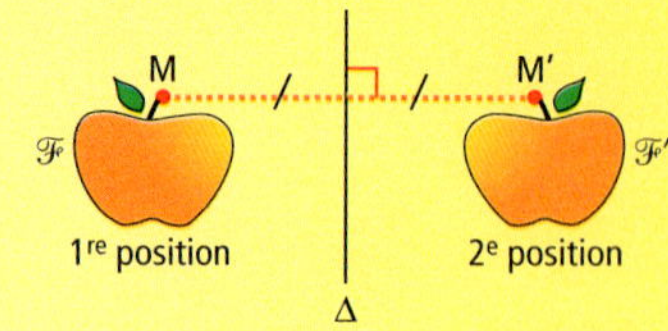

3 / Symétries successives

Exemple La figure $\mathcal{F}_1$ est symétrique de la figure $\mathcal{F}$ par rapport O, et $\mathcal{F}'$ est symétrique de $\mathcal{F}_1$ par rapport à O′.
Comparer MM′ à OO′.
→ M et M_1 sont symétriques par rapport à O.
M_1 et M′ sont symétriques par rapport à O′.
Dans le triangle MM_1M', (OO′) est la droite des milieux, donc
(OO′) // (MM′) et $OO' = \frac{1}{2}MM'$; soit
(MM′) // (OO′) et MM′ = 2OO′.

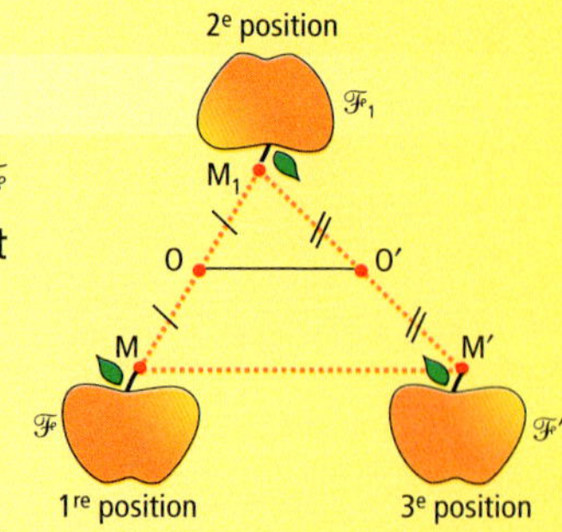

Attention ! Les figures $\mathcal{F}$ et $\mathcal{F}_1$ sont symétriques, $\mathcal{F}_1$ et $\mathcal{F}'$ sont symétriques, mais $\mathcal{F}$ et $\mathcal{F}'$ ne sont pas symétriques (à voir en classe de 2de).

MOT CLÉ

✓ **Symétries centrale et axiale :** La symétrie centrale ou axiale est un « déplacement » de la figure d'une première position à une deuxième position.

MINI INTERRO

Pour chacune des figures, indique si elle a :
1. des axes de symétrie ;
2. un centre de symétrie.

Z □
A H

LA MÉTHODE

▷ Lire les coordonnées d'un point par symétrie centrale

Exemple

- Si B est le symétrique de A(4 ; 3) par rapport à O, alors par lecture graphique $x_B = -4$ et $y_B = -3$, soit B(− 4 ; − 3).
- Si C est le symétrique de A par rapport à M(− 1 ; 4), alors C(− 6 ; 5).

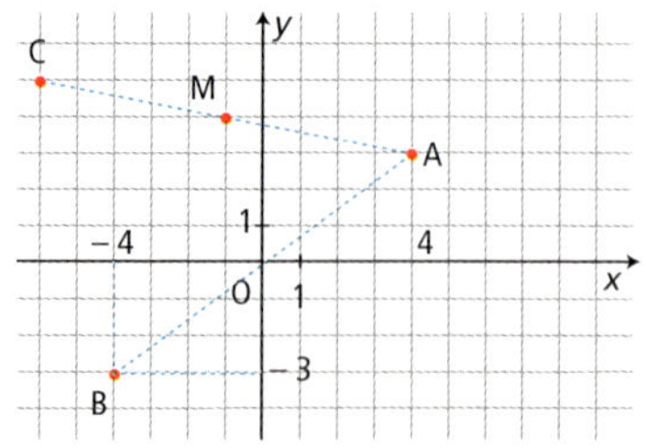

S'ENTRAÎNER

1 Symétrie centrale

Dans une symétrie centrale, B est le symétrique de A, K′ est le symétrique de K.

Trace K′ et précise la nature du quadrilatère AKBK′.

2 Symétrie axiale

Dans une symétrie axiale, 𝒞′ est le symétrique de 𝒞 et A′ est le symétrique du point A.

Trace A′ et précise la nature du quadrilatère OAA′O′.

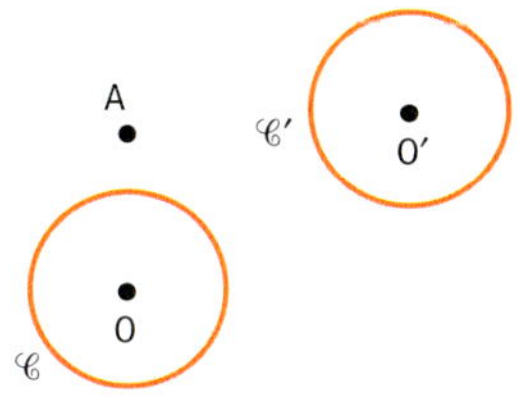

3 Symétries successives

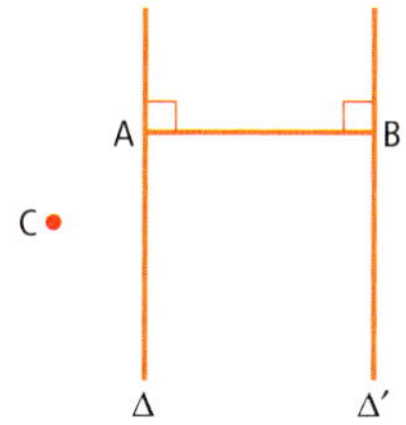

a. Pourquoi les droites Δ et Δ′ sont-elles parallèles ?

b. Que représente AB pour Δ et Δ′ ?

c. Trace le point D, symétrique du point C dans la symétrie d'axe Δ, puis E, symétrique de D dans la symétrie d'axe Δ′.

d. Vrai ou faux ? Justifie ton choix.

	V	F
• Les points C, D et E sont alignés.	❑	❑
• (CE) // (AB)	❑	❑
• CE = 2AB	❑	❑

4 Parallélogrammes et symétrie

ABCD est un parallélogramme de centre I.

1. DBCE est un parallélogramme de centre J. Place les points E et J.

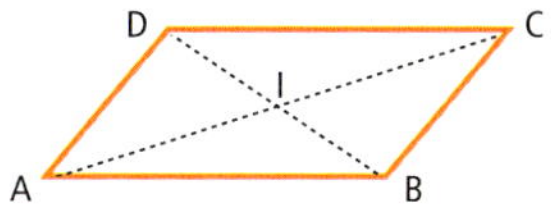

2. Vrai ou faux ? Justifie ton choix.

	V	F
a. Les points A, D et E sont alignés.	❑	❑
b. E est le symétrique de A par rapport à D.	❑	❑
c. $IJ = \frac{1}{4}AE$	❑	❑

3. On considère la symétrie de centre I.

a. Quelle est dans cette symétrie l'image (ou le symétrique) de [CD] ? du triangle BDC ?

....

b. K désigne l'image (ou le symétrique) de J. Quelle position occupe K par rapport à [AB] ?

....

5 Symétries et coordonnées

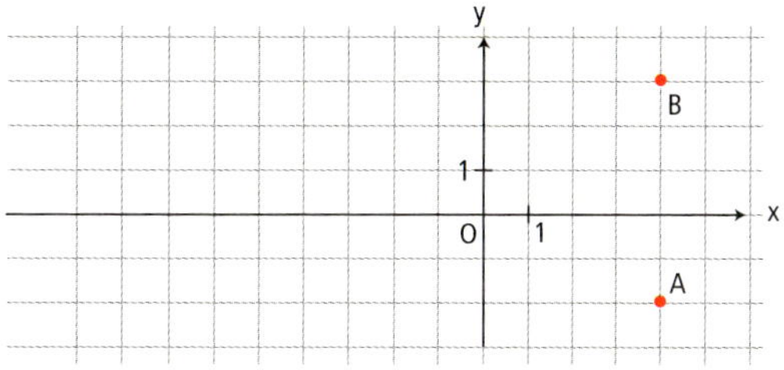

1. Par lecture graphique, quelles sont les coordonnées des points :

a. A et B ?

b. des symétriques D et C de A et B par rapport à l'axe (Oy) ?

2. Quelle est la nature du quadrilatère ABCD ? son périmètre 𝒫 ? son aire 𝒜 ? (Unité : 0,5 cm)

6 VU AU BREVET

Un dessous-de-plat a la forme d'un rectangle, il est recouvert d'un carrelage comme le montre la figure.

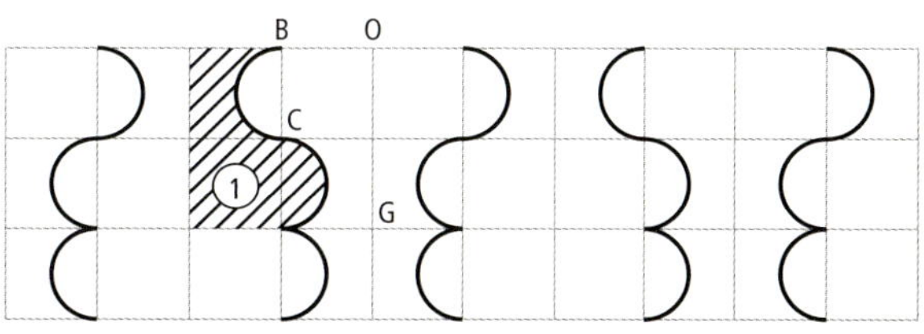

a. Hachure le symétrique du motif ❶ dans la symétrie d'axe (OG). Nomme-le ❷.

b. Hachure le symétrique du motif ❶ dans la symétrie centrale de centre C. Nomme-le ❸.

Corrigés p. 20 du livret.

23 Propriétés de Thalès

RETENIR

1 / Théorème de Thalès

Si une droite est parallèle à un côté d'un triangle, alors elle détermine avec les deux autres côtés (ou leurs prolongements) un nouveau triangle dont les côtés sont proportionnels aux côtés du premier triangle.

(DE) // (BC), D est un point de (AB) et E est un point de (AC) ; par conséquent $\frac{AD}{AB} = \frac{AE}{AC} = \frac{DE}{BC}$.

Attention ! Les côtés proportionnels sont sur une même droite ou sont parallèles.
Considérer : $\frac{AD}{AB}$ est bon, mais $\frac{AD}{AC}$ serait faux ; $\frac{DE}{BC}$ est bon, mais $\frac{DE}{AC}$ serait faux.

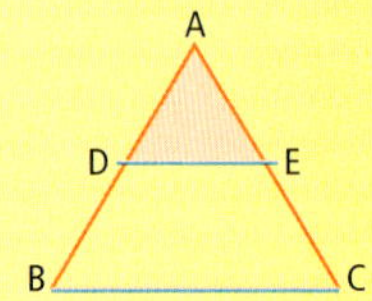

Figure 1

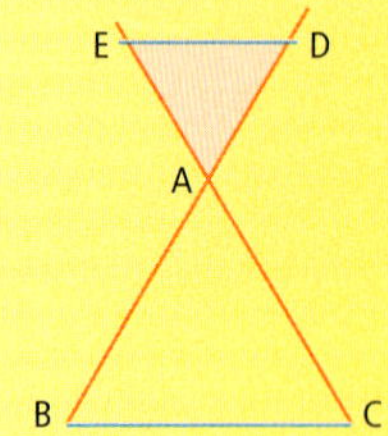

Figure 2

2 / Réciproque du théorème de Thalès

Si une droite partage les deux côtés d'un triangle (ou leurs prolongements) dans la même proportion alors elle est parallèle au troisième côté.

$\frac{AD}{AB} = \frac{2}{5}$ et $\frac{AE}{AC} = \frac{3}{7{,}5} = \frac{30}{75} = \frac{2}{5}$, donc $\frac{AD}{AB} = \frac{AE}{AC}$.

Par conséquent, d'après la réciproque du théorème de Thalès, la droite (DE) est parallèle à (BC).

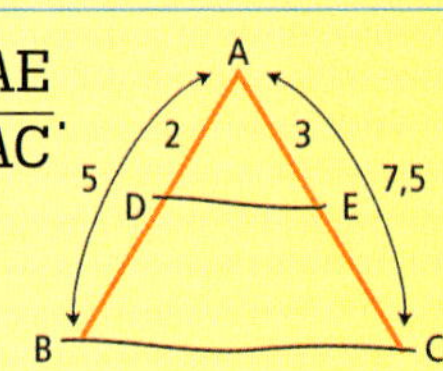

Figure 3

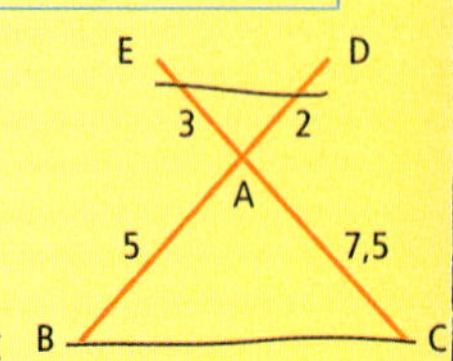

Figure 4

MOT CLÉ

✓ **Théorème :** Le théorème (ou propriété) de Thalès (624-547 avant J.-C.) permet de mesurer indirectement des distances.

LA MÉTHODE

▷ Calculer une quatrième proportionnelle

J'écris l'égalité des produits en croix et je résous une équation.

Exemple Si $\frac{x}{6} = \frac{5}{8}$, alors $8 \times x = 5 \times 6$ donc $8x = 30$ et $x = \frac{30}{8} = \frac{15}{4} = 3{,}75$.

▷ Trouver un côté en appliquant le théorème de Thalès

Je calcule une quatrième proportionnelle.

Exemple Calculer AD de la fig. 1 sachant que AB = 10, AE = 8,1 et AC = 13,5.
→ (DE) // (BC), donc d'après le théorème de Thalès : $\frac{AD}{AB} = \frac{AE}{AC}$ ou $\frac{AD}{10} = \frac{8{,}1}{13{,}5}$, $13{,}5 \times AD = 8{,}1 \times 10$, donc $AD = \frac{81}{13{,}5} = 6$.

▷ Démontrer que deux droites sont parallèles (réciproque)

J'écris les deux quotients qui conviennent et je vérifie s'ils sont égaux.

MINI INTERRO

Calcule la quatrième proportionnelle.

1. $\frac{x}{9} = \frac{8}{12}$
2. $\frac{8}{y} = \frac{4}{6{,}5}$
3. $\frac{12{,}1}{33} = \frac{11}{z}$

S'ENTRAÎNER

1 Vrai ou faux ?

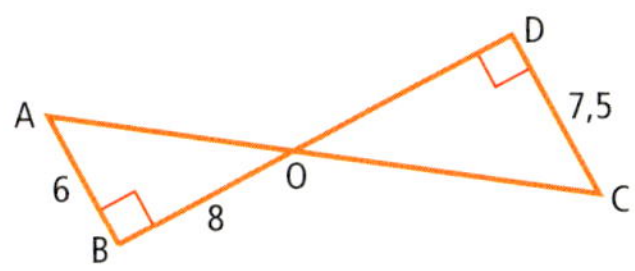

Coche la case qui convient

	V	F
a. (AB) // (CD)	❑	❑
b. $\dfrac{OA}{OC} = \dfrac{OD}{OB}$	❑	❑
c. OD est incalculable.	❑	❑
d. OA = 10	❑	❑
e. OC = 12,5	❑	❑

2 Le théorème...

Données :

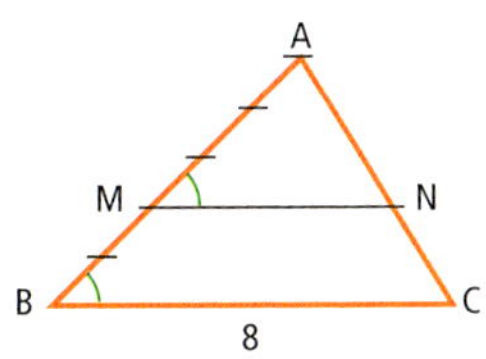

Les cinq divisions de [AB] sont égales.
$\widehat{AMN} = \widehat{ABC}$

a. Pourquoi les droites (MN) et (BC) sont-elles parallèles ?

b. Pourquoi MN = 4,8 ?

c. Si AN = 4,2, a-t-on AC = 7 ?

3 Construire

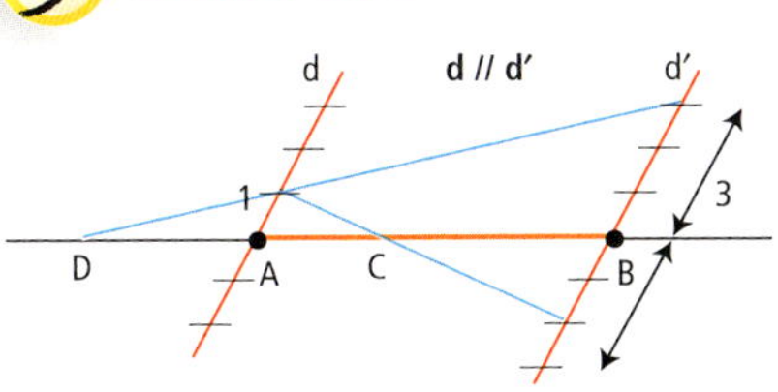

Les divisions sur les parallèles d et d' sont égales.

a. Vrai ou faux ?

	V	F
• $\dfrac{DA}{DB} = \dfrac{1}{3}$	❑	❑
• $\dfrac{CA}{CB} = \dfrac{1}{3}$	❑	❑

b. Trace un segment [AB] de 8 cm.

Construis le point C de [AB] tel que $\dfrac{CA}{CB} = \dfrac{2}{3}$

et le point D de la droite (AB) tel que $\dfrac{DA}{DB} = \dfrac{2}{3}$.

4 Droite des milieux

Données :

OS = 12,6 et OB = 6,3.
OA = 4,7 et OM = 9,4.

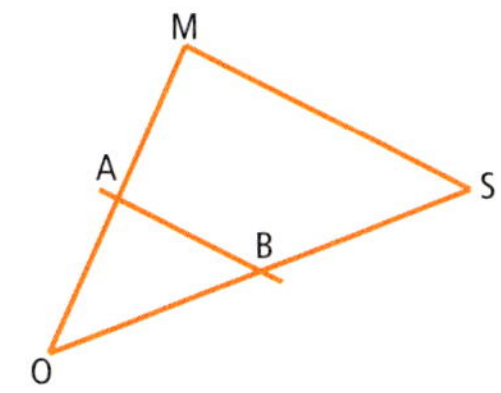

a. Les droites (AB) et (MS) sont-elles parallèles ?

b. Le triangle OAB est-il une réduction du triangle OMS ? Si oui, à quelle échelle ?

c. Calcule MS dans le cas où AB = 3,9.

5 La réciproque...

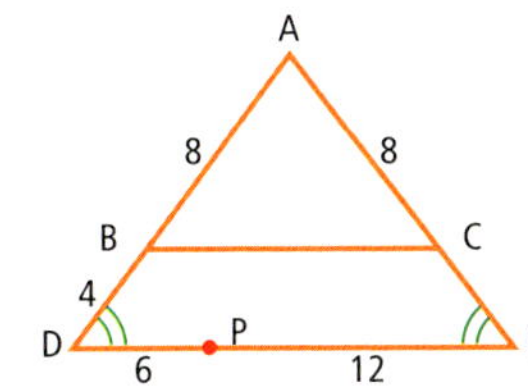

a. Précise la nature de chacun des triangles ABC et ADE.

b. Pourquoi les droites (BC) et (DE) sont-elles parallèles ?

c. Les droites (BP) et (AE) sont-elles parallèles ?

d. Précise la nature du quadrilatère BPEC.

e. Complète la figure avec les mesures de BC, de CE et de BP.

6 Le théorème et sa réciproque

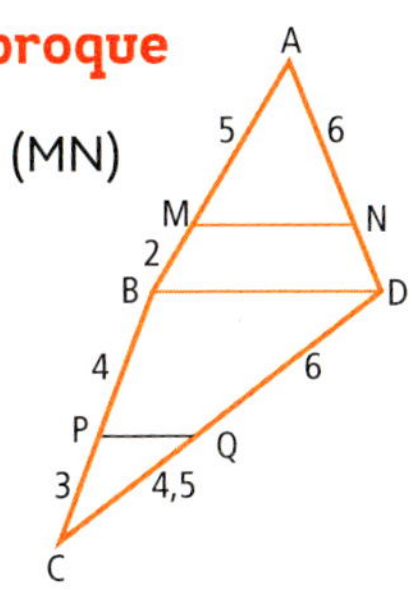

Dans le quadrilatère ABCD, la droite (MN) est parallèle à la diagonale [BD].

a. Observe la figure et calcule DN.

b. Montre que $MN = \dfrac{5}{7}BD$.

c. Montre que (PQ) // (MN).

7 VU AU BREVET

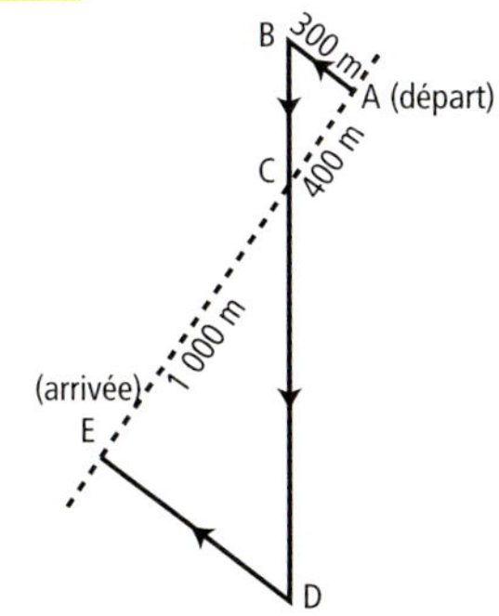

Des élèves participent à une course à pied. Avant l'épreuve, un plan leur a été remis. Il est représenté par la figure ci-contre.
On convient que :
• Les droites (AE) et (BD) se coupent en C.
• Les droites (AB) et (DE) sont parallèles.
• ABC est un triangle rectangle en A.

Calcule la longueur réelle du parcours ABCDE.

Corrigés p. 20 du livret.

24 Trigonométrie

RETENIR

1 / Définitions

Les lignes trigonométriques d'un angle sont le quotient des mesures de deux côtés d'un **triangle rectangle** ; les mesures étant exprimées dans la même unité. Voici les définitions de trois lignes trigonométriques connues sous le nom de sinus, cosinus et tangente.

MOTS CLÉS

✔ **Trigonométrie :** La trigonométrie établit des relations entre les côtés et les angles aigus d'un triangle rectangle.

✔ **Adjacent :** Le côté adjacent à un angle rencontre le sommet de cet angle.

✔ **Opposé :** Le côté opposé à un angle ne rencontre pas le sommet de cet angle.

- **Sinus de $\widehat{A}$**

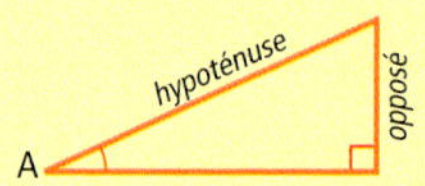

$$\sin \widehat{A} = \frac{\text{côté opposé}}{\text{hypoténuse}}$$

Remarque : Le sinus d'un angle aigu est un nombre toujours compris entre 0 et 1.

- **Cosinus de $\widehat{A}$**

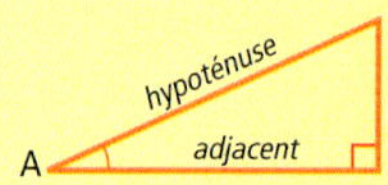

$$\cos \widehat{A} = \frac{\text{côté adjacent}}{\text{hypoténuse}}$$

Remarque : Le cosinus d'un angle aigu est un nombre toujours compris entre 0 et 1.

- **Tangente de $\widehat{A}$**

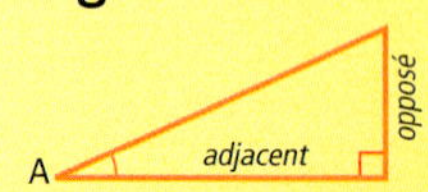

$$\tan \widehat{A} = \frac{\text{côté opposé}}{\text{côté adjacent}}$$

Remarque : La tangente d'un angle aigu est un nombre positif qui peut être supérieur à 1.

Exemple

$\sin \widehat{A} = \frac{4}{5} = 0{,}8$. $\cos \widehat{A} = \frac{3}{5} = 0{,}6$. $\tan \widehat{A} = \frac{4}{3} \approx 1{,}333$.

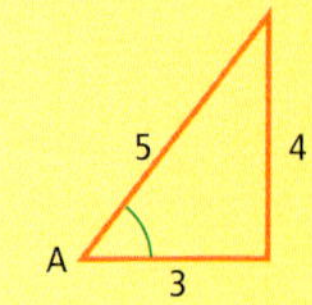

2 / Relations trigonométriques

- Si $\widehat{A}$ et $\widehat{B}$ sont deux angles complémentaires, alors le sinus de l'un est égal au cosinus de l'autre.

Exemples $\sin 30° = \cos 60°$ et $\sin 60° = \cos 30°$.

- $\tan \widehat{A} = \dfrac{\sin \widehat{A}}{\cos \widehat{A}}$ et $(\sin \widehat{A})^2 + (\cos \widehat{A})^2 = 1$

LA MÉTHODE

▷ Calculer la ligne trigonométrique d'un angle à l'aide de la calculatrice

J'utilise, en mode degré, la touche [sin], la touche [cos] ou la touche [tan].

Exemple Pour calculer $\sin 25°$ arrondi à 0,001 près, taper les touches relatives à sinus, 25 et =. Lire le résultat [0,422618262].
Arrondi à 0,001 près, $\sin 25° = 0{,}423$.

▷ Calculer un angle connaissant sa ligne trigonométrique

J'utilise, en mode degré, $\sin^{-1}$, $\cos^{-1}$ ou $\tan^{-1}$ (donc j'utilise généralement la touche [2nd] ou [INV] ou [SHIFT] suivie de la touche [sin], [cos] ou [tan]).

MINI INTERRO

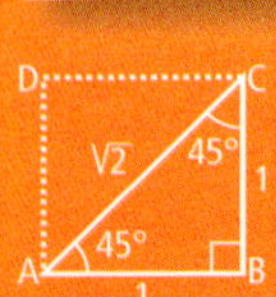

Trouve la valeur exacte.
1. sin 45°
2. cos 45°
3. tan 45°

1 Vrai ou faux ?

Coche la case qui convient.

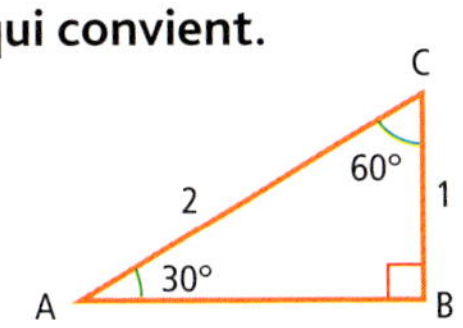

	V	F
a. $\sin 30° = \frac{1}{2}$	❑	❑
b. $\cos 60° = \frac{1}{2}$	❑	❑
c. $\tan 30° = 1$	❑	❑
d. $AB = \sqrt{3}$	❑	❑
e. $\tan 60° = \sqrt{3}$	❑	❑

2 Calculatrice

Relie chaque ligne trigonométrique à sa valeur arrondie au millième près.

a. $\sin 81° =$ ○	○ 0,719
b. $\cos 44° =$ ○	○ 0,988
c. $\tan 75° =$ ○	○ 3,732

3 Trouver la mesure d'un angle

Relie chaque angle x à sa mesure arrondie au degré près.

a. Si $\sin x = 0{,}629$, alors $x =$ ○	○ 50°
b. Si $\cos x = 0{,}866$, alors $x =$ ○	○ 39°
c. Si $\tan x = 1{,}192$, alors $x =$ ○	○ 30°

4 Calculer un côté

Observe la figure et coche toutes les cases qui conviennent.

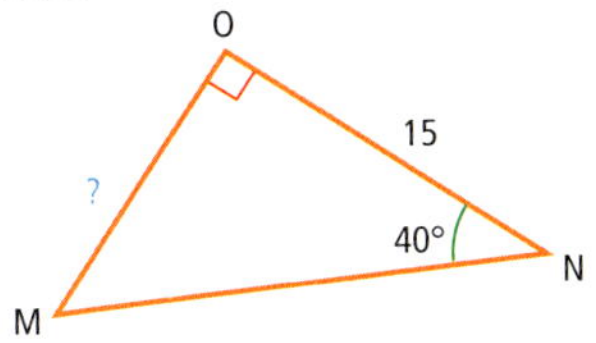

a. OM est un côté :

❑ adjacent à $\widehat{M}$ ❑ opposé à $\widehat{M}$

❑ adjacent à $\widehat{N}$ ❑ opposé à $\widehat{N}$

b. Pour calculer OM, il faudrait utiliser :

❑ tan 40° ❑ sin 40° ❑ cos 40°

c. Arrondie à 0,1 près, OM est égale à :

❑ 9,6 ❑ 11,5 ❑ 12,6

5 Calculer deux côtés

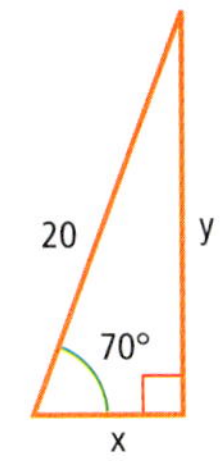

a. Observe la figure, puis complète.

• $\sin 70° = \frac{\dots}{20}$ • $\cos 70° = \frac{\dots}{20}$

b. Complète à l'aide d'une calculatrice à 0,001 près.

• sin 70° = ... • cos 70° = ...

c. Déduis-en les valeurs de x et y à 0,1 près.

6 Calculer un angle et un côté

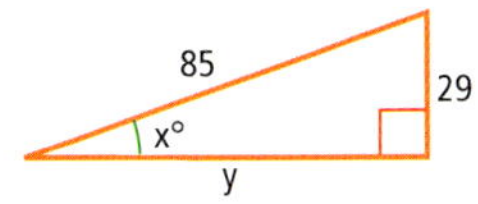

a. Observe la figure et complète.

• $\sin x = \frac{\dots}{\dots}$ • $\tan x = \frac{\dots}{\dots}$

b. Déduis-en les valeurs de x et y arrondies à l'unité.

7 Relations trigonométriques

a. Complète.

• sin 65° = ... • cos 25° = ...

b. Si x désigne la mesure d'un angle en degrés, alors $(\sin x)^2 + (\dots\dots)^2 = 1$ et $\tan x = \frac{\dots}{\dots}$.

c. *Application :* On sait que x désigne la mesure d'un angle aigu en degrés et que $\cos x = \frac{4}{5}$.

Calcule les valeurs exactes de $\sin x$ et $\tan x$.

8 VU AU BREVET

Dans le triangle ABC,
[AH] hauteur issue de A
AH = 5 cm
AB = 8 cm
$\widehat{ACH} = 51°$

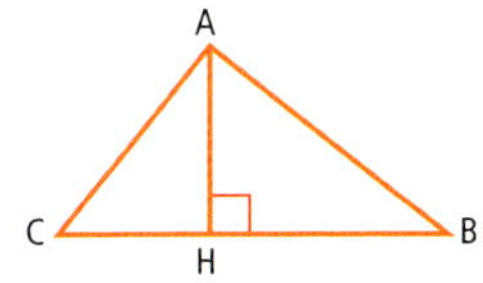

a. Quelle est la mesure de l'angle $\widehat{HBA}$ arrondie au dixième de degré ?

b. Le triangle ABC est-il rectangle en A ?

c. Calcule HB au millième près.

d. Calcule CH au millième près.

e. Détermine une valeur approchée de l'aire du triangle ABC.

Corrigés p. 21 du livret.

25 Angles inscrits, angles au centre

RETENIR

1 / Vocabulaire et propriétés

MOT CLÉ

✓ **Angle inscrit :**
Un angle inscrit est un angle dont le sommet est un point du cercle et dont les côtés rencontrent le cercle en deux points.

• $\widehat{BOC}$ est un **angle au centre**.
$\widehat{BAC}$ est un **angle inscrit**.
$\widehat{BOC}$ et $\widehat{BAC}$ interceptent le même arc $\overset{\frown}{BC}$.
$\widehat{BAC} = \frac{1}{2}\widehat{BOC}$ et $\widehat{BOC} = 2\,\widehat{BAC}$.

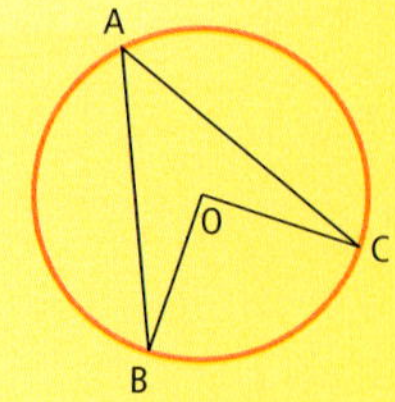

Exemples • Si $\widehat{BOC} = 100°$, alors $\widehat{BAC} = 50°$. • Si $\widehat{BAC} = 40°$, alors $\widehat{BOC} = 80°$.

• $\widehat{BAC}$ et $\widehat{BDC}$ sont deux angles inscrits.
Ils interceptent le même arc $\overset{\frown}{BC}$.
Alors ils sont égaux : $\widehat{BAC} = \widehat{BDC}$.

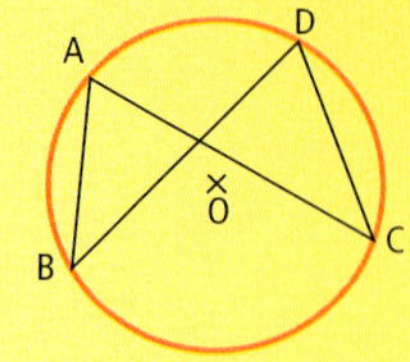

Exemple Si $\widehat{BAC} = 70°$, alors $\widehat{BDC} = 70°$.

2 / Cas particuliers

• L'angle $\widehat{BAC}$ est inscrit et les points B et C sont diamétralement opposés.
On dit que **l'angle $\widehat{BAC}$ est inscrit dans un demi-cercle.**
$\widehat{BAC} = \frac{1}{2}\widehat{BOC} = 90°$.

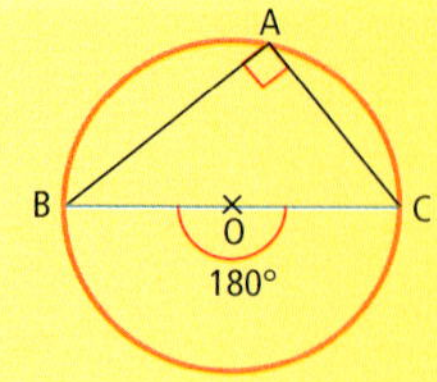

• Le sommet T de l'angle $\widehat{ATx}$ est un point du cercle. Le côté [Tx) est une tangente au cercle et [AT] est le diamètre passant par T.
$\widehat{ATx} = 90°$.

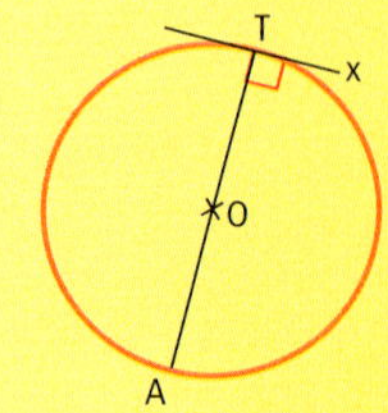

On dit que **le diamètre ou que le rayon aboutissant au point de tangence est perpendiculaire à la tangente.**

LA MÉTHODE

▷ Trouver la mesure d'un angle

MINI INTERRO

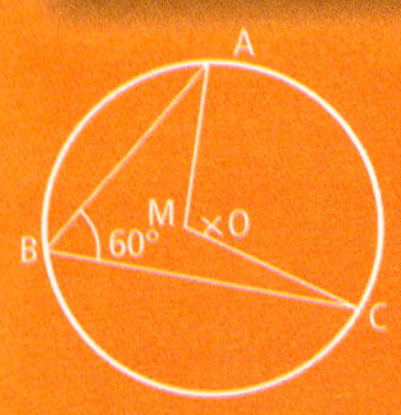

La mesure de l'angle $\widehat{AMC}$ est-elle de 60° ? de 120° ? Pourquoi ?

En présence d'un cercle, je commence par préciser la nature de l'angle.

Exemples

• [MN] est un diamètre et A est un point du cercle, donc l'angle $\widehat{MAN}$ est inscrit dans un demi-cercle.
Par conséquent $\widehat{MAN} = \mathbf{90°}$.

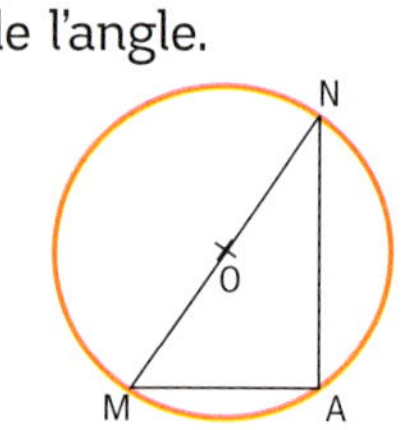

• Les angles $\widehat{BAC}$ et $\widehat{BDC}$ sont inscrits et interceptent le même arc $\overset{\frown}{BC}$.
Ils sont donc égaux.
$\widehat{BAC} = 55°$, donc $\widehat{BDC} = \mathbf{55°}$.

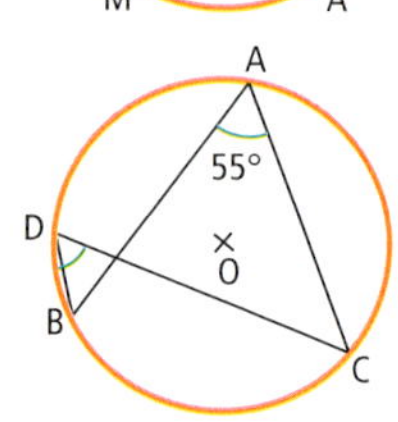

S'ENTRAÎNER

1 Chercher l'erreur

Données :

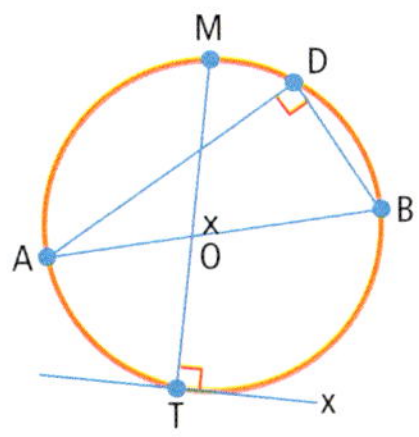

$\widehat{ADB} = 90°$
$\widehat{MTx} = 90°$
(Tx) est tangente au cercle en T.

Deux erreurs se sont glissées dans la figure. Lesquelles ?

2 Vocabulaire

Complète.

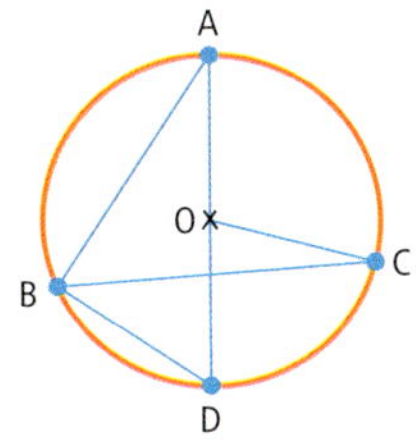

a. Dans le cercle de centre O, [AB] et [BC] sont des .... [OA] et [OC] sont des ....

b. L'angle $\widehat{ABC}$ est un angle .... et l'angle $\widehat{AOC}$ est un angle au ....

$\widehat{ABC}$ et $\widehat{AOC}$ .... le même arc $\overset{\frown}{AC}$.

c. L'angle $\widehat{ABD}$ est .... dans un demi-cercle, car [AD] est un .... Il est égal à ....°.

3 Mesures d'angles

(AT) est tangente au cercle de centre O en T.

Coche les cases qui conviennent et justifie.

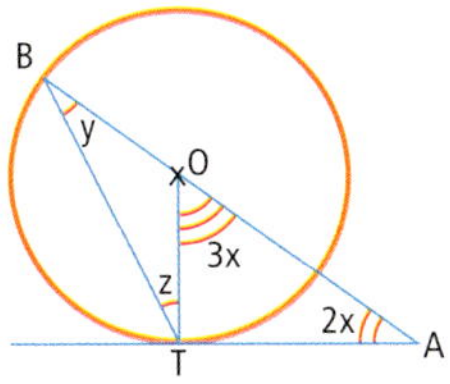

a. x est égal à :

❑ 30° ❑ 20° ❑ 18°

b. Les mesures y et z sont telles que :

❑ $y < z$ ❑ $y = z$ ❑ $y > z$

c. y est égal à :

❑ $\frac{\widehat{TOA}}{2}$ ❑ 27° ❑ 36°

4 Angles inscrits, angles au centre

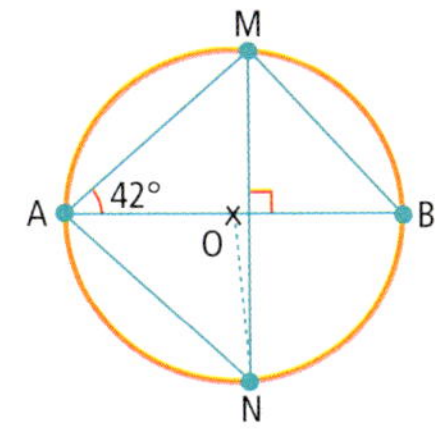

[AB] est un diamètre et $\widehat{BAM} = 42°$.

a. Quelle est la mesure de l'angle $\widehat{ABM}$?

b. Quelle est la mesure de l'angle $\widehat{ANM}$?

c. Quelle est la mesure de l'angle $\widehat{AON}$?

5 Casse-tête

Dans la figure ci-contre, (AB) est tangente au cercle de centre O en T. I est un point du cercle.

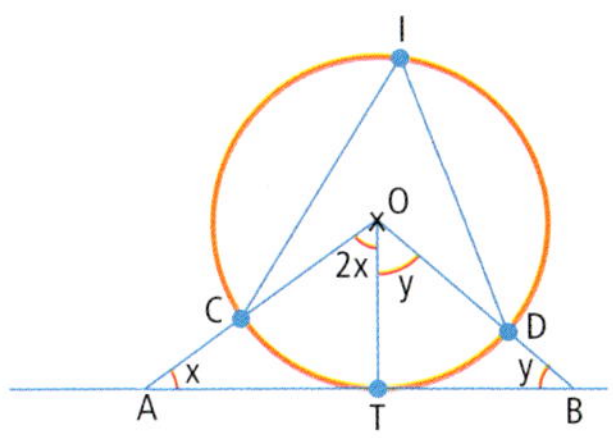

Trouve la mesure de l'angle $\widehat{CID}$.

6 Avec des parallèles

Ci-contre : (AB) // (CD).

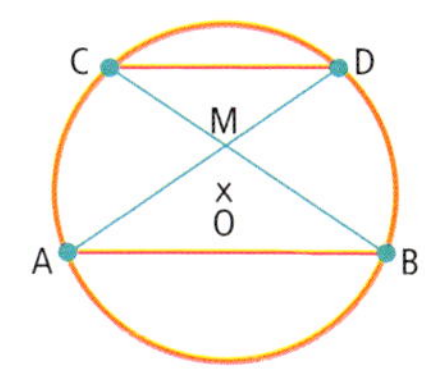

1. Pourquoi :

a. $\widehat{ABC} = \widehat{BCD}$?

b. $\widehat{ABC} = \widehat{ADC}$?

2. Montre que les triangles MAB et MCD sont isocèles.

7 VU AU BREVET

Les longueurs sont exprimées en cm.

a. Construction :

- trace un cercle $\mathscr{C}$ de diamètre [AB] avec AB = 6 ;
- trace la droite (Δ) perpendiculaire en B à la droite (AB) ;
- place un point E du cercle qui vérifie AE = 4 ;
- la droite (AE) coupe la droite (Δ) en F.

b. Démontre que le triangle ABE est un triangle rectangle.

c. Calcule cos $\widehat{BAE}$ et déduis-en AF.

Corrigés p. 21 du livret.

26 Polygones réguliers

RETENIR

1 / Définition

Voici deux polygones. Chacun est formé de cinq côtés. Ce sont des pentagones.
Polygone régulier signifie que les côtés du polygone sont de même longueur et que ses angles sont égaux.
Ainsi, AB = BC = CD = DE = EA
et $\widehat{A} = \widehat{B} = \widehat{C} = \widehat{D} = \widehat{E}$.

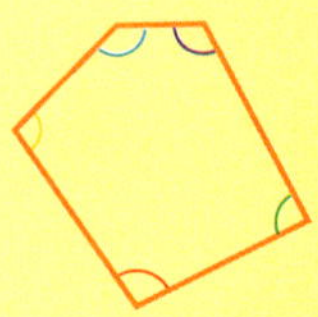
Polygone quelconque

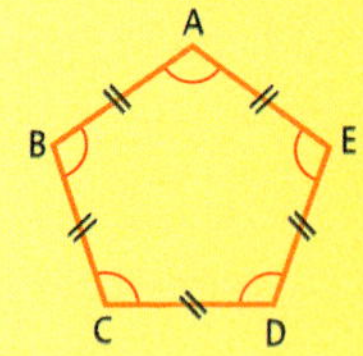

Polygone régulier

MOT CLÉ

✔ **Sommets :**
En mathématiques, on nomme le polygone en listant ses sommets dans l'**ordre consécutif**. Ainsi l'hexagone ABCDEF pourrait être nommé DEFABC ; mais pas ACDEBF.

2 / Propriétés du polygone régulier

- Les sommets d'un polygone régulier sont toujours situés sur un même cercle.
- Les angles au centre définis par le centre du cercle et deux sommets consécutifs du polygone sont égaux.

Voici des polygones réguliers usuels.

Triangle équilatéral

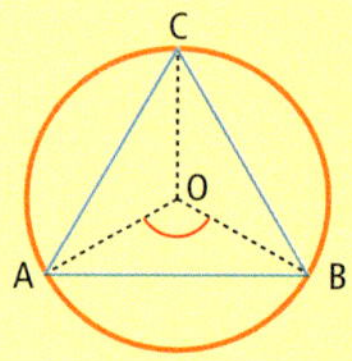

$\widehat{AOB} = \widehat{BOC} = \widehat{COA} = \dfrac{360°}{3} = 120°$

Carré

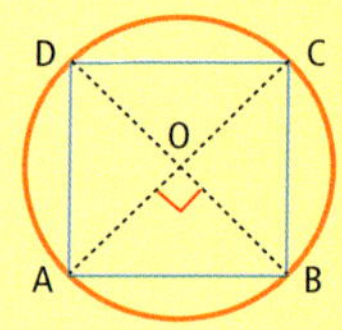

$\widehat{AOB} = \widehat{BOC} = \widehat{COD} = \widehat{DOA} = \dfrac{360°}{4} = 90°$

Hexagone régulier

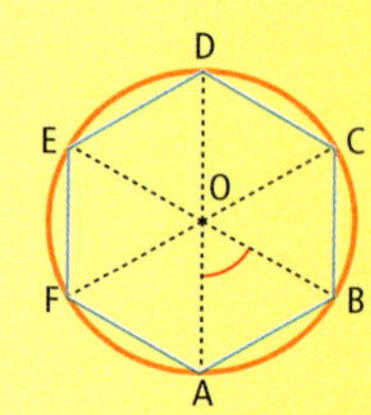

$\widehat{AOB} = \widehat{BOC} = \widehat{COD} = \widehat{DOE} = \widehat{EOF} = \widehat{FOA} = \dfrac{360°}{6} = 60°$

LA MÉTHODE

▷ Tracer un polygone régulier connaissant un sommet A et le centre O du cercle circonscrit

Je commence par tracer le cercle de centre O et de rayon OA.

Hexagone régulier et triangle équilatéral
Les sommets de l'hexagone sont obtenus en portant 6 fois le rayon OA à partir de A. ABCDEF est un hexagone régulier et ACE est un triangle équilatéral.

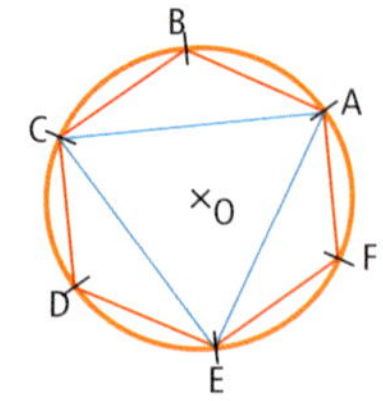

Carré et octogone régulier
[AB] et [CD] sont deux diamètres perpendiculaires. ACBD est un carré. M est un point du cercle tel que $\widehat{AOM} = 45°$. [MN] et [PQ] sont deux diamètres perpendiculaires. AMCPBNDQ est un octogone régulier.

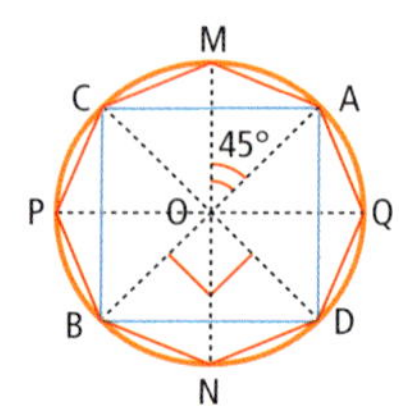

MINI INTERRO

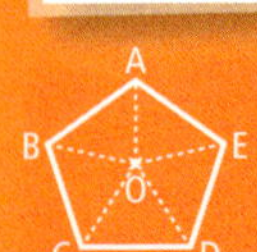

ABCDE est un pentagone régulier.
Quelle est la mesure de :
1. l'angle au centre $\widehat{AOB}$?
2. l'angle intérieur $\widehat{ABC}$ du polygone ?

S'ENTRAÎNER

1 Vrai ou faux ?

Coche la case qui convient et justifie ton choix.

	V	F
a. Un losange est un polygone régulier.	☐	☐
b. Un rectangle est un polygone régulier.	☐	☐
c. Un carré est un polygone régulier.	☐	☐
d. L'aire d'un carré de 10 cm de diagonale est 100 cm^2.	☐	☐

2 Hexagone régulier

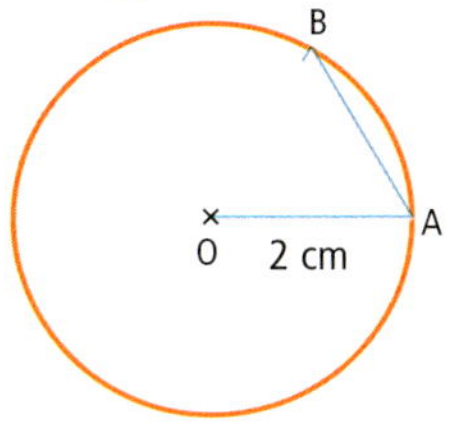

a. Complète le tracé de l'hexagone régulier ABCDEF.

b. Pourquoi le triangle AOB est-il équilatéral ?

c. Pourquoi les points A, O et D sont-ils alignés ?

d. La figure compte-t-elle six axes de symétrie ? Si oui, les tracer.

3 Aire d'un hexagone régulier

1. Trace la hauteur OH du triangle OAB de la figure de l'exercice 2.

2. Vrai ou faux ?

	V	F
a. $\widehat{AOH} = 30°$.	☐	☐
b. $OH = OA \times \cos 30°$.	☐	☐
c. L'aire du triangle AOB est environ 1,73 cm^2.	☐	☐
d. L'aire de l'hexagone ABCDEF est 10,4 cm^2 arrondie à 0,1 près.	☐	☐

4 Construire et calculer

On donne les sommets A et D d'un hexagone régulier ABCDEF.

a. Reproduis le diamètre [AD] et construis ABCDEF.

b. Vrai ou faux ?

	V	F
• Son périmètre est de 15 cm.	☐	☐
• Son aire est de 16 cm^2 arrondie à l'unité.	☐	☐

5 Triangle équilatéral

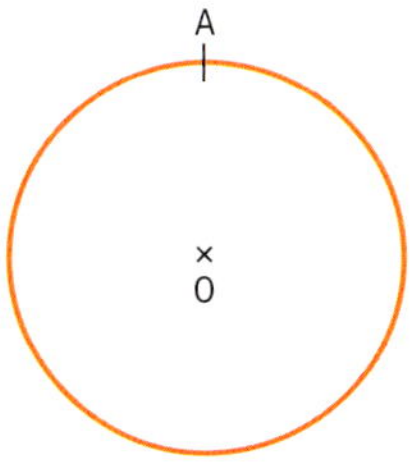

a. Trace un triangle équilatéral ABC de centre O.

b. Pourquoi OBC est-il un triangle isocèle ? A-t-on $\widehat{BOC} = 120°$?

c. Soit [AH] la hauteur du triangle ABC. Pourquoi le point O appartient-il à [AH] ?

d. Trace tous les axes de symétrie de la figure.

6 Aire d'un triangle équilatéral

a. Construis un triangle équilatéral ABC inscrit dans un cercle de centre O et de 5 cm de rayon.

b. Soit [AH] la hauteur de ce triangle. Pourquoi AH = 7,5 cm ?

c. Pourquoi $AB = \dfrac{AH}{\sin 60°}$?

d. Montre que l'aire du triangle ABC est 32,5 cm^2 arrondie à 0,1 près.

7 Autour du carré

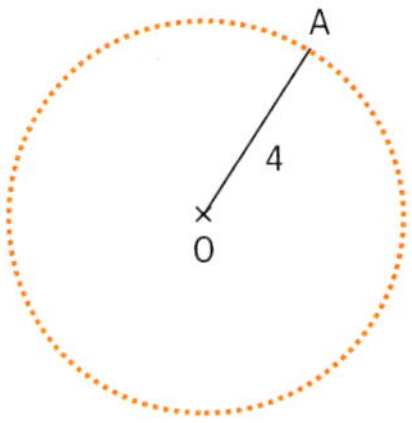

a. Construis le carré ABCD de centre O. (Unité : cm.)

b. Place un point M sur le petit arc CD de son cercle circonscrit. Pourquoi [MB) est-elle bissectrice de $\widehat{AMC}$?

c. Calcule l'aire du carré ABCD et la valeur exacte de son périmètre.

8 VU AU BREVET

Voici la figure à main levée d'un quadrilatère.

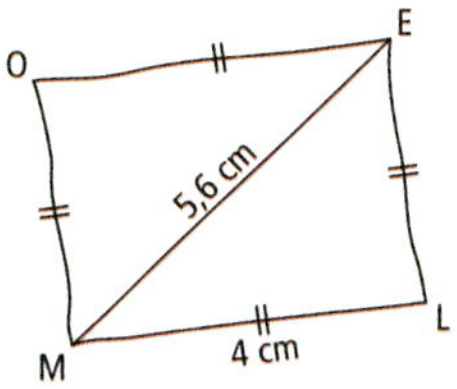

a. Reproduis en grandeur rélle ce quadrilatère.

b. Pourquoi peut-on affirmer que OELM est un losange ?

c. Marie soutient que OELM est un carré, mais Charlotte est sûre que ce n'est pas vrai. Qui a raison ? Pourquoi ?

Corrigés p. 22 du livret.

27 Solides : rappels

RETENIR

MOT CLÉ

✓ **Face :** La face d'un prisme droit est toujours un rectangle et celle d'une pyramide est toujours un triangle. Leurs bases sont des polygones.

1 / Des solides ayant deux bases

• Parallélépipède rectangle

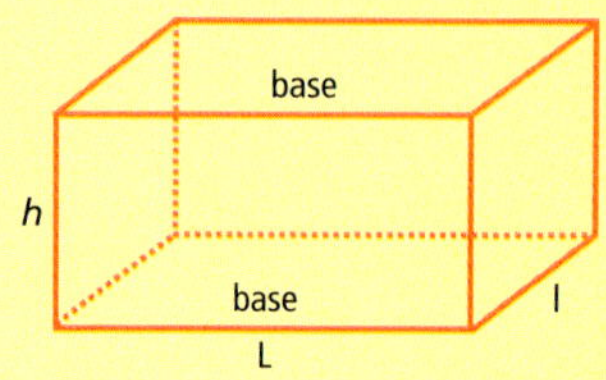

2 bases et 4 faces latérales rectangulaires.

$\mathcal{V} = \mathcal{B} \times h$

avec $\mathcal{B}$: aire de la base.

• Prisme droit

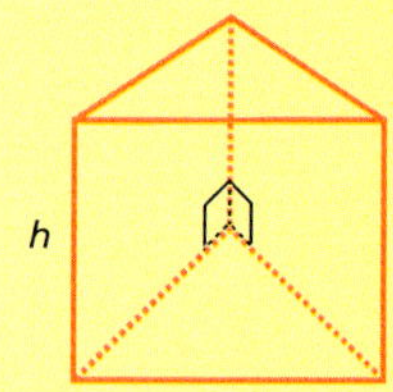

Ici, 2 bases triangulaires et 3 faces latérales rectangulaires.

$\mathcal{V} = \mathcal{B} \times h$

avec $\mathcal{B}$: aire de la base.

• Cylindre de révolution

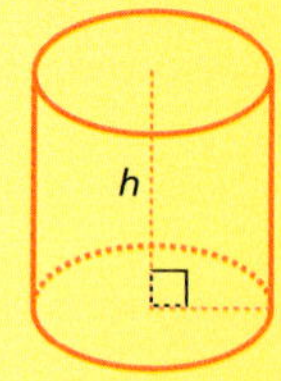

2 bases circulaires et 1 face latérale de patron rectangulaire.

$\mathcal{V} = \mathcal{B} \times h$

avec $\mathcal{B}$: aire de la base.

2 / Des solides ayant une base et un sommet

• Pyramide

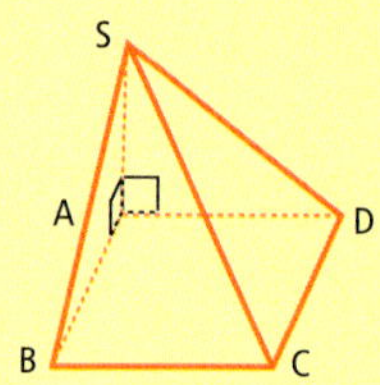

Ici, 1 base carrée et 4 faces latérales triangulaires.
SA hauteur de la pyramide.

$\mathcal{V} = \frac{1}{3} \times \mathcal{B} \times h$

avec $\mathcal{B}$: aire de la base.

• Pyramide régulière

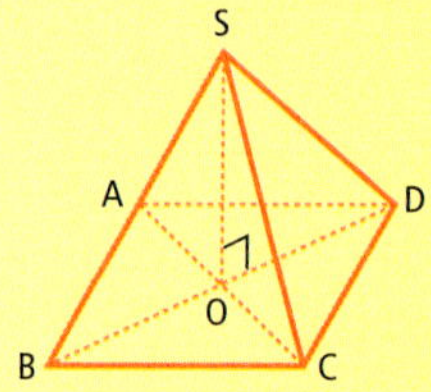

Ici, 1 base carrée et 4 faces latérales formées de 4 triangles isocèles.
SO hauteur de la pyramide.

$\mathcal{V} = \frac{1}{3} \times \mathcal{B} \times h$

avec $\mathcal{B}$: aire de la base.

• Cône de révolution

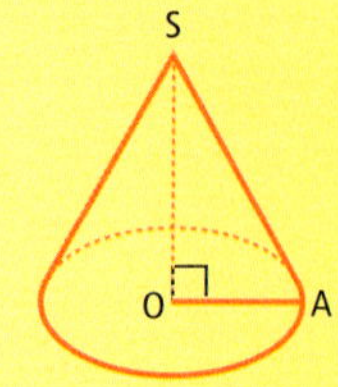

1 base circulaire et 1 face latérale dont le patron est un secteur circulaire.
SO hauteur de la pyramide.

$\mathcal{V} = \frac{1}{3} \times \mathcal{B} \times h$

avec $\mathcal{B}$: aire de la base.

LA MÉTHODE

MINI INTERRO

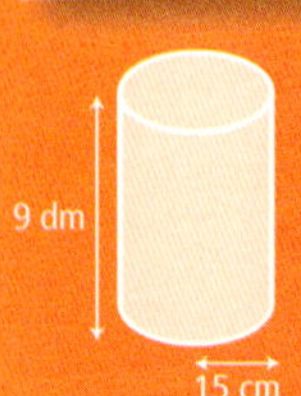

Quelle est l'aire latérale du cylindre arrondie au cm² près ?

▷ Calculer la hauteur d'un solide

J'utilise la formule donnant le volume ou j'applique une propriété du triangle rectangle.

Exemple Quelle est la hauteur h d'une pyramide de volume 40 cm³ et dont la base est un carré de 5 cm de côté ?

→ $\mathcal{V} = \frac{1}{3}\mathcal{B}h$, donc :

$40 = \frac{1}{3} \times 25 \times h$, d'où $h = \frac{40 \times 3}{25}$, soit $h = 4{,}8$.

La hauteur de la pyramide est de 4,8 cm.

S'ENTRAÎNER

1 Attention aux unités !

1. Complète à main levée le développement de la surface latérale du parallélépipède rectangle.

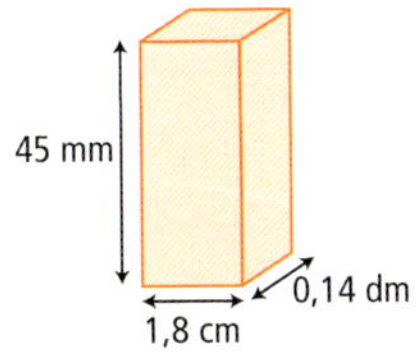

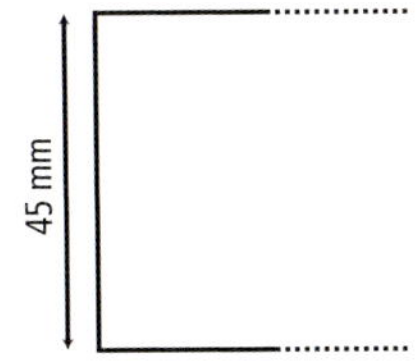

2. Vrai ou faux ?

	V	F
a. Aire latérale $\mathscr{A} = 28{,}8\ \text{cm}^2$	❑	❑
b. Volume $\mathscr{V} = 11{,}34\ \text{cm}^3$	❑	❑

2 Volume d'un cône

Calcule le volume V de chaque cône.

a.

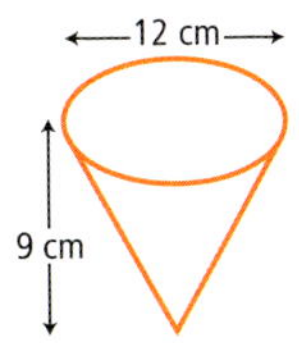

$\mathscr{V} =$ ....

b.

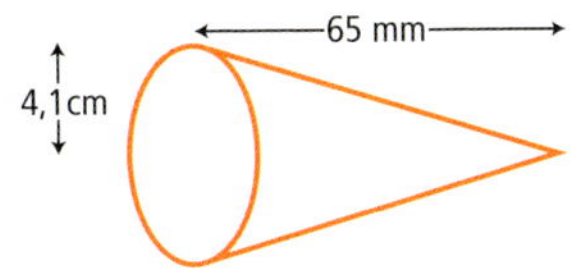

$\mathscr{V} =$ ....

3 Volume d'un solide composé

Calcule le volume $\mathscr{V}$ de ce solide formé d'un cône et d'un cylindre.

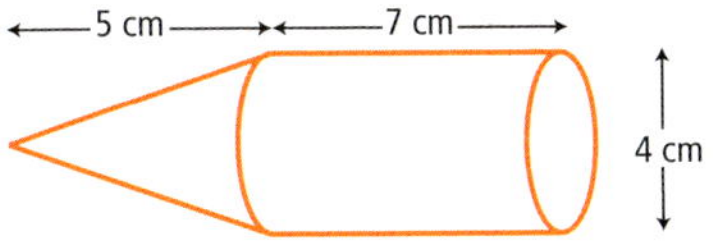

$\mathscr{V} =$ ....

4 Pyramides à base carrée

Calcule la hauteur *h*, puis le volume V de la pyramide SABCD sachant que ABCD est un carré dans chacun des cas.

a.

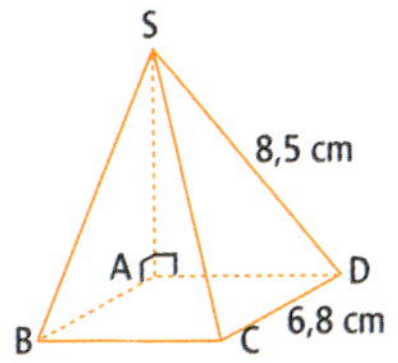

$h =$ ....

$\mathscr{V} =$ ....

b.

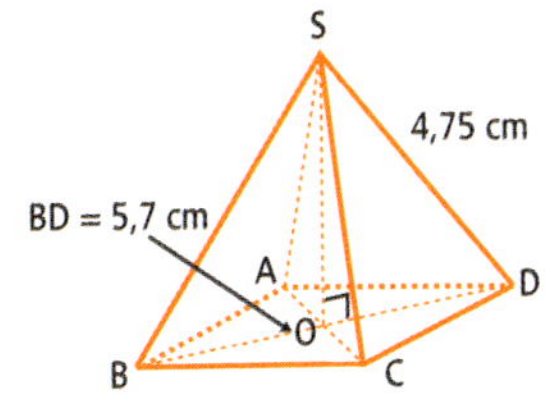

$h =$ ....

$\mathscr{V} =$ ....

5 Aire latérale d'un cône

1. Observe le cône de la figure **a** de l'exercice 2.
Vrai ou faux ? Justifie.

	V	F
a. L'arête latérale mesure $3\sqrt{13}$ cm.	❑	❑
b. Le périmètre de base est 12π cm.	❑	❑
c. Arrondie, l'aire latérale est $204\ \text{cm}^2$.	❑	❑

2. Calcule une valeur approchée de l'aire latérale du cône de la figure b de l'exercice 2.

6 VU AU BREVET

On dispose d'un carré de métal de 40 cm de côté. Pour fabriquer une boîte parallélépipédique, on enlève à chaque coin un carré de côté x et on relève les bords par pliage.

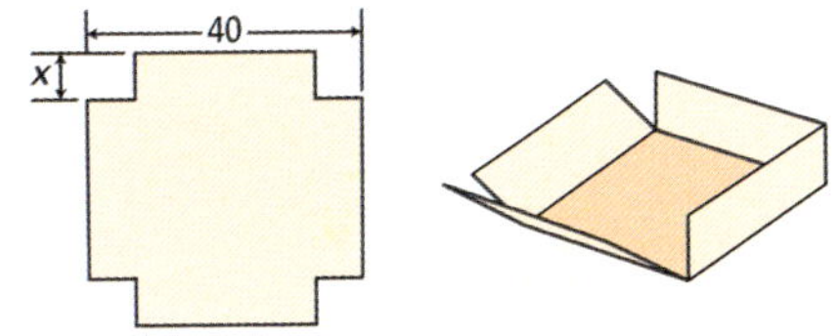

1. Quelles sont les valeurs possibles de x ?

2. On donne $x = 5$ cm. Calcule le volume de la boîte.

3. Le graphique suivant donne le volume de la boîte en fonction de la longueur x.
On répondra aux questions à l'aide du graphique.

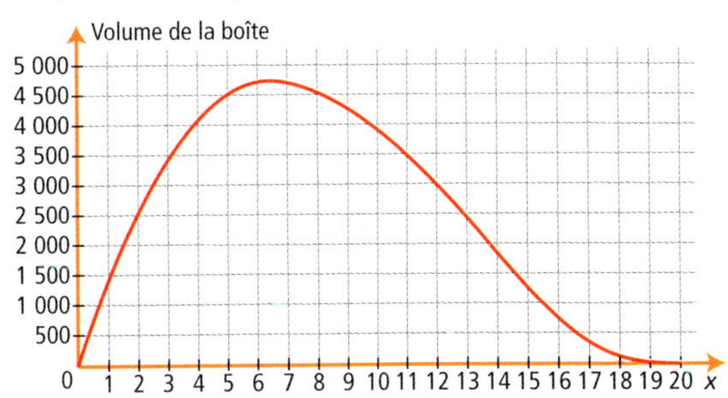

a. Pour quelle valeur de x, le volume de la boîte est-il maximum ?

b. On souhaite que le volume de la boîte soit $2\,000\ \text{cm}^3$. Quelles sont les valeurs possibles de x ?

Corrigés p. 23 du livret.

GÉOMÉTRIE GRANDEURS ET MESURES

28 Réduire et agrandir

RETENIR

1 / Définition

- Une figure F_1 est un **agrandissement** (ou une **réduction**) d'une figure F_2 si les angles de F_1 et F_2 sont égaux et si les côtés homologues de F_1 et F_2 sont proportionnels.
- Si F_1 est un agrandissement de F_2, alors **F_2 est une réduction de F_1**.
- Le **facteur** k de réduction est un nombre positif inférieur à 1 ($0 < k < 1$), et le **facteur** k' d'agrandissement est supérieur à 1 ($k' > 1$).

MOT CLÉ

✔ **Réduire ou agrandir :** Réduire ou agrandir une figure conserve ses angles et multiplie toutes ses longueurs par un même coefficient positif k. Dans la réduction, $k < 1$, et dans l'agrandissement $k > 1$.

2 / Périmètres, aires et volumes

Propriétés : Si F_1 est un agrandissement (ou une réduction) de F_2 et k est le facteur d'agrandissement (ou de réduction), alors :

- $\dfrac{\mathcal{P}_{F_1}}{\mathcal{P}_{F_2}} = k$
- $\dfrac{\mathcal{A}_{F_1}}{\mathcal{A}_{F_2}} = k^2$
- $\dfrac{\mathcal{V}_{F_1}}{\mathcal{V}_{F_2}} = k^3$

soit : $\boxed{\mathcal{P}_{F_1} = k \times \mathcal{P}_{F_2}}$ $\boxed{\mathcal{A}_{F_1} = k^2 \times \mathcal{A}_{F_2}}$ $\boxed{\mathcal{V}_{F_1} = k^3 \times \mathcal{V}_{F_2}}$.

Exemple Le cube C_1 est un agrandissement du cube C_2.

Le facteur d'agrandissement est $\dfrac{8}{4} = 2$

et $\dfrac{\mathcal{V}_{C_1}}{\mathcal{V}_{C_2}} = \dfrac{8 \times 8 \times 8}{4 \times 4 \times 4} = 2 \times 2 \times 2 = 2^3$.

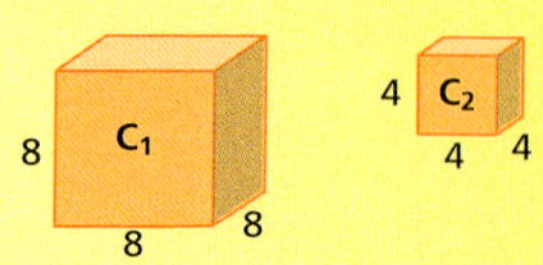

LA MÉTHODE

▷ Trouver des mesures dans un agrandissement ou une réduction

Je commence par repérer les angles égaux et les côtés homologues, puis j'utilise (de préférence) un tableau de proportionnalité.

Exemple Le triangle ABC est une réduction du triangle DEF (unité : cm). Quelle est la mesure de AB ? de DF ?

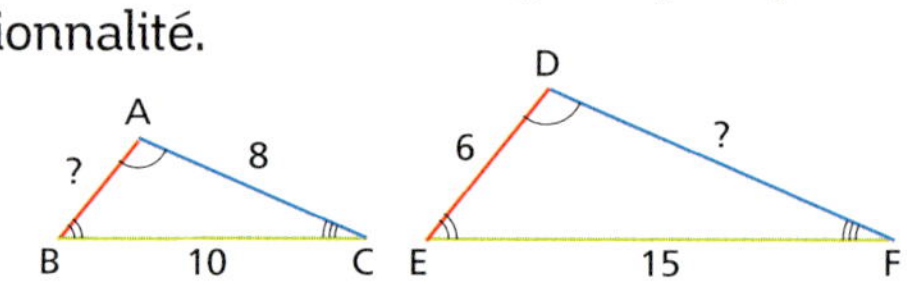

→ Dans les triangles ABC et DEF, les côtés homologues (opposés aux angles égaux) sont dans la même proportion. D'où :

Côté du triangle ABC	AB = ?	BC = 10	AC = 8
Côté homologue	DE = 6	EF = 15	DF = ?

Les produits en croix étant égaux,
$15 \times AB = 6 \times 10$, donc $AB = 60 \div 15 = 4$
$10 \times DF = 8 \times 15$, donc $DF = 120 \div 10 = 12$.

Remarque : Ici, le facteur de réduction est $\dfrac{10}{15} = \dfrac{2}{3}$ et le facteur d'agrandissement est $\dfrac{15}{10} = \dfrac{3}{2}$.

MINI INTERRO

Compare à l'aide de < ou >.

1. $\dfrac{2}{3} \times AB$ ...... AB
2. $\dfrac{5}{4} \times CD$ ...... CD
3. $1{,}25x$ x
4. 75 % de y ...... y

S'ENTRAÎNER

1 Observer et déduire

Le lapin L_2 est-il une réduction du lapin L_1 ?

2 Droite des milieux

I et J sont les milieux des côtés AC et BC d'un triangle ABC.

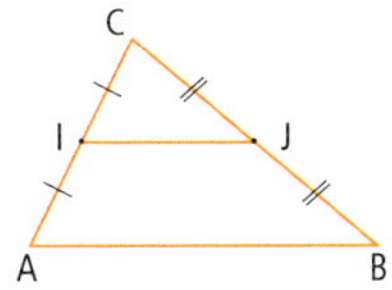

a. Quelle est la mesure de AB si $IJ = 6$?

b. Pourquoi le triangle CIJ est-il une réduction du triangle ABC ?

c. Vrai ou faux ?

	V	F
• $\mathcal{P}_{CIJ} = \frac{1}{2}\mathcal{P}_{ABC}$	❑	❑
• $\mathcal{A}_{CIJ} = \frac{1}{4}\mathcal{A}_{ABC}$	❑	❑

3 Agrandissement d'un triangle

T_1 est un agrandissement de T_2. Deux côtés homologues ont pour mesure 5 cm et 8 cm.

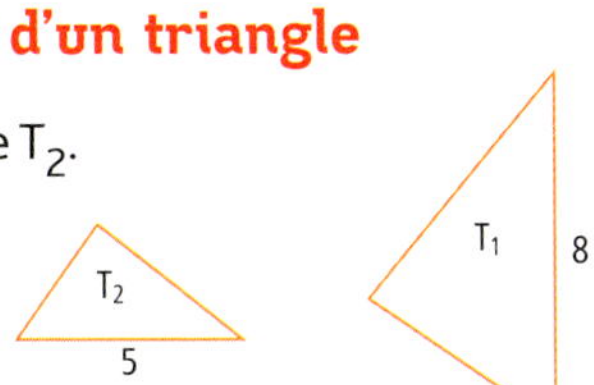

a. Quel est le facteur d'agrandissement ?

❑ $\frac{5}{8}$ ❑ $\frac{8}{5}$ ❑ 1,6

b. Si le périmètre de T_2 est 12 cm, quel est le périmètre de T_1 ?

❑ $\frac{5}{8} \times 12$ cm ❑ $\frac{8}{5} \times 12$ cm ❑ 19,2 cm

c. Si l'aire de T_1 est 25 cm², quelle est l'aire de T_2 ?

❑ $\frac{8}{5} \times 25\ \text{cm}^2$ ❑ $\left(\frac{8}{5}\right)^2 \times 25\ \text{cm}^2$ ❑ $\left(\frac{5}{8}\right)^2 \times 25\ \text{cm}^2$

4 Réduction ?

Le cône C_1 est-il une réduction du cône C_2 ?

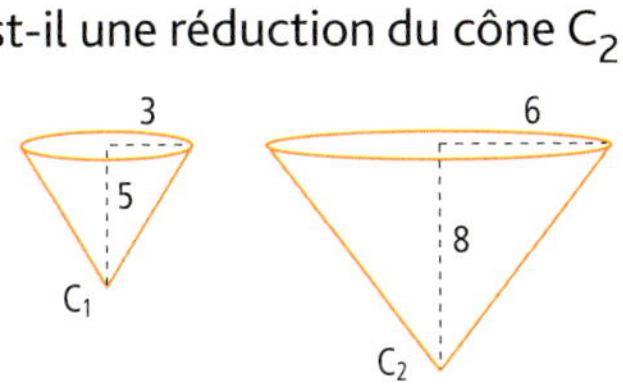

5 Réduire un cylindre

Le cylindre C_1 est une réduction du cylindre C_2 (unité : cm).

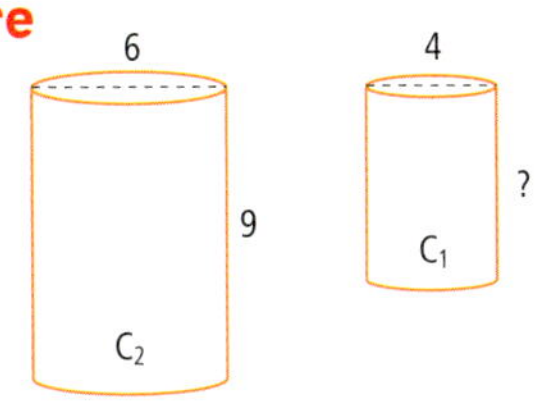

a. Quel est le facteur k de réduction ?

b. Quelle est la hauteur h de C_1 ?

c. Trouve les valeurs exactes des volumes de C_1 et C_2, puis vérifie que $\frac{\mathcal{V}_{C_1}}{\mathcal{V}_{C_2}} = \left(\frac{2}{3}\right)^3$.

6 À propos de la Seine

La longueur de la Seine est de 776 km. Sa largeur varie entre 30 m et 200 m.

Quelle est sa largeur ci-dessous ? (Unité : m.)

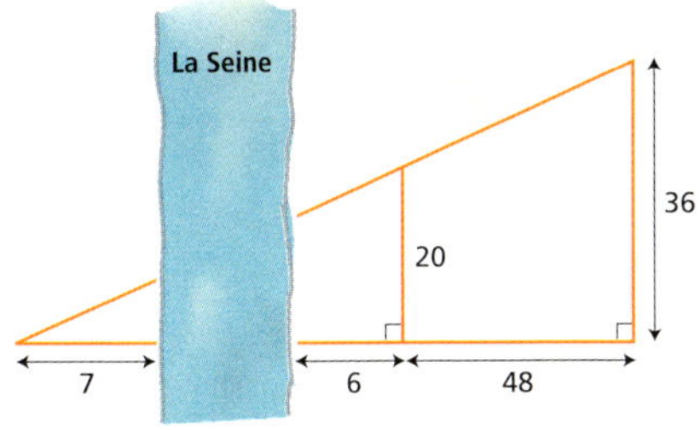

7 VU AU BREVET

Un silo à grains a la forme d'un cône surmonté d'un cylindre de même axe. A, I, O et S sont des points de cet axe. On donne $SA = 1{,}60$ m ; $AI = 2{,}40$ m ; $AB = 1{,}20$ m.

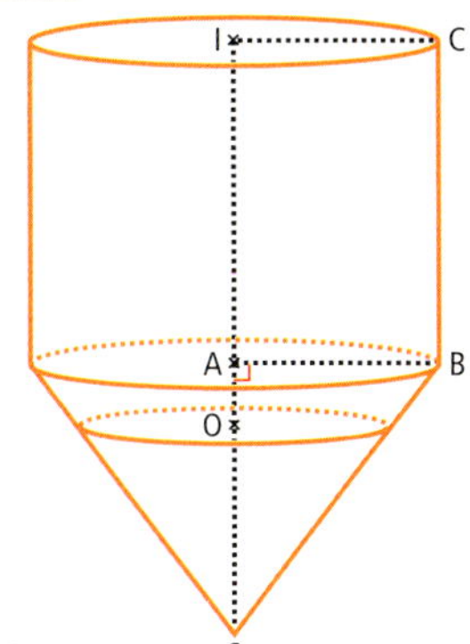

1. Montre que le volume du cône, arrondi au millième près, est de 2,413 m³.

2. Sachant que le volume du cylindre, arrondi au millième près, est de 10,857 m³, donne la contenance totale du silo en litres.

3. Actuellement, le silo à grains est rempli jusqu'à une hauteur $SO = 1{,}20$ m. Le volume de grains prend ainsi la forme d'un petit cône de sommet S et de hauteur [SO]. On admet que ce petit cône est une réduction du grand cône de sommet S et de hauteur [SA].

a. Calcule le coefficient de réduction.

b. Déduis-en le volume de grains contenu dans le silo. On exprimera le résultat en m³ et on en donnera la valeur arrondie au millième près.

Corrigés p. 23 du livret.

29 Section d'un solide par un plan

RETENIR

1 / Section d'un solide par un plan parallèle à sa base ou à une face

• Si le plan P est parallèle à la base d'un pavé droit ou d'un cylindre, alors la section, ici en bleu, est **identique** à la base.

Pavé droit

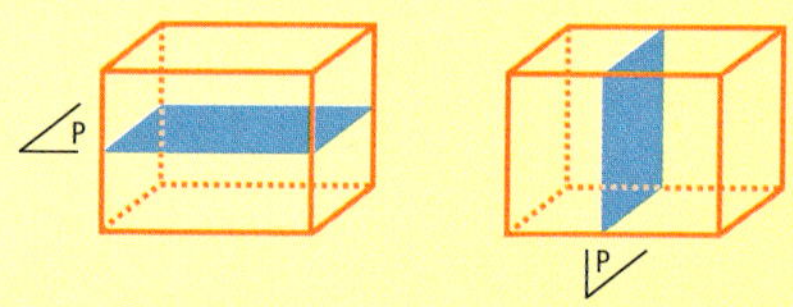

Remarque : Si le plan P est parallèle à une face, alors la section est identique à la face.

Cylindre

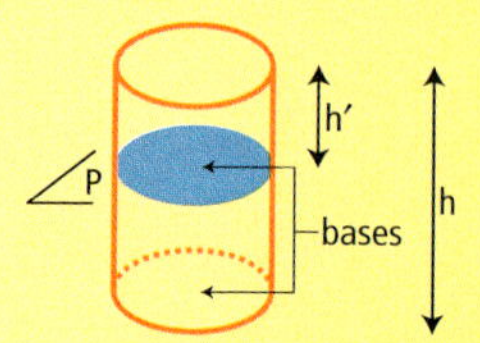

Si $\mathcal{V}'$ et $\mathcal{V}$ sont les volumes respectifs des cylindres de hauteur h' et h, alors $\frac{\mathcal{V}'}{\mathcal{V}} = \frac{B \times h'}{B \times h} = \frac{h'}{h}$.

• Si le plan P est parallèle à la base d'une pyramide ou d'un cône, alors la section, ici en bleu, est une **réduction** de la base.

Pyramide

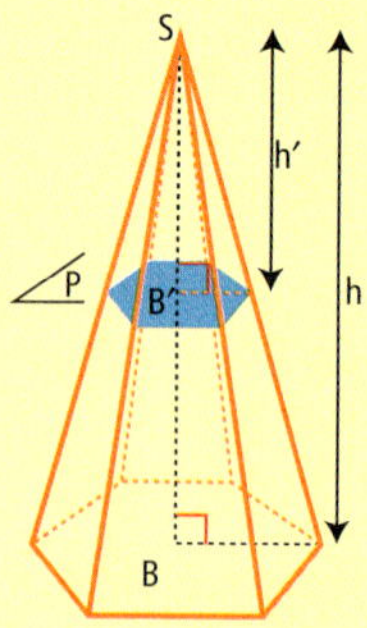

Si $\frac{h'}{h} = \frac{1}{2}$, alors

$\frac{B'}{B} = \left(\frac{1}{2}\right)^2 = \frac{1}{4}$ et

$\frac{\mathcal{V}'}{\mathcal{V}} = \left(\frac{1}{2}\right)^3 = \frac{1}{8}$.

Cône de révolution

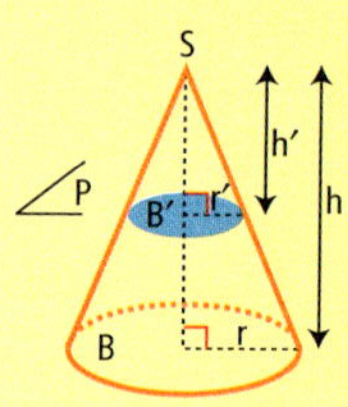

Si $\frac{h'}{h} = \frac{1}{3}$, alors

$\frac{r'}{r} = \frac{1}{3}$

$\frac{B'}{B} = \left(\frac{1}{3}\right)^2 = \frac{1}{9}$

et $\frac{\mathcal{V}'}{\mathcal{V}} = \left(\frac{1}{3}\right)^3 = \frac{1}{27}$.

2 / Section d'un solide par un plan parallèle à une arête ou à un axe

Parallélépipède rectangle

Le plan P est parallèle à l'arête AB. La section bleue est un rectangle. Deux de ses côtés sont parallèles à l'arête AB.

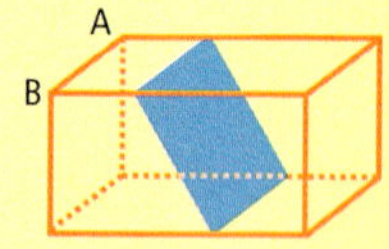

Cylindre

Le plan P est parallèle à l'axe OO′ du cylindre. La section bleue est un rectangle. Deux de ses côtés sont parallèles à l'axe OO′.

MOTS CLÉS

✓ **Plans parallèles :** Si deux plans sont parallèles alors :
– toute droite perpendiculaire à l'un est perpendiculaire à l'autre ;
– tout plan qui coupe l'un coupe l'autre et les intersections sont deux droites parallèles.

✓ **Perspective cavalière :** Représenter en perspective cavalière consiste à respecter le parallélisme des segments et à tracer en traits pleins les parties visibles et en pointillés celles qui ne le sont pas (voir exercice 3).

MINI INTERRO

Le petit cylindre est-il une réduction du grand cylindre ? Pourquoi ?

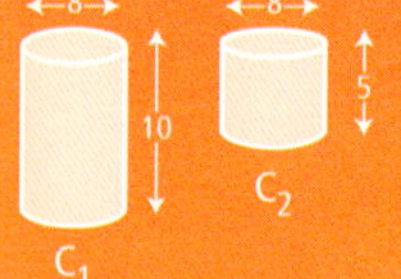

LA MÉTHODE

▷ Effectuer des calculs concernant des sections de solides

J'effectue des calculs d'échelle ou j'applique des propriétés de géométrie plane, de Thalès, de Pythagore et de trigonométrie (voir exercice 4).

S'ENTRAÎNER

1 Vrai ou faux ?

Voici deux pyramides régulières.

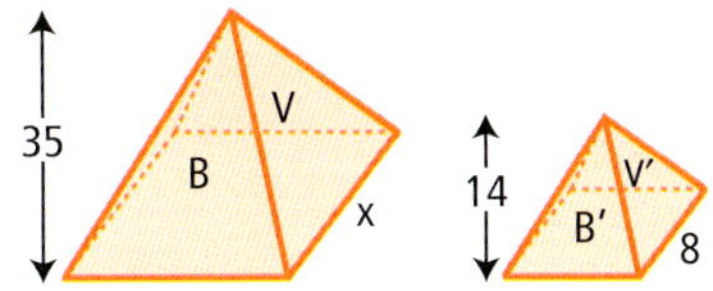

Coche la case qui convient.

	V	F
Pour $x = 20$, la plus grande pyramide est un agrandissement de la plus petite.	❑	❑

2 Section d'une pyramide

Le plan P est parallèle à la base de la pyramide SABCD et coupe [SA] en son milieu A′.

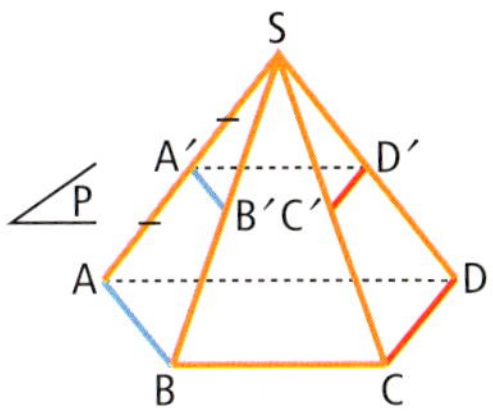

a. Complète le tracé de la section A′B′C′D′ par le plan P. La pyramide SA′B′C′D′ est-elle une réduction de la pyramide SABCD ? Si oui, quel est le facteur de réduction ?

b. Calcule l'aire de base et le volume de la pyramide SA′B′C′D′ sachant que l'aire de base de SABCD est de 25 cm^2 et son volume est 60 cm^3.

c. Calcule la hauteur de la pyramide SABCD et déduis-en celle de SA′B′C′D′.

3 Tracer en perspective

(SABC) est une pyramide dont la base (ABC) est un triangle rectangle en A. (SA) $\perp$ (ABC).

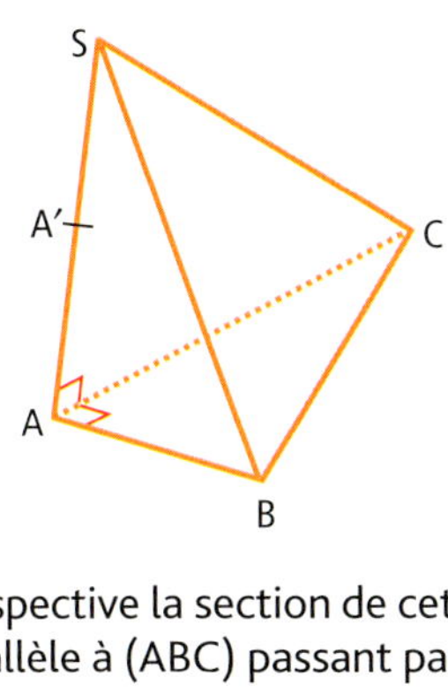

a. Trace en perspective la section de cette pyramide par le plan parallèle à (ABC) passant par A′.

b. Quelle est la nature de cette section ?

Corrigés p. 24 du livret.

4 Section et aire

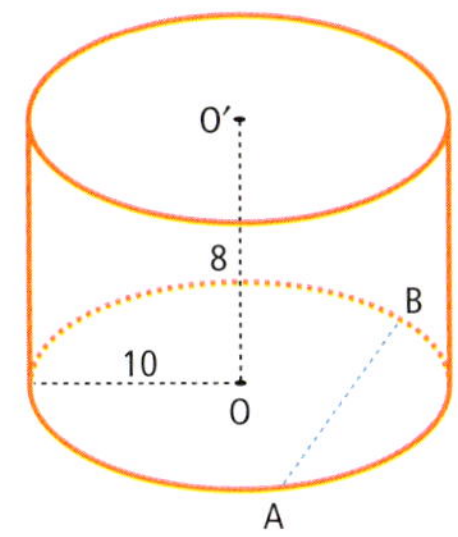

a. Complète le tracé de la section ABCD du cylindre par un plan P parallèle à son axe OO′.

b. Calcule l'aire exacte de cette section sachant que $\widehat{AOB} = 90°$.

5 Capacité d'un verre

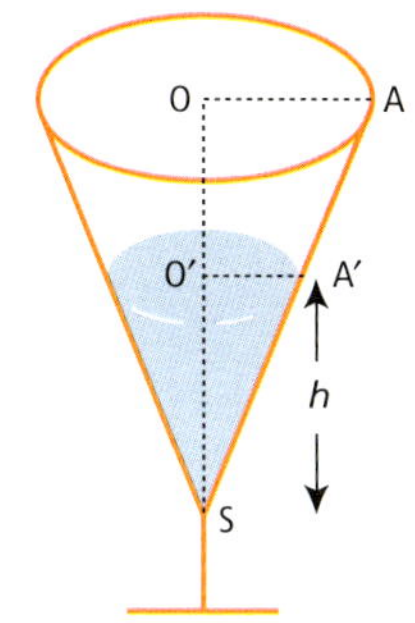

Un verre de forme conique est tel que SO = 9 cm et $\widehat{OSA} = 30°$.

a. Calcule OA au dixième près.

b. On remplit ce verre et on désigne par h la hauteur SO′ du liquide.

Calcule au centilitre près la capacité maximale de ce verre.

c. Complète le tableau donnant le volume $\mathcal{V}$ du liquide en fonction de sa hauteur h.

h (cm)	3	4,5	6
$\mathcal{V}$ (cL)	………………	………………	………………

6 VU AU BREVET

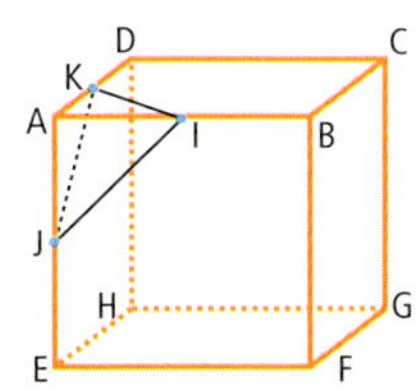

ABCDEFGH est un cube d'arête [AB] avec AB = 12 cm.
I est le milieu de [AB],
J est le milieu de [AE],
K est le milieu de [AD].

a. Calcule l'aire du triangle AKI.

b. Quel est le volume de la pyramide JAKI de base AKI ?

c. Dessine en grandeur réelle le patron de cette pyramide.

d. Quelle fraction du volume du cube représente le volume de la pyramide JAKI ? Écris le résultat sous forme d'une fraction de numérateur 1.

30 La sphère

RETENIR

1 / Définitions, aire et volume

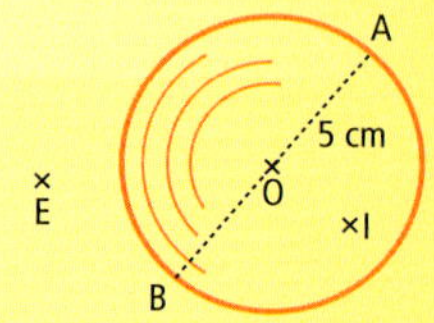

Voici une sphère de centre O et de rayon 5 cm.

- A est un **point de la sphère** signifie que OA = 5 cm.
E est un **point extérieur à la sphère** signifie que OE > 5 cm.
I est un **point intérieur à la sphère** signifie que OI < 5 cm.
[AB] est un **diamètre de la sphère** signifie que A et B sont deux points de la sphère alignés avec le centre O.
- L'aire $\mathscr{A}$ d'une sphère de rayon r est : $\mathscr{A} = 4\pi r^2$.
- Le volume $\mathscr{V}$ d'une boule de rayon r est : $\mathscr{V} = \frac{4}{3}\pi r^3$.

MOT CLÉ

✓ **Aire et volume :**
Le mathématicien et savant grec Archimède (287-212 avant J.-C.) a trouvé l'aire $4\pi r^2$ et le volume $\frac{4}{3}\pi r^3$ de la sphère.
En hommage à ses découvertes, les Romains avaient dessiné sur sa tombe une sphère inscrite dans un cylindre (Voir exercice 2).

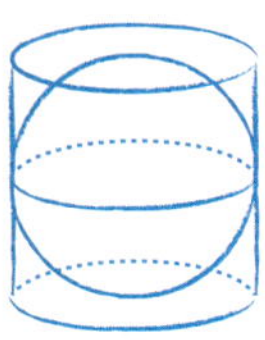

2 / Section d'une sphère par un plan

Soit une sphère de centre O et de rayon r, et un plan P.

• OH < r

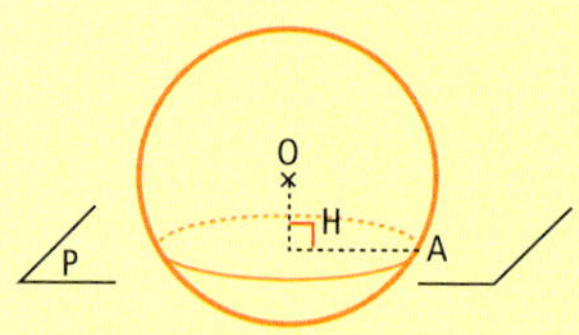

- La section de la sphère par le plan P est un cercle de centre H et de rayon HA. C'est un petit cercle.
- OH est la distance du centre O au plan P.
(OH) ⊥ P
et (OH) ⊥ (HA).

• OH = 0, plan diamétral

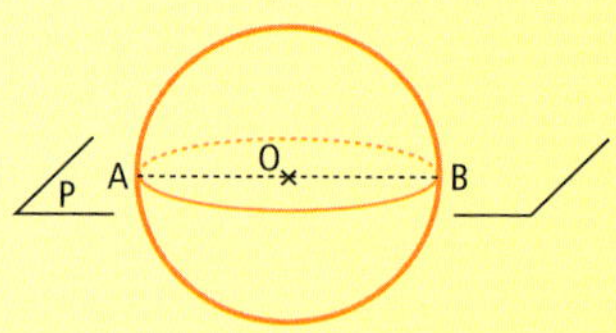

- Le plan P passe par O.
- La section de la sphère par le plan P est le cercle de centre O et de diamètre [AB]. C'est un grand cercle.
- Le plan P partage la sphère en deux demi-sphères.

• OH = r, plan tangent

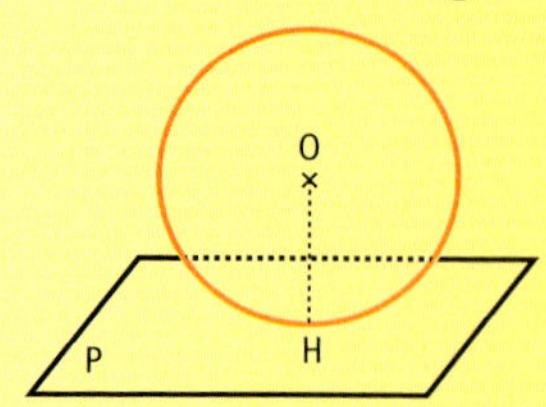

- Le plan P rencontre la sphère en un seul point H. On dit que le plan P est tangent à la sphère en H.
- (OH) ⊥ P.

LA MÉTHODE

▷ Définir la section d'une sphère par un plan

J'effectue des calculs dans un triangle rectangle.

Exemple Considérons le triangle OAH rectangle en H de la figure ci-dessus.

- D'après le théorème de Pythagore : $OH^2 + HA^2 = OA^2$.
Si OA = 5 et OH = 2, alors $HA^2 = 25 - 4 = 21$ et HA = $\sqrt{21}$.
Donc, la section est un cercle de centre H et de rayon HA = $\sqrt{21} \approx 4{,}6$.
- Si OA = 5 et $\widehat{AOH} = 30°$, alors :
AH = OA × sin30° = 5 × 0,5 = 2,5.
Donc, la section est un cercle de centre H et de rayon HA = 2,5.

MINI INTERRO

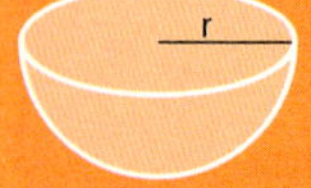

Exprime en fonction de π et de r :
1. l'aire totale $\mathscr{A}$ de la demi-boule
2. son volume $\mathscr{V}$.

1 Vrai ou faux ?

La forme de la Terre est associée à celle d'une boule de rayon 6 400 km.

Coche la case qui convient.

	V	F
a. L'aire de la surface terrestre est environ : $5{,}15 \times 10^8$ km^2.	❑	❑
b. La longueur de l'équateur est d'environ 40 000 km. (*Rappel :* L'équateur est l'intersection de la Terre avec le plan diamétral perpendiculaire à la ligne des pôles Nord-Sud.)	❑	❑

2 Comparer deux volumes

La sphère de rayon R est pleine. On verse tout son contenu dans un cylindre de rayon R et de hauteur 2R.

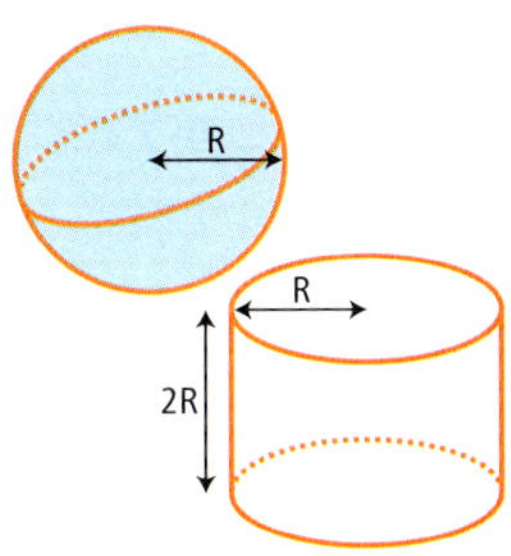

Celui-ci est alors :

❑ plein. ❑ à moitié plein.

❑ rempli aux $\frac{2}{3}$. ❑ rempli au $\frac{1}{3}$.

3 Rayon d'une section

Un plan coupe une sphère de centre O et de rayon 10 cm selon un cercle (C) de centre H.
La distance OH du centre de la sphère à ce plan est égale à 6 cm.

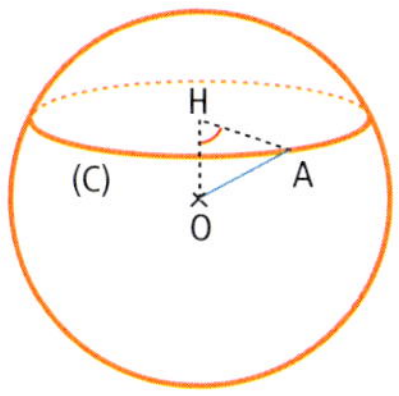

a. En utilisant uniquement les données de l'énoncé, trace en grandeur réelle le triangle OHA rectangle en H.

b. Calcule le rayon du cercle (C).

4 Sciences de la vie et de la Terre

L'aire totale de la surface terrestre mesure environ $5{,}15 \times 10^8$ km^2. La partie émergée de la Terre recouvre environ $149{,}04 \times 10^6$ km^2.

Pour la surface terrestre, cela représente environ :

❑ 20 % ❑ 30 % ❑ 50 % ❑ 75 %

5 Terre et planètes

Le tableau suivant concerne quatre planètes.

Complète le rayon et le diamètre au km près, l'aire au million de km^2 près, et le volume au milliard de km^3 près.
Utilise la touche π.

Planète	Mercure	Mars	Vénus	Terre
Rayon (km)	2 439	……	……	……
Diamètre (km)	……	6 800	……	12 756
Aire (millions km^2)	……	……	460	……
Volume (milliards km^3)	……	……	……	……

6 VU AU BREVET

Dans le parc de la Cité des Sciences à Paris se trouve la Géode qui a extérieurement la forme d'une calotte sphérique posée sur le sol, de rayon 18 m.

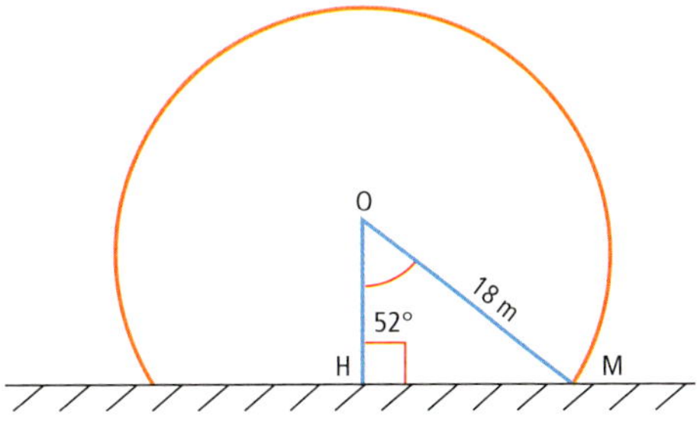

a. Calcule OH (on trouvera 11 m à 1 m près).

b. Calcule HM (résultat arrondi à 1 m près).

c. Calcule la hauteur totale de la Géode.

d. Quelle est la forme de la surface au sol occupée par la Géode ? Calcule l'aire de cette surface (valeur approchée par défaut à 1 m^2 près).

e. On veut représenter le triangle OHM à l'échelle 1/300.
- Quelle est la longueur OM sur cette représentation ?
- Construis OHM à cette échelle.

Corrigés p. 24 du livret.

Histoire-Géographie Éducation civique

Plus d'entraînement sur

www.hatier-entrainement.com

1 Les grandes innovations scientifiques et technologiques

Histoire

RETENIR

1 / Une accélération des progrès

MOT CLÉ

✓ **Innovation :** application d'une découverte à grande échelle.

- Le XXe siècle est marqué par de nombreux progrès qui bouleversent la vie des populations, et par une **diminution du délai entre l'invention** (découverte) et **l'innovation**.
- Les États ont pris conscience de l'**importance de la recherche**, élément de puissance. Ils consacrent une part croissante de leur budget pour la financer et créent des organismes spécialisés.

2 / Des progrès dans tous les domaines

- Les progrès touchent toutes les sciences et techniques. Parmi les plus spectaculaires, on peut citer la **conquête de l'espace**. Elle devient après 1945 un enjeu entre les deux grandes puissances rivales. Si les débuts sont en faveur de **l'URSS** (Spoutnik en 1957, premier vol habité en 1961), les **États-Unis** marquent un avantage décisif avec les premiers pas sur la Lune (1969). Les vols spatiaux et l'envoi de sondes et de satellites se multiplient, permettant une meilleure connaissance de l'Univers.
- En physique, les travaux d'Einstein sur la matière sont poursuivis par les époux Joliot-Curie qui réalisent la fission de l'atome. Cela permet de mettre au point l'**énergie nucléaire,** utilisée à des fins militaires et civiles.
- Dans le domaine de la **médecine**, de nouveaux **médicaments** (pénicilline en 1928), de nouveaux **vaccins** (contre la poliomyélite en 1953), de nouvelles **techniques chirurgicales et médicales** (transplantation du rein en 1959) et des **découvertes** en biologie (l'ADN en 1953) permettent un recul de la mortalité infantile et un **allongement de l'espérance de vie**, surtout dans les pays développés. Ils engendrent aussi des **débats** : doit-on maintenir en vie à tout prix ? Peut-on manipuler les gènes d'une personne ?

LA MÉTHODE

▷ L'épreuve écrite du brevet

1. **L'épreuve écrite dure deux heures.** Chaque partie de l'épreuve (histoire, éducation civique et géographie) est subdivisée en deux types d'exercices.
2. **Le premier type d'exercice** est une vérification des connaissances de l'élève. Il s'agit d'abord de connaître certains repères en histoire (cf. chapitre 15) et en géographie (cf. chapitre 29). Ensuite, l'élève est interrogé sur le programme de l'année (faits, acteurs, notions).
3. **Le second type d'exercice** est une analyse de documents de nature variée (textes, cartes, tableaux, photos, graphiques...) avec des questions pour constater si l'élève comprend le document et les éléments de synthèse qu'il peut en tirer.

MINI INTERRO

1. Pourquoi peut-on parler d'une accélération des progrès ?
2. Cite deux progrès intervenus au XXe siècle dans le domaine médical.
3. Cite deux autres domaines scientifiques connaissant d'importants progrès.

1 Vrai ou faux ?

Coche la case qui convient.

	V	F
a. Il y a beaucoup plus de découvertes au XXe siècle qu'au XIXe siècle.	❑	❑
b. Les États consacrent de plus en plus d'argent à la recherche.	❑	❑
c. La voiture est une innovation du XXe siècle.	❑	❑
d. L'énergie nucléaire est une innovation du XXe siècle.	❑	❑
e. Le premier vol habité dans l'espace a été lancé par les États-Unis.	❑	❑
f. Le premier pas sur la Lune a été posé en 1969.	❑	❑
g. La pénicilline est un vaccin inventé en 1928 par Alexander Fleming.	❑	❑
h. L'ADN est découvert en 1963.	❑	❑
i. Les progrès médicaux entraînent une augmentation de l'espérance de vie.	❑	❑

2 Un progrès technologique majeur

À partir de la photo et du texte, réponds aux questions.

La fusée Ariane a finalement décollé mercredi 16 février à 18 h 50 heure locale (22 h 50 à Paris) du centre spatial guyanais de Kourou, avec à son bord le deuxième cargo automatique européen, l'ATV Johannes Kepler, destiné à ravitailler la Station spatiale internationale (ISS). Il s'agit du 200e lancement effectué par une fusée Ariane, tous modèles confondus, plus de trente ans après le premier vol d'une Ariane 1 en décembre 1979. [...]

■ lemonde.fr, 16 février 2011.

Décollage de la fusée européenne Ariane à Kourou (Guyane française).

a. D'où décolle la fusée ?

b. Comment s'appelle cette fusée et par qui a-t-elle été conçue ?

c. Quand Ariane a-t-elle été lancée pour la 1re fois ?

d. Quelle est la mission de cette fusée ?

3 SPÉCIAL BREVET

Lis le texte pour répondre aux questions.

Une interrogation d'un chercheur

Mesdames et Messieurs les géniteurs, la FIVETE* va bientôt vous offrir des œufs à la carte avec sexe et conformité aux normes garanties par le laboratoire. Encore un peu de progrès et vos petits seront choisis comme au chenil, couleur du poil et longueur des pattes, aptitude à la santé et forme des oreilles.

Alors la FIVETE ne sera plus seulement une recette contre la stérilité mais un mode privilégié d'accéder dès la conception à l'identité de l'enfant [...]. Ce n'est pas le sacrifice d'œufs éventuellement innombrables qui me tracasse : plutôt cette perspective folle de l'enfant « clés en main » dont la venue sera nécessairement occasion de déception. [...] Je crois que le moment est venu de faire une pause, c'est le moment d'autolimitation du chercheur. [...] Moi chercheur en procréation assistée, j'ai décidé d'arrêter.

■ Jacques Testart, *L'Œuf transparent*, 1986, cité par M. Letté, *Documentation photographique*, n° 8046, 2005.

* FIVETE : Fécondation in vitro et transfert d'embryon. La fécondation d'un spermatozoïde et d'un ovule se fait en dehors du corps féminin et l'œuf fécondé est implanté quelques jours plus tard dans l'utérus de la mère. Cette technique a été mise au point en France par Jacques Testart et son équipe. Le premier « bébé éprouvette » est né en 1982.

a. Qui est l'auteur de ce texte ?

b. Qu'a-t-il inventé ? En quelle année ?

c. À quoi sert sa découverte ? Que craint-il ?

d. Que décide-t-il de faire ?

e. Qui doit intervenir face aux enjeux d'une telle découverte ? De quelle manière ?

Corrigés p. 25 du livret.

2 La Première Guerre mondiale : une guerre totale (1914-1918)

Histoire

RETENIR

1 / Les phases de la guerre

• La guerre débute en août 1914, opposant la **Triple Entente** (France, Royaume-Uni, Russie) aux **empires centraux** (Allemagne et Autriche-Hongrie). Elle se déroule en **trois phases** : une guerre de mouvement en 1914, une **guerre de position** (ou de tranchées) entre 1915 et 1917, puis à nouveau une guerre de mouvement en 1918, après l'entrée en guerre des États-Unis en 1917.

2 / Une guerre totale et brutale

• **L'effort de guerre** mobilise tous les moyens. Les **femmes** remplacent les hommes, au front, dans les champs et les usines. **Vivres et matières premières** sont réquisitionnées pour l'armée et les industries de guerre. Les États **s'endettent**.

• La guerre atteint un degré de **violence très intense**. Les soldats vivent l'enfer dans les tranchées et les armes sont de plus en plus meurtrières (obus, gaz...). En 1916, la **bataille de Verdun** fait 300 000 morts. Dans les régions occupées ou proches du front, les **populations civiles** sont brutalisées, déportées, soumises au travail forcé. Dans l'Empire ottoman, les Arméniens subissent un **génocide**.

3 / Les conséquences de la guerre

• Les pays européens sont affaiblis et les populations épuisées. Cela favorise des **révolutions** et des grèves. En Russie, **Lénine** et les bolcheviks prennent le pouvoir par un coup d'État en octobre 1917.

• La guerre se termine par la défaite de l'Allemagne et l'**armistice** signé le 11 novembre 1918. Les bilans humain et matériel sont lourds. Les **traités de paix** modifient les frontières de l'Europe et créent de nouvelles tensions.

MOTS CLÉS

✓ **Génocide** : assassinat volontaire et systématique, destiné à anéantir la totalité d'un peuple ou d'un groupe religieux.

✓ **Armistice** : accord écrit qui met fin aux combats.

MINI INTERRO

1. Quelles sont les trois phases de la guerre ?
2. Cite deux événements qui montrent que la guerre a été particulièrement violente.
3. Cite quatre éléments qui montrent que c'est une guerre totale.

LE DOCUMENT CLÉ

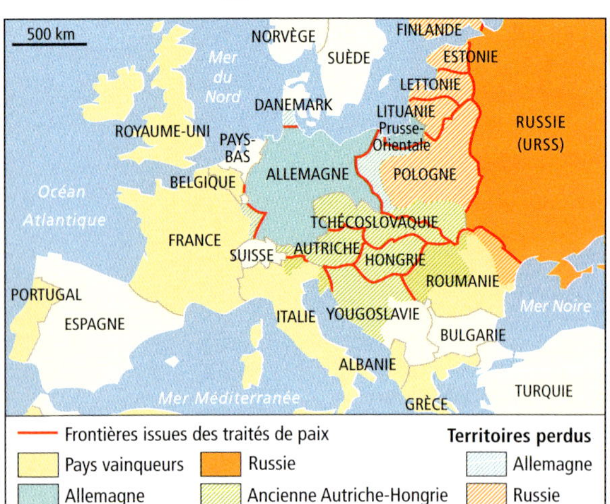

▷ L'Europe au lendemain des traités (vers 1923)

1. **Expliquer.** La carte montre les pays vainqueurs et vaincus, les frontières issues des traités de paix, les territoires perdus et les nouveaux États.

2. **Conclure.** Les pays vaincus perdent des territoires au détriment des vainqueurs et de nouveaux États créés à l'Est de l'Europe. Ceux-ci répondent à un triple objectif : donner un pays aux minorités nationales, créer une zone tampon avec la Russie devenue communiste et prendre à revers l'Allemagne en cas de nouveau conflit. Mais des territoires restent contestés, l'Allemagne est humiliée.

S'ENTRAÎNER

1 Vrai ou faux ?

Coche la case qui convient.

	V	F
a. La guerre se déroule en deux phases.	❑	❑
b. La bataille de Verdun fait 30 000 morts.	❑	❑
c. Les femmes participent indirectement au conflit.	❑	❑
d. Les États-Unis entrent en guerre en 1917.	❑	❑
e. Les Arméniens sont victimes d'un génocide.	❑	❑
f. L'armistice est signé le 11 septembre 1918.	❑	❑

2 Repères historiques

Indique en quelle année s'est produit chacun des événements suivants.

a. Début de la Première Guerre mondiale : ....

b. Bataille de Verdun : ....

c. Entrée en guerre des États-Unis : ....

d. Révolution russe : ....

e. Fin de la Première Guerre mondiale : ....

3 Les conséquences de la violence de masse

Étudie le document, puis réponds aux questions.

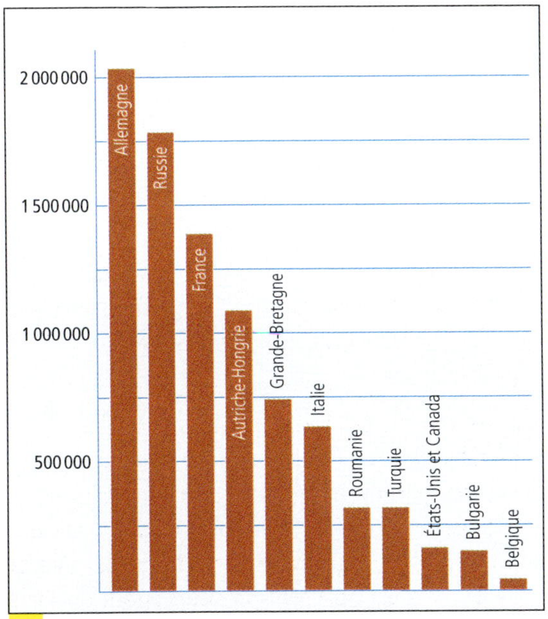

Le bilan humain de la Première Guerre mondiale.

a. Comment s'appelle ce type de document ?

b. Combien la France compte-t-elle de victimes à la fin de la guerre ?

c. Quels sont les trois pays qui ont le plus souffert ?

d. Comment expliques-tu le nombre relativement faible de victimes américaines ?

e. Explique pourquoi la Première Guerre mondiale a été beaucoup plus meurtrière que les guerres précédentes.

4 SPÉCIAL BREVET

Lis le texte, puis réponds aux questions.

Verdun, 15 juillet 1916, 4 heures, soir

Mes chers parents

Je suis encore vivant et en bonne santé, pas même blessé, alors que tous mes camarades sont tombés morts, ou blessés aux mains des Boches qui nous ont fait souffrir les mille horreurs, liquides enflammés, gaz lacrymogènes – gaz suffocants – asphyxiants, attaques…

Je suis redescendu de première ligne ce matin. Je ne suis qu'un bloc de boue […]. J'ai eu soif… pas faim… J'ai connu l'horreur de l'attente de la mort sous un tir de barrage inouï… Je tombe de fatigue. […]

J'ai sommeil, je suis plein de poux, je pue la charogne des macchabées.

Je vous écrirai dès que je vais pouvoir. Soyez donc tranquilles. J'espère que le gros coup pour nous a été donné. Bonne santé, et je vous embrasse bien affectueusement.

Georges

Paroles de Poilus, Lettres et carnets du front 1914-1918, J.-P. Guéno et Y. Laplume (dir.), Librio, 1998.

a. De quel type de texte s'agit-il ?

b. Durant quelle phase de la guerre et quelle bataille a-t-il été écrit ?

c. Quel surnom est donné aux Allemands ? Et aux soldats français ?

d. Souligne en rouge les armes utilisées.

e. Souligne en vert les passages qui montrent que les conditions de vie sont difficiles.

Corrigés p. 25 du livret.

3 Les régimes totalitaires (1) : le régime soviétique (années 1930)

HISTOIRE

RETENIR

En 1917, Lénine prend le pouvoir en Russie pour mettre en place un régime communiste. Il fonde l'URSS en 1922 et meurt en 1924.

1 / Staline au pouvoir (1924-1953)

- **Staline** succède à Lénine et s'impose comme seul dirigeant à partir de **1928**. Il renforce la **dictature** (parti unique, suppression des libertés fondamentales, concentration des pouvoirs) et cherche à appliquer l'idéologie communiste.
- Staline met en place un contrôle de l'économie avec des **plans quinquennaux impératifs** qui imposent la **collectivisation** dans les campagnes, l'industrialisation et la **nationalisation** des entreprises.

2 / La terreur et la propagande

- Pour contrôler et soumettre la population, Staline fait régner la **terreur**. La **police politique** (Guépéou puis NKVD) surveille et arrête les opposants. Plus de deux millions de **koulaks** (paysans qui refusent la collectivisation) sont déportés, envoyés dans les camps du **goulag** ou fusillés.
- En 1937-1938 ont lieu à Moscou de **grands procès** spectacles contre des personnalités communistes, tandis que dans le reste du pays, plus de 700 000 opposants, réels ou supposés, sont exécutés : c'est la « **grande terreur** ».
- L'État recourt à une intense **propagande** par des affiches ou des grandes parades. Staline, « le petit père des peuples », organise le **culte de sa personnalité** (statues et portraits omniprésents). La population est **embrigadée** dans des organisations qui diffusent l'idéologie communiste (komsomols pour les jeunes).

MOTS CLÉS

✓ **Collectivisation :** mise en commun des terres, du bétail et des outils au sein de kolkhozes (exploitations agricoles collectives).

✓ **Goulag :** camp de travail forcé.

MINI INTERRO

1. Par quel moyen Staline contrôle-t-il l'économie soviétique ?
2. En quoi consiste la collectivisation ?
3. Par quels moyens Staline contrôle-t-il la population ?

LE DOCUMENT CLÉ

▷ Un moyen de propagande en URSS

Grande parade sportive sur la place Rouge, Moscou, 13 juillet 1935.

1. **Expliquer.** Sur le bâtiment figurent des symboles de l'URSS (étoile, CCCP) et les portraits de Lénine (à gauche) et Staline (à droite) avec un slogan « Vive le guide du grand parti communiste, le meilleur ami des gymnastes, le camarade Staline ». Au pied du bâtiment, de nombreux sportifs défilent et forment des figures géométriques (étoile, faucille et marteau, symboles du communisme).

2. **Conclure.** Ce rassemblement fait passer deux messages : rassemblement du peuple et culte du chef. La société soviétique, disciplinée et soudée par la pratique du sport, rend hommage à son chef Staline qui se présente comme l'héritier de Lénine.

S'ENTRAÎNER

1 Vrai ou faux ?

Coche la case qui convient.

	V	F
a. Staline succède à Lénine en 1924.	❑	❑
b. Staline reste au pouvoir jusqu'en 1945.	❑	❑
c. Le parti communiste est le seul parti en URSS (parti unique).	❑	❑
d. La « grande terreur » stalinienne a lieu en 1927-1928.	❑	❑
e. La « grande terreur » fait environ 100 000 morts.	❑	❑
f. Le culte de la personnalité désigne les moyens visant à vénérer une personne, considérée comme une sorte de dieu.	❑	❑
g. Les koulaks sont des camps de travaux forcés où sont déportés les opposants.	❑	❑
h. Les kolkhozes sont des paysans opposés à la collectivisation.	❑	❑
i. Le marteau et la faucille sont des symboles de l'URSS et du communisme.	❑	❑

2 Caractériser un régime totalitaire

Relis le cours, puis complète le tableau.

État totalitaire	En URSS
Buts de l'État totalitaire	
• Faire adhérer la population à des idées	• Idéologie ....
• Uniformiser la société	• Suppression des ....
Moyens de l'État totalitaire	
• Dictature avec : – parti unique – suppression des libertés – un chef qui concentre les pouvoirs	• Parti .... • .... puis ....
• Contrôle de l'économie	• Plans ....
• Soumission de la population	• Par la .... (police politique, ...) • Par la .... (affiches, culte du chef, ...), • Par ....

3 HISTOIRE DES ARTS

Lis la légende et étudie la photographie, puis réponds aux questions.

L'ouvrier et la kolkhozienne, sculpture de Vera Moukhina pour décorer le pavillon de l'URSS à l'Exposition universelle de Paris en 1937. Cette sculpture est un exemple du réalisme socialiste, c'est-à-dire le courant artistique défini par l'État, seul autorisé en URSS, et souvent utilisé à des fins de propagande. Les artistes doivent représenter fidèlement la réalité, donner une vision de l'histoire et faire passer l'idéologie communiste.

a. En quelle année et pour quelle occasion cette sculpture a-t-elle été réalisée ?

b. Qui sont les deux personnages représentés sur cette sculpture ?

c. Que tiennent-ils dans la main ?

d. Quelle est leur attitude ?

e. À quel courant artistique peut-on relier cette sculpture ?

f. Quels messages veut faire passer l'artiste ?

g. Qu'est-ce qui montre que le régime soviétique est un État totalitaire ?

Corrigés p. 25 du livret.

4 Les régimes totalitaires (2) : le régime nazi (années 1930)

Histoire

RETENIR

1 / Un État totalitaire

- Nommé **chancelier en 1933**, Hitler accède légalement au pouvoir. Il met rapidement en place une **dictature** (suppression des libertés, parti unique, concentration des pouvoirs). L'État oriente **l'économie vers la guerre**, s'endettant pour réaliser des grands travaux, assurer l'autarcie de l'Allemagne et réarmer le pays.
- La population est soumise par **la terreur et la propagande**. La police politique (Gestapo) et les **SS** font régner la violence et traquent les opposants, envoyés dans des camps de concentration. L'idéologie et le **culte du chef** sont diffusés par les affiches, la presse, la radio, les rassemblements... Des **organisations nazies** encadrent la population (Jeunesses hitlériennes).

MOTS CLÉS

✓ **Propagande :** diffusion de messages auprès de l'opinion afin de lui faire accepter certaines idées.

✓ **SS (Schutzstaffel, « escadron de protection ») :** sorte de milice du parti nazi qui regroupe les éléments les plus fanatiques.

2 / Une idéologie raciste et expansionniste

- Hitler et le parti national-socialiste (nazi) s'appuient sur une **idéologie raciste** (« race » allemande supérieure aux autres), **antisémite** (hostile aux juifs), **nationaliste** (l'Allemagne doit s'imposer face aux autres nations) et **expansionniste** (conquérir un « espace vital »).
- Dès 1933, les magasins juifs sont boycottés et des professions sont interdites aux Juifs. En 1935, les **lois de Nuremberg** excluent les Juifs de la nation allemande et interdisent les relations sexuelles entre personnes juives et allemandes pour « préserver la pureté de la race ». Puis, les persécutions s'accentuent comme lors de la **Nuit de cristal** (1938).
- Dès 1936, Hitler prépare la guerre et remet une armée sur pied. Il veut regrouper tous les gens de « race » allemande dans un même État (Reich) et pratique **une série d'annexions** (Autriche, Sudètes...).

MINI INTERRO

1. Quand et comment Hitler accède-t-il au pouvoir ?
2. Quelles sont les principales caractéristiques de l'idéologie nazie ?
3. Que prévoient les lois de Nuremberg ?

LE DOCUMENT CLÉ

▷ « Ein Volk, ein Reich, ein Führer » : la propagande nazie

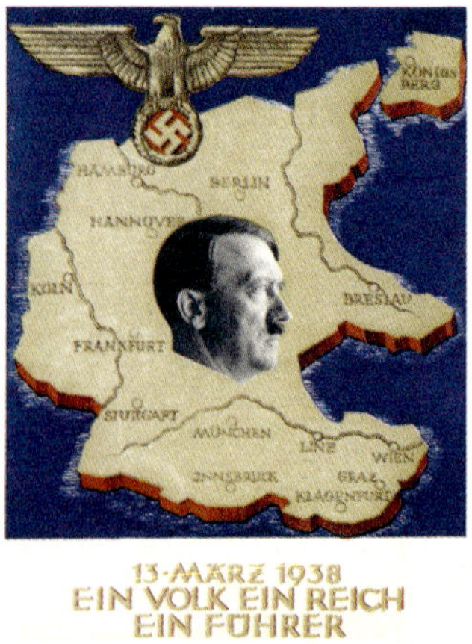

■ Carte postale réalisée après l'annexion de l'Autriche, le 13 mars 1938, par les autorités nazies.

1. **Expliquer.** Le slogan donne trois idées : un peuple (Volk), un État (Reich) et un chef (Führer). L'aigle, emblème du Reich, surmonte une croix gammée (symbole des nazis). Le portrait d'Hitler, tourné vers l'Est en direction des futures conquêtes, figure sur un fond de carte (le Reich ayant intégré l'Autriche).

2. **Conclure.** Ce document illustre les aspects racistes et expansionnistes de l'idéologie nazie : regrouper toutes les populations de « race » allemande dans un même État et faire des conquêtes afin de lui assurer un espace pour s'épanouir (« espace vital »). Ce peuple est soumis à l'obéissance absolue de son chef, le Führer Adolf Hitler.

S'ENTRAÎNER

1 Quiz

Coche la ou les bonne(s) réponse(s).

a. Une dictature repose sur :

❑ un parti unique.

❑ la suppression des libertés fondamentales.

❑ la concentration des pouvoirs entre les mains d'une seule personne.

b. Les lois de Nuremberg sont rédigées en :

❑ 1933. ❑ 1935. ❑ 1936.

c. Dans l'Allemagne nazie, la population est contrôlée par :

❑ le parti nazi.

❑ la police politique.

❑ des organisations spécialisées comme les Jeunesses hitlériennes.

d. Hitler reste au pouvoir en Allemagne de :

❑ 1930 à 1939.

❑ 1933 à 1945.

❑ 1933 à 1953.

e. Les nazis veulent :

❑ regrouper toutes les populations de « race » allemande dans un même État.

❑ conquérir un « espace vital » indispensable pour la « race » allemande.

❑ respecter le traité de paix de 1919 signé à Versailles.

2 Un aspect de l'idéologie nazie

Étudie la photographie, puis réponds aux questions.

Magasin de chaussures saccagé lors de la « Nuit de Cristal ».
Vienne, Autriche, 10 novembre 1938.

a. En quelle année et après quel événement a été prise cette photographie ?

b. Pourquoi ce magasin a-t-il été saccagé ?

c. Quel aspect de l'idéologie nazie illustre cette photographie ?

d. Comment expliquer que cet événement ait eu lieu à Vienne ?

3 Caractériser un régime totalitaire

Relis le cours, puis complète le tableau.

État totalitaire	En Allemagne
Buts de l'État totalitaire	
• Faire adhérer la population à des idées • Uniformiser la société	• Idéologie .... • Suppression des ....
Moyens de l'État totalitaire	
• Dictature avec : – parti unique – suppression des libertés – un chef qui concentre les pouvoirs	• Parti .... • ....
• Contrôle de l'économie	• Orientée vers ....
• Soumission de la population	• Par la .... (police politique, ...) • Par la .... (affiches, culte du chef, ...) • Par ....

4 SPÉCIAL BREVET

Écris un petit paragraphe dans lequel tu montreras les différences et les points communs entre le régime soviétique et le régime nazi.

Pour t'aider, les différences concernent surtout l'idéologie (les buts de l'État totalitaire) ; les points communs se retrouvent dans les moyens mis en œuvre par l'État totalitaire pour appliquer et diffuser cette idéologie.

Corrigés p. 25 du livret.

5 La Seconde Guerre mondiale : une guerre d'anéantissement (1939-1945)

RETENIR

1 / Les deux grandes phases

• **1939-1941** : **l'Axe** (Allemagne, Italie, Japon) remporte des victoires rapides. En 1941, Hitler envahit l'URSS et le Japon agresse les États-Unis. La guerre mondiale se déroule dans l'océan Pacifique et en Europe/Afrique du Nord.

• **1942-1945** : l'avancée de l'Axe est stoppée. Les Alliés occidentaux libèrent peu à peu l'Europe de l'Ouest. Après sa victoire à **Stalingrad** (février 1943), l'URSS progresse en Europe de l'Est. Dans l'océan Pacifique, la guerre tourne à l'avantage des États-Unis. L'Allemagne capitule le 8 mai 1945 et le Japon le 2 septembre.

2 / Une guerre d'anéantissement

• Des **moyens de destruction massifs** sont employés, qui visent aussi les populations civiles. Les États-Unis mettent au point la **bombe atomique** (destruction d'Hiroshima et de Nagasaki, août 1945). Chaque pays mobilise sa population autour d'**enjeux idéologiques**. Les États-Unis et le Royaume-Uni combattent pour **la démocratie et la liberté**. En URSS, Staline mène une **guerre patriotique** contre l'Allemagne. Hitler veut éliminer les Juifs et les communistes.

3 / Le génocide des Juifs et des Tziganes

• Juifs et Tziganes, considérés comme « races inférieures » par les nazis, sont **fusillés** par des commandos SS (*Einsatzgruppen*) en URSS dès 1941. À partir de 1942, ils sont déportés vers les **camps d'extermination** (libérés en 1945 par les Alliés). Au total, près de 5,5 millions de Juifs et 250 000 Tziganes sont assassinés.

MOT CLÉ

✓ **Tziganes** : populations nomades installées dans le centre et l'Est de l'Europe (Hongrie, Roumanie).

MINI INTERRO

1. Où se déroule la Seconde Guerre mondiale ?
2. Pourquoi peut-on parler d'une guerre d'anéantissement ?
3. Quelles populations sont victimes de génocide ?

LE DOCUMENT CLÉ

▷ L'action des *Einsatzgruppen* en URSS

L'unité Einsatz pénétrait dans un village ou dans une ville et donnait l'ordre aux citoyens juifs de marque de rassembler tous les Juifs afin de les « réinstaller ».

On les invitait à mettre tous leurs objets de valeur et, peu avant leur exécution, on leur ordonnait de retirer leurs vêtements de dessus. On les transportait en camion jusqu'au lieu de l'exécution – en général un fossé antichar. [...]

Puis les pelotons d'exécution les fusillaient à genoux ou debout [...] et on jetait les cadavres dans le fossé. [...] J'ai toujours ordonné que plusieurs hommes tirent en même temps, ceci afin d'éviter toute responsabilité personnelle directe.

■ Interrogatoire d'Otto Olhendorf, commandant l'*Einsatzgruppe* D de juin 1941 à juin 1942 en Ukraine (URSS), dans le cadre du procès de Nuremberg, 1946.

1. **Expliquer.** Ce témoignage décrit, en trois parties chronologiques (regroupement, transport, exécution), les massacres des Juifs par les *Einsatzgruppen* lors de l'invasion de l'URSS.

2. **Conclure.** Les SS agissent avec méthode et se servent de leurs victimes. Avant de les exécuter, ils les dépouillent et les font fusiller à ciel ouvert par les soldats qu'on essaie de déculpabiliser. Au total, près de 1,3 million de Juifs sont exécutés par les *Einsatzgruppen*.

S'ENTRAÎNER

1 Quiz

Relie chaque événement à la date qui lui correspond.

Événement	Date
Fin de la bataille de Stalingrad	8 mai 1945
Début de la guerre	avril 1945
Capitulation de l'Allemagne	juin 1941
Bombardement atomique d'Hiroshima	juin 1944
Entrée en guerre des États-Unis	août 1945
Libération des camps d'extermination	février 1943
Invasion de l'URSS	septembre 1945
Capitulation du Japon	septembre 1939
Débarquement des Alliés en Normandie	décembre 1941

2 La fin de la guerre à Berlin

Observe la photographie, puis réponds aux questions.

Photographie d'Evgueni Khaldeï, 2 mai 1945, Berlin.

a. Quand et où a été prise cette photographie ?

b. Quelle est la nationalité du soldat au premier plan ? Quel élément le prouve ?

c. Comment apparaît la ville en arrière-plan ?

d. Quel événement se produit quelques jours plus tard ?

e. Dans quel but cette photographie a-t-elle été prise ?

3 SPÉCIAL BREVET

Étudie le planisphère pour répondre aux questions.

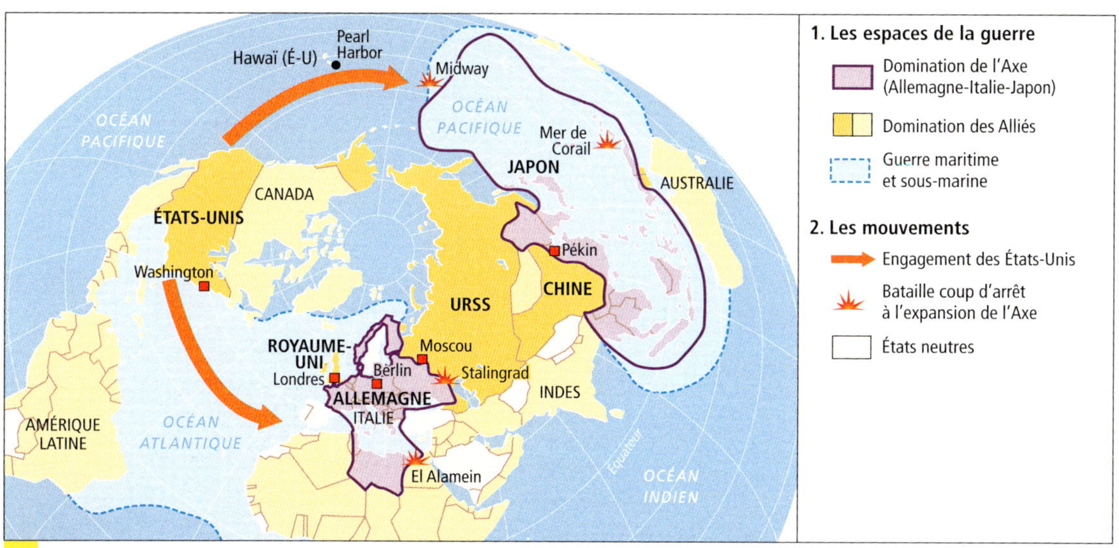

Le monde en 1942.

a. Quelles sont les deux parties du monde où se déroule la guerre ?

b. Nomme les trois pays de l'Axe et cite trois pays qui font partie des Alliés.

c. Quelles sont les deux batailles qui stoppent l'avancée des Allemands ?

d. Que représente l'année 1942 dans le cours de la Seconde Guerre mondiale ?

Corrigés p. 26 du livret.

6 La guerre froide, les relations internationales (1945-1991)

RETENIR

1 / La naissance de l'ONU

- Les États vainqueurs créent en **1945 l'Organisation des Nations unies** (ONU). Elle répond à un **triple objectif** : éviter les guerres en favorisant le dialogue entre les pays ; promouvoir les droits de l'Homme dans le monde ; favoriser le développement économique et social.

MOT CLÉ

✓ **Guerre froide :** période de fortes tensions entre les États-Unis et leurs alliés et l'URSS et ses alliés, entre 1947 et 1989.

2 / Les crises d'un monde bipolaire

- **Les États-Unis et l'URSS** s'opposent après 1945. Le monde, l'Europe, l'Allemagne et Berlin sont divisés en deux : le **bloc occidental** dirigé par les États-Unis avec les pays d'Amérique et d'Europe de l'Ouest ; le **bloc oriental** ou communiste, dirigé par l'URSS avec les pays d'Europe de l'Est et la Chine.
- C'est la **guerre froide**. Les deux superpuissances se tiennent en respect par la **dissuasion nucléaire** et s'affrontent indirectement à plusieurs reprises, comme en Allemagne :
  – 1948-1949 : échec du **blocus de Berlin** par les Soviétiques, qui voulaient récupérer toute la ville ; **création de deux États** : RFA à l'ouest et RDA à l'est ;
  – 1961 : construction du **Mur de Berlin** par les Soviétiques, pour empêcher les Allemands de l'Est de fuir vers l'ouest.

3 / L'effondrement du bloc communiste

- À partir des années 1980, l'URSS a de graves difficultés économiques. En 1985, son nouveau dirigeant Gorbatchev instaure **plus de libertés** et annonce que l'URSS ne soutiendra plus ses alliés.
- En Europe de l'Est, les communistes perdent les élections libres à partir de 1989. En Allemagne, le **Mur de Berlin tombe en novembre 1989** et le pays se réunifie en 1990. **L'URSS implose en 1991**, chaque République reprenant son indépendance.

LE DOCUMENT CLÉ

▷ 1963 : Kennedy à Berlin-Ouest

1. **Expliquer**. En juin 1963, le président américain John Fitzgerald Kennedy prononce un discours à Berlin-Ouest devant 400 000 personnes. Il achève son propos par une phrase restée célèbre, en allemand : « Ich bin ein Berliner » (Je suis un Berlinois).

2. **Conclure**. Ce discours marque le soutien des États-Unis au bloc occidental et à la RFA. Kennedy y dénonce l'échec du communisme, obligé d'enfermer ses populations pour les empêcher de fuir.

MINI INTERRO

1. Quels sont les objectifs de l'ONU ?
2. Quels sont les deux camps qui s'affrontent durant la guerre froide ?
3. Quand se termine la guerre froide ?

S'ENTRAÎNER

1 Vrai ou faux ?

Coche la case qui convient.

	V	F
a. L'ONU est créée en 1945.	❑	❑
b. La première crise à Berlin a lieu en 1951.	❑	❑
c. La RFA, c'est l'Allemagne de l'Est.	❑	❑
d. Un monde bipolaire est un monde divisé en deux blocs (deux camps).	❑	❑
e. Le bloc de l'Est regroupe l'URSS et ses alliés.	❑	❑
f. La deuxième crise à Berlin a lieu en 1961.	❑	❑
g. La dissuasion nucléaire est le fait de menacer son ennemi d'utiliser l'arme atomique.	❑	❑
h. Le Mur est détruit à partir de 1991.	❑	❑

2 La crise des euromissiles

Fais une recherche pour expliquer la crise des euromissiles. Tu indiqueras où et à quelle période elle s'est produite, en précisant les enjeux pour chaque camp.

3 La chute du Mur de Berlin

Relis le cours et étudie la photographie.

Mauerfall (chute du Mur), Berlin, 1989.

a. Quand a été construit le Mur de Berlin ? Pourquoi ?

b. Quel monument figure à l'arrière-plan de la photographie ?

c. Qu'est-ce qui prouve sur la photographie que le Mur est tombé ?

d. Pourquoi la chute du Mur symbolise-t-elle la fin de la guerre froide ?

4 SPÉCIAL BREVET

Observe la carte, puis réponds aux questions.

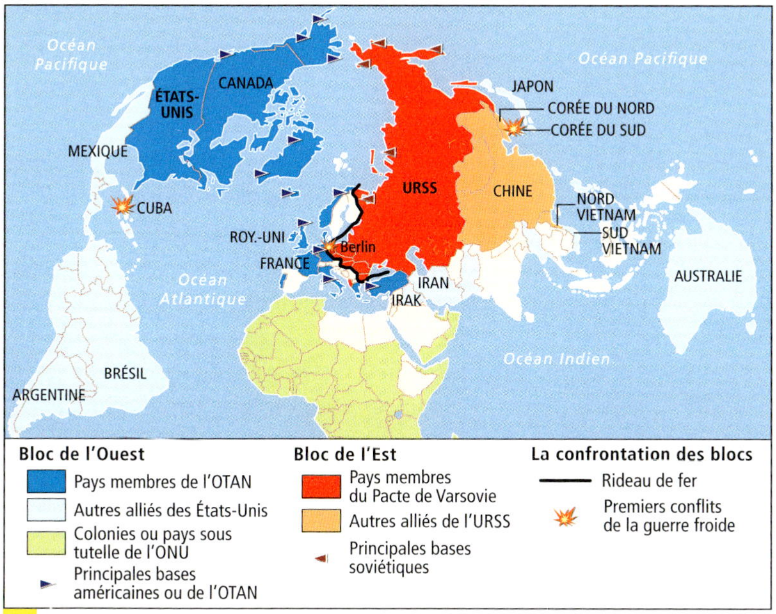

Le monde bipolaire et les crises de la guerre froide.

a. Cite deux alliés de l'URSS.

....

b. Qu'est-ce que le rideau de fer ?

....

c. Quelle est la situation de l'Allemagne et de Berlin ?

....

d. Cite deux crises de la guerre froide et leurs dates.

....

e. Comment s'appellent les alliances militaires mises en place par les États-Unis et l'URSS ?

....

....

Corrigés p. 26 du livret.

7 Des colonies aux États nouvellement indépendants

HISTOIRE

RETENIR

MOTS CLÉS

✓ **Métropole** : pays qui possède des colonies.

✓ **Nationaliste** : qui réclame un pays pour son peuple, sa nation.

1 / Un contexte favorable

• En 1945, les métropoles européennes sortent affaiblies de la guerre, les deux superpuissances sont hostiles aux colonies et l'ONU proclame le **droit des peuples à disposer d'eux-mêmes**. Dans les colonies, certains réclament des **réformes** pour obtenir l'**égalité**, d'autres, les nationalistes, souhaitent l'**indépendance**. En Inde, Gandhi a lancé un mouvement de **désobéissance civile**.

2 / Les types de décolonisation

• Certaines décolonisations sont **négociées** entre la métropole et la colonie. C'est le cas de l'**Inde** à qui le Royaume-Uni accorde l'indépendance en 1947. Celle-ci débouche sur une division de l'Inde en deux, des déplacements de population et des territoires contestés. La quasi-totalité des **colonies françaises d'Afrique subsaharienne**, en 1960, obtiennent leur indépendance par **concertation**.

• D'autres indépendances s'obtiennent par la **guerre**, comme en **Algérie**. La France ne veut pas renoncer à cette colonie où sont installés près d'un million d'Européens. La guerre débute par des attentats du FLN (nationalistes algériens) en 1954 et se termine par les **accords d'Évian en 1962**.

MINI INTERRO

1. Cite deux raisons qui montrent que le contexte est favorable à la décolonisation après 1945.
2. Quels sont les deux types de décolonisation ?
3. Quels sont les points communs des pays nouvellement indépendants ?

3 / Les États nouvellement indépendants

• La plupart des colonies deviennent indépendantes de 1947 à 1962. Ces nouveaux États partagent des **caractéristiques communes** : une population nombreuse et un faible développement économique et social. On crée le terme de « **tiers monde** » pour les désigner.

LA MÉTHODE

▷ Les négociations pour l'indépendance de l'Inde (1947)

1. **Expliquer.** À gauche, Nehru représente les nationalistes hindous, au centre, Mountbatten négocie au nom du gouvernement britannique et à droite, Jinnah est le chef des nationalistes musulmans. À l'arrière-plan, figure une carte du sous-continent indien tandis que sur la table, les papiers évoquent la concertation entre les différentes parties.

2. **Conclure.** Le Royaume-Uni ne peut s'opposer à l'indépendance de ses colonies mais il garde avec elles des liens économiques. L'Inde est partagée en deux États (Union indienne et Pakistan) correspondant aux deux religions majoritaires qui participent aux discussions.

S'ENTRAÎNER

1 Quiz

Coche la ou les bonne(s) réponse(s).

a. Le droit des peuples à disposer d'eux-mêmes est défendu par :

- ☐ l'ONU.
- ☐ la France.
- ☐ le Royaume-Uni.
- ☐ l'OTAN.

b. L'Inde devient indépendante en :

- ☐ 1945.
- ☐ 1947.
- ☐ 1949.
- ☐ 1951.

c. Lequel de ces termes qualifie le mieux Gandhi ?

- ☐ Musulman
- ☐ Violent
- ☐ Illettré
- ☐ Nationaliste

d. Les nationalistes algériens se regroupent au sein du :

- ☐ FLN.
- ☐ OAS.
- ☐ MRP.
- ☐ CNR.

e. L'Algérie devient indépendante en :

- ☐ 1954.
- ☐ 1958.
- ☐ 1960.
- ☐ 1962.

f. Les accords qui mettent fin à la guerre d'Algérie sont signés à :

- ☐ Dijon.
- ☐ Paris.
- ☐ Évian.
- ☐ Versailles.

g. Le terme créé pour désigner l'ensemble des nouveaux pays indépendants est :

- ☐ bloc occidental.
- ☐ tiers monde.
- ☐ colonies.
- ☐ pays pauvres.

h. La plupart des colonies françaises obtiennent leur indépendance :

- ☐ par la guerre.
- ☐ dans les années 1950.
- ☐ par la concertation.
- ☐ dans les années 1960.

2 L'indépendance du Sénégal

En t'aidant du document, réponds aux questions.

Timbre de 1961 commémorant l'indépendance du Sénégal obtenue en 1960.

a. Où se situe le Sénégal ?

b. Quand obtient-il son indépendance ? Comment ?

c. Qui est évoqué par le personnage au centre du timbre ?

d. Quels autres éléments du timbre montrent que le Sénégal était une colonie française ?

e. Fais une recherche pour savoir qui fut le premier président du Sénégal.

3 SPÉCIAL BREVET

Étudie le planisphère, puis réponds aux questions.

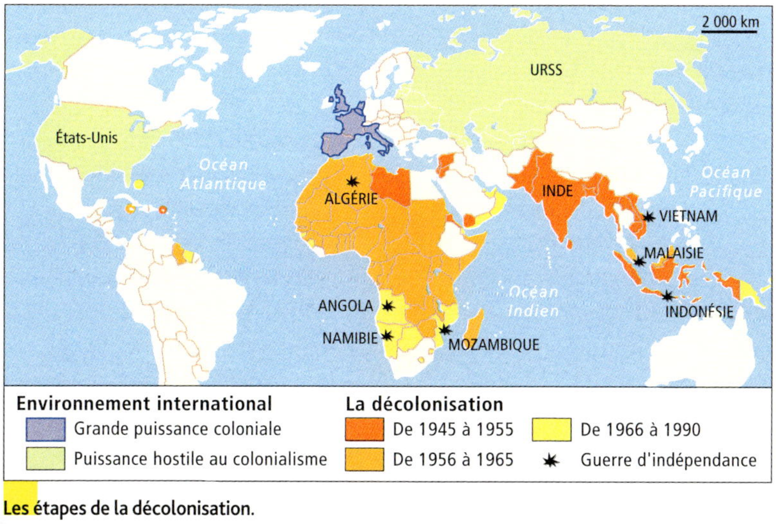

Les étapes de la décolonisation.

a. Quel est le continent le plus colonisé en 1945 ?

b. Où se situent les métropoles ?

c. Quand l'Inde devient-elle indépendante ? De quelle manière ?

d. Quand l'Algérie devient-elle indépendante ? De quelle manière ?

e. Durant quelle période a lieu la grande vague de décolonisation ?

f. Quelles sont les deux puissances opposées au colonialisme ?

Corrigés p. 26 du livret.

8 Géopolitique du monde actuel

RETENIR

1 / La construction européenne

- Après la Seconde Guerre mondiale, pour **garantir la paix sur le continent et se renforcer économiquement**, six pays d'Europe de l'Ouest lancent la construction européenne. En **1951**, l'Allemagne, la Belgique, la France, l'Italie, le Luxembourg et les Pays-Bas créent la **CECA** (mise en commun de la production de charbon et d'acier).
- En **1957**, les Six signent les **traités de Rome** qui créent la **CEE** (marché commun avec libre circulation des marchandises et politiques communes dans certains domaines) et **Euratom** (pour l'énergie nucléaire). Fondée sur des bases économiques, la construction européenne **s'élargit à de nouvelles démocraties** (c'est l'une des conditions d'adhésion) du bloc occidental.
- En **1992**, douze pays signent le **traité de Maastricht** qui crée l'**Union européenne** (UE), avec des aspects économiques (l'euro, monnaie commune qui entre en vigueur en **2002**), politiques (création de la PESC, Politique étrangère et de sécurité commune) et civiques (création d'une citoyenneté européenne).

MOTS CLÉS

✓ **CEE/CECA** : Communauté économique européenne / Communauté européenne du charbon et de l'acier.

✓ **Monde unipolaire/multipolaire** : monde dominé par une seule puissance / par plusieurs puissances.

2 / Un monde multipolaire

- Les **États-Unis** restent la grande superpuissance après la fin de la guerre froide, jouant le rôle de « gendarme du monde ». Mais d'autres puissances s'affirment, comme la **Russie, la Chine ou certains pays de l'UE**. En 2003, la France refuse de s'engager dans la 2e guerre contre l'Irak menée par les États-Unis ; en 2013, la Russie bloque l'intervention militaire des États-Unis et de ses alliés en Syrie.
- Malgré la création de l'ONU et la fin de la guerre froide, le monde reste marqué par de nombreuses guerres. Le **Moyen-Orient** demeure un foyer de conflits dont les États-Unis tentent d'assurer la stabilité (présence militaire en Afghanistan depuis 2001, en Irak de 2003 à 2011).

MINI INTERRO

1. Quels sont les buts de la construction européenne ?
2. Que prévoit le traité de Maastricht ?
3. Cite des puissances actuelles en dehors des États-Unis.

LE DOCUMENT CLÉ

▷ La pièce française de 2 €

1. **Expliquer.** Sur le droit (face noble), chaque pays a choisi un emblème national entouré des douze étoiles, symboles de l'UE. Pour la pièce de 2 € française, il s'agit d'un arbre (symbole de vie et de prospérité), inscrit dans un hexagone (symbole de la France) et entouré de la devise républicaine. Sur le revers (à droite), commun à tous les pays membres, apparaît l'Europe (symbole d'unité) avec la valeur de la pièce.

2. **Conclure.** Une monnaie est à la fois un objet économique et un symbole. Les États ont mis en commun une prérogative très ancienne : fabriquer la monnaie. Désormais, la plupart des citoyens européens utilisent quotidiennement les mêmes pièces et billets, objets concrets de la construction européenne.

S'ENTRAÎNER

1 Quiz

Relie chacune des organisations nommées dans la colonne de gauche à ses compétences et à la date de sa création.

Organisation	Compétences	Date de création
Euratom	Production de charbon et d'acier	1992
CECA	Marché commun	1957
UE	Industrie nucléaire européenne	1951
CEE	Euro et PESC	1957

2 L'intervention américaine en Afghanistan

Fais une recherche pour savoir quand les États-Unis sont intervenus en Afghanistan et pour quelles raisons. Tu préciseras où se situe ce pays et quels alliés ont soutenu les États-Unis.

....

....

....

....

....

3 L'Union européenne en 2002

Étudie la carte, puis réponds aux questions.

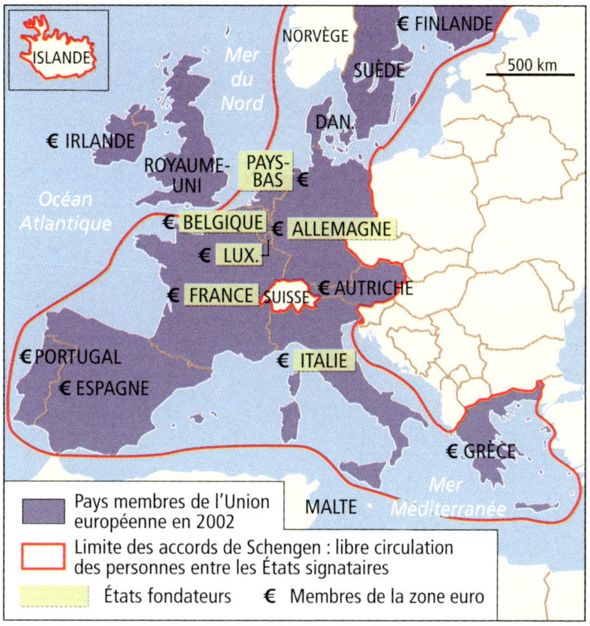

a. Quels pays sont à l'origine de la construction européenne ?

b. Combien l'UE compte-t-elle de membres en 2002 ?

c. Quels pays européens mais alors non membres de l'UE ont signé les accords de Schengen ?

d. Quels pays membres de l'UE n'ont pas adopté l'euro ?

e. Quels pays membres de l'UE n'ont pas signé les accords de Schengen ?

f. Pourquoi peut-on parler d'une UE à plusieurs vitesses ?

4 SPÉCIAL BREVET

Étudie la carte pour répondre aux questions.

a. Quels sont les cinq pays qui possèdent le plus d'armes nucléaires ?

b. Quels sont les autres pays qui possèdent l'arme nucléaire ?

c. Quels sont les pays soupçonnés de vouloir se doter de l'arme nucléaire ?

d. Quel risque représente une prolifération de l'arme nucléaire ?

e. Quel est le principal foyer de conflits ? Cite des pays qui en font partie.

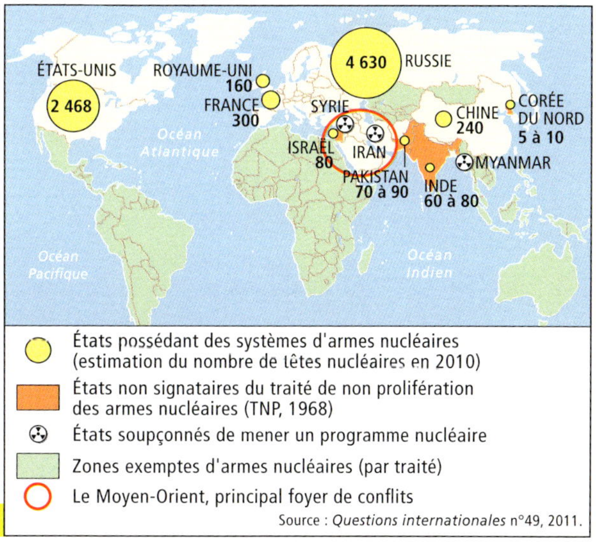

L'arme nucléaire dans le monde.

Corrigés p. 26 du livret.

9 La République de l'entre-deux-guerres (1) : les années 1920

RETENIR

1 / La fin de l'Union sacrée

- L'**Union sacrée** se met en place en 1914 : toutes les tendances politiques, des **socialistes** à gauche en passant par les **radicaux** au centre et jusqu'aux partis de **droite**, soutiennent au parlement les gouvernements qui conduisent la guerre.
- À partir de 1917, l'Union sacrée se fissure parce que **la population est lassée** d'un conflit meurtrier et épuisant. Le courant **pacifiste** (qui souhaite la paix) progresse : socialistes et radicaux réclament la fin de la guerre.

MOT CLÉ

✓ SFIO : Section française de l'internationale ouvrière, créée en 1905 et regroupant les différentes tendances socialistes.

2 / Le retour à la paix

- Après la victoire de 1918, le pays est marqué par un retour à la normale. Le **Parlement** retrouve sa place centrale, avec des **affrontements politiques** et des **troubles sociaux** (nombreuses grèves), alimentés par le modèle de la révolution russe de 1917.
- En s'alliant au sein du **Bloc national**, les partis de droite et certains radicaux remportent les élections législatives de 1919 en jouant sur la division des partis de gauche et la peur du bolchevisme (communisme). Les gouvernements répriment les grèves.
- À gauche, le parti socialiste se divise entre **Parti communiste et SFIO**, lors du congrès de Tours (1920), au sujet de l'adhésion à la IIIe Internationale proposée par Lénine.

MINI INTERRO

1. Qu'est-ce que l'Union sacrée ?
2. Comment s'appelle l'alliance des partis de droite en 1919 ?
3. Quels sont les deux grands courants de gauche après le congrès de Tours ?

LE DOCUMENT CLÉ

▷ Les délégués au congrès de Tours

1. **Expliquer**. La SFIO réunit son congrès à Tours en 1920. Les délégués doivent se prononcer sur l'adhésion à la IIIe Internationale (ou Internationale communiste), créée par Lénine en 1919, et dont le but est de regrouper tous les partis communistes pour organiser une révolution mondiale.

2. **Conclure**. La gauche se divise alors en deux tendances. Les trois quarts des délégués choisissent d'adhérer à la IIIe Internationale et fondent la SFIC (Section française de l'internationale communiste ou Parti communiste), suivant les directives de Lénine (essayer de prendre le pouvoir par la force). La minorité des délégués, derrière Léon Blum, refuse l'adhésion et demeure au sein de la SFIO, prônant une action réformiste (changer la société en gagnant les élections et en votant des lois).

S'ENTRAÎNER

1 Vrai ou faux ?

Coche la case qui convient.

	V	F
a. La IIIe République a été mise en place en 1870.	❑	❑
b. La IIIe République est un régime parlementaire.	❑	❑
c. Durant la guerre, les partis politiques s'affrontent au Parlement.	❑	❑
d. Après la victoire, la France connaît une période de calme.	❑	❑
e. La SFIO est le principal parti de droite.	❑	❑
f. Au congrès de Tours, la majorité des délégués adhèrent à la IIIe Internationale.	❑	❑
g. La SFIO disparaît au congrès de Tours.	❑	❑
h. Léon Blum est l'un des principaux dirigeants des radicaux.	❑	❑

2 Une affiche syndicale

Étudie cette affiche, puis réponds aux questions.

« La journée de huit heures », affiche de l'Union des syndicats ouvriers de la Seine réalisée par la CGT en 1919.

a. Quand et par qui a été réalisée cette affiche ?

b. À qui s'adresse cette affiche ?

c. Qu'est-ce qui est représenté en arrière-plan ?

d. Qui sont les deux groupes de personnages et que font-ils ?

e. Quel est le message de l'affiche ?

3 SPÉCIAL BREVET

Étudie le document, puis réponds aux questions.

Couverture d'une brochure éditée pour les élections législatives, Adrien BARRIÈRE (1877-1931), 1919. Musée d'histoire contemporaine/BDIC, Paris.

a. En quelle année et à quelle occasion a été réalisée cette illustration ?

b. Qu'est-ce que le bolchevisme ?

c. Comment est représenté le bolchevik ?

d. Par qui a été réalisée cette affiche ?

e. Quel est son but ?

f. Qui a remporté ces élections ? À quelle tendance politique appartiennent ces partis ?

Corrigés p. 26 du livret.

10

La République de l'entre-deux-guerres (2) : les années 1930

Histoire

RETENIR

1 / Une crise économique, sociale et politique

MOT CLÉ

✔ Instabilité ministérielle : changements fréquents de gouvernements qui perdent leur majorité au Parlement.

- La crise économique, partie des États-Unis en 1929, provoque en France une forte **baisse de la production**, une **chute des revenus** et une **hausse du chômage**. La crise sociale débouche sur une crise politique.
- Les partis politiques sont nombreux et très divisés. Cela entraîne une forte **instabilité ministérielle**. Certains partis (Parti communiste, ligues d'extrême droite) remettent en cause la République parlementaire. Le **6 février 1934**, une manifestation organisée par les ligues dégénère en émeute.

2 / La victoire du Front populaire

- Pour contrer la menace d'extrême droite, la gauche décide de s'unir au sein d'un **Front populaire** (communistes, SFIO et radicaux) avec le slogan « pain, paix, liberté ».
- Le Front populaire remporte les élections législatives de 1936. Léon Blum, chef de la SFIO, nommé président du Conseil, forme un gouvernement. Alors que des **grèves** et des **occupations d'usines** se multiplient dans le pays, Blum annonce sa volonté de faire des réformes.

MINI INTERRO

1. Quels éléments montrent qu'il y a une crise économique, sociale et politique en France ?
2. Quels partis composent le Front populaire ?
3. Quelles lois sont votées sous le Front populaire ?

3 / Les réformes sous le Front populaire

- Le gouvernement Blum favorise des négociations entre syndicats de patrons et d'ouvriers. Elles débouchent sur les **accords de Matignon le 7 juin 1936**, qui prévoient une augmentation des salaires et une meilleure reconnaissance des syndicats et des droits des salariés.
- Le gouvernement Blum fait voter des **lois sociales** qui améliorent les conditions de vie des plus modestes : 15 jours de congés payés sont accordés et la semaine de travail passe de 48 à 40 heures.

LE DOCUMENT CLÉ

▷ Le résultat des élections législatives de 1936

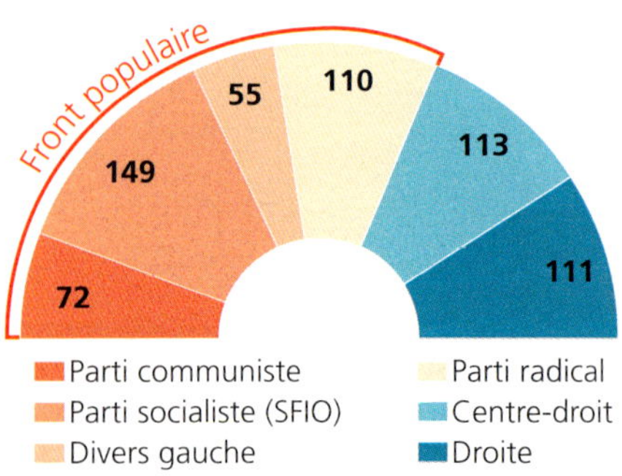

1. **Expliquer.** Ce diagramme semi-circulaire indique pour chaque parti politique le nombre de sièges, donc de députés élus. Il précise les partis alliés au sein du Front populaire.

2. **Conclure.** Le Front populaire a une majorité absolue de députés et peut donc soutenir un gouvernement et faire voter ses lois. La SFIO est arrivée en tête : c'est donc son dirigeant, Léon Blum, qui est nommé chef du gouvernement par le président de la République.

S'ENTRAÎNER

1 Une affiche de propagande

Étudie l'affiche, puis réponds aux questions.

Affiche de 1936, Raoul Cabrol (1895-1956). Sur le manche du couteau figurent les insignes des ligues d'extrême droite.

a. Quand et par qui a été réalisée cette affiche ?

b. À quelle alliance appartient ce parti politique ?

c. Qui est le personnage sur l'affiche ?

d. Quels symboles peux-tu identifier ?

e. Que rappelle cette affiche ? (cf. chapitre 9)

f. Quel est le but de cette affiche ?

2 Les accords de Matignon

Étudie le texte, puis réponds aux questions.

De nouveaux droits du travail

Les délégués de la Confédération générale du patronat français (CGPF) et de la Confédération générale du travail (CGT) se sont réunis sous la présidence de Monsieur le président du Conseil [Léon Blum] et ont conclu l'accord ci-après. [...]

Art. 3. Les employeurs reconnaissent la liberté d'opinion ainsi que les droits pour les travailleurs d'adhérer librement et d'appartenir à un syndicat. Ils s'engagent à ne pas prendre en considération le fait d'appartenir ou non à un syndicat pour décider de l'embauche, de la répartition du travail, de la discipline ou du licenciement.

Art. 4. Les salaires seront réajustés à 15 % pour les salaires moins élevés [...], à 7 % pour les salaires les plus élevés.

Art. 5. Dans chaque établissement comprenant dix ouvriers, il sera institué deux ou plusieurs délégués ouvriers suivant l'importance de l'établissement. Ces délégués ont qualité pour présenter à la direction les réclamations visant l'application du Code du travail, les salaires et les mesures d'hygiène et de sécurité. »

Extraits des accords de Matignon, signés le 7 juin 1936.

a. Où ces accords ont-ils été signés ? Entre qui ?

b. Que prévoit l'article 4 ?

c. Quel est le rôle des délégués ouvriers dans l'entreprise ?

d. Quel article montre que les ouvriers syndiqués étaient parfois mal considérés par les patrons ?

e. Pourquoi les employeurs font-ils d'importantes concessions ?

3 HISTOIRE DES ARTS

Étudie la photo, puis réponds aux questions.

a. Quelles lois sociales ont été votées peu avant cette photographie ?

b. À quelle catégorie sociale appartiennent les personnages représentés au premier plan ?

c. Quels éléments de la photographie évoquent la liberté ?

d. Fais une recherche sur Henri Cartier-Bresson pour savoir quelle agence il a fondée et avec quels grands photographes il a travaillé.

Dimanche sur les bords de Marne, Henri Cartier-Bresson, 1938.

Corrigés p. 27 du livret.

11 Effondrement de la République et régime de Vichy (1940-1944)

HISTOIRE

RETENIR

1 / L'effondrement de la République

- À partir de mai 1940, les armées allemandes déferlent sur la France, qui est rapidement vaincue. Le **maréchal Pétain**, nommé président du Conseil le 17 juin 1940, annonce l'**armistice**, signé le 22 juin. Les conditions sont très dures : les deux tiers nord de la France sont occupés, l'Alsace et une partie de la Lorraine annexées, les prisonniers emmenés en Allemagne.
- Dans ce contexte, la **IIIe République est renversée**. À Vichy, où le gouvernement s'est établi, les députés et les sénateurs votent un texte qui accorde au maréchal Pétain les **pleins pouvoirs** pour rédiger une constitution.

MOT CLÉ

✓ Rafle du Vel d'Hiv : près de 13 000 Juifs sont arrêtés et parqués au Vélodrome d'Hiver à Paris. La plupart sont déportés à Auschwitz, où ils sont tués.

2 / Un nouveau régime autoritaire

- Pétain, à la tête de « **l'État français** », ou régime de Vichy, concentre tous les pouvoirs, restreint les libertés et supprime les partis politiques. Une vaste propagande s'organise autour du maréchal présenté comme le sauveur de la France.
- Ce régime est aussi **antisémite**. Dès le 3 octobre 1940, il promulgue un **statut des Juifs** qui leur interdit d'exercer des fonctions leur donnant une influence (enseignement, radio, cinéma, fonction élective, fonction publique...). En 1941, les Juifs doivent se faire recenser et leurs entreprises sont confisquées.

MINI INTERRO

1. Pourquoi la IIIe République s'effondre-t-elle ?
2. Cite deux éléments qui montrent que le régime de Vichy est autoritaire.
3. Quelles sont les deux autres caractéristiques du régime de Vichy ?

3 / Un régime qui collabore

- Le 24 octobre 1940, Pétain rencontre Hitler à Montoire et choisit de **collaborer avec l'Allemagne** : l'administration française travaille pour l'occupant, une grande partie de l'économie française est mise au service de l'Allemagne. Vichy aide l'Allemagne dans sa politique de persécution des Juifs. Lors de la **rafle du Vel d'Hiv** (16 et 17 juillet 1942), la police française fournit aux Allemands les fichiers recensant les adresses des familles juives à Paris, puis participe à leur arrestation.

LE DOCUMENT CLÉ

▷ Une chanson à la gloire du maréchal Pétain

[2e couplet]
Tu as lutté sans cesse
Pour le salut commun
On parle avec tendresse
Du héros de Verdun
En nous donnant ta vie
Ton génie et ta foi
Tu sauves la Patrie
Une seconde fois

[Refrain]
Maréchal nous voilà !
Devant toi, le sauveur de la France
Nous jurons, nous, tes gars
De servir et de suivre tes pas
Maréchal nous voilà !
Tu nous as redonné l'espérance
La Patrie renaîtra !
Maréchal, Maréchal, nous voilà !

■ Chanson créée en France en 1941.

1. **Expliquer.** La chanson est un serment de fidélité au maréchal. Elle fait référence à son passé militaire et à sa victoire à Verdun en 1917, ainsi qu'à la Patrie.

2. **Conclure.** Ce chant devient l'hymne officieux du régime de Vichy. Il montre que la musique peut devenir un moyen de propagande.

S'ENTRAÎNER

1 Quiz

Lis les chapitres 11 et 12, puis coche la ou les bonne(s) réponse(s).

a. Le régime de Vichy débute en :

❑ 1936. ❑ 1940.
❑ 1939. ❑ 1942.

b. Le régime de Vichy est dirigé par :

❑ Hitler. ❑ Blum.
❑ Pétain. ❑ de Gaulle.

c. Le régime de Vichy est :

❑ autoritaire. ❑ antisémite.
❑ démocratique. ❑ expansionniste.

d. La rafle du Vel d'Hiv a lieu en :

❑ 1940. ❑ 1942.
❑ 1941. ❑ 1943.

e. Le général de Gaulle lance son appel à résister le :

❑ 18 juin 1940. ❑ 7 décembre 1941.
❑ 14 juillet 1940. ❑ 6 juin 1944.

f. Le CNR est créé en 1943 pour :

❑ préparer le débarquement en France.
❑ faire travailler les jeunes hommes en Allemagne.
❑ regrouper les réseaux de résistance en France.
❑ collaborer avec les Allemands.

g. Les débarquements alliés ont lieu en :

❑ Picardie. ❑ Bretagne.
❑ Normandie. ❑ Provence.

h. Les réformes mises en place à la Libération sont :

❑ la création de la Sécurité sociale.
❑ la baisse du temps de travail à 39 heures.
❑ le droit de vote des femmes.
❑ la mise en place de la IIIe République.

i. La nouvelle Constitution est adoptée en :

❑ 1944. ❑ 1946.
❑ 1945. ❑ 1947.

j. La nouvelle Constitution crée la :

❑ IIIe République. ❑ Ve République.
❑ IVe République. ❑ VIe République.

2 Vichy et l'Allemagne nazie

Relis le cours et observe la photographie pour répondre aux questions.

L'entrevue de Montoire (Loir-et-Cher) en zone occupée, 24 octobre 1940.

a. Quand est signé l'armistice entre la France et l'Allemagne ?

b. Qui sont les deux personnages au centre et quels pays représentent-ils ?

c. Que symbolise cette poignée de main ?

d. Donne un exemple concret de cette politique.

e. Quelles sont les deux autres caractéristiques du régime de Vichy ?

3 SPÉCIAL BREVET

Étudie ce document, puis réponds aux questions.

Image réalisée par les Services de l'Information et de la Propagande du régime de Vichy, 1941.

a. Quelle est la devise du régime de Vichy ?

b. Quelle devise remplace-t-elle ?

c. Qui est le personnage au centre du document ?

d. Quelles activités économiques sont représentées ?

e. Comment appelle-t-on ce type de document ? Quel est son but ?

Corrigés p. 27 du livret.

12 Résistance et refondation républicaine (1940-1946)

RETENIR

1 / La naissance de la Résistance

- **L'appel du général de Gaulle** lancé depuis Londres le 18 juin 1940 est l'acte fondateur de la résistance contre l'occupant allemand. Deux formes de résistance s'amplifient et s'organisent :
  – **la résistance extérieure :** de Gaulle forme la « **France libre** » avec une armée (les **FFL**), constituée de soldats et de régiments des colonies. Les FFL (2e Division blindée du général Leclerc) combattent aux côtés des Alliés ;
  – **la résistance intérieure :** plusieurs **réseaux** combattent en France (attentats, sabotages). Ils organisent aussi des filières d'évasion et une presse clandestine pour contrer la propagande vichyste ou allemande. Ils deviennent les **FFI** en 1944.

MOTS CLÉS

✓ FFL : Forces françaises libres.

✓ FFI : Forces françaises de l'intérieur.

✓ CNR : Conseil national de la Résistance.

2 / L'unification de la Résistance

- En 1943, **Jean Moulin**, envoyé par le général de Gaulle, regroupe les différents mouvements résistants au sein du **CNR**. Celui-ci élabore un **programme** en 1944, qui décrit les actions immédiates pour libérer la France, et envisage les mesures à prendre après la Libération : rétablissement de la démocratie, de la République et mise en place de droits sociaux.
- La Résistance (FFL et FFI) joue un rôle dans la Libération de la France à partir des débarquements de Normandie (juin 1944) puis de Provence (août 1944).

3 / Le rétablissement de la République

- À partir de la **Libération**, de Gaulle, à la tête du gouvernement provisoire, applique le programme du CNR. Des réformes importantes sont prises comme le **droit de vote des femmes** ou la création de la **Sécurité sociale**. Une nouvelle Constitution, adoptée en 1946, établit la **IVe République**.

MINI INTERRO

1. Quelles sont les deux formes de résistance ?
2. Que prévoit le programme du CNR ?
3. Quelles mesures importantes sont prises de 1944 à 1946 ?

LE DOCUMENT CLÉ

▷ Affiche placardée dans le Vercors en juillet 1944

République française, Liberté-Égalité-Fraternité

Le 3 juillet 1944, la République française a été officiellement restaurée dans le Vercors. À dater de ce jour, les décrets de Vichy sont abolis et toutes les lois républicaines remises en vigueur. [...] Notre région est en état de siège. Le Comité de Libération nationale demande donc à la population de faire l'impossible, comme il le fera lui-même, pour mettre à la disposition du Commandement militaire qui a la charge écrasante de nous protéger contre un ennemi toujours aussi barbare, tous les moyens dont il dispose.

1. **Expliquer.** Le texte insiste sur deux points : la restauration du régime républicain et démocratique, comme le rappelle la devise, après la période autoritaire de l'État français, et la lutte contre l'occupant allemand après le débarquement de Normandie (juin 1944).

2. **Conclure.** Les résistants ont joué un rôle dans la libération de la France aux côtés des forces militaires alliées. C'est la Résistance (intérieure et extérieure) qui a permis à la France d'être dans le camp des vainqueurs.

S'ENTRAÎNER

1 Le programme du CNR

Lis le cours et le texte, puis réponds aux questions.

Née de la volonté ardente des Français de refuser la défaite, la Résistance n'a pas d'autre raison d'être que la lutte quotidienne sans cesse intensifiée. Cette mission de combat ne doit pas prendre fin à la Libération. Ce n'est, en effet, qu'en regroupant toutes ses forces autour des aspirations quasi unanimes de la Nation, que la France retrouvera son équilibre moral et social et redonnera au monde l'image de sa grandeur et la preuve de son unité. Aussi les représentants des organisations de la Résistance, des centrales syndicales et des partis ou tendances politiques groupés au sein du CNR, délibérant en assemblée plénière le 15 mars 1944, ont-ils décidé de s'unir sur le programme suivant, qui comporte à la fois un plan d'action immédiate contre l'oppresseur et les mesures destinées à instaurer, dès la Libération du territoire, un ordre social plus juste.

D'après le programme du Conseil national de la Résistance, 15 mars 1944.

a. Par qui a été constitué le CNR ?

b. Que regroupe-t-il ?

c. Quand a été rédigé le programme du CNR ?

d. Qui est « l'oppresseur » cité dans le texte ?

e. Quel est le double but de ce programme ?

2 La Libération de la France

Étudie la photographie, puis réponds aux questions.

Charles de Gaulle descend les Champs-Élysées accompagné des membres du Conseil national de la Résistance, du gouvernement provisoire de la République française et des chefs militaires de la 2e DB.

a. Où et à quelle période a été prise cette photographie ?

b. Entoure le général de Gaulle sur la photo. Quelle fonction occupe-t-il alors ?

c. À quel régime a-t-il mis fin ?

d. Quand ont eu lieu les deux débarquements qui ont permis de libérer la France ?

e. Fais une recherche pour savoir quelle est la 1re unité à entrer dans Paris en 1944.

f. Quelles grandes réformes politiques et sociales sont prises peu après ?

3 HISTOIRE DES ARTS

Lis les paroles de ce chant, puis réponds aux questions.

Ami, entends-tu le vol noir des corbeaux
sur nos plaines ?
Ami, entends-tu les cris sourds du pays
qu'on enchaîne ?
Ohé, partisans, ouvriers et paysans, c'est l'alarme.
Ce soir l'ennemi connaîtra le prix du sang
et les larmes.
Montez de la mine, descendez des collines,
camarades !
Sortez de la paille les fusils, la mitraille,
les grenades.
Ohé, les tueurs à la balle et au couteau, tuez vite !
Ohé, saboteur, attention à ton fardeau :
dynamite…

Deux premières strophes du *Chant des partisans* composé en 1943 à Londres.

Diffusé sur la BBC (radio anglaise) et par tracts en France, ce chant devient en quelque sorte l'hymne de la Résistance.

a. Où et quand a été composé ce chant ?

b. Que signifie le « vol noir des corbeaux » ?

c. Qui est l'ennemi de la 1re strophe ?

d. À qui s'adresse ce chant ?

e. Souligne les passages qui montrent que ce chant appelle au combat.

f. Fais une recherche pour savoir qui a rédigé les paroles et la musique de ce chant.

Corrigés p. 27 du livret.

13 La Ve République (1) : les années de Gaulle

RETENIR

1 / La fin de la IVe République

- La IVe République est marquée par une forte instabilité ministérielle. Les gouvernements confrontés au problème de la décolonisation n'arrivent pas à résoudre la **crise algérienne** (cf. chap. 7). En 1958, **des Français d'Algérie manifestent** pour le retour du général de Gaulle, retiré depuis 1946. Le président de la République charge de Gaulle de former un gouvernement. Il accepte et **rédige une nouvelle Constitution qui créé la Ve République**.

2 / De Gaulle, président (1958-1969)

- De Gaulle est élu président de la République. Le régime reste parlementaire avec un **renforcement du pouvoir** du président : il peut proposer des **référendums**, dissoudre l'Assemblée et disposer de pouvoirs spéciaux en cas de crise. À partir de 1962, il est élu au suffrage universel direct.
- La politique de de Gaulle **réaffirme la puissance française** dans le monde. Il se démarque des États-Unis et dote la France de l'arme nucléaire. Dans le domaine économique, de grands projets industriels sont favorisés (le Concorde).
- Une partie de la population aspire à **plus de libertés et une plus juste répartition des revenus** de la croissance. Elle critique la rigidité des mœurs et la façon dont de Gaulle exerce le pouvoir. Ces mécontentements s'expriment lors de la **crise de mai 1968**. En 1969, le général de Gaulle démissionne après un référendum perdu.

MOT CLÉ

✓ **Référendum** : vote sous forme de question à laquelle les citoyens répondent par oui ou par non sur un sujet donné.

MINI INTERRO

1. De quels pouvoirs dispose le Président sous la Ve République ?
2. Durant quelles années de Gaulle est-il président de la République ?
3. Quelle grave crise intervient dans les dernières années de la présidence du général de Gaulle ?

LE DOCUMENT CLÉ

▷ L'élection du président au suffrage universel direct

Françaises, Français !

Le 28 octobre, ce que vous allez répondre à ce que je vous demande engagera le destin de la France. [...]
Si votre réponse est : « Non » ! comme le voudraient tous les anciens partis afin de rétablir leur régime de malheur, [...] ou même si la majorité des « Oui » ! est faible, médiocre, aléatoire, il est bien évident que ma tâche sera terminée aussitôt et sans retour. Car, que pourrais-je faire, ensuite, sans la confiance chaleureuse de la Nation ?
Mais si, comme je l'espère, comme je le crois, comme j'en suis sûr, vous me répondez « Oui » ! une fois de plus et en masse, alors me voilà confirmé par vous toutes et par vous tous dans la charge que je porte ! Voilà le pays fixé, la République assurée et l'horizon dégagé ! Voilà le monde décidément certain du grand avenir de la France !

Vive la République ! Vive la France !

■ Discours radiotélévisé du général de Gaulle, 18 octobre 1962.

1. **Expliquer.** De Gaulle affirme que tous les autres partis politiques sont contre l'élection du président au suffrage universel direct, qui accentue le pouvoir du Président. Il indique qu'il démissionnera si la réponse est négative ou que le « oui » l'emporte faiblement.

2. **Conclure.** Avec la Ve République, de Gaulle renforce les liens directs entre le Président et la population par des discours télévisés fréquents, des référendums et une élection au suffrage universel. Cela fait de lui le représentant de tous les citoyens et lui confère une plus grande place politique.

S'ENTRAÎNER

1 Quiz

Relis les chapitres 12 et 13, puis relie les dates aux événements correspondants.
Numérote ensuite les événements dans l'ordre.

Fin de la présidence du général de Gaulle ○	○ 1940
Fin de la IIIe République ○	○ 1946
Manifestation à Alger ○	○ 1962
Début de la IVe République ○	○ 1962
Référendum sur l'élection du Président au suffrage universel direct ○	○ 1968
Fin de la Ve République ○	○ 1969
Manifestations et grèves contestant le régime ○	○ ?
Indépendance de l'Algérie ○	○ 1958

2 Les institutions de la Ve République

Étudie le document et réponds aux questions.

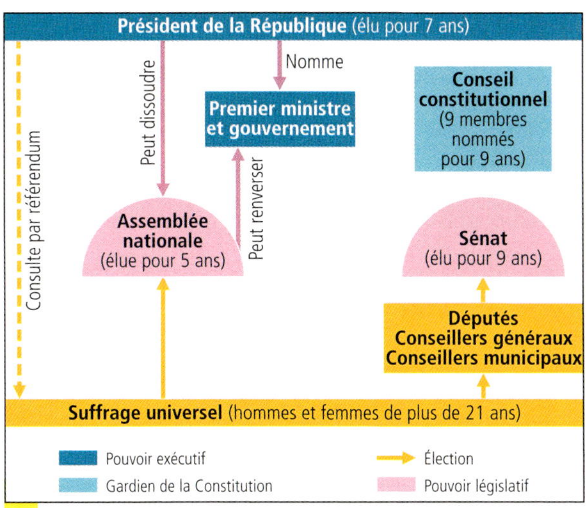

La Ve République sous de Gaulle.

a. Comment s'appelle ce type de document ?

b. À partir de quel texte est-il réalisé ?

c. Quelle est la durée du mandat présidentiel ?

d. De quels pouvoirs dispose le Président ?

e. Qui détient le pouvoir législatif ?

f. Qu'est-ce qui prouve que la Ve République est toujours parlementaire ?

3 SPÉCIAL BREVET

Étudie l'affiche et le texte, puis réponds aux questions.

Affiche étudiante, mai 1968.

Mai 1968 en France

La crise de mai 1968 commence par une révolte étudiante, se poursuit par un mouvement ouvrier avec des grèves qui paralysent le pays et débouche sur une crise politique qui remet en cause le général de Gaulle, sa manière d'exercer le pouvoir et son gouvernement.

Pour résoudre la crise, le général de Gaulle s'adresse au pays et annonce la dissolution de l'Assemblée nationale. Aux élections législatives, une large majorité gaulliste l'emporte et de Gaulle reste au pouvoir jusqu'à son échec sur le référendum de 1969.

a. En 1968, depuis combien de temps le général de Gaulle est-il président ?

b. Par quoi débute la crise de mai 1968 ?

c. Qui est le personnage caricaturé au second plan de l'affiche ?

d. Qui a réalisé cette affiche ? Que critiquent-ils ?

e. Comment se termine la crise de mai 1968 ?

Corrigés p. 27 du livret.

14 La Ve République (2) : alternances politiques et évolutions sociales

Histoire

RETENIR

1 / Alternances politiques

- À de Gaulle succèdent deux présidents de droite, G. Pompidou et V. Giscard d'Estaing. Mais en 1981, pour la première fois sous la Ve République, est élu un président de **gauche**, le socialiste F. Mitterrand : c'est l'**alternance**. Il prend des **mesures sociales** importantes : 5e semaine de congés payés, semaine de travail à 39 heures, retraite à 60 ans.
- À Mitterrand, réélu en 1988, succède J. Chirac (droite) en 1995 : c'est une nouvelle alternance. En 2000, Chirac fait adopter par référendum l'abaissement de la durée du mandat présidentiel à 5 ans (**quinquennat**). Il est réélu face au candidat d'extrême-droite en 2002, jusqu'en 2007.

MOT CLÉ

✓ **Alternance politique :** changement de majorité politique à la tête d'un pays.

2 / Le rôle des migrations

- De 1945 à 1975, la France connaît une période de forte croissance économique surnommée les « **Trente Glorieuses** ». Le pays, qui manque de main-d'œuvre, fait appel à l'immigration. Des **travailleurs étrangers**, surtout originaires d'Europe du Sud ou du Maghreb, viennent travailler dans des secteurs qui ont besoin d'une main-d'œuvre nombreuse mais peu qualifiée (bâtiment, automobile).
- Confrontée ensuite à une période de crise économique et de forte **hausse du chômage**, la France limite fortement les flux migratoires.

MINI INTERRO

1. Quelles mesures importantes sont prises par F. Mitterrand en 1981 ?
2. Cite deux exemples d'alternance politique sous la Ve République.
3. Pourquoi y a-t-il une forte immigration en France entre 1945 et 1975 ?

3 / Débats de société et clivages politiques

- La peine de mort était la sanction judiciaire réservée aux crimes les plus graves. La **droite** y était majoritairement favorable alors que la **gauche** voulait la supprimer. Mitterrand fait voter son **abolition** à l'Assemblée nationale et au Sénat. En 2007, Chirac fait inscrire dans la **Constitution** l'abolition de la peine de mort. Aujourd'hui, seul le Front national réclame son rétablissement.

LE DOCUMENT CLÉ

▷ La « Une » de *Libération*, 19 septembre 1981

Libération

Pas d'aide militaire pour le Tchad

Reçu à l'Elysée aujourd'hui, Goukouni, le chef de l'Etat tchadien, souhaite l'appui de la France. Lire page 19

L'abolition devant le parlement

PEINE DE MORT POUR LA GUILLOTINE

C'est à 15 heures aujourd'hui que s'ouvre le débat sur le projet de loi présenté par Robert Badinter visant à l'abolition pure et simple de la peine de mort.

1. **Expliquer.** La principale nouvelle est l'abolition de la peine de mort en France. Le gros titre rappelle que, depuis la Révolution française, par souci d'égalité, tous les condamnés à mort étaient guillotinés.

2. **Conclure.** Lors de la campagne électorale de 1981, l'abolition de la peine de mort est l'une des 110 propositions du candidat socialiste François Mitterrand. Une fois élu, il charge son ministre de la Justice, Robert Badinter, de la proposer à l'Assemblée nationale. Celle-ci est votée à une grande majorité par 369 députés de toutes les tendances. Le débat sur la peine de mort a donc dépassé les oppositions politiques traditionnelles.

S'ENTRAÎNER

1 Vrai ou faux ?

Coche la case qui convient.

	V	F
a. La Ve République a été créée en 1962.	❑	❑
b. Un référendum est une loi sur une question économique.	❑	❑
c. Le président de la République exerce plus de pouvoir sous la Ve République que sous la IVe.	❑	❑
d. Le Premier ministre est élu par les députés.	❑	❑
e. La Ve République est un régime parlementaire.	❑	❑
f. Il n'y a eu qu'un Président de gauche sous la Ve République.	❑	❑
g. La peine de mort est abolie en 1986.	❑	❑
h. François Mitterrand est réélu président en 1988.	❑	❑
i. Jacques Chirac fait passer la durée du mandat présidentiel à sept ans (septennat).	❑	❑
j. Nicolas Sarkozy est un président de gauche et François Hollande de droite.	❑	❑
k. La période de forte croissance économique après la Seconde Guerre mondiale est surnommée les « Trente Glorieuses ».	❑	❑
l. Pendant les Trente Glorieuses, les immigrés sont surtout originaires d'Europe de l'Est.	❑	❑
m. À partir de 1975, la France stoppe l'immigration.	❑	❑

2 Les présidents de la Ve République

À côté de chaque portrait officiel, indique le nom du président de la République, les années de son (ses) mandat(s) et sa tendance politique (droite ou gauche).

....

....

....

....

....

....

....

....

....

....

....

....

....

....

....

3 SPÉCIAL BREVET

Étudie le tableau, puis réponds aux questions.

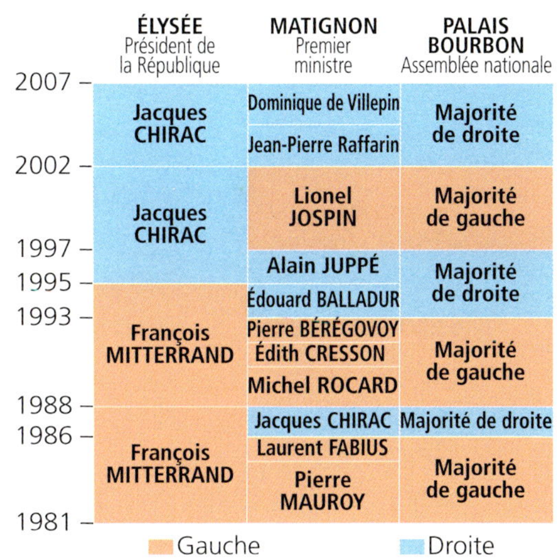

■ La gauche et la droite de 1981 à 2007.

a. De quand à quand François Mitterrand est-il président de la République ?

b. De quand à quand Jacques Chirac est-il président de la République ?

c. Quelle est la tendance politique des deux hommes ?

d. Quelles sont les trois périodes de cohabitation ?

e. Quand est entré en vigueur le mandat présidentiel de 5 ans ? Pourquoi rend-il la cohabitation difficile ?

Corrigés p. 27 du livret.

15 Les repères historiques

1 / L'Antiquité

- **IIIe millénaire av. J.-C. : premières civilisations** en Mésopotamie et en Égypte.
- **VIIIe siècle av. J.-C. :**
– **Homère**, poète grec, retrace les exploits des ancêtres des Grecs dans l'*Iliade* et l'*Odyssée*.
– **Fondation de Rome** (753 av. J.-C.).
– **Début de l'écriture de la Bible**, rassemblant les textes sacrés des Hébreux.
- **Ve siècle av. J.-C. : Périclès** dirige la cité grecque d'Athènes, à son apogée.
- **52 av. J.-C. : Jules César** bat le chef gaulois Vercingétorix à Alésia.
- **Ier siècle : début du christianisme**, nouvelle religion monothéiste.
- **Ier et IIe siècle : « Paix romaine »**. L'Empire romain domine le bassin méditerranéen.

2 / Le Moyen Âge (du Ve siècle au XVe siècle)

- **622 : Hégire**. Mahomet doit fuir La Mecque pour Médine. Cette date est le point de départ du calendrier musulman.
- **800 : couronnement de Charlemagne**, qui devient empereur.
- **X^e^-XIIe siècle : âge des églises romanes**. Dans l'Ouest de l'Europe, les églises sont construites en pierre dans un style architectural qui repose sur une voûte en berceau et des arcs semi-circulaires.
- **1096-1099 : première croisade**, expédition militaire lancée par le pape contre les musulmans en Orient (Jérusalem).
- **XIIe-XVe siècle : âge des églises gothiques**. Dans l'Ouest de l'Europe, les cathédrales sont construites dans un style architectural qui repose sur une voûte sur croisée d'ogives, des arcs brisés et des vitraux.

3 / Les Temps modernes (du XVIe siècle à la fin du XVIIIe siècle)

- **1492 : premier voyage de Christophe Colomb** qui découvre le continent américain pour le compte de l'Espagne.
- **XVe-XVIe siècle : Renaissance**, mouvement artistique qui s'inspire de l'Antiquité.
- **1598 : l'édit de Nantes**, signé par Henri IV, met fin aux guerres de religion en France. Il accorde aux protestants la liberté de conscience et de culte en certains lieux.
- **1661-1715 : Louis XIV** règne seul et établit la monarchie absolue. Il fait construire le château de Versailles, de style classique, symbole de son pouvoir.
- **Milieu du XVIIIe siècle** : l'***Encyclopédie*** diffuse les idées des philosophes des Lumières.
- **1789-1799 : Révolution française** :
– **14 juillet 1789 : la prise de la Bastille** par les Parisiens montre que le peuple soutient la Révolution.
– **Août 1789 : la Déclaration des droits de l'Homme et du citoyen** résume les principes de la Révolution et garantit la liberté et l'égalité.
– **Septembre 1792 : proclamation de la Ire République**, qui dure jusqu'en 1804.
- **1799-1815 : Consulat et Empire**. Napoléon Bonaparte prend le pouvoir par un coup d'État en 1799 et instaure une République autoritaire, le Consulat.
- **1804 : Napoléon Ier** est sacré **empereur des Français** à Paris.
- **1815 : au Congrès de Vienne**, les souverains européens se réunissent pour réorganiser l'Europe après les défaites de Napoléon Ier.

4 / L'Époque contemporaine (du XIXe siècle au début du XXIe siècle)

- **1815-1848 : monarchie constitutionnelle** avec Louis XVIII, Charles X et Louis-Philippe.
- **1848-1852 : IIe République**, mise en place après la Révolution de 1848. Elle vote le **suffrage universel masculin** et l'**abolition de l'esclavage** dans les colonies.
- **1852-1870 : Second Empire**. Napoléon III, neveu de Napoléon Ier, prend le pouvoir par un coup d'État et rétablit un pouvoir monarchique.
- **1870-1940 : IIIe République**, après la défaite de Napoléon III face aux Prussiens :
  – **1882** : les lois de **Jules Ferry** rendent l'**école gratuite, laïque et obligatoire**.
  – **1894-1906 : l'affaire Dreyfus** divise la classe politique et l'opinion publique autour du sort d'un officier juif condamné à tort à la déportation pour haute trahison.
  – **1905 : la loi de séparation des Églises et de l'État** impose la laïcité en France. Toutes les religions sont reconnues, aucune n'est privilégiée et l'État n'intervient pas dans les affaires religieuses, qui relèvent du domaine privé.
- **1914-1918 : la Première Guerre mondiale** est une guerre totale et très violente.
  – **1916 : bataille de Verdun** entre les Français et les Allemands (plus de 300 000 morts).
  – **11 novembre 1918 : armistice** signé à Rethondes (fin des combats).
- **1917 : révolution russe**. Lénine et les bolcheviks prennent le pouvoir par un coup d'État. La Russie arrête de combattre.
- **1924-1953 : Staline au pouvoir** en URSS. Il succède à Lénine et met en place un régime totalitaire.
- **1933-1945 : Hitler au pouvoir** en Allemagne. Il met en place un régime totalitaire, raciste, nationaliste et expansionniste.
- **1936** : en France, **le Front populaire remporte les élections législatives** et vote des **lois sociales** qui améliorent les conditions de vie de la population.
- **1939-1945 : Seconde Guerre mondiale** :
  – **18 juin 1940 : appel du général de Gaulle** depuis Londres : acte fondateur de la Résistance française contre l'Allemagne.
  – **1940-1944 : le régime de Vichy**, dirigé par le maréchal Pétain, est autoritaire, antisémite et collabore avec l'Allemagne.
  – **1944-1945 : libération de la France** par les Alliés. **La République est rétablie** (**IVe République**, 1946). Les femmes acquièrent le **droit de vote** (1944) et la **Sécurité sociale** est créée (1945).
  – **8 mai 1945 : fin de la Seconde Guerre mondiale en Europe**, l'Allemagne capitule.
  – **août 1945** : bombardements atomiques d'**Hiroshima et Nagasaki** par les Américains. Le Japon capitule en septembre (fin de la guerre en Asie).
- **1961-1989 : le Mur de Berlin** symbolise la guerre froide et la division du monde en deux blocs. Sa destruction en 1989 témoigne de l'effondrement du communisme en Europe de l'Est.
- **1947-1962 : principale phase de la décolonisation**, en Asie (Inde) puis en Afrique (Algérie).
- **1957 : les traités de Rome** créent la Communauté économique européenne (CEE) et la Communauté européenne de l'énergie atomique (CEEA ou Euratom).
- **1958-1969 : fondation de la Ve République** et **années de Gaulle** (président de la République).
- **1981-1995 : années Mitterrand** (président de la République).
  – **1992 : le traité de Maastricht** crée l'Union européenne.
- **1995-2007 : années Chirac** (président de la République).
  – **2002 : l'euro**, la monnaie européenne, entre en circulation.

Histoire

16 L'Union européenne et la France

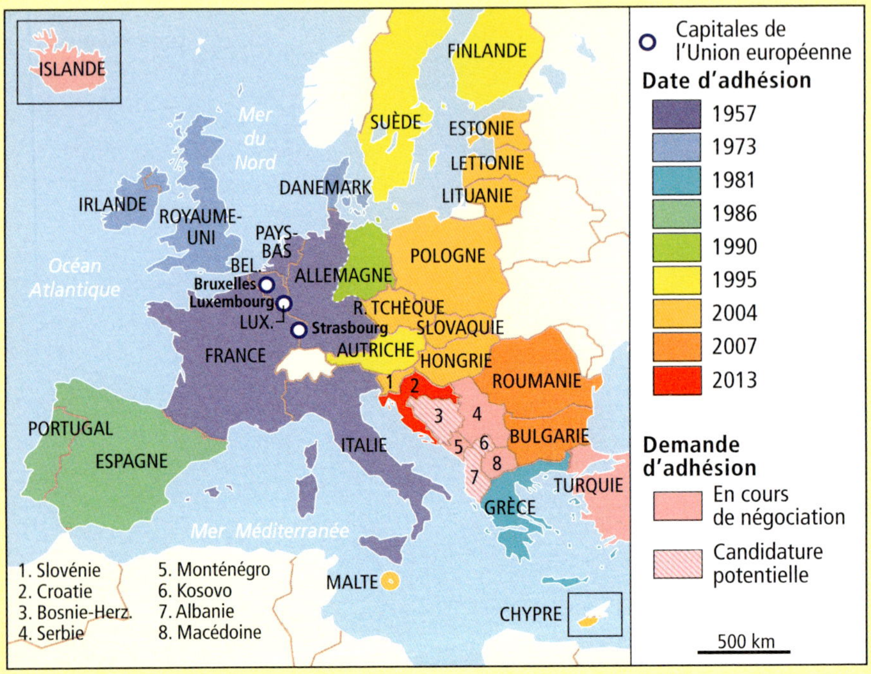

1 / Les adhésions à l'Union européenne

La construction européenne est un processus long, débuté en 1951 et toujours en cours. Elle est ancrée à l'ouest, là où se trouvent les capitales européennes. Elle a débuté dans les démocraties alliées des États-Unis, puis, après la fin de la guerre froide, s'est ouverte à d'anciennes « démocraties populaires ».

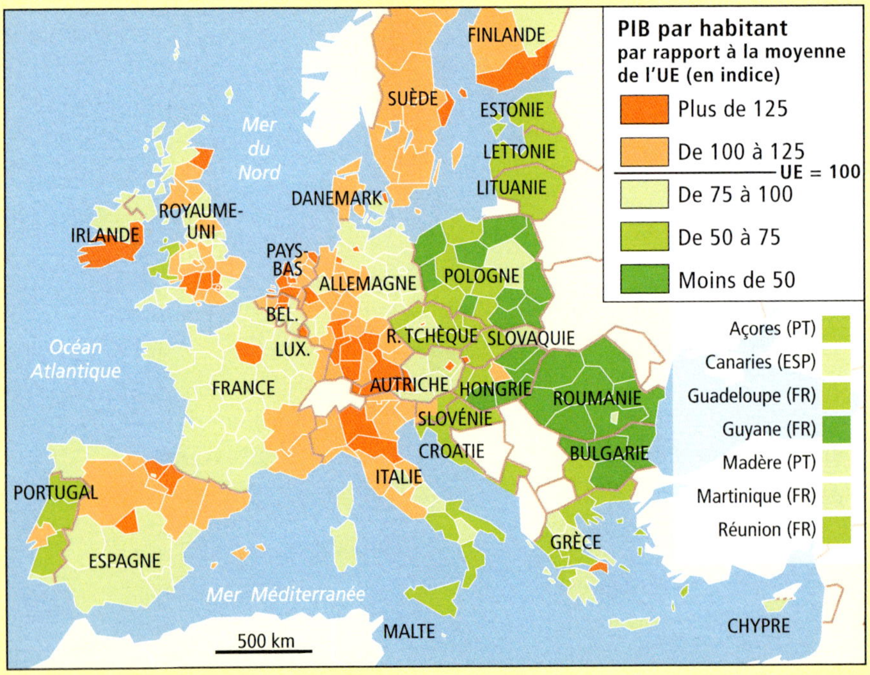

2 / Le PIB/hab. des régions de l'Union européenne

Le PIB/hab. donne une idée du poids économique d'un pays. Les régions périphériques du Sud et de l'Est de l'UE sont moins riches que celles de l'Ouest. La mégalopole européenne (de l'Angleterre au Nord de l'Italie) est l'espace qui concentre les plus forts PIB/hab.

3 / Les pays de la zone euro et l'espace Schengen

Tous les pays membres n'ont pas adopté l'euro, entré en vigueur en 2002 et géré par la Banque centrale européenne (BCE). D'autre part, tous les pays de l'UE n'ont pas signé les accords de Schengen qui mettent en place un espace de libre circulation. On peut donc évoquer une UE à plusieurs vitesses.

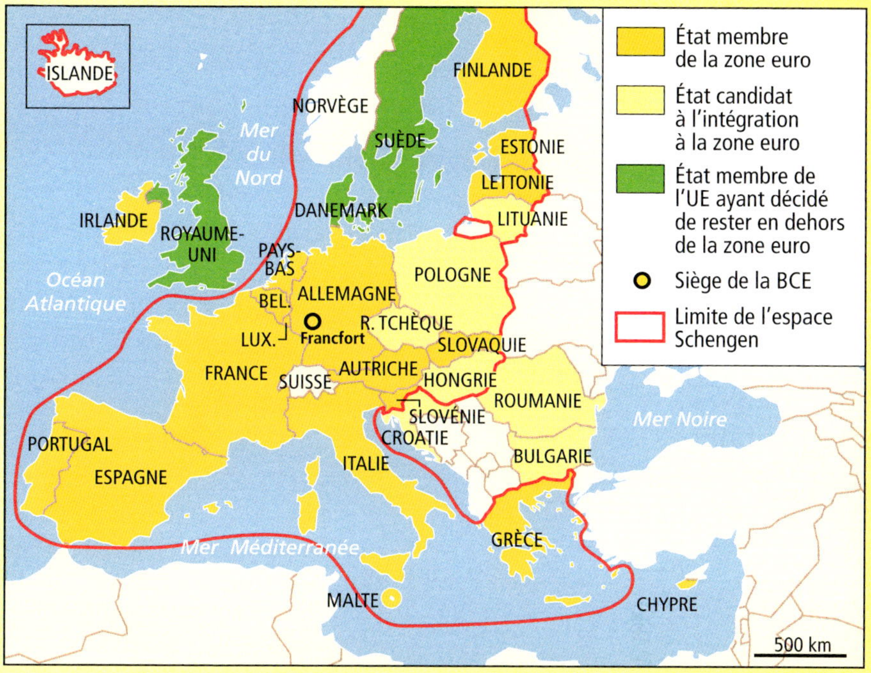

4 / Les aires urbaines en France

Une aire urbaine est formée d'un pôle urbain et d'une couronne périurbaine, constituée d'unités urbaines ou de communes rurales dont une grande partie des habitants travaille dans le pôle urbain. Paris est de loin la première aire urbaine de France. Les autres grandes aires urbaines se situent plutôt à la périphérie du territoire.

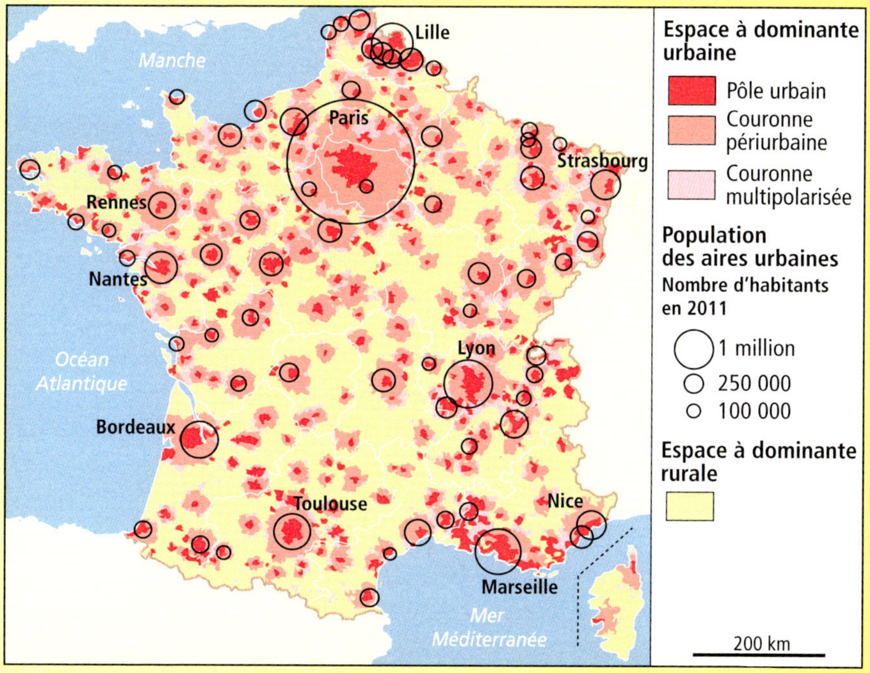

Géographie

17 Les aires urbaines

RETENIR

1 / Des espaces urbains qui s'étendent

- Les villes, ou **unités urbaines**, regroupent plus de 77 % de la population française. Les plus grandes villes sont des **métropoles** qui exercent des fonctions de commandement économique, politique et culturel sur un espace **périphérique** plus ou moins étendu. La population urbaine et la surface occupée par les villes augmentent. L'**aire urbaine** a été créée pour prendre en compte l'influence exercée par les villes en termes d'emploi (voir schéma) : 85 % des Français y habitent.
- Les espaces urbains s'étalent sur les espaces ruraux périphériques : c'est le phénomène de **périurbanisation**. La population travaille dans la ville principale mais habite en banlieue ou dans l'**espace périurbain** parce que les logements sont moins chers et plus grands.

MOTS CLÉS

✓ **Unité urbaine :** commune de plus de 2000 habitants.

✓ **Insee :** organisme qui effectue les recensements et publie tous les chiffres sur la population et l'économie françaises.

2 / Les conséquences de la périurbanisation

- Ce phénomène engendre des **migrations pendulaires** (domicile-travail), qui créent des temps de déplacement importants, des problèmes de circulation et de pollution. Il provoque aussi des **conflits d'usage** entre les nouveaux habitants, pour qui les espaces périurbains sont des lieux de vie, de loisirs et de détente, et les anciens habitants, parfois agriculteurs, pour qui ils sont un lieu de travail. Par exemple, l'eau doit-elle servir en priorité à remplir les piscines ou à irriguer les cultures agricoles ?

3 / Favoriser le développement durable (DD)

- À la ville comme à la campagne, les pouvoirs publics tentent de favoriser un DD. Dans les villes, les projets de réhabilitation ou de construction intègrent les **aspects sociaux** (maintenir une mixité sociale...) et **environnementaux** (réduire les consommations d'énergie, mettre des espaces verts...). Des réflexions sont menées sur les **réseaux de transports** et pour développer les transports en commun.

MINI INTERRO

1. Qu'est-ce qu'une métropole ?
2. Comment évoluent les aires urbaines ?
3. Cite deux conséquences de la périurbanisation.

LE DOCUMENT CLÉ

▷ L'organisation des aires urbaines

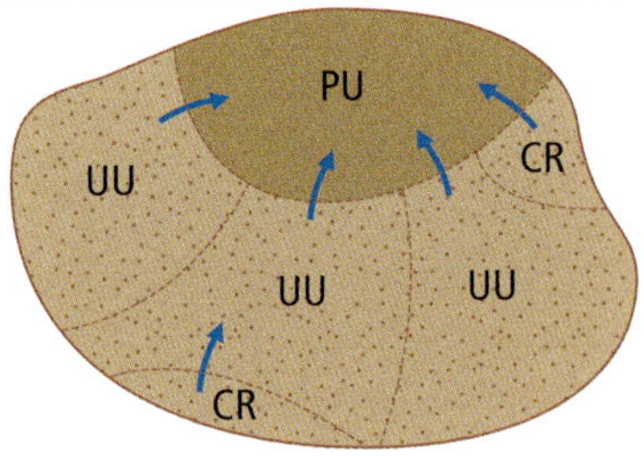

PU Pôle urbain (5 000 emplois minimum)
UU Unité urbaine (2 000 h. minimum)
CR Commune rurale (moins de 2 000 h.)
→ 40 % au moins des personnes vont travailler dans ce lieu
Couronne périurbaine

1. **Expliquer.** Elles sont constituées de deux éléments principaux : un pôle urbain (grande ville) et une couronne périurbaine (autour de la ville). La couronne est constituée d'unités urbaines (villes banlieues) et de communes rurales (villages). 40 % de ses habitants travaillent dans le pôle.

2. **Conclure.** L'aire urbaine combine des espaces urbains et ruraux. Le lien se fait par les habitants de la couronne qui travaillent dans le pôle. C'est la périurbanisation.

1 Les dix premières aires urbaines

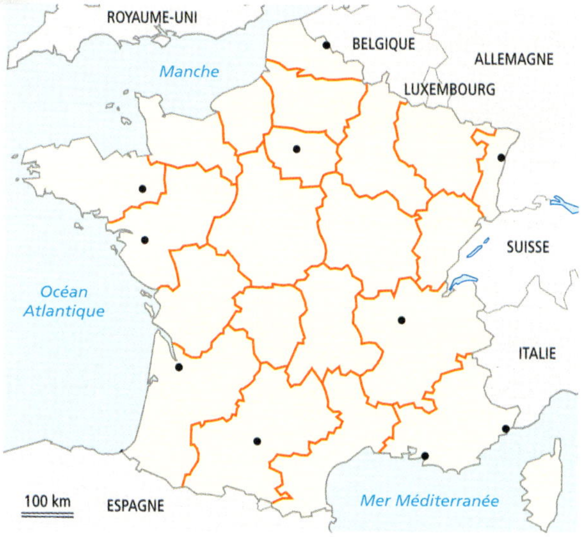

a. Localise sur la carte les aires urbaines nommées dans l'exercice 3. Indique la région où elles se situent.

b. Où se trouvent la plupart des grandes aires urbaines ?

2 Un aménagement urbain

Réhabilitation d'un quartier de Grenoble

La ZAC[1], lancée en 2002 sur le terrain d'une ancienne caserne située au sud du centre-ville de Grenoble, associe différentes fonctions : résidentielle (850 logements dont 35 % de logements sociaux, résidence étudiante et établissement pour personnes âgées), tertiaire (espaces de bureaux et école élémentaire), commerciale (centre commercial), récréative (cinéma d'art et d'essai). Cette pluralité permet de répondre aux exigences de durabilité sur les plans sociaux et économiques. La protection de l'environnement est aussi prise en compte. Les espaces verts y occupent plus de 5 hectares. De plus, la ZAC bénéficie du programme européen Concerto visant à réduire la consommation énergétique du secteur du bâtiment : toutes les constructions doivent respecter des normes strictes en termes de consommation d'énergie et d'isolation thermique.

F. Smits, *Géographie de la France*, Hatier, 2011.

1. ZAC : Zone d'aménagement concertée, c'est un projet d'aménagement d'un quartier défini par la commune.

a. Situe Grenoble sur une carte.

b. Quel ancien site devait être réhabilité ?

c. Souligne les fonctions de ce nouveau quartier.

d. Quels sont les éléments qui prouvent que l'aspect environnemental est pris en compte ?

e. Pourquoi peut-on parler de développement durable pour ce quartier ?

3 SPÉCIAL BREVET

Rang en 2010	Aire urbaine	Population au 1er janvier 2010	Population au 1er janvier 1999	Évolution annuelle moyenne 1999-2010 (en %)
1	Paris	12 223 100	11 354 897	0,7
2	Lyon	2 165 785	1 947 120	1,0
3	Marseille-Aix-en-Provence	1 718 281	1 599 717	0,7
4	Toulouse	1 232 398	1 021 530	1,7
5	Lille	1 158 306	1 103 275	0,4
6	Bordeaux	1 127 776	1 000 666	1,1
7	Nice	1 001 295	936 774	0,6
8	Nantes	873 133	777 121	1,1
9	Strasbourg	761 042	715 720	0,6
10	Rennes	671 845	577 405	1,4

Les 10 premières aires urbaines. Source : Insee (chiffres 2010).

Étudie les chiffres du tableau, puis réponds aux questions.

a. Qu'est-ce qu'une aire urbaine ?

b. Quelle est la plus grande aire urbaine française ? Combien a-t-elle d'habitants ?

c. Comment évolue la population des aires urbaines depuis 1999 ?

d. Qu'observe-t-on entre la population de la première aire urbaine et celle des suivantes ?

Corrigés p. 27 du livret.

18 Le territoire national et sa population

GÉOGRAPHIE

RETENIR

1 / Des contraintes réduites

- La France possède une superficie de 633 000 km² (dont 544 000 pour la métropole). Le **territoire métropolitain** se situe à l'Ouest de l'Europe et possède **quatre façades maritimes**. Il présente **peu de contraintes** : forte majorité de plaines et de plateaux, faibles risques naturels et très peu d'excès climatiques.
- Les **territoires ultramarins** se situent essentiellement dans le domaine tropical et sont soumis aux risques sismiques, volcaniques et cycloniques.

2 / 65 millions de Français

- La France présente les caractéristiques des pays riches : **faible croissance démographique** due surtout à l'accroissement naturel, puisque le solde migratoire est assez bas (+ 75 000 en 2010), et **vieillissement de la population** malgré une **fécondité** relativement élevée (2 enfants par femme). Cela représente des avantages (bénévolat, dépenses de loisirs, soutien à la famille) et des inconvénients (financement des retraites, dépenses de santé).

3 / Une répartition inégale

- La population se concentre dans les **grandes villes, près des littoraux et des vallées fluviales**. Les régions les plus peuplées sont celles qui proposent le plus d'activités économiques : Île-de-France, Rhône-Alpes, Nord-Pas-de-Calais et Provence-Alpes-Côte d'Azur. On observe une « **diagonale du vide** » de Champagne-Ardenne à Midi-Pyrénées. Les régions du Nord et du Nord-Est perdent des habitants, alors que celles de **l'Ouest et du Sud en gagnent**.

MOTS CLÉS

✓ **Croissance démographique** : augmentation de la population.

✓ **Fécondité** : nombre moyen d'enfants par femme en âge de procréer.

MINI INTERRO

1. Quelles sont les deux grandes parties du territoire national ?
2. Combien la France compte-t-elle d'habitants ?
3. Quelles sont les parties du territoire les plus peuplées ?

LE DOCUMENT CLÉ

▷ La pyramide des âges de la population française (2013)

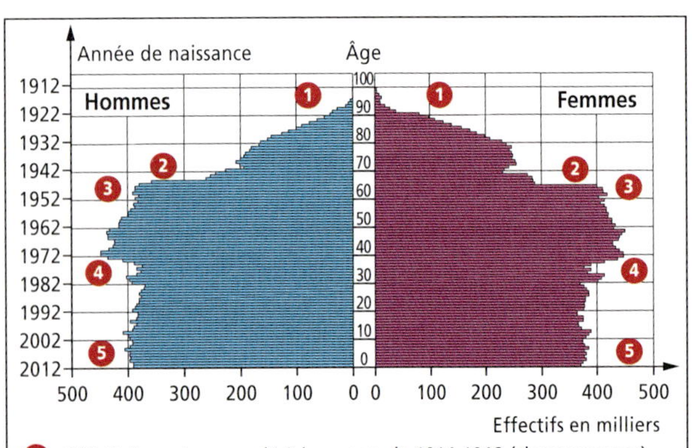

1 Déficit des naissances dû à la guerre de 1914-1918 (classes creuses)
2 Déficit des naissances dû à la guerre de 1939-1945
3 Baby-boom
4 Fin du baby-boom
5 Reprise de la natalité depuis 2000

Source : INED.

1. **Expliquer.** La pyramide a des creux (faible natalité) et des bosses (forte natalité). Le bas de la pyramide donne les indications les plus récentes (natalité en 2012) et le haut renseigne sur des événements passés.

2. **Conclure.** La population vieillit car l'espérance de vie est forte (part importante des plus de 70 ans) et les enfants du baby-boom (période de forte natalité, 1945-1975) arrivent à l'âge de la retraite. Toutefois, depuis quelques années, on note une légère reprise de la natalité (élargissement de la pyramide vers le bas). Ce type de pyramide est dit « en feuille de chêne ».

S'ENTRAÎNER

1 Vrai ou faux ?

Coche la case qui convient.

	V	F
a. La France est le pays le plus peuplé de l'UE.	❑	❑
b. La France est présente sur toute la planète.	❑	❑
c. La France métropolitaine compte quatre façades maritimes.	❑	❑
d. La France est divisée en 25 régions.	❑	❑
e. La région la plus peuplée est le Limousin.	❑	❑
f. La population française vit surtout en ville.	❑	❑
g. La France métropolitaine possède six grands massifs montagneux.	❑	❑
h. La France connaît actuellement une période de baby-boom.	❑	❑
i. La population française vieillit.	❑	❑

2 L'évolution démographique

À quelle forme correspond la pyramide des âges française ?

3 Les dynamiques démographiques du territoire français

Étudie le croquis pour répondre aux questions.

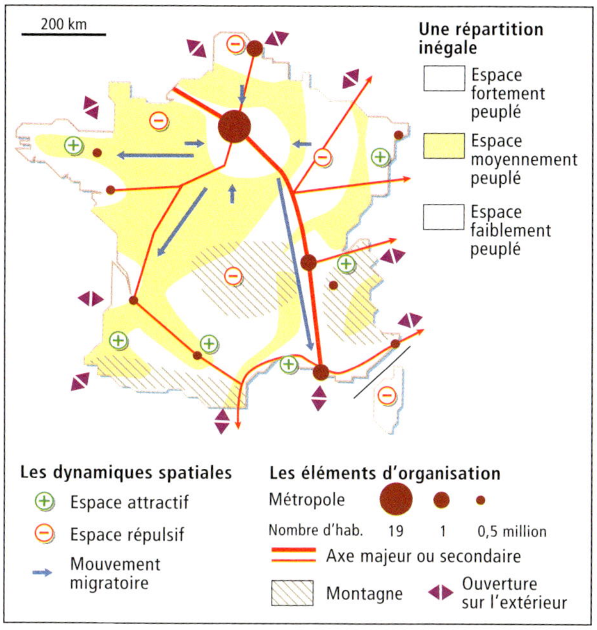

a. Rappelle ce qu'est un croquis.

b. Colorie en orange les espaces les plus peuplés.

c. Inscris le nom des métropoles, des mers et des océans.

d. Quelles parties du territoire sont les plus peuplées ?

e. Qu'appelle-t-on la « diagonale du vide » ? Comment apparaît-elle sur le croquis ?

4 SPÉCIAL BREVET

Étudie le planisphère, relis le cours, puis réponds aux questions.

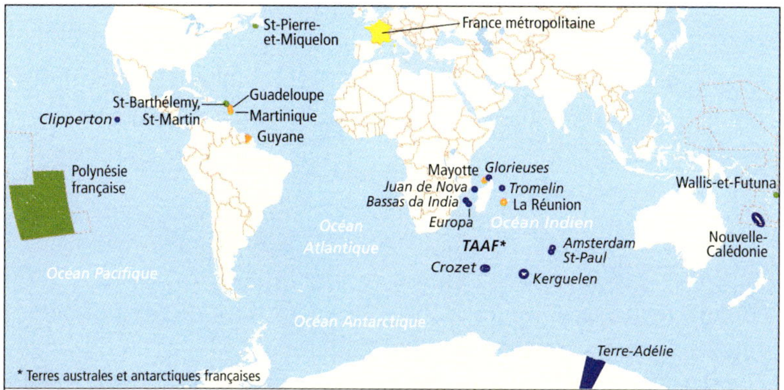

Le territoire national.

a. Quelle est la superficie totale de la France ?

b. Qu'est-ce qu'un DROM ?

c. Quels sont les cinq DROM ?

d. Précise pour chacun des DROM dans quel océan il se trouve.

e. À quel ensemble appartiennent les territoires non habités en permanence ? À quoi servent-ils ?

Corrigés p. 28 du livret.

19 Les régions en France

RETENIR

La France est découpée en **27 régions** : 22 en métropole et 5 outre-mer.

1 / Plus de pouvoirs aux régions

- Depuis 1982, la France connaît un processus de **décentralisation** : l'État transfère des pouvoirs aux différentes **collectivités territoriales : communes, départements et régions**. Chaque collectivité territoriale est dirigée par des conseils élus : municipal pour les communes, général pour les départements et régional pour la région.
- Aujourd'hui, le **conseil régional** intervient dans plusieurs domaines : développement économique (aides aux entreprises), enseignement secondaire (construction et entretien des lycées), transports (trains régionaux), formation professionnelle…

2 / Rhône-Alpes, une région dynamique

- La région Rhône-Alpes compte **huit départements**. C'est la **deuxième région** en termes de population (environ 10 % de la population française) et de richesse (PIB/hab.) derrière l'Île-de-France. Sa population augmente avec des taux de natalité élevés et un solde migratoire positif montrant son attractivité.
- La région possède des industries anciennes, parfois en difficulté, et modernes en plein essor, qui s'appuient sur des **pôles de compétitivité**. C'est la première région française de **production d'énergie** (hydroélectricité, nucléaire). Son économie repose aussi sur le **tourisme** (sports d'hiver).
- La région a une position de **carrefour** en France et en Europe : nombreux **travailleurs transfrontaliers** et liaison TGV Lyon-Turin en construction. Le **réseau** de communication s'organise autour d'un axe majeur (vallée du Rhône).

MOT CLÉ

✓ **Pôle de compétitivité :** espace qui regroupe des industries, des centres de recherche et des universités pour favoriser l'innovation et diminuer le temps entre invention et production.

MINI INTERRO

1. Qu'est-ce que la décentralisation ?
2. Quelles sont les collectivités territoriales ?
3. Qu'est-ce qui montre que la région Rhône-Alpes est attractive ?

LE DOCUMENT CLÉ

▷ Rhône-Alpes : croquis

1. **Expliquer.** Le croquis a la forme d'un quadrilatère. Les points représentent les pôles plus ou moins importants, les couleurs renvoient aux différents types d'espaces et les flèches symbolisent les flux et les axes.

2. **Conclure.** La région s'organise autour de quatre pôles. L'Ouest connaît des difficultés tandis que l'Est gagne des habitants et accueille des activités dynamiques et un important tourisme de montagne. La région est bien reliée au reste du territoire et à l'Europe.

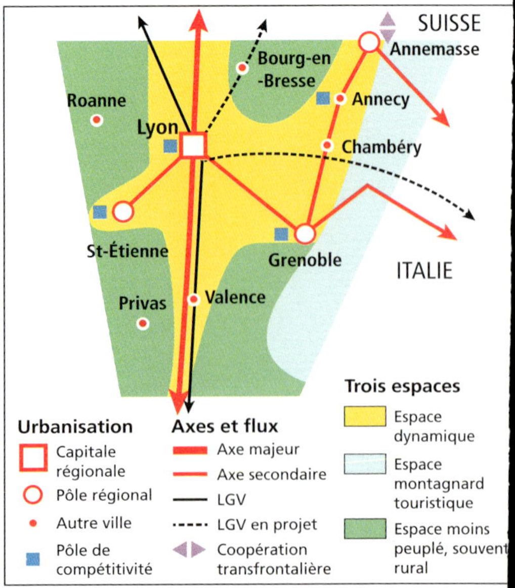

1 Les régions françaises

Complète le tableau sur les régions françaises.

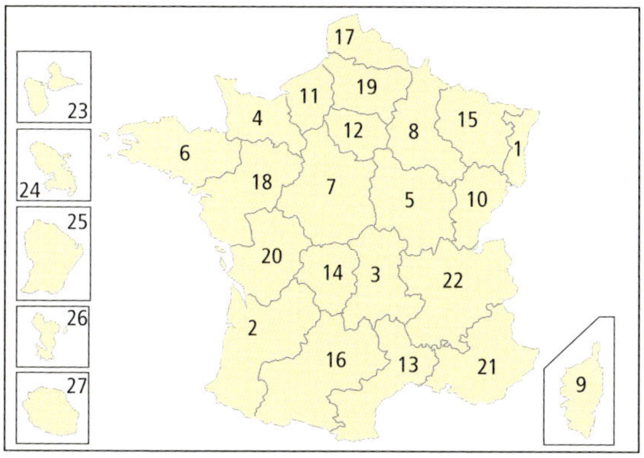

Numéro	Région (capitale)	Numéro	Région (capitale)
1	Alsace (Strasbourg)	15	
2		16	
3		17	
4		18	
5		19	
6		20	
7		21	
8		22	
9		23	
10		24	
11		25	
12		26	
13		27	
14			

2 Le rôle du conseil régional

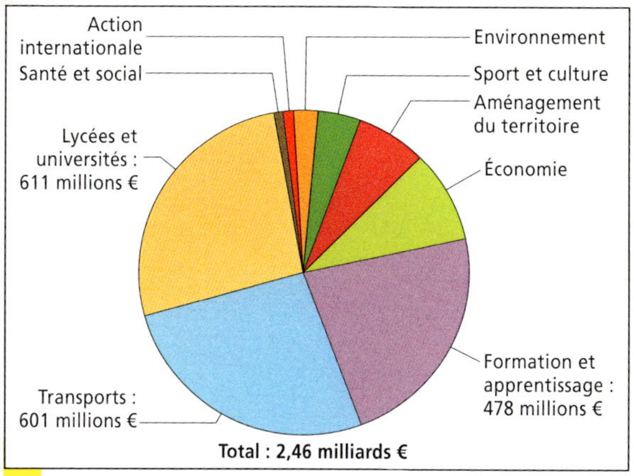

Les dépenses de la région Rhône-Alpes en 2013.

a. Présente le document.

b. À combien s'élèvent les dépenses pour 2013 ?

c. Quelles sont les trois principales dépenses ?

d. Quelle part représentent-elles par rapport au total ?

e. Qui a décidé ces dépenses ?

3 SPÉCIAL BREVET

Lis le texte, puis réponds aux questions.

Rhône-Alpes élabore trois grands projets en matière de transport en veillant à leur complémentarité mutuelle. Avec comme objectifs principaux de faciliter les déplacements bien sûr, mais aussi de s'ouvrir à l'international et de développer le fret ferroviaire.

Les trois grands projets actuels ont des objectifs communs : désengorger le goulot d'étranglement qu'est devenue la région lyonnaise et développer les échanges avec nos voisins européens. La liaison européenne à grande vitesse Lyon-Turin en est révélatrice : relier les deux villes en moins de 2 heures (au lieu de 4 heures aujourd'hui) et y développer le fret ferroviaire.

La SNCF a inauguré son premier centre de maintenance des TGV implanté hors de l'Île-de-France. Cette réalisation spectaculaire de 247 M€* a pu voir le jour grâce à l'apport de plus de 100 M€ des collectivités locales : 54 M€ pour le Grand Lyon, 23 M€ pour la région Rhône-Alpes et 19 M€ pour le département du Rhône. Ce petit bijou de technologie de pointe représente la création de 300 emplois dès le démarrage du site et à terme de 500 emplois directs et indirects.

D'après le site du conseil régional Rhône-Alpes.

* M€ : millions d'euros.

a. Quels sont les buts des projets de transport ?

b. Quel sera le temps de trajet entre Lyon et Turin après la réalisation du projet ?

c. À combien s'élève le financement de la région pour le technocentre ?

d. Quel intérêt représente le technocentre pour la région ?

e. Qui a également financé ce projet ?

Corrigés p. 28 du livret.

20 Les espaces de production à dominante industrielle

RETENIR

1 / Un secteur en recomposition

- En France, l'industrie emploie environ 15 % de la population active.
- Avec la construction européenne et la **mondialisation**, la stratégie des grandes entreprises s'élabore à l'échelle internationale. On observe un processus de **désindustrialisation** parce que les entreprises délocalisent la production dans les pays en développement où la main-d'œuvre est moins chère. La baisse de l'emploi industriel s'explique aussi par les **progrès techniques** (gains de productivité).

MOTS CLÉS

✓ **Industrie** : ensemble des activités qui produisent en grande série des biens consommables à partir de ressources naturelles.

✓ **ZIP** : zone industrialo-portuaire.

2 / La localisation des industries

- Les **métropoles** (Paris, Lyon, Marseille) concentrent une grande partie des industries, notamment les **hautes technologies**. L'industrie se concentre aussi sur les littoraux, dans les **ZIP** (Le Havre, Saint-Nazaire, Fos-sur-Mer), et fonctionne grâce à l'importation de matières premières (pétrole) et à l'exportation par conteneurs des marchandises fabriquées.
- Longtemps, les **régions du Nord et de l'Est** ont joué un grand rôle – usines, matières premières (charbon, fer) – mais elles ont dû se **reconvertir** avec la crise des années 1970. Les **régions du Sud et de l'Ouest** offrent un cadre de vie agréable et une main-d'œuvre abondante qui attirent les industries de pointe.

3 / L'environnement

- Les industries doivent respecter des normes fixées par l'État ou l'UE pour réduire leur **impact** : pollutions, déchets, consommation d'énergie. Les entreprises construisent des bâtiments adaptés et cherchent à diminuer leur consommation d'énergie. Les **énergies renouvelables** se développent mais restent minoritaires.

LE DOCUMENT CLÉ

▷ L'évolution de la production électrique en France

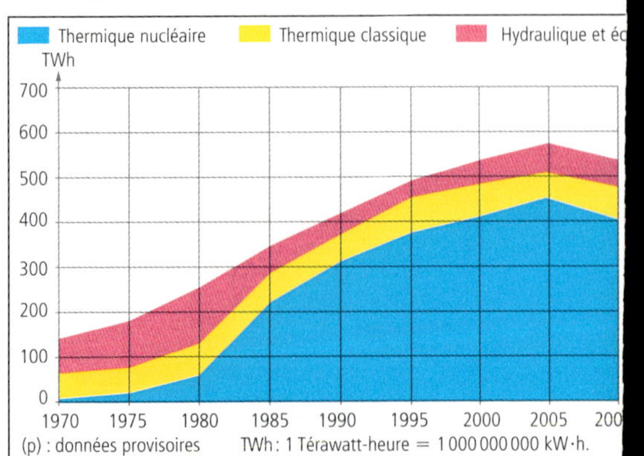

■ **Production brute d'électricité en TWh.** D'après l'Insee.

1. **Expliquer.** En 1970, le nucléaire fournit environ 10 TWh, l'hydraulique et l'éolien environ 50 et le thermique (charbon, gaz naturel, fioul) environ 100. En 2009, le nucléaire est passé à 400 TWh, l'hydraulique et l'éolien à 70 et le thermique à 60.

2. **Conclure.** La production électrique a plus que triplé de 1970 à 2009, passant de 160 à 530 TWh. La production d'électricité nucléaire est devenue prépondérante (80 % de l'énergie électrique).

MINI INTERRO

1. Pourquoi y a-t-il une baisse de l'emploi industriel en France ?
2. Où se localisent principalement les industries en France ?
3. Quels problèmes environnementaux posent les industries ?

S'ENTRAÎNER

1 Vrai ou faux ?

Coche la case qui convient.

	V	F
a. L'industrie emploie la majorité des actifs (ceux qui travaillent ou qui cherchent un travail) en France.	❑	❑
b. L'industrie se développe en France.	❑	❑
c. Les régions du Nord et de l'Est sont les plus industrialisées en France.	❑	❑
d. Pour s'implanter dans une région, une industrie a besoin de réseaux de transport développés.	❑	❑
e. Les industries de haute technologie nécessitent beaucoup de recherche avant de produire.	❑	❑
f. La production d'acier est une industrie de haute technologie.	❑	❑
g. L'énergie nucléaire est une énergie renouvelable.	❑	❑
h. Les énergies renouvelables sont devenues majoritaires.	❑	❑
i. Les métropoles sont peu industrialisées.	❑	❑
j. Le Sud et l'Ouest de la France attirent des industries de pointe.	❑	❑

2 Les espaces industriels en France

Étudie la carte, puis réponds aux questions.

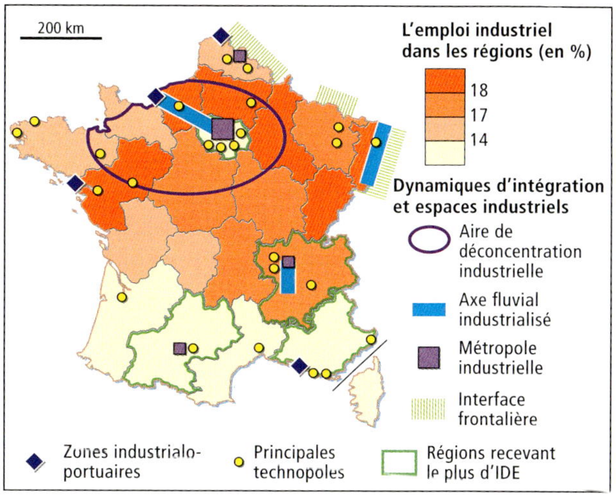

a. D'après le cours, quels sont les principaux facteurs de localisation d'une industrie ?

b. Quelles sont les deux premières régions industrielles françaises ?

c. Quelles sont les régions qui se développent en attirant des IDE ?

d. Cite les quatre grandes ZIP françaises. Quel type d'activité industrielle accueillent-elles surtout ?

3 SPÉCIAL BREVET

Un paysage industriel

L'usine Renault à Flins (Yvelines). Construite en 1952, cette usine produit la Clio IV et la citadine 100 % électrique ZOE. Elle couvre 237 ha et emploie plus de 3 000 salariés.

L'usine de Flins est engagée dans une démarche de réduction continue de ses impacts environnementaux. Entre 2006 et 2011, le site a ainsi divisé sa consommation énergétique par 1,6, sa consommation d'eau par 4, ses émissions de gaz à effets de serre par 2 […]. Parce que le recyclage fait partie des priorités de l'usine, 100 % de ses déchets sont valorisés. Les eaux pluviales sont elles aussi recyclées, réduisant ainsi le prélèvement d'eau dans le milieu naturel d'au moins 60 000 m^3/an, soit l'équivalent de 20 piscines olympiques.

Source : site Renault.

a. Où se situe Flins (département, région) ?

b. Que produit cette usine ? À quelle entreprise appartient-elle ? Quelle surface occupe-t-elle ?

c. Montre que l'entreprise prend en compte le développement durable.

d. Réalise un croquis du paysage. Dans la légende, tu feras apparaître l'usine, les axes de communication, les espaces verts et les zones urbanisées.

Corrigés p. 28 du livret.

Géographie

21 Les espaces de production à dominante agricole

RETENIR

1 / Une puissance agricole

- La France est le **1er pays agricole de l'UE** même si cette activité ne représente que **3 % du PIB** et de la population active. Grâce aux aides financières de l'UE, l'agriculture française s'est **modernisée** et elle est devenue **intensive et mécanisée.** Le **système agroalimentaire** encourage les productions agricoles. En amont, les banques prêtent de l'argent ; en aval, les industries agroalimentaires transforment les produits agricoles.

MOT CLÉ

✓ **Système agroalimentaire :** ensemble des activités liées à l'agriculture, avec en amont les banques, assurances, produits chimiques, matériels agricoles, et en aval, les industries agroalimentaires, les transports, les commerces, etc.

2 / Les régions agricoles

- Les espaces agricoles se situent dans les **zones plus favorables** : climat adapté, relief plat, sols fertiles, présence de moyens d'irrigation et proximité des marchés de consommation ou lieux d'exportation. La **variété des sols et des climats** permet une diversification des productions agricoles.
- L'agriculture moderne et spécialisée se concentre dans **trois grandes régions** : le Bassin parisien et le Nord (céréaliculture), la Bretagne et l'Ouest (élevage hors sol), les plaines et vallées du Sud (vigne, fruits...).

3 / Les défis de l'agriculture française

- Elle doit faire face à des **concurrents de plus en plus puissants** (États-Unis, Brésil...) et à des **défis environnementaux** : l'utilisation de gros engins agricoles et de produits chimiques a entraîné des pollutions.
- Depuis quelques années, les États et l'UE favorisent une **agriculture plus durable** (avec moins d'engrais et d'eau mais qui assure un niveau de vie correct aux agriculteurs). Les consommateurs effrayés par les risques sanitaires de l'agriculture intensive (vache folle, OGM) sont sensibles aux produits « bio » et labels de qualité.

LE DOCUMENT CLÉ

▷ Un paysage agricole

1. **Expliquer.** Au 1er plan, on distingue de grandes parcelles agricoles, géométriques, sans haies qui les séparent. Au milieu des champs, il y a une exploitation agricole. Des routes desservent les parcelles et la ferme.

2. **Conclure.** C'est un paysage agricole typique du Bassin parisien, espace de champs ouverts voués à la céréaliculture. Ces grandes exploitations utilisent des moyens modernes. Les rendements sont élevés et la production est exportée ou achetée par l'industrie agroalimentaire.

Un espace agricole en Beauce (Île-de-France).

MINI INTERRO

1. Quel type d'agriculture permet à la France d'être une grande puissance agricole ?
2. Dans quelles régions pratique-t-on la grande céréaliculture ?
3. Qu'est-ce qu'une agriculture durable ?

S'ENTRAÎNER

1 Quiz

Coche la (ou les) bonne(s) réponse(s).

a. Quel pourcentage de la population active l'agriculture emploie-t-elle ?

❑ 3 % ❑ 15 % ❑ 70 %

b. Le système qui regroupe l'ensemble des activités autour de l'agriculture (banques, assurances, transports, usines, etc.) s'appelle :

❑ le système périagricole.
❑ le système agroalimentaire.
❑ le système écoalimentaire.

c. L'agriculture moderne intensive entraîne :

❑ une augmentation des productions agricoles.
❑ une pollution des sols, des nappes d'eau et de l'air.
❑ une diminution du nombre d'actifs dans l'agriculture.

d. Depuis quelques années, la France et l'UE encouragent :

❑ une agriculture plus durable.
❑ une agriculture plus intensive.
❑ une agriculture plus traditionnelle.

e. Les espaces agricoles les plus productifs se rencontrent surtout là où :

❑ le relief est plat.
❑ il y a des moyens d'irrigation (fleuves, eau, etc.).
❑ il y a des moyens de transport développés.

2 Un paysage agricole : croquis

Complète le croquis réalisé à partir de la photographie du document clé et réponds aux questions.

a. Situe le paysage sur la carte de l'exercice 3 en précisant à quelle région et à quel type d'espace agricole il appartient.

b. Complète la légende avec les propositions suivantes : *parcelles cultivées* • *exploitation agricole* • *routes* • *restes de forêt* • *limites des cultures*.

c. Donne un titre au croquis.

Légende :

----- ....
■ .... ■ ....
■ .... ■ ....

3 SPÉCIAL BREVET

Étudie la carte, puis réponds aux questions.

a. Quelle est l'activité agricole dominante dans l'Ouest de la France ?

....

b. Dans quelles parties de la France trouve-t-on des cultures spécialisées ?

....

c. Cite une région qui pratique la polyculture.

....

d. Quel type d'espace a tendance à voir reculer l'activité agricole ?

....
....
....

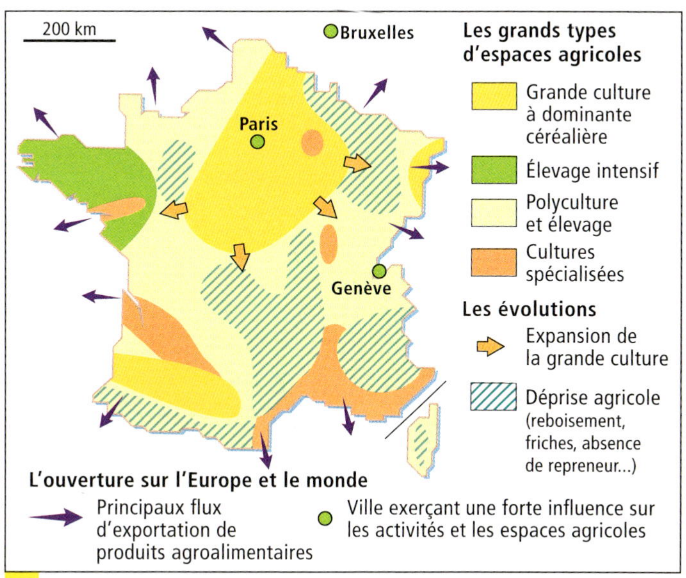

Les espaces agricoles français.

Corrigés p. 28 du livret.

22 Les espaces productifs de services

RETENIR

Les services représentent environ les trois quarts du PIB et des actifs.

1 / La localisation des services

- Les services se trouvent surtout dans les **villes**. Plus la ville est grande, plus elle abrite de services, et plus ceux-ci peuvent être **spécialisés** (universités, laboratoires, hôpitaux...). À l'inverse, dans les zones rurales, on trouve principalement des services de base (petit commerce, école, médecin).
- L'aire urbaine de **Paris** concentre de nombreux services. C'est un **centre de décision politique et économique**. Elle abrite des lieux de recherche et d'enseignement. Elle est desservie par un **réseau de transport** complet et dense.

MOT CLÉ

✔ **Services** : vaste secteur économique qui regroupe des services non marchands (éducation, santé, administration...) et des services marchands (finance, commerce, transport, immobilier...).

2 / Les espaces touristiques

- La France est la **1re destination touristique mondiale**. Le tourisme y est donc un secteur important pour l'économie. Ce succès s'explique par de **nombreux facteurs** : richesse du patrimoine, infrastructures développées...
- Outre **Paris,** 1er lieu touristique en France, les **littoraux** et certaines **montagnes** sont bien équipés (stations balnéaires, stations de ski).
- L'un des enjeux actuels est de concilier tourisme de masse et **développement durable**. La fréquentation excessive de certains sites entraîne des atteintes à l'environnement. La création de **parcs naturels** tente d'y remédier.

3 / Les centres d'affaires

- Ils regroupent bureaux et sièges sociaux d'entreprises. On les trouve généralement dans les **métropoles**, soit au centre des villes, soit dans des quartiers créés à la périphérie (voir exercices 2 et 3). Bien desservis par les transports, ces quartiers sont constitués de **grandes tours** qui ont un aspect pratique (abriter un grand nombre de bureaux) et symbolique (montrer la puissance de l'entreprise).

LE DOCUMENT CLÉ

▷ Les espaces touristiques en France

1. **Expliquer.** La légende contient trois types de figurés : des couleurs pour les formes de tourisme (baignade, ski, culturel), des figurés ponctuels (carrés pour les parcs de loisirs) et des lignes (traits pour les axes et flèches pour les flux).

2. **Conclure.** Le tourisme se localise dans les villes mais peut aussi concerner des espaces peu habités (montagnes). Les zones les plus touristiques sont la région parisienne, les littoraux méditerranéen et atlantique, les Alpes et les Pyrénées.

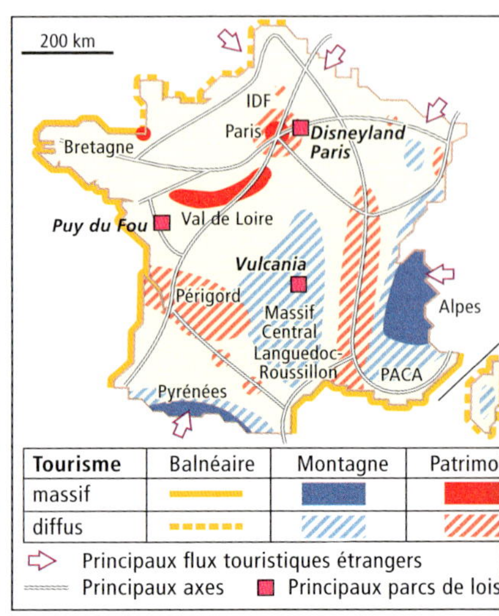

MINI INTERRO

1. Où se localisent les services ?
2. Qu'est-ce qui explique l'attractivité touristique de la France ?
3. Qu'abritent les centres d'affaires ?

1 Vrai ou faux ?

Coche la case qui convient.

	V	F
a. L'industrie emploie plus de monde que les services.	❑	❑
b. Les industries s'installent désormais de plus en plus dans les régions du Sud et de l'Ouest de la France.	❑	❑
c. La Bretagne est surtout spécialisée dans la grande céréaliculture.	❑	❑
d. L'agriculture française est source d'importantes pollutions.	❑	❑
e. La France est un grand pays touristique.	❑	❑
f. Les services spécialisés se situent sur tout le territoire.	❑	❑
g. Les services représentent la plus grosse part du PIB.	❑	❑
h. Une métropole est une ville qui abrite des centres de décision exerçant une influence sur un espace plus ou moins large.	❑	❑

2 Un espace dédié aux services

Relis le cours et étudie la photographie pour répondre aux questions.

Le quartier d'affaires de La Défense, à l'ouest de Paris.

a. Où se situe ce quartier ?

b. De quel type de quartier s'agit-il ? Qu'y trouve-t-on ?

c. Quel type de bâtiments domine dans ce quartier ?

d. Quelles sont les fonctions de ces bâtiments ?

e. Dans quelle autre partie des villes peut-on trouver ce type de quartier ?

3 SPÉCIAL BREVET

Lis le texte, puis réponds aux questions.

Les 8 millions de touristes à La Défense

Parmi eux, ils sont 6 millions de touristes d'agrément, dont 2 millions viennent de province ou de l'étranger. 2,4 millions sont des touristes d'affaires dont 1 million vient de province ou de l'étranger. Les visiteurs venant de Paris ou de l'Île-de-France sont considérés comme des touristes de proximité. L'enquête s'est donc faite aux sorties de stations de métro et de RER de La Défense après des centaines d'interviews individuelles. N'ont donc pas été comptabilisées : les publics venant des villes limitrophes de La Défense, les publics venant faire leurs courses en voiture [...], les publics arrivant à leur hôtel en taxi.

[...] Car si cette enquête était quantitative, elle était aussi qualitative pour disposer d'un portrait robot du visiteur en même temps que l'analyse de son comportement. 51 % disent venir pour le shopping même si 20 % allient cela à la découverte du site [...].

Une fréquentation qui ne peut que s'élargir après l'ouverture dominicale du centre des Quatre Temps et du CNIT depuis le 25 octobre dernier. À moyen terme, dotée de nouveaux hôtels, des tours mixtes de grande hauteur (bureaux, logement, hôtellerie, commerce et loisirs), c'est l'activité de soirée qui peut apporter à La Défense le must de demain. C'est le quartier à la mode qu'il faut avoir vu !

Le fait d'être à la fois le premier quartier d'affaires européen, le plus grand centre commercial d'Europe, le 2e palais des congrès de France, le 4e cinéma, et d'avoir un avenir architectural de premier plan, fera de La Défense un vrai lieu de vie, de travail et de loisirs.

■ D'après le site de l'EPAD (Établissement public pour l'aménagement de La Défense).

a. Combien de touristes fréquentent chaque année le quartier de La Défense ?

b. Quelles sont les différentes catégories de touristes et laquelle est la plus nombreuse ?

c. Qu'est-ce qui attire majoritairement les touristes ?

d. Quelles sont les différentes fonctions du quartier de La Défense ?

e. Souligne le passage qui montre que le quartier a une importance internationale.

Corrigés p. 29 du livret.

23 L'organisation du territoire français (1) : les contrastes à l'échelle nationale

GÉOGRAPHIE

RETENIR

1 / Renforcement des métropoles

- Les métropoles attirent et concentrent les hommes et les activités : on parle de **métropolisation**. Les **centres de décision**, de recherche, de gestion des entreprises se localisent dans les grandes villes. Elles disposent d'un dense réseau de transport, de nombreux services et d'une main-d'œuvre importante.
- Toutefois, il s'opère une **hiérarchie entre ces métropoles**. **Paris**, avec une influence mondiale, domine le territoire. Les autres métropoles se développent à la **périphérie** (Marseille, Lille...). Certaines s'affirment à l'échelle européenne (Lyon, Strasbourg). Toutes entretiennent des **liens entre elles**.

MOT CLÉ

✔ Métropole : ville importante, exerçant des fonctions de commandement, et donc une influence sur un territoire plus ou moins étendu (région, pays, continent, monde).

2 / Renforcement des périphéries

- La construction européenne renforce les **régions frontalières** du Nord et de l'Est de la France, qui bénéficient de la proximité de la mégalopole européenne (aides de l'UE, investissements étrangers, travailleurs frontaliers).
- Le tourisme et la mondialisation des échanges ont entraîné l'essor des **régions littorales** de l'Ouest, du Sud et des DROM. Cet essor se manifeste par une **croissance démographique** et un **développement des activités** (services, industries de haute technologie, transport maritime, tourisme...).

3 / Des espaces moins dynamiques

- Pesant d'un **faible poids démographique et économique**, **enclavées** et mal reliées aux grands réseaux de communication, certaines régions n'ont pas de métropole active : par exemple, au **centre de la France** (Limousin, Morvan) ou dans des **zones de montagne** restées à l'écart du tourisme.

LE DOCUMENT CLÉ

▷ Paris, métropole mondiale

1. **Expliquer.** On repère quatre fonctions : politique (ministères), économique (quartier d'affaires), touristique et culturelle (universités, musées). Paris abrite le siège de deux organisations internationales (OCDE et Unesco). Les fonctions de commandement se localisent plutôt à l'ouest.

2. **Conclure.** La ville abrite des fonctions de commandement dans tous les domaines et son rayonnement s'exerce à l'échelle nationale et internationale. Paris est donc une métropole mondiale.

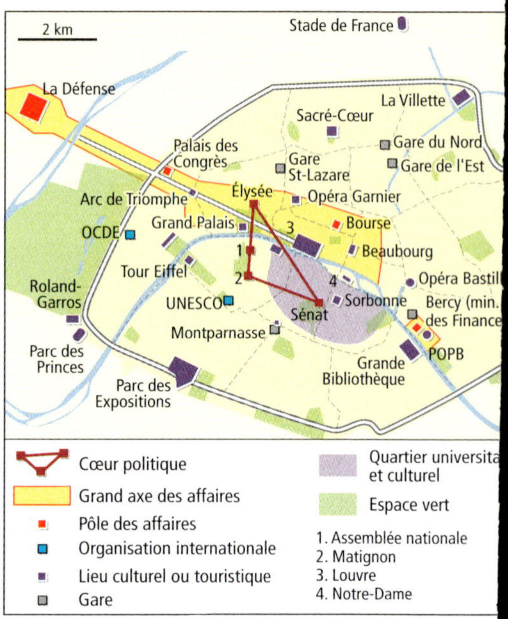

■ Les fonctions métropolitaines de Paris.

MINI INTERRO

1. Qu'est-ce que la métropolisation ?
2. Cite trois grandes métropoles françaises.
3. Quels sont les deux types de régions périphériques dynamiques ?

S'ENTRAÎNER

1 Mots croisés

Complète la grille à l'aide des définitions.

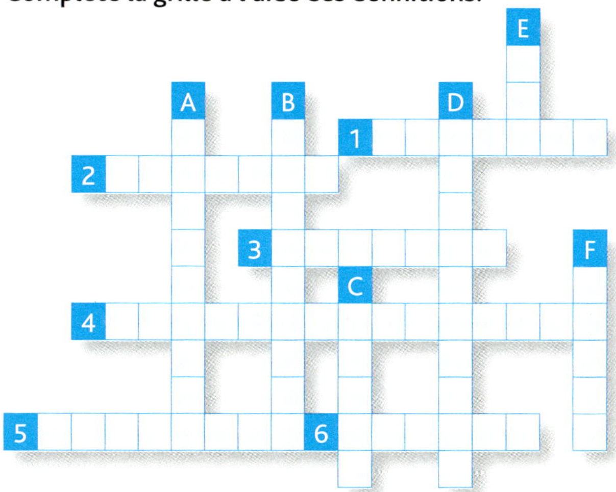

VERTICALEMENT
A. Ensemble des activités qui produisent des biens.
B. Ville qui exerce une influence.
C. Fleuve français.
D. 2e région française.
E. Indicateur qui mesure la richesse.
F. Organisme qui fournit des chiffres sur la population et l'économie françaises.

HORIZONTALEMENT
1. Type de développement qui permet de répondre aux besoins des générations futures.
2. Quartier d'affaires (à l'envers).
3. La France en compte 5 en dehors de la métropole.
4. Concentration des hommes et activités dans les grandes villes.
5. Type d'élevage sur de grands espaces (à l'envers).
6. Permet de relier.

2 Paris, une influence nationale et mondiale

Lis le texte, puis réponds aux questions.

[…] Paris, environ 11 millions d'habitants, est la seule métropole française de dimension mondiale : elle joue un rôle d'interface entre la France et le reste du monde. Sur le plan politique, elle abrite les pouvoirs exécutif, législatif et judiciaire français ainsi que des sièges d'institutions internationales […]. Elle concentre en son sein la quasi-totalité des emplois de l'information et des arts. Elle offre de surcroît un patrimoine unique : le Louvre […], deux opéras […] et quantité de théâtres. Sur les plans financier et économique, Paris se situe au 20e rang des places financières mondiales, mais accueille la moitié des sièges sociaux des filiales étrangères implantées en France […]. Elle est le 1er centre mondial pour l'accueil des congrès internationaux. Elle constitue la 2e plate-forme aéroportuaire d'Europe […] ce qui est un des éléments de son insertion dans les réseaux et les flux qui caractérisent la mondialisation. […]

F. Smits, *Géographie de la France*, 2011, p. 59.

a. Souligne en bleu les fonctions de commandement politique, en rouge les fonctions de commandement économique et en vert les fonctions de commandement culturel.

b. Relève les éléments qui montrent que Paris a une influence mondiale.

c. À partir de tes réponses, rédige un petit paragraphe qui montre que Paris est une métropole mondiale.

3 SPÉCIAL BREVET

Relis le cours, puis réponds aux questions.

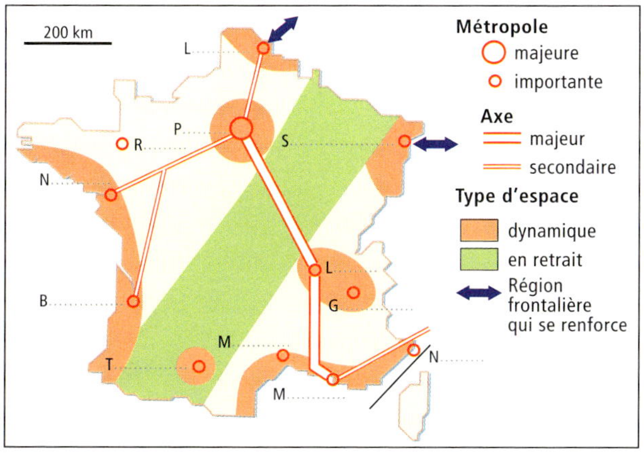

a. Qu'est-ce qu'un croquis ?

b. Quels sont les éléments qui montrent qu'un espace est dynamique ?

c. Complète le nom des métropoles figurant sur le croquis.

d. Quels sont les trois grands types d'espaces dynamiques en France ?

e. Cite un exemple d'espace peu dynamique en France.

f. Complète la légende du croquis et donne-lui un titre.

Corrigés p. 29 du livret.

24 L'organisation du territoire français (2) : les réseaux de transport

GÉOGRAPHIE

RETENIR

1 / L'efficacité des réseaux de transport

MOT CLÉ

✓ LGV (ligne à grande vitesse) : ligne ferroviaire qui permet la circulation des trains à plus de 200 km/h.

• La France possède un réseau de transports (voies ferrées, routes, canaux) **dense et moderne**. D'abord construit **en étoile** autour de Paris, il comprend désormais des transversales qui lui donnent la forme d'une **toile d'araignée**. Le réseau met prioritairement en relation les **grandes métropoles** du pays, qui forment des nœuds de communications, et dessert les grands ports. **L'axe Paris-Lyon-Marseille** est l'axe majeur avec le plus important trafic de personnes et de marchandises.

• À l'inverse, certains territoires, comme l'Auvergne, la Basse-Normandie ou Midi-Pyrénées, restent **enclavés**, à l'écart des principaux réseaux de transport. Parfois, ils ne sont que traversés par les flux : on parle alors d'« **effet tunnel** ».

2 / L'ouverture sur l'espace européen

MINI INTERRO

1. Quels sont les points du territoire les mieux desservis par les réseaux de transport ?
2. Qu'est-ce qu'une région enclavée ?
3. Cite un exemple qui montre que la France s'est ouverte sur ses voisins européens.

• La France occupe une position de **carrefour** en Europe. Avec la **construction européenne** (voir chapitre 8), le réseau français s'est ouvert et progressivement relié à ses voisins, grâce à des **aménagements importants** : tunnels sous les Alpes ou sous la Manche, **LGV** vers le Royaume-Uni ou la Belgique…

• Des **projets** financés par l'État, l'Union européenne et les régions concernées, prévoient de créer des LGV pour relier Lyon à Turin en Italie, Paris à l'Allemagne (via Strasbourg) puis à l'Autriche et à l'Est de l'Europe, ou pour établir un axe Rhin-Rhône au cœur de la dorsale européenne. Ces axes européens renforcent les **régions frontalières**.

LE DOCUMENT CLÉ

▷ Carte par anamorphose des liaisons TGV en France

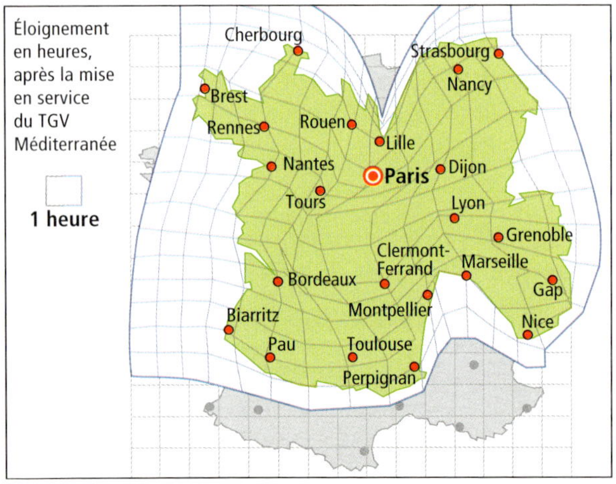

1. **Expliquer.** Les distances sont déformées par le temps de parcours. Certaines villes apparaissent plus proches que dans la réalité : celles du Sud-Est (Lyon, Marseille), du Nord (Lille) et de l'Est (Metz, Nancy) profitent de liaisons TGV qui les raccordent à Paris.

2. **Conclure.** Le TGV est révélateur de la métropolisation puisqu'il ne relie que des grandes villes. Cette carte montre aussi que certaines parties du territoire sont moins bien reliées, comme le centre ou le Sud-Ouest. Paris domine le réseau ferroviaire et reste le centre des LGV.

S'ENTRAÎNER

1 Vrai ou faux ?

Coche la case qui convient.

	V	F
a. En France, le réseau de transport demeure en étoile, malgré les efforts pour créer des transversales.	❑	❑
b. L'axe principal en France est l'axe Paris-Tours-Bordeaux.	❑	❑
c. L'Auvergne est une région plutôt enclavée.	❑	❑
d. Les réseaux de transport renforcent le poids des métropoles.	❑	❑
e. En 1980, il fallait 3 h 45 pour relier Paris à Lyon en train.	❑	❑
f. Aujourd'hui, il faut 2 h 45 pour relier Paris à Lyon en train.	❑	❑
g. Le réseau de transport français est relié aux autres pays européens.	❑	❑

2 Les axes de transport majeurs

Étudie la carte, puis réponds aux questions.

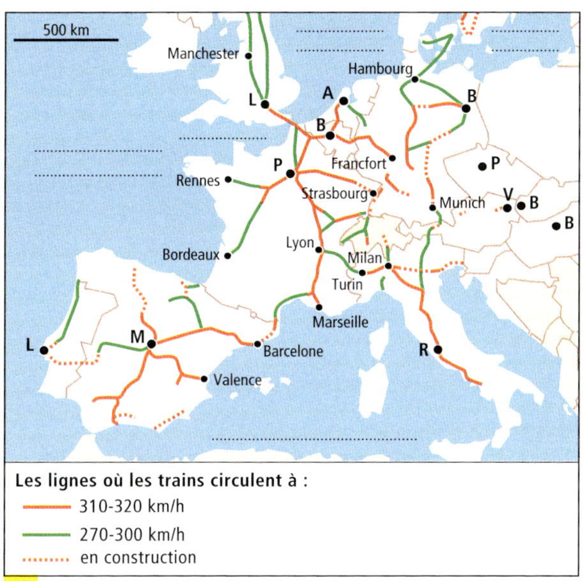

Les réseaux ferrés à grande vitesse en Europe.

a. Complète le nom des mers et océans.

b. Colorie en bleu les pays de l'UE et complète le nom des capitales.

c. En France, quelles sont les lignes où les TGV peuvent circuler à plus de 300 km/h ?

d. Autour de quelle ville sont centrées les LGV en France ?

e. Quels sont les pays européens auxquels la France est la mieux reliée par LGV ?

f. Quelle partie de l'Europe est peu desservie par les LGV ?

3 SPÉCIAL BREVET

À l'aide de la carte de l'exercice 2 et du texte, réponds aux questions.

LGV Rhin-Rhône : une ligne nouvelle au cœur de l'Europe

Composée de trois branches complémentaires, la ligne à grande vitesse (LGV) Rhin-Rhône est reconnue comme liaison prioritaire au titre des réseaux de transports européens.

Cette LGV permettra d'assurer le lien entre le Nord et le Sud du continent, entre le Benelux*, l'Allemagne, la Suisse et l'Espagne.

Première étape de la LGV, la branche Est reliera Dijon à Mulhouse, via Besançon, avec 190 km de ligne nouvelle.

Soutenue par 20 co-financeurs (UE, Suisse, France, collectivités territoriales, Réseau ferré de France), la première phase de travaux de 140 km a été mise en service en décembre 2011.

D'après le site de RFF (Réseau ferré de France).

* Benelux : Belgique, Luxembourg et Pays-Bas.

La LGV Rhin-Rhône branche Est en chiffres

- 140 km de ligne nouvelle
- 2 gares nouvelles
- 160 ponts
- 13 viaducs
- 1 tunnel
- 2,312 milliards d'euros
- 6 000 emplois liés au chantier
- 30 millions de m^3 de déblais

a. À quelles villes allemandes Lyon sera-t-elle reliée grâce à la nouvelle LGV ?

b. Souligne dans le texte l'objectif de la LGV Rhin-Rhône à l'échelle européenne.

c. Combien doit coûter la réalisation de la LGV Dijon-Mulhouse ?

d. Quels acteurs interviennent dans le financement ?

Corrigés p. 29 du livret.

25 L'Union européenne (1) : un territoire en construction

RETENIR

1 / L'UE, une union d'États à plusieurs vitesses

MOTS CLÉS

✓ PESC : Politique étrangère et de sécurité commune.

✓ Espace Schengen : espace de libre circulation des personnes.

- L'UE regroupe aujourd'hui **28 États**. Dans certains domaines, des politiques communes sont créées : commerce, agriculture, monnaie et **PESC**. L'UE est un espace en **paix** avec des régimes politiques **démocratiques** (républiques ou monarchies). C'est une association de pays **riches** et **développés** avec des PIB/hab. et des IDH élevés même si on observe des disparités.
- Certains pays jouent un **rôle moteur** (Allemagne, France) et souhaitent une **union poussée**. D'autres (Royaume-Uni) ne veulent pas que l'UE s'immisce dans les affaires intérieures des pays. Plus le nombre de pays membres augmente, plus les **décisions deviennent difficiles à prendre**.
- Certains pays de l'UE ne font pas partie de l'**espace Schengen** (Royaume-Uni, Irlande…). De même, neuf pays n'ont pas adopté la **monnaie commune** : trois l'ont refusée (comme le Royaume-Uni) et six ne remplissent pas encore les critères économiques nécessaires (voir carte 3 p. 161).

2 / Un espace qui s'élargit

- Le nombre de pays composant l'UE **augmente progressivement** (voir carte 1 p. 160). Depuis la fin de la guerre froide et la démocratisation des anciennes dictatures communistes, les pays d'Europe de l'Est intègrent l'UE.
- Aujourd'hui, **cinq États sont officiellement candidats** à l'adhésion : Turquie, Macédoine, Islande, Monténégro et Serbie. Cela montre **l'attractivité** de l'UE, espace riche, démocratique et en paix. Pour adhérer, les pays candidats doivent remplir des **critères politiques et économiques** et accepter de mettre en œuvre les politiques et les lois européennes.

LE DOCUMENT CLÉ

▷ La question de l'adhésion de la Turquie

1. **Décrire.** Au dernier étage d'une maison, les membres de l'UE vivent confortablement. À l'étage inférieur, les voisins turcs sont gênés par le bruit des occupants du dessous, qui font la guerre, ce qui rend le titre ironique (« mon doux foyer »). En bas, les soldats américains interviennent pour tenter de rétablir l'ordre.
2. **Conclure.** La Turquie, depuis longtemps candidate, veut intégrer l'UE. La Turquie et l'UE peuvent stabiliser le Proche et Moyen-Orient en se substituant aux États-Unis.

■ *Home, sweet home*, dessin d'Izel Rozental, 4 octobre 2

MINI INTERRO

1. Cite deux politiques communes aux pays de l'UE.
2. Qu'est-ce que l'espace Schengen ?
3. Cite deux pays candidats à l'adhésion à l'UE.

S'ENTRAÎNER

1 Quiz

Coche la ou les bonne(s) réponse(s).

a. L'UE a été créée en :
- ❑ 1951. ❑ 1957. ❑ 1992. ❑ 2002.

b. Lequel de ces pays a refusé d'adopter l'euro ?
- ❑ La France ❑ L'Allemagne
- ❑ L'Espagne ❑ Le Royaume-Uni

c. L'espace Schengen est un espace de :
- ❑ libre circulation des personnes.
- ❑ libre circulation des marchandises.
- ❑ contrôle renforcé aux frontières.
- ❑ monnaie unique.

d. Tous les pays européens sont des :
- ❑ dictatures. ❑ démocraties.
- ❑ républiques. ❑ monarchies.

e. L'UE compte aujourd'hui :
- ❑ 25 membres. ❑ 28 membres.
- ❑ 27 membres. ❑ 30 membres.

f. La PESC concerne le domaine :
- ❑ du commerce. ❑ de l'agriculture.
- ❑ de la finance. ❑ de la politique étrangère.

g. Laquelle de ces villes n'accueille aucune institution européenne ?
- ❑ Bruxelles ❑ Francfort
- ❑ Strasbourg ❑ Milan

h. Lequel de ces pays n'est pas candidat à l'entrée dans l'UE ?
- ❑ La Turquie ❑ L'Islande
- ❑ La Norvège ❑ La Serbie

2 Les inégalités au sein de l'UE

Étudie les cartes 1, 2 et 3 des p. 160-161 et relis le cours, puis réponds aux questions.

a. Que mesure le PIB/hab. ?

b. Où se situent les régions européennes qui ont le plus faible PIB/hab. ?

c. Quel espace concentre les régions avec le plus fort PIB/hab. ?

d. Quels pays de l'UE n'ont pas adopté l'euro ? Pour quelles raisons ?

e. Quelles sont les capitales de l'Union européenne ?

f. Cite deux pays de l'UE qui ne sont pas membres de l'espace Schengen.

3 SPÉCIAL BREVET

Observe la carte ci-dessous, puis réponds aux questions.

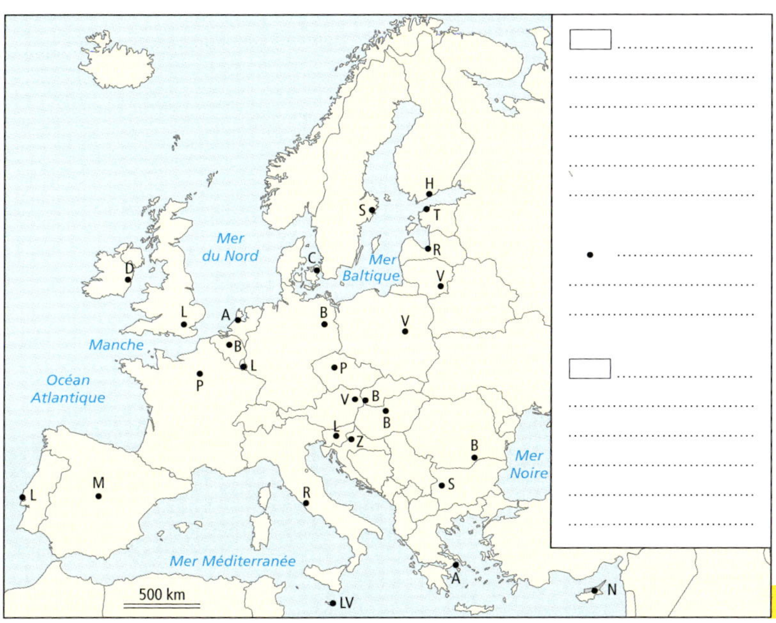

L'Union européenne.

a. Colorie les 28 États membres de l'UE.

b. Indique le nom de chacun de ces 28 États.

c. Complète le nom des capitales des États membres de l'UE.

d. Colorie d'une autre couleur les cinq États officiellement candidats.

e. Construis la légende de la carte.

f. Fais une recherche pour savoir quels États ont intégré l'UE en 2004, 2007 et 2013.

Corrigés p. 29 du livret.

26 L'Union européenne (2) : les contrastes territoriaux

RETENIR

1 / Les espaces dynamiques

- La **mégalopole européenne** (ou dorsale européenne) constitue le cœur de l'UE. Elle s'étend de Londres à Milan et constitue la zone **la plus peuplée, la mieux équipée et la plus riche** de l'Europe. Une **première périphérie** assez développée, est bien rattachée à la mégalopole : une grande partie de l'Europe de l'Ouest.
- Ces espaces, intégrés depuis longtemps dans l'UE, sont **bien insérés dans l'économie mondiale**. Les régions plus développées sont **plus innovantes**, avec de meilleurs niveaux de formation et des infrastructures modernes.

MOTS CLÉS

✓ Mégalopole : vaste espace urbanisé avec de très nombreuses agglomérations qui s'étendent et finissent par se relier.

✓ Délocalisation : transfert d'activités, notamment de production (usine) vers un pays plus avantageux (coût de la main-d'œuvre, présence de matières premières, etc.).

2 / Les espaces en retard

- Les **régions périphériques du Sud de l'UE** (Portugal, Sud de l'Espagne et de l'Italie, Grèce, Malte, Chypre) connaissent un retard de développement. Les **pays de l'Est** (Estonie, Lettonie, Lituanie, Pologne…) sont d'anciennes dictatures communistes, ce qui a, pendant 50 ans, désorganisé leurs économies. Dotés d'un PIB/hab. et d'un IDH moins élevés, ces territoires sont moins bien reliés au reste de l'Europe et du monde. Toutefois, comme le coût du travail y est plus faible, ils attirent des **délocalisations**.

3 / Corriger les inégalités

- Fondés sur le principe de solidarité, les traités prévoient que l'UE doit **réduire les écarts de développement** entre les régions européennes. Pour cela, l'UE finance des programmes dans les régions en difficulté. La politique d'aide régionale représente le 2e budget de l'UE (derrière la PAC). Elle a permis de réduire les inégalités entre les régions et entre les pays en Europe.

LE DOCUMENT CLÉ

▷ Le PIB/hab. dans quelques pays de l'UE

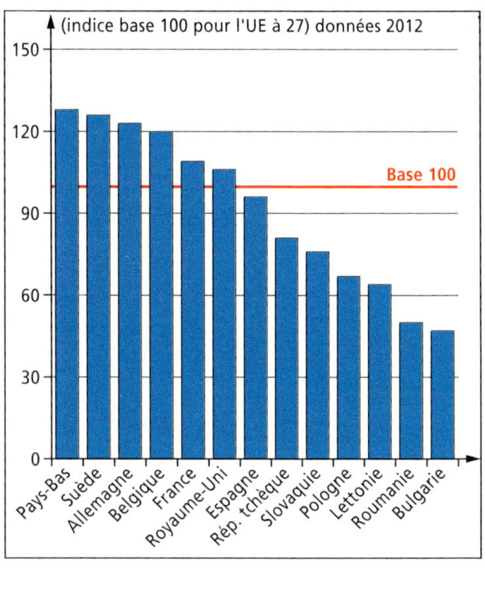

1. **Expliquer.** À gauche du graphique, les pays au-dessus de 100 sont plus riches que la moyenne européenne. À droite, les pays en dessous sont moins riches que la moyenne.

2. **Conclure.** Les pays les moins riches sont ceux d'Europe de l'Est qui n'ont intégré l'UE qu'à partir de 2004. L'UE fournit des aides financières à ces pays et à leurs régions les plus en difficulté pour qu'ils comblent leur retard.

MINI INTERRO

1. Quel est l'espace le plus dynamique de l'UE ?
2. Quel est l'espace le moins dynamique de l'UE ?
3. Comment l'UE tente-t-elle de corriger les inégalités au sein de son espace ?

S'ENTRAÎNER

1 Vrai ou faux ?

Coche la case qui convient.

	V	F
a. Les pays de l'Est de l'Europe sont plus développés que ceux de l'Ouest.	❑	❑
b. La mégalopole est un espace faiblement urbanisé.	❑	❑
c. La mégalopole est l'espace le plus riche de l'UE.	❑	❑
d. La mégalopole s'étend de Paris à Berlin.	❑	❑
e. Les pays d'Europe de l'Est sont entrés dans l'UE à partir de 2004.	❑	❑
f. Paris est une métropole européenne et mondiale.	❑	❑
g. Bratislava est la capitale de la Bulgarie.	❑	❑
h. La Croatie et la Slovénie sont membres de l'UE.	❑	❑
i. L'UE met en œuvre le principe de solidarité entre les États membres.	❑	❑

2 Représenter l'Union européenne

Sur Internet ou dans une encyclopédie, fais des recherches pour savoir quels sont les symboles de l'Union européenne.

3 Un contraste dans l'espace européen

Étudie la carte, puis réponds aux questions.

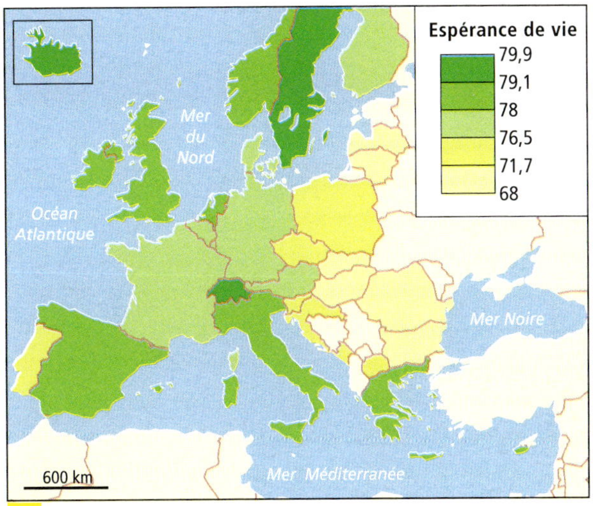

Espérance de vie des hommes à la naissance en Europe.

a. Rappelle ce qu'est l'espérance de vie.

b. Quel indicateur prend en compte l'espérance de vie ?

c. Mets une croix dans les pays colorés qui n'appartiennent pas à l'UE.

d. Cite deux pays avec une forte espérance de vie (> 78 ans) et deux pays avec une faible espérance de vie (< 71 ans).

e. Que peux-tu en conclure ?

4 SPÉCIAL BREVET

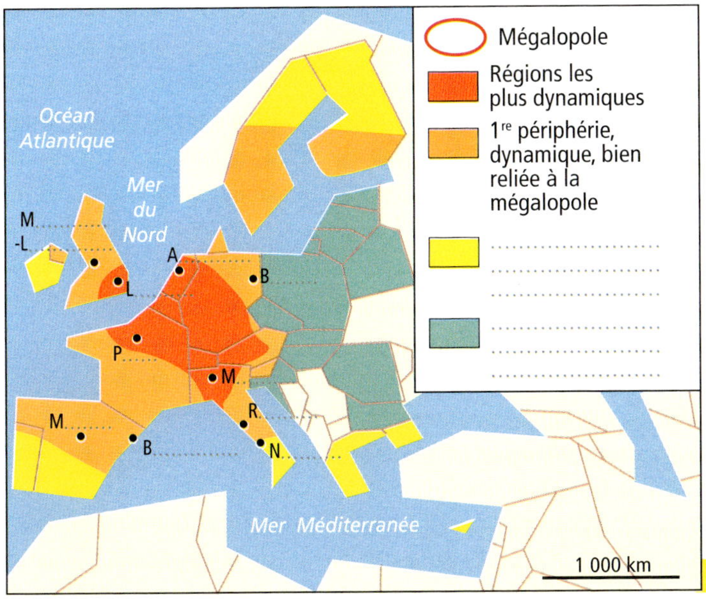

Les types d'espaces de l'UE.

Complète le croquis et réponds aux questions.

a. Entoure en rouge la mégalopole.

b. Complète la légende du croquis.

c. Quel est l'espace le plus dynamique de l'UE ?

....

d. Quels sont les éléments qui prouvent qu'il s'agit du plus dynamique ?

....

....

e. Place le nom des grandes métropoles européennes.

Corrigés p. 29 du livret.

27 La France, une influence mondiale

RETENIR

1 / L'influence par l'Outre-Mer

• La France possède en dehors de l'Europe des **territoires ultramarins**, de quatre grands types : les **DROM**, administrés comme des départements métropolitains, les **COM**, aux statuts particuliers, les **TAAF**, gérées par l'État, et la **Nouvelle-Calédonie** (proche de l'indépendance). Ces espaces ont une superficie faible mais ils déterminent une **vaste ZEE** (2e du monde, 10 millions de km²). Ils représentent donc un **intérêt stratégique** important, permettant à l'armée française d'être présente partout dans le monde.

2 / L'influence par la langue

• La langue française permet de **transmettre la culture, les idées et les valeurs** de la France dans le monde. Plus de **200 millions de personnes** parlent le français. Fortement concurrencé par l'anglais, le français reste très utilisé dans les anciennes colonies. La France soutient sa langue avec des institutions comme **l'OIF** qui regroupe 77 pays. Elle promeut l'**apprentissage du français** à travers l'AEFE (Agence pour l'enseignement du français à l'étranger) qui gère 480 établissements scolaires dans 130 pays. Des **médias internationaux** diffusent de l'information par des chaînes de télévision ou la radio partout dans le monde.

3 / L'influence par les Français de l'étranger

• Près de **2 millions de Français** vivent et/ou travaillent à l'étranger (50 % en Europe de l'Ouest, 20 % en Amérique et 15 % en Afrique). Le nombre de ces **expatriés** est en augmentation depuis une dizaine d'années, avec une forte croissance aux Proche et Moyen-Orient et en Asie-Océanie.

MOTS CLÉS

- ✓ DROM : Département et Région d'Outre-Mer.
- ✓ COM : Collectivité d'Outre-Mer.
- ✓ TAAF : Terres australes et antarctiques françaises.
- ✓ ZEE : zone économique exclusive.
- ✓ OIF : Organisation internationale de la francophonie.

LE DOCUMENT CLÉ

▷ Un DROM : la Réunion

1. **Expliquer.** La Réunion est un DROM dont la capitale est Saint-Denis. C'est une île volcanique située dans l'océan Indien, à près de 9 300 km de la métropole. Sa superficie est faible (2 512 km²) mais elle possède une vaste ZEE (322 600 km²). La population vit surtout sur le littoral et les activités économiques dominantes sont l'agriculture et le tourisme.

2. **Conclure.** La Réunion est un territoire ultramarin qui permet à la France d'être présente dans l'océan Indien et d'exercer une influence dans le monde.

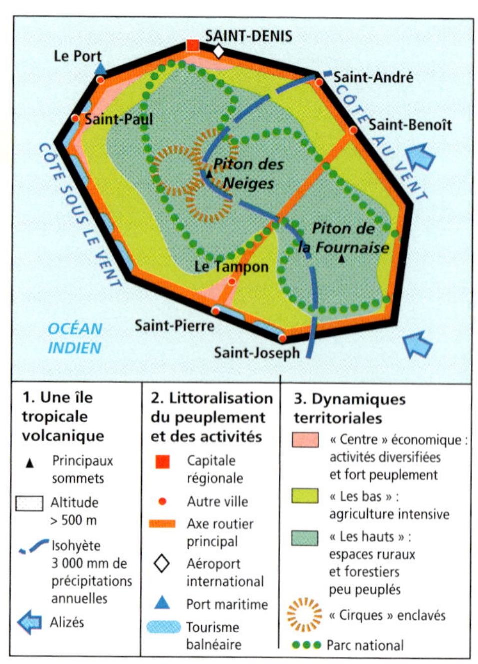

MINI INTERRO

1. Quel est le territoire ultramarin le plus autonome ?
2. Montre avec un exemple que les territoires ultramarins permettent le rayonnement de la France.
3. Quelle institution favorise la langue française dans le monde ?

1 Les territoires ultramarins

À l'aide du cours et du planisphère p. 165, réponds aux questions.

a. Quelle est la superficie des territoires ultramarins ?

b. Rappelle quels sont les cinq DROM.

c. Dresse la liste des COM.

d. Quel rôle jouent les territoires ultramarins dans l'influence mondiale de la France ?

2 La chaîne de télévision France 24

Lis le texte, puis réponds aux questions.

Lancée en décembre 2006, France 24 est la chaîne française d'information internationale 24h/24. Sa mission est de couvrir l'actualité avec un regard français et de véhiculer partout dans le monde les valeurs et les perspectives françaises.

France 24 est une véritable plateforme d'information diffusant ses programmes à l'antenne et sur Internet en français, en anglais et en arabe.

France 24 porte sur l'actualité internationale un regard français fait de diversité des opinions, de débats contradictoires et de confrontation des points de vue.

Elle propose un décryptage approfondi de l'actualité et traite avec une attention particulière la culture.

■ Site Internet de France 24.

a. Qu'est-ce que France 24 ?

b. Souligne dans le texte le double objectif de France 24.

c. Quelles sont les langues de diffusion de France 24 ?

d. Pourquoi y a-t-il plusieurs langues ?

e. De quelle grande chaîne d'information continue américaine France 24 s'inspire-t-elle ?

3 SPÉCIAL BREVET

Étudie la carte, lis le cours et le texte, puis réponds aux questions.

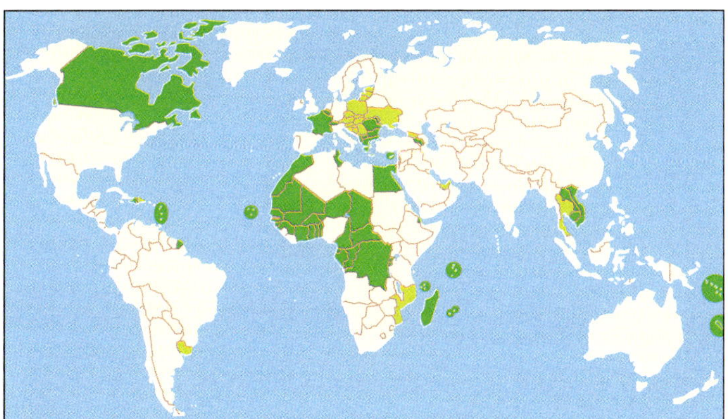

57 États et gouvernements membres de l'OIF — 20 États observateurs

L'OIF dans le monde.

Missions

Les missions de la Francophonie sont définies dans un cadre stratégique de dix ans adopté par le Sommet des chefs d'État et de gouvernement en 2004 à Ouagadougou (Burkina Faso) pour la période 2005-2014 :

– Promouvoir la langue française et la diversité culturelle et linguistique ;

– Promouvoir la paix, la démocratie et les droits de l'Homme ;

– Appuyer l'éducation, la formation, l'enseignement supérieur et la recherche ;

– Développer la coopération au service du développement durable.

Une attention particulière est accordée aux jeunes et aux femmes, ainsi qu'à l'accès aux technologies de l'information et de la communication.

■ D'après le site de l'OIF.

a. Qu'est-ce que l'OIF ?

b. Quelles sont les missions de cette organisation ?

c. Combien de pays regroupe cette organisation ?

d. Sur quel continent se situe la majorité des pays membres de l'organisation ? Cite des exemples.

e. Pourquoi ces pays sont-ils francophones ?

Corrigés p. 30 du livret.

28 Réalités et limites de la puissance de l'UE

RETENIR

MOT CLÉ

✓ Triade : les trois pôles économiques les plus puissants du monde (Union européenne, Amérique du Nord et Japon).

1 / Une puissance économique

• L'UE est l'un des pôles de la **Triade**. Les 28 États membres réalisent environ **un tiers du PIB mondial**, devant les États-Unis (voir exercice 2). C'est l'un des espaces majeurs de production agricole et industrielle, qui possède de puissantes **FTN** implantées partout dans le monde.

• L'UE est la **première puissance commerciale** mondiale, grâce au volume des échanges entre pays membres et avec les autres pôles de la Triade.

• L'UE est une **puissance financière** qui s'appuie sur l'euro, deuxième monnaie la plus utilisée dans les échanges internationaux, derrière le dollar. L'UE abrite aussi de **grandes places boursières** mondiales (Londres, Francfort, Paris…) et reçoit de nombreux investissements d'entreprises étrangères (**IDE**).

2 / Un rôle diplomatique encore limité

• Le **traité de Maastricht** en 1992 et celui de **Lisbonne** en 2007 confèrent à l'UE un rôle sur la scène internationale. Toutefois, les pays membres **n'arrivent pas à adopter des positions communes** face aux crises internationales.

• L'UE n'a pas d'armée véritable. La défense de chaque pays repose sur ses propres moyens militaires et sur ses alliances (OTAN). Toutefois, avec la PESC (voir chapitre 25), des **opérations de gestion de crises, de maintien et de rétablissement de la paix** peuvent être assurées.

MINI INTERRO

1. Cite deux éléments qui montrent que l'UE est une puissance financière.
2. Qu'est-ce que la PESC ?
3. Pourquoi l'UE joue-t-elle un rôle diplomatique limité ?

LE DOCUMENT CLÉ

▷ Les pôles de puissance dans le monde

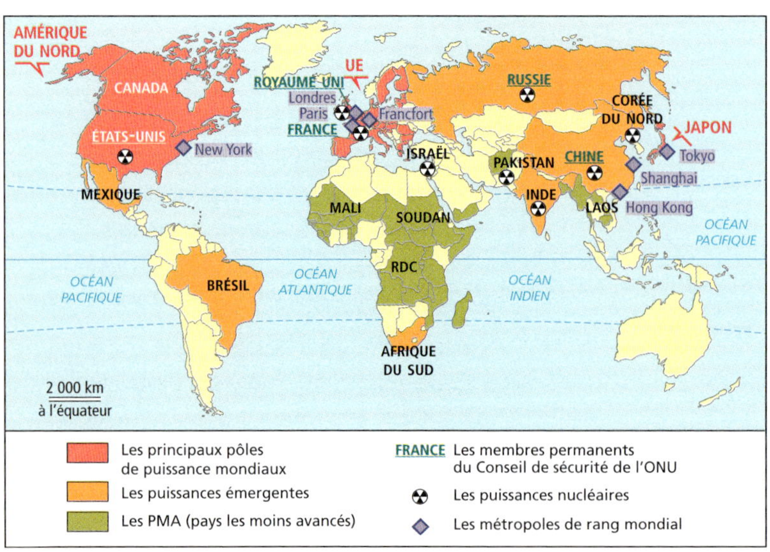

1. **Expliquer.** Le planisphère montre trois catégories de pays. Il indique également des aspects de puissance militaire : possession de l'arme nucléaire, sièges permanents au Conseil de sécurité de l'ONU.

2. **Conclure.** L'UE est une grande puissance économique avec les deux autres pôles de la Triade et face aux puissances émergentes. Certains pays de l'UE (France, Royaume-Uni) disposent d'une puissance militaire, mais leur influence mondiale est limitée.

S'ENTRAÎNER

1 Quiz

Coche la (ou les) bonne(s) réponse(s).

a. Lequel de ces pays n'est pas un membre fondateur de la construction européenne ?

- ❑ La France
- ❑ Le Royaume-Uni
- ❑ L'Allemagne
- ❑ L'Italie

b. La PESC a été mise en place par :

- ❑ le traité de Rome.
- ❑ le traité de Maastricht.
- ❑ le traité de Paris.
- ❑ le traité de Versailles.

c. Lequel de ces groupes de trois régions du monde correspond à la Triade ?

- ❑ Amérique du Nord, Union européenne, Japon
- ❑ États-Unis, Union européenne, Chine
- ❑ Amérique, France, Chine
- ❑ Brésil, Inde, Chine

d. Lesquels de ces pays sont des puissances émergentes ?

- ❑ Le Brésil
- ❑ L'Inde
- ❑ La Chine
- ❑ Le Mali

e. Lesquels de ces pays sont membres permanents du Conseil de sécurité de l'ONU ?

- ❑ La France
- ❑ L'Allemagne
- ❑ Le Brésil
- ❑ La Russie

f. L'UE est une puissance :

- ❑ commerciale.
- ❑ financière.
- ❑ diplomatique.
- ❑ militaire.

g. L'euro est entré en circulation en :

- ❑ 1992.
- ❑ 2002.
- ❑ 2004.
- ❑ 2009.

2 Un aspect de la puissance de l'UE

Étudie le graphique, puis réponds aux questions.

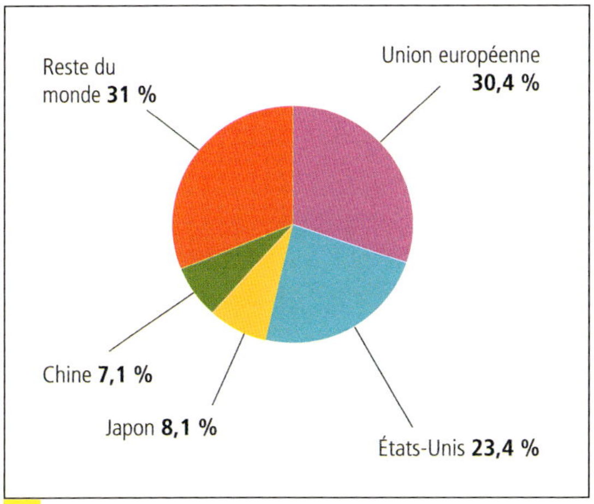

Le PIB dans le monde.

a. Que mesure le PIB ?

b. Quelle est la part du PIB de l'UE dans le monde ?

c. Quelle est la part du PIB des deux autres pôles de la Triade ?

d. Quel type de puissance cela montre-t-il pour l'UE ?

e. Quels sont les domaines dans lesquels l'UE a encore une puissance limitée ?

3 SPÉCIAL BREVET

Regarde la photographie et lis le texte pour répondre aux questions.

L'opération Atalante

L'opération Atalante a pour but de lutter contre la piraterie au large des côtes de la Somalie. Elle repose sur une force opérationnelle de l'UE (ou Eufor) créée en 2008, en application de la PESC, avec l'accord de l'ONU. Une dizaine de pays de l'UE (France, Espagne, Belgique, Royaume-Uni…) participent à cette opération qui mobilise près de 1 800 soldats et une vingtaine de navires et d'avions.

Source : ministère de la Défense.

Des soldats allemands protègent les navires au large du Yémen.

a. Quel est le but de l'opération Atalante ?

b. Qui a organisé cette opération ?

c. Que fait le navire sur la photographie ?

d. De quelle nationalité sont les soldats de cette mission ?

e. Quels autres pays participent à cette opération ?

f. Quel rôle de l'UE est évoqué par ces documents ?

Corrigés p. 30 du livret.

29 Les repères géographiques

1 / La France

2 / Le relief et les climats du monde

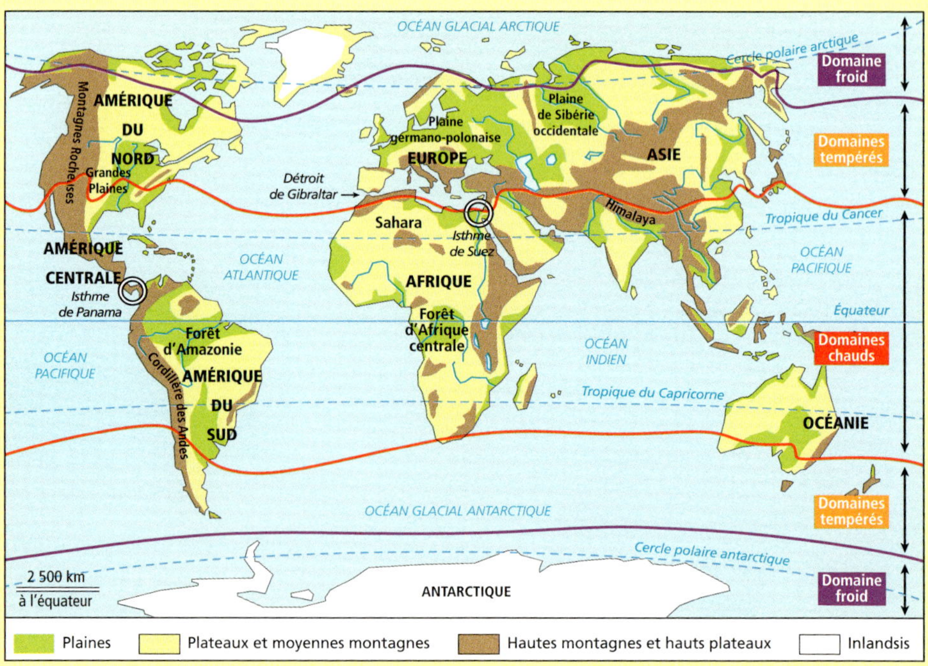

3 / L'Union européenne

4/ Le monde

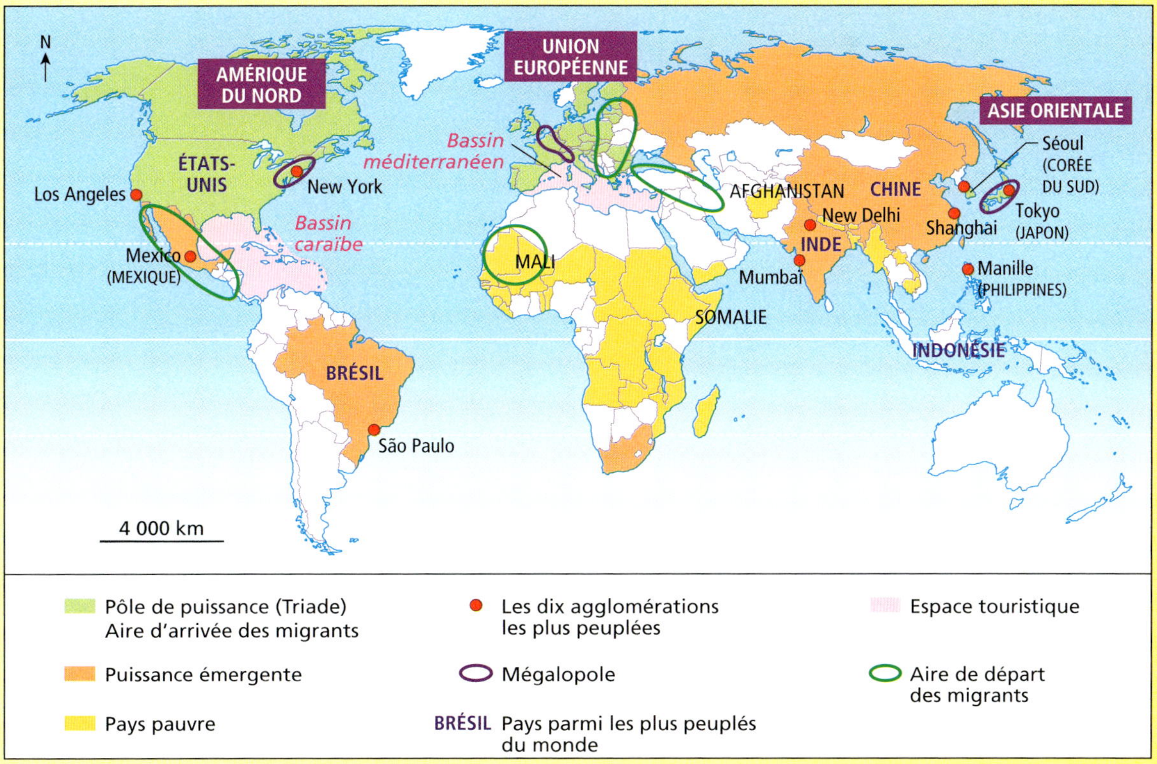

30 Les valeurs, principes et symboles de la République

RETENIR

1 / La création de la République

- La Ire République a été établie en **1792**. Les autres se succèdent, au cours des XIXe et XXe siècles, entrecoupées de régimes monarchiques. La **conquête des libertés et des droits politiques** est progressive : DDHC (1789), suffrage universel masculin (1848), liberté d'association (1901), suffrage universel (1945)...

2 / Les principes républicains

- La Constitution de la **Ve République** française (RF) rappelle les quatre principes sur lesquels ce régime politique repose. La RF est **démocratique** (le pouvoir appartient aux citoyens qui élisent des représentants), **laïque** (l'État n'intervient pas dans les affaires religieuses), **indivisible** (les lois et la langue nationale sont les mêmes pour tous) et **sociale** (la collectivité vient en aide aux personnes en difficulté). Chacun de ces principes renvoie aux valeurs fondamentales résumées dans la **devise** : « Liberté, Égalité, Fraternité ».

3 / Les symboles républicains

- Ils incarnent les valeurs de la RF. La plupart datent de la Révolution mais sont devenus officiels sous la IIIe République (1870-1940) : **Marianne**, figure de la République et de la liberté, la ***Marseillaise***, hymne national, la **devise républicaine** et le **drapeau tricolore**. Ces symboles sont visibles sur les bâtiments publics lors des manifestations officielles ou des **fêtes nationales** (14 juillet).

MOTS CLÉS

✓ **DDHC** : Déclaration des droits de l'Homme et du citoyen votée le 26 août 1789.

✓ **Constitution** : texte qui fixe l'organisation politique et le fonctionnement des pouvoirs dans un État.

MINI INTERRO

1. Quand a été proclamée la Ire République en France ?
2. Quels sont les quatre grands principes de la Ve République ?
3. Cite deux symboles de la République.

LE DOCUMENT CLÉ

▷ Extrait de la Constitution de la Ve République (1958)

Préambule

Le peuple français proclame solennellement son attachement aux droits de l'Homme et aux principes de la souveraineté nationale tels qu'ils ont été définis par la Déclaration de 1789, confirmée et complétée par le préambule de la Constitution de 1946, ainsi qu'aux droits et devoirs définis dans la Charte de l'environnement de 2004. [...]

Article premier

La France est une République indivisible, laïque, démocratique et sociale. Elle assure l'égalité devant la loi de tous les citoyens sans distinction d'origine, de race ou de religion. Elle respecte toutes les croyances. Son organisation est décentralisée.

La loi favorise l'égal accès des femmes et des hommes aux mandats électoraux et fonctions électives, ainsi qu'aux responsabilités professionnelles et sociales.

1. **Expliquer.** La démocratie (en rouge) nécessite l'application des droits de l'Homme avec les libertés (en jaune), l'égalité (en vert) et la fraternité (en bleu).

2. **Conclure.** La Constitution de 1958 crée la Ve République. Elle définit les droits des citoyens et les grands principes. Chaque changement de Constitution entraîne un changement de régime politique.

1 Un grand principe républicain

Lis le texte et réponds aux questions à l'aide du cours.

Port de signes ou de tenues manifestant une appartenance religieuse dans les écoles, collèges et lycées publics

La loi du 15 mars 2004 est prise en application du principe constitutionnel de laïcité qui est un des fondements de l'école publique. Ce principe, fruit d'une longue histoire, repose sur le respect de la liberté de conscience et sur l'affirmation de valeurs communes qui fondent l'unité nationale par-delà les appartenances particulières.
L'école a pour mission de transmettre les valeurs de la République parmi lesquelles l'égale dignité de tous les êtres humains, l'égalité entre les hommes et les femmes et la liberté de chacun y compris dans le choix de son mode de vie. Il appartient à l'école de faire vivre ces valeurs, de développer et de conforter le libre arbitre de chacun [...]. En protégeant l'école des revendications communautaires, la loi conforte son rôle en faveur d'un vouloir-vivre-ensemble. [...]
Les signes et tenues interdits sont ceux dont le port conduit à se faire immédiatement reconnaître par son appartenance religieuse tels que le voile islamique, quel que soit le nom qu'on lui donne, la kippa ou une croix de dimension manifestement excessive. La loi est rédigée de manière à pouvoir s'appliquer à toutes les religions et de manière à répondre à l'apparition de nouveaux signes, voire à d'éventuelles tentatives de contournement de la loi.
La loi ne remet pas en cause le droit des élèves de porter des signes religieux discrets.
Elle n'interdit pas les accessoires et les tenues qui sont portés communément par des élèves en dehors de toute signification religieuse. En revanche, la loi interdit à un élève de se prévaloir du caractère religieux qu'il y attacherait, par exemple, pour refuser de se conformer aux règles applicables à la tenue des élèves dans l'établissement.

■ *BOEN* n° 21 du 27 mai 2004.

a. Qu'interdit la loi du 15 mars 2004 ?

b. Qu'autorise-t-elle ?

c. Quels sont les trois signes religieux figurant dans le texte ? À quelle religion renvoie chacun d'entre eux ?

d. Souligne en rouge les valeurs de la République dans le texte.

e. Quel principe de la République veut-elle préserver ?

2 HISTOIRE DES ARTS

Étudie le tableau et le texte, puis réponds aux questions.

Claude MONET (1840-1926), *La Rue Montorgueil à Paris. Fête du 30 juin 1878*, 1878, musée d'Orsay, Paris.

La Rue Montorgueil, comme sa jumelle *La Rue Saint-Denis* (Rouen, musée des Beaux-arts), est souvent vue comme une célébration du 14 juillet. En fait, elle est exécutée le 30 juin 1878 à l'occasion de la fête célébrant « la paix et le travail », décrétée cette année-là par le gouvernement. Cet événement fait partie des festivités organisées à l'occasion de la troisième Exposition universelle parisienne, ouverte depuis quelques semaines, qui se veut le symbole du redressement de la France après la débâcle de 1870. Manifestation d'enthousiasme national, le 30 juin 1878 est aussi l'occasion de renforcer le régime républicain en place, encore fragile quelques mois seulement après les grands affrontements de 1876-1877 entre ses partisans et les conservateurs. Ce n'est que deux ans plus tard, en 1880, que le 14 juillet devient le jour de la fête nationale française.

■ D'après le site du musée d'Orsay.

a. Présente ce document.

b. Sous quel régime politique a-t-il été réalisé ? Quelle fête représente-t-il ?

c. Qu'est-ce qui montre qu'il s'agit d'une « manifestation d'enthousiasme national » ?

d. Quand le 14 juillet devient-il fête nationale ?

e. À quel courant artistique appartiennent ce tableau et Claude Monet ?

Éducation civique

Corrigés p. 30 du livret.

31 Nationalité, citoyenneté française et européenne

ÉDUCATION CIVIQUE

RETENIR

1 / Avoir la nationalité française

- La nationalité française s'obtient selon des modalités différentes :
  – le **droit du sang** (un des deux parents est **français**) ;
  – le **droit du sol** (les deux parents sont étrangers, mais l'enfant est **né en France** et y réside ; voir document clé) ;
  – l'**acquisition** par mariage, adoption ou naturalisation.
- Les conditions d'acquisition de la nationalité sont **fixées par la loi**. Elles sont relativement larges en France, **pays d'intégration** par tradition.

MOT CLÉ

✓ **Naturalisation :** obtention de la nationalité française par une décision administrative.

2 / Les droits du citoyen français

- L'ensemble des citoyens forme la **nation**. Celui qui a la nationalité d'un pays est un citoyen de ce pays avec des droits. Les plus anciens sont les **droits civils** (liberté d'expression, de religion…) et **politiques** (droit de vote) de la DDHC.
- Plus récents, les **droits économiques et sociaux** figurent dans la Constitution et sont à ce titre garantis par l'État (droit de se syndiquer, droits à l'éducation, à des moyens convenables d'existence, à la protection de la santé…).

MINI INTERRO

1. Qui est citoyen français ?
2. Cite deux droits sociaux accordés aux citoyens français.
3. Qui est citoyen européen ?

3 / Être citoyen européen

- Le **traité de Maastricht** (1992) définit une citoyenneté européenne qui s'ajoute à la citoyenneté nationale et concerne tous les citoyens des 28 États de l'UE. Cette citoyenneté accorde des **droits supplémentaires**, comme le vote et l'éligibilité aux élections municipales et européennes dans les 28 États.

LE DOCUMENT CLÉ

▷ Le droit du sol

Loi n° 98-170 du 16 mars 1998 relative à la nationalité
Article 6

L'enfant mineur né en France de parents étrangers peut à partir de l'âge de seize ans réclamer la nationalité française par déclaration, dans les conditions prévues aux articles 26 et suivants si, au moment de sa déclaration, il a en France sa résidence et s'il a eu sa résidence habituelle en France pendant une période continue ou discontinue d'au moins cinq ans, depuis l'âge de onze ans.

Dans les mêmes conditions, la nationalité française peut être réclamée, au nom de l'enfant mineur né en France de parents étrangers, à partir de l'âge de treize ans et avec son consentement personnel, la condition de résidence habituelle en France devant alors être remplie à partir de l'âge de huit ans.

1. **Expliquer.** Cet article de loi fixe pour un enfant né en France de parents étrangers (rouge) les conditions d'âge (jaune) et de résidence (vert) pour obtenir la nationalité française.

2. **Conclure.** Un enfant né en France de parents étrangers a la nationalité française automatiquement à 18 ans. Il peut l'acquérir à partir de 13 ans si ses parents le demandent ou à 16 ans à sa propre demande s'il habite en France et s'il y a habité au moins 5 ans.

S'ENTRAÎNER

1 Quiz

Coche la bonne réponse.

a. En France, la Ire République a été fondée en :
- ❑ 1789.
- ❑ 1799.
- ❑ 1792.
- ❑ 1848.

b. Quel est l'intrus ?
- ❑ Un buste de Marianne
- ❑ Le drapeau bleu-blanc-rouge
- ❑ Douze étoiles
- ❑ *La Marseillaise*

c. La RF est démocratique, laïque, indivisible et :
- ❑ égalitaire.
- ❑ fratricide.
- ❑ sociale.
- ❑ centralisée.

d. La Constitution de 1958 crée :
- ❑ la IIIe République.
- ❑ la Ve République.
- ❑ la IVe République.
- ❑ la VIe République.

e. Le suffrage devient universel pour les hommes en :
- ❑ 1789.
- ❑ 1848.
- ❑ 1815.
- ❑ 1870.

f. Quelle condition n'est pas obligatoire pour voter à l'élection présidentielle ?
- ❑ Habiter en France
- ❑ Être inscrit sur les listes électorales
- ❑ Être de nationalité française
- ❑ Avoir au moins 18 ans

g. En France, le droit de vote des étrangers est possible :
- ❑ aux élections municipales.
- ❑ à toutes les élections.
- ❑ contre le paiement d'une taxe.
- ❑ à certaines élections pour les citoyens européens.

h. Parmi ces droits, lequel est un droit social ?
- ❑ Le droit de vote
- ❑ Le droit à l'éducation
- ❑ Le droit d'expression
- ❑ Le droit d'éligibilité

2 Les droits sociaux en France

Fais une recherche pour savoir comment l'État s'efforce de garantir le droit à la santé et le droit au repos, énoncés dans la Constitution de la Ve République.

3 L'acquisition de la nationalité

Pour chaque cas, indique si la personne a ou n'a pas la nationalité française et justifie.

Cas 1 : Jean est né en France d'une mère et d'un père belges. Il a 23 ans, habite Grenoble et cherche un travail.

Cas 2 : Abdel est né au Maroc d'un père et d'une mère français. Il a 36 ans, habite le Maroc et travaille dans un commerce.

Cas 3 : Mariam est née au Gabon d'une mère française et d'un père sénégalais. Elle a 18 ans, habite Créteil et fait ses études en France.

Cas 4 : Margot est née au Mali d'un père et d'une mère maliens. Elle a 22 ans, habite Paris et fait des études d'infirmière.

Cas 5 : Anouk est née en Suisse de parents suisses. Elle a 31 ans, habite Paris et s'est mariée à Pierre-Louis de nationalité française. Elle est médecin.

4 SPÉCIAL BREVET

Étudie le document, puis réponds aux questions.

Couverture d'un passeport.

a. Quelle est la nationalité de la personne possédant ce passeport ?

b. Qu'est-ce qui montre que cette personne a aussi la citoyenneté européenne ?

c. Cite deux droits que lui donne cette citoyenneté européenne.

d. Quel traité a créé cette citoyenneté européenne ?

e. Parmi les pays suivants, barre ceux dont les citoyens ne sont pas citoyens européens : France, Norvège, Finlande, Suisse, Slovaquie, Lituanie, Ukraine, Malte, Irlande, Hongrie, Croatie, Slovénie, Suède, Belgique, Macédoine.

Corrigés p. 30 du livret.

32 La vie politique

RETENIR

1 / Fonctionnement de la République

• La France est une **République démocratique** et **parlementaire**. Le **Conseil constitutionnel** vérifie que les lois respectent la Constitution et veille au bon déroulement des élections.

• La France est un **État décentralisé**. Des pouvoirs politiques ont été confiés par l'État aux collectivités territoriales : plus de 36 000 **communes** dirigées par un conseil municipal, 101 **départements** dirigés par un conseil général et 27 **régions** dirigées par un conseil régional.

MOT CLÉ

✓ UMP : Union pour un mouvement populaire.

2 / Rôle des partis politiques

• Un parti politique est une association de citoyens partageant les mêmes opinions. Il y a en France un **pluralisme politique** avec deux grandes tendances : la **gauche** (ex. : Parti socialiste) et la **droite** (ex. : UMP).

• Les partis sont des **acteurs de la démocratie**. Ils animent le débat politique en montrant les grands enjeux, élaborent des programmes et présentent des candidats aux élections. Le parti majoritaire gouverne le pays.

MINI INTERRO

1. Quel est le rôle du Conseil constitutionnel ?
2. Cite deux rôles d'un parti politique.
3. Par quels moyens un citoyen peut-il s'impliquer dans la vie politique de son pays ?

3 / Participation des citoyens

• La démocratie repose sur l'implication des citoyens. Ils ont le **devoir de voter** et peuvent se **présenter aux élections**. Ils peuvent aussi **soutenir un parti** politique et y adhérer. Depuis la loi de 2004, le citoyen dispose également de plus de **droits au niveau local** (ex. : possibilité de participer à un référendum local).

LE DOCUMENT CLÉ

▷ Les institutions de la Ve République

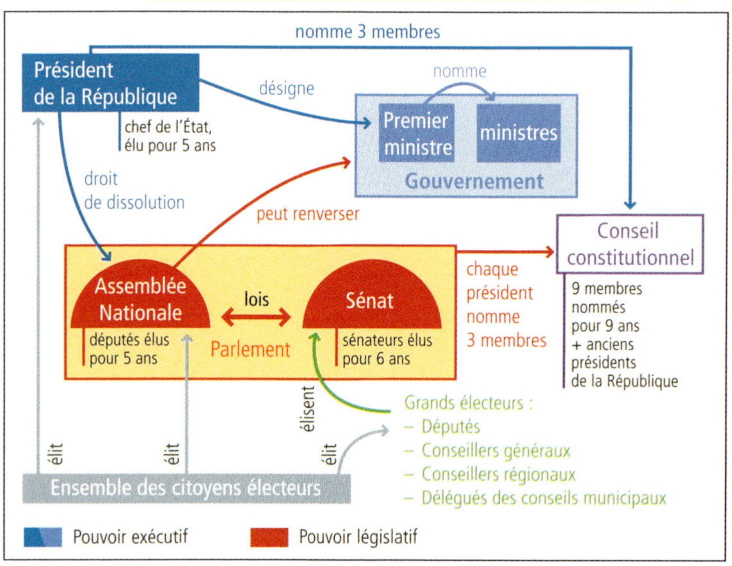

1. **Expliquer.** Les couleurs montrent les différents pouvoirs et institutions tandis que les flèches indiquent leurs relations.

2. **Conclure.** La France est une République démocratique. Les citoyens élisent leurs représentants au suffrage universel et les pouvoirs sont séparés. C'est un régime parlementaire : le Parlement peut renverser le gouvernement.

S'ENTRAÎNER

1 Le rôle des partis politiques

Fais des recherches sur les partis politiques et réponds aux questions.

a. Donne les noms complets de ces partis : FN, LCR, Modem, NC, EELV, PS, UMP, NPA, PRG.

b. Classe ces partis dans le tableau :

Gauche	Centre	Droite

c. Quel est le rôle des partis politiques ?

d. Qu'est-ce qui montre que les partis politiques peuvent s'exprimer librement ?

e. Quel élément prouve que la France est une démocratie ?

2 L'Assemblée nationale

Étudie la photo pour répondre aux questions.

a. Quel est le rôle de l'Assemblée nationale ?

b. Comment sont élus les députés ?

c. Que forment l'Assemblée nationale et le Sénat ?

d. Où se trouvent les députés du PS et ceux de l'UMP dans l'Assemblée ?

e. Comment est surnommée la tribune du président de l'Assemblée ?

3 SPÉCIAL BREVET

Lis le texte, puis réponds aux questions.

Loi du 13 août 2004, relative aux libertés et responsabilités locales

Le texte voté liste les différents transferts de compétence vers les collectivités locales (régions, départements et groupements de communes) résultant de la réforme constitutionnelle relative à l'organisation décentralisée de la République adoptée par le Parlement le 17 mars 2003. [...]

Les principales compétences transférées concernent :

– les aides économiques individuelles aux entreprises ;

– la gestion et le pilotage du RMI, ainsi que la gestion de plusieurs fonds sociaux comme le fonds de solidarité logement (FSL) ;

– l'essentiel du réseau routier national transféré aux départements, l'État ne conservant que la responsabilité des grands itinéraires nationaux ;

– les ports et aéroports transférés aux collectivités locales, à l'exception des plus grands. En Île-de-France, la région devient majoritaire dans le syndicat des transports ;

– le logement social pour l'essentiel dévolu à la compétence des départements ;

– les programmes régionaux de santé publique établis par les régions en complément des plans de l'État ;

– la gestion des personnels techniques, ouvriers et de service de l'Éducation nationale ;

– la gestion du patrimoine culturel.

D'après le site vie-publique.fr.

a. Qu'est-ce qu'une réforme constitutionnelle ?

b. Que prévoit la réforme constitutionnelle de 2003 ?

c. Quelles sont les différentes collectivités locales ?

d. Que prévoit la loi de 2004 ? Par qui a-t-elle été votée ?

e. Souligne en rouge deux compétences données aux collectivités locales dans le domaine des transports.

f. Fais une recherche sur le site Internet de ta région pour savoir quelles sont les dépenses annuelles du conseil régional.

Éducation civique

Corrigés p. 30 du livret.

33 La vie sociale

RETENIR

1 / Le rôle des syndicats

MOT CLÉ

✓ **Droit du travail :** ensemble des lois qui fixent les règles du monde professionnel (durée du temps de travail, salaire minimum, etc.).

• Dans leur vie professionnelle, les citoyens peuvent s'investir dans un syndicat. C'est une organisation dont le but est d'**améliorer les conditions de travail** (horaires, rémunération, sécurité) et de défendre l'application du **droit du travail**. La liberté syndicale est reconnue par une **loi de 1884**.

• Il existe de nombreux syndicats représentant les employés ou les employeurs (Medef, CGPME...). Le **pluralisme** est respecté : chaque syndicat a ses propres objectifs et moyens d'action, mais ils peuvent agir ensemble si nécessaire. L'État reconnaît **cinq grands syndicats** d'employés qui peuvent conclure des accords dans les tous les secteurs : CGT, CFTC, FO, CFDT et CGC.

2 / Les actions des syndicats

• Les syndicats agissent au quotidien notamment par l'intermédiaire des **délégués du personnel** (représentants du personnel élus) ou des **délégués syndicaux** (désignés par le syndicat). Ces délégués discutent avec les employeurs, relaient les réclamations de leurs collègues et siègent dans différents **comités** (comme le comité d'entreprise) qui participent à la gestion des entreprises.

• Les syndicats sont consultés par le gouvernement au moment des grandes **réformes sociales** qui concernent l'ensemble des travailleurs. Les **négociations** peuvent aboutir à des accords valables au niveau national.

• Les syndicats peuvent organiser des **grèves** ou des **manifestations**, soit au niveau local (un syndicat dans une entreprise menacée de fermeture), soit au niveau national (protester contre l'augmentation de l'âge de départ à la retraite). Les syndicats tentent alors de **faire pression** sur l'employeur ou sur l'État pour faire aboutir leurs revendications ou pour entamer des négociations.

LE DOCUMENT CLÉ

▷ Un tract syndical

1. **Expliquer**. Un tract est un document distribué dans la rue ou dans l'entreprise pour résumer et faire connaître une idée ou une revendication. Ici, il est composé d'un slogan (« Pas besoin d'en arriver là... ») et d'une photographie qui montre une femme avec des moustaches et un homme avec une fleur et un ventre arrondi.

2. **Conclure**. Aujourd'hui, dans le monde professionnel, les femmes sont toujours moins bien payées que les hommes à qualifications et emplois équivalents. De plus, elles accèdent moins facilement que les hommes aux postes à responsabilité. Ce tract de a CFDT attire l'attention sur cette situation et milite pour une égalité professionnelle.

Tract de la CFDT (2011).

MINI INTERRO

1. À quoi sert un syndicat ?
2. Pourquoi peut-on parler de pluralisme syndical ?
3. Cite deux moyens d'action d'un syndicat.

S'ENTRAÎNER

1 Quiz

Coche la bonne réponse.

a. La France est une république :
❑ parlementaire. ❑ présidentielle.
❑ monarchique. ❑ autoritaire.

b. Laquelle de ces institutions n'est pas une collectivité territoriale ?
❑ La région ❑ Le gouvernement
❑ La commune ❑ Le département

c. Le président de la République est élu :
❑ au suffrage universel direct pour 7 ans.
❑ au suffrage universel direct pour 5 ans.
❑ au suffrage universel indirect pour 5 ans.
❑ au suffrage censitaire pour 7 ans.

d. L'Assemblée nationale et le Sénat votent la loi, ils ont le pouvoir :
❑ exécutif. ❑ judiciaire.
❑ législatif. ❑ décentralisé.

e. En France, la liberté syndicale a été obtenue en :
❑ 1846. ❑ 1901. ❑ 1884. ❑ 1946.

f. En France, la loi prévoit que la durée légale du temps de travail est de :
❑ 35 heures par semaine.
❑ 39 heures par semaine.
❑ 40 heures par semaine.
❑ 48 heures par semaine.

g. Les syndicats ont signé les accords de Matignon en :
❑ 1920. ❑ 1946. ❑ 1936. ❑ 1958.

h. Parmi ces sigles, lequel ne désigne pas un syndicat ?
❑ CGT ❑ UMP ❑ CFDT ❑ CFTC

2 Un texte de loi fondamental

Lis ces articles de loi, puis réponds aux questions.

Loi du 21 mars 1884, relative à la création des syndicats professionnels

Article 2

Les syndicats ou associations professionnelles, même de plus de vingt personnes exerçant la même profession, des métiers similaires, ou des professions connexes concourant à l'établissement de produits déterminés, pourront se constituer librement sans l'autorisation du Gouvernement.

Article 3

Les syndicats professionnels ont exclusivement pour objet l'étude et la défense des intérêts économiques, industriels, commerciaux et agricoles.

a. Quand a été adoptée cette loi ?

b. Qu'autorise-t-elle ?

c. Souligne en rouge les buts d'un syndicat.

d. En relisant le cours, cite des exemples de syndicats actuels en France.

3 SPÉCIAL BREVET

Étudie la photographie ci-dessous, puis réponds aux questions.

a. Présente le document.

b. Quel syndicat figure sur la photographie ?

c. Quelle est la revendication principale de ce syndicat ?

d. De quels principes défend-il l'application ?

e. Quels sont les autres moyens d'action d'un syndicat ?

Une manifestion à Lyon contre la réforme des retraites en 2013.

Corrigés p. 31 du livret.

34 L'opinion publique et les médias

ÉDUCATION CIVIQUE

RETENIR

MOTS CLÉS

✓ **CNIL :** Commission nationale de l'informatique et des libertés.

✓ **Opinion publique :** ensemble des opinions de la population d'un pays.

1 / Le rôle des médias et d'Internet

• La liberté de la presse est reconnue par la **DDHC**. Au XIXe siècle, la place des journaux s'accroît avec l'alphabétisation et la loi sur la liberté de la presse de **1881**. Au XXe siècle, les médias se diversifient : radio, télévision puis Internet.

• Les médias diffusent les **informations** et sont un moyen d'**expression** pour les citoyens. Ils peuvent expliquer les enjeux et les grandes décisions politiques et critiquer les mesures du gouvernement : on parle parfois de « **4e pouvoir** ». La liberté de la presse et le pluralisme des médias sont indispensables dans une démocratie. L'activité des médias est **encadrée par la loi** qui interdit la diffamation et l'atteinte à la vie privée.

• Internet permet un accès libre et rapide à l'information. Chaque citoyen devient commentateur ou acteur de l'événement. Sur Internet, la loi s'applique comme pour les autres moyens d'expression. On ne peut pas publier sur Internet la photo de quelqu'un sans son autorisation. La **CNIL** veille au respect des règles.

2 / Les sondages d'opinion

• Les médias, le gouvernement, les partis ou les entreprises organisent des sondages. Réalisés par des **instituts spécialisés**, ils doivent respecter des règles pour être fiables (nombre de sondés, échantillon représentatif…).

• Les sondages permettent d'avoir une idée de l'**opinion publique**. Toutefois, ils peuvent représenter un **danger** : mal réalisés ou mal interprétés, ils donnent des indications fausses et, en période électorale, influencent parfois les électeurs ou les dirigeants politiques.

LE DOCUMENT CLÉ

▷ La publicité dans les médias

1. **Expliquer**. Les médias ont besoin d'argent, qu'ils reçoivent des ventes ou des recettes publicitaires. Ce diagramme circulaire montre les dépenses publicitaires des entreprises pour chaque grand média en 2012. Ces dernières sont un reflet de l'audience des médias (plus elle est élevée, plus l'investissement des annonceurs est fort). La télévision reçoit les plus forts investissements, suivie par la presse écrite, Internet, le cinéma et la radio. Dans la plupart des médias, les dépenses des annonceurs sont en baisse.

2. **Conclure**. Ce graphique montre la diversité des médias en France et indique qu'Internet est l'un des plus attractifs.

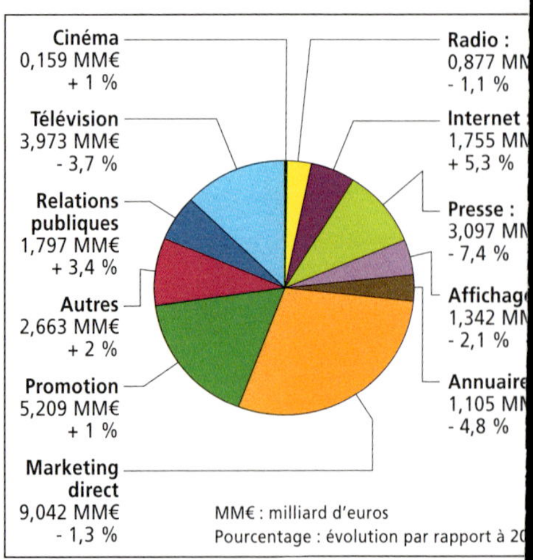

■ **Dépenses de communication des annonceurs** (2012).
Source : IREP (Institut de recherches et d'études publicitaire

MINI INTERRO

1. Quand a été reconnue la liberté de la presse en France ?
2. Quelles sont les limites à la liberté de la presse ?
3. Quels dangers peuvent représenter les sondages ?

S'ENTRAÎNER

1 Quiz

Coche la bonne réponse.

a. Sur Internet, je peux publier la photo de quelqu'un :

❑ sans son accord. ❑ avec son accord.

❑ je ne peux pas publier de photos.

b. Sur les réseaux sociaux, la liberté d'expression est :

❑ totale. ❑ inexistante.

❑ encadrée par la loi.

c. Les médias sont surnommés

❑ le 7e art. ❑ le 2e œil. ❑ le 4e pouvoir.

d. Quand il y a plusieurs médias avec des opinions différentes, on parle :

❑ de pluralisme. ❑ d'opinion publique.

❑ de médias de masse.

e. Quel type de média est apparu en premier ?

❑ La radio

❑ La presse écrite

❑ La télévision

2 Les sondages

a. Présente le document.

b. Que reproche-t-on à l'institut de sondage ?

c. Souligne en rouge les arguments des deux sénateurs.

d. Souligne en bleu l'argument du directeur de l'institut.

La fiabilité des sondages en ligne fait débat

[...] Le sondage réalisé en ligne par Harris interactive qui donnait dimanche Marine Le Pen en tête après le 1er tour de la prochaine présidentielle est-il crédible ? Le site *Mediapart* révèle que les sondés ont été incités financièrement à répondre aux questions qui leur étaient posées. [...]

[...] Un rapport d'information du Sénat [...] le rappelait déjà. « Les observateurs de la vie politique pointent du doigt la multiplication des sondages en ligne qui reposent sur un "panel d'internautes" qui se déclarent volontaires [...], attirés [...] par des gratifications diverses », [...]. Et le sénateur socialiste Jean-Pierre Sueur, co-rapporteur, de préciser pendant son audition qu'« il est clair que de telles pratiques faussent totalement l'échantillon ». Quant à Hughes Portelli, le deuxième co-rapporteur, il confie à *Mediapart* que l'incitation est « choquante sur le plan éthique ». « Quand on vote, on n'est pas payé », soutient-il.

Le co-directeur d'Harris interactive France, Patrick Van Bloeme, rejette cette vision des choses. « Nous avons testé nos méthodes pendant les élections de 2007. L'enquête en ligne s'est révélée plus fiable. » L'absence d'interlocuteur physique libérerait la parole selon lui. Les coefficients de redressement employés pour corriger les intentions de vote de l'extrême droite seraient pour cette raison plus petits que d'ordinaire.

Tristan Vey, lefigaro.fr, 9 mars 2011.

3 SPÉCIAL BREVET

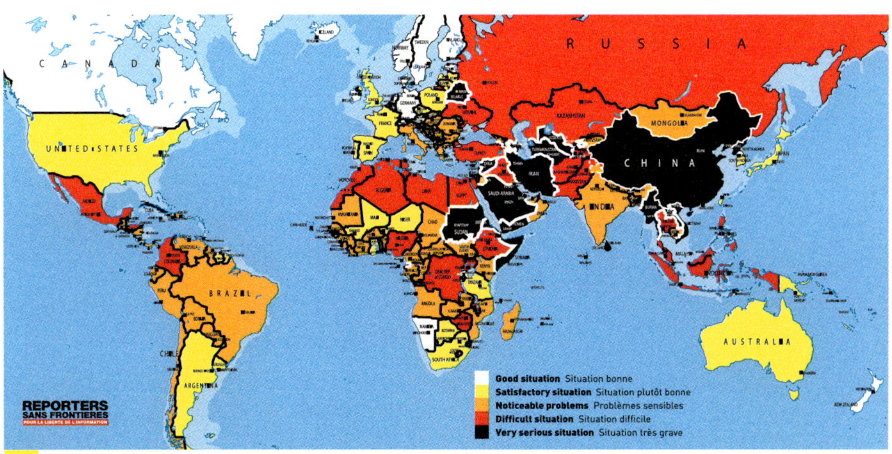

La liberté de la presse dans le monde en 2012. Source : Reporters sans frontières (RSF).

a. Cite deux pays où la situation de la liberté de la presse est bonne et deux où elle est très grave.

b. Dans quelles parties du monde est-elle difficile ou très grave ?

c. D'après ce classement, la liberté de la presse est-elle toujours bonne ou plutôt bonne dans les démocraties ? Justifie ta réponse avec des exemples.

Corrigés p. 31 du livret.

35 La défense et la paix

ÉDUCATION CIVIQUE

RETENIR

1 / Préserver la paix

MOT CLÉ

✓ **Casques bleus :** soldats agissant pour l'ONU et prêtés par les États membres. Ils forment la force de maintien de la paix.

- Depuis 1945, l'**ONU** a pour but de prévenir et de régler les conflits. Le **Conseil de sécurité** peut voter des **sanctions économiques ou militaires** contre les pays qui ne respectent pas le droit international et décider des missions de maintien de la paix avec l'envoi de **Casques bleus**. Il est composé de 15 membres, dont 5 permanents qui disposent d'un droit de veto.
- Paralysé durant la guerre froide, le Conseil a retrouvé un certain rôle depuis 1991 ; mais il reste parfois **impuissant** (conflit israélo-palestinien, Darfour...).

2 / Assurer sa défense

- Les **missions** de la défense nationale sont de protéger le territoire et la population et de faire respecter les engagements de la France (alliances, interventions à l'étranger, PESC). Ces missions sont assurées par l'armée et les ministères.
- La défense de la France est fondée sur la **dissuasion nucléaire** et sur l'**OTAN** mais les **menaces ont évolué**. La France ne risque plus d'être attaquée à ses frontières. En revanche, elle doit faire face à la menace terroriste, à la prolifération des armes nucléaires ou à des actes de piraterie. Avec l'évolution des risques et le perfectionnement du matériel militaire, la France est passée à une **armée professionnelle**.
- Pour garder un lien entre l'armée et la nation, il existe un **parcours du citoyen** avec trois étapes : l'enseignement de la défense à l'école, le recensement à la mairie à 16 ans et la Journée défense et citoyenneté (JDC) entre 17 et 18 ans.

MINI INTERRO

1. Quel est le rôle du Conseil de sécurité de l'ONU ?
2. Sur quoi repose avant tout la défense de la France ?
3. Quelles sont les trois étapes du parcours de citoyenneté ?

LE DOCUMENT CLÉ

▷ Les opérations de maintien de la paix de l'ONU (2013)

Source : ONU.

1. **Expliquer.** Il y a 16 opérations de maintien de la paix, essentiellement en Afrique et en Asie. Elles consistent la plupart du temps en un envoi de Casques bleus pour protéger les populations civiles ou vérifier qu'un accord est respecté. Certaines de ces opérations sont anciennes.

2. **Conclure.** Ces opérations décidées par le Conseil de sécurité de l'ONU mobilisent près de 120 000 personnes (dont 100 000 militaires) et coûtent environ 7 milliards de dollars par an.

S'ENTRAÎNER

1 Un texte de référence

Lis les articles, puis réponds aux questions.

Extraits de la Constitution de la Ve République

Article 5. Le Président de la République [...] est le garant de l'indépendance nationale, de l'intégrité du territoire et du respect des traités. [...]

Article 15. Le Président de la République est le chef des armées. Il préside les conseils et les comités supérieurs de la Défense nationale. [...]

Article 35. La déclaration de guerre est autorisée par le Parlement. Le Gouvernement informe le Parlement de sa décision de faire intervenir les forces armées à l'étranger. Cette information peut donner lieu à un débat qui n'est suivi d'aucun vote. Lorsque la durée de l'intervention excède quatre mois, le Gouvernement soumet sa prolongation à l'autorisation du Parlement.

a. Qu'est-ce qu'une Constitution ?

b. Souligne la responsabilité du président de la République dans la Défense nationale.

c. Le président de la République peut-il décider de faire la guerre ? Justifie.

d. Cite un conflit dans lequel la France s'est engagée.

2 La JDC

À l'aide des documents, réponds aux questions.

Les pouvoirs publics et les forces armées agissent chaque jour pour que la liberté puisse exister, sur notre territoire, mais également en Europe et sur d'autres continents.
La JDC est une journée qui permet de rappeler à chacun que cette liberté a un prix. C'est aussi une occasion unique de contact direct avec la communauté militaire, et de découverte des multiples métiers et spécialités, civiles et militaires qu'offre aujourd'hui aux jeunes, la Défense. [...]

En fin de journée, un **certificat de participation** est remis. Il est **obligatoire** pour l'inscription aux **examens** et **concours** soumis au contrôle de l'autorité publique.

Site du ministère de la Défense.

a. Que signifie JDC ?

b. Qui est concerné ? Que fait-on lors de la JDC ?

c. Quelles sont les deux précédentes étapes du parcours du citoyen ?

d. Pour quoi le certificat de participation est-il obligatoire ?

3 SPÉCIAL BREVET

Lis l'article et le cours pour répondre aux questions.

L'ONU autorise le recours à la force en Libye

Les Nations unies ont autorisé jeudi soir le recours à la force contre l'armée de Mouammar Kadhafi, ouvrant la voie à des frappes aériennes en Libye. Des opérations militaires pourraient être lancées « en quelques heures », notamment menées par la France, le Royaume-Uni, les États-Unis et plusieurs pays arabes. Par dix voix pour et cinq abstentions, dont celle de la Chine, de la Russie et de l'Allemagne, le Conseil de sécurité des Nations unies s'est prononcé pour l'instauration d'une zone d'exclusion dans le ciel libyen.

Le Conseil a également autorisé des actions militaires pour assurer la protection des populations civiles face à l'armée de Mouammar Kadhafi.

Le texte de résolution prévoit également un renforcement des sanctions existantes : embargo sur les armes, gel des avoirs du N° 1 libyen et de ses proches, ouverture d'une procédure devant la Cour pénale internationale (CPI) contre les responsables de crimes contre l'humanité.

Site lexpress.fr, 18 mars 2011.

a. Qui dirigeait la Libye avant l'intervention de l'ONU ?

b. Quelle institution a autorisé l'intervention militaire ?

c. Dans quel but est décidée cette intervention ?

d. Quelles sont les autres sanctions ?

Corrigés p. 31 du livret.

Histoire des arts

Plus d'entraînement sur

www.hatier-entrainement.com

			DATE	ÉVALUATION
HISTOIRE DES ARTS				
1	Matisse, *La Femme au chapeau* (1905)	202		
2	Picasso, *Tête de taureau* (1942)	204		
3	Le Corbusier, La Cité radieuse (1952)	206		
4	G. Bardine, *Conflit* (1983)	208		
5	M. Satrapi, V. Paronnaud, *Persépolis* (2007)	210		
6	S. Salgado, *Papou de Nouvelle-Guinée* (2008)	212		

1 Henri Matisse, *La Femme au chapeau* (1905)

L'ŒUVRE

Domaine artistique : arts du visuel. • **Thématique :** « Arts, ruptures, continuités ».

Huile sur toile (80,65 cm × 59,69 cm). Musée d'art moderne de San Francisco.

1 / Le scandale du salon de 1905

- En **1905**, quelques peintres exposent, au **Salon d'automne** de Paris, des toiles qui choquent le public par leurs couleurs très vives et sans lien évident avec ce qui est représenté.
- Ainsi, *La Femme au chapeau* qui représente Amélie Matisse, épouse de l'artiste, semble un défi aux règles du portrait, fondé sur la recherche de la ressemblance. Un critique qualifie alors ces peintres de « fauves ». Le **fauvisme*** est né !

2 / Le fauvisme, un courant d'avant-garde

- Dans le domaine artistique, le début du XXe siècle marque une rupture avec l'époque précédente. On appelle « avant-gardes* » tous les courants qui renouvellent la vision du monde : fauvisme*, cubisme, futurisme, surréalisme.
- Les fauves se distinguent par leur utilisation de la **couleur**, qui devient plus importante que le sujet même du tableau. Elle leur sert à exprimer leur **perception** de la réalité plutôt qu'à reproduire et imiter celle-ci.

3 / Le rôle d'Henri Matisse

- Henri Matisse est né en 1869, au Cateau-Cambrésis (Nord). Après des études de droit, il découvre la **peinture**. À Paris, d'abord attiré par l'impressionnisme, il crée très vite son propre style, que le public découvre au Salon de 1905.
- Jusqu'à sa mort, en 1954, Matisse ne cesse de peindre. Il est aussi l'auteur de **sculptures**, de **gouaches découpées**, de **dessins** ou de **vitraux**. Dans l'histoire de l'art du XXe siècle, il est, avec Picasso, l'un de ceux qui font entrer l'art dans la **modernité** en accordant autant d'importance à la forme qu'au fond.

→ **Retrouve cette œuvre :** www.sfmoma.org/explore/collection/artwork/213

MOTS CLÉS

✓ Avant-garde : mouvement artistique novateur. Particulièrement au début du XXe siècle.

✓ Fauvisme : mouvement de peinture du début du XXe siècle, représenté notamment par Derain, Vlaminck ou Matisse.

LA MÉTHODE

▷ Présenter un tableau

1. Je situe *la Femme au chapeau* dans son **contexte** et je fais une **biographie rapide** de Matisse.
2. Je décris le tableau : **sujet, composition, utilisation des couleurs**.
3. Je donne mon **interprétation** du tableau. Puis je le rattache au mouvement artistique auquel il appartient : le **fauvisme***.

S'ENTRAÎNER

1 Quiz

Coche la case qui convient.

a. Henri Matisse est né en :

❑ 1905 ❑ 1869 ❑ 1954

b. *La Femme au chapeau* représente :

❑ la sœur de l'artiste
❑ l'épouse d'un ami
❑ l'épouse de l'artiste

c. Le tableau a été exposé en 1905 :

❑ au Salon d'automne
❑ au Musée d'art moderne de San Francisco
❑ à l'Exposition universelle

d. Henri Matisse est l'artiste le plus important du :

❑ surréalisme ❑ cubisme ❑ fauvisme

2 Observer l'œuvre

Associe les couleurs aux éléments correspondants.

a. Le visage.

Le nez	....
Les joues	....
Le menton	....

b. Les attributs de la femme bourgeoise.

Le gant	....
L'éventail	....
Le chapeau	....
La robe	....

c. Le décor, de haut en bas.

À gauche	....
À droite	....

3 Décrire l'œuvre

Dans les séries de mots suivantes, souligne les termes qui t'aideront à faire une description précise de l'œuvre.

a. La technique : *larges aplats* (surfaces de couleur uniforme) • *touches fragmentées* • *transposition chromatique* (utilisation de la couleur sans souci réaliste) • *ton local* (couleur propre d'un objet).

b. Le portrait : *profil de trois-quarts* • *imitation de la réalité* • *personnage assis.*

c. La couleur : *teintes chaudes* • *teintes froides* • *monochrome* (une seule couleur) • *polychromie* (couleurs variées).

4 Interpréter l'œuvre

Rédige un court paragraphe en répondant aux questions ci-dessous.

a. Quels éléments permettent de dire qu'il s'agit bien d'un portrait ?

b. Pourquoi peut-on dire cependant qu'il ne s'agit pas d'un portrait classique ?

c. Quel rôle joue la couleur ?

....
....
....
....
....

5 VERS LE BREVET

Complète ce texte qui présente les idées clés de ton exposé.

fauvisme • *lumière* • *Salon* • *ressemblance* • *automne* • *chapeau* • *couleur* • *volumes* • *Henri* • *portrait* • *épouse*

La *Femme au* ...., tableau d'........................ Matisse, est présenté au .... d'........................ en 1905. Il suscite des réactions indignées et consacre la naissance d'un nouveau mouvement artistique : le .... Ce ...., qui représente Amélie Matisse, l'........................ du peintre, est en effet en rupture avec les règles du genre. D'une part, il ne cherche pas la .... avec son modèle, mais la grande nouveauté vient surtout de l'utilisation de la .... Le peintre ne peint pas le visage avec ses couleurs propres mais, abandonnant le ton local, il se sert de sa palette pour rendre l'ombre et la ...., les ...., ou bien encore la perspective.

Corrigés p. 31 du livret.

2 Pablo Picasso, *Tête de taureau* (1942)

L'ŒUVRE

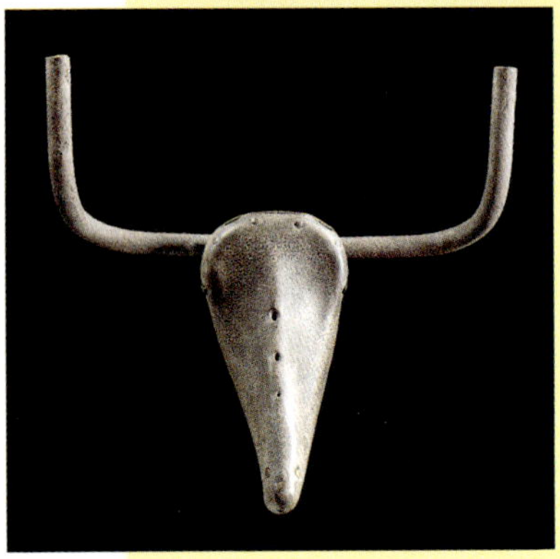

Assemblage* : selle de cuir et guidon de vélo. Musée Picasso, Paris.

Domaine artistique : arts du visuel. • **Thématiques :** « Arts, techniques et expressions » ; « Arts, mythes et religions ».

1 / Picasso en 1942

- En 1942, Pablo Picasso, né en Espagne en 1881, **domine la vie artistique européenne**. Avec ses *Demoiselles d'Avignon*, peinture cubiste* de 1907, il a introduit une rupture profonde dans l'art de la représentation.
- C'est également un artiste **témoin de son temps** et de la violence de l'histoire : les horreurs de la guerre lui inspirent le célèbre *Guernica*, en 1937. Dans ce tableau figure, parmi d'autres représentations, celle d'un taureau, symbole de bestialité.

2 / Picasso et la figure du taureau

- Espagnol, Picasso a intégré la tauromachie comme élément de sa culture. Le taureau, c'est aussi le mythe crétois du Minotaure, **un des thèmes de prédilection du peintre**. L'animal évoque par ailleurs les dessins les plus primitifs, ceux qu'ont tracés sur les parois des grottes les premiers artistes de la préhistoire. Ce thème si riche lui inspire tout au long de sa vie dessins, peintures, sculptures, collages, assemblages ou céramiques.

3 / L'assemblage, marque de la modernité

- À partir de 1912, Picasso **applique à la sculpture les principes du cubisme**. Il réalise notamment une série de guitares, en rupture avec la tradition. Il ne s'agit plus de tailler ou de façonner mais d'**assembler** des éléments hétérogènes. Le marbre et le bronze sont remplacés par des matériaux pauvres et inédits : carton, ficelle, bois ou métal. Très proche de la technique du ready-made* de Marcel Duchamp, la technique de l'assemblage* ouvre l'ère de la sculpture moderne.

→ **Retrouve cette œuvre sur internet :** www.musee-picasso.fr

MOTS CLÉS

✓ **Cubisme :** courant artistique dans lequel les sujets sont représentés avec des formes géométriques, sous tous leurs angles.

✓ **Assemblage :** technique en volume qui relie différents éléments pour former un tout.

✓ **Ready-made :** objet manufacturé promu au rang d'objet d'art par le seul choix de l'artiste.

LA MÉTHODE

▷ Présenter une sculpture-assemblage

L'œuvre ne nécessite pas une longue description. Je peux donc partir d'une présentation très simple pour construire ensuite une réflexion montrant que, derrière cette apparente simplicité, la *Tête de taureau* de Picasso est une étape importante de la carrière de l'artiste. Elle s'inscrit dans la représentation d'un mythe très ancien, mais elle annonce aussi un nouveau type d'art.

1. Je situe la *Tête de taureau* dans **l'œuvre de Picasso**.
2. J'explique ce qu'elle représente et ce qu'elle **symbolise**.
3. Je montre en quoi l'œuvre est représentative de la **modernité** du XXe siècle.

S'ENTRAÎNER

1 Quiz

Coche la case qui convient.

a. Pablo Picasso est né en :
❑ 1881 ❑ 1942 ❑ 1937

b. *Les Demoiselles d'Avignon* sont d'inspiration :
❑ surréaliste ❑ cubiste ❑ impressionniste

c. Le Minotaure est un mythe :
❑ crétois ❑ latin ❑ égyptien

d. La *Tête de taureau* est l'assemblage de plusieurs objets :
❑ 2 ❑ 3 ❑ 4

2 Observer l'œuvre (1)

Réponds aux questions ci-dessous.

a. Que vois-tu d'abord en regardant l'œuvre ?
❑ une tête de taureau ❑ un guidon et une selle

b. Si l'assemblage n'avait pas de titre, pourrait-on deviner qu'il s'agit d'une tête de taureau ?

....

....

3 Observer l'œuvre (2)

Coche l'intrus pour chaque élément.

a. Assemblage :
❑ simplicité ❑ statue
❑ marbre ❑ matériaux pauvres

b. Selle :
❑ cuir ❑ modelé
❑ vélo ❑ tête

c. Guidon :
❑ courbes ❑ métal
❑ moulage ❑ cornes

4 Décrire l'œuvre

Relie les éléments composant l'œuvre.

a. selle ○	○ mufle
b. arête centrale ○	○ joues
c. parties creuses du haut ○	○ cornes
d. renflements du bas ○	○ yeux
e. guidon ○	○ gueule

5 Interpréter l'œuvre

Rédige un court paragraphe en répondant aux questions ci-dessous.

a. Quels éléments permettent de dire qu'il s'agit bien ici d'une tête de taureau ?

b. Qu'est-ce qui fait la grande modernité de cette œuvre d'art ?

c. En quoi peut-on dire que cette statue-assemblage est à la fois moderne et classique ?

....

....

....

....

....

6 VERS LE BREVET

Complète ce texte qui présente les idées clés de ton exposé.

Minotaure • *guitares* • *guidon* • *sculpture* • *1912* • *selle* • *assemblage* • *matériaux* • *préhistoriques* • *1942* • *culture* • *taureau*

La *Tête de taureau* est une .... de Pablo Picasso créée en ....

Elle est composée d'une .... de vélo en cuir et d'un .... en métal.

Cette technique de l'........................ n'est pas nouvelle pour Picasso qui l'avait expérimentée dès .... avec sa série des ....

Mais ici, il étonne par la très grande simplicité des .... utilisés et la force de l'évocation. L'image d'un .... apparaît de manière évidente. Cet animal est souvent représenté dans l'œuvre de Picasso. Il renvoie à la fois à la .... espagnole, au mythe crétois du .... et aux dessins des grottes ....

Histoire des arts

Corrigés p. 31 du livret.

3 Le Corbusier, La Cité radieuse (1952)

L'ŒUVRE

La Cité radieuse (L : 137 m, ℓ : 24 m, h : 56 m) est construite en béton, au 280 boulevard Michelet à Marseille.

Domaine artistique : arts de l'espace. • **Thématique :** « Arts, espace, temps ».

1 / Le Corbusier, un architecte dans son siècle

• Charles-Édouard Jeanneret, né en 1887 en Suisse, est connu depuis 1920 sous le nom de Le Corbusier. Son œuvre est marquée par le souci du rationnel et du fonctionnel. Pour lui, « **une maison est une machine à habiter** » : la construction d'un bâtiment doit suivre des règles qu'il développe dans ses livres théoriques. Très médiatisé, il est reconnu à sa mort, en 1965, comme l'un des plus grands représentants de l'architecture moderne.

2 / Le DOM-INO, le Modulor et les cinq points

• Le Corbusier met au point un système de construction novateur : une trame de poteaux en béton portant des planchers et reposant, pour toute fondation, sur des dés*, selon le principe des pilotis. Ce système, le DOM-INO, donne une **grande liberté dans la composition** des façades et des plans intérieurs.

• Il élabore aussi un nouveau mode de calcul des proportions, le « **Modulor** », et fixe les « cinq points pour une architecture moderne » : plan libre, façade libre, pilotis, toit-terrasse et fenêtre en longueur.

MOTS CLÉS

✓ **Dé :** partie cubique à la base d'un piédestal ou d'une construction.

✓ **Unité d'habitation :** ensemble de modules d'appartement insérés dans une structure en cage avec des espaces privatifs et des services communs.

✓ **Toit-terrasse :** toit utilisé comme espace à vivre, convivial ou de loisir.

3 / La Cité radieuse

• Dès 1914, il s'intéresse aux logements sociaux. Mais c'est seulement en 1952 que sa première « **Unité d'habitation*** » voit le jour. La « Cité radieuse » compte 337 appartements de 23 types différents sur 17 niveaux, qui s'articulent autour de 7 « rues » longitudinales. Elle abrite un hôtel-restaurant, un gymnase, une école maternelle (installée sur le toit-terrasse*), etc., car Le Corbusier souhaite construire une cité indépendante, une « **ville dans la ville** ».

→ **Pour aller plus loin, consulte :** www.fondationlecorbusier.fr

LA MÉTHODE

▷ Présenter une œuvre architecturale

Il y a une apparente contradiction entre une œuvre d'art et un logement social. Mon exposé doit montrer en quoi les deux sont compatibles.

1. Je situe la Cité radieuse dans son **contexte** historique et géographique.
2. Je décris l'extérieur du bâtiment en m'appuyant sur la **photographie**, et l'intérieur à l'aide de mes **connaissances**.
3. Je montre que ce bâtiment novateur répond aux **théories** de Le Corbusier.

S'ENTRAÎNER

1 Quiz

Coche la case qui convient.

a. Le Corbusier est mort à :
❑ 57 ans ❑ 67 ans ❑ 77 ans

b. La Cité radieuse est une Unité d'habitation située à :
❑ Paris ❑ Genève ❑ Marseille

c. La Cité radieuse a été inaugurée en :
❑ 1952 ❑ 1945 ❑ 1914

d. L'unité de mesure inventée par Le Corbusier est le :
❑ Modulor ❑ DOM-INO ❑ toit-terrasse

2 Observer l'œuvre

a. Complète le tableau avec les éléments suivants.

béton • couleurs primaires • larges surfaces vitrées • sans murs porteurs • fenêtres en bandeau • grand balcon • large espace aménagé • entre le sol et le corps du bâtiment

Les cinq points	Forme, organisation et composition	Couleur et matière
Toit-terrasse	....	....
Pilotis	....	....
Fenêtre en longueur	....	....
Façade libre	....	....
Plan libre	....	....

b. Légende la photographie en page de gauche avec les quatre premiers mots de la première colonne.

3 Décrire l'œuvre

Cherche dans la page de gauche (texte et photographie) les éléments qui te permettront de décrire la Cité radieuse et souligne les bonnes propositions ci-dessous.

a. Description extérieure :
– Façade : *avec murs porteurs • repose sur des pilotis • avec des fenêtres larges*
– Toit : *couvert de tuiles • terrasse aménagée • école maternelle*
– Fenêtres : *rectangulaires • étroites • encadrement aux couleurs vives*

b. Description intérieure :
– Lieu d'habitation : *28 • 280 • 337* appartements de *23 • 12 • 51* types différents
– Lieu de circulation : *escalators • couloirs larges • 17 niveaux*
– Lieu de travail : *école maternelle • lycée • hôtel • gymnase • bowling*

4 Interpréter l'œuvre

Rédige un court paragraphe en répondant aux questions ci-dessous.

a. Quel était le premier objectif quand le ministre du Logement a confié à Le Corbusier la réalisation de cet immeuble ?

b. Quels éléments de ses théories Le Corbusier a-t-il mis en pratique à la Cité radieuse ?

c. En quoi peut-on dire qu'il s'agit à la fois de l'œuvre d'un architecte et d'un urbaniste (technicien spécialisé dans l'aménagement et l'ordonnancement des villes) ?

5 VERS LE BREVET

Complète ce texte qui présente les idées clés de ton exposé.
DOM-INO • béton • 23 • habitation • pilotis • Le Corbusier • moderne • Modulor • terrasse • école maternelle • 1952 • façade

L'Unité d'.......................... de Marseille, construite par .... en .... est connue sous le nom de Cité radieuse.

C'est un logement social dans lequel l'architecte met en pratique ses théories. Le principal matériau utilisé est le .... Par ailleurs ce bâtiment respecte les « cinq points pour une architecture .... » qu'il a définis en 1927 : plan libre, ... libre, ..., toit-.......................... et fenêtre en longueur. Les appartements sont autant de modules qui s'intègrent dans une structure en béton, suivant le principe du .... Les proportions sont calculées avec le .... L'immeuble, qui a suscité des réactions très vives, innove en proposant des appartements de .... types différents sur 17 étages, des espaces de vie ou encore une .... sur le toit.

Corrigés p. 31 du livret.

4 Garri Bardine, *Conflit* (1983)

L'ŒUVRE

Domaine artistique : arts du visuel. • **Thématiques :** « Arts, États et pouvoir » ; « Arts, techniques, expressions ».

1 / Garri Bardine

Photogramme* tiré de *Conflit*, film d'animation d'une durée de 6′ 53″.

- Garri Bardine est né en 1941 à Orenbourg en **Russie**. En 1975, il intègre un grand studio de **cinéma d'animation*** russe, le *Soyouzmoultfilm* à Moscou, d'abord comme scénariste, puis comme réalisateur.
- Il met en scène ses inventions avec des allumettes (*Conflit*, 1983), de la pâte à modeler (*La Boxe*, 1985), des origamis (*Adagio*, 2000), du fil de fer (*Fioritures*, 1987)… Son dernier film, *Le Vilain Petit Canard* (2010), est aussi son premier long-métrage.

2 / Le contexte de réalisation du film

- Le film est réalisé en 1983, dans le contexte de la **guerre froide**. Pendant cette période de tension extrême entre le bloc de l'Est (pays communistes liés à l'URSS) et le bloc de l'Ouest (pays capitalistes liés aux États-Unis), chacun a peur du pire, et notamment d'un **conflit atomique**. C'est le sujet du film.

3 / Dire beaucoup avec peu de moyens

- Le film présente une grande **économie de moyens** : les seuls objets et matériaux utilisés sont des allumettes, une boîte, un morceau de moquette et du feu.
- Garri Bardine recourt à une technique d'animation intitulée en anglais ***stop motion*** : les photos des objets immobiles, mises à la suite, donnent l'illusion du mouvement. On peut observer, cependant, que la séquence du feu est tournée en vidéo. La bande-son (bruitages et musique) aide à interpréter les images.

→ **Regarde cette œuvre sur internet :** www.youtube.com/watch?v=pse2aB4Kdkg

MOTS CLÉS

✓ **Photogramme :** la plus petite unité de prise de vue au cinéma.

✓ **Cinéma d'animation :** technique consistant à filmer image par image des dessins ou des objets qui paraîtront animés sur l'écran.

✓ **Travelling :** déplacement de la caméra au cours de la prise de vues, pour suivre un personnage parallèlement à son mouvement, ou bien pour se rapprocher ou s'éloigner de lui.

LA MÉTHODE

▷ Présenter une œuvre cinématographique

Le court-métrage est trop long pour être visionné le jour de l'examen, mais je ne dois pas me contenter de décrire le photogramme tiré du film.

1. Je situe *Conflit* dans son **contexte** et je fais une **biographie** de Bardine.
2. Je raconte en quelques mots le **scénario**. Je décris le film avec un vocabulaire précis : **techniques et matériaux utilisés**.
3. Je donne une interprétation de l'œuvre. En conclusion, je reviens sur le **contraste entre l'économie de moyens et la force du message**.

S'ENTRAÎNER

1 Quiz

Coche la case qui convient.

a. Garri Bardine est :
❑ tchèque ❑ russe ❑ polonais

b. *Conflit* est un :
❑ dessin animé ❑ film d'animation ❑ long-métrage

c. À la fin les allumettes :
❑ brûlent ❑ sont toutes cassées ❑ sont intactes

2 Observer l'œuvre

a. Rétablis l'ordre des phrases pour raconter le scénario.

1. Un morceau de frontière, soulevé par le pas des sentinelles, se déplace dans le camp vert.
2. Le territoire se divise en ces deux couleurs et des soldats sont chargés de surveiller la frontière.
3. Mais le feu qui détruit les verts détruit aussi les bleus : toutes les allumettes sont carbonisées.
4. Le territoire bleu s'agrandit d'autant. Les deux soldats se disputent ce morceau de terrain.
5. D'une boîte bleue et verte sortent des allumettes casquées de vert et de bleu.
6. Finalement, les bleus lancent sur les verts l'arme fatale : la boîte d'allumettes qui, en frottant la tête des verts, les embrase.
7. Lors de la dispute, le bleu coupe le vert en deux : c'est le début de la guerre.

b. Attribue un numéro à chaque son pour les remettre dans l'ordre chronologique.

◯ dialogue ◯ roulements de tambour
◯ bruit de chevaux ◯ musique légère
◯ cris d'une dispute ◯ sirène
◯ cri énorme ◯ bruit de chars
◯ musique lente et solennelle

3 Décrire l'œuvre

Dans ces séries de mots, entoure les termes qui permettent de décrire précisément l'œuvre.

a. Scénario : *guerre froide* • *frontière* • *armistice* • *explosion* • *paix* • *mort.*

b. La technique du réalisateur : *vidéo* • *pâte à modeler* • *stop motion* • *travelling**.

c. La bande-son : *langage yaourt* (sons dépourvus de sens mais qui donnent l'illusion d'un langage) • *dialogue en russe* • *chants militaires* • *roulements de tambour.*

4 Interpréter l'œuvre : les symboles

Relie les symboles au matériau utilisé.

a. caserne ○	○ allumettes
b. acteurs ○	○ boîte d'allumettes
c. frontière ○	○ bout de moquette
d. champ de bataille ○	○ feu
e. bombe atomique ○	○ bouts d'allumettes

5 Interpréter l'œuvre : le message

Rédige un court paragraphe en répondant aux questions ci-dessous.

a. Quels éléments comiques relèves-tu dans le film ?

b. À quel moment la tonalité change-t-elle ? Pourquoi ?

c. Dans quelle mesure peut-on dire que ce court-métrage a une portée universelle ?

6 VERS LE BREVET

Complète ce texte qui présente les idées clés de ton exposé.

allumettes • *animation* • *vidéo* • *guerre froide* • *carbonisés* • *soldats* • *stop motion* • *lente et solennelle* • *guerre* • *court* • *nucléaire*

Conflit, le film d'.................................. de Garri Bardine, a été réalisé en pleine ...., une époque de tensions fortes entre États-Unis et URSS, alors que plane la menace d'une guerre .... Ce .... -métrage, réalisé à l'aide d'une boîte d'.................................. et d'un bout de moquette, fait vivre des personnages qui évoquent des .... Un conflit éclate entre eux pour des raisons futiles. À la fin tous sont .... Garri Bardine utilise deux techniques : le .... et, pour la scène du feu, la .... La bande-son souligne le propos : elle commence par les cris d'une dispute et se termine avec une musique .... Les techniques et les matériaux utilisés permettent une dénonciation universelle de la ....

Corrigés p. 32 du livret.

5 Marjane Satrapi, Vincent Paronnaud, *Persépolis* (2007)

L'ŒUVRE

Domaine artistique : arts du visuel. • **Thématiques** : « Arts, États et pouvoir » ; « Arts, espaces, temps ».

■ Sérigraphie* (40 × 50 cm). D'après une planche préparatoire du film *Persépolis* (2007).

1 / Une enfance à Téhéran

• Marjane Satrapi est née en 1969 à **Téhéran**, en Iran. Ses parents sont des opposants au chah, qui dirige le pays de façon autoritaire. Elle assiste à la révolution de 1979 : l'ayatollah Khomeiny, un religieux musulman, prend le pouvoir et instaure une **dictature**.

• Marjane est alors envoyée en **Autriche** par ses parents. Elle revient étudier à Téhéran puis s'installe en **France** en 1994. Elle y exerce ses talents de dessinatrice, d'auteur, d'illustratrice et de peintre.

2 / Dessin et autobiographie

• *Persépolis* est d'abord une bande dessinée (2000-2003) dans laquelle Marjane Satrapi raconte **son enfance et son adolescence**. Le choix du noir et blanc est une façon d'aller à l'essentiel, de raconter sans se disperser. Ce récit autobiographique d'une jeune fille iranienne prend de ce fait une **dimension universelle** et permet au lecteur de s'identifier facilement aux personnages.

3 / De la bande dessinée au cinéma

• Devant le succès de la bande dessinée, Marjane Satrapi décide de l'adapter en un **film** (2007) coréalisé avec Vincent Paronnaud. Elle choisit l'animation en 2D (dessin animé traditionnel) ; il l'aide à rédiger le **scénario***.

• Trois années de travail et 80 000 dessins sont nécessaires. Vincent Paronnaud ajoute des **décors**, avec des nuances de gris, absentes des dessins en noir et blanc de la bande dessinée. Il faut aussi penser à des éléments nouveaux : le mouvement et le son, la couleur pour les scènes du début.

→ **Consulte :** cnc.fr/web/fr/dossiers-pedagogiques/-/ressources/4275785

MOTS CLÉS

✓ Sérigraphie : œuvre imprimée grâce à un écran de mailles utilisé comme pochoir entre l'encre et le support.

✓ Scénario : document écrit décrivant le film qui sera tourné.

LA MÉTHODE

▷ Présenter un dessin

1. Je situe l'œuvre dans son **contexte** et je fais une **biographie** de Satrapi.

2. Je situe le dessin dans le **scénario**. Je décris l'image avec un vocabulaire précis : **composition**, description détaillée des **personnages** puis du **décor**.

3. Je donne mon **interprétation** de la sérigraphie. Je la rattache en conclusion au **film et à la bande dessinée** dont elle est tirée.

S'ENTRAÎNER

1 Quiz

Coche la case qui convient.

a. Marjane Satrapi est née en :
❑ France ❑ Autriche ❑ Iran

b. La bande dessinée *Persépolis* a été écrite :
❑ avant le film
❑ la même année que le film
❑ après le film

c. Vincent Paronnaud a dessiné :
❑ les décors
❑ les personnages
❑ les décors et les personnages

d. Le film a été réalisé en :
❑ images de synthèse ❑ 2D ❑ 3D

2 Observer l'œuvre

Remplis le tableau ci-dessous à l'aide des termes suivants.

menace • *premier plan* • *noir* • *deuxième plan* • *au fond* • *blanc* • *peur* • *gris* • *insouciance*

	Composition	Couleurs	Sentiments exprimés
Les trois petites filles			
Les personnages à motocyclette			
Le décor			

3 Décrire l'œuvre

Dans les séries de mots suivantes, entoure les termes qui t'aideront à faire une description précise de la sérigraphie.

a. Les petites filles : *foulard* • *écolières* • *espiègles* • *tee-shirt* • *trait simple* • *nœuds et rubans*

b. Le décor : *grisé* • *vieille grille* • *statue de la Liberté* • *tête de mort* • *drapeau américain* • *drapeau iranien* • *mur décrépit*

c. La famille à motocyclette : *chef de famille* • *yeux ronds* • *famille nombreuse* • *comique* • *dramatique* • *vêtements colorés*

4 Interpréter l'œuvre

Rédige un court paragraphe en répondant aux questions ci-dessous.

a. Comment expliques-tu la gaieté des petites filles, la peur des personnages à motocyclette ?

b. Que symbolise le personnage dessiné sur le mur ? Pourquoi est-il placé au centre du décor ?

c. Quels éléments montrent que l'Iran à cette époque traverse une situation difficile ?

5 VERS LE BREVET

Complète ce texte qui présente les idées clés de ton exposé.

Iran • *bande dessinée* • *gaieté* • *film* • *noir et blanc* • *motocyclette* • *sérigraphie* • *écolières* • *États-Unis* • *comique* • *mort* • *autobiographique*

La .... étudiée a été réalisée à partir d'un dessin préparatoire du .... *Persépolis*, réalisé par Vincent Paronnaud et Marjane Satrapi. Il raconte l'histoire d'une petite fille qui grandit en .... à l'époque de la révolution islamique, part en Europe et revient. Ce récit .... avait auparavant été raconté par Marjane Satrapi sous la forme d'une .... L'image montre trois .... dont la plus grande est Marjane, vêtues selon la législation en vigueur, et une famille entassée sur une .... Le décor, une grille ouvragée, un mur décrépit et une affiche hostile aux ...., rappelle une période politique perturbée. Le choix du .... permet de styliser le propos, d'aller à l'essentiel. La composition du dessin, avec la figure centrale de la ...., est une indication sur le poids de l'histoire qu'allègent d'un côté l'innocence et la .... enfantine, de l'autre le spectacle .... de six personnes qu'inquiète avant tout l'instabilité de leur véhicule.

Histoire des arts

Corrigés p. 32 du livret.

6 Sebastião Salgado, *Papou de Nouvelle-Guinée* (2008)

PHOTOGRAPHIE

L'ŒUVRE

Prise de vue numérique*, tirage type argentique*, noir et blanc, réalisé pour l'exposition et le livre du projet *Génésis*.

Domaine artistique : arts du visuel. • **Thématique :** « Arts, créations, cultures ».

1 / Sebastião Salgado, un citoyen du monde

- Sebastião Salgado est né au Brésil en 1944. Après une carrière d'économiste, il devient photographe à partir de 1973. Il travaille d'abord pour les agences Sygma, Gamma et Magnum ; en 1994, il crée la sienne, Amazonas images.
- Il observe surtout les **injustices** et les blessures humaines, sans renoncer à une **approche esthétique**. Dans l'exposition *Génésis*, en 2013, il se fait **militant écologiste et humaniste** en montrant un monde menacé par la modernité.

2 / Les Papous, un peuple en danger

- Les Papous vivent en Papouasie-Nouvelle-Guinée, au nord de l'Australie. Leur mode de vie s'est modernisé mais ils conservent des **traditions anciennes**. Ainsi, lors des cérémonies, ils revêtent des costumes très élaborés.
- Ces peuples sont **menacés**, notamment à cause de la déforestation de leur île et des convoitises suscitées par la présence d'or dans leur sol.

MOTS CLÉS

✓ **Photographie argentique :** technique de photographie par l'exposition d'un film sensible à la lumière. Le film est ensuite tiré sur papier.

✓ **Photographie numérique :** technique de photographie avec un capteur électronique.

3 / Photographie d'art ou photoreportage ?

- La photographie d'art et le photoreportage sont *a priori* des spécialités différentes. Sebastião Salgado veut **concilier les deux**. Certains lui ont reproché ce choix, considérant qu'il ne faut pas faire de la misère du monde un **objet artistique**. Il répond en donnant à son œuvre une **portée humaniste** : montrer les populations qui souffrent, les peuples ou les territoires menacés en les magnifiant, c'est une façon de les faire mieux connaître et de les soutenir.

→ **Pour aller plus loin, consulte :** www.amazonasimages.com

LA MÉTHODE

▷ Présenter une photographie

1. Je présente Salgado et je situe la photographie dans son **contexte**.
2. Je décris l'œuvre avec un **vocabulaire précis** : personne représentée, attitude, description détaillée de la parure, effets obtenus avec le noir et blanc.
3. Je donne mon **interprétation** de la photographie. En conclusion, je rattache l'œuvre au **travail de Salgado**, et plus particulièrement à l'exposition *Génésis*.

S'ENTRAÎNER

1 Quiz

Coche la case qui convient.

a. Sebastião Salgado a fondé Amazonas images en :
❑ 1994 ❑ 1944 ❑ 1973

b. La personne représentée est :
❑ costumée pour un bal
❑ en tenue traditionnelle
❑ en tenue de fête

c. Les Papous habitent en :
❑ Afrique ❑ Asie ❑ Océanie

d. La photographie fait partie de l'exposition :
❑ *Papouasie* ❑ *Amazonas* ❑ *Génésis*

2 Observer l'œuvre

Relève les éléments qui permettent de composer le portrait de ce Papou.

a. Un homme en parure d'apparat

Parties du corps	Objet	Matière
Tête	....	....
Visage	....	....
Poitrine	....	....
Avant-bras	....	....
Poignet	....	....

b. Un guerrier

Regard	....
Position du bras droit	....
Position du bras gauche	....
Objets	....

3 Décrire l'œuvre

Dans les séries de mots suivantes, entoure les termes qui t'aideront à décrire l'œuvre.

a. Le type de photographie : *portrait* • *paysage* • *scène de vie quotidienne* • *nu*

b. La technique du photographe : *noir et blanc* • *clair-obscur* • *numérique* • *couleur*

c. La composition : *verticale* • *horizontale* • *cadrage* • *éléments de décor*

4 Interpréter l'œuvre

Rédige un court paragraphe en répondant aux questions ci-dessous.

a. Qu'apporte le choix du noir et blanc ?

b. Dans quelle mesure peut-on dire que cette photographie est un témoignage ?

c. En quoi répond-elle à un double objectif ?

....

....

....

....

5 VERS LE BREVET

Complète ce texte qui présente les idées clés de ton exposé.

Brésil • *numérique* • *Amazonas images* • *économiste* • *Génésis* • *photoreportage* • *guerrier* • *Salgado* • *peuples* • *apparat* • *Papou*

Sebastião ...., né au .... en 1944, est devenu photographe en 1973, après une carrière d'............................. . Il s'est illustré dans le ...., parcourant plus de cent pays, d'abord pour de célèbres agences puis pour la sienne propre, ... Sa sensibilité le pousse à photographier les .... qui souffrent. Entre 2004 et 2012, il parcourt la planète pour rapporter des photos de populations et de lieux menacés. Le résultat de ces huit années de reportage est l'exposition .... On peut y voir notamment la photographie d'un .... de Nouvelle-Guinée. Ce portrait en noir et blanc d'un .... en tenue d'............................. est à la fois un exemple de la grande maîtrise de Sebastião Salgado dans une technique qui marie photographie .... et argentique, mais aussi le témoignage d'une culture menacée.

Corrigés p. 32 du livret.

Sciences de la vie et de la Terre

Plus d'entraînement sur
www.hatier-entrainement.com

DATE ÉVALUATION

Diversité et unité des êtres humains

Évolution des êtres vivants et histoire de la Terre

Risques infectieux et protection de l'organisme

Responsabilité humaine en matière de santé et d'environnement

1 Caractères de l'individu et information génétique

RETENIR

1 / Les variations des caractères dans une espèce

- Tout individu possède les **caractères de son espèce** avec des **variations** qui lui sont propres. Ces caractères sont le résultat de l'expression de **l'information génétique** et des modifications liées au mode de vie.
- Au sein d'une même famille, les caractères transmis des parents aux enfants au cours des générations sont les **caractères héréditaires**.
- Certains caractères modifiés par l'environnement ou le mode de vie (développement de la masse musculaire par la pratique sportive par exemple) ne sont pas héréditaires.

2 / Les chromosomes, support de l'information génétique

- Le **noyau** de la cellule contient des **chromosomes**, facilement observables au microscope au moment de la division cellulaire. Les chromosomes portent l'information génétique qui détermine la construction de l'organisme.
- À l'exception des gamètes, toutes les cellules humaines portent **23 paires de chromosomes**. Un **caryotype** permet de représenter les chromosomes d'une espèce.

3 / Les anomalies chromosomiques

- Un nombre anormal de chromosomes peut parfois empêcher le développement de l'embryon ou être à l'origine de l'apparition de **caractères différents** chez l'individu concerné.
- Par exemple, dans le cas du syndrome de Down (ou trisomie 21), la présence d'un chromosome 21 supplémentaire provoque des malformations (visage aplati, repli de la paupière, petite taille, muscles peu développés…) et parfois un retard.

MOTS CLÉS

✓ **Information génétique :** ensemble de l'information génétique portée par tous les chromosomes et déterminant le fonctionnement de l'organisme.

✓ **Caryotype :** ensemble représentant les chromosomes d'une espèce, classés par paires et par ordre de taille décroissante.

LE DOCUMENT CLÉ

▷ Une expérience de transfert de noyau

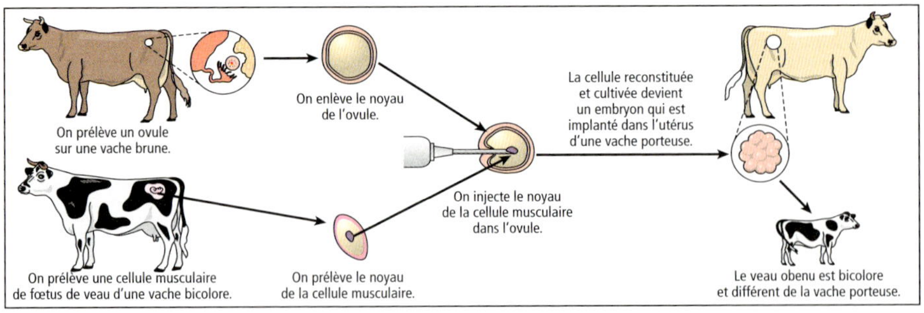

- On obtient un **veau bicolore** différent de la vache porteuse.
- **L'information génétique**, responsable du fonctionnement de l'organisme et de ses caractères, provient donc du **noyau de la cellule** musculaire du fœtus de veau de la vache bicolore.

MINI INTERRO

1. Où est localisée l'information génétique ?
2. Combien de paires de chromosomes comporte le caryotype humain ?
3. Quel exemple d'anomalie chromosomique est donné dans ce chapitre ?

S'ENTRAÎNER

1 Vrai ou faux ?

Coche la case qui convient.

	V	F
a. Les chromosomes sont le support de l'information génétique.	❑	❑
b. À l'exception des gamètes, toutes les cellules humaines portent 46 paires de chromosomes.	❑	❑
c. Toutes les paires de chromosomes sont identiques deux à deux.	❑	❑

2 Vocabulaire

Donne la définition de ces mots et expressions.

a. Caractère héréditaire : ....

....

b. Information génétique : ....

....

c. Anomalie chromosomique : ....

....

3 Caryotype humain

Observe le caryotype humain suivant, puis réponds aux questions.

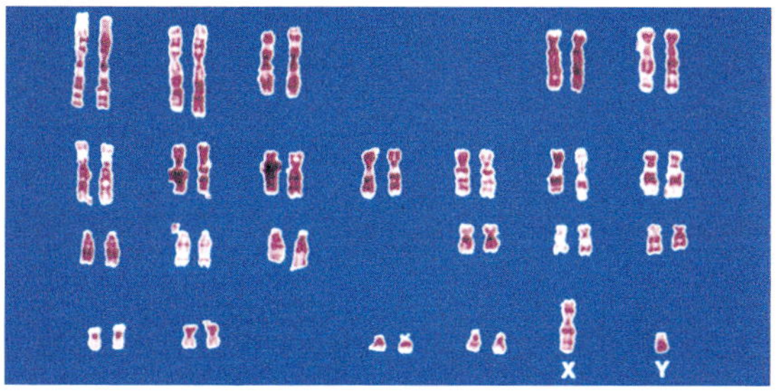

a. Indique le nombre de chromosomes contenus dans une cellule humaine. ....

b. Quelle est la particularité des 22 premières paires ?

....

....

c. Le caryotype représenté ici est-il féminin ou masculin ? Justifie ta réponse.

....

....

....

4 Diagnostic prénatal

Certaines grossesses « à risque » sont très surveillées.

a. Quelle technique utilise-t-on pour suivre le développement du fœtus ? ....

....

b. On a représenté ci-dessous l'interprétation d'un examen de ce type sur deux fœtus différents.

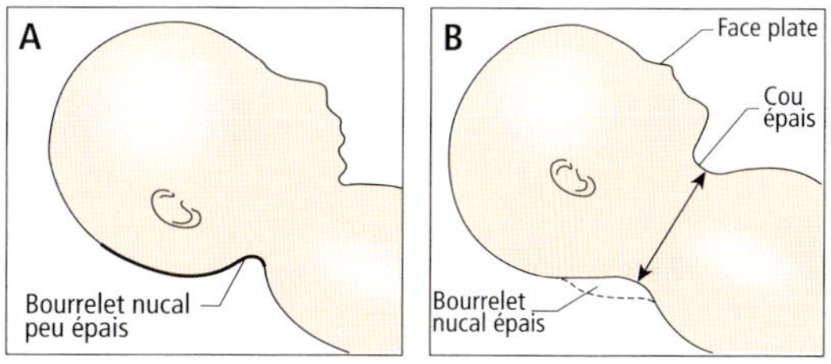

Quel diagnostic peut-on envisager dans le cas B ?

....

c. Comment peut-on confirmer ce diagnostic prénatal ? ....

....

5 CONTRÔLE EXPRESS

Observe les documents, puis réponds aux questions.

Caryotype d'un individu atteint d'un syndrome de Kinefelter.

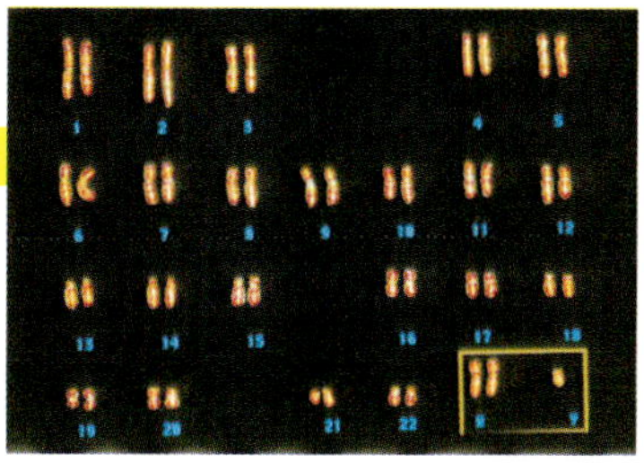

Caryotype d'un individu atteint de trisomie 21.

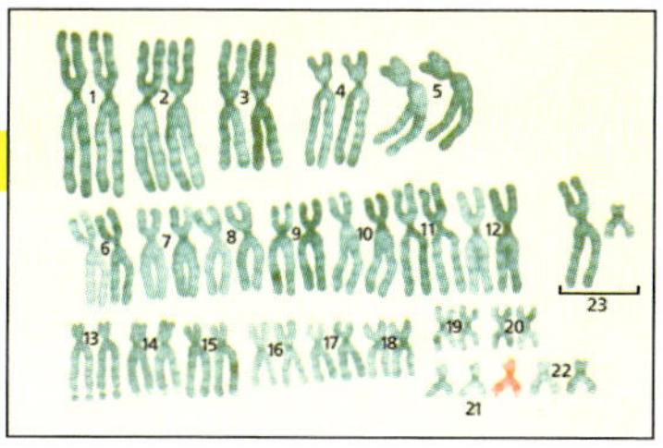

a. Pour chacun des deux caryotypes, quelle est l'anomalie constatée ?

....

b. Quelles conséquences ont ces anomalies ?

....

Corrigés p. 32 du livret.

2 La transmission de l'information génétique

RETENIR

1 / La transmission de l'information génétique

- L'information génétique contenue dans la cellule-œuf est transmise à l'identique lors des **divisions cellulaires** successives, qui permettent la formation et le fonctionnement de l'organisme humain. Toutes les cellules (sauf les gamètes) contiennent les mêmes chromosomes répartis en **23 paires**.
- Avant la division cellulaire, chacun des 46 chromosomes est dupliqué. Lors de la division cellulaire, chacune des deux nouvelles cellules reçoit 23 paires de chromosomes semblables à ceux de la cellule initiale.

MOTS CLÉS

✓ **Gène :** unité d'information génétique localisée sur le chromosome.

✓ **Allèle :** l'une des formes d'un même gène.

2 / Les gènes : unités d'information génétique

- Chaque chromosome est constitué d'**ADN**, molécule pelotonnée au moment de la division cellulaire, ce qui la rend visible au microscope. Les **gènes** sont des morceaux d'ADN portés par les chromosomes qui déterminent l'expression des caractères héréditaires. Ils peuvent exister sous différentes formes : les **allèles**.
- La totalité de l'information génétique de l'individu se trouve dans chaque cellule mais seule une partie des informations s'exprime.

LE DOCUMENT CLÉ

▷ La division cellulaire

Voici différentes étapes de la division d'une cellule animale. Les chromosomes ont été colorés en bleu. À la fin de la division, chaque cellule a reconstitué un stock de chromosomes à une chromatide (chaque chromosome contient deux chromatides identiques), qui est identique à celui de la cellule d'origine.

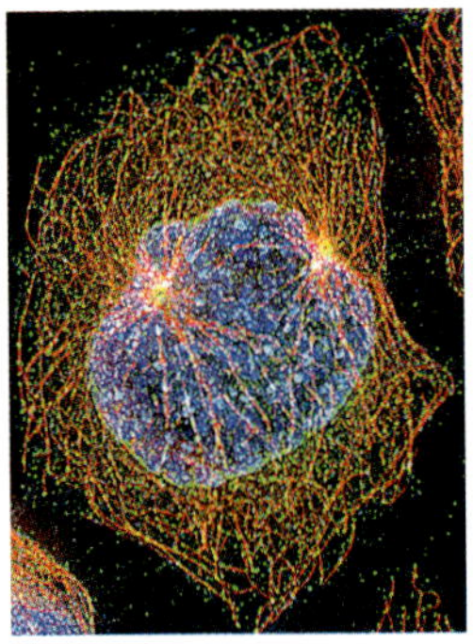

■ **1re étape :** les chromosomes deviennent visibles.

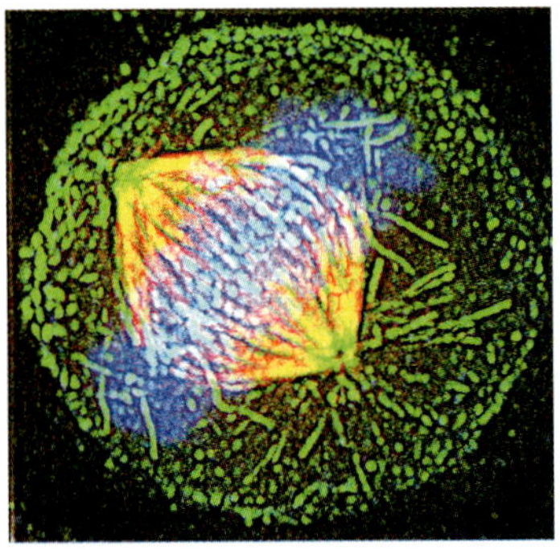

■ **2e étape :** les chromosomes s'alignent.

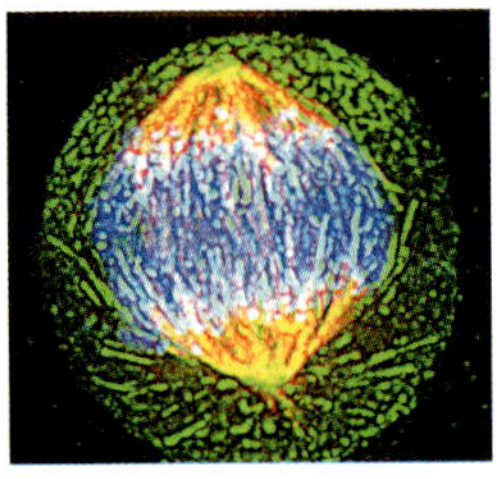

■ **3e étape :** chaque chromatide migre vers un pôle de la cellule.

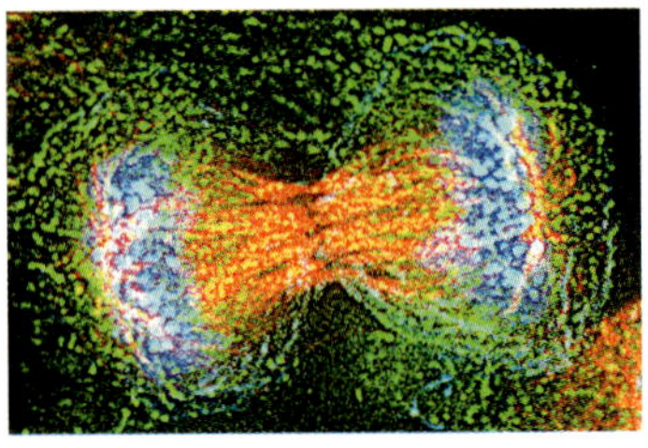

■ **4e étape :** les noyaux des deux cellules se reforment.

MINI INTERRO

1. Indique comment est transmis le programme génétique au cours des divisions cellulaires.
2. Indique le nombre de chromosomes dans chaque cellule humaine.
3. Précise si toutes les cellules d'un organisme contiennent la même information génétique.

S'ENTRAÎNER

1 Vrai ou faux ?

Coche la case qui convient.

	V	F
a. Les chromosomes deviennent visibles au cours de la division cellulaire.	❑	❑
b. À la fin de la division cellulaire, chaque cellule a reconstitué un stock de chromosomes différent de celui de la cellule d'origine.	❑	❑
c. Les chromosomes sont transmis au cours de la division cellulaire.	❑	❑
d. À chaque division cellulaire, une cellule perd une paire de chromosomes.	❑	❑

2 La division cellulaire

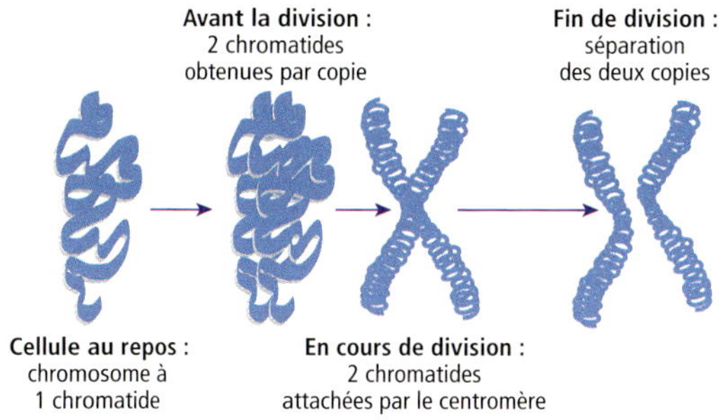

Associe une photo de la page 218 à la dernière étape illustrée ici.

3 Les groupes sanguins

Groupe A	Groupe B	Groupe AB	Groupe O
A A ou A O	B B ou B O	A B	O O

Le caractère qui détermine le groupe sanguin est donné par un gène contenant trois allèles A, B et O.
On appelle allèle dominant celui qui s'exprime par rapport à un autre et allèle récessif celui qui ne s'exprime pas.
Le tableau ci-dessus donne, pour chaque groupe sanguin, les associations d'allèles possibles sur les chromosomes homologues.

Donne les allèles dominants et récessifs qui interviennent dans la détermination du groupe sanguin.

4 CONTRÔLE EXPRESS

Dans certaines situations d'investigation policière, il est possible d'identifier le coupable par l'étude de son ADN si celui-ci a été laissé en quantité suffisante sur les lieux du crime (sang, sueur, cheveux, peau, sperme…). Avec des appareils de laboratoire, il est possible de dupliquer l'ADN recueilli et de le découper en petits morceaux qui sont ensuite placés sur un gel particulier.
On fait ensuite passer un courant électrique dans la cuve contenant ce gel et les morceaux d'ADN et on remarque alors que les morceaux d'ADN vont se déplacer plus ou moins loin sur le gel en fonction de leur longueur. On obtient alors l'équivalent d'un « code-barre », d'une « carte d'identité génétique », différent pour chaque individu.
En comparant cette « empreinte génétique » du suspect avec celle trouvée sur les lieux du crime, les enquêteurs peuvent déterminer si le suspect est le coupable ou non.

a. Identifie les étapes indispensables pour obtenir l'empreinte génétique.

b. À partir de quels éléments biologiques trouvés sur les lieux du crime est-il possible d'extraire de l'ADN ?

c. Précise comment les empreintes génétiques peuvent permettre d'identifier le coupable.

Corrigés p. 33 du livret.

3 Unicité des individus et information génétique

RETENIR

MOTS CLÉS

✓ **Fécondation :** union du spermatozoïde (gamète mâle) et de l'ovule (gamète femelle).

✓ **Cellule-œuf :** cellule résultant de l'union du spermatozoïde et de l'ovule au moment de la fécondation.

1 / Un seul chromosome de chaque paire dans chaque gamète

- Les **gamètes** (cellules reproductrices mâles et femelles) possèdent 23 chromosomes car ils ont reçu au hasard, au cours de leur formation cellulaire, un chromosome de chaque paire. Chaque individu produit donc des gamètes génétiquement différents.

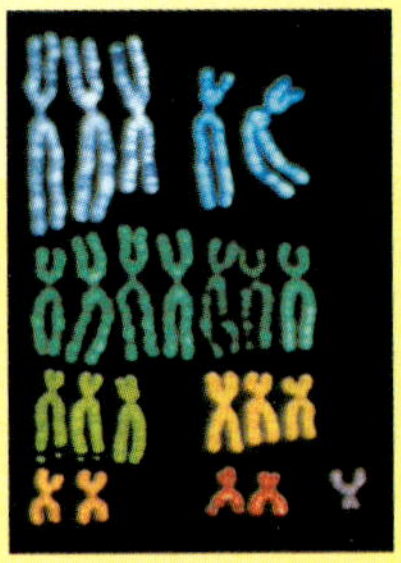

Caryotype de spermatozoïde humain.

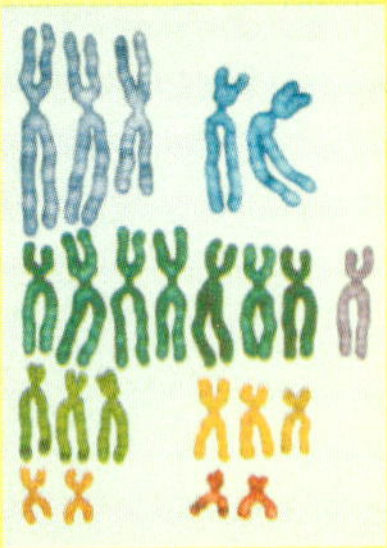

Caryotype d'ovocyte humain.

2 / Le brassage de l'information génétique au moment de la fécondation

- Au cours de la formation de la **cellule-œuf**, après la **fécondation**, pour chaque paire de chromosomes et chaque gène, un exemplaire est d'origine maternelle et l'autre d'origine paternelle. En réunissant, au hasard, les chromosomes d'origine paternelle et les chromosomes d'origine maternelle, la fécondation rétablit le nombre de chromosomes caractéristiques de l'espèce. Elle entraîne un nouveau **brassage de l'information génétique**, à l'origine d'un individu nouveau et unique.
- La formation des gamètes ou la mauvaise répartition des chromosomes d'une même paire au moment de la fécondation peut être à l'origine d'une cellule-œuf porteuse d'une **anomalie chromosomique** (voir chapitre 1).

MINI INTERRO

1. Indique ce que possèdent les gamètes.
2. Précise à quel moment le nombre de chromosomes caractéristiques de l'espèce est rétabli.
3. Explique pourquoi on parle d'unicité des individus.

LE DOCUMENT CLÉ

▷ Des individus génétiquement différents et uniques

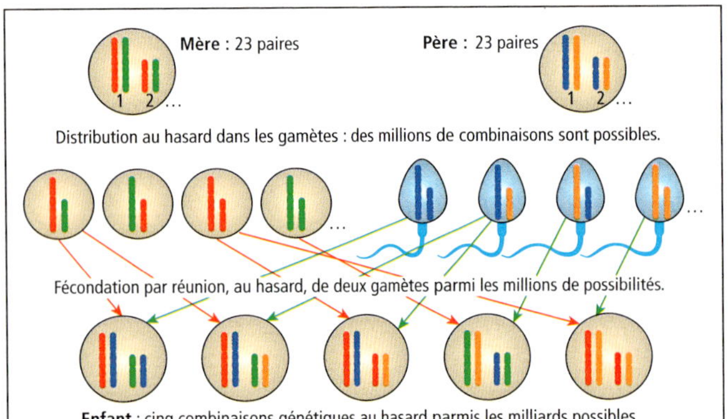

Exemples de répartition de l'information génétique pour 2 paires de chromosomes lors de la formation des gamètes et de la fécondation.

- Comme la distribution des chromosomes dans les gamètes se fait au hasard, de **multiples combinaisons chromosomiques** sont possibles. Les gamètes ainsi formés contiennent des parties différentes des gènes paternels et maternels.
- Lors de la fécondation, les 23 chromosomes paternels et les 23 chromosomes maternels sont réunis et constituent les 46 chromosomes de la cellule-œuf. Dans la cellule-œuf, se retrouvent au hasard, les informations génétiques de deux gamètes parmi les millions de gamètes différents possibles. Il se forme alors une nouvelle information génétique qui sera à l'origine d'un **individu unique**.

S'ENTRAÎNER

1 Vrai ou faux ?

Coche la case qui convient.

	V	F
a. Les gamètes d'un individu portent tous les mêmes informations génétiques.	❑	❑
b. Ce sont les chromosomes sexuels masculins qui déterminent le sexe de l'enfant.	❑	❑
c. La fécondation rétablit le nombre de chromosomes caractéristique de l'espèce.	❑	❑
d. Un gamète mâle ou un gamète femelle possède autant de chromosomes que les autres cellules de l'organisme.	❑	❑
e. La cellule-œuf contient 23 chromosomes provenant uniquement de la mère.	❑	❑
f. Chaque gamète possède un chromosome sexuel.	❑	❑
g. La fécondation est l'union de deux gamètes réunissant au hasard des chromosomes dans la cellule-œuf.	❑	❑

2 Famille et groupe sanguin

L'arbre généalogique ci-dessous présente les groupes sanguins des parents et des grands-parents maternels et paternels de Julien. Alors que son père et sa mère sont du groupe A, Julien est du groupe O.
Les carrés représentent les hommes ; les ronds, les femmes.

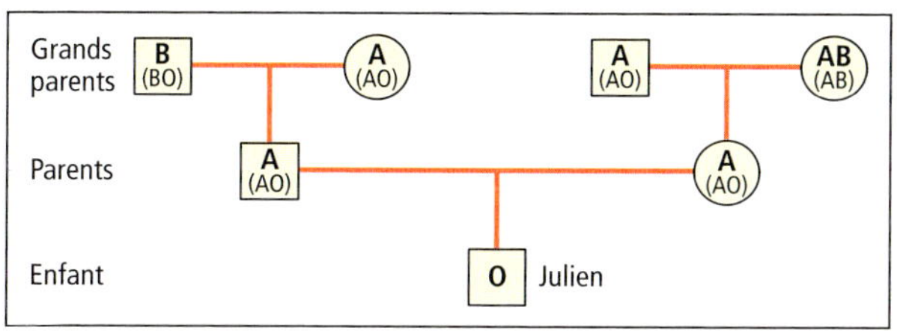

a. En te reportant à l'exercice 3 page 219 et au schéma ci-dessus, explique pourquoi Julien est du groupe O.

b. Si Julien avait un petit frère ou une petite sœur, aurait-il/elle le même groupe que lui ?

3 Anomalies génétiques

Dans certaines familles à risques, il est nécessaire de déceler lors de la grossesse les anomalies chromosomiques possibles. Le document ci-après représente un détail des caryotypes du père, de la mère et du fœtus. On a représenté seulement les chromosomes des paires 11 et 21.

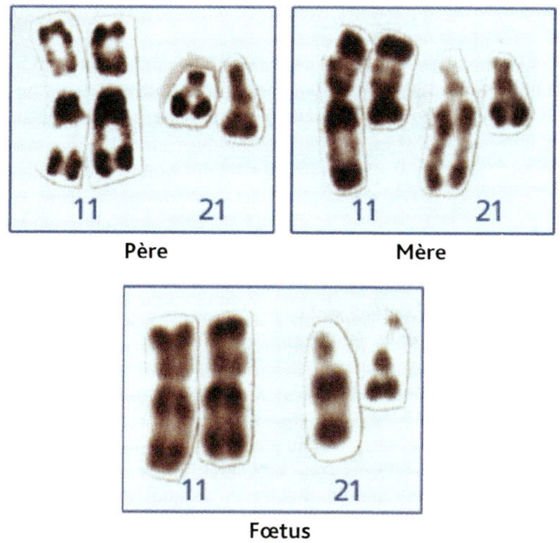

a. Observe attentivement les paires 11 et 21 de la mère et du fœtus et note toute remarque.

b. Utilise tes connaissances pour expliquer la formation de la paire 21 chez le fœtus.

c. Y a-t-il une anomalie chromosomique chez ce fœtus ?

4 CONTRÔLE EXPRESS

A représente un caryotype de gamète d'un individu et **B** est un agrandissement de ses chromosomes sexuels, dans une autre cellule de son organisme.

a. Précise s'il s'agit d'un caryotype de spermatozoïde ou d'ovule. Justifie ta réponse.

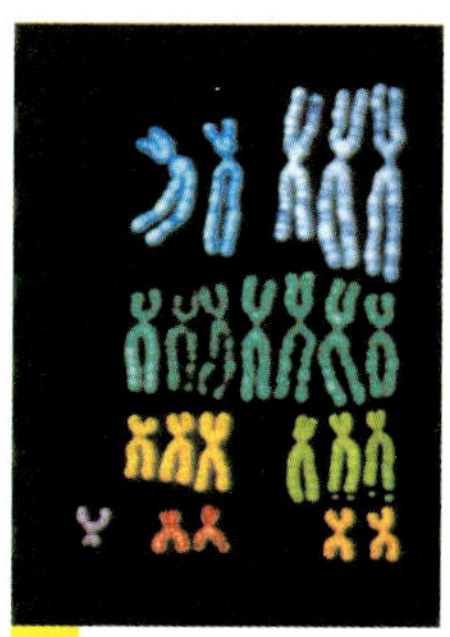

A. Caryotype de gamète.

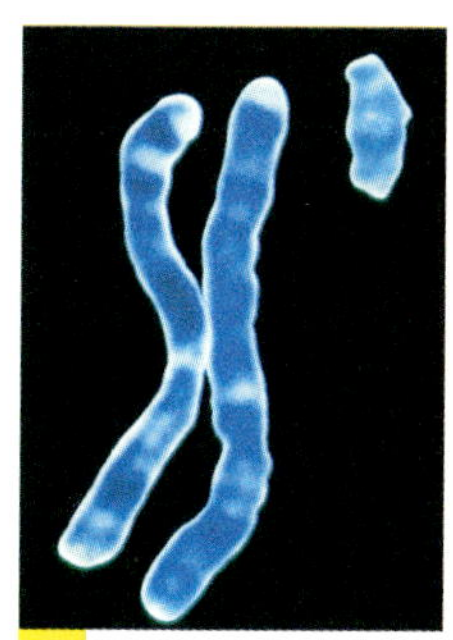

B. Chromosomes sexuels.

b. Indique le nombre de chromosomes que chacun des gamètes apporte dans la cellule-œuf.

c. Si un gamète de cet individu fécondait un autre gamète normal, indique quels seraient les résultats à l'issue du développement de la cellule-œuf.

d. Explique pourquoi il naît à peu près autant de garçons que de filles.

Corrigés p. 33 du livret.

4 L'évolution des organismes au cours des temps géologiques

RETENIR

1 / Les roches sédimentaires : des archives géologiques

- Depuis plus de trois milliards d'années, des groupes d'organismes vivants sont progressivement apparus, se sont développés, ont régressé, puis ont disparu au fil des périodes.
- Ce renouvellement des groupes et des espèces est inscrit dans les **roches sédimentaires**, qui contiennent des **fossiles** et constituent ainsi de véritables archives géologiques.

MOTS CLÉS

✓ **Fossile :** reste ou empreinte d'être vivant dans la roche sédimentaire.

✓ **Biodiversité :** diversité des êtres vivants à un endroit et à un moment donnés.

2 / L'origine commune de tous les êtres vivants

- Une espèce nouvelle présente à la fois des **caractères ancestraux** et des **caractères nouveaux** par rapport à une espèce antérieure dont elle serait issue. Il existe ainsi une **filiation** entre les groupes d'espèces au cours de l'évolution. Des périodes de **diversifications** des espèces ont succédé aux périodes d'**extinctions** en masse. L'apparition de l'Homme sur Terre s'inscrit dans ce processus d'évolution.
- Tous les êtres vivants sont constitués de **cellules** qui contiennent de l'**ADN**, support universel de l'information génétique. Ce caractère universel commun indique une **origine commune**.

LE DOCUMENT CLÉ

▷ Les liens de parenté des êtres vivants fossiles et actuels

- Un **arbre généalogique** représente les relations de parenté entre les espèces et les groupes ayant peuplé la Terre au cours des temps.
- Il montre aussi l'apparition des espèces les unes à partir des autres, avec les bactéries comme **ancêtre commun**.

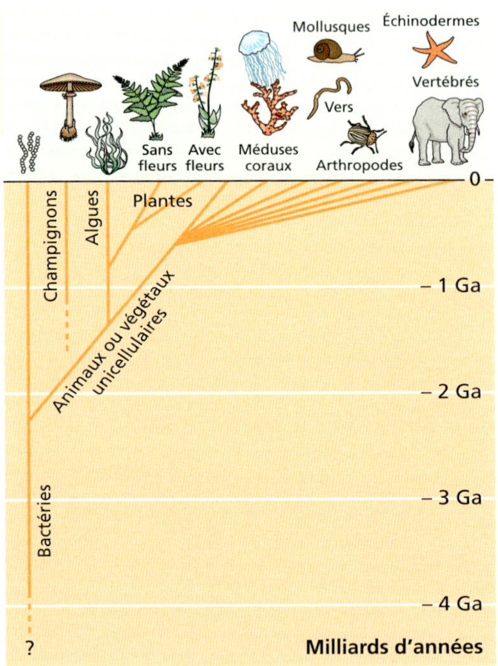

■ Arbre généalogique simplifié du monde vivant.

MINI INTERRO

1. Comment observe-t-on la filiation qui existe entre les groupes ?
2. Cite un argument en faveur de l'origine commune du vivant.

S'ENTRAÎNER

1 Quiz

Coche la ou les cases qui conviennent.

a. Les groupes d'organismes vivants :

- ❑ sont apparus simultanément.
- ❑ sont apparus progressivement.
- ❑ se sont développés et se sont maintenus pendant plus de trois milliards d'années.
- ❑ se sont développés, ont régressé puis ont disparu au cours des périodes géologiques.

b. La filiation entre les groupes s'explique par :

- ❑ le hasard dans l'ordre d'apparition des groupes.
- ❑ par l'évolution.
- ❑ la variation de l'environnement.

c. Les espèces sont apparues :

- ❑ toutes en même temps.
- ❑ les unes à partir des autres.

d. Un arbre généalogique représente :

- ❑ uniquement les relations de parenté entre les groupes.
- ❑ uniquement les relations de parenté entre les espèces.
- ❑ quelques similitudes entre les espèces.
- ❑ les relations de parenté entre les espèces et les groupes.

e. Le fait que l'ADN soit le support universel de l'information génétique :

- ❑ indique une origine commune pour tous les êtres vivants.
- ❑ indique une origine différente pour tous les êtres vivants.
- ❑ ne donne aucune information sur l'origine de tous les êtres vivants.

2 L'arbre d'évolution des vértébrés

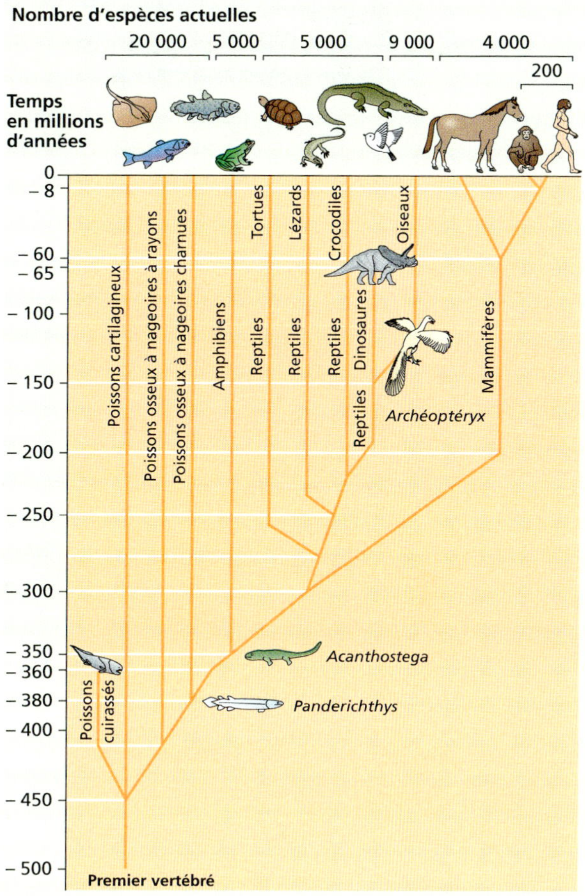

a. Précise l'ancêtre commun aux Amphibiens, Reptiles, Oiseaux et Mammifères.

b. Classe dans l'ordre chronologique d'apparition les groupes de vertébrés suivants :
Mammifères • Poissons • Amphibiens • Reptiles.

3 CONTRÔLE EXPRESS

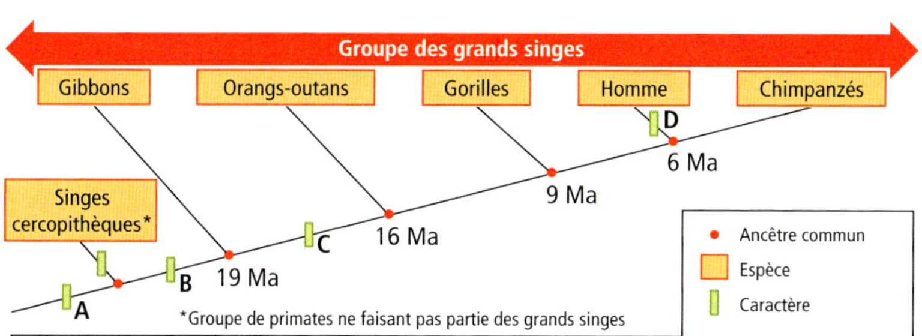

A	**Caractères du groupe des primates** : pouce opposable aux autres doigts ; doigts et orteils portant des ongles plats ; yeux placés en avant de la face.
B	**Caractères du groupe des grands singes** : présence d'un coccyx (vertèbres soudées) à la place de la queue ; bras plus longs que les jambes (sauf chez l'Homme) ; omoplate sur le dos.
C	**Cerveau avec des plis**
D	**Caractères du groupe des humains** : se tient debout sur ses membres postérieurs (bipède) ; colonne vertébrale redressée et emboîtée sous le crâne ; bassin élargi et court.

Le document ci-contre représente l'arbre de parenté dans le groupe des grands singes au sein des primates.

a. Les singes cercopithèques et l'Homme ont des caractères communs.
Cite deux caractères communs.

b. Un caractère est présent chez les Chimpanzés, l'Homme, les Gorilles et les Orangs-outans.
Précise lequel.

c. Cite trois caractères présents uniquement chez l'Homme.

Corrigés p. 33 du livret.

SVT

5 Transformations de la Terre et évolution

RETENIR

1 / Événements géologiques et changement des populations

- Depuis 4,6 Ga (milliards d'années), la surface de la Terre a été affectée par de nombreux **événements géologiques qui ont modifié les milieux et les conditions de vie**. Cela a provoqué des changements dans les peuplements.
- On a utilisé la succession des formes vivantes et des transformations géologiques pour subdiviser les **temps géologiques** en **ères** et en **périodes** de durées variables.

2 / Mutations et sélections

- Les transformations de l'environnement sur Terre sont à mettre en relation avec l'apparition de la vie et la diversification des organismes vivants. **L'évolution de la vie a ainsi été influencée par l'évolution des conditions géographiques et environnementales, ce qui a déterminé la sélection de formes de vie et d'espèces adaptées.** Au cours des générations, de **nouveaux caractères** sont apparus, ce qui suggère des modifications de l'information génétique. Ce sont des **mutations**.

MOTS CLÉS

✓ **Mutation :** modification de l'information génétique (de l'ADN) qui peut être à l'origine de l'apparition ou de la modification d'un caractère.

✓ **Ère géologique :** division chronologique de l'histoire géologique.

LE DOCUMENT CLÉ

▷ La faune et la flore au Carbonifère (il y a environ 300 Ma)

- Au Carbonifère, les êtres vivants sont abondants dans les eaux du littoral. Des espèces appartenant aux Amphibiens sont sorties des eaux et se sont installées sur la **terre ferme**. D'autres espèces colonisent le **milieu aérien**.
- Mais des **catastrophes géologiques** modifient le climat et l'environnement, ce qui va entraîner de profonds **changements dans la faune et la flore**.

MINI INTERRO

1. Explique pourquoi il y a eu des changements dans les peuplements depuis l'apparition de la vie sur Terre.
2. Donne l'origine de la diversification des organismes vivants.
3. Indique ce qui détermine la sélection des formes adaptées.

S'ENTRAÎNER

1 Vrai ou faux ?

Coche la case qui convient.

	V	F
a. L'apparition de caractères nouveaux au cours des générations est à mettre en relation avec des modifications de l'information génétique.	❑	❑
b. Depuis son origine, la surface de la Terre n'a jamais subi de modifications.	❑	❑
c. La sélection des formes adaptées ne se fait pas au hasard.	❑	❑

Cratère d'une météorite près de Yakoutsk en Sibérie. Le plus grand connu à ce jour est au Mexique (180 km de diamètre).

2 Conséquences d'un impact de météorite

Utilise toutes les informations fournies par les documents suivants pour :

a. expliquer la violence du choc causé par la météorite ;

b. indiquer les causes de la destruction de toute vie dans un rayon de 500 km autour du point d'impact.

Une météorite en France

Notre planète fut percutée à Rochechouart, près de Limoges, par une météorite géante, il y a environ 200 Ma. La météorite, animée d'une vitesse de plus de 70 000 km/h, s'est vaporisée au moment de l'impact.

Les roches du sous-sol ont été broyées, fondues et ont formé des brèches ou impactites observables sur le terrain.

La région fut dévastée dans un rayon de plus de 200 km du point d'impact. L'effet de souffle, l'émission de vapeurs toxiques, les nuées ardentes, les séismes, tous ces phénomènes sont à l'origine de la destruction de toute vie dans un rayon de 500 km du point d'impact.

Diamètre de la météorite	1,5 km
Masse	6 milliards de tonnes
Énergie libérée au moment du choc	14 millions de fois la bombe d'Hiroshima ou un séisme de magnitude 11
Cratère	20 km de diamètre, 6 km de profondeur
Volume du socle vaporisé	13 km^3
Volume du socle fondu	66 km^3

3 CONTRÔLE EXPRESS

La crise Crétacé-Paléocène

Il y a 65 Ma, la Terre a été frappée par une crise biologique très importante.

Les grands animaux terrestres tétrapodes volants et marins ont été, parmi les Vertébrés, les principales espèces affectées par la crise Crétacé-Paléocène. Aucune espèce dont le poids dépassait 25 kg n'a survécu à cette crise biologique ; tous les dinosaures, quelle que soit leur taille, ont été tués. Aucun milieu n'a été épargné. Qu'il s'agisse des ptérosaures, dinosaures ailés, des plésiosaures, ou des mosasaures (forme de lézards), géants marins, tous ont disparu.

Cependant, quelques groupes ont survécu. Parmi eux, on trouve les Mammifères alors que les Marsupiaux furent frappés par cette crise majeure. Les Vertébérés qui ont survécu à la crise sont ceux de petite taille qui évoluaient dans les eaux douces. Parmi eux : des crocodiles, des tortues, des amphibiens. Il faut cependant noter que des crocodiles de taille importante ont survécu à la crise Crétacé-Paléocène.

a. Indique les principales victimes de la crise et le nom des groupes qui ont survécu.

....

....

....

b. Propose deux hypothèses pour expliquer la survie de quelques groupes.

....

....

....

Corrigés p. 33 du livret.

6 L'Homme confronté à un environnement pathogène

RETENIR

1 / La contamination

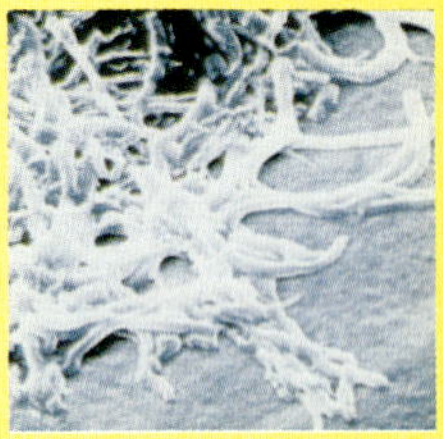

■ Colonie de micro-organismes à la surface de l'émail dentaire (× 4 000).

- Les **micro-organismes** (bactéries ou virus) se multiplient dans notre environnement. Ils sont en permanence en contact avec notre organisme (surface de la peau, muqueuses…). Ils ne sont pas tous **pathogènes** et peuvent, dans certains cas, cohabiter avec notre organisme.
- Les micro-organismes se transmettent d'un individu contaminé à l'autre par l'air, l'eau, les insectes, les objets, le sang, ou lors de rapports sexuels. Lorsqu'ils franchissent la peau ou les muqueuses, ils pénètrent dans l'organisme. C'est la **contamination**.

MOTS CLÉS

✓ **Micro-organisme (ou microbe) :** être vivant microscopique invisible à l'œil nu.

✓ **Pathogène :** se dit d'un micro-organisme à l'origine d'une maladie.

2 / L'infection

- Après la contamination, certains micro-organismes se multiplient dans l'organisme. C'est **l'infection**.
- Les bactéries se développent dans le milieu extracellulaire (en dehors des cellules) tandis que les virus ne peuvent se multiplier que dans les cellules hôtes. Certains micro-organismes libèrent des toxines dispersées par le sang.

3 / La destruction des micro-organismes

- Les **antiseptiques** permettent de détruire localement les micro-organismes au niveau d'une plaie.
- Les **antibiotiques**, prescrits par le médecin, permettent de détruire les bactéries dans l'organisme, mais ils sont sans effet sur les virus. Ils ont été découverts il y a plus de 60 ans par Fleming qui a guéri une méningite provoquée par une bactérie, le méningocoque, par l'injection d'un antibiotique : la pénicilline.

LE DOCUMENT CLÉ

▷ Une coupe de peau lésée par un corps étranger

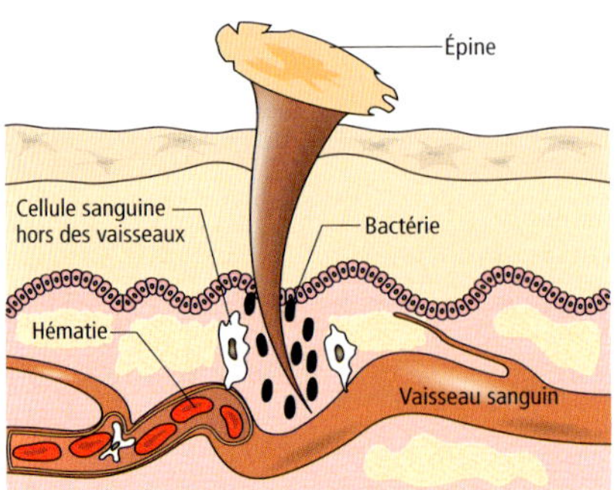

- La peau et les muqueuses constituent une **frontière** parfois franchie par les micro-organismes.
- Lorsque la peau est lésée (par exemple, par une épine), les **micro-organismes**, présents à la surface de la peau ou apportés par le corps étranger responsable de la lésion, **pénètrent dans l'organisme** et y prolifèrent.

MINI INTERRO

1. Indique si nous pouvons avoir des micro-organismes à l'intérieur de notre corps.
2. Précise ce qui se passe lorsque la peau est lésée.
3. Indique ce qui permet de traiter les infections microbiennes.

S'ENTRAÎNER

1 Vrai ou faux ?

Coche la case qui convient.

	V	F
a. La grippe est provoquée par un virus.	❑	❑
b. L'air et l'eau ne contiennent pas de microbes.	❑	❑
c. Les virus sont détruits par les antibiotiques.	❑	❑
d. Les antibiotiques détruisent les bactéries.	❑	❑
e. Toutes les bactéries sont pathogènes.	❑	❑

2 Dans l'industrie agroalimentaire

Dans le secteur du conditionnement alimentaire, un certain nombre de précautions doivent être prises par le personnel effectuant le conditionnement afin de limiter les risques de contamination.

Cite les précautions indispensables à prendre en ce qui concerne la tenue des personnes travaillant dans ce secteur.

3 Une croissance virale

Dans la population, on observe parfois, à certaines périodes de l'année, de très nombreux cas de rhume et de conjonctivite.
On cherche à savoir comment les virus parviennent à infecter rapidement un organisme vivant. Pour cela, on injecte en laboratoire des virus provoquant le rhume et la conjonctivite à des cellules vivantes en culture. On étudie la croissance de la quantité de virus pendant 25 heures.

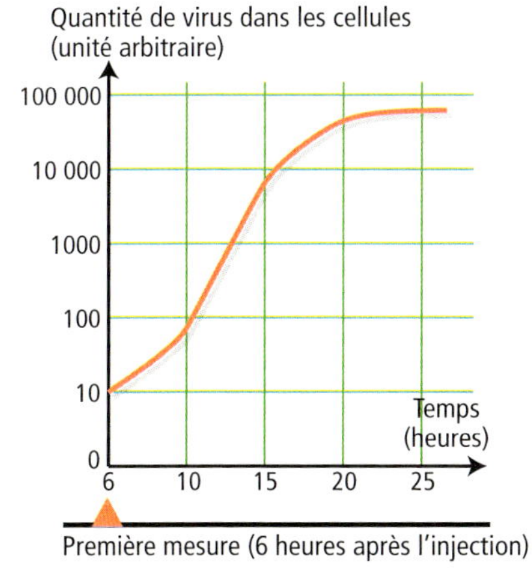

a. Donne en trois phrases les résultats de cette expérience.

b. Utilise tes connaissances pour expliquer comment les virus peuvent infecter rapidement un organisme vivant.

4 Trouver l'antibiotique efficace

Un antibiogramme est un test ayant pour but de tester l'efficacité d'un antibiotique sur une bactérie pathogène. Son efficacité est proportionnelle à la largeur de l'auréole sans bactérie formée autour du lieu de dépôt de pastilles imprégnées d'antibiotiques différents.

Pour déterminer l'antibiotique le plus efficace contre une bactérie responsable d'une maladie urinaire, on réalise un antibiogramme. On ensemence une boîte de pétri contenant un milieu nutritif gélosé avec cette bactérie et on répartit 6 antibiotiques différents (A, B, C, D, E, F). Les antibiotiques diffusent dans la gélose.

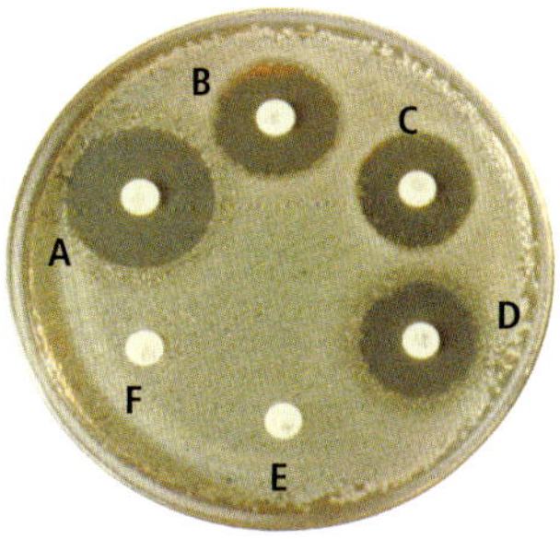

a. Observe attentivement l'antibiogramme et indique l'antibiotique le plus efficace.
Justifie ta réponse.

b. Précise comment agissent les antibiotiques E et F, et conclus.

5 CONTRÔLE EXPRESS

Louis Pasteur a prononcé un discours, en 1878, devant l'Académie des sciences de médecine.

Lis l'extrait ci-dessous et réponds aux questions.

Les recommandations de Pasteur en 1918

« Si j'avais l'honneur d'être chirurgien, non seulement, je ne me servirais que d'instruments d'une propreté parfaite, mais après avoir nettoyé mes mains avec le plus grand soin […] je n'emploierais que des bandelettes, des éponges préalablement exposées dans un air porté à la température de 130 à 150 °C, je n'emploirais qu'une eau qui aurait subi la température de 110 à 120 °C. »

a. Pourquoi est-il nécessaire d'« utiliser des instruments d'une propreté parfaite » et de « se laver les mains avec le plus grand soin » ?

b. Quel est le rôle de la température dans le cadre de ces recommandations ?

Corrigés p. 33 du livret.

SVT

7 L'Homme protégé par son système immunitaire

RETENIR

1 / La constitution du système immunitaire

- Le **système immunitaire** est constitué par l'ensemble des organes lymphoïdes (moelle rouge des os…) et permet de reconnaître et de réagir en permanence à la présence de différents **éléments étrangers** à l'organisme humain.

MOTS CLÉS

✓ **Leucocytes (ou globules blancs) :** cellules du système immunitaire comprenant les phagocytes et les leucocytes B et T.

✓ **Antigène :** molécule présente à la surface des micro-organismes.

✓ **Anticorps :** molécule créée par les lymphocytes B, qui se fixent spécifiquement aux antigènes pour détruire les micro-organismes.

2 / Les réactions spécifique et non spécifique

- La **réaction immunitaire** rapide consiste en l'élimination des éléments étrangers et infectieux par des **leucocytes** appelés **phagocytes** (ou cellules phagocytaires), c'est la **phagocytose**. C'est une **réaction non spécifique** (à un élément infectieux) qui permet le plus souvent de stopper l'infection.
- Lorsqu'un **antigène** d'un micro-organisme (c'est-à-dire une molécule étrangère) est reconnu, les **lymphocytes B** se multiplient et sécrètent des **anticorps** spécifiques à ces antigènes (**réaction spécifique**). Les anticorps circulent dans la lymphe et le sang pour neutraliser les antigènes en formant des complexes antigènes-anticorps. Les cellules infectées par un **virus** sont détruites par des **lymphocytes T**.

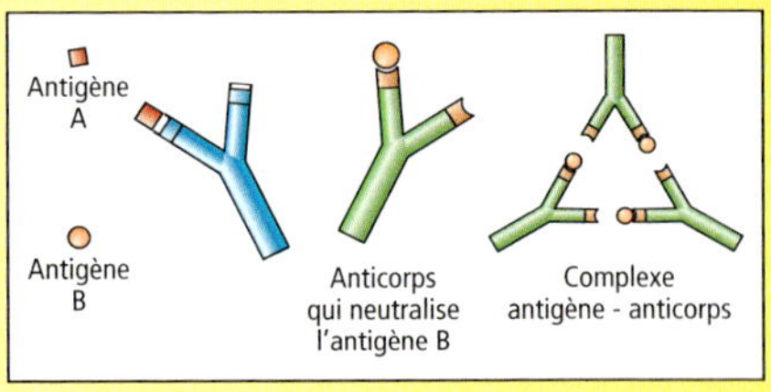

Spécificité des anticorps.

3 / La vaccination

- Parmi les lymphocytes, certains ont un rôle de **mémoire immunitaire** vis-à-vis d'un antigène. C'est pourquoi en cas de contact ultérieur avec le même antigène, les réactions spécifiques sont plus rapides et plus efficaces. C'est sur ce dernier principe que repose la **vaccination**.

LE DOCUMENT CLÉ

▷ L'immunothérapie et la vaccinothérapie

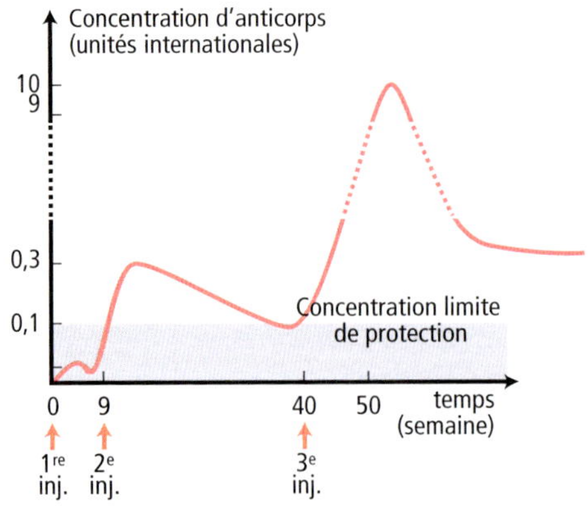

Le principe du vaccin.

- L'**immunothérapie** consiste à injecter à une personne mise en présence d'un micro-organisme pathogène (bacille du tétanos par exemple) des anticorps spécifiques pour la guérir rapidement. C'est une **méthode curative**.
- La **vaccinothérapie** consiste à injecter à une personne des antigènes de micro-oganismes, dont la virulence a été atténuée pour qu'elle acquière une mémoire immunitaire durable. C'est une **méthode préventive**.

MINI INTERRO

1. Explique comment l'organisme reconnaît et réagit en permanence à la présence de différents éléments étrangers.
2. Explique comment l'organisme peut acquérir la mémoire immunitaire durable et spécifique d'un micro-organisme.

S'ENTRAÎNER

1 Vocabulaire

Associe chaque définition au mot juste de la liste.
a. antigène **b.** phagocytose **c.** immunisé **d.** spécifique **e.** lymphocyte **f.** anticorps.

1. Se dit d'un anticorps qui ne reconnaît qu'un seul type d'antigène.

2. Protéine du sang, produite par un lymphocyte B capable de se lier spécifiquement à un antigène.

3. Mécanisme par lequel certaines cellules enveloppent un élément étranger et le dégradent.

4. Protégé d'une infection.

5. Molécule étrangère entraînant la formation d'anticorps.

6. Cellule spécifique de l'immunité.

2 La phagocytose

Complète le texte suivant à l'aide des mots appropriés : *leucocytes* • *phagocytose* • *spécifique* • *bactéries*.

Au cours de la ...., les .... capturent, digèrent et éliminent des .... sans distinction d'identité : c'est une réaction non ....

3 Les réactions immunitaires

Dans le modèle représenté ci-dessous, (A), (B), (C) représentent trois bactéries.

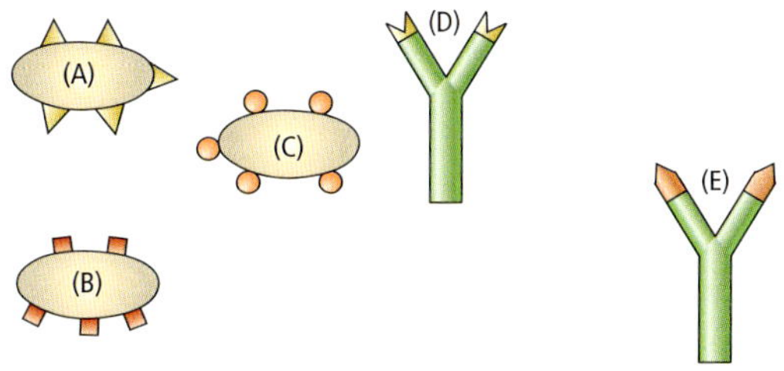

a. Indique leurs particularités.

b. Donne le nom et précise le rôle de la molécule très importante représentée en (D) dans la réaction immunitaire.

c. Quel rôle pourraient jouer les molécules (D) et (E) dans le modèle représenté ? Justifie ta réponse.

d. Nomme la propriété de ces molécules ainsi mises en évidence.

4 Propriétés du système immunitaire

Un chercheur injecte des antigènes A et B à un cobaye pour mettre en évidence les propriétés du système immunitaire. Les résultats sont présentés dans le graphique ci-dessous.

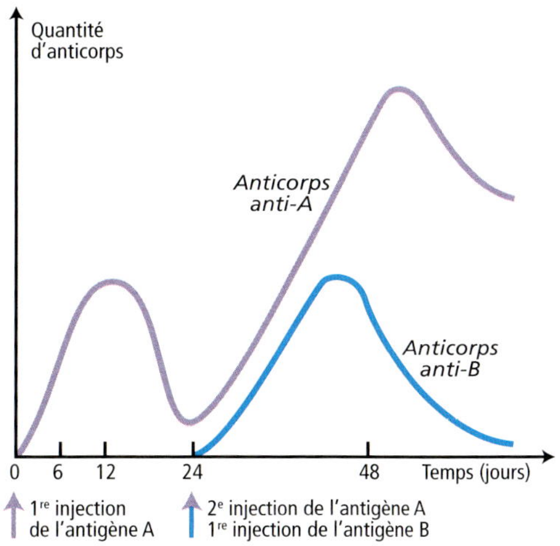

a. Explique pourquoi la quantité d'anticorps anti-A est supérieure à la quantité d'anticorps anti-B au 48e jour.

....

....

b. Utilise la réponse à la question précédente pour préciser les propriétés du système immunitaire.

....

....

5 CONTRÔLE EXPRESS

L'organisme vit dans un environnement contenant des micro-organismes pathogènes. Pour maintenir son intégrité, l'organisme dispose d'éléments spécialisés pouvant détruire tout ce qui lui est étranger.

a. Explique ce qu'est un micro-organisme pathogène. Donne deux exemples.

....

....

b. Propose une hypothèse pour expliquer comment on pourrait aider l'organisme à combattre les éléments étrangers.

....

....

SVT

Corrigés p. 34 du livret.

Risques infectieux et protection de l'organisme

8 Le sida : une perturbation du système immunitaire

RETENIR

1 / La séropositivité

- Une personne est dite **séropositive** pour un anticorps donné lorsqu'elle présente cet anticorps dans son sang.
- Par un **test de séropositivité (ou test de contamination)**, on peut savoir si une personne est notamment contaminée par le **VIH** (virus de l'immunodéficience humaine) responsable du **sida** (syndrome de l'immunodéficience acquise).

MOT CLÉ

✓ **Maladie opportuniste** : maladie (infection...) occasionnée par une déficience, une faiblesse du système immunitaire.

2 / L'infection par le VIH et ses conséquences

- Le virus responsable du sida parasite certains lymphocytes, s'y multiplie et provoque leur destruction. **Il affaiblit donc le système immunitaire.**
- Toute déficience du système immunitaire peut causer des troubles graves et être à l'origine de **maladies opportunistes** qui peuvent se développer rapidement.

3 / Les risques de contamination par le VIH

- Un seul rapport sexuel non protégé suffit parfois pour contaminer son partenaire. Le **préservatif** constitue l'unique moyen pour prévenir les infections sexuellement transmissibles (IST), notamment celle du sida.
- Il existe d'**autres voies de transmission** du sida : le sang (partage de seringues en contact avec le sang chez les personnes qui s'injectent de la drogue, chez le personnel soignant lors d'accident d'exposition au sang de malades atteints du sida) ou encore la transmission du virus d'une mère infectée à son enfant.

MINI INTERRO

1. Explique le mode d'action du virus du sida.
2. Indique en quoi le test de séropositivité est utile.
3. Cite le moyen le plus sûr de se protéger du VIH.

LE DOCUMENT CLÉ

▷ La contamination par le VIH (virus de l'immunodéficience humaine)

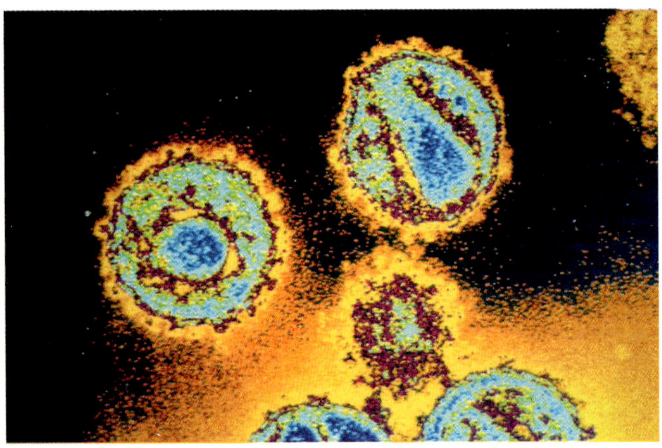

■ Virus du VIH observé au microscope électronique (fausses couleurs).

- Une personne infectée par le VIH, maladie sexuellement transmissible (MST) ou infection sexuellement transmissible (IST), est bien souvent « en bonne santé » pendant plusieurs mois voire plusieurs années, mais peut **contaminer à son insu ses partenaires** (hétérosexuels ou homosexuels) si elle a des rapports sexuels non protégés avec eux.

S'ENTRAÎNER

1 Vrai ou faux ?

Coche la case qui convient.

	V	F
a. Le VIH est le virus du sida.	❑	❑
b. Lorsque le virus entre dans la cellule, il est inoffensif pour celle-ci.	❑	❑
c. Un individu possédant le virus du sida est dit séronégatif au VIH.	❑	❑
d. La meilleure protection contre la contamination au VIH est la pilule.	❑	❑
e. Le dépistage anonyme et gratuit doit être fait impérativement après une conduite à risques.	❑	❑
f. Une personne atteinte du sida peut-être en « bonne santé » encore longtemps.	❑	❑
g. Le seul moyen de se protéger de la transmission du VIH au cours d'un rapport sexuel est le préservatif masculin.	❑	❑

2 Vaccin contre le virus du sida

Des vaccins ont été mis au point contre différents virus. Dans le cas du virus du sida, il s'agit de trouver un vaccin contre un virus qui n'est pas éliminé par les défenses immunitaires naturelles. Comme le virus du sida est l'objet de mutations constantes, les chercheurs sont confrontés à une difficulté pour mettre au point ce vaccin.
En effet, il s'agit d'identifier une protéine non sujette à des variations et accessible à la surface du virus.

a. Rappelle le principe d'action d'un vaccin.

....

....

....

b. Indique sur quelle notion fondamentale reposent les travaux des chercheurs.

....

....

....

c. Explique pourquoi le virus du sida est l'objet de mutations constantes.

....

....

....

3 Sida et allaitement

Le schéma ci-dessous représente des cellules sécrétrices de la glande mammaire en activité.

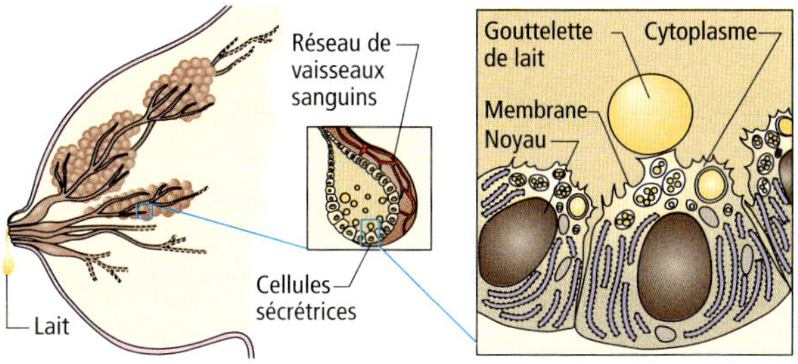

a. Indique ce qu'apporte le réseau de vaisseaux sanguins aux cellules de la glande mammaire.

b. Utilise les informations apportées par le schéma pour préciser pourquoi une mère atteinte du sida ne peut pas allaiter son bébé.

c. Précise aussi à quel autre moment une mère atteinte du sida peut transmettre le virus à son enfant.

4 Un phénomène rare

Il arrive de manière très rare et exceptionnelle que certaines personnes dont l'organisme a été en contact avec le VIH ne développent pas la maladie.

Propose des hypothèses pour expliquer ce fait.

....

....

....

....

5 CONTRÔLE EXPRESS

On a observé que les malades atteints du sida ne meurent pas du sida mais très souvent de maladies « banales ».

a. Donne deux exemples de maladies banales.

....

....

b. Utilise tes connaissances pour expliquer ce phénomène.

....

....

SVT

Corrigés p. 34 du livret.

9 La maîtrise de la reproduction Don du sang et d'organes

RETENIR

1 / La maîtrise de la reproduction

MOTS CLÉS

✔ **Contraception :** ensemble des méthodes employées pour empêcher la fécondation lors d'un rapport sexuel.

✔ ***In vivo* :** du latin signifiant dans l'organisme.

✔ ***In vitro* :** du latin signifiant en dehors de l'organisme.

- Les **méthodes contraceptives** empêchent la fécondation (pilules, préservatifs…). Les **méthodes contragestives** ont un effet abortif car elles empêchent la nidation de l'embryon (pilules « du lendemain », avortement…).
- Un couple stérile peut donner naissance à un enfant par les méthodes de **procréation médicalement assistée (PMA)**.

2 / Choisir une contraception en fonction de chaque situation

- Un seul rapport sexuel au moment de l'ovulation (période où l'ovaire libère un ovocyte) peut être fécondant.
- Après examen médical, le gynécologue prescrit souvent à la femme ou à l'adolescente un **contraceptif oral** (la pilule par exemple) associé au **préservatif masculin**.

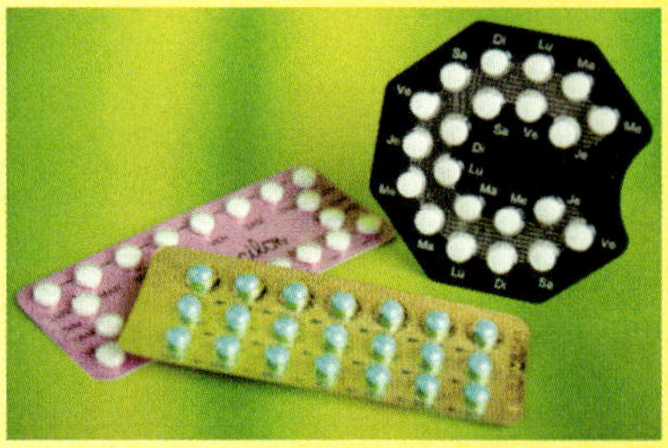

Plaquettes de pilules

3 / Le don du sang et d'organes

- Lorsque des individus présentent des situations d'hémorragies et perdent beaucoup de sang, on procède à des **transfusions sanguines** (entre individus ayant le même groupe sanguin). Ceci permet de sauver des vies humaines.
- Des **greffes de cellules ou de tissus** (greffe de moelle osseuse) et la **transplantation d'organes** constituent aussi des moyens de sauver des vies humaines.

LE DOCUMENT CLÉ

▷ Les techniques de procréation médicalement assistée (PMA)

MINI INTERRO

1. Indique la différence entre contraception et contragestion.
2. Explique ce que les médecins font en cas de situation d'hémorragie grave.
3. Indique d'autres moyens permettant de sauver des vies humaines.

- Par l'**insémination artificielle** et la fécondation *in vitro* avec transfert d'embryon (**FIVETE**), des couples qui ne pouvaient pas avoir d'enfants peuvent transmettre la vie.
- Une partie des étapes de ces techniques se passent *in vitro*.

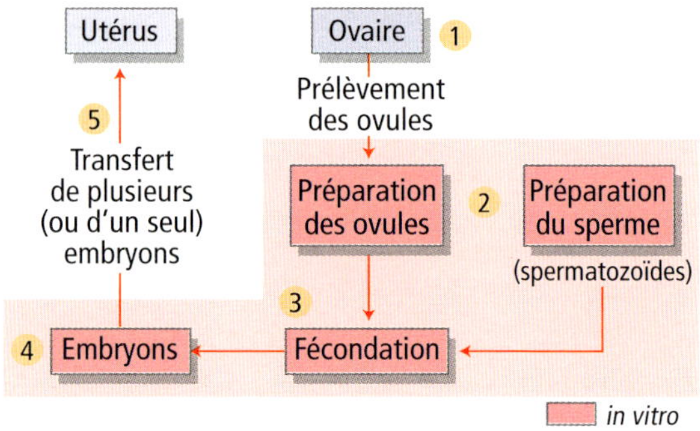

S'ENTRAÎNER

1 Choisir une contraception

Aujourd'hui, des méthodes contraceptives variées permettent au couple de choisir le moment d'avoir un enfant. Le document ci-dessous donne un aperçu des différentes méthodes contraceptives.

À l'aide de recherches, présente sous la forme d'un tableau l'efficacité, les avantages et les inconvénients de chacune de ces méthodes.

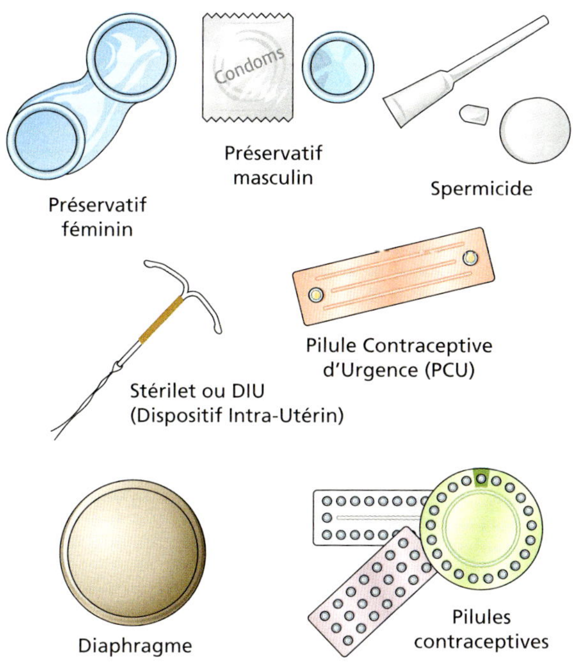

2 Les dons du sang et d'organes

Un donneur de sang volontaire doit passer un entretien, au cours duquel on fait appel à sa responsabilité individuelle, complété d'examens médicaux.

Avant une transplantation d'organe, on consulte la famille du donneur dont la mort a été constatée, puis on compare les antigènes avec ceux du donneur.

Dans chaque cas, explique :

a. l'importance des entretiens préalables ;

b. la nécessité des vérifications médicales effectuées.

3 Conservation d'ovules

Une jeune femme canadienne de 36 ans, mère d'une fillette de 7 ans atteinte du syndrome de Turner, vient de faire congeler ses ovules pour les donner ensuite à sa fille. La technique utilisée est celle de la vitrification qui permet une conservation pendant environ 20 ans. Pour les parents de la petite fille, la décision a été mûrement réfléchie et c'est ensuite à leur fille que le choix reviendra d'utiliser ou non ces ovules.

Le Quotidien du médecin, Renée Carton, 23 avril 2007.

Le syndrome de Turner est le résultat chez la fille d'un chromosome sexuel X manquant. **Propose des arguments pour motiver le choix de la fille de ne pas utiliser les ovules de sa mère.**

....

....

....

4 CONTRÔLE EXPRESS

Extraits de la loi du 29 juillet 1994 qui réglemente les procréations médicalement assistées (PMA)

– « L'assistance médicale à la procréation est destinée à répondre à la demande parentale d'un couple. »

– « Elle a pour objet de remédier à la stérilité. »

– « L'homme et la femme formant le couple doivent être vivants, en âge de procréer. »

– « L'assistance médicale à la procréation avec tiers donneur ne peut être pratiquée que comme ultime indication lorsque la procréation médicalement assistée à l'intérieur du couple ne peut aboutir. »

– « Le don des gamètes consiste en l'apport par un tiers de spermatozoïdes ou d'ovules. »

– « Le donneur doit faire partie d'un couple ayant procréé. Le consentement du donneur et celui de l'autre membre du couple sont recueillis par écrit. Il en est de même du consentement des deux membres du couple receveur. »

– « Aucun lien de filiation ne peut être établi entre l'auteur du don et l'enfant issu de la procréation. »

a. Quel est l'objet de l'assistance médicale à la procréation ?

b. D'après la loi, dans quel cas a lieu l'assistance médicale à la procréation avec tiers donneur ?

c. Pourquoi cette loi est-elle importante ?

Corrigés p. 34 du livret.

10 Apparition de maladies en lien avec les habitudes de vie et l'environnement

RETENIR

L'apparition de maladies peut être le résultat de changements dans nos **habitudes de vie** ou dans notre **environnement**.

1 / Les maladies nutritionnelles

MOT CLÉ

✓ Cancer : maladie qui touche les cellules d'un organisme.

- Le mode de vie (sédentarisation), l'augmentation régulière de la consommation de matière grasse, de sel et de sucre peuvent favoriser l'apparition d'une **surcharge pondérale** et de l'**obésité**.
- L'individu obèse ou en surpoids est exposé à un plus grand risque de développement de **maladies nutritionnelles** telles que les maladies cardio-vasculaires comme l'athérosclérose, où les artères se bouchent peu à peu à cause de dépôts excessifs de lipides.

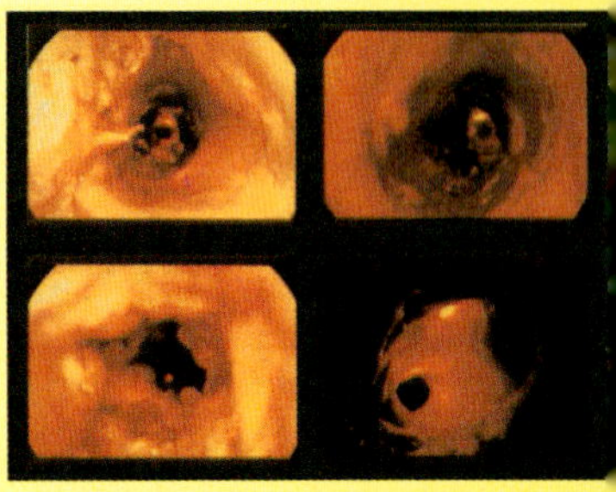

Évolution d'une athérosclérose à l'intérieur d'une artère.

- L'obésité, le surpoids, l'alcool et le tabac sont des **facteurs de risque** du **cancer**, du **diabète** ou encore de l'**hypertension**.

2 / Le soleil et le cancer de la peau

- Les rayons UV (ultra-violet), reçus par l'épiderme au cours de l'exposition au soleil, peuvent être à l'origine du **cancer de la peau**. Une crème solaire, un chapeau et des vêtements couvrants protègent des rayons du soleil.

3 / Les facteurs environnementaux

- Dioxine, amiante, émissions dans l'air de particules diesels des véhicules, substances chimiques polluant l'eau, le sol et l'alimentation, expositions professionnelles à des agents cancérigènes… tous ces facteurs constituent des **risques environnementaux** de développement de maladies (infections, cancers…).

LE DOCUMENT CLÉ

▷ Le rapport bénéfices-risques

- Même si les **fruits et légumes** contiennent parfois des **pesticides**, il est conseillé d'en manger régulièrement car les **antioxydants** qu'ils possèdent assurent un rôle protecteur contre le cancer.
- Même si le **lait maternel** peut être contaminé par diverses **substances toxiques** présentes dans notre alimentation et dans l'environnement, allaiter son enfant reste **bénéfique pour la santé du nourrisson**.
- S'exposer trop longtemps au **soleil** est dangereux pour la peau. À l'inverse, il est important de s'exposer un peu tous les jours car l'organisme a besoin du soleil pour produire certaines molécules (la **vitamine D** par exemple, qui permet de fixer le calcium aux os).

MINI INTERRO

1. Cite les conséquences sur l'organisme de la sédentarisation et de l'augmentation de la consommation de matières grasses.
2. Indique une cause possible du cancer de la peau.
3. Cite trois facteurs de risque susceptibles de déclencher un cancer.

S'ENTRAÎNER

1 Quiz

Coche la ou les cases qui conviennent.

a. L'apparition de l'obésité est le résultat :
- ❑ de la consommation de matière grasse uniquement.
- ❑ de l'augmentation de la consommation de sel et de sucre uniquement.
- ❑ de plusieurs facteurs (sédentarisation, consommation de matière grasse, augmentation de la consommation de sel et de sucre).

b. L'apparition de maladie est :
- ❑ liée au patrimoine génétique.
- ❑ liée aux habitudes de vie et à l'environnement.

c. L'obésité, l'alcool, le tabac, la surcharge pondérale sont des facteurs de risque :
- ❑ de l'hypertension.
- ❑ du diabète.
- ❑ du cancer.

d. Les facteurs environnementaux :
- ❑ sont à l'origine du développement de maladies cancéreuses.
- ❑ sont à l'origine du développement de maladies infectieuses.
- ❑ ne sont pas à l'origine du développement de maladies.

2 Vocabulaire

À l'aide d'une recherche si besoin, donne la définition des expressions suivantes :

a. équilibre alimentaire ;
b. maladies cardio-vasculaires.

3 Lien entre obésité et cancer

On conseille de ne pas dépasser un gain de poids supérieur à 5 kg au cours de la vie adulte. Lorsque l'indice de masse corporelle (IMC) est maintenu entre 18,5 et 25 kg/m^2, le risque de cancer est très faible.

À l'aide d'une recherche, réponds aux questions suivantes.

a. Indique à quoi correspond un IMC compris entre 18,5 et 25 kg/m^2.

b. Définis l'obésité.

c. Précise comment on mesure l'obésité.

d. Explique le lien entre obésité et cancer.

e. Indique ce qu'il faut faire pour lutter contre l'obésité.

4 Répartition équilibrée de l'alimentation

Voici deux possibilités de répartition moyenne, exprimée en pourcentage, des grands groupes de substances organiques nutritives dans l'alimentation.

Indique la répartition qui te paraît la plus équilibrée en justifiant ta réponse.

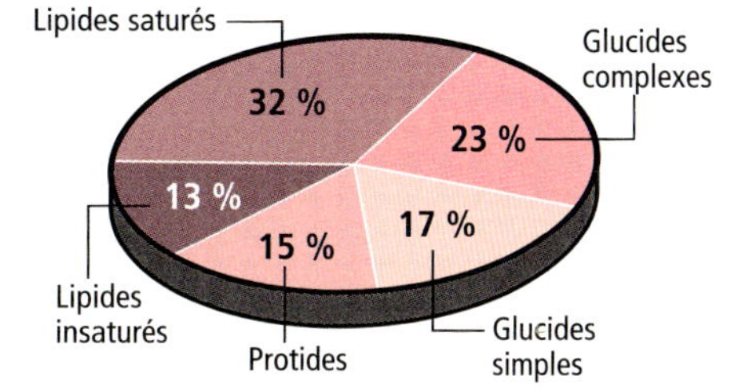

Répartition A

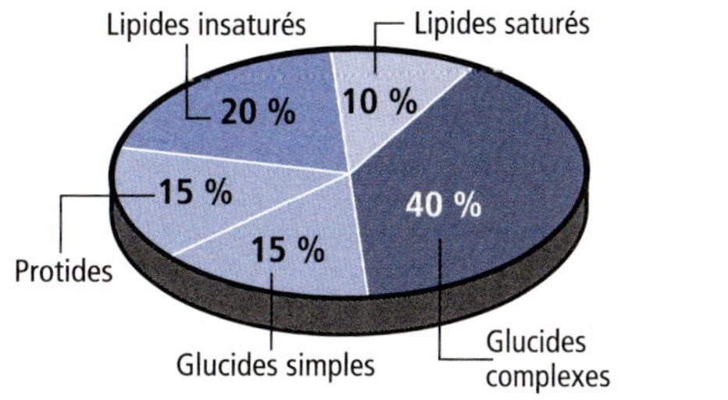

Répartition B

5 CONTRÔLE EXPRESS

« En dépit des efforts réalisés dans la recherche sur le cancer depuis plusieurs décennies, le nombre de cancers et la mortalité n'ont pas baissé au même rythme que d'autres pathologies, indique l'Institut national de la santé et de la recherche médicale (Inserm) dans un dossier de presse paru en avril 2005. En 2000, les cancers représentent la 1re cause de mortalité des hommes en France ; la 2e cause chez les femmes (après les maladies cardiovasculaires). »

S'il existe de multiples facteurs susceptibles d'intervenir dans la survenue d'un cancer, l'Inserm s'intéresse ici au facteur environnemental. Reste alors à le définir.

■ Extrait de l'Inserm, DR.

a. Indique quels sont les multiples facteurs qui peuvent être envisagés.

b. Sachant que lors d'une infection virale, certaines parties de la molécule d'ADN peuvent être modifiées ou altérées, précise comment une infection virale peut constituer un facteur déclencheur du cancer.

Corrigés p. 35 du livret.

11 Effets de la pollution de l'air et de l'eau sur la santé

RETENIR

1 / Des causes de la pollution de notre environnement

- À l'issue du rejet de gaz dans la basse atmosphère lors d'activités humaines individuelles ou collectives, domestiques ou industrielles, notre environnement est pollué.
- Si l'Homme déverse en trop grande quantité des substances chimiques ou organiques dans le sol et dans l'eau, cela provoque l'apparition de **pollutions agricoles, industrielles ou domestiques**.

2 / Les conséquences de cette pollution

- La pollution de notre environnement affecte la **qualité de l'air** et provoque l'apparition ou l'aggravation de **maladies respiratoires** chez l'Homme (les allergies respiratoires par exemple).
- L'exploitation de données statistiques a permis d'établir un lien entre la **qualité de l'eau** et une augmentation du risque d'apparition de maladies chez l'Homme. Cependant, il est difficile d'identifier des maladies spécifiques et de les relier à une concentration de polluants en particulier.

3 / Nouvelles technologies et comportement raisonné

- Pour associer le développement économique au respect de l'environnement et à la santé publique, il est nécessaire d'y associer des nouvelles technologies, des comportements adaptés et réfléchis et l'essor d'une **agriculture raisonnée**.

MOTS CLÉS

✓ **Agriculture raisonnée :** agriculture qui tient compte de l'environnement et de la santé des individus.

✓ **Nappe phréatique :** réservoir souterrain naturel d'eau douce alimentant des puits et des sources.

LE DOCUMENT CLÉ

▷ Une technologie pour dépolluer l'eau

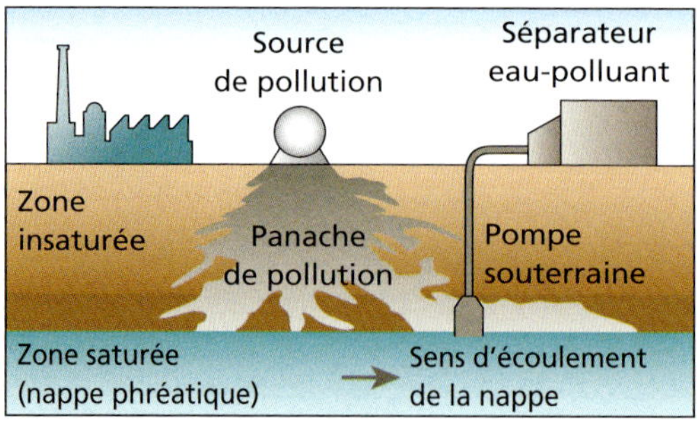

■ Principe de dépollution par pompage d'un polluant surnageant sur la nappe phréatique.

- Pour protéger les sols et les eaux souterraines, il est nécessaire de favoriser la **prévention et la réhabilitation** des sites industriels. Lorsqu'un site est en fin d'exploitation, son impact potentiel sur l'environnement est évalué et les techniques de dépollution les mieux adaptées sont utilisées pour éventuellement le réhabiliter.
- Dans l'exemple ci-contre, la **nappe phréatique** contaminée est pompée, traitée par des moyens biologiques ou physico-chimiques avant que l'eau ne soit rejetée.

MINI INTERRO

1. Cite les sources de pollution de notre environnement.
2. Indique une conséquence de ces pollutions sur la santé.
3. Comment qualifie-t-on l'agriculture qui associe développement économique et respect de l'environnement ?

S'ENTRAÎNER

1 Pollutions de l'eau

L'eau constitue un milieu complexe et fragile. C'est aussi une zone où se développe la vie. Elle est fréquemment menacée par les activités humaines. Les sources de pollution de l'eau sont diverses et variées.

À l'aide de recherches si besoin, réponds aux questions suivantes.

a. Indique ce qu'est un site pollué.

b. Donne quatre sources de pollution de l'eau.

c. Précise les conséquences de ces pollutions de l'eau sur la santé.

2 Pollution, biodiversité et santé

Lis le texte et réponds aux questions.

L'Homme a pendant longtemps jeté ses déchets en mer, sans risque – pensait-il – en raison des capacités de ce milieu à les diluer et à les dégrader par des réactions chimiques, par l'action de bactéries et de la lumière. La première catastrophe écologique fut révélée en 1953 dans la baie japonaise de Minamata. De 1932 à 1968, une usine y a déversé du mercure, tuant ainsi plus de cent personnes. Nous savons depuis lors que nos rejets peuvent avoir de graves conséquences sur les êtres marins comme sur nous-mêmes. On connaît relativement bien les problèmes dus aux déversements de pétrole, de métaux lourds ou de nitrates qui asphyxient les milieux côtiers par prolifération d'algues. On en sait moins sur les effets possibles des quelque 100 000 molécules organiques inventées à ce jour par l'Homme. Les plus dangereuses d'entre elles s'accumulent dans les organismes, sont peu dégradables et toxiques, pouvant provoquer des cancers, des mutations génétiques, ou altérer la reproduction sexuée. Plusieurs centaines de molécules industrielles sont aujourd'hui suspectées d'être des « perturbateurs endocriniens », qui dérèglent l'action d'hormones sur le développement et la reproduction des êtres vivants. Ainsi, ces produits augmentent la proportion de mâles chez certains poissons ou, comme le tributylétain (tBt) des peintures antifouling (qui empêchent des organismes de se fixer sur la coque des navires), provoquent l'apparition d'un pénis chez les bigorneaux femelles et les rendent stériles.

Ils constituent donc une menace pour la diversité des espèces. Jusqu'à présent, nos études n'ont pas mis en évidence beaucoup d'effets néfastes de ces molécules sur la santé humaine, mais sans précautions ni moyens d'investigation plus importants, de mauvaises surprises sont à redouter.

D'après Jean-Claude AMIARD, écotoxicologue, directeur de recherche au CNRS, DR.

a. Utilise les informations de ce texte pour montrer l'impact des activités humaines sur la reproduction des espèces et sur la biodiversité.

b. Indique les conséquences de la pollution sur la santé humaine.

3 CONTRÔLE EXPRESS

Lis le texte et réponds aux questions.

On a constaté l'apparition de problèmes de santé (allergies respiratoires par exemple) dans les zones urbaines où la pollution atmosphérique est relativement importante. Afin d'informer et d'alerter la population en situation de forte pollution, un réseau d'appareils de mesure a été mis en place.

Lorsqu'il n'y a ni vent ni pluie, les gaz et particules polluants produits en grande partie par les pots d'échappement des véhicules et les industries polluantes ne peuvent pas se disperser. Durant ces périodes, il se forme ce que l'on appelle des « pics de pollution ».

À ce moment-là, lorsque le taux de pollution déterminé par les appareils de mesure est élevé, les pouvoirs publics prennent des décisions et avisent la population. Pour éviter l'aggravation de la situation, ils invitent les industriels et les automobilistes à adopter un comportement raisonné.

a. Indique les messages qui seront susceptibles d'être délivrés par les médias à destination des industriels et des automobilistes.

b. Précise s'il est possible de prévoir ces pics de pollution et justifie ta réponse.

Corrigés p. 35 du livret.

12 Biodiversité et activités humaines

RETENIR

1 / La modification des milieux de vie

MOT CLÉ

✓ **Écosystème :** association formée par une biocénose (communauté d'êtres vivants) et le milieu de vie du biotope.

- La **biodiversité** à la surface de la planète dépend de la modification des milieux de vie.
- La **surexploitation** (pêche intensive en milieu marin, agriculture intensive), la **pollution** d'origine anthropique (engrais, pesticides), les **changements climatiques** (destruction de la couche d'ozone, catastrophes naturelles)... sont à l'origine du fort déclin de certaines espèces.

2 / Les déséquilibres au sein des écosystèmes

- Par le développement des échanges commerciaux, des espèces nouvelles ont été **introduites** dans certains écosystèmes (exemples des lapins en Australie, de la jacinthe d'eau dans certains milieux d'eau douce...).
- Par l'exploitation de données statistiques, on a pu mettre en évidence la disparition de certaines espèces à la surface de la planète et des **déséquilibres au sein des écosystèmes**.

3 / Des mesures pour sauvegarder la biodiversité

- Pour respecter les enjeux économiques, culturels, sociaux et environnementaux associés à la biodiversité, un certain nombre de mesures doivent être adoptées : **comportements individuels et collectifs**, prise de décisions politiques et application au niveau de l'aménagement du territoire, sauvegarde des milieux et gestion des ressources de la planète.
- Ces mesures favorisent **le maintien de certaines espèces** et la poursuite de l'évolution de la vie sur la planète.

LE DOCUMENT CLÉ

▷ Les conséquences de l'introduction d'une espèce dans un milieu de vie

- L'algue *Caulerpa taxifolia* est à l'origine une plante d'aquarium qui a été introduite accidentellement en Méditerranée où elle s'est ensuite bien adaptée et a proliféré causant ainsi des **perturbations dans cet écosystème**.
- Une plante très compétitive, un parasite ou un superprédateur peuvent avoir des influences sur la densité des espèces autochtones et être à l'origine de l'**extinction** d'une espèce ou d'une cascade d'extinctions.

Caulerpa taxifolia.

MINI INTERRO

1. Cite les causes de la modification des milieux de vie.
2. Quelle est la première observation de déséquilibre au sein des écosystèmes ?
3. Cite les mesures qui peuvent permettre le maintien de certaines espèces.

1 Une chaîne alimentaire marine

Alors que la profondeur moyenne des océans est de 3 800 m, la majeure partie de la masse vivante de la mer se trouve dans les premiers 200 mètres. Au-delà, comme il n'y a pas de lumière, la photosynthèse ne peut pas avoir lieu et le phytoplancton ne peut pas produire de matière organique.
Le schéma ci-dessous représente une chaîne alimentaire en milieu marin. Du mazout a été déversé en mer et des eaux superficielles ont été fortement polluées.

Indique les conséquences de cette pollution sur la production des 2,5 kg de poissons carnivores pêchés par l'Homme.

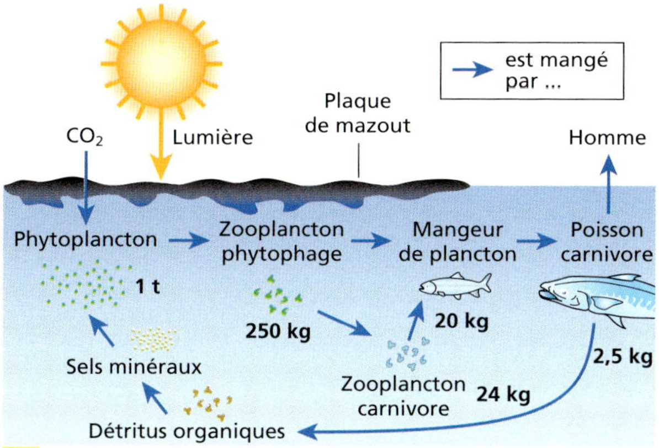

Chaîne alimentaire en milieu marin.

2 Les rivières pilotes

La connaissance des effets des polluants sur la faune et la flore des eaux douces permet de protéger ces eaux de manière efficace. Les « rivières pilotes » constituent des outils de recherche pour tester les effets des produits sur les écosystèmes.

Station d'étude d'une rivière pilote.

Sachant qu'en fonction de certaines substances les réponses des biomarqueurs (marqueurs biologiques) sont évaluées de manière quantitative :

a. indique l'intérêt de ces « rivières pilotes ».

b. précise en quoi les rivières pilotes sont nécessaires à la protection de l'environnement.

3 L'aquaculture

On dit que l'aquaculture consomme plus de poissons qu'elle n'en produit. Les pollutions et les variations climatiques limitent les rendements de l'aquaculture. Saumons, loups et daurades sont carnivores.
Ce sont nos poissons favoris. Pour les élever, on utilise des aliments à base de farine et d'huiles de poissons sauvages tels que l'anchois du Pérou.

À l'aide de recherches documentaires, réponds aux questions suivantes.

a. Sachant qu'il faut 2 à 3 kg de poissons sauvages pour produire 1 kg de poissons d'élevage, indique les conséquences de l'aquaculture sur la biodiversité marine.

b. On définit l'halieutique comme la science de l'exploitation des ressources vivantes aquatiques. Précise comment on peut remédier à l'impact de l'aquaculture sur les ressources halieutiques.

c. Ces dernières années, nous avons de meilleures connaissances scientifiques et de nouveaux outils d'évaluation des écosystèmes marins. Indique comment ces connaissances et ces outils peuvent participer à la protection des ressources halieutiques.

d. Cite les conséquences à court terme et à long terme de la non-protection des ressources halieutiques.

4 CONTRÔLE EXPRESS

Pour éradiquer la *Caulerpa taxifolia*, on a mis en place un procédé utilisant une électrolyse aux ions cuivre, sachant que contrairement aux autres algues, la Caulerpe est particulièrement sensible à ce type d'ions. Des scientifiques ont pu déterminer avec précision l'impact de ce procédé sur le milieu et, en particulier, déterminer si les taux de cuivre dans les sédiments ne dépassaient pas les normes en vigueur.

a. Indique les résultats prévisibles des ions cuivre sur le développement de la Caulerpe.

....

b. Précise quelles peuvent être les conséquences des ions cuivre sur l'écosystème.

....

Corrigés p. 35 du livret.

13 Énergies fossiles et énergies renouvelables

RETENIR

1 / Les énergies fossiles

MOTS CLÉS

✓ **Énergie fossile :** énergie constituée et stockée dans le sous-sol il y a des millions d'années.

✓ **Énergie renouvelable :** énergie dont la source est inépuisable.

- Ces énergies (**gaz naturel, pétrole et charbon**), constituées et stockées dans le sous-sol il y a des millions d'années, sont exploitées par l'Homme depuis l'époque de la révolution industrielle.
- Ce sont des ressources **non renouvelables** à l'échelle des temps humains car elles diminuent au fur et à mesure de leur exploitation. Les teneurs en substances utiles, le contexte économique national et mondial et les possibilités technologiques déterminent les modalités de l'exploitation des ressources du sous-sol pour chaque pays.
- La combustion du gaz, du pétrole et du charbon produit des **gaz à effet de serre** qui provoque des **changements climatiques** (augmentation de la température atmosphérique…).

2 / Les énergies renouvelables

- L'épuisement des ressources non renouvelables et les conséquences de leur utilisation sur l'environnement ont conduit à l'émergence de l'utilisation de sources d'énergies renouvelables.
– L'**énergie solaire** est disponible à la surface de toute la planète, elle n'est pas polluante, elle est gratuite (en dehors de l'installation et de l'entretien des panneaux solaires) et facile à transformer. Les avancées dans la technologie de l'**énergie photovoltaïque** participent à une génération d'énergies renouvelables à partir du **rayonnement solaire**.
– L'**énergie géothermique** repose sur l'extraction de l'**énergie contenue dans le sol**, due à la désintégration naturelle des roches du manteau terrestre, pour l'utiliser sous forme d'électricité ou de chauffage.

LE DOCUMENT CLÉ

▷ Un exemple d'énergie renouvelable : l'énergie éolienne

- Les éoliennes utilisent l'énergie produite par le **vent** et constituent une source d'énergie non polluante pour l'environnement, bon marché et facile à installer.
- Elles sont constituées d'un mât de 50 à 110 m de haut. À son sommet, se trouve une nacelle équipée d'un rotor à axe horizontal et formé de trois pales que le vent met en rotation en balayant un cercle de diamètre compris entre 40 m et 120 m. La rotation des pales par le vent varie environ entre 10 et 25 tours par minute. Une génératrice placée dans la nacelle **transforme l'énergie mécanique produite en énergie électrique**.

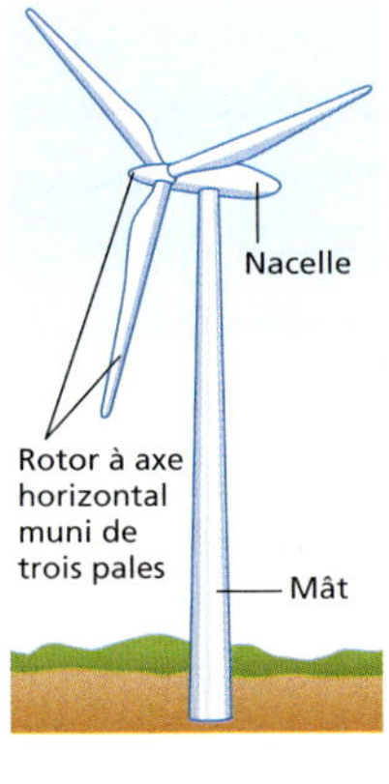

MINI INTERRO

1. Explique pourquoi certaines énergies sont qualifiées de fossiles.
2. Cite les conséquences de l'utilisation de ces énergies fossiles.
3. Cite trois exemples d'énergie renouvelable.

S'ENTRAÎNER

1 Quiz

Coche la ou les cases qui conviennent.

a. Les énergies fossiles :
- ❑ sont constituées et stockées dans le sol.
- ❑ sont constituées et stockées dans le sous-sol.
- ❑ se sont formées il y a des millions d'années.
- ❑ se sont formées il y a des centaines d'années.

b. Une énergie renouvelable est une énergie :
- ❑ dont la source est épuisable.
- ❑ dont la source est inépuisable.
- ❑ stockée dans le sous-sol il y a des millions d'années.
- ❑ stockée dans le sol il y a des millions d'années.

c. Les énergies fossiles :
- ❑ sont renouvelables à l'échelle des temps humains.
- ❑ ne sont pas renouvelables à l'échelle des temps humains.
- ❑ produisent des gaz à effet de serre lors de leur combustion.
- ❑ ne produisent pas de gaz à effet de serre lors de leur combustion.

2 Énergies fossiles et renouvelables

La planète produit en abondance des énergies renouvelables qui constituent une alternative aux énergies fossiles, utilisées par l'Homme depuis longtemps.

a. Précise quelles sont ces ressources.

....

b. Définis l'expression « énergie fossile ».

....

c. Cite les matières regroupées sous ce terme.

....

d. Indique l'intérêt des ressources renouvelables par rapport aux ressources fossiles.

....

3 La pompe à chaleur

Le sol, l'air et l'eau souterraine stockent une grande quantité d'énergie. La pompe à chaleur prélève la chaleur présente dans l'environnement (l'air, l'eau, le sol) et la transfère à un niveau de température plus élevé dans un logement par exemple, afin de le chauffer. Certaines pompes à chaleur prélèvent l'énergie à partir de la chaleur de l'air, d'autres utilisent la chaleur du sol.

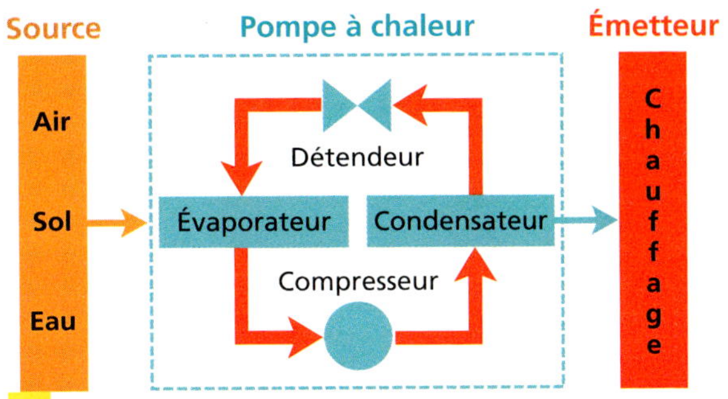

Schéma du cycle de fonctionnement d'une pompe à chaleur.

a. Définis l'énergie géothermique.

....

b. Indique le principe de la géothermie.

....

c. Indique la différence entre pompe à chaleur aérothermique et pompe à chaleur géothermique.

....

d. Précise l'intérêt de la pompe à chaleur.

....

e. Précise comment est renouvelée l'énergie emmagasinée dans l'air, dans l'eau souterraine et dans le sol.

....

4 CONTRÔLE EXPRESS

Dans le contexte énergétique français, l'électricité est majoritairement produite à partir des ressources nucléaires. Suite à la relance des efforts de maîtrise de l'énergie et des engagements internationaux pour la réduction des émissions de gaz à effet de serre, l'utilisation des énergies renouvelables est en plein essor.

a. Dresse un tableau récapitulant les avantages et les inconvénients de l'énergie nucléaire.

....

b. Précise l'intérêt d'utiliser les énergies renouvelables.

....

c. Indique en quoi les projets éoliens participent au développement durable.

....

....

Corrigés p. 36 du livret.

Physique Chimie

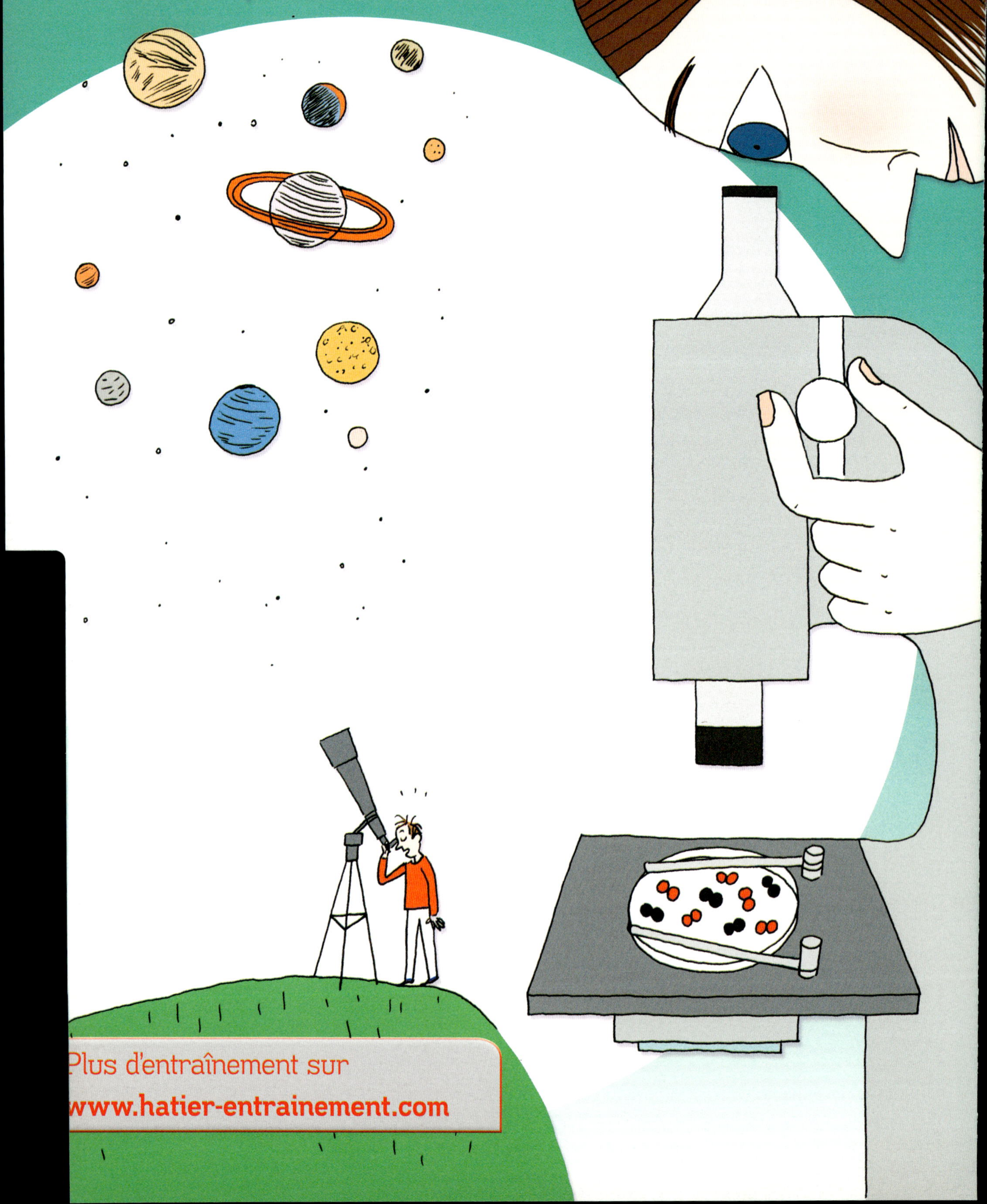

			DATE	ÉVALUATION

Chimie

Physique

1 Des métaux au quotidien

RETENIR

1 / Les matériaux

- Pour fabriquer les « **objets** », l'Homme utilise différents **matériaux** qui se caractérisent par leurs propriétés chimiques et physiques.
- On distingue quelques familles de matériaux comme les métaux, les matières plastiques (organiques), les verres et les matériaux composites (association de plusieurs matériaux).

2 / Les métaux

- Les métaux les plus couramment utilisés sont le fer, le zinc, l'aluminium, le cuivre, l'argent et l'or. Les métaux sont extraits de minerais. Le mercure est un métal liquide à température ambiante (20 °C).
- Les métaux ne sont pas biodégradables : il faut donc les **recycler**.

3 / Les propriétés des métaux

- Tous les métaux sont **conducteurs** d'électricité et de chaleur. Ils conduisent l'électricité en raison de leur **tendance à perdre des électrons** (particules chargées présentes dans la structure atomique des métaux).
- Les métaux usuels (fer, cuivre…) sont **plus denses que l'eau**.
- Les métaux **s'oxydent** en réagissant à froid avec le dioxygène de l'air et perdent leur éclat : c'est la **corrosion**. Ils s'oxydent aussi à chaud à l'état divisé (en poudre) : c'est la **combustion**.
- Les **propriétés mécaniques** des métaux sont la **résistance aux chocs et leur malléabilité** (on peut les déformer). Pour améliorer leurs propriétés mécaniques et chimiques, on ne les utilise jamais purs mais combinés à d'autres éléments comme le carbone pour obtenir de l'acier ou d'autres métaux pour fabriquer des **alliages** (inox).

MOTS CLÉS

✓ **Isolant :**
– **électrique :** matériau ne permettant pas le passage du courant électrique (exemple : matières plastiques).
– **thermique :** matériau qui limite les échanges de chaleur (exemple : polystyrène expansé).

✓ **Cristal :** solide dont la structure atomique est ordonnée et répétitive. Les métaux sont des cristaux.

LA MÉTHODE

▷ Reconnaître certains métaux usuels

Je prends cinq plaques identiques en fer, cuivre, zinc, aluminium et argent.

1. Seul le fer (Fe) est attiré par un aimant. Le cuivre (Cu) est reconnaissable à sa couleur « rouge ».
2. L'aluminium (Al) se remarque par sa légèreté.

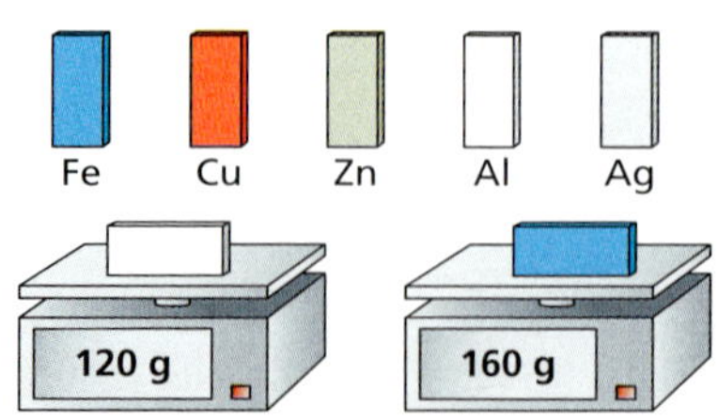

■ Comparaison par pesée des masses de la plaque d'aluminium et de celle de fer.

3. Pour distinguer le zinc (Zn) et l'argent (Ag), on utilise de l'acide chlorhydrique : le zinc réagit, l'argent non.

MINI INTERRO

1. Cite quatre métaux.
2. Donne trois propriétés des métaux.
3. Pourquoi un métal conduit-il l'électricité ?

S'ENTRAÎNER

1 Vrai ou faux ?

Coche la case qui convient.

	V	F
a. Un alliage métallique est un matériau composite.	❑	❑
b. Il n'existe pas d'emballage métallique sans danger pour les aliments.	❑	❑
c. Un métal est attiré par un aimant.	❑	❑
d. Le béton armé est constitué de béton et d'acier.	❑	❑
e. Si un solide conduit le courant, c'est un métal.	❑	❑
f. Pour séparer des objets en aluminium de ceux en fer, on peut utiliser un tri magnétique.	❑	❑

2 Métal pur et alliage

a. Pourquoi est-il difficile d'utiliser des métaux purs pour la construction d'objets usuels ?

....

....

....

....

....

b. Pourquoi fabrique-t-on des couverts en acier « inox » et non pas en fer pur ?

....

....

....

....

....

3 Le bon mot

Raye le mot qui ne convient pas.

a. Un fer à repasser est en *fer / acier*.

b. L'acier inoxydable est un alliage de fer, de carbone et de *chrome / oxygène*.

c. Il est impossible de distinguer une plaque de zinc d'une plaque d'*aluminium / argent* de même taille sans recourir à une réaction avec l'acide chlorhydrique.

d. Les métaux ont tendance à *gagner / perdre* des électrons (particules chargées).

Corrigés p. 36 du livret.

4 Les éléments les plus abondants sur Terre

La Terre a une masse de $5{,}98 \times 10^{24}$ kg. Elle est constituée, entre autres, de 50 % d'oxygène, de 26 % de silicium, de 8 % d'aluminium et de 5 % de fer. Ce sont les éléments les plus abondants de cette planète.

a. De ces quatre éléments, lesquels sont des métaux ?

....

b. Calcule la masse d'aluminium présent sur Terre.

....

5 L'acier inox

Les ustensiles de cuisine en acier inoxydable sont constitués de fer, d'au moins 10,5 % de chrome, jusqu'à 1,2 % de carbone et, parfois, d'autres métaux comme le nickel, le molybdène ou le palladium. Une marmite de 800 g est constituée d'un alliage contenant du fer, 104 g de chrome et 8 g de carbone.

a. Peux-tu affirmer que cette marmite est en acier inoxydable ? Justifie.

....

b. Calcule le pourcentage en fer de l'alliage constituant cette marmite.

....

c. Détermine la masse de fer de cet alliage.

....

d. Pourquoi l'acier utilisé pour la fabrication de la marmite doit-il être « inoxydable » ?

....

6 CONTRÔLE EXPRESS

Quelles sont les propriétés qui justifient l'utilisation :

a. du tungstène dans le filament des lampes à incandescence ?

....

b. du cuivre dans les fils électriques ?

....

c. de l'acier dans les ressorts ?

....

d. de l'aluminium dans les avions ?

....

2 Ions et conduction dans les solutions

RETENIR

Toutes les **solutions aqueuses** ne conduisent pas le courant. Seules celles qui contiennent des **porteurs de charges (ions)** sont conductrices.

1 / Les atomes

- Un atome est constitué d'un **noyau** et d'**électrons** qui lui tournent autour. Son noyau contient des charges positives. Leur nombre, noté Z, est appelé **numéro atomique**. Les électrons portent une charge négative, leur nombre est aussi égal à Z. Par conséquent l'atome est **électriquement neutre**.
- Le noyau d'un atome est différent de celui d'un autre.

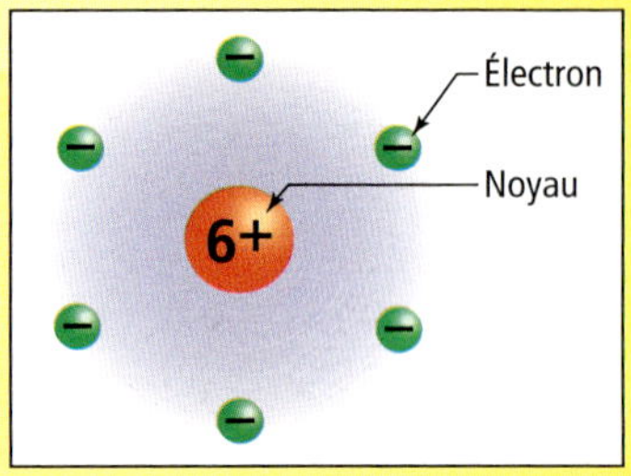

Modèle d'un atome de carbone. Il porte 6 charges positives dans son noyau (car Z = 6) et 6 électrons gravitent autour.

MOTS CLÉS

✓ **Sens conventionnel du courant :** Il s'effectue de la borne positive d'une pile vers sa borne négative dans le circuit. Il est orienté dans le sens inverse du mouvement des électrons.

✓ **Ion :** atome ou ensemble d'atomes chargé.

2 / Les deux types d'ions

- Les **cations** : atomes ou groupement d'atomes ayant perdu un ou plusieurs électrons. Ils portent une **charge électrique positive**. Exemple : Fe^{3+}, atome de fer qui a perdu 3 électrons ; il porte 3 charges positives.
- Les **anions** : atomes ou groupement d'atomes ayant gagné un ou plusieurs électrons. Ils sont **négatifs**. Exemple : Cl^-, atome de chlore qui a gagné un électron.

3 / Les solutions ioniques

- Les solutions conductrices de courant sont appelées **solutions ioniques**. Elles sont électriquement neutres : les charges positives des cations compensent exactement les charges négatives des anions. Exemple : une solution de chlorure de fer III contient trois fois plus d'ions chlorure que d'ions fer III. On la note $(Fe^{3+} + 3\ Cl^-)$.
- **La conduction dans une solution est due au déplacement d'ions.**

CHIMIE

LA MÉTHODE

▷ Expliquer le déplacement des ions dans une solution aqueuse

1. Je réalise une **électrolyse** en plongeant deux électrodes en graphite dans un bécher contenant des solutions différentes : eau distillée, eau salée, eau sucrée, solution de sulfate de cuivre, etc.

2. Je constate que la lampe L s'allume lorsque la solution contient des ions. C'est le cas pour l'eau salée et la solution de sulfate de cuivre.

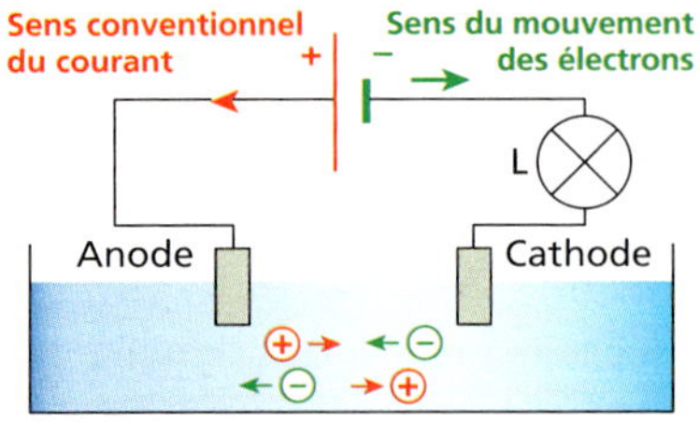

Le sens de déplacement des électrons est opposé au sens conventionnel du courant.

Le courant électrique est dû au déplacement des ions : les cations ⊕ se dirigent vers la cathode et les anions ⊖ vers l'anode.

MINI INTERRO

1. Quels sont les constituants d'un atome ? Donne les signes de leurs charges électriques.
2. Définis un anion et un cation.
3. À quel phénomène est dû le passage du courant électrique :
– dans une solution ionique ?
– dans un métal ?

S'ENTRAÎNER

1 Vrai ou faux ?

Coche la case qui convient.

	V	F
a. L'atome contient autant de noyaux que d'électrons.	❑	❑
b. Les porteurs de charges dans une solution aqueuse sont des ions.	❑	❑
c. Une solution ionique contient autant de cations que d'anions.	❑	❑
d. Dans une électrolyse, les ions positifs se dirigent vers l'anode.	❑	❑
e. Un cation est un atome qui a perdu des électrons.	❑	❑

2 Le bon mot

Complète les phrases avec les mots suivants :
anion • *déplacement d'électrons* • *cations* • *neutre* • *positive* • *anions*

a. Un atome est électriquement …………… .

b. La conduction du courant électrique dans un métal est due au ……………………………… .

c. Il existe deux sortes d'ions : les ……………
et les ……………………… .

d. Un atome qui a gagné des électrons porte une charge électrique. C'est un …………… .

e. La cathode est l'électrode liée à la borne ……………………… du générateur.

3 L'atome de cuivre

Le numéro atomique de l'atome de cuivre est Z = 29.

a. Combien d'électrons possède cet atome ? Pourquoi ?

b. Combien de charges positives et d'électrons possède l'ion cuivre II, noté Cu^{2+} ?

4 Conduction et porteurs de charges

On réalise le montage ci-dessous.

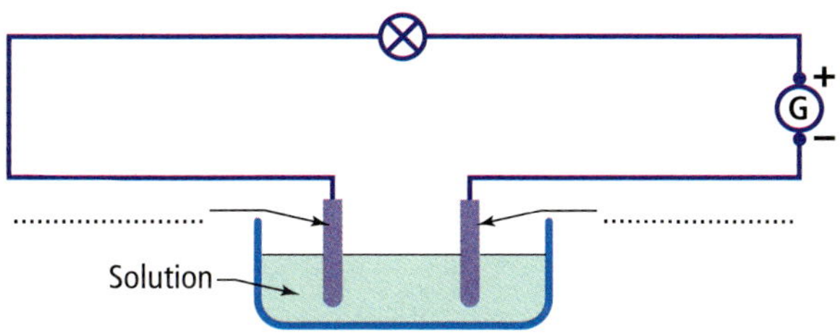

a. Que peux-tu dire de la solution si la lampe s'allume ?

b. Ajoute la légende : anode ; cathode.

c. Indique par une flèche rouge le sens du déplacement des anions dans la solution et par une flèche verte celui des cations.

d. Indique le sens du déplacement des électrons dans les fils.

5 L'électrolyse de chlorure de cuivre

On réalise l'électrolyse d'une solution de chlorure de cuivre II. La lampe s'allume.

a. Complète le schéma en y indiquant les bornes de la pile, le sens conventionnel du courant, ainsi que l'anode et la cathode.

b. Donne les formules des deux ions qui se trouvent dans la solution. Lequel est le cation et lequel est l'anion ?

c. Place les cations et les anions, entourés de cercles, dans la solution et indique par des flèches le sens de leurs mouvements.

d. Donne la formule de la solution.

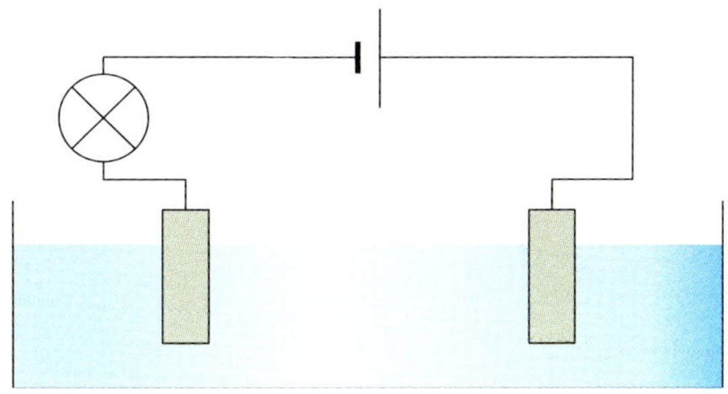

6 CONTRÔLE EXPRESS

Une solution de sulfate de fer II contient des ions sulfate SO_4^{2-} et des ions fer II.

a. L'ion fer II ne peut être qu'un cation. Pourquoi ? Donne sa formule.

……………………………………………………………………

b. Combien d'atomes constituent l'ion sulfate ? A-t-il gagné ou perdu des électrons ? Combien ?

……………………………………………………………………

c. Donne la formule de la solution ionique.

……………………………………………………………………

……………………………………………………………………

Corrigés p. 36 du livret.

3 Tests des ions et pH des solutions

RETENIR

Les solutions aqueuses peuvent être **acides**, **basiques** ou **neutres**.

1 / pH d'une solution aqueuse

- Les solutions aqueuses contiennent des ions hydrogène H^+ et des ions hydroxyde HO^-.
- Le pH d'une solution est lié à la **quantité d'ions H^+ présents**. Il indique l'acidité ou la basicité de la solution. C'est une grandeur sans unité, comprise entre 0 et 14, qui se mesure à l'aide d'un papier pH ou d'un pH-mètre.
- L'eau pure est **neutre** : elle contient autant d'ions H^+ que d'ions HO^- ($pH = 7$).
- Une solution **acide** contient plus d'ions H^+ que d'ions HO^- ($pH < 7$).
- Dans une solution **basique**, les ions H^+ sont minoritaires ($pH > 7$).
- Le jus de citron et l'acide chlorhydrique sont des solutions acides. Les savons et la soude sont basiques.

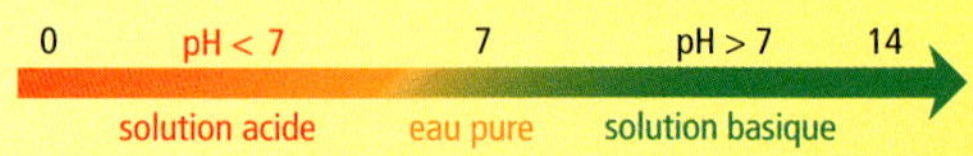

MOTS CLÉS

✓ **pH :** signifie « potentiel Hydrogène ».

✓ **Précipité :** solide indissoluble et neutre se formant par réaction chimique à partir d'anions et de cations présents dans une solution.

2 / pH et concentration des solutions

- **Une solution acide est d'autant plus acide qu'elle contient plus d'ions H^+, elle est plus concentrée en ions H^+.**

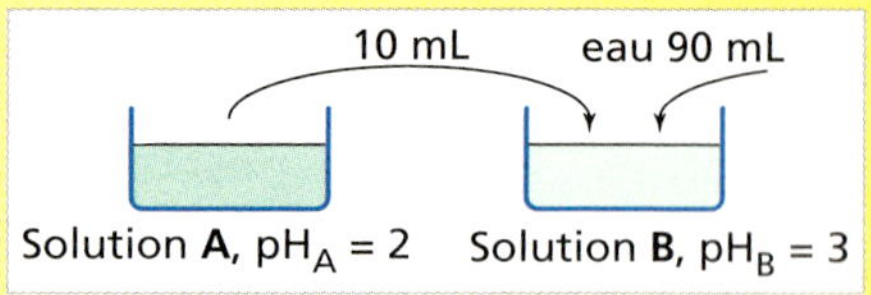

■ Pour diluer la solution A, on en prélève un peu que l'on ajoute à de l'eau. La solution B ainsi obtenue est moins concentrée en ions H^+ que A, elle est donc moins acide, $pH_B > pH_A$.

- La dilution d'une solution acide avec de l'eau a pour effet d'augmenter son pH, dont la valeur se rapproche de 7 (solution moins acide). De même, en diluant une solution basique, son pH diminue et se rapproche de 7 (solution moins basique).

MINI INTERRO

1. Quels sont les ions majoritaires dans une solution acide ? Dans une solution basique ?
2. Quelle solution permet de mettre en évidence les ions Cu^{2+}, Fe^{2+} et Fe^{3+} ? Quelle est la couleur de chaque précipité obtenu ?

CHIMIE

LA MÉTHODE

▷ Identifier certains ions présents dans une solution

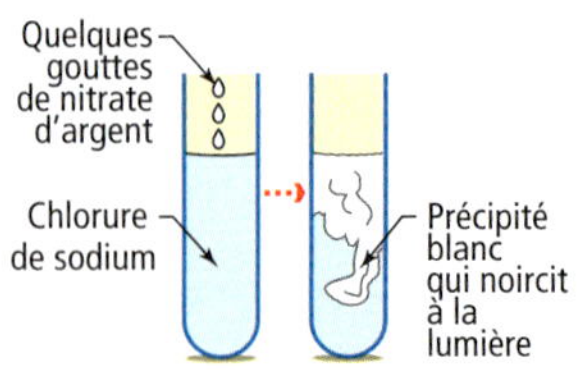

■ Figure 1

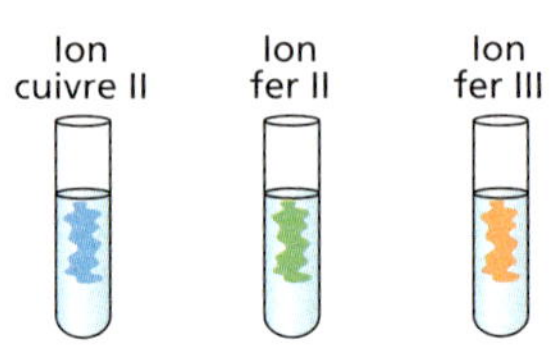

■ Figure 2

- **Test de l'ion chlorure** (Fig. 1). Je verse quelques gouttes d'une solution de **nitrate d'argent** dans un tube à essai contenant 2 mL d'une solution de chlorure de sodium ($Cl^- + Na^+$). Il se forme un **précipité** (solide dans un liquide) blanc qui noircit à la lumière.

Ce précipité caractérise les ions chlorure Cl^-.

- **Tests de quelques ions métalliques** (Fig. 2). Je verse un peu de solution à étudier dans un tube à essai et j'ajoute quelques gouttes de **soude**. Il se forme un précipité dont la couleur caractérise chaque ion.

Précipité	bleu	vert	orangé
Ion	cuivre II	fer II	fer III
Formule	Cu^{2+}	Fe^{2+}	Fe^{3+}

S'ENTRAÎNER

1 Vrai ou faux ?

Coche la case qui convient.

	V	F
a. Une solution de chlorure de sodium donne un précipité bleu qui noircit à la lumière en présence de nitrate d'argent.	☐	☐
b. Lorsque l'on dilue une solution acide, son pH augmente.	☐	☐
c. Les ions H^+ sont majoritaires dans une solution acide.	☐	☐
d. Le pH d'une solution est 10. Si on la dilue, son pH augmente.	☐	☐

2 Le pH d'une solution

Complète.

Le pH est une grandeur sans ....

La valeur du pH varie entre .... et .... D'après la valeur de leurs pH, on classe les solutions en trois catégories :

– si pH < 7, la solution est .... ;

– si pH.........................., la solution est basique ;

– si pH = 7, la solution est ....

Pour l'eau pure, pH = ...

Les solutions basiques contiennent plus d'ions .... que d'ions ....

3 Acide ou basique ?

On place un pH-mètre dans une solution aqueuse. On ajoute de l'eau, le pH diminue.

La solution est-elle acide ou basique ?

4 Évolution du pH

Le pH d'une solution est 2. On verse 1 cm^3 de cette solution dans 9 cm^3 d'eau.

a. La solution obtenue est-elle acide ou basique ?

....

b. Comment évolue le pH de la solution ?

....

c. Comment évolue la concentration en ions H^+ ?

....

5 Les acides et les bases

Le tableau suivant présente quelques valeurs de pH.

Solution	A	B	C	D
pH	2,5	8,4	7	6

Solution	E	F	G	H
pH	3,4	1	12,5	13,3

a. Colorie en bleu les solutions basiques.

b. Colorie en rouge les solutions acides.

c. Entoure la solution acide la plus concentrée.

d. Souligne la solution basique la plus diluée.

6 Tests des ions

a. On désire étudier deux solutions dans des flacons numérotés 1 et 2. On verse 5 mL de chaque solution dans deux tubes à essai dans lesquels on ajoute quelques gouttes de nitrate d'argent. Il apparaît un précipité blanc dans les deux cas. **Que peux-tu déduire de ce test ?**

....

b. On prélève à nouveau 5 mL de chaque solution dans lesquels on verse cette fois de la soude. Il apparaît un précipité rouge dans l'échantillon venant du flacon 1 et un précipité vert dans celui venant du flacon 2. **Quels sont les ions métalliques présents dans chaque flacon ? Donne la formule de chacun.**

....

c. Donne le nom et la formule de la solution du flacon 1. ....

d. Donne le nom et la formule de la solution du flacon 2. ....

7 CONTRÔLE EXPRESS

La soude est une solution d'hydroxyde de sodium.

a. Quels sont les noms et les formules des cations et anions présents dans la soude ?

b. On verse de la soude sur une solution inconnue, un précipité bleu apparaît. Quel ion contient cette solution ?

c. Comment peux-tu démontrer que la solution inconnue contient aussi des ions chlorure ?

Corrigés p. 37 du livret.

4 La réaction entre l'acide chlorhydrique et le fer

RETENIR

1 / La réaction d'un acide avec un métal

MOT CLÉ

✓ **Conservation des éléments :** Lors de la transformation chimique du fer sous l'action de l'acide chlorhydrique, les réactifs disparaissent mais les éléments (comme le fer et l'hydrogène) se trouvent encore dans les produits : ils se conservent.

- Les métaux comme le fer et le zinc **réagissent** avec **l'acide chlorhydrique** (H^+ + Cl^-), mais pas l'or, ni l'argent ni le cuivre.
- Le fer réagit avec l'acide chlorhydrique à froid : il apparaît un gaz (le dihydrogène H_2) et des ions fer II (Fe^{2+}). Le dihydrogène H_2 provient de la transformation des ions hydrogène H^+ de l'acide et les ions fer II de celle du métal.

2 / Une transformation chimique

- Il s'est produit une **transformation chimique** dans laquelle :
  – l'acide et le fer sont les **réactifs** ;
  – le dihydrogène et les ions fer II sont les **produits**.
- Lors d'une transformation chimique, **les réactifs disparaissent et les produits apparaissent.** Une transformation est modélisée par une **équation-bilan**.

Transformation	réactifs	→	produits
Noms	fer + acide chlorhydrique	→	ions fer II + dihydrogène

LA MÉTHODE

▷ Mettre en évidence les réactifs et les produits d'une réaction

J'étudie la réaction entre l'acide chlorhydrique et le fer.

1. **Avant la réaction**. Je verse du nitrate d'argent sur l'acide chlorhydrique. Il apparaît un précipité blanc qui noircit à la lumière. L'acide contient des **ions chlorure Cl^-**. On verse une goutte d'acide sur un papier pH qui devient rouge. L'acide contient des **ions H^+**. J'approche un aimant du fer : il est **attiré**.

2. **Après la réaction**. Un gaz se forme et le métal disparaît. Je nomme « solution A » la solution restante.

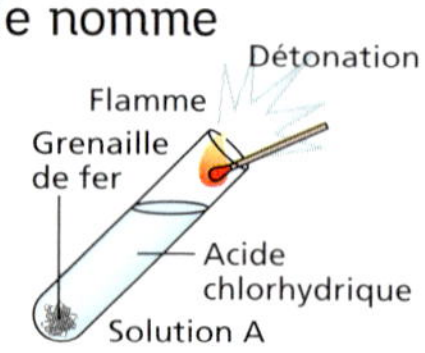

- J'approche une flamme de l'ouverture du tube. Une petite détonation se produit : c'est du **dihydrogène H_2**.
- Je verse une goutte de solution A sur un papier pH : le pH a augmenté. Les ions H^+ ont réagi et **disparu**.
- Je verse de la soude sur la moitié de la solution A. Un précipité vert apparaît. Des **ions Fe^{2+}** sont apparus. Un aimant n'a aucun effet sur la solution. Le **fer** a **disparu**.

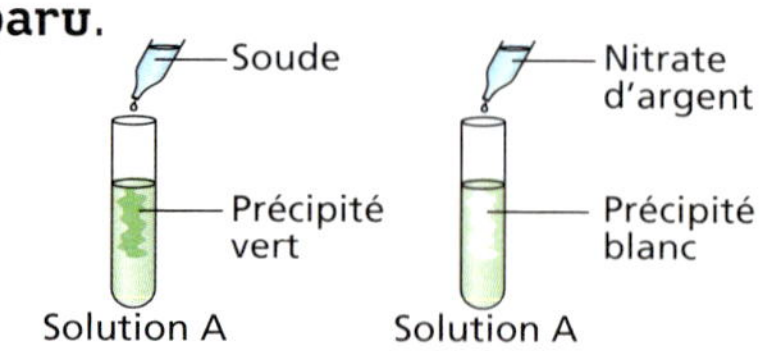

- Un précipité blanc apparaît après l'ajout de nitrate d'argent dans la moitié restante de la solution A : les ions Cl^- n'ont pas réagi.

Les réactifs (H^+ et Fe) ont disparu, les produits (H_2 et Fe^{2+}) sont apparus.

MINI INTERRO

1. Nomme les réactifs et les produits de la réaction fer-acide chlorhydrique.
2. Démontre que l'acide chlorhydrique disparaît dans la réaction précédente.
3. Démontre que le dihydrogène et les ions Fe^{2+} se forment dans cette réaction.

S'ENTRAÎNER

1 Vrai ou faux ?

Coche la case qui convient.

	V	F
a. Les ions fer II réagissent avec la soude pour donner un précipité blanc qui noircit à la lumière.	❑	❑
b. Ce sont les ions chlorure de l'acide chlorhydrique qui attaquent le fer.	❑	❑
c. Après la réaction entre l'acide chlorhydrique et le fer, le pH de l'acide diminue.	❑	❑
d. L'acide chlorhydrique n'attaque pas tous les métaux.	❑	❑

2 Le bon mot

Raye le mot qui ne convient pas.

a. L'acide chlorhydrique *réagit / ne réagit pas* avec l'argent.

b. Le gaz formé lors de la réaction entre l'acide chlorhydrique et le fer est le *dihydrogène / dioxygène*.

c. Les solutions acides *réagissent / ne réagissent pas* avec le verre.

d. Le pH de l'acide chlorhydrique est *inférieur / supérieur* à 7.

3 Transformation ou non

Lorsque tu mets en contact l'acide chlorhydrique et le fer, s'agit-il d'une réaction chimique ou d'un changement d'état ? Pourquoi ?

....

....

4 Les produits d'une transformation

On réalise l'expérience schématisée ci-dessous où l'on recueille un gaz.

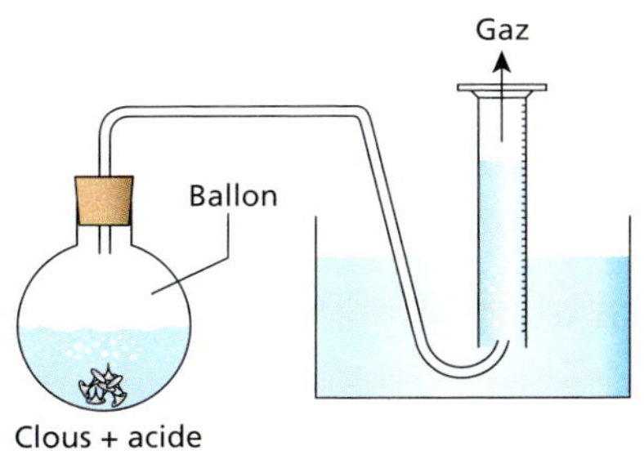

Lorsqu'il n'y a plus de bulles dans l'éprouvette, on peut encore observer les restes des clous en fer dans le ballon.

a. Quel est le gaz recueilli dans l'éprouvette ? Comment peux-tu le prouver ?

....

b. Comment prouver la disparition des ions H^+ dans le ballon ?

....

c. Cite les noms et les formules chimiques des réactifs, puis des produits formés au cours de la transformation.

....

....

d. Écris, en toutes lettres, l'équation-bilan de la transformation qui a eu lieu.

....

....

5 La réaction entre l'acide chlorydrique et le fer

Après l'action de l'acide chlorhydrique (pH = 2) sur la limaille de fer dans un bécher, on obtient une solution de chlorure de fer II. À la fin de la réaction, tout le fer a disparu et le pH de la solution est 4.

a. La solution finale contient-elle encore des ions hydrogène ? Justifie.

b. Donne la formule de chaque ion présent dans la solution finale, après la réaction, et explique d'où provient chacun de ces ions.

c. Combien y a-t-il d'ions chlorure pour chaque ion fer II dans la solution finale ?

d. Quelle est la formule de cette solution ?

e. Quel ion peux-tu qualifier de « spectateur » dans cette transformation ? Pourquoi ?

6 CONTRÔLE EXPRESS

On s'intéresse aux réactifs et aux produits de la réaction fer-acide chlorhydrique.

a. Quels sont les ions présents dans l'acide chlorhydrique ?

b. Parmi les ions présents dans cet acide, lequel réagit avec le métal fer ?

c. Que faut-il démontrer pour justifier la « transformation chimique » ?

d. Explique pourquoi le pH de l'acide augmente après la transformation.

Corrigés p. 37 du livret.

Chimie

5 Les piles électrochimiques

RETENIR

1 / Transformation chimique et énergie

• Dans une transformation chimique, les réactifs peuvent libérer de l'**énergie** en réagissant ensemble. C'est de l'**énergie chimique**. Par exemple, dans certaines transformations, l'énergie chimique est à l'origine d'un dégagement de chaleur (*cf.* « La méthode »).

MOTS CLÉS

✓ **Électrolyte :** solution neutre qui contient des cations et des anions.

✓ **Énergie électrique :** Un apport d'énergie électrique est nécessaire à un système pour qu'il effectue un travail : éclairer, déplacer une charge, calculer, émettre un son, etc.

2 / La pile électrochimique

• Dans une **pile électrochimique**, la mise en œuvre des réactions chimiques permet d'**utiliser l'énergie**.

• Une pile électrochimique simple est constituée de deux **électrodes** métalliques plongées dans une solution ionique appelée électrolyte. **Des ions se déplacent** dans l'**électrolyte** lorsque la pile fonctionne et une tension s'établit entre les deux électrodes. Une DEL placée entre les électrodes de la pile s'allume, indiquant qu'un courant électrique (déplacement d'électrons) circule dans les **fils de connexion** entre les bornes positive et négative de la pile.

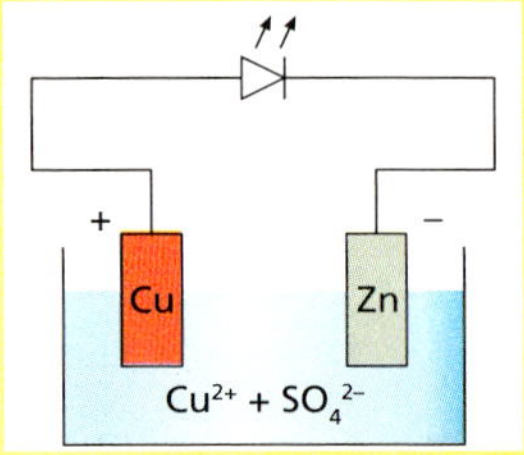

L'électrode en cuivre constitue la borne +.

• **Ainsi une pile électrochimique convertit l'énergie chimique en énergie électrique.**

3 / Différentes sortes de piles

• Parmi les piles usuelles, on trouve : les piles **salines** ou piles sèches, elles contiennent des composés ioniques : « **sels** » ; les piles **alcalines**, elles contiennent de la potasse (potassium : métal « **alcalin** ») ; les piles à **combustible**, elles utilisent le **dihydrogène** et le **dioxygène** de l'air : ces piles sont « propres » et rechargeables ; les **accumulateurs**, dispositifs qui **stockent** l'énergie électrique : batteries de voiture.

CHIMIE

LA MÉTHODE

▷ Mettre en évidence la chaleur dégagée au cours d'une transformation

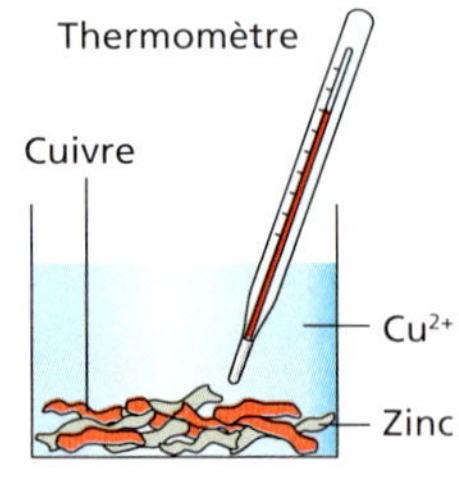

1. Expérience
Je verse de la **poudre de zinc** dans une **solution de sulfate** de cuivre II bleue. J'y plonge un thermomètre.

2. Constatations
La poudre **noircit**, puis se couvre peu à peu d'un métal roux. La solution devient de plus en plus **claire** et sa température augmente.

3. Interprétation
Les ions Cu^{2+} bleus se transforment en métal cuivre qui couvre le zinc. **L'énergie chimique s'est transformée en chaleur** (énergie thermique).

MINI INTERRO

1. Cite quatre types de piles.
2. Une pile convertit une énergie en une autre. Quelles sont ces deux énergies ?
3. De quoi est constituée une pile électrochimique ?

S'ENTRAÎNER

1 Vrai ou faux ?

Coche la case qui convient.

	V	F
a. Certaines réactions chimiques libèrent de l'énergie.	❑	❑
b. Un accumulateur stocke de la chaleur.	❑	❑
c. Les piles salines et alcalines utilisent les mêmes réactifs.	❑	❑

2 Le bon mot

Complète les phrases à l'aide des mots suivants :
réactifs • *chimique* • *produits* • *chaleur* • *électrique* • *réactifs*

a. Lors d'une transformation chimique, les .... se transforment en ....

b. Une pile convertit l'énergie .... en énergie ....

c. Une pile s'use lorsque les .... qu'elle utilise sont épuisés.

d. La réaction entre le zinc et une solution de sulfate de cuivre dégage de la ....

3 Transformation métal/ion

On verse de la poudre de zinc dans une solution de sulfate de cuivre.

a. Que constates-tu ?

....

b. Comment peux-tu expliquer la transformation de l'ion Cu^{2+} en cuivre métal Cu ?

....

c. Qu'arrive-t-il au zinc, sachant que des ions Zn^{2+} apparaissent dans la solution, au fur et à mesure du déroulement de la transformation ?

....

d. Écris l'équation-bilan de la réaction en toutes lettres.

....

4 La pile Leclanché

Cette pile, inventée par Georges Leclanché en 1867, est schématisée ci-après. Elle contient un électrolyte sous forme d'une solution gélifiée d'un « sel » : le chlorure d'ammonium.

L'anode, en zinc, et la cathode, en graphite, sont au contact de cet électrolyte. Ce sont les deux électrodes de cette pile.

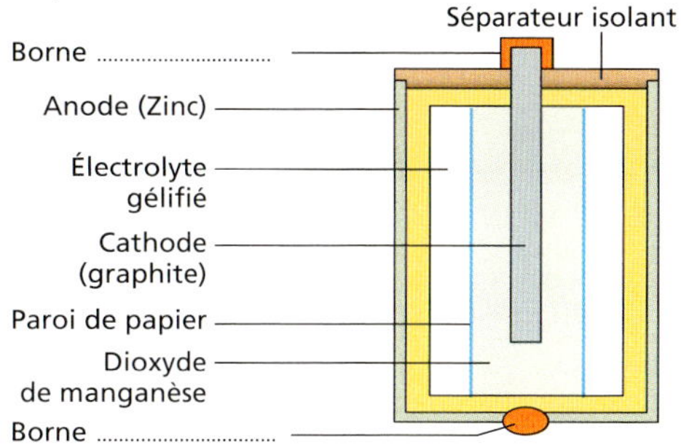

a. Pourquoi faut-il un séparateur isolant entre les deux électrodes ?

....

b. Quelle électrode constitue la borne positive de la pile Leclanché sachant que son fonctionnement est analogue à celui d'une pile électrochimique simple ?

c. Indique les bornes de la pile sur le schéma.

d. Pourquoi faut-il un électrolyte entre les deux électrodes ?

....

e. Pourquoi l'électrolyte est-il gélifié ?

....

5 CONTRÔLE EXPRESS

On considère une pile électrochimique simple.
Ses électrodes sont l'une en cuivre et l'autre en zinc.

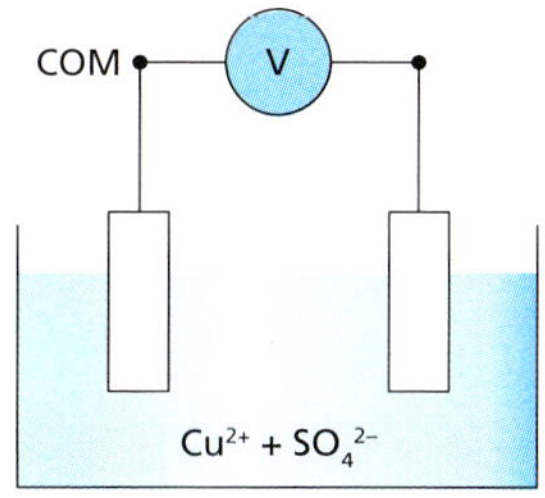

a. Quelle est l'électrode en cuivre, sachant que le voltmètre indique + 1,1 V ? Justifie.

b. Complète le schéma en y indiquant la nature de chaque électrode ainsi que les bornes + et – de la pile.

c. Explique pourquoi la solution s'éclaircit peu à peu.

d. Quels sont les réactifs et les produits de la transformation ayant lieu dans cette pile, sachant que des ions Zn^{2+} apparaissent ?

e. Écris l'équation-bilan de cette transformation en toutes lettres.

Corrigés p. 37 du livret.

6 La synthèse d'une espèce chimique

RETENIR

1 / Pourquoi synthétiser une espèce chimique ?

MOTS CLÉS

✓ **Espèce chimique naturelle :** corps pur extrait de la nature.

✓ **Espèce chimique synthétique :** substance fabriquée par l'Homme au laboratoire ou dans l'industrie qui résulte d'une réaction chimique.

- **Synthétiser** une espèce chimique consiste à la fabriquer en usine ou en laboratoire par **transformation chimique**. On synthétise :
– soit une espèce chimique existant déjà dans la nature pour répondre aux besoins de consommation ;
– soit des espèces chimiques n'existant pas dans la nature.

2 / Comment procéder à une synthèse ?

- Effectuer une synthèse en classe est une démarche très exigeante. Il faut impérativement respecter les **consignes de sécurité** ; **suivre très exactement le protocole expérimental de la synthèse** (*cf.* « La méthode »).

LA MÉTHODE

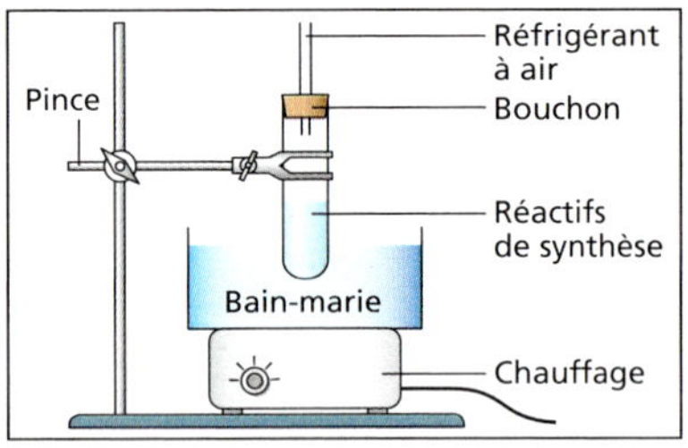

Fig. 1 Chauffage à reflux avec condenseur à air : il condense les vapeurs et les renvoie dans le tube pour éviter leur perte.

▷ Synthétiser l'arôme de banane (figure 1)

1. Protocole*

Sous une hotte, je prélève 5 mL d'alcool isoamylique et je verse le contenu dans un tube à essai. J'ajoute 5 mL d'acide acétique, puis je demande au professeur d'y verser 5 gouttes d'acide sulfurique concentré. Je ferme le tube avec un bouchon muni d'un tube en verre et le place dans un bain-marie à 70 °C (sur la paillasse du professeur). Après 20 minutes, je verse le contenu du tube à essai dans un verre à pied contenant de l'eau salée (opération dite de **relargage**). Je mélange avec un agitateur.

2. Observation

Le contenu du verre est hétérogène ; l'acétate d'isoamyle (l'arôme de synthèse de banane) surnage dans l'eau salée.

J'identifie l'odeur du produit formé sans mettre mon nez au-dessus du verre.

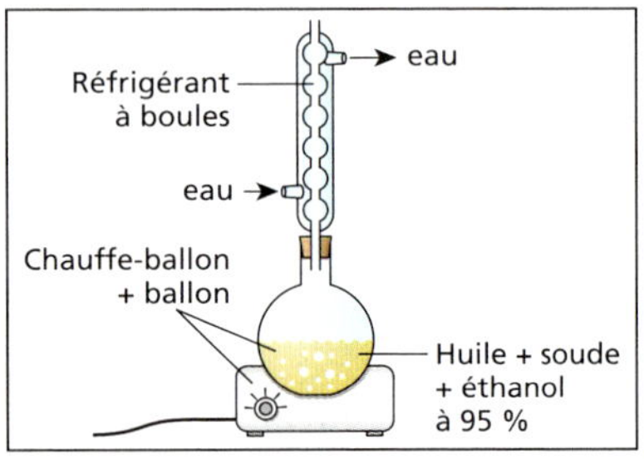

Fig. 2 Chauffage à reflux avec condenseur à eau.

▷ Synthétiser un savon (figure 2)

1. Protocole* d'une saponification

Je verse 15 g d'huile végétale, 15 mL de soude concentrée et 15 mL d'éthanol à 95 % dans un ballon contenant quelques pierres ponce, que je chauffe à reflux pendant 30 minutes. À la fin du chauffage, je procède au relargage.

2. Observation

Je constate que le contenu du bécher est un mélange hétérogène d'eau salée et d'un précipité blanc. Je filtre ce mélange sous vide pour récupérer le savon.

* Il faut impérativement respecter les **consignes de sécurité** dans les **parties soulignées** des protocoles.

MINI INTERRO

1. Qu'est-ce qu'une synthèse chimique ?
2. Pourquoi l'Homme synthétise-t-il des espèces chimiques ?
3. Quelles sont les consignes à respecter lors d'une synthèse ?

S'ENTRAÎNER

1 Vrai ou faux ?

Coche la case qui convient.

	V	F
a. Le rôle d'un réfrigérant dans un montage à reflux est d'apporter de l'eau au mélange réactionnel.	❑	❑
b. La synthèse est une transformation chimique.	❑	❑
c. Un montage à reflux comporte toujours un réfrigérant.	❑	❑
d. Un mélange est hétérogène lorsque l'on ne distingue pas ses constituants à l'œil nu.	❑	❑

2 Le bon mot

Complète les phrases avec les mots suivants :
hotte • transformation chimique • réfrigérateur à boules • relargage

a. Une espèce chimique synthétique est fabriquée dans un laboratoire par ....

b. Lorsque l'on utilise un produit chimique « nocif » dans une expérience en classe, il faut manipuler sous une ....

c. On verse un produit de synthèse dans de l'eau salée, c'est l'opération de ....

d. Dans un chauffage à reflux avec condenseur à eau, on utilise un ....

3 Synthèse d'un parfum

La synthèse de l'acétate de linalyle s'effectue sous une hotte, et le port des gants et des lunettes est obligatoire. Sans chauffage, cette réaction d'estérification aurait nécessité plusieurs jours.
Le protocole est le suivant :

Dans un ballon de 250 mL, introduire 2,5 mL de linalol. Ajouter 5 mL d'anhydride acétique ainsi que 3 grains de pierre ponce pour réguler l'ébullition. Agiter et chauffer à reflux pendant 45 minutes. Préparer 25 mL d'eau dans un bécher de 100 mL. Arrêter le chauffage. Laisser refroidir le ballon, puis verser doucement l'eau du bécher par le sommet du réfrigérant dans le ballon. Cette eau transforme l'anhydride acétique, restant et non transformé, en acide acétique très soluble dans l'eau. Tout le linalol a disparu. Une odeur de fleurs de lavande est perceptible : c'est l'acétate de linalyle. Verser le contenu du ballon dans une éprouvette.

a. Schématise le montage à reflux.

b. Indique le rôle du chauffage.

c. Indique le rôle des pierres ponce.

d. Pourquoi le réfrigérant doit-il rester ouvert à son extrémité supérieure ?

e. Le contenu de l'éprouvette, à la fin de la synthèse, est un mélange hétérogène. Cite les trois espèces chimiques qu'elle contient.

f. Écris en toutes lettres l'équation-bilan de la réaction de synthèse.

g. Quelles sont les consignes de sécurité à respecter lors de cette manipulation ?

4 CONTRÔLE EXPRESS

On réalise le montage ci-contre pour synthétiser un savon. On place de l'huile d'olive, de l'alcool et de la soude concentrée dans le ballon que l'on fait bouillir pendant 40 minutes. On laisse refroidir le ballon pour récupérer, dans un bécher, un mélange contenant un précipité blanc dans un liquide.

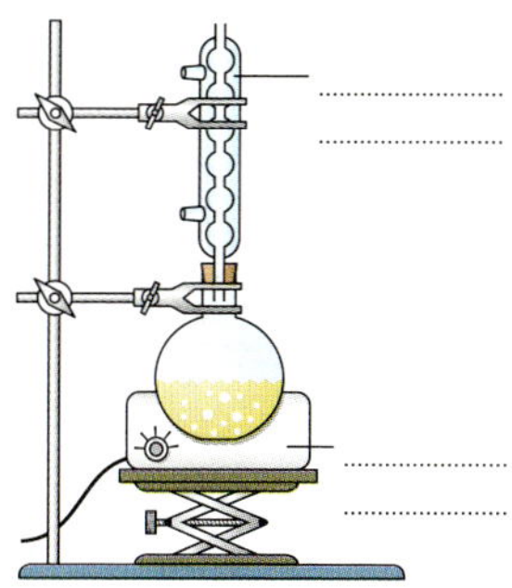

a. Indique, sur le schéma, où sont placés les réactifs de synthèse.

b. Indique, par deux flèches, l'entrée et la sortie de l'eau de refroidissement du réfrigérant et les légendes manquantes.

c. Quel est le nom du changement d'état ayant lieu dans le réfrigérant ?

d. Il faut verser les réactifs dans le ballon sous une hotte, principalement à cause de l'un d'entre eux. Lequel ? Pourquoi ?

e. Quel est l'aspect du mélange final ?

f. Comment faut-il procéder pour isoler le savon ?

Corrigés p. 37 du livret.

7

La production d'électricité dans une centrale

RETENIR

1 / La production d'électricité

- Les centrales électriques **produisent de l'énergie électrique** provenant de la transformation d'une énergie mécanique. Toutes les centrales (sauf centrale photovoltaïque) produisent de l'énergie électrique à l'aide d'un alternateur. **L'alternateur est un convertisseur d'énergie.** Les éléments indispensables à la production de l'électricité dans une centrale sont une turbine et un alternateur.

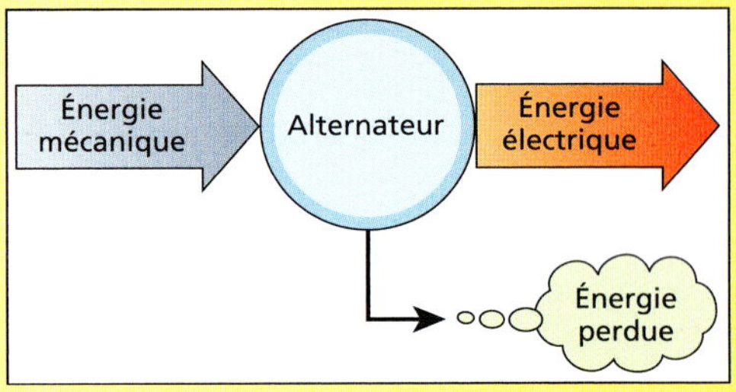

Diagramme d'énergie.

MOTS CLÉS

✔ **Source d'énergie non renouvelable :** source d'énergie qui s'épuise à l'échelle humaine.

✔ **Convertisseur d'énergie :** dispositif transformant une énergie en une autre. Les centrales électriques convertissent différentes énergies en énergie électrique.

2 / Les différents types de centrales électriques

- Le fonctionnement d'un alternateur nécessite une source d'énergie, appelée **source primaire**.

1. Dans une **centrale thermique à flamme**, la combustion de charbon, de fioul ou de gaz naturel produit de l'énergie mécanique.
2. Dans une **centrale thermique nucléaire**, l'énergie mécanique provient d'une réaction nucléaire (la fission).
3. Une **centrale hydroélectrique** utilise l'énergie mécanique de l'eau en mouvement.
4. Une **centrale à éoliennes** utilise l'énergie mécanique fournie par le vent.

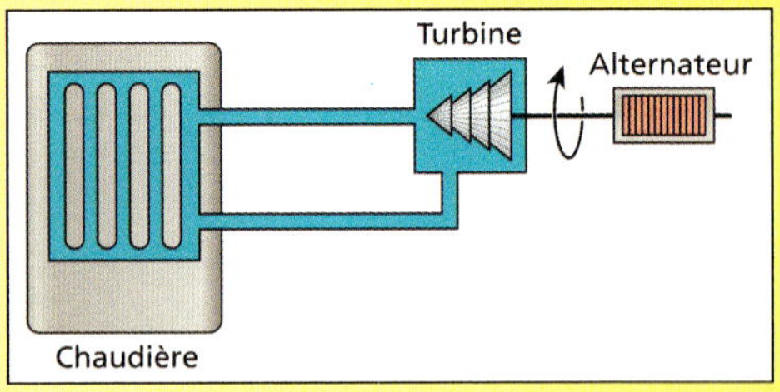

Centrale thermique.

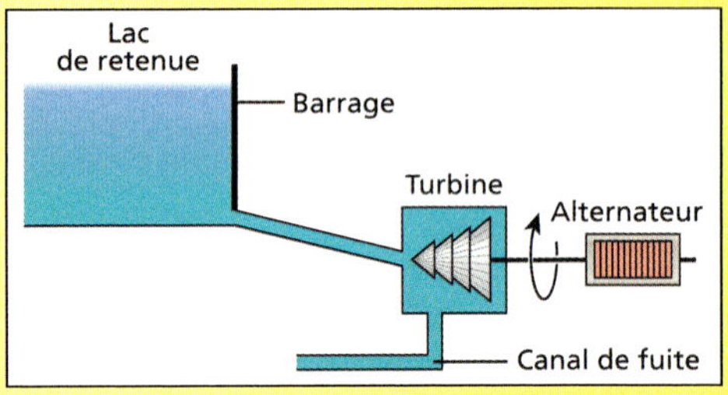

Centrale hydroélectrique.

- Les sources primaires en énergie fossile (pétrole, gaz naturel et charbon) ne sont pas renouvelables à l'échelle humaine. En revanche, les énergies hydraulique et éolienne constituent des sources d'**énergie renouvelables** (inépuisables).

MINI INTERRO

1. Quels dispositifs sont communs à la plupart des centrales électriques ?
2. De quelles réactions provient l'énergie mécanique dans les centrales à flamme et nucléaire ?
3. D'où provient l'énergie d'une centrale hydraulique, celle d'une éolienne ?

LE DOCUMENT-CLÉ

▷ Alternateur et production d'électricité

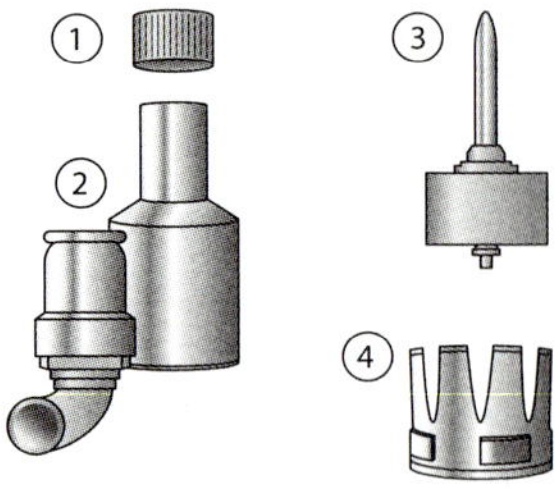

1. **Observation.** Dans une dynamo de bicyclette, l'entraînement du galet 1 par la roue fait tourner l'aimant 3 dans la bobine 4.

2. **Manipulation.** Si je fais tourner le galet de la dynamo, je peux allumer une lampe reliée à ses bornes. **Un alternateur sert à produire de l'électricité.**

PHYSIQUE

S'ENTRAÎNER

1 Le bon mot

Complète les phrases avec les mots suivants :
turbine • réaction nucléaire • convertisseur • pétrole • alternateur • non renouvelables • charbon

a. Un alternateur est un .... d'énergie.

b. Les sources d'énergie fossile comme .... et .... sont des sources primaires ....

c. Les éléments indispensables à la production de l'électricité dans une centrale sont .... et ....

d. Dans une centrale thermique nucléaire, l'énergie nécessaire à l'alternateur provient d'une ....

2 Une centrale hydroélectrique

On schématise ci-après le bilan énergétique en terme de puissance d'une centrale électrique. Ce bilan montre qu'une partie seulement de l'énergie apportée par l'eau du barrage est transformée en énergie électrique.

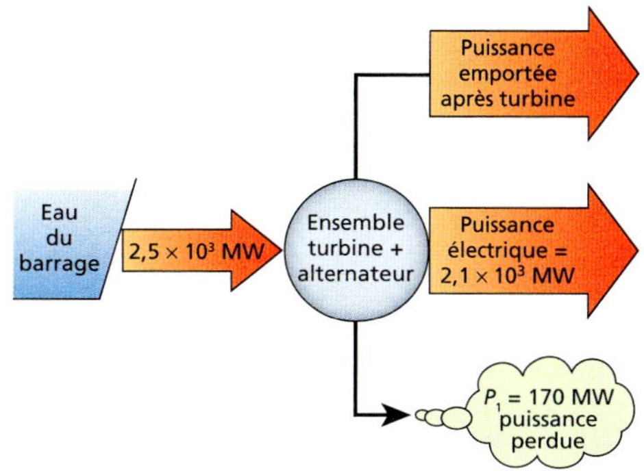

a. Quelle est la source primaire de cette centrale ? Est-elle renouvelable ?

b. Calcule la puissance qui est à l'origine de l'énergie mécanique emportée par l'eau à la sortie de la turbine.

c. Combien de convertisseurs existe-t-il dans cette centrale ? Le(s) nommer.

d. On définit le rendement r d'un convertisseur par :

$$r = \frac{\text{Puissance électrique fournie par le convertisseur}}{\text{Puissance reçue par le convertisseur}}$$

Calcule le rendement de cette centrale, puis donne le résultat en pourcentage.

3 CONTRÔLE EXPRESS

Le schéma ci-dessous représente la chaîne énergétique d'une centrale thermique à flamme consommant du fioul. Les puissances sont données en mégawatts (1 MW = 10^6 W).

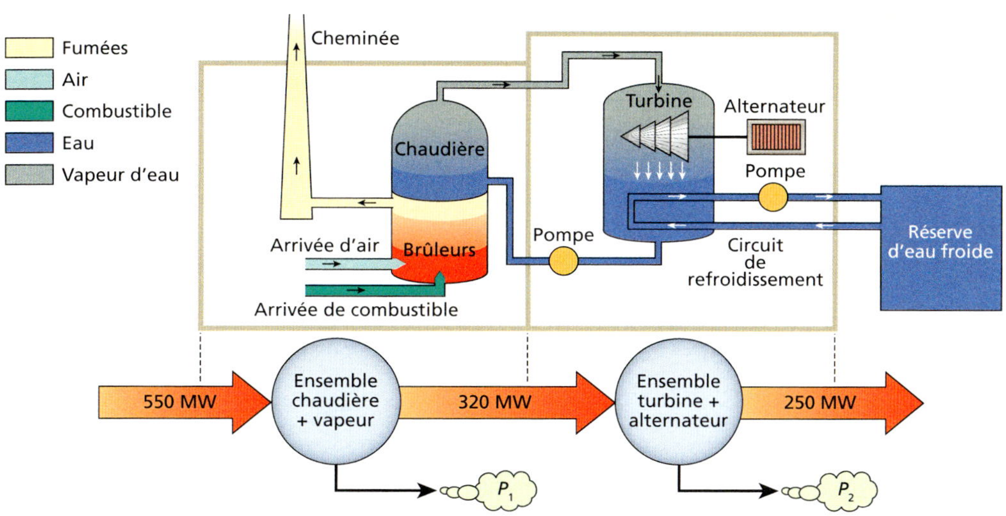

a. Quels convertisseurs d'énergie sont représentés sur le schéma ?

b. Donne les énergies converties pour chacun des convertisseurs cités en **a.**

c. Calcule les puissances perdues P_1 et P_2.

d. Les puissances perdues P_1 et P_2 sont à l'origine de l'énergie perdue par les convertisseurs et transmise à l'environnement. Sous quelle forme se manifeste cette énergie ?

e. Quelle source primaire d'énergie est utilisée dans cette centrale ? Est-elle renouvelable ?

Corrigés p. 37 du livret.

8 L'alternateur

RETENIR

1 / Description

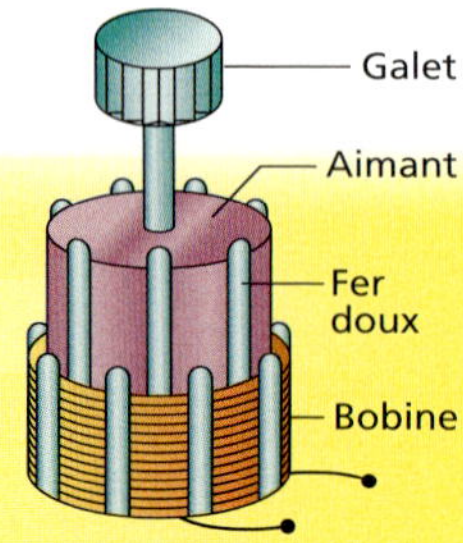

Alternateur.

- L'alternateur est un appareil destiné à **produire une tension variable** (alternative sinusoïdale). Son fonctionnement est proche de celui d'une génératrice de bicyclette.

- Les alternateurs sont couplés à une turbine dans les centrales thermiques et hydrauliques. Dans une éolienne, l'hélice entraîne l'alternateur par l'intermédiaire d'un système d'engrenages.

- Un alternateur est constitué de trois parties principales :
  – un **aimant** ou un électro-aimant (appelé **rotor** : partie en rotation) ;
  – une **bobine** (appelée **stator** : partie fixe).
  – un **galet** qui permet l'entraînement du rotor. Cette fonction est assurée par la turbine dans une centrale électrique.

Rotor basse pression d'un réacteur thermique, centrale nucléaire du Blayais à Braud-et-Saint-Louis, 2006.

MOTS CLÉS

✔ **Bobine :** enroulement de fil conducteur autour de lui-même ou d'un noyau en matière ferromagnétique (qui s'aimante).

✔ **Fer doux :** matériau constitué de fer pur, acquérant et perdant son aimantation plus facilement que le fer dur (fer couramment répandu).

2 / Fonctionnement

- La bobine d'un alternateur est constituée d'un fil en cuivre enroulé autour de lui-même, formant des **spires**.

- Lorsque l'on fait tourner (par énergie mécanique) l'aimant de l'alternateur à l'intérieur de la bobine fixe, il apparaît une tension variable (énergie électrique) aux bornes de cette dernière. **Ainsi un alternateur convertit l'énergie mécanique en énergie électrique.**

- L'ensemble galet-alternateur produit de l'électricité à partir d'un mouvement. C'est un **convertisseur**.

LA MÉTHODE

▷ Fabriquer un alternateur

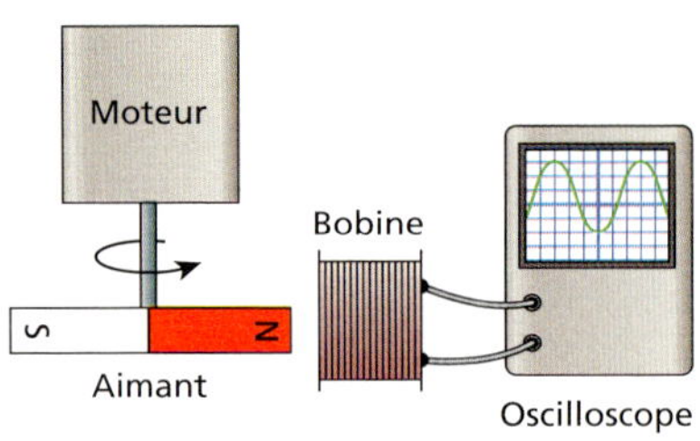

1. Montage. Je branche les deux bornes d'une **bobine** de laboratoire sur l'entrée et la masse d'un **oscilloscope**. Cet appareil permet de visualiser une tension électrique et de la mesurer.
À l'aide d'un moteur, je fais tourner un **aimant** à proximité de la bobine.

2. Constatations et interprétation. Une courbe apparaît sur l'écran de l'oscilloscope : c'est la forme de la tension aux bornes de la bobine. Je constate que cette tension varie en fonction du temps. C'est une **tension alternative** : elle prend des valeurs positives et négatives alternativement.

MINI INTERRO

1. Donne les noms des trois constituants d'un alternateur.
2. Qu'est-ce qu'une bobine ?
3. Quelles sont les caractéristiques de la tension engendrée par un alternateur ?

PHYSIQUE

S'ENTRAÎNER

1 Vrai ou faux ?

Coche la case qui convient.

	V	F
a. La tension qui apparaît aux bornes d'un alternateur est variable.	❑	❑
b. Un alternateur est constitué d'un rotor et d'un stator.	❑	❑
c. Lorsqu'on tourne un aimant à proximité d'une bobine, une tension apparaît à ses bornes.	❑	❑
d. La tension produite aux bornes d'un alternateur est alternative.	❑	❑

2 Le bon mot

Complète les phrases avec les mots suivants :
place • *turbine* • *alternative* • *apparaît*

a. La .... d'une centrale électrique joue le rôle du galet d'un alternateur.

b. La tension qui apparaît aux bornes d'un alternateur est ....

c. Lorsque l'on .... un aimant près d'une bobine, il .... une tension dans cette dernière.

3 Alternateur

Certains alternateurs sont constitués de deux bobines : l'une jouant son propre rôle et l'autre celui d'un aimant. En effet, si on relie les bornes d'une bobine à celles d'une pile, la bobine se transforme à son tour en un aimant appelé « électro-aimant ».

a. Quel est l'intérêt d'utiliser un électro-aimant au lieu d'un aimant dans un alternateur ?

....

....

....

b. Propose une expérience qui permet de vérifier qu'une bobine parcourue par un courant électrique se transforme en aimant.

....

....

....

....

4 Aimant et bobine

Un aimant est suspendu par un ressort au-dessus d'une bobine dont les bornes sont reliées à un voltmètre réglé sur « continu 20 V ».

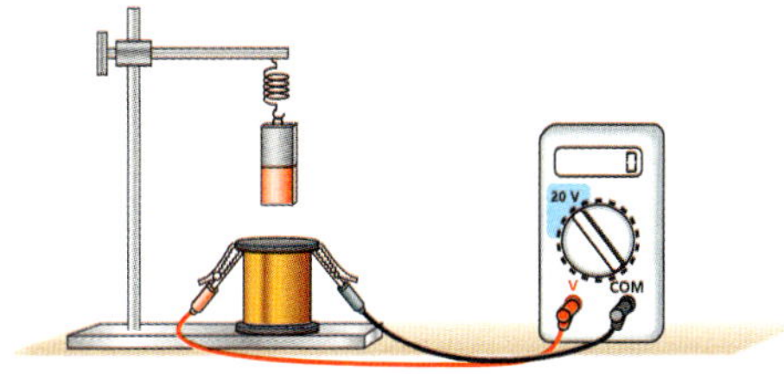

a. Rappelle les noms des constituants d'un alternateur.

....

b. Il n'existe pas de tension aux bornes de la bobine au début de l'expérience. Pourquoi ?

....

....

c. Que faut-il faire pour qu'une tension apparaisse aux bornes de la bobine ?

....

....

d. Quel type de tension apparaît alors et que vois-tu sur l'écran du voltmètre ?

....

....

5 CONTRÔLE EXPRESS

Le schéma ci-dessous représente les différentes parties de la dynamo démontée d'une bicyclette.

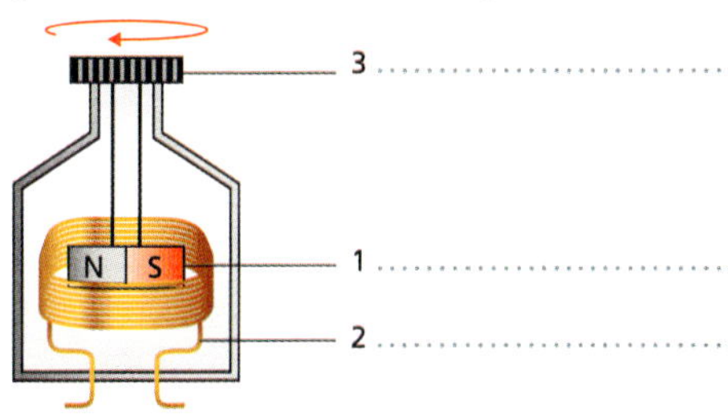

a. Complète la légende.

b. Qu'est-ce qui fait tourner le galet ?

c. Quel est le nom de l'élément qui remplace le galet dans une centrale nucléaire et qu'est-ce qui le fait tourner ?

d. La dynamo est un convertisseur : elle convertit une énergie en une autre. Laquelle ?

Corrigés p. 38 du livret.

9 La tension électrique

RETENIR

1 / Tension continue

- La tension délivrée par un générateur 6V – 12V **continu** garde la **même valeur** au cours du temps. Elle est **constante**.

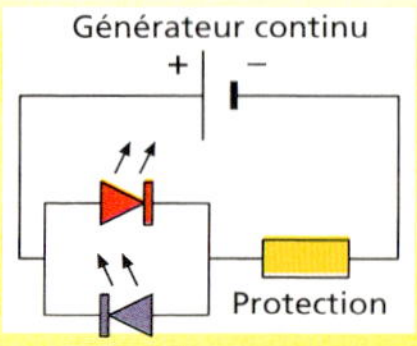

En régime continu, la DEL montée en sens inverse est éteinte.

2 / Tension variable

- La tension du secteur (délivrée par les prises) est variable au cours du temps.
- Lorsqu'une tension **varie** régulièrement au cours du temps et prend successivement des valeurs **positives** et **négatives**, elle est **alternative**.
- Le **courant alternatif** change régulièrement de **sens**. C'est pourquoi les DEL clignotent dans le montage ci-contre.
- Une tension alternative est **périodique** si elle se **répète** de manière identique et pendant des intervalles de temps égaux, appelés périodes. La **période**, notée ***T***, s'exprime en seconde.

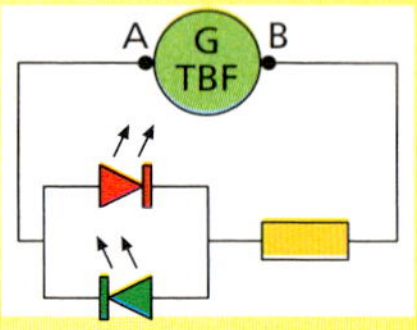

Les deux DEL clignotent alternativement.

MOTS CLÉS

✓ **Pile :** dispositif électrochimique qui délivre une tension continue.

✓ **Générateur de tension :** dipôle qui produit de l'énergie électrique. Il est la source de tension (continue ou variable) dans un circuit.

LA MÉTHODE

▷ Identifier une tension continue

1. Je mesure la tension d'un générateur de 6 V **continu**, avec un voltmètre toutes les 10 secondes.
2. Le graphique de la tension U mesurée en fonction du temps t est une droite.

Cette tension ne varie pas au cours du temps.

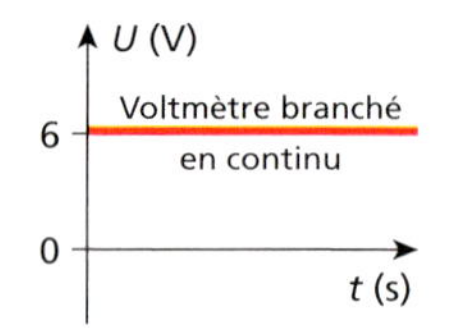

▷ Déterminer les valeurs et la période d'une tension

1. Je branche un voltmètre aux bornes d'un générateur TBF (très basse fréquence) réglé sur 10^{-2} Hz. Je relève les valeurs de U toutes les 10 secondes.

t(s)	0	10	20	30	40	50	60	70	80	90	100	110	120	130	140	150
U(V)	0	6,2	9,8	9,8	6	0	– 5,6	– 9,5	– 9,2	– 5,2	0	6,7	9,9	9,6	5,2	0

2. Je trace le graphique de U en fonction du temps t. La tension prend alternativement des valeurs positives et négatives, et un « motif élémentaire » (en rouge) se répète périodiquement.

La durée correspondant à ce motif élémentaire est la période. Ici $T \approx 100$ s.
La valeur $U_{max} \approx 10$ V est « l'amplitude ».

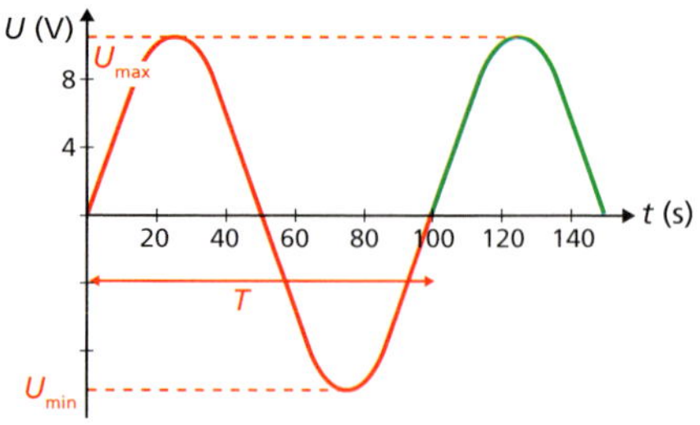

MINI INTERRO

1. Qu'est-ce qu'une tension continue ?
2. Définis une tension alternative.
3. Qu'est-ce qu'une tension périodique ? Donne la définition d'une période.

PHYSIQUE

1 Vrai ou faux ?

Coche la case qui convient.

	V	F
a. Une tension est continue lorsque sa valeur reste constante au cours du temps.	❑	❑
b. L'amplitude d'une tension alternative est notée *T*.	❑	❑
c. La période d'une tension alternative change de signe.	❑	❑
d. Une tension alternative est sinusoïdale si elle se répète identiquement à elle-même.	❑	❑

2 Comportement d'une DEL

Colorie les lampes et les DEL lorsqu'elles sont allumées.

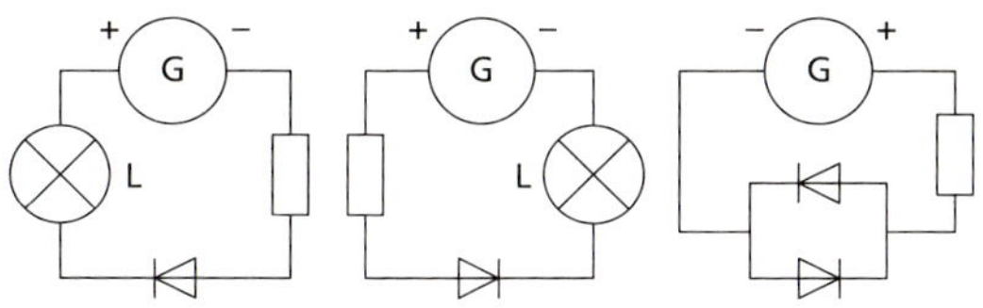

3 Qualifier la tension

Fais correspondre les mots « alternative », « périodique » et « continue » aux tensions suivantes.

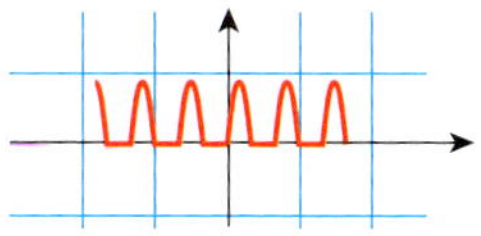

....

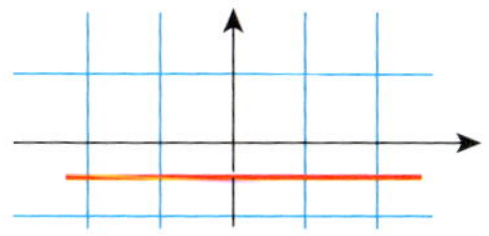

....

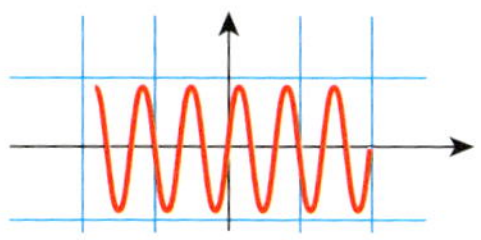

....

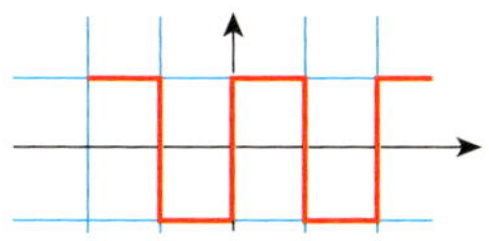

....

4 Une tension variable

On relève les valeurs d'une tension au cours du temps.

U (V)	0	– 6	– 6	– 6	0	6	6	6	0	– 6	– 6	– 6	0	6	6	6
t (ms)	0	2	4	6	8	10	12	14	16	18	20	22	24	26	28	30

a. Trace le graphique de la tension en fonction du temps.
Échelle : (2 cm ↔ 3 V) et (1 cm ↔ 2 ms).

b. Est-ce une tension continue ? Justifie.

....

c. Donne son amplitude et sa période en seconde.

....

5 La tension du secteur

La tension du secteur est une tension alternative et périodique. Sa forme est sinusoïdale. Son maximum est de 325 V et sa période de 20 ms.

a. Trace le graphique des variations de la tension en fonction du temps, en prenant pour échelle 1 cm ↔ 2 ms et 1 cm ↔ 50 V.

b. Combien de fois la tension d'une lampe branchée sur le secteur s'annule-t-elle par seconde ?

....

c. Peut-on voir la lampe clignoter ?

....

6 CONTRÔLE EXPRESS

Le graphique suivant représente une tension variable.

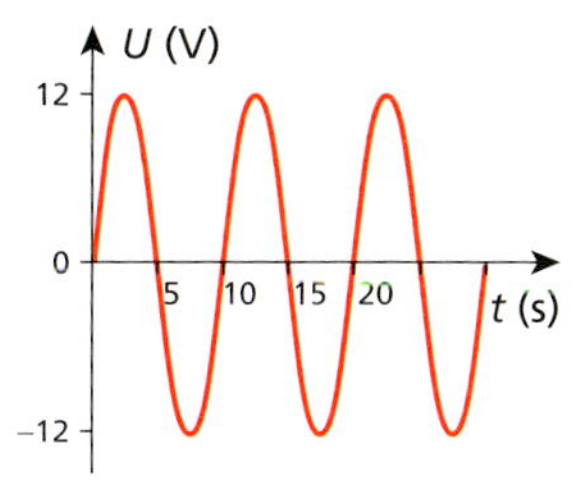

a. Est-ce une tension alternative ? Justifie.

....

b. Est-ce une tension périodique ? Justifie.

....

c. Quelle est l'amplitude de cette tension ?

....

d. Surligne en bleu le motif élémentaire de cette tension et donne sa période.

....

Corrigés p. 38 du livret.

10 La mesure des caractéristiques d'une tension

RETENIR

MOTS CLÉS

✓ **Oscillogramme :** courbe qui s'affiche sur l'écran d'un oscilloscope.

✓ **Amplitude d'une tension :** valeur maximale atteinte par la tension et donnée par la hauteur de l'un de ses « pics ».

1 / Visualisation d'une tension à l'oscilloscope

- Un **oscilloscope** est un appareil de **mesure** et de **visualisation** de la tension. Il permet également de **mesurer sa période *T*.**

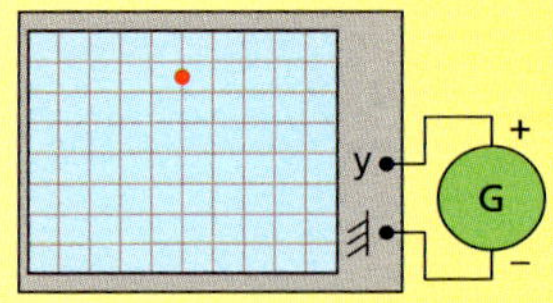

Le point rouge, appelé spot, se déplace du centre vers le haut de l'écran. Son déplacement est proportionnel à la valeur de la tension visualisée.

- Pour visualiser la tension d'un générateur, on branche sa borne + sur l'« entrée » Y d'un oscilloscope et sa borne – sur la « masse ». Le **spot** monte.

- La touche « **balayage** » permet de visualiser les **variations** d'une tension alternative **au cours du temps**. La valeur de la **période *T*** est donnée par $T = B \times$ nbre de divisions que couvre un motif élémentaire (B : valeur indiquée par « balayage »).

- La touche « **volts/division** » permet de déterminer l'**amplitude U_{max}** d'une tension alternative. $U_{max} = C \times$ nbre de divisions dont monte le spot (C : valeur indiquée par « volts/division »).

	Tension continue	Tension alternative
Sans balayage	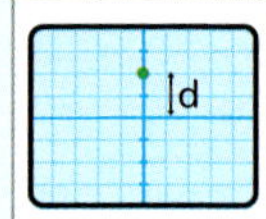	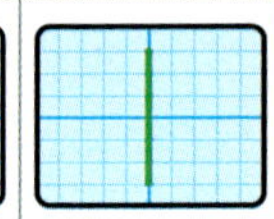
Avec balayage	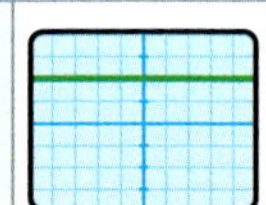	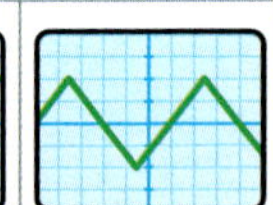

MINI INTERRO

1. Donne les deux formules permettant de calculer l'amplitude et la période d'une tension alternative sur un oscilloscope.
2. Que mesure un voltmètre ?
3. Définis la fréquence d'une tension. Donne la formule qui permet de la calculer et son unité.

2 / Caractéristiques d'une tension

- Une tension alternative est caractérisée par son **amplitude U_{max}**, sa **période *T***, mais aussi par sa **fréquence *f*** et sa **valeur efficace U_{eff}**.

- Un voltmètre fonctionnant en mode alternatif mesure la valeur efficace U_{eff} d'une tension alternative : $U_{eff} = \dfrac{U_{max}}{\sqrt{2}}$.

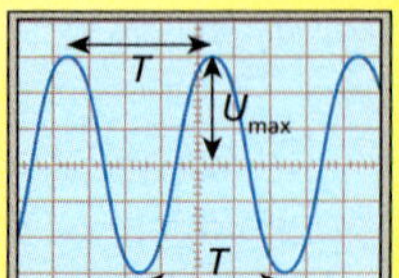

Oscillogramme d'une tension « alternative et sinusoïdale ».

- **La fréquence est le nombre de périodes par seconde** et s'exprime en hertz (Hz) :

$f = \dfrac{1}{T}$ (avec *T* en seconde).

LA MÉTHODE

▷ Mesurer U_{max} et *T* avec un oscilloscope, et calculer *f*

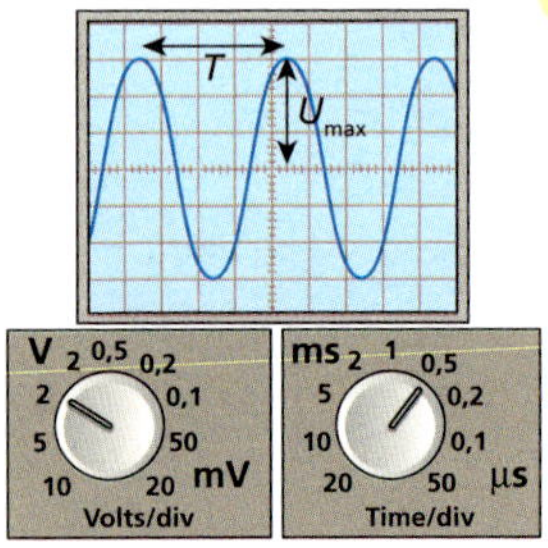

- Je branche l'oscilloscope sur un GBF (générateur basse fréquence) et je visualise la tension délivrée. Je calcule alors l'**amplitude** U_{max} et la **période** *T* :
$U_{max} = C \times 3 = 2 \times 3 = 6$ V (la tension s'étend verticalement sur 3 divisions).
$T = B \times 4 = 0{,}5 \times 4 = 2{,}0$ ms $= 2{,}0 \times 10^{-3}$ s (le motif élémentaire s'étend sur 5 divisions).

- La **fréquence** *f* est donnée par $f = \dfrac{1}{T} = \dfrac{1}{2{,}0 \times 10^{-3}} = 500$ Hz.

S'ENTRAÎNER

1 Vrai ou faux ?

Coche la case qui convient.

	V	F
a. La tension maximale se mesure en volt.	❑	❑
b. La fréquence se mesure en seconde.	❑	❑
c. La période est l'inverse de la fréquence.	❑	❑
d. L'amplitude est la valeur maximale d'une tension.	❑	❑

2 Quel appareil ?

Relie par un trait l'appareil de mesure et la grandeur qu'il peut mesurer.

Oscilloscope ○	○ Tension efficace
Voltmètre ○	○ Fréquence
Fréquencemètre ○	○ Période
Ampèremètre ○	○ Tension maximale

3 Convertir

a. 1 500 Hz = ... kHz

b. 30 ms = ... s

c. 400 mV = ... V

d. 50 µs = ... s

e. 500 000 Hz = ... MHz

f. 0,064 s = ... ms

g. 800 V = ... kV

4 La bonne formule

Corrige les formules erronées.

a. $T = \frac{1}{f}$

b. $U_{max} = \frac{U_{eff}}{\sqrt{2}}$

c. $f \times T = 1$

d. $f \times 1 = T$

e. $U_{eff} \times U_{max} = \sqrt{2}$

5 Avec ou sans balayage

a. Parmi les oscillogrammes suivants, lequel représente une tension alternative et sinusoïdale ?

....

....

b. Dessine l'oscillogramme obtenu pour chaque tension lorsque le balayage ne fonctionne pas.

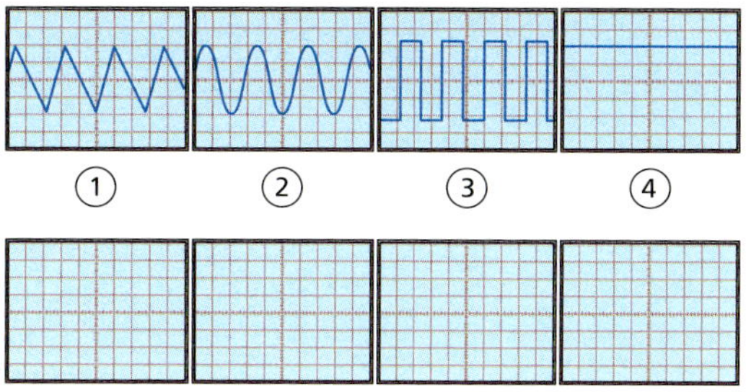

6 Caractéristiques d'une tension

On considère la tension ci-dessous mesurée par un oscilloscope et un voltmètre.

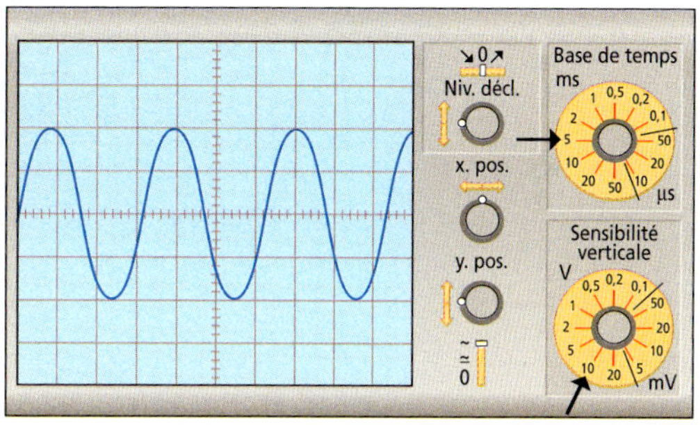

a. Quelle est l'amplitude de cette tension ?

b. Est-ce une tension alternative ? Pourquoi ?

c. Est-ce une tension périodique ? Pourquoi ?

d. Quelle est la période de cette tension ?

e. Calcule sa fréquence.

f. Quelle est l'indication du voltmètre ?

g. Que verras-tu sur l'écran de l'oscilloscope si tu choisis C = 20 V/division ?

7 CONTRÔLE EXPRESS

a. Calcule la fréquence d'une tension dont la période est de 50 ms. Donne la réponse en kHz.

b. Calcule la période d'une tension dont la fréquence est de 40 Hz.

c. Calcule la tension efficace d'une tension dont l'amplitude est de 24 V.

d. Calcule l'amplitude d'une tension dont la valeur efficace est de 12 V.

e. Calcule la fréquence de la tension du secteur dont la période est de 20 ms.

Corrigés p. 38 du livret.

11 Puissance et énergie électriques

RETENIR

1 / La puissance électrique

- La **puissance électrique** P correspond à l'énergie électrique consommée ou produite par un appareil, par seconde. La puissance électrique dépend de la tension U et de l'intensité I du courant :

$P = U \times I$ avec P **en watt (W)**, U en volt (V) et I en ampère (A).

La puissance électrique est **fournie** par le générateur et elle est **consommée** par le récepteur.

- Un dipôle électrique est caractérisé par sa **puissance nominale**, indiquée par le constructeur sur l'appareil. C'est la puissance électrique **consommée** par un récepteur lorsqu'il **fonctionne normalement**. Si la puissance reçue par un appareil est inférieure à sa puissance nominale, son efficacité est inférieure à celle prévue. Si un appareil reçoit une puissance supérieure à sa puissance nominale, il risque d'être détérioré.

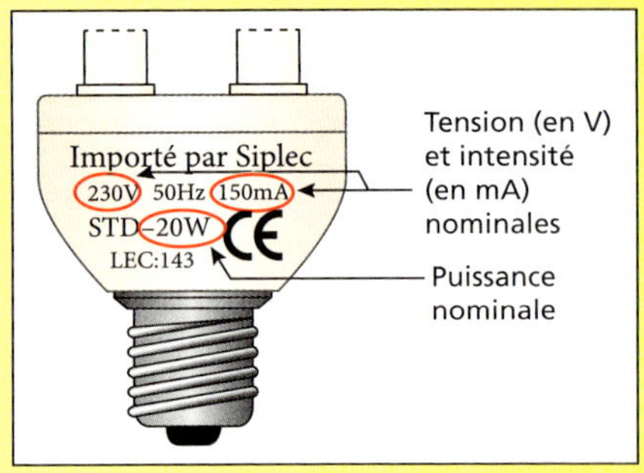

Culot d'une ampoule basse consommation.

MOTS CLÉS

✓ **Disjoncteur :** dispositif de protection permettant d'interrompre le courant électrique en cas d'échauffement excessif d'un circuit (exemple : lors d'un court-circuit).

✓ **Dipôle ohmique (résistance) :** Sa puissance est $P = U_{eff} \times I_{eff}$ où U_{eff} et I_{eff} sont les valeurs efficaces de la tension et de l'intensité.

2/ L'énergie électrique

- L'**énergie électrique** E reçue par un dipôle ou un appareil électrique est le produit de la puissance qu'il reçoit par la durée de son fonctionnement :

$E = P \times t$ avec E **en joule (J)**, P en watt (W) et t en seconde (s).

– Si P est en watt et t en heure, E s'exprime **en wattheure (Wh)**.

– Si P est en kilowatt et t en heure, E s'exprime **en kilowattheure (kWh)**. C'est l'unité qui apparaît sur les factures d'électricité.

- Un générateur **fournit** de l'énergie électrique à un circuit. Un récepteur **transforme** l'énergie électrique qu'il reçoit en une autre forme d'énergie.

LA MÉTHODE

▷ Convertir

Je cherche à calculer l'**énergie électrique** E, en wattheure (Wh), consommée par une lampe de 80 W si elle fonctionne pendant 600 s.

- **Méthode 1.** Je convertis le temps t en heure, puis je calcule l'énergie :

$$t = 600 \text{ s} = \frac{600}{3\,600} = 0{,}167 \text{ h donc } E = P \times t = 80 \times 0{,}167 = 13{,}3 \text{ Wh.}$$

- **Méthode 2.** Je calcule l'énergie E en joule (J), puis j'utilise la relation 1 Wh = 3 600 J (car 1 Wh = 1 W × 1 h = 1 W × 3 600 s = 3 600 J) :

$$E = P \times t = 80 \times 600 = 48\,000 \text{ J} = \frac{48\,000}{3\,600} = 13{,}3 \text{ Wh.}$$

MINI INTERRO

1. Quelle relation lie la puissance et l'énergie ?
2. Qu'est-ce qu'une puissance nominale ? Donne son unité.
3. Donne toutes les unités possibles de l'énergie électrique.

PHYSIQUE

S'ENTRAÎNER

1 Vrai ou faux ?

Coche la case qui convient.

	V	F
a. La relation $P = \frac{E}{t}$ est juste.	❑	❑
b. Un disjoncteur coupe le courant s'il fait chaud.	❑	❑
c. Un disjoncteur coupe le courant en cas de court-circuit.	❑	❑
d. Alimentée par un générateur de 6 V, une ampoule avec les indications (6 V - 100 mA) brille plus fort qu'une ampoule avec les indications (6 V - 150 mA).	❑	❑
e. Une énergie d'un wattheure (Wh) est plus faible qu'une énergie d'un joule (J).	❑	❑

2 La puissance électrique

Un radiateur électrique fonctionne sous la tension du secteur ($U = 230$ V). La valeur efficace de l'intensité qui le traverse est 6,5 A. **Calcule sa puissance électrique.**

....

3 L'intensité d'un appareil

Un fer à repasser porte les indications suivantes : 230 V - 1 500 W. Il est branché sur une prise du secteur. **Quelle est l'intensité du courant qui le traverse ?**

....

4 Une installation électrique

Voici le schéma d'une installation électrique simplifiée. Entre phase et neutre, $U = 230$ V.

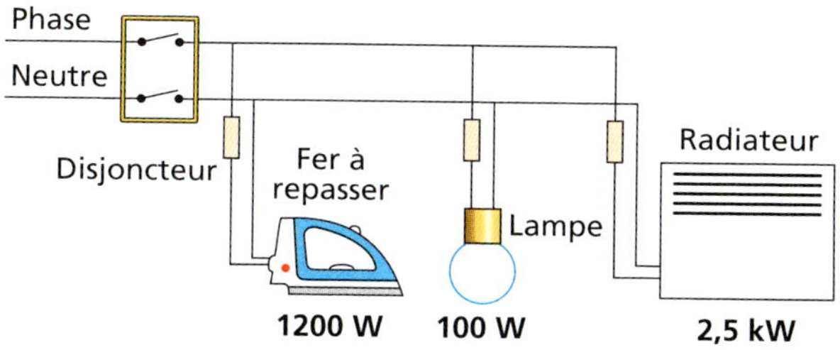

a. Quelle est la puissance reçue par l'installation quand les trois appareils sont en fonctionnement ?

....

b. Quelle intensité efficace du courant traverse le disjoncteur ?

....

5 L'énergie et son coût

a. Quel appareil mesure l'énergie électrique consommée dans une installation ?

....

b. Calcule l'énergie électrique consommée par l'installation schématisée dans l'exercice 4 quand les trois appareils fonctionnent pendant 1,5 h. Exprime le résultat en joule, puis en kilowattheure.

....

c. Quel est le coût de ce fonctionnement ? (*Donnée* : 1 kWh vaut 0,10 euro.)

....

6 Section minimale d'un fil

Quelle doit être la section minimale des fils qui alimentent les appareils ci-dessous lorsqu'ils fonctionnent sous la tension du secteur (230 V) ? Utilise les données ci-dessous et complète le tableau.

Section des fils	1,5 mm^2	2,5 mm^2	4 mm^2	6 mm^2
Intensité maximale	10 A	20 A	25 A	32 A

Appareil	**Fer à repasser**	**Four**	**Plaque de cuisson**
Puissance	2 000 W	2 800 W	5 500 W
Section des fils			

7 Consommation d'un fer à repasser

Un fer à repasser branché sur le secteur reste allumé pendant 10 h. Il est traversé par $I = 4{,}35$ A. **Quel est le coût engendré par cet oubli si 1 kWh vaut 0,10 € ?**

....

....

....

8 CONTRÔLE EXPRESS

Une lampe halogène de 500 W reste allumée pendant 3 h.

a. Calcule l'énergie électrique qu'elle a consommée en wattheure, en kilowattheure et en joule.

b. Que devient cette énergie lors du fonctionnement ?

Corrigés p. 38 du livret.

12 L'interaction gravitationnelle

RETENIR

1 / Interaction

- Le système solaire est constitué d'une étoile, de huit planètes, de leurs satellites et d'astéroïdes. Ces planètes tournent autour du Soleil et les satellites effectuent le même mouvement autour des planètes : ces objets sont en **interaction gravitationnelle**.

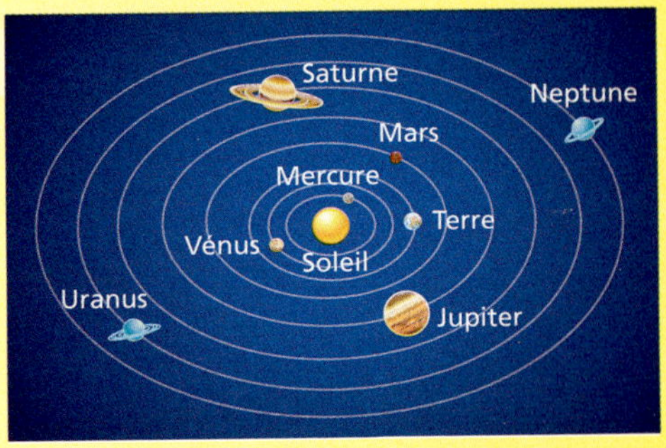

MOT CLÉ

✓ **Forces gravitationnelles :** Lorsque deux objets A et B s'attirent, ils sont soumis à deux forces gravitationnelles égales telles que $F_{A/B} = F_{B/A}$ et de sens contraires.

2 / Aspect attractif

- Les planètes gravitent autour du Soleil et ne quittent pas leurs orbites. L'interaction entre ces astres est **attractive**. La **gravitation** est une **interaction attractive** entre deux objets stellaires.

3 / Aspect universel

- Cette interaction n'est due qu'au seul fait que ces objets ont une **masse**. Ce raisonnement s'applique à tous les objets possédant une masse. Ainsi il existe une interaction gravitationnelle entre la Terre et le Soleil, entre la Terre et la Lune, mais aussi entre vous et une chaise. L'interaction gravitationnelle régit l'univers entier : elle est **universelle**.
- **L'interaction gravitationnelle se manifeste par des forces attractives entre deux objets.** Le poids est la manifestation de l'interaction gravitationnelle entre la Terre et les objets qui s'y trouvent.

PHYSIQUE

LE DOCUMENT CLÉ

▷ L'interaction électromagnétique et ses caractéristiques

1. **L'interaction.** Je prends un petit aimant et une bille en fer. Je les suspends par des fils et je rapproche les supports. La bille et l'aimant s'attirent. Ces deux objets sont en **interaction**, même s'ils ne sont pas en contact : c'est une **interaction à distance**.
2. **La distance.** L'aimant et la bille ne se déplacent pas l'un vers l'autre lorsqu'ils sont trop éloignés. Ils s'attirent d'autant plus fortement qu'ils sont proches l'un de l'autre.
L'interaction gravitationnelle **dépend de la distance** entre les corps.
3. **La masse.** L'interaction gravitationnelle est trop faible pour être détectable entre les objets qui ont une masse faible comme nous et les objets qui nous entourent. Elle est en revanche importante entre les corps massifs tels les astres. Cette interaction **dépend de la masse** des corps également.

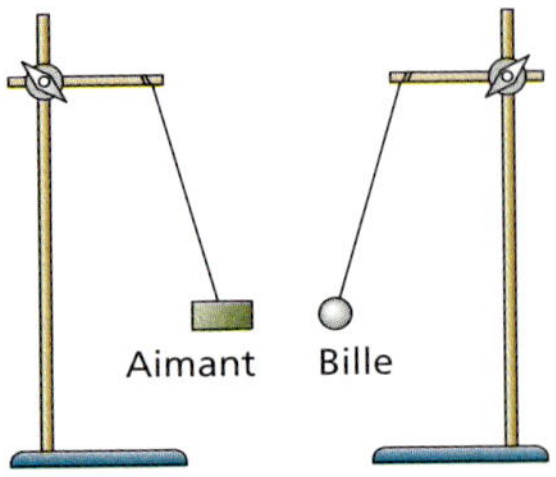

La bille attire l'aimant avec une force F_1. L'aimant attire la bille avec une force F_2. Les deux forces sont égales : $F_1 = F_2$.

MINI INTERRO

1. Existe-t-il toujours une interaction gravitationnelle entre deux objets proches possédant une masse ?
2. Donne un exemple d'interaction autre que gravitationnelle.
3. Une pomme tombe de sa branche par terre. Explique ce phénomène.

S'ENTRAÎNER

1 Vrai ou faux ?

Coche la case qui convient.

	V	F
a. La Lune attire la Terre.	☐	☐
b. Un aimant attire un clou en fer mais le clou n'attire pas l'aimant.	☐	☐
c. La Terre nous attire et nous attirons la Terre.	☐	☐
d. La masse de la Terre est plus faible que celle du Soleil, la force d'attraction qu'elle exerce alors sur celui-ci est plus faible que celle exercée par le Soleil sur la Terre.	☐	☐
e. On peut assimiler l'interaction gravitationnelle à l'interaction qui existe entre deux aimants.	☐	☐

2 Le bon mot

Complète les phrases avec les mots suivants :
augmente • égales • très grandes • interaction • forces attractives

a. Deux objets sont en .... gravitationnelle du simple fait qu'ils possèdent une masse.

b. Deux objets de masses différentes exercent l'un sur l'autre des forces ....

c. L'interaction gravitationnelle diminue lorsque la distance entre deux corps ....

d. L'interaction gravitationnelle se manifeste par des ....

e. L'interaction gravitationnelle entre deux corps n'est pas négligeable que si leurs masses sont ....

3 Le système solaire

Dans le système solaire, le Soleil exerce une action attractive sur les planètes.

a. Cette action est-elle de contact ou à distance ?

b. L'action du Soleil est-elle plus forte sur les planètes les plus proches ? Pourquoi ?

c. Vénus et la Terre ont des masses de valeurs très proches. Sont-elles attirées avec la même force par le Soleil ? Justifie.

4 Deux cubes en interaction

On considère deux cubes 1 et 2 de masses respectives $m_1 = 1$ kg et $m_2 = 3$ kg.

1. Ces cubes sont placés à une distance de 20 cm l'un de l'autre.

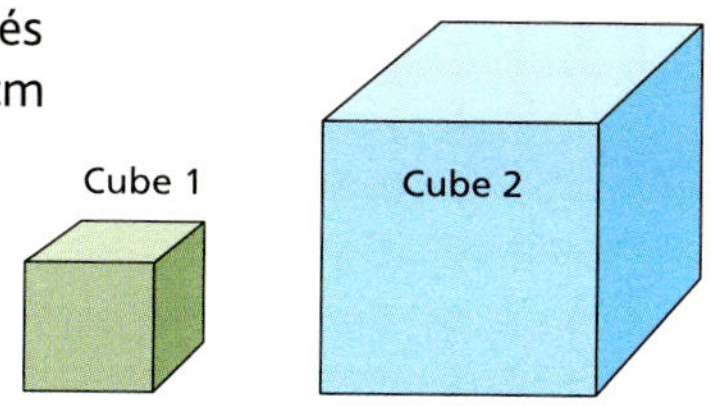

Quelle relation lie les forces attractives F_1 et F_2 appliquées par chacun de ces cubes sur l'autre ?

....

2. On pose le cube 1 sur le cube 2.

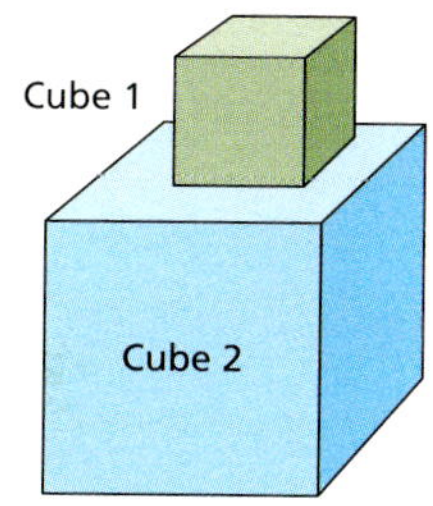

a. Existe-t-il encore une interaction gravitationnelle entre ces deux objets ? Pourquoi ?

....

b. Existe-t-il encore une interaction gravitationnelle entre le cube 1 et la Terre ? Pourquoi ?

....

c. Existe-t-il une autre interaction entre ces cubes ? Si oui, est-elle à distance ?

....

5 CONTRÔLE EXPRESS

Coche si l'interaction gravitationnelle n'est pas négligeable.

☐ **a.** Entre un enfant et un jouet en forme de voiture qu'il tire par l'intermédiaire d'un fil.

☐ **b.** Entre la fusée Ariane qui s'éloigne de la Terre et cette même planète.

☐ **c.** Entre une pomme qui tombe d'une branche et la Terre.

☐ **d.** Entre un fruit accroché sur la branche d'un arbre et la Terre.

☐ **e.** Entre un homme et la voiture qu'il conduit.

Corrigés p. 39 du livret.

13 Poids et masse

RETENIR

1 / Le poids et la masse

MOTS CLÉS

✓ **Poids :** Il résulte de l'interaction gravitationnelle entre une planète et un objet qui se trouve à proximité de celle-ci.

✓ **Action à distance :** interaction entre deux corps qui ne sont pas en contact. Un aimant exerce une action à distance sur les objets en fer ou en nickel.

- Le **poids** d'un objet est la **force d'attraction** que la Terre exerce sur celui-ci. Le poids est une **action à distance**. C'est une force **verticale** et dirigée vers le bas. Le poids P se mesure avec un dynamomètre et son unité de mesure est le **newton** (N). P diminue lorsqu'on s'éloigne de la Terre et finit par s'annuler dans l'espace : c'est l'**apesanteur**.
- La **masse** d'un objet est la **quantité de matière** qui le constitue. La masse m se mesure avec une balance et son unité est le **kilogramme** (kg). La masse reste constante quel que soit l'endroit où on se trouve sur différentes planètes ou dans l'espace.

2 / La relation entre le poids et la masse

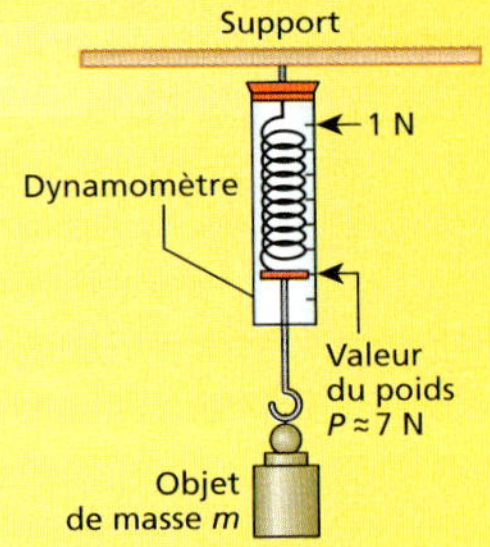

On mesure le poids de la masse $m = 700$ g sur le dynamomètre.

- Il ne faut pas confondre le poids et la masse. Ils ne s'expriment pas dans la même unité. Ils sont liés par la relation :

$m \times g = P$ avec P(N) et m(kg)

g est **l'intensité de la pesanteur** exprimée en N/kg.
Sur Terre, $g \approx 9{,}8$ N/kg.

- **Le poids d'un objet est différent sur d'autres planètes mais sa masse reste la même.**

LA MÉTHODE

▷ Vérifier la verticalité du poids

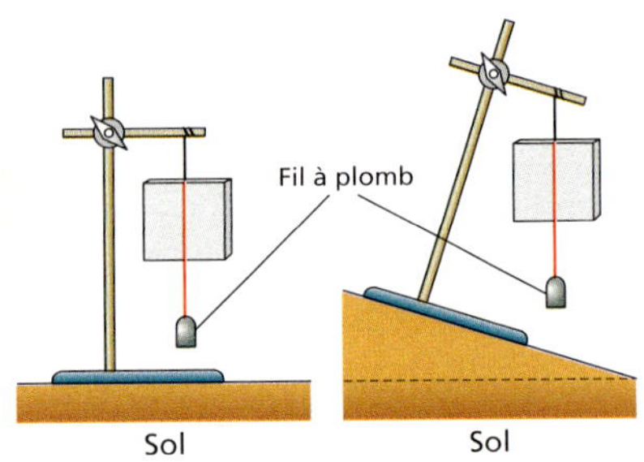

- Je suspends un objet plat avec un fil à plomb accroché à un support comme l'indique le schéma. Je trace la direction du fil sur l'objet. Cette direction est **verticale** et indique celle du poids de l'objet.
- Je pose le support sur une pente. Je constate que la direction du poids reste **verticale mais non perpendiculaire** à celle de la pente.

▷ Vérifier expérimentalement la relation entre le poids et la masse

1. **Expérience.** Je mesure, à l'aide d'une balance, la **masse** de différents objets. Je mesure un à un leur **poids** avec un dynamomètre et je fais un tableau.
2. **Exploitation des résultats.** Je calcule P/m et je complète le tableau.

m **(kg)**	0,020	0,050	0,080	0,10	0,12	0,15
P **(N)**	0,21	0,52	0,79	0,98	1,17	1,46
P/m **(N/kg)**	10,5	10,4	9,88	9,80	9,75	9,73

Je constate que $P/m = 9{,}8 = g$. On obtient $P \times 1 = m \times g$.
Le poids et la masse sont liés par la relation $P = m \times g$ avec $g = 9{,}8$ N/kg.

MINI INTERRO

1. Qu'est-ce que le poids ? Donne son unité et son appareil de mesure.
2. Même question pour la masse.
3. Donne la relation entre le poids et la masse d'un objet.

S'ENTRAÎNER

1 Vrai ou faux ?

Coche la case qui convient.

	V	F
a. Le poids se mesure en kilogramme.	❑	❑
b. Un astronaute change de poids lorsqu'il est sur la Lune.	❑	❑
c. La masse d'un astronaute n'est plus la même lorsqu'il est dans la navette spatiale en orbite autour de la Terre.	❑	❑
d. La masse d'un objet est le poids qu'il contient.	❑	❑
e. Lorsqu'on demande le poids d'une personne, elle doit donner sa réponse en newton.	❑	❑

2 Le poids et la masse

a. Parmi les formules suivantes, corrige celle qui est fausse :

- $m = g / P$
- $P = mg$
- $g = P / m$

b. Donne l'unité de P.

c. Donne l'unité de m.

d. Que représente g ? Donne son unité.

3 Sur la Lune

Un astronaute marchant sur le sol lunaire porte un équipement dont la masse mesurée sur Terre vaut 80 kg.

a. Quelle est la masse de cet équipement sur la Lune ?

b. Calcule le poids P_T de l'équipement sur la Terre, puis le poids P_L sur la Lune.
Données : $g_{Terre} = 9{,}8$ N/kg ; $g_{Lune} = 1{,}6$ N/kg.

4 Situation en Australie

Coche la(les) phrase(s) juste(s).

Une personne se trouvant en Australie, hémisphère sud, peut-elle dire :

a. ❑ Je suis attiré(e) vers le haut.

b. ❑ Je suis attiré(e) vers le bas.

c. ❑ Je suis attiré(e) vers le centre de la Terre.

d. ❑ Mon poids change de valeur par rapport à l'hémisphère nord.

5 Voyage dans le système solaire

Une sonde est envoyée sur la surface d'une planète du système solaire pour effectuer des mesures. Le poids de cette sonde est de $P_T = 1\,176$ N sur Terre.

a. Calcule la masse de la sonde sur Terre, sachant que $g_{Terre} = 9{,}8$ N/kg.

b. Quelle est sa masse sur la planète de destination ? Justifie.

c. Quel est son poids à mi-chemin entre la Terre et la planète de destination ? Justifie.

d. Lorsque la sonde se pose sur la surface de la planète, les ordinateurs de bord indiquent que son poids est alors $P = 444$ N. Sur quelle planète est-elle ? Justifie par un calcul, puis utilise le tableau suivant.

Astre	Terre	Lune	Mercure	Vénus	Mars	Jupiter	Saturne
g (N/kg)	9,8	1,6	3,6	8,9	3,7	25	10,6

6 Intensité de la pesanteur et altitude

La mesure de l'intensité de la pesanteur g à différentes altitudes h donne les résultats suivants :

***h* (km)**	0	100	500	1 000	2 000	3 000	5 000	7 000	10 000
g (N·kg^{-1})	9,8	9,5	8,4	7,3	5,7	4,5	3,1	2,2	1,5

a. Représente graphiquement les variations de g en fonction de h. Prends comme échelle : 1 cm pour 1 N/kg en ordonnées et 1 cm pour 1 000 km en abscisses.

b. Détermine graphiquement la valeur de g à 250 km d'altitude.

7 CONTRÔLE EXPRESS

Un paquet de bonbons est accroché par un fil à un dynamomètre. L'appareil indique 4,2 N.

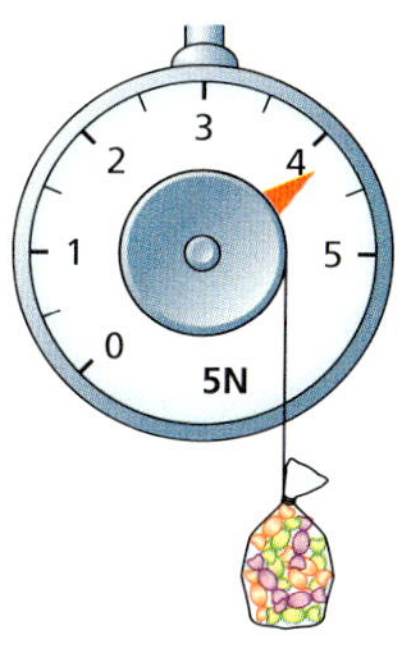

a. Dessine sur le schéma la direction du poids.

b. Calcule la masse du paquet de bonbons.

c. Exprime cette masse en gramme.
Donnée : g = 10 N/kg.

Corrigés p. 39 du livret.

14 Énergie cinétique et énergie de position

RETENIR

1 / Pourquoi les objets tombent-ils ?

- La Terre exerce une **action mécanique** (ou une force) sur les objets pour les attirer vers elle : les objets tombent. **Les objets tombent en chute libre vers la Terre sous l'effet de leur poids.**
- L'action mécanique exercée par la Terre sur un objet peut le mettre en mouvement ; modifier sa vitesse ou modifier sa trajectoire.

2 / L'énergie de mouvement et l'énergie de position

- Un objet de masse m, qui se déplace à la vitesse V, possède une énergie appelée **énergie de mouvement ou cinétique E_c**. Elle dépend de la **masse** de l'objet et de sa **vitesse. L'énergie de mouvement d'un objet de masse m se déplaçant à la vitesse V est proportionnelle à sa masse et au carré de sa vitesse** :

$$E_c = \frac{1}{2}mV^2$$

- Un objet placé à une hauteur h possède une énergie proportionnelle à sa **masse** m et à sa **position**, appelée énergie de position E_P (en joule). Plus h est grande, plus son **énergie de position** est élevée.

3 / L'énergie mécanique

- Les objets en **chute libre** possèdent donc une **énergie de mouvement E_c** et de **position E_P**. La somme de ces deux énergies est l'**énergie mécanique E_m** (en joule). En étudiant la chute d'une bille, on constate que l'énergie de position (maximale au début) se transforme en énergie de mouvement (maximale à la fin), mais **$E_m = E_c + E_P$ = constant.**
- Cette propriété est utilisée dans les barrages hydrauliques : l'eau retenue par le barrage à une certaine hauteur possède une énergie de position qui diminue lors de sa chute. L'eau acquiert une énergie de mouvement. Cette dernière est transformée en **énergie électrique**.

MOTS CLÉS

✓ **Énergie potentielle de pesanteur :** Elle dépend de la masse de l'objet étudié, de la hauteur à laquelle il est placé et de l'intensité de la pesanteur. On l'appelle aussi énergie de position.

✓ **Force :** toute action capable de modifier le mouvement d'un objet ou de le déformer.

MINI INTERRO

1. Qu'est-ce que l'énergie cinétique ? Donne sa formule et son unité.
2. Définis l'énergie de position d'un objet. De quoi dépend-elle ?
3. Lorsqu'une pierre tombe, l'une de ses énergies augmente et une autre diminue. Nomme ces énergies et explique le phénomène.

LE DOCUMENT CLÉ

▷ Énergie cinétique et sécurité routière

Distance de freinage en fonction de la vitesse	
Vitesses	**Distances**
30 km/h	4,4 m
60 km/h	18 m
90 km/h	39 m

- L'énergie cinétique d'une voiture de masse m se déplaçant à une vitesse $V = 30$ km/h est $E_c = ½mV^2$.
- Si la vitesse double, $V' = 60$ km/$h = 2V$ et l'énergie de mouvement de la voiture devient :

$E_c' = ½mV'^2 = ½m(2V)^2 = ½m \times 4V^2 = 4 \times ½mV^2 = 4E_c$.

Si la vitesse d'une voiture **double**, son **énergie de mouvement** est **multipliée par 4**. La distance de freinage, proportionnelle à V^2, est aussi multipliée par 4.

S'ENTRAÎNER

1 Vrai ou faux ?

Coche la case qui convient.

	V	F
a. Dans l'expression $E = ½\ mV^2$, *m* s'exprime en kg et *V* en joule (J).	❑	❑
b. Un objet possède toujours une énergie de position.	❑	❑
c. Un objet possède toujours une énergie cinétique.	❑	❑
d. Lorsqu'un objet s'élève au-dessus du sol, son énergie de position augmente.	❑	❑

2 La formule exacte

Entoure les formules exactes.

a. $E_c = 1/2\ m^2V$ **b.** $E_c = mV^2/2$

c. $E_c = 2\ mV^2$ **d.** $2\ E_c = mV^2$

3 Un objet en chute libre

Coche les affirmations exactes.

Un objet en chute libre :

a. ❑ est projeté vers le bas.

b. ❑ se déplace en ligne droite.

c. ❑ voit son énergie de position diminuer.

d. ❑ garde une vitesse constante.

e. ❑ accélère.

4 Calcul d'une vitesse

Quelle est la vitesse d'une balle de 15 g possédant une énergie cinétique de 600 J ?

....

5 L'énergie d'une voiture

Une voiture de 1,2 tonne se déplace à une vitesse constante de 100 km/h.

a. Rappelle la formule de la vitesse *V* en fonction de la distance *d* et du temps *t*. Calcule la distance parcourue, en mètre, par cette voiture pendant 5 minutes.

b. Calcule l'énergie cinétique de la voiture.

c. Quelle est la vitesse d'un camion de 10 tonnes qui possède la même énergie cinétique ? Donne cette vitesse en km/h.

Corrigés p. 39 du livret.

6 Distance d'arrêt et vitesse

La distance d'arrêt D_A d'un véhicule pour éviter un obstacle est $D_A = D_R + D_F$. D_F (distance de freinage) est la distance parcourue à partir du moment où le conducteur freine et D_R (distance de réaction) est la distance parcourue pendant le temps nécessaire au conducteur pour réagir et commencer à freiner. Le temps de réaction est d'1 s pour un conducteur reposé qui n'a pas consommé d'alcool. Une voiture se déplace à $V_1 = 45$ km/h en ville et à $V_2 = 90$ km/h sur une route nationale.

a. Convertis V_1 et V_2 en m/s.

....

....

b. Quelles sont les distances de réaction D_{R1} et D_{R2} en mètre ?

....

....

c. La distance de freinage est-elle proportionnelle à *V* ou à V^2 ?

....

....

d. $D_{F1} = 13$ m pour cette voiture en ville. Calcule D_{F2}.

....

....

e. Calcule les distances d'arrêt pour cette voiture en ville et sur route nationale.

....

....

7 CONTRÔLE EXPRESS

Une balle est lancée horizontalement du haut d'une table, comme l'indique le schéma ci-dessous.

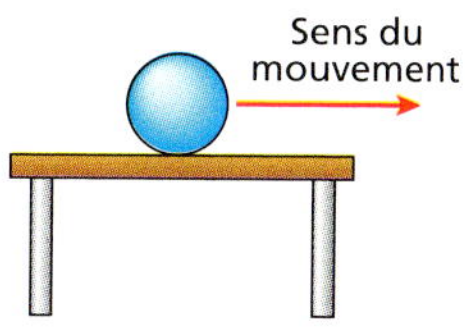

a. Pourquoi ne continue-t-elle pas sa trajectoire rectiligne ?

b. Avec quel objet est-elle en interaction ?

c. Complète le schéma en dessinant sa trajectoire.

d. Comment varie l'énergie de position de la balle sur la table, puis à partir du moment où elle quitte la table ?

Anglais

Anglais

DATE ÉVALUATION

1 Le présent, la comparaison, les pronoms

RETENIR

1 / Le présent simple et le présent continu

- Le présent simple :

You read. **Do** you read? You **do not** (don't) read.
He reads. **Does** he read? He **does not** (doesn't) read.

– Il sert à exprimer des **vérités générales** (Water boils at 100 °C.), des **actions habituelles** (He never speaks to her.) ou une **situation permanente** (They live in Tokyo.)
– Il s'emploie avec les verbes exprimant la **pensée** et le **goût**.

I **agree** with you. Do you **remember** our first meeting? He **likes** French cheese.

- Le présent continu : ***be* au présent** + **base verbale** + ***-ing***

He **is** eating. **Is** he eating? He **is not (isn't)** eating.

– Il sert à exprimer une **action en cours** (He is singing.) ou une **action prévue dans un futur proche** (He's coming tomorrow morning.).
– Il s'emploie avec les **verbes de position** : She's lying, he's standing.

MINI DICO

✓ **be likely (to)** : être probable que
✓ **board (to)** : embarquer
✓ **neighbour** : voisin
✓ **proud** : fier

2 / La comparaison

- **Le comparatif et le superlatif**

	Adjectif court	Adjectif long
Comp. de sup.	adj. + *-er* + *than* Pat is taller **than** Erick.	*more* + adj. + *than* Susan is **more careful than** her sister.
Comp. d'égalité	*as* + adj. (court ou long) + *as* My bag is **as heavy as yours**.	
Comp. d'inf.	*less* + adj. (court ou long) + *than* Helen is **less tall than** Jane.	
Superlatif	*the* + adj. + *-est* This train is **the fastest**.	*the most* + adj. This car is **the most expensive**.

- Le **double comparatif** exprime une progression.

Her children are **nicer and nicer**. Taxi fares are **more and more expensive**.

- Comparatifs et superlatifs **irréguliers** : *good* → *better* → *the best* • *bad* → *worse* → *the worst* • *far* → *farther* → *the farthest* • *little* → *less* → *the least*.

3 / Les pronoms personnels

- **Sujets** : *I, you, he, she, it, we, you, they*.
- **Compléments** : *me, you, him, her, it, us, you, them*.

Ils doivent se placer **après le verbe**. He likes **them**. Il les aime.

MINI INTERRO

1. Au présent, à quelle forme s'emploient les verbes *believe*, *want* et *like* ?
2. Quels sont les comparatifs de *good* et *bad* ?
3. Cite les pronoms personnels compléments.

ANGLAIS

LES EXPRESSIONS CLÉS

Pour exprimer la probabilité

- He may/might be angry.
- Perhaps he is in London.
- He's likely to be angry.
- It's quite probable, possible.
- It's likely that he is at home.
- He can/could be on time.
- She must have/has probably called you.
- I suppose…

S'ENTRAÎNER

1 Quiz

Relie ces phrases à l'auxiliaire qui convient.

a. What time … he get up in the morning?
b. The plane … leaving at 12.
c. … your neighbours make a lot of noise?
d. … he doing his homework?
e. … your neighbours making noise today?

- do
- does
- is
- are

2 Présent simple ou continu ?

Mets les phrases suivantes au temps qui convient.

a. Jessie always .... (enjoy) travelling.
b. The passengers .... (board) now.
c. He ...... (know) how to get cheap tickets.
d. Ben often .... (drive) his Mom's car.
e. Look! The old man .... (cross) without looking.
f. Pat .... (work) for eight hours every day.

3 Comparatif de supériorité

Remplace le comparatif d'égalité par le comparatif de supériorité (sans changer l'ordre des mots).

a. Your apple pie is as good as mine.
b. Susan's bike is as expensive as Tom's.
c. Allison is as pretty as Jessica.
d. The blue book is as heavy as the red one.
e. Your exercise is as bad as mine.

4 Le superlatif

Mets les adjectifs au superlatif.

a. This is .....(expensive) restaurant in town.
b. This is .....(long) film I have ever seen.
c. Cameron is .... (popular, nice) little baby at the nursery.
d. Paul Simon is .... (good) pianist in the school.
e. This game is .... (bad) I have ever played.

5 Exprimer la persuasion

The saleswoman is trying to persuade the fat woman that the dress suits her well. How does she persuade her?

6 Un peu de vocabulaire

***Education* / L'éducation (études)**

degree, diploma → diplôme
higher education → éducation supérieure
timetable → emploi du temps
graduate (to) → obtenir son diplôme
have a degree in (to) → avoir un diplôme en
mark (to) → noter
take an exam (to) → passer un examen
succeed (to), pass (to) → réussir
fail (to) → rater
educated → cultivé
good at / bad at → bon en, mauvais en

7 Test de vocabulaire

Complète avec des mots de l'exercice 6.

a. His parents are proud of him; he .... from Oxford last year.
b. Jennifer is .... today, she has worked a lot, I hope she'll pass it.
c. Unfortunately she didn't pass it, she ....
d. Mr Board specialised in English litterature, he is very ....
e. I'm good at languages but I .... economics.

8 CONTRÔLE EXPRESS

Remplace les mots soulignés par un pronom.

a. <u>Paul</u> is helping <u>Jane</u>.
b. <u>Our neighbours</u> will come with <u>their best friends</u>.
c. <u>Your cousin</u> will live with <u>you and me</u>.

Corrigés p. 40 du livret.

2 Le questionnement

RETENIR

Lorsque l'on pose une question, l'ordre des mots est :
mot interrogatif + auxiliaire + sujet + verbe suivi d'un **point d'interrogation**.

1 / *Wh- questions*

- Le mot interrogatif interroge sur…

l'objet, l'activité	*what*	**What** is this?
la personne	*who*	**Who** called Jim? (sujet) **Who** did he kiss? (complément)
le possesseur	*whose*	**Whose** dog is it?
le lieu	*where*	**Where** will you travel?
la raison	*why*	**Why** did you lie?
le moment	*when*	**When** are they leaving?
le choix	*which*	**Which** painting will you buy?
le but	*what…for*	**What** do you study **for**?
l'aspect	*what…like*	**What**'s the weather **like** in Rome?

- Lorsque ***who*** ou ***what*** est complément, l'ordre des mots est habituel.
  Who does he call at night? (complément) Qui appelle-t-il le soir ?
  Mais **Who** helped you? (sujet) Qui t'a aidé ?

- Ne pas oublier de rejeter la **préposition en fin de question** si elle accompagne le pronom interrogatif (**What** does he write **with**?) ou le verbe (**Who** is she looking **for**?).

2 / Questions avec *how*

- *How* sert à interroger sur la **manière**. **How** did you repair the chair?

- *How* peut être combiné à des **adjectifs** ou à des **adverbes**.
  How well did he read? • **How difficult** is the exercise?
  How much is the plane ticket? (prix) • **How far** is the bus station? (distance)
  How old is Jane? (âge) • **How often** do you travel? (fréquence)
  How long will it take? (durée) • **How long** is the line? (longueur)

- Pour interroger sur la **quantité**, on utilise ***how much*** (+ indénombrables) ou ***how many*** (+ dénombrables) : how much bread, how many drinks.

MINI DICO

- **anger** : colère
- **messy** : en désordre
- **translate (to)** : traduire

MINI INTERRO

1. Sur quoi interrogent les mots interrogatifs *what for* et *what like* ?
2. Quel mot interrogatif interroge sur la fréquence ?
3. *How* peut-il être combiné à des adjectifs ?

LES EXPRESSIONS CLÉS

▷ Pour exprimer la colère

- I'm so angry at him!
- How could he do that to me!
- I'll never forgive him!
- How dare you do this to me!

▷ Pour exprimer l'admiration

- It's wonderful, great, terrific, amazing!
- What a great composer!
- It was such a fantastic film!
- Brian was so talented!

S'ENTRAÎNER

1 Quiz

Complète avec un mot interrogatif de la liste :
which • how long • who • how often • how far.

a. .... needs help? John.

b. .... do you go dancing? Once a month.

c. .... is the station? Five miles.

d. .... one will you buy? The blue one.

e. .... will it take you to translate this document? Three days.

2 Questions

Pose des questions sur les mots soulignés.

a. I saw "<u>The Sixth Sense</u>" last year.

b. I go to London <u>three times</u> a year.

c. The river is <u>25kms long</u>.

d. We put <u>ten eggs</u> in this omelette.

e. This car is <u>Paul's</u>.

f. I'll take a taxi <u>to get there on time</u>.

3 Prépositions

Traduis les phrases suivantes.

a. Sur quoi est-il assis ?
b. De quoi cela dépend-il ?
c. À qui parle-t-il ?
d. Qu'attend-il ?
e. Avec qui travailles-tu ?
f. Avec quoi écrit-elle ?

4 Exprimer la colère

**Mrs and Mr Blake are coming back from a short trip. They are very angry at their two teenaged sons because their house is really messy.
How do they express their anger?**

5 Un peu de vocabulaire

Health / La santé

live (to), life → vivre, la vie
be alive (to) → être vivant
die (to), death → mourir, la mort
healthy → en bonne santé
sore, painful → douloureux
disabled → handicapé
deaf → sourd
disease, sickness → maladie
sick, ill → malade
prescription → ordonnance
catch a cold (to) → attraper froid
cough (to) → tousser
have the flu (to) → avoir la grippe
have a headache, a toothache, a stomachache (to) → avoir mal à la tête, aux dents, à l'estomac

6 Test de vocabulaire

Complète cette grille.

Verbe	Nom	Adjectif
live (to)	....	....
....	death	....
....	sickness	....
....	....	painful
....	disability	....

7 CONTRÔLE EXPRESS

En utilisant la préposition qui se trouve dans la réponse, pose les questions qui correspondent aux réponses données.

a. ....? Raphael is waiting for the train.

b. ....? Romane comes from Greece.

c. ....? Lucas is looking for his toy.

d. ....? Emma will write with her new pen.

e. ....? Ben and Jo work with a new manager.

f. ....? Allison and Jessica are sitting on a bench.

Corrigés p. 40 du livret.

3 L'expression du passé

RETENIR

1 / Le prétérit

- Le prétérit simple : pour les verbes réguliers **V** + ***-ed*** à toutes les personnes (lived, stayed) ; verbes irréguliers à apprendre par cœur.
Il sert à **raconter des faits passés sans lien avec le présent**. Le moment du passé est précisé : *ago*, *last*..., *in* + date passée ou *when* + passé.

He **fell** in love **when** he saw her.

- Le prétérit continu (ou progressif) : ***was*** ou ***were*** + **V** + ***-ing***.
Il exprime qu'une **action était en cours** à un certain moment du passé. (She **was carrying** a big umbrella.) ou qu'elle **se déroulait** quand quelque chose s'est produit (I **was driving** when a man **stopped** me.).

2 / *Used to*

- *Used to* décrit une **action que l'on avait coutume de faire** autrefois et que l'on ne fait plus à présent. **Did** you **use to** go to clubs? I **used to** smoke when I was 18.

3 / Le *present perfect*

- Le *present perfect* : ***have/has*** + **participe passé** (pour les verbes réguliers : V + *-ed* ; verbes irréguliers à apprendre par cœur).
– Il exprime **la conséquence, le résultat dans le présent d'une action passée.**

She **has worked** too much. She **is tired**

– Il sert à parler d'une **action qui a démarré dans le passé et qui continue dans le présent**. Il sera alors utilisé avec ***for*** **+ durée** (**for** 10 years / **for** 5 minutes) et ***since*** (**since** April 30th / **since** 10 o'clock).

They have lived here **since** 1999.

- Le *present perfect* continu : ***have/has*** + ***been*** + **verbe** + ***-ing***. Il sert à faire le **bilan d'une activité récente**. He **has been driving**.

MINI DICO

- **be used to (to)** : être habitué à
- **jump (to)** : sauter
- **scare (to)** : effrayer
- **the Great Wall** : la Grande Muraille (de Chine)

LES EXPRESSIONS CLÉS

Pour décrire une image

- I can see a photograph, a painting, an advertisement (*une publicité*).
- There are captions (*légendes*), frames (*vignettes*), a punch line (*chute*).
- The characters (*personnages*) are sad, cheerful (*enjoués*), old.
- The colours are bright, blurred (*floues*), light, dark.
- In the left-hand corner / the right-hand corner.
- At the top / the bottom ; on the left / the right ; in the upper / lower part.
- In the distance / the background / the foreground / the middle.
- The photographer, artist... suggests / conveys a message (*transmet*).
- His aim, goal, purpose (*but*) is... The slogan underlines (*souligne*)...
- The artist has / hasn't reached his goal. He has succeeded in...

MINI INTERRO

1. Comment se forme le prétérit continu (ou progressif) ?
2. Que temps utilise-t-on avec les adverbes *already* et *not... yet* ?
3. *Since* doit-il être suivi d'une date ou d'une durée ?

ANGLAIS

S'ENTRAÎNER

1 Quiz

Coche la case qui convient.

a. I ❑ went ❑ was going to China two years ago but I ❑ did not see ❑ was not seeing the Great Wall.

b. When he ❑ called ❑ was calling me I ❑ cooked ❑ was cooking.

c. When I visited them my mum ❑ played ❑ was playing the piano while my dad ❑ planted ❑ was planting roses.

d. They ❑ built ❑ were building it in 1989.

e. Brittney ❑ slept ❑ was sleeping when her dog ❑ jumped ❑ was jumping on her bed and ❑ scared ❑ was scaring her.

2 Prétérit continu

Voici ce qu'a fait Amanda hier.
Complète les phrases données en disant ce qu'elle faisait à cette heure précise.

1. 8–8.30: shower.
2. 8.30–9: breakfast.
3. 9–9.45: drive to work.
4. 10–5.30: work.
5. 6.30–7.30: dinner.

Exemple : At 8.15 she was having a shower.

a. At 8.45 ....?

b. At 9.10 ....?

c. At 2.30 ....?

d. At 6.45...........?

3 Description

Describe this famous painting by Van Gogh.

4 Un peu de vocabulaire

***Trade and finance* / Commerce et finance**

investor → investisseur
turnover → chiffre d'affaires
profitable → rentable
merger → fusion
manage (to), run (to) → diriger
management → la direction
competition → concurrence
wholesale → grossiste
retailer → détaillant
stock Exchange → la Bourse
currency → monnaie, devise

5 Test de vocabulaire

Relie les dessins aux mots donnés.

banknotes (bill: US)

coins

cheque (check: US)

credit card

cash

6 CONTRÔLE EXPRESS

Que faisaient ces gens avant de vivre sur cette île paradisiaque ? Regarde les bulles et construis des phrases en utilisant *used to*.

a. Cameron : I used to be a ....

b. Cynthia : I ....

c. Chris : I ....

Corrigés p. 40 du livret.

4 L'expression du futur

RETENIR

1 / Les différentes manières d'exprimer le futur

- ***Be going to*** **+ verbe** sert à exprimer une **action qui va se dérouler dans un futur proche**.

  He's **going to** take the bus. Il va prendre l'autobus.

- Avec le **présent continu**, l'**action** est **prévue et décidée à l'avance**. La phrase doit contenir un adverbe ou un complément qui place l'action dans le futur (*tomorrow, next, at five*). Le sujet est un **être animé**.

  I'**m taking** the train **tomorrow** morning. Je prends le train demain matin.

- Avec le **présent simple**, le sujet est **inanimé**. L'action future est précisée par un horaire.

  The film **starts** at 8. Le film commence à 8 h.

- ***Will*** **+ verbe** sert à **prédire un événement**, **faire une projection** (She **will** certainly visit them.), exprimer la **décision du sujet** (They **will** type it.). C'est le futur le plus employé.
  À la **forme négative**, *will not* devient *won't*.

- Le **futur continu : *will be* + verbe + *-ing***

  Tomorrow this time I'**ll be driving** home

  sert à dire qu'une **action sera en train de se dérouler** à un moment du futur.

- ***Shall*** **+ verbe à la forme interrogative** sert à **suggérer** (Shall we go to the swimming pool?), à **proposer son aide** (Shall I help you?).

2 / Les subordonnées temporelles

- Elles sont introduites par les conjonctions ***when, as soon as, while, until***. Elles dépendent d'une principale au futur, le verbe est au **présent** (alors qu'il est au futur en français).

  I'**ll do** it when I **have** more time. Je le **ferai** quand j'**aurai** plus de temps.

MINI DICO

- ✓ **have a temperature (to)** : avoir de la fièvre
- ✓ **lie (to)** : mentir
- ✓ **musical** : comédie musicale
- ✓ **penfriend** : correspondant

MINI INTERRO

1. Quelle est la forme contractée de *will not* ?
2. À quel temps doit être le verbe dans une subordonnées de temps introduite par *when* et *as soon as* ?
3. Qu'exprime *Shall we...*?

LES EXPRESSIONS CLÉS

▷ Pour exprimer le regret

- I regret signing the form.
- I wish I hadn't lied to her.
- I shouldn't have come here.
- If I had seen him before I would have told him the truth.
- How stupid of me to have told him!

▷ Pour exprimer le reproche

- Why did you do that?
- If only you hadn't done it!
- You shouldn't have seen her.
- Couldn't you tell it before?
- What a stupid thing to do!
- How stupid of you!

S'ENTRAÎNER

1 Quiz

Coche la case qui convient.

a. Our plane ❑ takes off ❑ is taking off at 11.

b. Brian ❑ take ❑ is taking us to a new musical next Sunday.

c. My American penfriend ❑ comes ❑ is coming to Paris tomorrow.

d. The restaurant ❑ opens ❑ is opening at 7, we're too early.

2 Présent ou futur ?

Mets les verbes au temps qui convient.

a. I ...... (tell) him when I ...... (see) him.

b. When we .... (have) more time, we .... (paint) the gate.

c. He .... (call) him back as soon as he .... (finish) his homework.

3 *Shall I*

Lis attentivement les situations suivantes. Fais des propositions en utilisant *shall I*.

a. Jane has a temperature, she needs to see a doctor.

b. Mum is too tired to make dinner.

c. You're trying a new dress on; you ask your friend if you can buy it.

4 Exprimer le regret

This old lady expresses regrets about not being married and not having children.

5 Un peu de vocabulaire

***Environment* / L'environnement**

environmentalist / *ecologist* → écologiste

environmental conservation → défense de l'environnement

ozone layer → couche d'ozone

household rubbish → ordures ménagères

nuclear fallout → retombées nucléaires

oil slick → nappe de pétrole

endangered species → espèces en voie de disparition

global warming → réchauffement climatique

rain forest → forêt tropicale

unleaded → sans plomb

pollute (to) → polluer

waste (to) → gaspiller

damage (to) → endommager

6 Test de vocabulaire

Complète avec un des mots suivants.

oil slick • *unleaded* • *endangered species* • *deforestation*

a. .... petrol can reduce pollution.

b. Look the .... is escaping from the tanker.

c. The rain forests suffer huge ....

d. Environmentalists try to save .... such as pandas and gorillas.

7 CONTRÔLE EXPRESS

Choisis le verbe qui convient.

a. Do you think Peter will call/is calling us tonight?

b. I'm sure he'll do/is doing it for you.

c. We won't see Monica on Thursday; she's travelling/will work.

Corrigés p. 40 du livret.

5 La condition

RETENIR

1 / *Would* + verbe

- *Would* permet d'exprimer qu'une **action** est **liée à une condition.**

  If she loved her she **would stay** with him. Si elle l'aimait, elle resterait avec lui.

- *Would* sert également à exprimer le **souhait**, le **désir**.

  I **would like to** work in London. J'aimerais travailler à Londres.

- **Forme contractée** : *'d*.

  I'**d love** to travel with them. J'aimerais voyager avec eux.

2 / Concordance des temps avec *if*

- ***If* + présent......** dans la subordonnée **+ *will* + verbe** dans la principale
  If exprime alors une **hypothèse réalisable.**

  If it **stops** raining we'**ll go** for a picnic. S'il s'arrête de pleuvoir, nous irons pique-niquer.
  If you **wake up** early you'**ll come** with us. Si tu te réveilles tôt, tu viendras avec nous.

- ***If* + prétérit......** dans la subordonnée **+ *would* + verbe** dans la principale
  If exprime alors une **situation imaginaire, non réelle, hypothétique.**
  Le prétérit ici n'exprime pas le passé mais le **non-réel**.

  If he **called** me I **would tell** him the truth. S'il m'appelait, je lui dirais la vérité.
  If I **had** a new car I **wouldn't lend** it. Si j'avais une voiture neuve, je ne la prêterais pas.

3 / *I wish* + prétérit et *would rather*

- ***I wish*** exprime le **souhait** ou le **regret.**

  I **wish** Paul **invited** me. Si seulement Paul m'invitait !

- ***Would rather*** + **verbe** exprime la **préférence**. Il est suivi de l'infinitif sans *to*.

  I'**d rather** swim. Je préférerais nager.

MINI DICO

- ✓ **personal assistant :** assistant(e), secrétaire
- ✓ **succeed (to) :** réussir
- ✓ **wake up (to) :** se réveiller
- ✓ **work overtime (to) :** faire des heures supplémentaires

LES EXPRESSIONS CLÉS

▷ Pour exprimer le refus

- He refused to come.
- I have no intention to meet him.
- I won't help you.
- She is unwilling to invite Mary.
- He will never agree to drive you there.
- No way! *(Pas question !)*
- It's out of the question!

▷ Pour exprimer le doute

- I'm not quite sure but...
- There is some doubt about her visiting us.
- There is an element of doubt about it.
- I find it difficult to believe.
- He may see you.
- He might see you.
- It's not at all certain that...
- It's difficult to say for certain but...

MINI INTERRO

1. Lorsque *if* est suivi d'un prétérit, que doit-on utiliser dans la principale ?
2. Qu'exprime *I wish* + prétérit ?
3. Comment peut-on exprimer la préférence (autre que le verbe *prefer*) ?

S'ENTRAÎNER

1 Quiz

Coche la case qui convient.

a. I wouldn't do this job if I ❑ can ❑ could find another one.

b. ❑ Does she succeed ❑ Will she succeed her exam if she studies more?

c. I will tell her if I ❑ see ❑ saw her.

d. If I ❑ am ❑ were you I would give it back.

2 *If*

Construis des phrases avec *if* en imaginant des situations différentes.

a. You sleep too late. You can't wake up in the morning.

b. She feels sad. She eats chocolate all day.

c. Paul has no money for a taxi. He must take the bus.

3 *I wish*

Traduis les phrases suivantes en utilisant *I wish*.

a. Si seulement j'avais plus de temps !

....

....

b. Si seulement je n'habitais pas en ville !

....

....

c. Si seulement je pouvais dormir chez Pamela !

....

....

4 La préférence

Regarde ces dessins. Que préféreraient faire ces personnages ? Fais-les parler en utilisant *I'd rather*.

a.

b.

c.

5 Le refus

The manager wants his personal assistant to work overtime on Friday night, she refuses. How does she express her refusal?

6 Un peu de vocabulaire

***Travels and tourism* / Voyages et tourisme**

cancelled → annulé
delayed → retardé
return ticket, round ticket → aller-retour
single ticket, one-way ticket → aller simple
timetable → horaire
voyage → traversée (par mer)
trip → voyage
half-fare → demi-tarif
arrival → arrivée
departure → départ
confirm (to) → confirmer
be late (to) → être en retard
be early (to) → être en avance
book (to) → réserver
go abroad (to) → aller à l'étranger

7 Test de vocabulaire

Donne le contraire des mots et expressions suivantes.

be early (to) → ....

return ticket → ....

departure → ....

cancel (to) → ....

8 CONTRÔLE EXPRESS

Que souhaite Angela ? Les règles chez elle sont trop strictes. Écris des phrases commençant par *I wish*…

a. I can't see my friends at night.

b. My parents watch me (*me surveillent*) all the time.

c. I am not allowed to watch TV after 9.

d. I can't wear make up.

Corrigés p. 40 du livret.

Le gérondif

RETENIR

1 / Formation et fonction

- Le gérondif se forme avec *-ing* + **base verbale**.
- Il peut être **complément** ou **sujet** (il se traduit en français par un infinitif ou un nom).

I love **reading**. J'aime lire. **Reading** is a pleasure. La lecture est un plaisir.

2 / Les emplois

- Le gérondif s'emploie **après les prépositions** *about, after, before, by, from, of, without, for, in* et *to* (sauf *to* de l'infinitif).

Ring the doorbell **before entering**. Sonnez avant d'entrer.
I'm looking forward **to receiving** the answer. J'ai hâte de recevoir la réponse.
I'm not used **to speaking** to strangers. Je n'ai pas l'habitude de parler à des étrangers.

- Les verbes exprimant les **goûts** (ce que l'on aime ou pas) sont suivis du gérondif : *love, like, dislike, enjoy, hate, prefer*...

I **love having** guests at home. I **hate waiting** for hours.

- Les verbes *to start**, *to begin**, *to stop, to go on, to keep on**, *to finish* sont suivis du gérondif.

Stan **started playing**. Stan commença à jouer. **Stop drinking**. Arrête de boire.

*Ces verbes peuvent aussi être suivis d'un infinitif.

- Le gérondif s'utilise après les expressions suivantes.

I **can't stand / can't bear drinking** beer. Je ne supporte pas de boire de la bière.
It's **no use telling** him. Ça ne sert à rien de lui dire.
What about / How about going there? Et si on y allait ?
I **don't mind repeating**. Ça ne me dérange pas de répéter.
They **can't help speaking** loud. Ils ne peuvent s'empêcher de parler fort.
It's **worth meeting** her. Ça vaut la peine de la rencontrer.

- Les verbes exprimant le **motif** et la **cause** sont suivis de ***for*** + **gérondif** : *to apologize, to congratulate, to forgive, to punish*...

I **apologized for being** late. Je m'excusai pour mon retard.

MINI DICO

✓ **forgive (to)** : pardonner
✓ **happen (to)** : arriver, survenir
✓ **swimmer** : nageur/nageuse
✓ **take a break (to)** : s'arrêter, faire une pause

MINI INTERRO

1. Comment forme-t-on le gérondif ?
2. Cite cinq verbes après lesquels on utilise le gérondif.
3. Quelle forme verbale doit-on utiliser après *it's worth...* ?

LES EXPRESSIONS CLÉS

▷ Pour exprimer la supposition

- Paul may bring the cake.
- I might go with you.
- Perhaps he'll visit us.
- Maybe he'll do it.
- They can come tonight.
- They could do it on time.
- Sharon must have bought it.
- She has probably bought it.
- They are likely to come.
- He isn't likely to invite your friend.
- I suppose / think / guess / believe they are out.

S'ENTRAÎNER

1 Quiz

Coche la case qui convient.

a. Do you mind ❑ to come ❑ coming with us?
b. Would you like ❑ to come ❑ coming with us?
c. She can't bear ❑ to stay ❑ staying alone.
d. She doesn' want ❑ to stay ❑ staying alone.
e. What about ❑ to go ❑ going to the stadium?
f. He'd like us ❑ to go ❑ going to the stadium.

2 Gérondif après les prépositions

Réécris les phrases en utilisant les amorces données.

a. He didn't visit London. He went to Porthmouth.
→ Instead of ....
b. Sam left at 8. He called his wife earlier.
→ Before ....
c. Jessica is an excellent swimmer.
→ She is good at ....
d. The boys left school and then went home.
→ After ....
e. I worked five hours. I didn't take a break.
→ I worked without ....

3 Comment dirais-tu que… ?

a. Cela vaut la peine d'essayer.
b. Cela ne sert à rien de partir trop tôt.
c. Tim ne peut s'empêcher de mentir (*to lie*).
d. Ta sœur ne supporte plus de sortir le chien tous les soirs.

4 La supposition

Tanya hasn't heard from her best friend Sarah for a long time. What may have happened? Make suppositions.

5 Un peu de vocabulaire.

***Art and literature* / Art et littérature**

author, writer → auteur, écrivain
playwright → auteur dramatique
poetry → poésie
short story → nouvelle
fairy tale → conte de fées
masterpiece → chef-d'œuvre
fine arts → beaux arts
exhibition → exposition
preview → vernissage
painting → tableau
visual arts → arts plastiques
watercolour → aquarelle

6 Test de vocabulaire

Relie les définitions aux mots donnés.

a. author of novels, books, etc. ○ ○ **1.** playwright
b. he writes plays ○ ○ **2.** fairy tales
c. poems ○ ○ **3.** short story
d. piece of writing shorter than a novel ○ ○ **4.** poetry
e. stories for children about imaginary magical creatures ○ ○ **5.** writer

7 CONTRÔLE EXPRESS

Relie les débuts de phrase de la première colonne à la fin qui convient dans la seconde.

a. Living in London ○ ○ **1.** stop smoking so much.
b. If you don't want to be sick ○ ○ **2.** feeling happy.
c. George is fed up ○ ○ **3.** for being late.
d. I was angry at her ○ ○ **4.** she is used to driving on the left.
e. When I see Allison, I can't help ○ ○ **5.** with driving in the traffic.

Anglais

Corrigés p. 40 du livret.

Les modaux

RETENIR

1 / Règles générales

- Les auxiliaires modaux accompagnent le verbe et servent à exprimer des notions telles que la probabilité, la permission, la capacité, la déduction…

Auxiliaire modal	Notion	Exemples
can / could	– permission – capacité – demande polie – déduction	**Can** I go out with you? I **can** repair the plug. **Could** you repeat, please? **Can** you call them? They **can** be out.
can't	– interdiction – impossibilité – incapacité	We **can't** picnic here. He **can't** be a singer. I **can't** read it.
must	– obligation – déduction	You **must** call him before 9. You **must** be sick.
mustn't	– interdiction	You **mustn't** sleep here.
may / might	– probabilité – permission	He **may** / **might** visit us. **May** I open the box?
needn't = don't have to	– absence d'obligation	You **needn't** / **don't have to** wash it, I did it.
should / ought to	– conseil	You **should** / **ought to** eat less.
shall	– suggestion	**Shall** we eat out?
will	– futur – invitation	I'**ll** meet him next Monday. **Will** you speak to him?

- **Même forme** à toutes les personnes, **pas d'infinitif**, suivis de la **base verbale** et se conjuguent **sans auxiliaire**.

- Ils ne peuvent **pas se conjuguer à tous les temps** ; ils ont donc des équivalents.
  – *Can = be able to* : *will be able to* (futur) • *have / has been able to* (p. perfect).
  – *Must = have to* : *will have to* (futur) • *had to* (passé).

- Ils peuvent être associés à **l'infinitif passé** : ***have*** **+ participe passé**.
  Could have + p.p. exprime la **possibilité dans le passé.** They could have left earlier.

2 / La probabilité au futur

- ***Be allowed to.*** You will be allowed to drive at 18.
- **Futur +** ***probably, possibly, certainly, maybe, perhaps.*** She'll probably come next year.
- **Présent +** ***likely to.*** He is likely (unlikely) to come.

MINI DICO

✓ **dial (to)** : composer un numéro
✓ **hurry (to)** : se dépêcher
✓ **salesman** : vendeur
✓ **switch off (to)** : éteindre

MINI INTERRO

1. Quelle notion est exprimée dans la phrase : *You shouldn't call him now.*
2. Pour exprimer l'absence d'obligation, par quoi peut-on remplacer *needn't* ?
3. Qu'exprime *should have* + participe passé ?

LES EXPRESSIONS CLÉS

▷ Pour exprimer la capacité, l'incapacité

- She can type her letters.
- He knows how to use the Internet.
- She isn't able / is unable to lie.

▷ Pour exprimer l'obligation

- You must fill out the form now.
- He has been forced to pay.
- She has to do it before Monday.
- They made me send the letter.

S'ENTRAÎNER

1 Quiz

Qu'indiquent les modaux dans les phrases suivantes ? Place le chiffre correspondant dans le cercle.

1. obligation – **2.** interdiction – **3.** absence d'obligation – **4.** forte probabilité, quasi certitude – **5.** permission.

a. You don't have to do it; I already did it. ○

b. They can't park here. ○

c. I must be at the airport at 6. ○

d. They're late; they must have missed the train. ○

e. Susan can come back any time. ○

2 Remplacer par un modal

Remplace ces phrases par une phrase contenant un modal.

a. It is impossible that you love her.

b. Perhaps he will come earlier.

c. I'm sure he is John's cousin.

d. They have probably left the bag in the car.

e. I'm quite certain he didn't do it.

3 Traduis les phrases suivantes.

a. Il se peut qu'elle soit tombée.

b. Il n'a pas pu dépenser tout son argent.

c. Ils ont dû lui dire la vérité.

4 Capacité, incapacité

**This man has just bought a new robot.
The salesman is telling him what it can or can't do.
Imagine.**

5 Un peu de vocabulaire

Violence / La violence

theft → vol
thief → voleur
armed robbery → vol à main armée
assault and battery → coups et blessures
bribery → corruption
burglar → cambrioleur
burglary → cambriolage
shoplifting → vol à l'étalage
mugging → agression
forgery → contrefaçon
blackmail (to) → faire chanter
rape (to) → violer
steal (to) → voler
rob (to) → voler quelque chose à quelqu'un
break into a house (to) → entrer par effraction

6 Test de vocabulaire

Complète le tableau suivant.

Nom	Verbe	Personne
rape	rape (to)	rapist
burglary	....	....
mugging	....	....
theft	....	....
blackmail	....	....
forgery	....	....

7 CONTRÔLE EXPRESS

Construis des phrases avec *must have* ou *can't have*.

a. When I got there the lights were on.
You .... (forget) to switch them off.

b. The policeman stopped him. He .... (see) the red light.

c. Pat didn't answer the phone. She .... (go) out.

d. He dialled a wrong number. He .... (hear) what I told him.

Corrigés p. 41 du livret.

Anglais

8 Le passif

RETENIR

1 / Formation

- Le passif se forme avec ***be*** suivi du **participe passé**.
  The road **was widened** last year. La route a été élargie l'année dernière.
- Il peut se construire à **tous les temps** : c'est *be* qui change de forme.
  The bridge **is built**. (présent simple) The bridge **is being built**. (présent continu)
  The bridge **was built**. The bridge **has been built**.
  The bridge **will be built**. The bridge **must be built**.

2 / Le complément d'agent

- Il est **introduit par *by***.
  The gate **has been painted by** Lucas. Le portail a été peint par Lucas.
- Il peut **ne pas être exprimé** (souvent traduit par « on » en français).
  She was found in New York. Elle a été / On l'a trouvée à New York.
- Lorsqu'un verbe est **suivi d'une particule**, celle-ci doit être conservée au passif.
  The new teacher **is laughed at**. On se moque du nouveau professeur.

3 / Les verbes à double complément

- Les verbes **suivis de deux compléments** (direct et indirect) comme *to give, to tell, to lend, to teach, to tell, to ask, to send, to show*... ont **deux constructions passives** possibles.
  He showed me (1) the photographs (2).
  1. I was showed the photographs. (la plus courante)
  2. The photographs were showed to me.

4 / Emploi

- Le passif correspond souvent au « **on** » français.
  English is spoken here. On parle anglais ici.
- La phrase passive sert à mettre l'**accent sur celui qui subit l'action**.
  Christopher Colombus **discovered** America. (actif)
  America **was discovered by** Christopher Colombus. (passif)

MINI DICO

- **aim** : but
- **favourite** : préféré
- **forbidden** : interdit
- **newspaper** : journal

MINI INTERRO

1. Comment se forme le passif ?
2. Doit-on conserver la particule à la forme passive ?
3. Cite trois verbes qui ont deux constructions passives.

LES EXPRESSIONS CLÉS

Pour exprimer la préférence

- I prefer swimming to riding a bike.
- I like swimming better than riding a bike.
- I'd rather swim than ride a bike.
- I'd prefer swimming rather than riding a bike.
- I like it better / best.

S'ENTRAÎNER

1 Quiz

Observe le dessin et dis ce qu'on a offert à chacun pour Noël. Relie un mot de chaque colonne. Donne les deux constructions possibles.

John ○	○ give ○	○ tennis racket
Joan ○	○ offer ○	○ cook book
Jessica ○	○ buy ○	○ ring
Jason ○		○ bike

2 Passif au *present perfect*

Observe cette rue aujourd'hui et la même il y a 50 ans. Dis ce qui a changé. Utilise les verbes *destroy*, *build*, *change into* (changer en), *add* (ajouter), *widen* (élargir).

3 Traduis ces phrases.

a. On sert le dîner à 7 h.

b. On vous écrira.

c. On m'a donné votre numéro de téléphone.

d. On l'appelle Jimmy.

4 Exprimer la préférence

Express your preference. Your friend asks you to go to the theatre with her. You'd rather go to a disco. Tell her.

5 Un peu de vocabulaire.

Advertising and cinema / Publicité et cinéma

advertisement, ad → publicité, annonce
commercial → spot publicitaire
target → cible
musical → comédie musicale
cartoon → dessin animé
blockbuster → film à gros succès
close-up → gros plan
director → réalisateur
credits → générique d'un film
screenplay, script → scénario
soundtrack → bande sonore
stuntman → cascadeur
dubbing → doublage
subtitles → sous-titres

6 Test de vocabulaire

Complète ces phrases avec les mots de l'exercice 5.

a. I'm looking for a new job; I'll look at the .... in the newspaper.

b. I usually read the French .... when I watch a film in original version.

c. TV .... on alcohol and cigarettes are forbidden now.

d. "Hair" is my favourite American ....

7 CONTRÔLE EXPRESS

Mets ces phrases à la forme active.

a. He was arrested by the police.

b. The bridge is being built.

c. The window has been broken by Ken.

d. The door will be painted soon.

e. Helen was given flowers by Ben.

Corrigés p. 41 du livret.

9 Le discours indirect

RETENIR

1 / Discours direct et indirect

- Discours direct : on rapporte les paroles de quelqu'un en les **citant** intégralement (entre guillemets à l'écrit). He says: "I advise you to take your car." Il dit : « Je vous conseille de prendre votre voiture. »
- Ces paroles peuvent être rapportées au discours indirect. He says he advises **us** to take **our** car. Il dit qu'il nous conseille de prendre notre voiture.

Les verbes qui introduisent les paroles rapportées expriment : la **déclaration** (*to tell, to say, to think…*) ; l'**interrogation** (*to ask, to exclaim, to wonder…*) ; l'**ordre** ou le **conseil** (*to suggest, to order, to advise*).

2 / Les règles de transformation

- Si le verbe d'introduction est au prétérit, le temps des paroles rapportées est transformé (pas de changement de temps si le verbe est au présent).

Ben: "I live with her." → Ben **said** he **lived** with her. Ben **says** he **lives** with her.

Discours direct	Discours indirect
Présent → He said: "I work here."	Prétérit → He said **he worked** here.
Présent continu → He said: "I am working here."	Prétérit continu → He said **he was working** here.
Prétérit → He said: "I worked here."	*Pluperfect* → He said **he had worked** here.
Prétérit continu → He said: "I was working here."	Prétérit continu → He said **he was working** here.
Present perfect → He said: "I have worked here."	*Pluperfect* → He said **he had worked** here.
Futur → He said: "I'll work here."	Conditionnel → He said **he would work** here.
Conditionnel → He said: "I would work here."	Conditionnel → He said **he would work** here.

- Indications de lieu et de temps : here → there • today → that day • yesterday → the day before • tomorrow → the day after, the next day • next week → the following week • last week → the week before • a week ago → a week before

3 / Les questions

- Au style indirect, la question est construite comme une **phrase affirmative, sans auxiliaire ni point d'interrogation.**

– Si c'est une ***wh- question***, le **mot interrogatif reste.**
He asked: "Where did he go?" → He asked **where you had gone**.

– Si c'est une question **sans mot interrogatif**, il faut utiliser *if* ou *whether*.
He asked: "Do you like the hotel?" → He asked **if (whether) I liked** the hotel.

MINI DICO

- ✓ **advise (to)** : conseiller
- ✓ **experiment** : expérience scientifique
- ✓ **provide (to)** : fournir
- ✓ **store (to)** : garder, entreposer

MINI INTERRO

1. Quels changements s'opèrent lorsque le verbe d'introduction est au prétérit ?
2. Si le verbe est au prétérit au discours direct, à quel temps sera-t-il au discours indirect ?
3. Quand doit-on utiliser *if* ou *whether* ?

LES EXPRESSIONS CLÉS

▷ Pour exprimer son opinion

- In my opinion… / In my view…
- I have the feeling that…
- As far as I am concerned…
- My opinion is that… / To my mind…
- As for me *(quant à moi)* / As I see it…
- Speaking for myself…
- I feel / consider / believe / think that…
- I'm convinced that… / I'm in favour of…

S'ENTRAÎNER

1 Quiz

Dans chaque colonne, relie ces mots à leur équivalent lorsqu'ils sont passés au discours indirect.

a. this	that day
b. here	the year before
c. today	that
d. tomorrow	there
e. last year	the day after
f. these	the day before
g. now	that week
h. yesterday	those
i. this week	following
j. next	then

2 Questions-réponses

Pour un sondage, Jeffrey interroge Stéphanie. Lis les questions et les réponses, puis rapporte-les au discours indirect.

JEFFREY. —Are you English?
STEPHANIE. —Yes, I am.
J. —How old are you?
S. —I'm 22.
J. —What do you do?
S. —I'm a student.
J. —What do you study?
S. —I study history.
J. —Do you often travel?
S. —Yes, I was in Turkey last week.
J. —Have you ever been to Asia?
S. —No, but I'd love to.

Jeffrey asked if she was English. Stephanie said (that) she was…

3 Messages

L'assistante de Mr. Dales a pris ses messages pendant son absence. Lis-les et rapporte-les au discours indirect.

4 Un peu de vocabulaire

Science and technology / Science et technologie

scientist → savant, scientifique
researcher → chercheur
breakthrough → percée, découverte
physics → sciences physiques
chemistry → chimie
computer → ordinateur
database → base de données
hardware → matériel (équipement)
software → logiciel
computerized → informatisé
netsurfer → internaute
mobile, cellular phone → portable
carry out an experiment (to) → faire une expérience

5 Test de vocabulaire

Relie chaque mot à sa définition.

a. The scientific study of matter and energy and the relationships between them*.	experiment
b. Person who does research usually as a job*.	computer
c. An electronic machine that is used for calculations, for storing and providing information*.	chemistry
d. The study of substances, their composition and how they react*.	researcher
e. A test that is done in order to see what happens to somebody or something in particular conditions*.	physics

* English dictionary-Larousse

6 CONTRÔLE EXPRESS

Passe la question du discours indirect au discours direct.

a. He asked where he had travelled.

b. He asked if I had met Lucas.

c. He asked if I liked it.

Corrigés p. 41 du livret.

10 Les propositions relatives, les verbes à particules

RETENIR

1 / La proposition relative

- Elle est reliée à la principale par un **pronom relatif**, qui dépend de **l'antécédent** (le mot qu'il représente) et de sa **fonction** (sujet ou complément).

Fonction du pronom relatif	Antécédent animé	Antécédent inanimé
Sujet	*Who / that:* The boy **who** / **that** is shouting is my cousin.	*Which / that:* I bought a camera **which** / **that** takes excellent pictures.
Complément d'objet direct	*Who(m) / that / Ø:* The man **who(m)** / **that** / **Ø** you married was my best friend.	*Which / that / Ø:* The present **which** / **that** / **Ø** I bought was expensive.
Complément de nom (dont)	*Whose:* I spoke to a man **whose** wife* was my teacher.	*Whose:* The room **whose** wallpaper* is pink is mine.

*Attention : après *whose* pas d'article.

- Si le complément est introduit par une **préposition**, elle est rejetée **en fin de proposition**. The bed (which/that) you are lying **on** is comfortable.

- ***What / which*** (ce que, ce qui)
  - *What* annonce quelque chose. **What** I like is dancing. Ce que j'aime c'est danser.
  - *Which* reprend ce qui a été annoncé.
    He danced, **which** was surprising. Il dansait, ce qui était surprenant.

2 / Les verbes à particules

- L'ajout d'une particule permet de former des **verbes composés**. La particule fait partie intégrante du verbe et n'est pas forcément suivie d'un complément.

- Si le verbe est **suivi d'un complément**, il peut se placer avant ou après la particule. Take off **your shoes**. Take **your shoes** off.
Si c'est un **pronom**, il doit se placer avant la particule. Take **them** off.

- Un verbe peut avoir des **sens différents selon la particule** qui le suit. To take: prendre ; to take **away**: retirer ; to take **off**: décoller/retirer, ôter.

MINI DICO

- ✓ **need (to)** : avoir besoin
- ✓ **playwright** : auteur dramatique
- ✓ **recognize (to)** : reconnaître
- ✓ **register (to)** : s'inscrire

LES EXPRESSIONS CLÉS

▷ Pour parler d'un auteur et de son œuvre

- The author / writer / novelist / playwright *(auteur dramatique)* / poet…
- The author examines / considers / insists on / describes / questions *(remet en question)* / mentions / denounces / highlights a problem *(met en lumière)*…
- He is concerned with… • He is biased *(partial)* / unbiased *(impartial)*…
- The text is a passage from / an excerpt from… • It is taken from *(tiré de)*…
- It can be a dialogue / a newspaper report / a speech / an interview…
- The text deals with *(traite de)*, it's about…, it aims at *(a pour but)*…
- The text is interesting / fascinating / provocative / captivating…

MINI INTERRO

1. De quoi dépend le choix du pronom relatif ?
2. Cite le complément de nom (« dont » en français).
3. La particule peut-elle changer le sens du verbe ?

S'ENTRAÎNER

1 Quiz

Choisis le pronom relatif qui convient.

a. Do you recognize Jonathan … helped you last year?	whose
b. I know someone … brother is a pilot.	what
c. Would you like to see … I painted?	which
d. They spoke Chinese, … surprised me.	Ø (omission du pronom relatif)
e. It's the most beautiful music … I have ever listened to.	who

2 Verbes à particules

Complète les phrases avec les verbes à particules suivants : *give up* • *speak up* • *take off* • *fall of* • *fill in* • *get on* • *throw away.*

a. I want to keep these old magazines; don't ………… them ……………

b. I need some practise I ………… the horse the first minute.

c. To register here you must ………… this form.

d. Look! The plane is ……………

e. I can't hear you, please ……………

f. ………… the bus!

g. He ………… smoking six months ago.

3 Parler d'un auteur et de son œuvre

About William Shakespeare. Present the writer, playwright and poet. Present his work.

4 Un peu de vocabulaire

Politics / Politique

(prime) minister → (Premier) ministre
party leader → dirigeant d'un parti
head of State → chef d'État
member of Parliament (MP) → député
spokesman / spokesperson → porte-parole
opinion poll → sondage d'opinion
resignation → démission
citizen → citoyen
measures → mesures
demonstration → manifestation
run for president (to) → se présenter comme candidat à la présidence
stand for election (to) → se présenter aux élections
draw a bill (to) → rédiger un projet de loi
resign (to) → démissionner

5 Test de vocabulaire

Complète ces phrases avec un mot de vocabulaire donné dans l'exercice 4.

a. Nixon ………… after the Watergate scandal.

b. Before passing a bill the MPs must ………… it.

c. Mc Cain ………… in the USA in 2008.

d. The workers held a massive ………… against the new project.

e. The ………… showed people's opinions on the elections.

6 CONTRÔLE EXPRESS

Choisis le bon *look* pour compléter ces phrases : *look around* • *look at* • *look back* • *look for* • *look forward to* • *look up* • *look after.*

a. Can you ……… these words in the text?

b. Tania is the new baby sitter, she ……… Cameron.

c. He didn't recognize the place he ………

d. I can't find my passport I must ……… it.

e. I am ……… seeing you in London.

f. She's sad, she's always ……… to her past.

g. ……… him, don't you recognize him?

Corrigés p. 41 du livret.

11 Les subordonnées circonstancielles

RETENIR

Une proposition subordonnée circonstancielle est rattachée à une proposition principale par une conjonction de subordination.

1 / Les subordonnées de temps

- Elles sont introduites par les conjonctions ***when*** (quand), ***while*** (pendant que), ***as soon as*** (dès que), ***as*** (comme, pendant que), ***before*** (avant que), ***after*** (après que), ***since*** (depuis), ***till***, ***until*** (jusqu'à ce que). She called her sister **before leaving**.
- Attention, dans les **subordonnées de temps de sens futur**, le verbe est au **présent** (il est au futur en français).

I'**ll give** him the text when **I see** him. Je lui **donnerai** le texte quand je le **verrai**.

2 / Les subordonnées de but et de conséquence

- Le but et la conséquence s'expriment à l'aide de la conjonction ***so that*** (afin que, afin de, pour que). I took a taxi **so that I could** get there on time.
- Le but peut s'exprimer avec ***to***, ***in order to*** ou ***so as to*** (pour), avec le verbe de la subordonnée à l'infinitif. He bought a dictionary **to translate his text**.

3 / Les subordonnées de contraste et d'opposition

- Le contraste et l'opposition sont exprimés par les conjonctions ***though***, ***although*** (bien que), ***whereas*** (alors que, tandis que), ***while*** (alors que, bien que).

Although he lives in Berlin he can't speak German.
Sarah lives in New York **whereas** her parents live in London.

4 / Les subordonnées de cause

- La cause est exprimée par ***because*** (parce que), ***for*** (car), ***since*** (puisque), ***as*** (alors que, comme). **Since you can't drive** we'll take the train.

MINI DICO

- **busy :** occupé
- **fall asleep (to) :** s'endormir
- **on time :** à l'heure
- **owing to :** à cause de

LES EXPRESSIONS CLÉS

▷ Pour exprimer la cause

- She cried because she was sad.
- As it was raining she cancelled the party.
- Since it's late, let's take a taxi.
- Owing to the strike the traffic was stopped.
- That's why she was crying.
- That's the reason why I want to see him.

▷ Pour exprimer la conséquence

- Paul is too young as a consequence / as a result / consequently he can't vote.
- He got a winning ticket so that he was able to buy a new car.
- Following the accident many people were taken to hospital.
- It means / It implies she is alone.

MINI INTERRO

1. À quel temps est le verbe dans les subordonnées de temps à sens futur (après *as soon as* et *when*) ?
2. Dans les subordonnées de but (*in order to*, *so as to*), à quel temps est le verbe ?
3. Cite trois conjonctions exprimant la cause.

S'ENTRAÎNER

1 Quiz

Qu'expriment ces conjonctions de subordination ?

a. because	temps
b. whereas	but
c. until	contraste, opposition
d. so that	cause
e. while	
f. since	
g. although	

2 Les conjonctions

Complète ces phrases avec *while*, *as*, *after*, *as soon as*, *since*, *as long as*.

a. I'll come .... I finish my homework.

b. .... I had signed the contract, I met the chairman.

c. .... she was swimming it started to rain.

d. She has been sad .... her cat died.

e. Her baby fell asleep .... she was driving.

f. You can stay here .... you keep quiet.

3 Comment dirais-tu ?

a. Il adore les animaux alors que son frère en a très peur.

b. Bien que je sois plus jeune que Pamela, je me sens plus responsable.

c. Pendant que Mary dormait, Jane jouait avec le chien.

d. Il partit plus tôt afin d'aider son amie Jennifer.

e. Allons au cinéma même si nous sommes fatigués.

f. Il me prêta de l'argent afin que j'aille étudier à Londres.

4 Exprimer la conséquence

The plane can't take off. Express the consequences for the passengers.

5 Un peu de vocabulaire

***Moral behaviour* / Attitudes morales**

harmful, harmless → nuisible, inoffensif
ruthless → impitoyable
thankful, thankless → reconnaissant, ingrat
grateful → reconnaissant
selfish, unselfish → égoïste, altruiste
reliable, unreliable → digne de confiance, pas digne de confiance
self-assured, self-confident → sûr de lui
self-conscious → complexé, intimidé
scorn → mépris
disdain → dédain
proud, pride → fier, fierté
boast (to) → se vanter
misbehave (to) → mal se comporter
behave (to) → se comporter

6 Test de vocabulaire

Donne le contraire des adjectifs suivants.

a. harmful ....

b. reliable ....

c. selfish ....

d. irresponsible ....

e. thankful ....

f. ungrateful ....

g. pretentious ....

7 CONTRÔLE EXPRESS

Construis des phrases en reliant les éléments de la colonne de gauche à ceux de la colonne de droite.

a. I travel 3 times a year...	1. so as to let me go out.
b. I'll go out with you tonight...	2. while my mum was busy cooking.
c. My dad was reading...	3. even if I feel a bit tired.
d. He opened the door...	4. whereas Jim never leaves the country.

Corrigés p. 41 du livret.

12 Les verbes à construction particulière

RETENIR

1 / V + *someone* + *to* + V

- On utilise cette formation après les verbes tels que *want*, *would like*, *ask*, *expect*, *force*, *order*, *tell*, *promise*, *persuade*… et lorsque le **sujet du second verbe** est **différent de celui du premier**.

The teachers **want me to work** more. Les professeurs veulent que je travaille plus.
I'**d like Tim to drive** me to the airport. J'aimerais que Tim m'accompagne à l'aéroport.
Bill **asked John to carry** the box. Bill a demandé à John de porter le paquet.

2 / Faire faire

- ***Make*** + nom + **base verbale**

This film **made all my pupils cry**. Ce film a fait pleurer tous mes élèves.
The teacher **will make us work** more. Le professeur nous fera travailler plus.

3 / *Need*, *remember* et *stop*

- *Need* est suivi de la **base verbale** + ***-ing*** pour indiquer un sens passif.

The grass **needs cutting**. Le gazon a besoin d'être coupé.

- Si *need* n'a pas un sens passif, il est suivi du **verbe à l'infinitif.**

Jane **needs to buy** a new car. Jane a besoin d'acheter une nouvelle voiture.

- Lorsque *remember* signifie « se remémorer » (action antérieure à « se souvenir »), la stucture est : ***remember*** + **base verbale** + ***-ing***.

I **remember calling** her. Je me souviens de l'avoir appelée.

- Quand *remember* signifie « ne pas oublier », il est suivi de l'**infinitif**.

Remember to call the doctor. N'oublie pas d'appeler le médecin.
I **remembered to sign** the document. Je me suis souvenu de signer le document.

- ***Stop*** + **base verbale** + ***-ing*** signifie « arrêter de faire quelque chose ».

He **stopped smoking**. Il a arrêté de fumer.

- ***Stop*** + **infinitif** signifie « s'arrêter pour faire quelque chose ».

He **stopped to smoke**. Il s'est arrêté pour fumer.

MINI DICO

- **clock in / out (to)** : pointer (à l'usine)
- **confident** : confiant
- **peel (to)** : éplucher
- **set up the table (to)** : dresser la table

MINI INTERRO

1. Quelle construction utilise-t-on pour demander à quelqu'un de faire quelque chose ?
2. Lorsque *need* est suivi de la base verbale + *-ing*, a t-il un sens actif ou passif ?
3. Lorsque *remember* est suivi d'un infinitif, signifie-t-il « se remémorer » ou « ne pas oublier de » ?

LES EXPRESSIONS CLÉS

Pour exprimer la contrainte, l'obligation

- You must do it now.
- You have to call him immediately.
- I've got to stop him.
- He obliged them to give the money.
- He forced them to call the police.
- Helen made her brother clean his room.
- I'll have them go to the supermarket.
- You are to (to be to) study more if you want to succeed.

S'ENTRAÎNER

1 Quiz

Coche le verbe à l'infinitif ou à la forme en *-ing*.

a. He used to smoke a lot. He stopped
❑ to smoke ❑ smoking six months ago.

b. He needed a cigarette. He stopped
❑ to smoke ❑ smoking.

c. The gate needs ❑ to repair ❑ repairing.

d. I need ❑ to repair ❑ repairing the TV set.

2 Demander de faire quelque chose

Voici les tâches que le patron du restaurant demande à sa serveuse de faire.
Construis cinq phrases avec *want*, *ask*, *tell*, *order*, *expect*.

a. clean the restaurant

b. set up the tables

c. wash the dishes

d. peel the vegetables

e. answer the phone

3 Comment dirais-tu ?

a. Il veut que je l'aide.

b. Est-ce que tu veux que je vienne plus tôt ?

c. Elle veut voyager toute seule.

4 L'obligation

Factory regulations: Look at the grid and express obligation. *Vocabulary: to clock in • to clock out • to put out a cigarette • to wear an overall.*

5 Un peu de vocabulaire

Anglais britannique	Anglais américain	Français
banknote	bill	*billet de banque*
bill	check	*addition, facture*
cinema	movie theater	*cinéma (lieu)*
Christian name	first name	*prénom*
holiday	vacation	*vacances*
lorry	truck	*camion*
petrol	gas	*essence*
return ticket	round trip ticket	*billet aller-retour*
rubbish	garbage / trash	*ordures*
single ticket	one way ticket	*billet aller simple*
surname	last name	*nom de famille*
taxi	cab	*taxi*
trousers	pants	*pantalon*
underground / tube	subway	*métro*

6 Test de vocabulaire

Mets ce texte en anglais américain.
Combien de mots peux-tu changer ?

"It was 8.00. I knew I was late to the cinema, I decided to hail a taxi. It was getting late. Finally a lorry stopped and picked me up. The driver was quite nice. It was my first day of holiday, I was very relaxed and confident. But when we got there he asked me to give him some banknotes to buy some petrol… I wish I had taken the tube instead!"

7 CONTRÔLE EXPRESS

Observe ces dessins et fais des phrases avec *need* + *-ing*.

a.

b.

c.

d.

Corrigés p. 41 du livret.

Brevets blancs

DATE ÉVALUATION

Français

Mathématiques

Histoire-géographie et éducation civique

Français : sujet 1

Alexandre Dumas, *Le Comte de Monte-Cristo*, 1844

Edmond Dantès, injustement emprisonné pendant de longues années, rompt avec la solitude. L'homme de la cellule voisine vient de creuser un trou pour lui parler. Ils sont interrompus par le geôlier.

Le soir, le geôlier[1] vint ; Dantès était sur son lit ; de là, il lui semblait qu'il gardait mieux l'ouverture inachevée ; sans doute il regarda le visiteur importun d'un œil étrange, car celui-ci lui dit : « Voyons, allez-vous redevenir encore fou ? »

Dantès ne répondit rien, il craignait que l'émotion de sa voix ne le trahît.

Le geôlier se retira en secouant la tête.

La nuit arrivée, Dantès crut que son voisin profiterait du silence de l'obscurité pour renouer la conversation avec lui, mais il se trompait ; la nuit s'écoula sans qu'aucun bruit répondît à sa fiévreuse attente.

Mais le lendemain, après la visite du matin et comme il venait d'écarter son lit de la muraille, il entendit frapper trois coups à intervalles égaux ; il se précipita à genoux.

« Est-ce vous ? dit-il, me voilà !

– Votre geôlier est-il parti ? demanda la voix.

– Oui, répondit Dantès, il ne reviendra que ce soir ; nous avons douze heures de liberté.

– Je puis donc agir ? dit la voix.

– Oh ! oui, oui, sans retard, à l'instant même, je vous en supplie ! »

Aussitôt la portion de terre sur laquelle Dantès, à moitié perdu dans l'ouverture, appuyait ses deux mains, lui sembla céder sous lui ; il se rejeta en arrière, tandis qu'une masse de terre et de pierres détachées se précipitait dans un trou qui venait de s'ouvrir au-dessous de l'ouverture que lui-même avait faite ; alors, au fond de ce trou sombre et dont il ne pouvait mesurer la profondeur, il vit paraître une tête, des épaules et enfin un homme tout entier qui sortit avec assez d'agilité de l'excavation[2] pratiquée.

1. **Geôlier :** gardien de prison.
2. **Excavation :** trou creusé dans le sol.

QUESTIONS

15 points

Lisez le texte et répondez aux questions.

1 • « Le soir... celui-ci lui dit. » (lignes 1 et 2)

a. Quel est le pronom personnel sujet utilisé ? À quelle personne la narration est-elle faite ? **(1 point)**

b. Nommez les deux temps employés dans cette phrase et expliquez leur emploi. **(2 points)**

2 • « sans doute il regarda le visiteur importun d'un œil étrange » (ligne 2)
Dans cette proposition, relevez les expressions associées au thème du regard. **(1 point)**

3 • Dans le reste du texte, cherchez une expression qui sollicite un autre sens que la vue. **(1 point)**

4 • Cochez les affirmations qui conviennent. **(1,5 point)**

– Lignes 1 à 9, il s'écoule : ❑ une heure ❑ une nuit ❑ une minute.

– Le procédé de rythme qui commence avec le dialogue est :
❑ une scène ❑ un sommaire ❑ une ellipse

– Le rythme du récit est : ❑ rapide ❑ lent ❑ rapide au début, plus lent à la fin.

5 • À partir de vos observations, dites dans quel ordre la narration présente les faits. **(0,5 point)**

6 • Lignes 11 à 14, observez les trois phrases interrogatives. En quoi la construction de la troisième est-elle différente des deux premières ? **(1 point)**

7 • Quelle décision est prise par les deux personnages à l'issue du dialogue ? **(1 point)**

8 • Selon vous, qu'apporte l'insertion d'un dialogue à cet endroit du récit ? **(1 point)**

9 • Donnez un verbe de la même famille qu'*importun* (ligne 2). Quelle est la signification de cet adjectif ? **(1 point)**

10 • Expliquez pourquoi Dantès trouve le geôlier *importun*. **(1 point)**

11 • Que représente pour Dantès la présence d'un compagnon ? Expliquez dans quel état d'esprit il se trouve. Justifiez votre réponse en vous appuyant sur le texte (vocabulaire, types de phrase, etc.). **(3 points)**

RÉÉCRITURE 5 points

Réécrivez le passage suivant en adoptant une narration à la première personne du singulier. Faites les changements nécessaires.

Il se rejeta en arrière, tandis qu'une masse de terre et de pierres détachées se précipitait dans un trou qui venait de s'ouvrir au-dessous de l'ouverture que lui-même avait faite ; alors, au fond de ce trou sombre et dont il ne pouvait mesurer la profondeur, il vit paraître une tête.

Alexandre Dumas, *Le Comte de Monte-Cristo*, 1844.

DICTÉE 5 points

Faites-vous dicter le texte suivant.

C'était un personnage de petite taille, aux cheveux blanchis par la peine plutôt que par l'âge, à l'œil pénétrant caché sous d'épais sourcils qui grisonnaient, à la barbe encore noire et descendant jusque sur sa poitrine : la maigreur de son visage creusé par des rides profondes, la ligne hardie de ses traits caractéristiques révélaient un homme plus habitué à exercer ses facultés morales que ses forces physiques. Le front du nouveau venu était couvert de sueur.
Quant à son vêtement, il était impossible d'en distinguer la forme primitive, car il tombait en lambeaux.
Il paraissait avoir soixante-cinq ans au moins [...].

Alexandre Dumas, *Le Comte de Monte-Cristo*, 1844.

RÉDACTION 15 points

Vous traiterez au choix l'un des sujets de rédaction suivants.

SUJET 1 (sujet d'imagination)
Rédigez un récit proposant une suite immédiate à cette scène qui racontera l'évasion de Dantès et de son compagnon.
Votre texte devra comporter des passages narratifs, descriptifs et des dialogues.

SUJET 2 (sujet de réflexion)
Sans être en prison, comme Edmond Dantès, on peut être très seul. Au collège, vous faites la connaissance d'un adolescent qui vit dans une grande solitude : il ne participe à aucune activité et n'a aucun ami. Vous décidez de lui écrire une lettre afin de le convaincre de sortir de son isolement et de s'ouvrir aux autres.
Vous respecterez les codes d'écriture de la lettre. Vous présenterez au moins trois arguments convaincants pour appuyer votre thèse.

POUR T'AIDER

Sujet 1. Utilise les renseignements donnés sur les personnages. Attention aux anachronismes !

Sujet 2. Évite les tournures trop familières.

Corrigés p. 42 du livret.

Français : sujet 2

Bertrand Godbille, *Los Montes*, 2005

Au lendemain de la Seconde Guerre mondiale, François, douze ans, part pour le Chili avec sa mère ; son père est mort au front en 1940. François devient alors pensionnaire dans un collège de Valparaiso.

Le premier trimestre s'écoula dans le calme. Je m'habituais à cette nouvelle vie en dehors du cadre familial. Je me débrouillais à présent en espagnol, celui qui s'apprend dans les livres et celui des cours de récréation. Je m'étais fait de nouveaux amis, y compris parmi les Sud-Américains dont j'avais acquis la considération à la suite du match de football qui avait opposé l'équipe du collège à celle des jésuites de Santiago. Il s'agissait d'une rencontre de prestige qui se déroulait chaque année en avril, et, cette année-là, sur le terrain de nos adversaires, où nous n'avions jamais gagné, dans la banlieue résidentielle de Santiago, près du Polo. Je comprends aujourd'hui, à la manière un rien condescendante dont nous avions été reçus dès la descente du car, que ce match dépassait le cadre sportif pour opposer deux systèmes d'éducation. L'un, celui des jésuites[1], reposait sur la discipline. Les élèves portaient l'uniforme, les cheveux courts coupés en brosse, et encourageaient les leurs en scandant des slogans connus d'eux seuls, probablement à la gloire de leur institution. Il était primordial pour leurs éducateurs que la victoire ne revienne pas à notre groupe disparate, qui descendit du car en sifflotant, encadré de professeurs débonnaires[2]. Je marquai le but victorieux, à la dernière minute, un peu par hasard. Le retour en autocar se fit dans l'allégresse, et l'arrivée à San Marco, avec la coupe qui passait de main en main, fut un véritable triomphe. Je gagnai ce jour-là mes titres de noblesse, et j'aurais pu devenir l'un des meneurs de la division si j'en avais eu le caractère.

1. **Jésuites :** ordre religieux catholique.
2. **Débonnaires :** bienveillants.

QUESTIONS (15 points)

Lisez le texte et répondez aux questions.

1 • Qui est le personnage principal ? Quel âge a-t-il ? Où se trouve-t-il ? **(1,5 point)**

2 • À quels changements le personnage principal a-t-il dû s'adapter ? **(1 point)**

3 • « Je me débrouillais à présent en espagnol, celui qui s'apprend dans les livres et celui des cours de récréation. » (lignes 1 et 2)
Expliquez la distinction faite par le personnage. **(1 point)**

4 • À qui le pronom *nous* renvoie-t-il précisément dans le texte ? **(0,5 point)**

5 • De quels collèges viennent les deux équipes qui vont s'affronter ? **(1 point)**

6 • Relevez quatre expressions montrant l'opposition entre les deux collèges. **(1 point)**

7 • À votre avis, quelle opinion le narrateur a-t-il de l'éducation jésuite ? Justifiez votre réponse en vous appuyant précisément sur le texte. **(2 points)**

8 • « Il était primordial pour leurs éducateurs que la victoire ne revienne pas à notre groupe disparate. » (lignes 12 et 13)
Que signifient les mots suivants ? Cochez les bonnes réponses. **(1 point)**

– *primordial* : ❑ essentiel ❑ secondaire
– *disparate* : ❑ harmonieux ❑ diversifié

9 • Pourquoi ce match est-il si important ? **(1 point)**

10 • Quelle différence établissez-vous entre le *je* de « Je m'habituais » (ligne 1) et le *je* de « Je comprends » (ligne 7) ? Expliquez le changement de temps. **(2 points)**

11 • « j'aurais pu devenir l'un des meneurs de la division » (lignes 16 et 17)
À quel temps et à quel mode est conjugué le verbe *pouvoir* ? Quelle est sa valeur ? **(1 point)**

12 • Après la lecture de ce texte, que sait-on du caractère du personnage ? Expliquez votre réponse par des renvois précis au texte. **(2 points)**

RÉÉCRITURE 4 points

Réécrivez les lignes 1 à 5 de : « Je m'habituais » …… jusqu'à « jésuites de Santiago » en remplaçant le pronom *je* par le pronom *nous* et l'imparfait par le présent. Faites tous les changements nécessaires.

DICTÉE 6 points

Faites-vous dicter le texte suivant.

Papa était mort au cours des premières semaines de l'offensive allemande mais je n'avais pas fait le lien entre la guerre et sa disparition. Il faut dire que, du fait de sa profession – représentant de commerce –, il n'était pas souvent à la maison. Il partait en général le lundi matin et prenait le train en gare du Nord pour des tournées en Belgique. J'ai dû l'accompagner avec maman un jour d'hiver – c'était sûrement pendant les vacances de Noël – jusqu'à la gare. Je le revois à la fenêtre du train, le col de son pardessus relevé, nous faisant signe de la main. Cette scène est mon premier souvenir d'enfance car je n'ai pu rêver la pression des bras de ma mère qui me serrait contre elle pendant que le train disparaissait au loin dans la vapeur et le brouillard. Cette étreinte, je la ressens encore.

Bertrand Godbille, *Los Montes*, © Anne Carrière, 2005.

RÉDACTION 15 points

Vous traiterez au choix l'un des sujets de rédaction suivants.

SUJET 1 (sujet d'imagination)
Enfant, vous avez vécu un événement marquant. Racontez cet événement, à la première personne du singulier, en montrant en quoi cela a participé à votre apprentissage de la vie.
Vous écrirez un texte d'au moins trente lignes.

SUJET 2 (sujet de réflexion)
Dans certains collèges, les élèves sont obligés de porter un uniforme. Quels sont, d'après vous, les avantages et les inconvénients du port de l'uniforme ?
Votre devoir comportera une introduction et une conclusion.

POUR T'AIDER

Sujet 1. Raconte cet événement marquant, heureux ou malheureux, dans un premier paragraphe. Détaille, dans un second paragraphe, les conséquences de cet événement.

Sujet 2. Présente au moins trois arguments convaincants pour appuyer ta thèse.

Corrigés p. 43 du livret.

Mathématiques : sujet 1

EXERCICE 1 — 5 points

THÈME EN JEU
Calculs divers

Cet exercice est un questionnaire à choix multiples (QCM).
Aucune justification n'est demandée, et la calculatrice est autorisée.
Pour chacune des questions, trois réponses sont proposées, mais une seule réponse est exacte.

Question	Réponse A	Réponse B	Réponse C
a. $\frac{4}{3}-\frac{1}{3}\times\left(3+\frac{1}{2}\right)$ est égal à :	$\frac{7}{2}$	$\frac{2}{3}$	$\frac{1}{6}$
b. Quelle est l'écriture en notation scientifique de $\frac{6\times10^{-2}\times15\times10^{7}}{8\times10^{2}}$?	$1{,}025\times10^{3}$	10 250	$1{,}125\times10^{4}$
c. À quoi est égal $\cos\widehat{A}$? 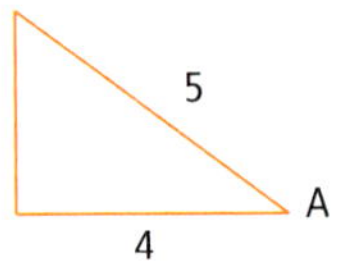	incalculable	$\frac{4}{5}$	$\frac{5}{4}$
d. Si un prix augmente de 5 % alors son prix initial est multipliée par :	1,5	1,05	0,5
e. Quel est l'arrondi au centième du nombre $\frac{\frac{37}{28}-\frac{29}{42}}{\frac{15}{33}}$?	1,39	− 0,20	1,27

EXERCICE 2 — 3 points

THÈME EN JEU
Inéquations

1 • Quelle est la représentation graphique sur une droite graduée des solutions de l'inéquation $4x+1>-2x-5$? Choisir a, b ou c en justifiant votre choix.

a. 

b. 

c. 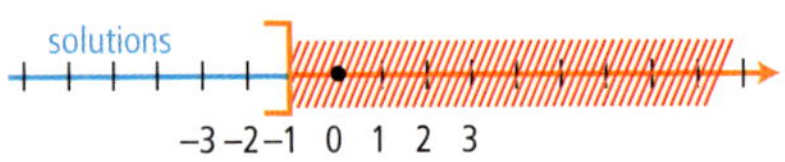

2 • Pour quelles valeurs de x, l'inéquation $(x-3)^2\geq0$ est-elle vérifiée ?

3 • Résoudre l'inéquation $7-4x<-25$.

MATHÉMATIQUES

EXERCICE 3

4 points

THÈME EN JEU

Calcul littéral

On considère l'expression : $E = (3x + 4)^2 - (5 - 2x)(3x + 4)$.

a. Développer et réduire l'expression E.

b. Calculer la valeur de E pour $x = -1$.

c. Factoriser E.

d. Résoudre l'équation $(3x + 4)(5x - 1) = 0$. Les solutions de cette équation sont-elles des nombres décimaux ?

EXERCICE 4

3 points

THÈME EN JEU

Statistiques

Le groupe des onze latinistes de la 3e B du collège a obtenu les notes suivantes à un devoir :

7 • 9 • 9,5 • 9,5 • 10 • 10 • 12 • 14 • 16 • 16 • 19.

a. Calculer la moyenne du groupe.

b. Déterminer la médiane de cette série.

c. Calculer la fréquence, arrondie à 0,01 près, des notes supérieures ou égales à 10. Exprimer cette fréquence en pourcentage.

EXERCICE 5

5 points

THÈME EN JEU

Propriétés de Pythagore et de Thalès

Les points E, M, A, B sont alignés dans cet ordre ; les points F, P, A, C sont alignés dans cet ordre. Les droites (EF) et (MP) sont parallèles.

AM = 6 ; MP = 4,8 ; AP = 3,6 ; EF = 6 ; AC = 4,5 ; AB = 7,5.

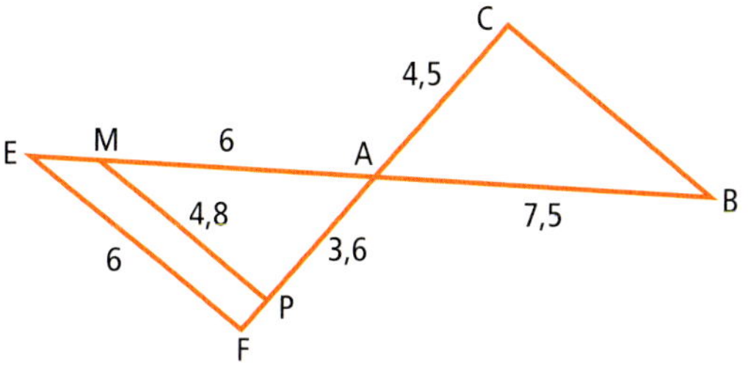

a. Montrer que le triangle AMP est rectangle en P.

b. Montrer que AE = 7,5, et en déduire la longueur ME (on justifiera les calculs).

c. Pourquoi les droites (MP) et (BC) sont-elles parallèles ?

EXERCICE 6

4 points

THÈME EN JEU

Trigonométrie

La figure ci-contre n'est pas à refaire.

Soit ABC un triangle tel que : AB = 8 cm ; BC = 10 cm ; $\widehat{ABC} = 60°$.

La hauteur issue du sommet A coupe le côté [BC] en D.

On rappelle que : $\cos 60° = \frac{1}{2}$; $\sin 60° = \frac{\sqrt{3}}{2}$; $\tan 60° = \sqrt{3}$.

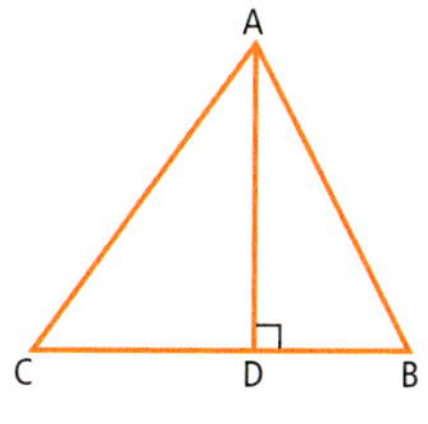

a. Prouver que BD = 4 cm.

b. En déduire la valeur exacte de la distance CD.

c. Montrer que $AD = 4\sqrt{3}$ cm.

d. Calculer la mesure, arrondie au degré, de l'angle $\widehat{ACD}$. (On pourra calculer d'abord la tangente de cet angle.)

Corrigés p. 43 du livret.

EXERCICE 7 — 6 points

THÈME EN JEU
Fonction et tableur

À l'aide du tableur ci-contre, le professeur a calculé, en colonne B, les valeurs prises par la fonction f définie par $f(x) = x^2 - 3x - 4$ pour les valeurs entières de x comprises entre -2 et 6, -2 et 6 compris.

a. Quelle valeur de x lit-on dans la cellule A4 ? Que lit-on dans la cellule B4 ?

b. Compléter les pointillés à l'aide du tableur.

$f(-2) =$ .... ; $f(1) =$ .... ;

$f(5) =$ .... Vérifier par calcul.

c. Trouver à l'aide du tableur les valeurs de x qui ont pour image 0. Vérifier par calcul.

d. Quelles sont les valeurs entières de x pour lesquelles $f(x) < 0$?

	A	B
1	Valeurs de x	Valeurs de $f(x) = x^2 - 3x - 4$
2	-2	6
3	-1	0
4	0	-4
5	1	-6
6	2	-6
7	3	-4
8	4	0
9	5	6
10	6	14

EXERCICE 8 — 6 points

THÈME EN JEU
Fonctions et lectures graphiques

Le nombre d'abonnés à une revue dépend du prix de la revue.
Pour un prix x compris entre 0 et 20 €, le nombre d'abonnés est donné par la fonction A telle que : $A(x) = -50x + 1\,250$.
La recette, c'est-à-dire le montant perçu par l'éditeur de cette revue, est donnée par la fonction R telle que : $R(x) = -50x^2 + 1\,250x$.

a. Le nombre d'abonnés est-il proportionnel au prix de la revue ? Justifier.

b. Vérifier, par le calcul, que $A(10) = 750$ et interpréter concrètement ce résultat.

c. La fonction R est-elle affine ? Justifier.

d. Déterminer, graphiquement, pour quel prix la recette de l'éditeur est maximale.

e. Déterminer graphiquement les antécédents de 6 800 par R.

f. Lorsque la revue coûte 5 euros, déterminer le nombre d'abonnés et la recette.

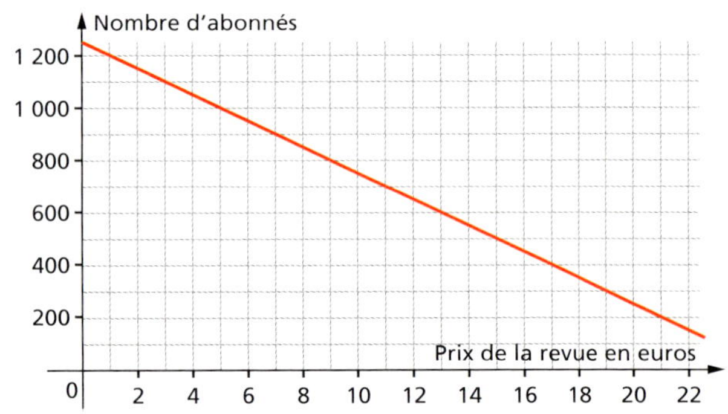

Représentation graphique de la fonction A

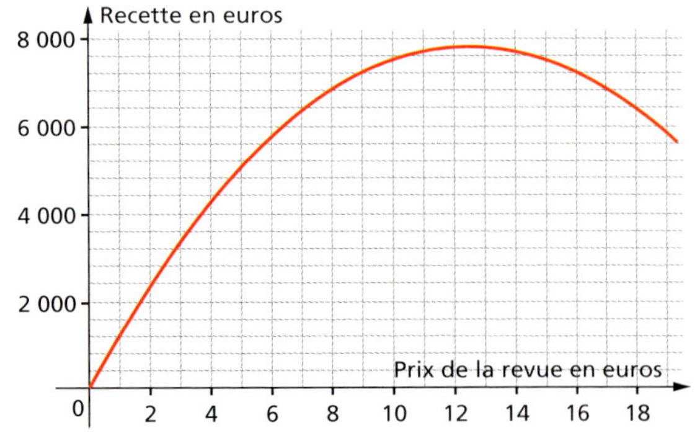

Représentation graphique de la fonction R

Mathématiques : sujet 2

EXERCICE 1 — 2 points

THÈME EN JEU — Calcul réfléchi

Aucune justification n'est demandée.

Si $xy = 21$ et $x^2 + y^2 = 58$:

a. Quelle est la valeur de $(x+y)^2$? ❑ 37 ❑ 79 ❑ 90 ❑ 100

b. Quelle est la valeur de $(x-y)^2$? ❑ 16 ❑ 37 ❑ 53 ❑ 100

EXERCICE 2 — 3 points

THÈME EN JEU — Programme de calcul

On donne le programme de calcul suivant :
- choisir un nombre ;
- tripler ce nombre ;
- ajouter le double du nombre choisi ;
- soustraire 5 ;
- diviser le résultat par 5 ;
- ajouter 1 ;
- soustraire le nombre choisi.

1 • a. Vérifier que, lorsque le nombre de départ est 2, on obtient 0.

b. Lorsque le nombre de départ est – 1, quel résultat obtient-on ?

2 • Edgar prétend que, pour n'importe quel nombre de départ x, le résultat est 0. A-t-il raison ? Si oui, démontrer sa conjecture.

EXERCICE 3 — 4 points

THÈME EN JEU — Unités composées

Vrai ou faux ? Justifier votre choix.

	V	F		V	F
a. $1\ \text{kg/dm}^3 = 1\ \text{g/cm}^3$	❑	❑	**c.** 1 km/h = 1 m/s	❑	❑
b. 1 m/s = 60 m/min	❑	❑	**d.** 3,7 h = 4 h 10 min	❑	❑

EXERCICE 4 — 3 points

THÈME EN JEU — Racines carrées et puissances

1 • Compléter les pointillés avec la valeur exacte la plus simple possible. Montrer les étapes de calculs.

a. $\sqrt{2\,000} =$ ....

b. $3^{-2} \times 3^2 - (\sqrt{3})^2 =$ ....

2 • KLM est un triangle rectangle en L.
Calculer la valeur exacte de KM.

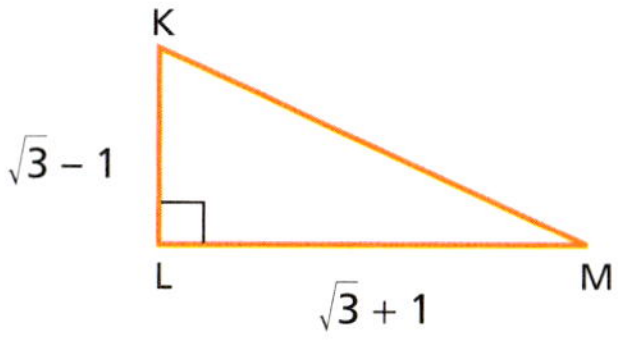

Corrigés p. 44 du livret.

EXERCICE 5
3 points

THÈME EN JEU
PGCD ET APPLICATION

Un philatéliste possède 1 631 timbres français et 932 timbres étrangers.
Il souhaite vendre toute sa collection en réalisant des lots identiques, c'est-à-dire comportant le même nombre de timbres et la même répartition de timbres français et étrangers.

a. Calculer le nombre maximum de lots qu'il pourra réaliser.

b. Combien y aura-t-il, dans ce cas, de timbres français et étrangers par lot ?

EXERCICE 6
3 points

THÈME EN JEU
RÉSOUDRE UN PROBLÈME

Dans une salle de bain, un néon et deux lampes consomment 165 watts.

— ○ ○

Dans une cuisine, trois néons et une lampe consomment 195 watts.

— — — ○

Quelle est, en watts, la consommation des deux néons et des deux lampes d'une salle de séjour ?

— — ○ ○

EXERCICE 7
4 points

THÈME EN JEU
PROBABILITÉS

Un sac contient 20 boules numérotées de 1 à 20. Chacune de ces boules a la même probabilité d'être tirée. On tire une boule au hasard.

a. Quelle est la probabilité de tirer une boule portant un nombre premier ?

b. Quelle est la probabilité de tirer une boule portant un nombre non premier ?

c. Quelle est la probabilité de tirer une boule portant un nombre divisible par 2 ou par 3.

d. On ajoute dans ce sac des boules portant le nombre 0 et on tire au hasard une boule. Sachant que la probabilité de tirer une boule portant le nombre 0 est égale à 1/3, calculer le nombre de boules « 0 ».

EXERCICE 8
4 points

THÈME EN JEU
TRIANGLES RECTANGLES ET RÉDUCTION

a. Observer la figure, puis compléter sans explications les pointillés avec les mesures exactes.

BC = ... AB = ...

AD = ... AE = ...

b. Pourquoi le triangle ADE est-il une réduction du triangle ABC ? Quel est le facteur de réduction ?

c. Sans aucun calcul, comparer l'aire du triangle ADE à celle du triangle ABC.

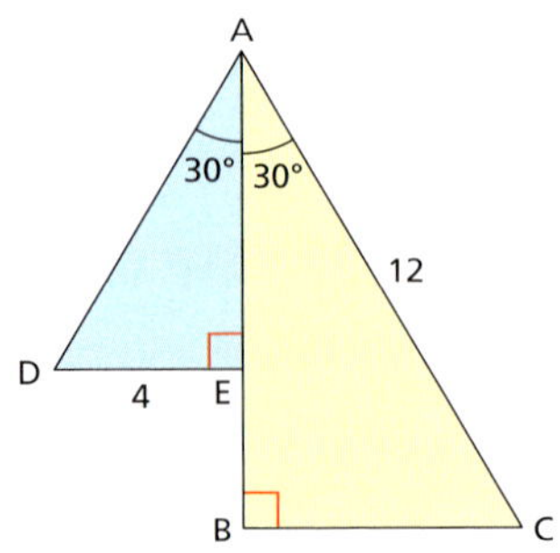

MATHÉMATIQUES

EXERCICE 9 4 points

THÈME EN JEU
Géométrie dans l'espace

L'unité est le centimètre.

Un jouet a la forme d'une demi-boule surmontée d'un cône de révolution de sommet A, comme l'indique la figure ci-contre.

Le segment [BC] est un diamètre de la base du cône ; le point O est le centre de cette base.

On donne AB = 7 et BC = 6.

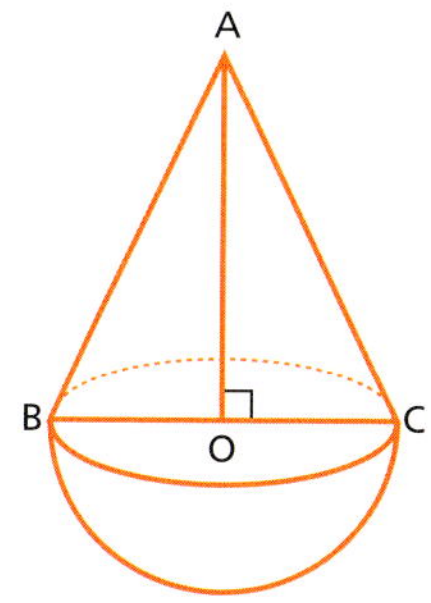

1 • a. Construire en vraie grandeur le triangle rectangle AOB.

b. Calculer la valeur exacte de OA.

c. Calculer la valeur exacte du sinus de l'angle $\widehat{BAO}$.

2 • Calculer le volume de ce jouet, cône et demi-boule réunis (on donnera le résultat arrondi au cm^3 près).

EXERCICE 10 6 points

THÈME EN JEU
Fonctions et lectures graphiques

On donne ci-dessous les représentations graphiques de trois fonctions.
Ces représentations sont nommées $\mathscr{C}_1$, $\mathscr{C}_2$ et $\mathscr{C}_3$.
L'une d'entre elles est la représentation graphique d'une fonction linéaire.
Une autre est la représentation graphique de la fonction f telle que $f : x \mapsto -0{,}4x + 3$.

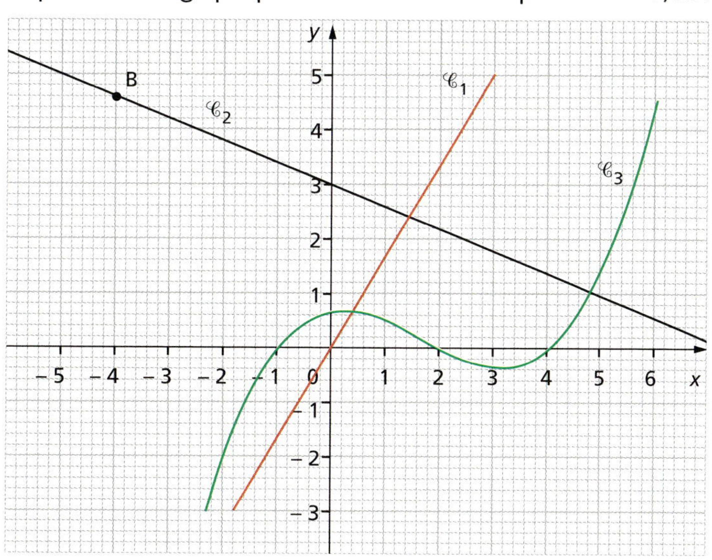

a. Lire graphiquement les coordonnées du point B.

b. Par lecture graphique, déterminer les abscisses des points d'intersection de la courbe $\mathscr{C}_3$ avec l'axe des abscisses.

c. Laquelle de ces représentations est celle de la fonction linéaire ? Justifier.

d. Laquelle de ces représentations est celle de la fonction f ? Justifier.

e. Quel est l'antécédent de 1 par la fonction f ? Justifier par un calcul.

f. A est le point de coordonnées (4,6 ; 1,2). A appartient-il à $\mathscr{C}_2$? Justifier par un calcul.

Corrigés p. 45 du livret.

Histoire-géographie et éducation civique : sujet 1

Première partie • Histoire (13 points)

QUESTIONS (8 points)

1 • Quand a lieu l'hégire ?

2 • Quand est signé l'édit de Nantes ?

3 • Quand est votée en France la loi de séparation des Églises et de l'État ?

4 • Quand et de quelle manière Hitler accède-t-il au pouvoir ?

5 • Qu'est-ce qui montre que l'Allemagne nazie est un régime antisémite ?

TRAVAIL SUR DOCUMENT (5 points)

6 • À qui s'adresse cette affiche ? Dans quel contexte a-t-elle été réalisée ?

7 • À quoi font référence le soldat agenouillé et le coq agressif ?

8 • Qui a fait réaliser cette affiche et dans quel but ?

9 • Pourquoi peut-on parler d'une affiche de propagande ?

■ Affiche réalisée par A. Faivre (1867-1945), en 1915 pour le premier grand emprunt national.

Deuxième partie • Géographie (13 points)

QUESTIONS 8 points

1 • Placez sur la carte les trois régions françaises suivantes :
– Franche-Comté ;
– Languedoc-Roussillon ;
– Haute-Normandie.

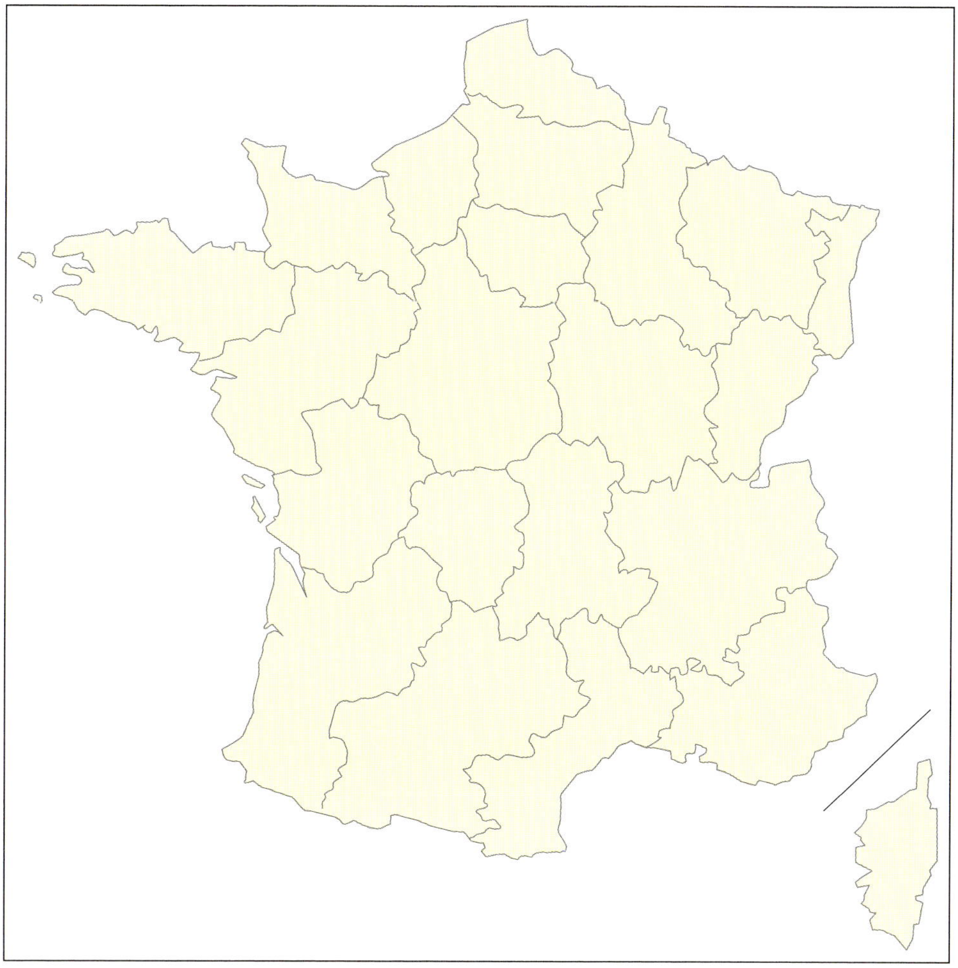

2 • Comment évolue la population française ?

3 • Qu'est-ce qu'une métropole ? Citez un exemple en France et justifiez votre choix.

Corrigés p. 46 du livret.

TRAVAIL SUR DOCUMENT

5 points

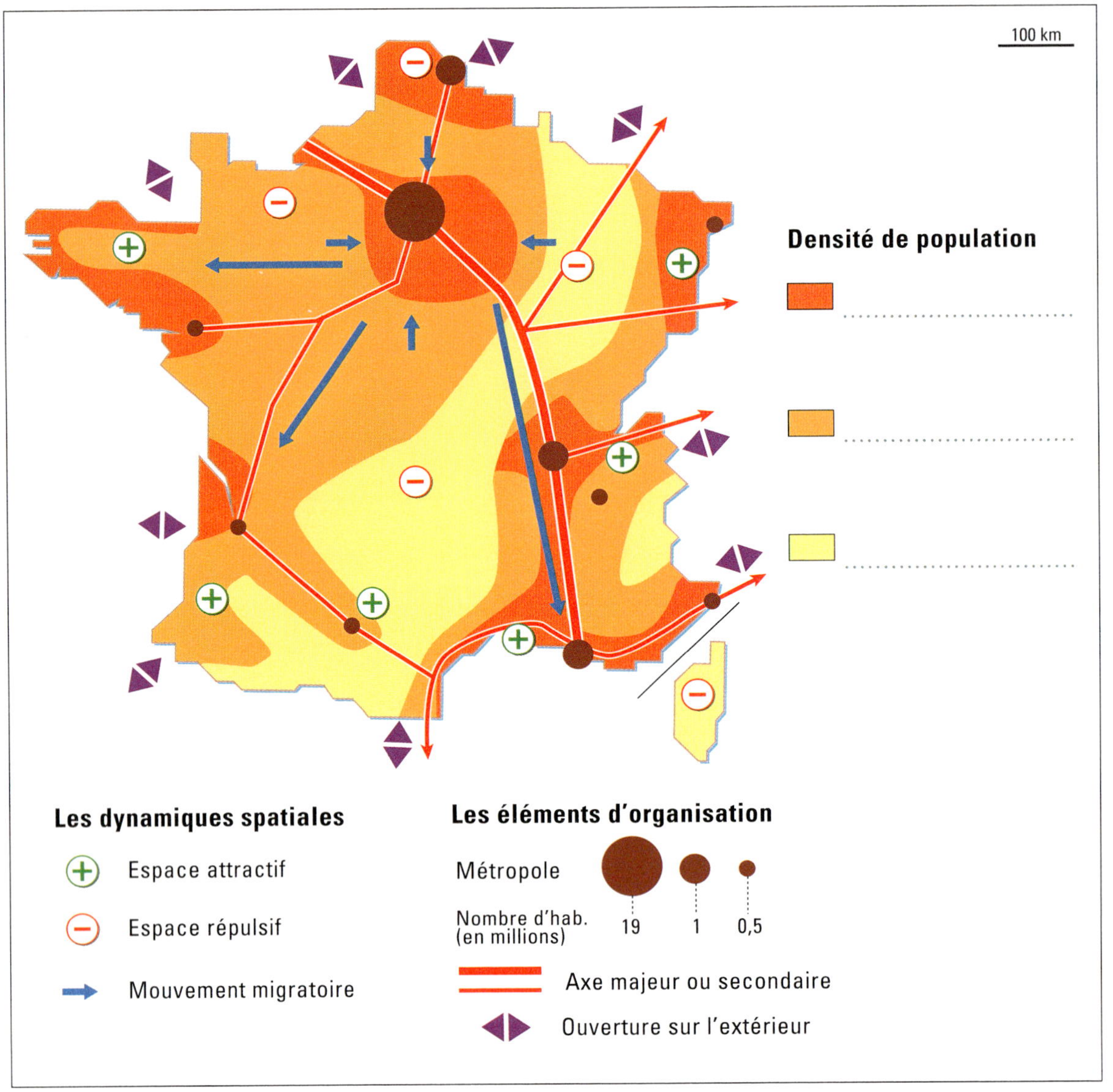

4 • Placez les six grands massifs montagneux français en donnant leur nom.

5 • Placez les trois premières aires urbaines françaises en donnant leur nom.

6 • Complétez les densités de population en légende.

7 • Donnez un titre au document.

Troisième partie • Éducation civique (10 points)

QUESTIONS (3 points)

1 • Qu'est-ce qu'une constitution ? Quand est adoptée celle qui fonde la Ve République en France ?

2 • Citez quatre symboles de la République française.

3 • Montrez avec plusieurs exemples que la République française est laïque.

TRAVAIL SUR DOCUMENT (7 points)

Droit de vote des étrangers, qui est pour, qui est contre ?

Un sondage BVA réalisé en novembre pour notre journal montre que 61 % des Français sont favorables au droit de vote des étrangers aux élections locales. Sur l'échiquier politique, les Verts sont pour tout comme la majorité des socialistes. Mais certains dirigeants ou élus de gauche sont néanmoins réticents. C'est le cas de Jean-Pierre Chevènement ou de Malek Boutih, ex-président de SOS Racisme, qui juge que cette proposition ne vient pas au bon moment et peut nourrir un vote FN. Chez les centristes, Jean-Louis Borloo, qui a varié sur cette question, se dit désormais favorable au droit de vote aux élections locales après dix ans de résidence. François Bayrou aussi soutient cette mesure, dans laquelle il voit un facteur « d'intégration ». En revanche, Marine Le Pen, la présidente du Front national, est totalement opposée à cette perspective et compte en faire un thème majeur de sa campagne pour la présidentielle. À l'UMP, si certains comme Nicolas Sarkozy ont pu être favorables à ce droit par le passé, ce n'est plus le cas aujourd'hui. La Droite populaire, qui regroupe les durs du parti présidentiel, a immédiatement attaqué la proposition du PS, avec une pétition concurrençant celle du FN. Aujourd'hui, l'UMP insiste sur la nécessité du lien entre vote et citoyenneté et dénonce une proposition « électoraliste ».

Didier Micoine, leparisien.fr, 08-12-2011.

4 • Qui peut voter en France aujourd'hui ?

5 • Quel pourcentage de Français souhaitent que les étrangers puissent voter aux élections locales ?

6 • Quelle tendance politique est plutôt favorable ? Citez un passage du texte qui justifie votre réponse.

7 • Le parti de l'UMP est-il favorable ou défavorable ? Quel argument utilise-t-il pour justifier sa position ?

Corrigés p. 46 du livret.

Histoire-géographie et éducation civique : sujet 2

Première partie • Histoire (13 points)

QUESTIONS 8 points

1 • Quand Louis XIV a-t-il régné ?

2 • Quand a été adopté le suffrage universel masculin en France ?

3 • Quand se déroule la IIIe République en France ?

4 • Quels sont les objectifs de l'ONU ?

5 • Qu'est-ce que la guerre froide ?

TRAVAIL SUR DOCUMENT 5 points

Discours du général de Gaulle à la radio, 30 mai 1968

Françaises, Français,
Étant le détenteur de la légitimité nationale et républicaine, j'ai envisagé, depuis vingt-quatre heures, toutes les éventualités, sans exception, qui me permettraient de la maintenir. J'ai pris mes résolutions. Dans les circonstances présentes, je ne me retirerai pas. J'ai un mandat du peuple, je le remplirai. Je ne changerai pas le Premier ministre [...]. Je dissous aujourd'hui l'Assemblée nationale. [...] Quant aux élections législatives, elles auront lieu dans les délais prévus par la Constitution, à moins qu'on entende bâillonner le peuple français tout entier, en l'empêchant de s'exprimer en même temps qu'on l'empêche de vivre, par les mêmes moyens qu'on empêche les étudiants d'étudier, les enseignants d'enseigner, les travailleurs de travailler. Ces moyens, ce sont l'intimidation, l'intoxication et la tyrannie exercées par des groupes organisés de longue date en conséquence et par un parti qui est une entreprise totalitaire, même s'il a déjà des rivaux à cet égard.

6 • Quelle fonction occupe celui qui prononce ce discours ? À qui s'adresse-t-il ?

7 • Durant quelle crise ce discours est-il prononcé ?

8 • Comment l'auteur de ce discours qualifie-t-il ses opposants ?

9 • Que souhaitent ses opposants ?

10 • Comment envisage-t-il de sortir de la crise ?

Deuxième partie • Géographie (13 points)

QUESTIONS 8 points

1 • À quels États de l'Union européenne correspondent les trois numéros ? Précisez les capitales de chaque État.

❶ ....

Capitale : ....

❷ ....

Capitale : ....

❸ ....

Capitale : ....

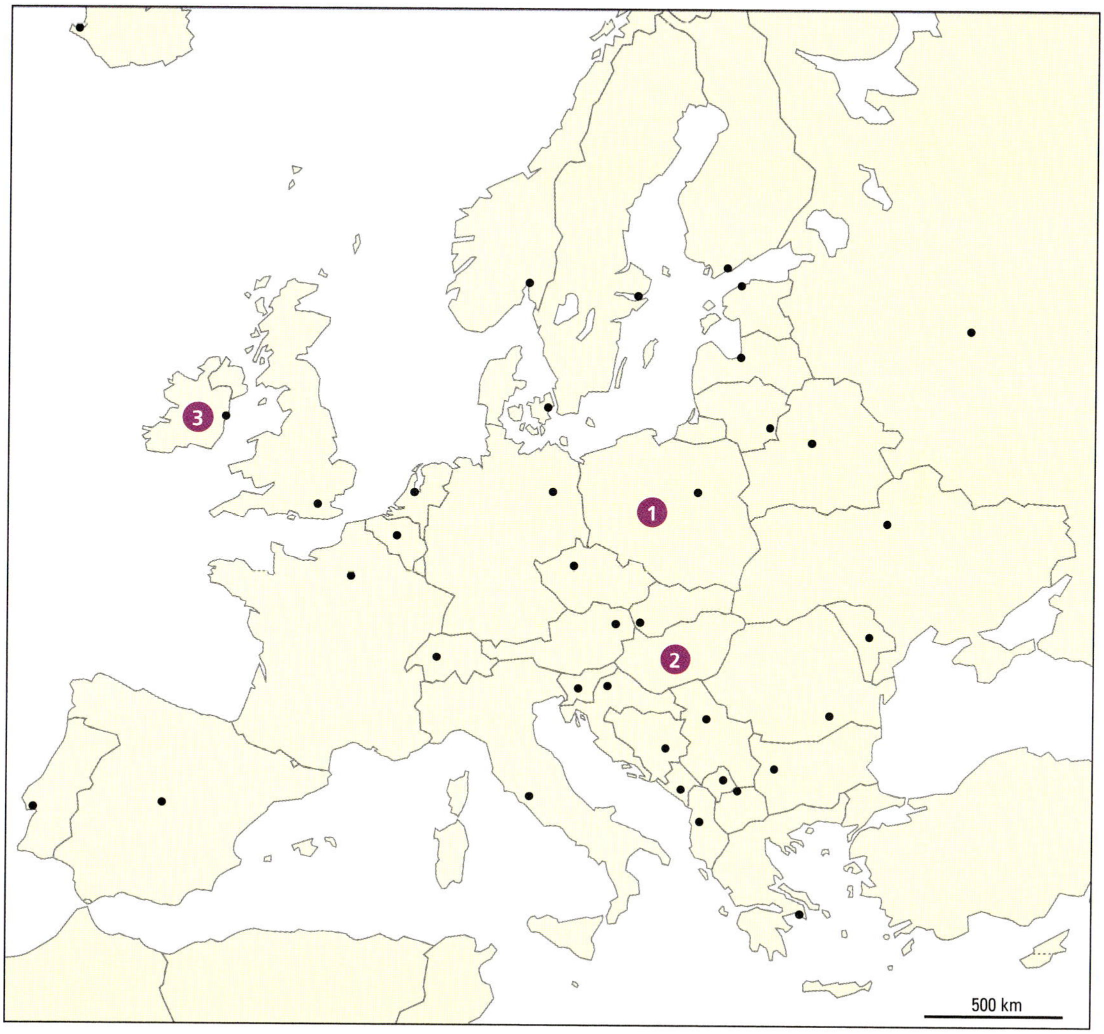

2 • Combien de pays l'Union européenne compte-t-elle ?

3 • Où la Commission européenne siège-t-elle ?

4 • Qu'est-ce que la mégalopole européenne ?

Corrigés p. 46 du livret.

TRAVAIL SUR DOCUMENT (5 points)

Régions riches, régions pauvres dans l'UE

Région	PIB/hab. en SPA
Inner London (Royaume-Uni)	79 400 €
Luxembourg (Luxembourg)	63 100 €
Bruxelles-capitale (Belgique)	55 100 €
Hambourg (Allemagne)	47 200 €
Moyenne régionale de l'UE	22 845 €
Yuzhen tsentralen (Bulgarie)	6 600 €
Severen tsentralen (Bulgarie)	6 400 €
Sevrozapaden (Bulgarie)	6 000 €
Nord-Est (Roumanie)	5 800 €

Source Eurostat

5 • Quelle est la moyenne régionale du PIB/hab. dans l'UE ?

6 • Quels sont les deux pays qui ont les plus faibles PIB/hab. ?

7 • Dans quelle partie de l'Europe se situent-ils ?

8 • Comparez les chiffres d'Inner London et du nord-est de la Roumanie.

9 • Quelle conclusion pouvez-vous tirer de ce tableau ?

Troisième partie • Éducation civique (10 points)

QUESTIONS (3 points)

1 • Comment a évolué l'organisation de l'armée en France ?

2 • Qu'est-ce que le parcours du citoyen en France ?

3 • Citez quatre principes garantis par la Constitution de la Ve République.

TRAVAIL SUR DOCUMENT

7 points

Affiche réalisée en octobre 2011.

4 • Quels symboles de la République française apparaissent sur l'affiche ?

5 • Quel document est représenté sur l'affiche ? À quoi sert-il ?

6 • À qui s'adresse cette affiche ?

7 • Contre quoi cette affiche veut-elle lutter ?

Corrigés p. 47 du livret.

Vers la 2de

Vers la 2de

Test • Bilan

français

Date ....

Pour chaque question, coche la ou les cases qui conviennent.

Grammaire

1 • J'adore les musées de Londres.
Quelle est la fonction du mot « Londres » ?
- ❒ CC de lieu du verbe *adore*
- ❒ complément du nom *musées*
- ❒ nom apposé au nom *musées*

2 • **Parmi ces phrases complexes, laquelle est incorrecte ?**
- ❒ Le cas dont il s'agit est difficile à traiter.
- ❒ Le témoin que j'ai interrogé ne se souvient de rien.
- ❒ Je n'ai pas reçu les renseignements que j'ai besoin.

3 • **Une subordonnée de concession introduite par *bien que* comporte un verbe conjugué :**
❒ à l'indicatif ❒ à l'impératif ❒ au subjonctif

......../3

Conjugaison

4 • Après qu'il eut fini ses devoirs, il partit se promener.
Le verbe *finir* est conjugué au :
- ❒ subjonctif plus-que-parfait
- ❒ passé antérieur de l'indicatif
- ❒ conditionnel passé

5 • Il craignait que l'incendie ne ....
Comment s'écrit la forme verbale en [i] ?
❒ s'étendis ❒ s'étendit ❒ s'étendît

......../2

Orthographe

6 • **On écrit :**
- ❒ L'un ou l'autre sait.
- ❒ Tout le monde le savent.
- ❒ Ni lui, ni sa sœur, personne ne sait.
- ❒ Peu de personnes sait.

7 • **On écrit :**
- ❒ des poissons volant
- ❒ des poissons volants
- ❒ des élèves excellents
- ❒ des élèves excellant dans l'art de l'orthographe

8 • Les livres qu'elle s'achète sont intéressants.
Au passé, la proposition relative devient :
- ❒ Les livres qu'elle s'est achetée sont intéressants.
- ❒ Les livres qu'elle s'est achetés sont intéressants.
- ❒ Les livres qu'elle s'est acheté sont intéressants.

9 • ..... soient les difficultés, il ne se décourage pas.
Avec quel mot compléter cette phrase ?
❒ Qu'elles que ❒ Quelques ❒ Quelles que

......../4

Lexique

10 • **Dans quel mot le radical *arch-* (du grec *arkhein*, « commander ») se prononce [ark] ?**
❒ archange ❒ archevêque
❒ hiérarchie ❒ monarchie

11 • L'IVG est ...... en France depuis 1975.
Quel est le mot juste pour compléter la phrase ?
❒ légale ❒ légitime ❒ légitimée

12 • **Une hyperbole est une :**
❒ exagération ❒ opposition ❒ répétition

......../3

Lire et écrire

13 • **Un récit autobiographique peut être défini comme :**
❒ un récit de souvenirs ❒ une fiction complète
❒ une histoire entièrement réelle

14 • **Quel auteur a écrit des pièces relevant du « théâtre de l'absurde » ?**
❒ Molière ❒ Ionesco ❒ Voltaire

15 • **Que peut-on dire de la poésie engagée ?**
- ❒ Elle défend une cause sociale ou politique.
- ❒ Elle naît dans un contexte historique de troubles.
- ❒ Elle exprime l'engagement amoureux du poète.

......../3

L'année prochaine en français

En 2de, tu commences à te préparer aux épreuves anticipées du bac de français qui auront lieu en fin d'année suivante.

L'étude de la langue

Elle ne sera plus systématique. Mais ce que tu as appris au collège t'aidera dans tes productions écrites et dans l'analyse des textes littéraires.

- **Orthographe.** Tu devras maîtriser les règles d'accord, l'orthographe des formes verbales et l'emploi des homophones. Pour l'orthographe lexicale, n'hésite pas à recourir fréquemment au dictionnaire.

→ POUR BIEN DÉMARRER :
***L'accord du participe passé (1) et (2)**, p. 34-37 ;*
***L'accord du verbe avec le sujet**, p. 30-31 ;*
***L'accord de l'adjectif qualificatif**, p. 32-33.*

- **Grammaire.** La syntaxe de tes phrases devra être correcte, et l'enchaînement entre les phrases cohérent. Tu veilleras au bon emploi des temps et des modes dans les phrases simples ou complexes.

→ POUR BIEN DÉMARRER :
***Valeurs des temps de l'indicatif**, p. 24-25 ;*
***Le subjonctif**, p. 26-27 ;*
***Les reprises nominales et pronominales**, p. 48-49.*

Les objets d'étude

C'est autour des quatre thèmes ci-dessous que vont s'organiser tes travaux de lecture et d'écriture au cours de l'année.

- **Le roman et la nouvelle au XIXe siècle.** À travers l'étude d'un roman et d'une ou plusieurs nouvelles du XIXe siècle, tu approfondiras tes connaissances sur les mouvements réaliste et naturaliste, et les caractéristiques du genre narratif.

→ POUR BIEN DÉMARRER :
***Le récit**, p. 50-51.*

- **La tragédie et la comédie au XVIIe siècle.** Ton professeur vous proposera de lire, en œuvre complète ou en extraits, une tragédie et une comédie classiques. Ce sera l'occasion de découvrir l'esthétique classique et d'analyser les effets propres au tragique ou au comique.

→ POUR BIEN DÉMARRER :
***Le théâtre**, p. 58-59 ;*
***le théâtre contemporain**, p. 60-61.*

- **La poésie du XIXe au XXe siècle.** Grâce à des lectures variées de poèmes, tu seras amené à analyser comment le travail du poète sur les mots lui permet d'exprimer une vision singulière. Tu étudieras également les liens qui unissent la poésie aux autres arts.

→ POUR BIEN DÉMARRER :
***La poésie**, p. 62-63 ; **La poésie engagée**, p. 64-65.*

- **L'argumentation aux XVIIe et XVIIIe siècles.** Tu découvriras les débats du XVIIe et du XVIIIe siècle à travers une sélection de textes à visée argumentative : ainsi, Pascal au XVIIe siècle montre la misère de l'homme sans Dieu ; au XVIIIe siècle, les philosophes des Lumières prônent l'usage de la raison et réclament la liberté de penser. Ces textes seront l'occasion d'étudier différents procédés pour convaincre et persuader.

→ POUR BIEN DÉMARRER :
***L'argumentation**, p. 56-57.*

Corrigés p. 47 du livret.

Test • Bilan mathématiques

Date ....

Pour chaque question, coche la ou les cases qui conviennent.

Nombres et calculs

1 • $\dfrac{4\times10^5\times7\times10^{-4}}{14\times10^3}$ **est égale à :**

☐ 0,002 ☐ 0,02 ☐ 4 000

2 • Trois des nombres suivants sont égaux. Lesquels ?

☐ $\sqrt{5}+\sqrt{5}$ ☐ $\dfrac{\sqrt{500}}{5}$ ☐ $2\sqrt{5}\times\sqrt{5}$

☐ $\sqrt{50}$ ☐ $\sqrt{5+5}$ ☐ $\sqrt{20}$

3 • $(4x-1)(x+5)-(4x-1)^2$ **est égale à :**

☐ $(4x-1)(-3x+6)$
☐ $3(4x-1)(-x+2)$
☐ $3(4x-1)(x+2)$

4 • Le système $\begin{cases} x+y=286 \\ x-4y=21 \end{cases}$ **admet pour solution :**

☐ (233 ; 53) ☐ (53 ; 233) ☐ (202 ; 84)

5 • Soustraire 5 à un nombre ou le diviser par 5 donne le même résultat. **Quel est ce nombre ?**

☐ 5,75 ☐ 6,25 ☐ 7,5

......../5

Gestion de données

6 • Le tableau donne la durée t du trajet des élèves d'une classe de 3e pour se rendre à leur collège.

Durée (min)	$0 \leqslant t < 15$	$15 \leqslant t < 30$	$30 \leqslant t < 45$
Effectif	18	14	8

Quel pourcentage d'élèves met au moins 15 minutes pour se rendre au collège ?

☐ 20 % ☐ 35 % ☐ 55 %

7 • La moyenne de la série 7 ; 8 ; x ; 5 et 6 est 5,8. **Quelle est la valeur de x ?**

☐ 2 ☐ 3 ☐ 4

8 • Parmi les boules Ⓔ Ⓤ Ⓡ Ⓞ Ⓟ Ⓔ, **quelle est la probabilité de tirer une voyelle ?**

☐ $\dfrac{1}{3}$ ☐ $\dfrac{4}{6}$ ☐ $\dfrac{2}{3}$

9 • Si $f(x)=3x^2-5$, alors l'antécédent de 7 est :

☐ – 2 ☐ 2 ☐ 142

......../4

Géométrie Grandeurs et mesures

10 • Quelle est l'hypoténuse d'un triangle rectangle dont un côté mesure 5 cm et dont l'aire est de 30 cm² ?

☐ $\sqrt{61}$ cm ☐ 12 cm ☐ 13 cm

11 • Parmi les formules suivantes, laquelle donne le volume, en cm³, d'une boule de diamètre 30 cm ?

☐ $\dfrac{4}{3}\times\pi\times30^3$ ☐ $\pi\times15^2$ ☐ $\dfrac{4}{3}\times\pi\times15^3$

12 • Arrondie au millimètre près, CD mesure :

☐ 28,8 cm
☐ 33,1 cm
☐ 38,1 cm

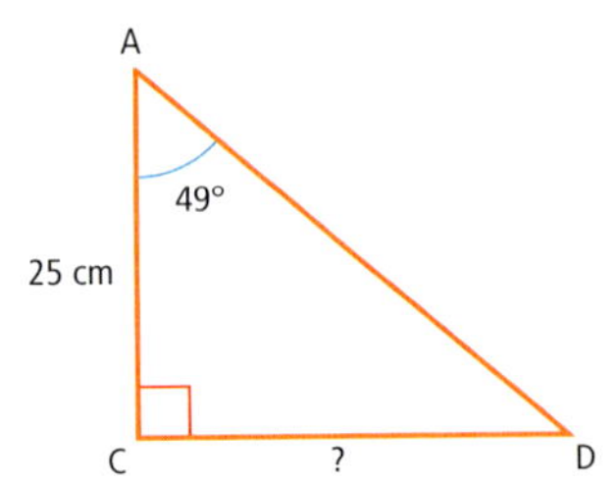

13 • On coupe un cône de révolution par un plan parallèle à sa base et passant par O′ comme sur la figure ci-dessous. **Quel est le volume du cône de sommet S et de rayon O′A′ ?**

☐ 675 π cm³
☐ 450 π cm³
☐ 337,5 π cm³

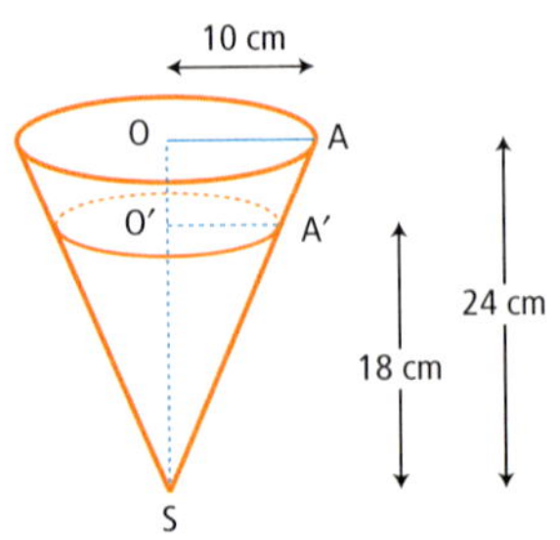

......../4

L'année prochaine en mathématiques

Le programme de 2de en mathématiques est organisé en trois parties. L'apprentissage de l'algorithmique et celui de la logique seront développés à l'intérieur de chacune de ces trois parties.

Fonctions

- Tu devras savoir déterminer l'**image** ou des **antécédents** d'un nombre donné pour une fonction définie par une courbe, un tableau de données ou une formule.

- Tu étudieras qualitativement des fonctions : **fonction croissante** ou **décroissante**, **maximum** ou **minimum** d'une fonction.

- Outre les fonctions **linéaires** et **affines** déjà rencontrées en 3e, seront abordées les fonctions **carré**, **inverse** et **polynômes de degré 2**.

→ POUR BIEN DÉMARRER :
***Fonction linéaire**, p. 94-95 ;*
***Fonction affine**, p. 96-97.*

- Tu apprendras à résoudre graphiquement ou algébriquement une **équation** ou une **inéquation**.

→ POUR BIEN DÉMARRER :
***Équations**, p. 74-75 ;*
***Inéquations**, p. 84-85.*

- Le **sinus** et le **cosinus** d'un nombre réel seront définis à l'aide du cercle trigonométrique.

→ POUR BIEN DÉMARRER :
***Trigonométrie**, p. 114-115.*

Corrigés p. 47 du livret.

Statistiques et probabilités

- Pour étudier des **séries statistiques**, tu détermineras leurs caractéristiques de position et de dispersion (moyenne, médiane, quartiles). Tu représenteras des séries statistiques graphiquement (nuage de points, courbe des fréquences cumulées…).

→ POUR BIEN DÉMARRER :
***Statistiques : moyenne et médiane**, p. 100-101 ;*
***Études statistiques**, p. 102-103.*

- Afin d'introduire les notions d'**échantillon** et d'intervalle de **fluctuation**, tu réaliseras des simulations de situations concrètes à l'aide d'un tableur ou d'une calculatrice. Tu devras savoir exploiter un résultat d'échantillonnage.

- Tu détermineras la probabilité d'événements dans des expériences relevant de l'**équiprobabilité** (lancers de pièces ou de dés, tirage de cartes…). Tu interprèteras des événements de manière ensembliste.

→ POUR BIEN DÉMARRER :
***Propabilité**, p. 104-105.*

Géométrie

- Tu apprendras à calculer la **distance** de deux points connaissant leurs coordonnées dans le plan rapporté à un **repère orthonormé** ainsi que les coordonnées du **milieu** d'un segment. Tu étudieras des problèmes d'**alignement** de points, de **parallélisme** ou d'**intersection** de droites.

→ POUR BIEN DÉMARRER :
***Coordonnées dans un plan**, p. 92-93.*

- Tu découvriras ce qu'est un **vecteur**, comment additionner deux vecteurs et comment multiplier un vecteur par un nombre réel.

- Tu entretiendras tes acquis du collège concernant les **solides usuels**. Les notions de **plans** et **droites** de l'espace seront introduites.

→ POUR BIEN DÉMARRER :
***Section d'un solide par un plan**, p. 124-125 ;*
***La sphère**, p. 126-127.*

Test • Bilan

histoire-géo/éd. civique

Date ....

Pour chaque question, coche la ou les cases qui conviennent.

Histoire

1 • Quand fut signé l'armistice mettant fin à la Première Guerre mondiale ?

❐ Le 11/12/1917
❐ Le 11/09/1918
❐ Le 11/11/1918

2 • Quels éléments caractérisent un régime totalitaire ?

❐ Il y a un parti unique.
❐ La population est soumise par la terreur et la propagande.
❐ Un culte de la personnalité s'organise autour du chef.

3 • Quand ont eu lieu les bombardements atomiques d'Hiroshima et de Nagasaki ?

❐ En juin 1944 ❐ En mai 1945 ❐ En août 1945

4 • Quelles populations sont victimes de génocide durant la Seconde Guerre mondiale ?

❐ Les Juifs ❐ Les Arméniens
❐ Les Tziganes

5 • Quand le mur de Berlin, symbole de la guerre froide, est-il tombé ?

❐ En 1947 ❐ En 1961 ❐ En 1989

6 • Que crée le traité de Rome signé en 1957 ?

❐ La CECA ❐ La CEE ❐ L'UE

7 • Quel président de la Ve République a effectué deux mandats de 1981 à 1995 ?

❐ Charles de Gaulle
❐ François Mitterrand
❐ Jacques Chirac

........./7

Géographie

8 • Qu'est-ce qui compose une aire urbaine ?

❐ Un pôle urbain
❐ Une couronne périurbaine
❐ Une métropole

9 • Parmi ces réponses, lesquelles désignent des collectivités territoriales ?

❐ Les communes
❐ Les départements
❐ Les régions

10 • Qu'est-ce que la périurbanisation ?

❐ Un pôle urbain et une couronne périurbaine
❐ L'étalement des villes sur les espaces ruraux proches
❐ Le départ des habitants des espaces ruraux vers les villes

11 • En France, où se situent les espaces les plus productifs ?

❐ Dans les zones rurales
❐ Dans les métropoles
❐ Dans les montagnes

12 • Quelle partie de l'Union européenne a le plus fort PIB/hab. ?

❐ Le Sud ❐ L'Est ❐ L'Ouest

13 • Combien la France possède-t-elle de DROM ?

❐ Cinq ❐ Six ❐ Sept

14 • Pourquoi peut-on dire que l'UE est une puissance incomplète ?

❐ Parce qu'elle n'est pas une puissance commerciale
❐ Parce qu'elle n'est pas une puissance financière
❐ Parce qu'elle n'est pas une puissance militaire

........./7

Éducation civique

15 • Quelles étapes constituent le parcours de citoyenneté en France ?

❐ Le recensement à la mairie
❐ La JDC (journée défense et citoyenneté)
❐ Le service national obligatoire

16 • Qui exerce le pouvoir exécutif en France ?

❐ Le gouvernement
❐ L'Assemblée nationale
❐ Le Conseil constitutionnel

........./2

L'année prochaine en histoire-géo éd. civique

En histoire, le programme de 2de ne prend pas la suite de celui de 3e, mais reprend et développe des questions étudiées en 6e, 5e et 4e. En géographie, le fil conducteur du programme est le développement durable, sur lequel tu as surtout travaillé en 5e. Enfin, l'éducation civique devient l'ECJS (Éducation civique, juridique et sociale).

Histoire

- Contrairement au programme de 3e, celui de la 2de traite des thèmes dans **toutes les périodes historiques**, de l'Antiquité au XIXe siècle. Ce que tu as vu en 3e te servira surtout pour la 1re et la Terminale.

- En 2de, tu commenceras par étudier la **citoyenneté dans l'Antiquité**, avec les cas de la Grèce et de l'Empire romain. Puis, tu te consacreras au **Moyen Âge** en t'intéressant à la place de la **chrétienté** dans la société et dans la culture de l'Europe.

→ POUR BIEN DÉMARRER :
***La cité des Athéniens** et **L'Empire romain** (programme de 6e) ; **L'Occident féodal, XIe-XVe siècles** (programme de 5e).*

- Tu verras ensuite les **grands changements culturels en Europe** à la fin du Moyen Âge et au début de l'époque moderne (Grandes Découvertes, renouveau artistique et scientifique). Tu termineras avec l'étude des **Révolutions et des libertés au XIXe siècle**.

→ POUR BIEN DÉMARRER :
***Vers la modernité, fin XVe-XVIIe siècle** (programme de 5e) ; **La Révolution et l'Empire** et **Le XIXe siècle** (programme de 4e).*

Géographie

- Tu comprendras comment s'établit la **gestion des ressources terrestres** (alimentation, eau, énergie). Tu étudieras les aménagements des **villes** dans le cadre du développement durable.

→ POUR BIEN DÉMARRER :
***Habiter la ville** (programme de 6e) ;
La question du développement durable et
Des hommes et des ressources (programme de 5e).*

- Tu sauras comment sont gérés certains **espaces** comme l'Arctique, les littoraux ou les régions exposées à de forts risques naturels.

→ POUR BIEN DÉMARRER :
***Habiter les littoraux** (programme de 6e) ;
Des inégalités devant les risques (programme de 5e).*

Éducation civique, juridique et sociale

- Le programme s'articule autour des rapports entre **le citoyen et les règles** à respecter. Tu verras d'abord ce qu'est le **droit** et quel rôle il joue dans la société.

- Tu étudieras ensuite la place et l'élaboration de la **loi** en France, à travers l'exemple d'une grande loi encore appliquée et de débats actuels qui peuvent donner lieu à une loi.

- Tu comprendras enfin le fonctionnement et le rôle de la **justice**, et notamment celle qui se consacre aux mineurs.

→ POUR BIEN DÉMARRER :
***Droit et justice en France** (programme de 4e) ;
Nationalité, citoyenneté française et européenne, p. 190-191 ;
La vie politique, p. 192-193.*

Corrigés p. 47 du livret.

Test • Bilan

SVT

Date ....

Pour chaque question, coche la ou les cases qui conviennent.

Diversité et unité des êtres vivants

1 • Les caractères qui se retrouvent dans les générations successives sont :

❒ des caractères héréditaires.
❒ des caractères temporaires.
❒ des caractères particuliers.

2 • Les chromosomes présents dans le noyau :

❒ sont le support des caractères non héréditaires.
❒ sont le support de l'information génétique.

3 • Chaque chromosome :

❒ est constitué d'ADN.
❒ est libre dans le cytoplasme.

4 • Les cellules de l'organisme, à l'exception des cellules reproductrices :

❒ possèdent toutes une information génétique différente.
❒ possèdent toutes la même information génétique que celle de la cellule-œuf dont elles proviennent.

5 • Chaque cellule reproductrice contient :

❒ 46 chromosomes.
❒ la moitié des chromosomes de l'espèce.
❒ 23 chromosomes.

........./5

Évolution des organismes vivants et histoire de la Terre

6. Au cours des temps géologiques, de grandes crises de la biodiversité ont marqué :

❒ l'évolution. ❒ le temps. ❒ la planète.

7 • Par rapport à une espèce antérieure dont elle serait issue, une espèce nouvelle :

❒ présente uniquement des caractères ancestraux.
❒ présente uniquement des caractères nouveaux.
❒ présente à la fois des caractères ancestraux et nouveaux.

8 • L'apparition de caractères nouveaux au cours des générations suggère des modifications de l'information génétique appelées :

❒ mutations. ❒ créations. ❒ solutions.

........./3

Risque infectieux et protection de l'environnement

9 • La contamination se fait par :

❒ transmission directe.
❒ transmission indirecte.
❒ pénétration dans la peau et les muqueuses.

10 • Les risques d'infection par des micro-organismes (virus, bactéries) sont limités par :

❒ la pratique de l'asepsie.
❒ l'utilisation de produits antiseptiques.
❒ l'utilisation du préservatif.

11 • Par la vaccination, l'organisme acquiert la mémoire immunitaire spécifique d'un micro-organisme précis :

❒ de manière préventive et durable.
❒ de manière préventive et brève.
❒ de manière préventive et peu durable.

........./3

Responsabilité humaine en matière de santé et d'environnement

12 • L'obésité et le surpoids peuvent être favorisés par :

❒ l'excès d'activité physique.
❒ le manque d'activité physique.
❒ l'excès de graisses et de sucre dans l'alimentation.

13 • Par des actions directes et indirectes, l'Homme :

❒ tente de limiter la diminution de la biodiversité planétaire.
❒ n'influence pas la biodiversité de la planète et l'équilibre entre les espèces.
❒ modifie l'équilibre entre les espèces.

........./2

L'année prochaine en SVT

Le programme de 2de en SVT est organisé en trois parties.

La Terre dans l'Univers, la vie et l'évolution du vivant

- Tu étudieras les **caractéristiques de la Terre**, notamment l'existence d'eau liquide et d'une atmosphère, qui permettent de comprendre que la vie s'y développe. Tu découvriras que ces particularités sont liées à la taille de la Terre et à sa position dans le système solaire.

- Différents indices de la **parenté des êtres vivants** seront identifiés : l'unité chimique du vivant (carbone et eau), les transformations chimiques se déroulant au sein de la cellule (métabolisme) et l'universalité du rôle de l'ADN.

→ POUR BIEN DÉMARRER :
***La transmission de l'information génétique**, p. 218-219.*

- Dans la continuité du programme de 3e, tu approfondiras quelques idées sur **la biodiversité et son origine évolutive**. Ce sera pour toi l'occasion de faire une sortie sur le terrain pour mettre en évidence la biodiversité d'un milieu, de disséquer quelques vertébrés pour comparer leur organisation et d'utiliser un logiciel pour modéliser la dérive génétique.

→ POUR BIEN DÉMARRER :
***Transformations de la Terre et évolution**, p. 224-225 ; **Biodiversité et activités humaines**, p. 238-239.*

Enjeux planétaires contemporains

- Plusieurs aspects de la **question énergétique** seront étudiés :
  – l'origine biologique des combustibles fossiles et l'augmentation rapide de la concentration du CO_2 dans l'atmosphère suite à l'utilisation de ces combustibles par l'Homme ;
  – certaines formes d'énergie renouvelable (utilisation de l'énergie des vents, des courants marins et des barrages hydroélectriques).

→ POUR BIEN DÉMARRER :
***Énergies fossiles et énergies renouvelables**, p. 240-241.*

- En lien avec le programme de géographie, tu réfléchiras au défi que représente, en matière de ressources en sol, le développement d'une **agriculture** qui répond aux besoins de l'humanité. Il s'agit de montrer que le sol est lent à se former, inégalement réparti à la surface de la planète, facilement dégradé et souvent détourné de sa fonction biologique.

Corps humain et santé

- Ce thème sera envisagé dans le cadre d'un **exercice physique**.

- Tu observeras les **modifications physiologiques** (consommation de dioxygène, fréquence cardiaque...) lors de l'effort. Le contrôle nerveux de la fréquence cardiaque sera expliqué.

- Tu étudieras un exemple d'**accident musculo-articulaire** (claquage, entorse...) ainsi que l'effet sur la santé des sportifs d'une pratique de **dopage**.

Corrigés p. 47 du livret.

Test • Bilan

physique-chimie

Date ....

Pour chaque question, coche la ou les cases qui conviennent.

Chimie

1 • Quelle est la masse de chrome contenue dans un outil en acier de 350 g contenant 12 % de ce métal ?

❒ 40 g ❒ 45 g ❒ 42 g

2 • Dans un atome :

❒ le numéro atomique donne le nombre de charges positives.
❒ le numéro atomique donne le nombre des protons.
❒ la charge d'un électron est égale à celle du noyau.

3 • L'ion de fer III a pour formule Fe^{3+}.
On peut dire que cet ion :

❒ contient trois atomes de fer.
❒ est un atome qui a perdu trois électrons.
❒ est un atome qui a gagné trois électrons.

4 • L'ion nitrate a pour formule NO_3^-. **Cet ion :**

❒ porte une charge négative.
❒ porte trois charges négatives.
❒ contient trois atomes d'oxygène.

5 • Le pH d'une solution :

❒ acide est compris entre 7 et 14.
❒ neutre est égal à zéro.
❒ basique est entre 7 et 14.

6 • L'acide chlorhydrique réagit avec le fer. **Pour tester les ions présents dans le mélange réactionnel après la transformation, on utilise :**

❒ la soude qui teste les ions fer.
❒ la soude qui teste les ions chlorure.
❒ le nitrate d'argent qui donne un précipité blanc qui noircit à la lumière.

7 • Une synthèse est une réaction chimique au cours de laquelle :

❒ un produit est transformé.
❒ une espèce chimique est créée.
❒ des réactifs se transforment en produits.

........./7

Physique

8 • La période d'un phénomène est :

❒ l'inverse de sa fréquence.
❒ le temps au bout duquel il se reproduit à l'identique.
❒ le temps le plus court au bout duquel il se reproduit à l'identique.

9 • Un générateur fournit la tension ci-contre.
Les réglages sont 10 ms/div pour le balayage et 2 V/div pour la sensibilité verticale.

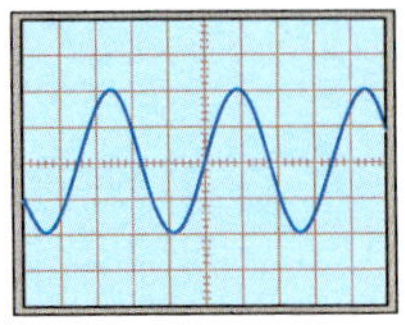

On peut dire alors que :

❒ l'amplitude de cette tension est de 2 V.
❒ la période de cette tension est de 35 ms.
❒ la fréquence de cette tension est de $2{,}9 \times 10^{-2}$ Hz.

10 • La puissance électrique est donnée par :

❒ U × I et s'exprime en joule.
❒ I × U et s'exprime en watt.
❒ U/I et s'exprime en watt.

11 • L'énergie électrique consommée par un appareil de puissance de 1 kW, fonctionnant pendant 2 heures, est :

❒ $7{,}2 \times 10^3$ kJ ❒ $7{,}2 \times 10^3$ J ❒ 2 Wh

12 • Le poids d'un corps est :

❒ la quantité de matière qui le constitue.
❒ la force d'attraction qu'une planète exerce sur lui.
❒ dû à l'interaction gravitationnelle entre ce corps et la planète où il se trouve.

13 • La masse d'une personne dont le poids est de 490 N est :

❒ 55 kg ❒ 50 kg ❒ 50 N

14 • L'énergie cinétique d'une pierre de 300 g se déplaçant à 2 m/s est 0,6 J. **Si la vitesse de la pierre double, son énergie cinétique :**

❒ double aussi.
❒ est divisée par 2.
❒ est multipliée par 4.

15 • Lorsqu'une balle est en chute libre et tombe vers le sol :

❒ sa vitesse augmente.
❒ son énergie cinétique augmente.
❒ son énergie de position augmente.

........./8

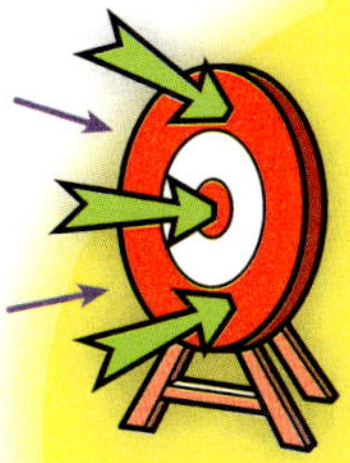

L'année prochaine en physique-chimie

Le programme de 2de en physique-chimie est organisé en trois parties.

La santé

- L'objectif de ce thème est d'expliquer le rôle des sciences physiques et chimiques dans le domaine de la santé.

- Des exemples pris parmi les outils de diagnostic médical seront l'occasion pour toi de découvrir de nouvelles notions :
– l'électrocardiogramme, l'analyse de **signaux périodiques** ;
– l'échographie et la radiographie, les **ondes** sonores et électromagnétiques ;
– les résultats d'analyses médicales, la **concentration** et les **espèces chimiques**.

La pratique du sport

- Ce thème a pour objectif de montrer que l'analyse de l'activité sportive peut recourir à des connaissances et à des méthodes scientifiques. Ainsi, les notions de **masse** et de **force** permettent d'étudier le **mouvement** ; la **pression** permet de comprendre les effets physiologiques ressentis par un plongeur sous-marin.

- Tu découvriras que lors d'une activité sportive, des **transformations chimiques** se produisent et s'accompagnent d'**effets thermiques**.

→ POUR BIEN DÉMARRER :
***La réaction entre l'acide chlorhydrique et le fer**, p. 250-251.*

- Tu apprendras que la chimie permet d'améliorer les performances sportives par l'élaboration de nouveaux **matériaux synthétiques** et de procéder à des **analyses** (extraction, séparation et identification d'espèces chimiques) pour lutter contre le dopage.

→ POUR BIEN DÉMARRER :
***La synthèse d'une espèce chimique**, p. 254-255.*

L'Univers

- Les différentes **échelles de l'Univers**, de l'atome à la Galaxie, seront évaluées.

- Tu devras savoir interpréter le **spectre de la lumière** émise par une étoile, qui donne des informations sur sa température et sa composition chimique.

- Tu découvriras que certains éléments chimiques présents dans l'Univers, comme le carbone, se forment au sein des étoiles. La **classification périodique des éléments** sera étudiée.

→ POUR BIEN DÉMARRER :
***Ions et conduction dans les solutions**, p. 246-247.*

- Tu approfondiras la notion de **gravitation universelle**.

→ POUR BIEN DÉMARRER :
***L'interaction gravitationnelle**, p. 266-267.*

Corrigés p. 48 du livret.

Test • Bilan anglais

Date ....

Pour chaque question, coche la case qui convient.

Le groupe nominal

1 • We are all going to play basket ball.
Come with ....
❒ us ❒ we ❒ them

2 • The Rolls Royce is .... car here.
❒ the most expensive
❒ the more expensive
❒ the best expensive

3 • The house .... door is red is mine.
❒ which ❒ that ❒ whose

4 • This conference is too ....
❒ bored ❒ boring ❒ bore

5 • Comment dirais-tu que cet exercice est le plus difficile ?
❒ This exercise is more difficult.
❒ This exercise is so difficult.
❒ This exercise is the most difficult.

........./5

Le groupe verbal

6 • They .... in New York .... 5 years.
❒ work … for
❒ have worked … for
❒ have worked … since

7 • .... we take a taxi?
❒ Shall ❒ Will ❒ Won't

8 • I'll call you when I .... time.
❒ have ❒ will have ❒ am having

9 • If I .... rich I would work less.
❒ were ❒ am ❒ will be

10 • Too bad! We had so much fun! She .... with us.
❒ should stay
❒ should have stayed
❒ would stay

11 • A new shopping centre .... here.
❒ is building ❒ is being built ❒ building

12 • She asked me how much ....
❒ it will be ❒ it was ❒ was it

13 • Comment dirais-tu qu'il devrait s'excuser ?
❒ He must apologize.
❒ He should apologize.
❒ He can apologize.

14 • Comment dirais-tu que Paul n'a pas besoin de venir ?
❒ Paul mustn't come.
❒ Paul can't come.
❒ Paul doesn't have to come.

........./9

La phrase

15 • He said he .... help the pupils.
❒ would ❒ will ❒ had

16 • "........... do you play tennis?" "Twice a week."
❒ How long ❒ How often ❒ How far

17 • Lucas speaks English .... his cousin doesn't.
❒ since ❒ although ❒ whereas

18 • His parents would like Fred .... his room.
❒ tidying ❒ to tidy ❒ tidy

19 • .... is the weather .... in Spain?
❒ How … like ❒ What … like ❒ What … for

20 • Comment dirais-tu que Jane t'a dit qu'elle t'aiderait ?
❒ Jane said she will help me.
❒ Jane said she is going to help me.
❒ Jane said she would help me.

........./6

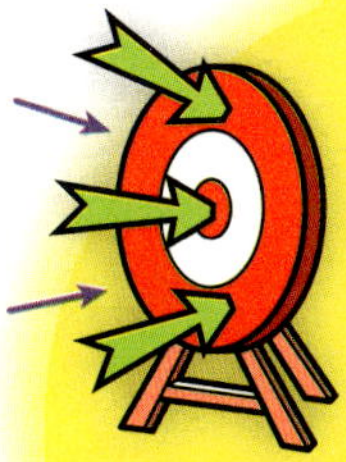

L'année prochaine en anglais

Les nouveaux programmes d'anglais s'appuient sur le CECRL (Cadre européen commun de référence pour les langues). Dans ce cadre, l'apprentissage de l'anglais est organisé autour de cinq grandes activités de communication, avec des niveaux gradués de A1 à C2.

En 2de, tu es censé atteindre le niveau B1+. Voici ce que cela signifie, pour chaque activité de communication.

Écouter et comprendre

- Tu devras être en mesure de saisir les points principaux d'une longue conversation qui se déroule en ta présence.

- Tu devras également être capable de **comprendre l'essentiel** d'émissions de radio ou de télévision sur l'actualité ou sur des sujets de société.

Prendre part à une conversation

- Tes connaissances te permettront d'**aborder sans préparation une conversation sur un sujet familier**, tout en introduisant un sujet nouveau durant l'échange.

- Tu réviseras les formules pour émettre ou solliciter un avis ou une opinion.

→ POUR BIEN DÉMARRER :
Le questionnement*, p. 276-277 ;*
Le discours indirect*, p. 290-291.*

Parler en continu

- Tu devras être capable de **raconter une expérience, un événement ou une histoire** ; mais aussi de présenter un projet, d'exposer tes objectifs.

- Tu apprendras à développer une explication ou à soutenir une argumentation à l'oral.

→ POUR BIEN DÉMARRER :
La condition*, p. 282-283.*

Lire et comprendre

- Tu seras capable de **comprendre des textes informatifs rédigés dans une langue courante**, qu'il s'agisse d'articles de presse ou de notices documentaires.

- Tu seras par ailleurs en mesure de suivre précisément l'enchaînement des faits dans un récit d'une certaine longueur.

Écrire

- Tu sauras rédiger **divers types de texte** : description, compte rendu, résumé, etc. La prise de notes lors d'un exposé ou d'une conférence devra être maîtrisée.

- Tu devras également savoir développer une explication ou soutenir une argumentation à l'écrit.

→ POUR BIEN DÉMARRER :
L'expression du passé*, p. 278-279.*

Corrigés p. 48 du livret.

INDEX

Anglais

Les mots de vocabulaire renvoyant à des thèmes sont indiqués en **gras** dans cette liste.

Table des illustrations

11		©	Éditions Gallimard
13		ph ©	Hervé Lewandowski / RMN (Musée d'Orsay)
25		ph ©	Thierry Le Mage / RMN (Musée du Louvre)
29		ph ©	René Magritte / VG Bild-Kunst / Akg-Images / © Adagp, Paris 2014
31		ph ©	TCD Prod DB Pathé Cinema
35		ph ©	BPK, Berlin, Dist. RMN / Elke Walford
39		ph ©	Akg-Images © Andy Warhol / www.arsny.com / © Adagp, Paris 2014
49		ph ©	Remi Benali / Stephen Ferry
53		ph ©	René-Gabriel Ojéda / RMN © succession Picasso 2014
61		ph ©	Victor Tonelli / Artcomart
65		ph ©	Collection Centre Pompidou, Dist. RMN / Droits réservés / © Adagp, Paris 2014
134		ph ©	L'Illustration
135		ph ©	Archiv Gerstenberg / Akg-Images
136		ph ©	IM / Kharbine-Tapabor
137		ph ©	Ullstein Bild / Roger-Viollet
139		ph ©	Keystone-France / Gamma-Rapho
140		ph ©	Heinz-Juergen Goettert / DPA / Akg-Images
141		ph ©	Akg-Images
142		ph ©	Keystone France / Gamma-Rapho
143		ph ©	Archives Hatier / © Adagp, Paris 2014
144		ph ©	Archives Hatier
146		ph ©	Rue des Archives / Tal
147		ph ©	Coll. Dixmier / Kharbine-Tapabor
149	-h	ph ©	Jonas / Kharbine-Tapabor / © Adagp, Paris 2014
149	-b	ph ©	Henri Cartier-Bresson / Magnum
151	-h	ph ©	Roger-Viollet
151	-b	ph ©	Coll. IM / Kharbine-Tapabor
153		ph ©	Roger-Viollet
155		ph ©	Coll. Dixmier / Kharbine-Tapabor
156		©	Journal Libération
157	-hd	ph ©	Gisèle Freund / La Documentation française
157	-md	ph ©	Bettina Rheims / La Documentation française
157	-bg	ph ©	Jean-Marie Marcel / La Documentation française
169		ph ©	Laurent Grandguillot / REA
170		ph ©	Roger Rozencwajg / Photononstop
173		ph ©	Gérard Labriet / Photononstop
178		ph ©	Izel Rozental
183		©	France 24
185		ph ©	Joerg Glaescher / Stern / laif / REA
189		ph ©	Hervé Lewandowski / RMN (Musée d'Orsay)
191		ph ©	Archives Hatier
193		ph ©	Denis Allard / REA
194		©	CFDT 2014
195		ph ©	Fayolle / SIPA
197		©	Reporters sans Frontières
199		©	Ministère de la Défense
202		©	Succession H. Matisse. Photo : Museum of Modern Art, San Francisco donation Elise S. Haas
204		ph ©	Thierry Le Mage / RMN-Grand Palais / Succession Picasso 2014
206		ph ©	Collection Artedia / Le Corbusier V. Bodiansky Wogenscky Andre / Leemage F.L.C. / Adagp, Paris 2014
208		©	Garri Bardin http://www.bardin.ru/
210		©	Marjane Satrapi, Vincent Paronnaud / 247 films 2007
212		ph ©	Sebastiao Salgado / Amazonas Images / Contact Press Images
217	-3	ph ©	Custom Medical / BSIP
217	-5h	ph ©	GJLP / CNRI / Cosmos
217	-5b	ph ©	James Cavallini / BSIP
218		ph ©	Pr Jan De MEY / ISM
219		ph ©	Florence Durand /SIPA
220		ph ©	James Cavallini / BSIP
221	-3	ph ©	W. Hurrell / Cosmos
221	-4 a	ph ©	James Cavallini / BSIP
221	-4 b	ph ©	Dept. of Clinical Cytogenetics, Addenbrookes Hospital / SPL / Cosmos
225		ph ©	Nasa / S.P.L. / Cosmos
226		ph ©	B. Kerebel / INSERM
227		ph ©	John Durham / SPL / Cosmos
230		ph ©	Manfred P. Kage / Okapia / ISM
232		ph ©	Laurent / BSIP
234		ph ©	J.C. Fruchart / INSERM
238		ph ©	Laurent Piechegut / Biosphoto
239		©	Pôle de recherche et développement de Mont-Lacq ph © M. Dufour / Total
258		ph ©	Jean-Pierre Muller / AFP
279		ph ©	Giraudon / The Bridgeman Art Library
310		ph ©	Kharbine-Tapabor © Adagp, Paris 2014
317		©	Service du Civique

Livret

1		ph ©	Brigitte Prot

Maquette de principe : studio Favre & Lhaïk
Mise en pages : STDI
Cartographie et schémas : Olivier Passillard, Légendes Cartographie, Domino, STDI, Franck Dubiez, Philippe Bouillon
Illustrations : Juliette Baily, Volker Theinhardt
Pictogrammes : Gabriel Rebufello
Iconographie : Hatier illustration
Édition : Gwenn Alvarez, Catherine de Bernis, Sara Maurer, Anne Peeters, Catherine Rollet, Grégoire Thorel, assistés de Morgane Guilhem

Achevé d'imprimer par Loire Offset Titoulet à Saint-Etienne - France
Dépôt légal : 97630-8/01 - avril 2014

L'Union européenne

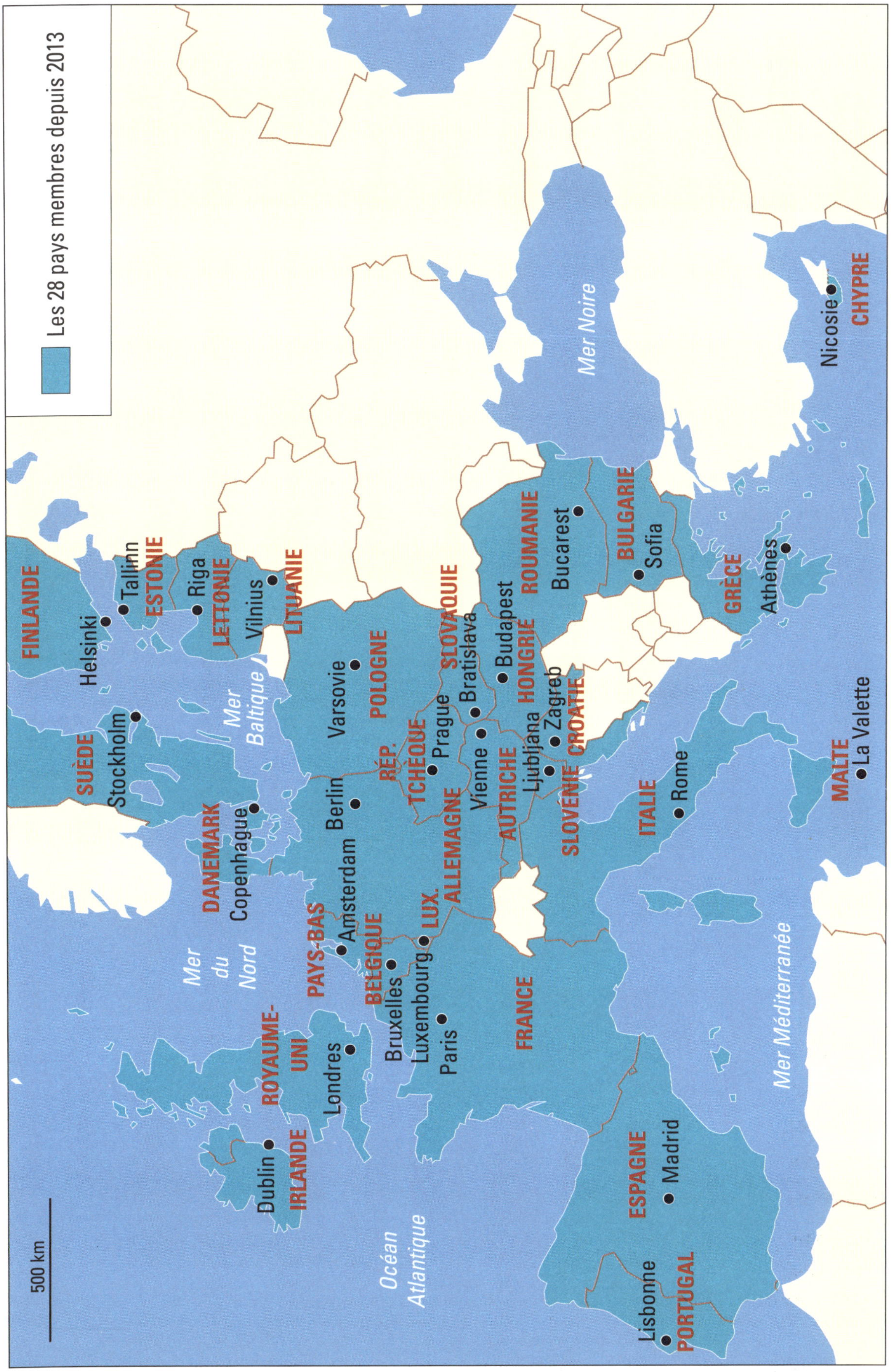

Les États du monde